D1731516

Wirtschaftsprüfung – Entwicklungen, Methoden und Potenziale

Festschrift zum 65. Geburtstag von
Prof. Dr. Klaus-Peter Naumann

Melanie Sack (Hrsg.)

Das Thema Nachhaltigkeit liegt uns am Herzen:

© 2024 IDW Verlag GmbH, Tersteegenstraße 14, 40474 Düsseldorf

Die IDW Verlag GmbH ist ein Unternehmen des Instituts der Wirtschaftsprüfer in Deutschland e. V. (IDW).

Satz: Reemers Publishing Services GmbH, Krefeld
Druck und Bindung: C.H.Beck, Nördlingen
KN 12122

Die Angaben in diesem Werk wurden sorgfältig erstellt und entsprechen dem Wissensstand bei Redaktionsschluss. Da Hinweise und Fakten jedoch dem Wandel der Rechtsprechung und der Gesetzgebung unterliegen, kann für die Richtigkeit und Vollständigkeit der Angaben in diesem Werk keine Haftung übernommen werden. Gleichfalls werden die in diesem Werk abgedruckten Texte und Abbildungen einer üblichen Kontrolle unterzogen; das Auftreten von Druckfehlern kann jedoch gleichwohl nicht völlig ausgeschlossen werden, so dass für aufgrund von Druckfehlern fehlerhafte Texte und Abbildungen ebenfalls keine Haftung übernommen werden kann.

ISBN 978-3-8021-2952-0

Bibliografische Information der Deutschen Bibliothek
Die Deutsche Bibliothek verzeichnet diese Publikation in der Deutschen Nationalbibliografie; detaillierte bibliografische Daten sind im Internet über http://www.d-nb.de abrufbar.

Coverfoto: www.istock.com/alexmu

www.idw-verlag.de

Vorwort

Am 7. Juni 2024 vollendete Klaus-Peter Naumann sein 65. Lebensjahr – einer von vielen Gründen, ihn mit einer Festschrift zu ehren. Wie kaum ein anderer hat Naumann den Berufsstand der Wirtschaftsprüfer in den vergangenen Jahrzehnten geprägt: nicht nur als Fachreferent, Hauptgeschäftsführer und zuletzt mehr als 20 Jahre lang als Sprecher des Vorstands des Instituts der Wirtschaftsprüfer in Deutschland e.V. (IDW), sondern auch als Sachverständiger für den Deutschen Bundestag, als Referent auf zahlreichen Fachveranstaltungen und als Teilnehmer bei verschiedensten Podiumsdiskussionen. Über 90 Fachbeiträge – hier versammelt in der Publikationsliste im Anhang – runden das eindrucksvolle Schaffen von Klaus-Peter Naumann ab. Die vorliegende Festschrift ist ein bescheidener Ausdruck des Dankes, den ihm neben den beteiligten Autoren auch viele andere schulden.

Klaus-Peter Naumann vorzustellen ist kaum erforderlich. Ich kann mich daher darauf beschränken, die wichtigsten Stationen seines beruflichen Wirkens nachzuzeichnen und seine bedeutendsten Funktionen in Erinnerung zu rufen: Nach seinem Abitur am Städtischen Gymnasium in Ahlen nahm der bekennende Westfale 1978 sein Studium der Betriebswirtschaftslehre an der Westfälischen Wilhelms-Universität Münster (die sich inzwischen in Universität Münster unbenannt hat) auf, das er als Diplom-Kaufmann 1983 abschloss. Von 1983 bis 1988 war er wissenschaftlicher Angestellter im Prüfungsamt der Universität Münster für wirtschaftswissenschaftliche Prüfungen und am Institut für Unternehmensrechnung und Besteuerung. 1988 wurde Klaus-Peter Naumann mit seiner viel beachteten Dissertation zum Thema *Die Bewertung von Rückstellungen in der Einzelbilanz nach Handels- und Ertragsteuerrecht* die Doktorwürde verliehen. Hauptanliegen seiner Arbeit war es, zu zeigen, dass für Handels- und Steuerbilanzen grundsätzlich ein einheitliches Rückstellungsrecht gelten sollte. So offenbarte sich bereits im Rahmen seiner Dissertation Klaus-Peter Naumanns rechtsgebietsübergreifendes Verständnis der Rechnungslegung – und letztlich auch sein Verständnis für die multidisziplinäre Ausrichtung des Berufsstands der Wirtschaftsprüfer. Konsequenterweise wurde Klaus-Peter Naumann 1990 zum Steuerberater und 1996 zum Wirtschaftsprüfer bestellt.

Bereits 1989 ist der Jubilar als Fachreferent ins IDW gekommen. Insbesondere aufgrund seiner fachlichen Exzellenz, seiner herausragenden rhetorischen Fähigkeiten sowie seines politischen Geschicks war Klaus-Peter Naumanns eindrucksvolle Karriere im IDW vorgezeichnet: u.a. als deutscher Delegierter in der Accounting Advisory Group (1996 bis 2001) und im Council der Fédération des Experts-comptables Européens (FEE) (der heutigen Accountancy Europe), als technischer Berater der deutschen Delegation im International Accounting Standards Committee (IASC), als stellvertretender (1999 bis 2001) und als Hauptgeschäftsführer (2001) sowie von 2001 bis Ende 2023 schließlich als Sprecher des IDW Vorstands. In dieser Zeit hat Naumann sich maßgeblich für die Wahrung der Multidisziplinarität und der Einheitlichkeit im Berufsstand der Wirtschaftsprüfer eingesetzt. Die stetige Fortentwicklung des Leistungsspektrums des Berufs war ihm ein genauso wichtiges Anliegen wie sein unnachgiebig hoher Anspruch an die Qualität der beruflichen Leistung. In seinem über 30-jährigen Wirken zum Wohle des Berufsstands der Wirtschaftsprüfer hat Klaus-Peter Naumann zahlreiche Entwicklungen nicht nur miterlebt, sondern maßgeblich beeinflusst und vorangetrieben. Zu nennen sind hier vor allem die Internationalisierung der Rechnungslegung und Prüfung in den späten 1990er und frühen 2000er Jahren, der Umgang mit der Finanzmarktkrise und mit Bilanzskandalen bezüglich ihrer Auswirkungen auf Rechnungslegung und Prüfung mit den damit einhergehenden strengeren Vorgaben an die Berufsausübung.

Schon früh hat sich Klaus-Peter Naumann auch in der Hochschullehre engagiert, zunächst von 1991 bis 2009 als Lehrbeauftragter an der Georg-August-Universität in Göttingen. Dort wurde er im Jahr 1997 zum Honorarprofessor ernannt. Die Ernennung zum Honorarprofessor an seiner Alma Mater, der Universität Münster, erfolgte im Jahr 2009. Die Lehrtätigkeit dort hat er bis zu seinem Ausscheiden aus dem IDW Ende 2023 mit großer Freude wahrgenommen. Seit 2018 gehört er dem Advisory Board der Wirtschaftswissenschaftlichen Fakultät der Universität Münster an.

Darüber hinaus war der Jubilar von 2001 bis 2023 Mitglied im Verwaltungsrat des Deutschen Rechnungslegungs Standards Committee e.V. (DRSC) sowie von 2019 bis 2023 Mitglied im Beirat der Schmalenbach-Gesellschaft für Betriebswirtschaft e.V. Im Jahr 2015 kam ihm eine weitere ehrenvolle Aufgabe zu, als der damalige Bundesminister der Justiz, Heiko Maas, ihn in die Regierungskommission Deutscher Corporate Governance Kodex berief, wo Klaus-Peter Naumann sich seitdem maßgeblich für die Fortentwicklung der Grundsätze einer verantwortungsvollen und modernen Unternehmensführung in Deutschland einsetzt.

Für die Ehrung der Erfolge des facettenreichen und unermüdlichen Einsatzes von Klaus-Peter Naumann bietet die vorliegende Festschrift den würdigen Rahmen. Ich hatte wenig Mühe, dafür hochrangige Persönlichkeiten als Autoren zu gewinnen, denn der Jubilar ist mit den meisten von ihnen durch langjährige Zusammenarbeit verbunden. Die Festschriftbeiträge würdigen nicht nur das breite Spektrum der beruflichen Tätigkeit Klaus-Peter Naumanns für den Berufsstand der Wirtschaftsprüfer, sondern auch seine herausragende Persönlichkeit, die gekennzeichnet ist von Weitblick, Umsicht und Offenheit.

Die Verfasser der Beiträge sowie die Herausgeberin wünschen dem Jubilar vor allem Gesundheit und Erfolg bei der Verwirklichung seiner vielfältigen Pläne.

Düsseldorf, im Juni 2024

Melanie Sack

Großen Dank schuldet die Herausgeberin dem IDW Verlag, insbesondere Britta van den Eynden und Annette Preuß, sowie allen involvierten Mitarbeiterinnen und Mitarbeitern der Fachabteilungen des IDW für die professionelle redaktionelle Betreuung der Festschrift.

Inhaltsübersicht

Kapitel A

Berufsstand der Wirtschaftsprüfer

Erwartungshaltung an und Herausforderungen für den Berufsstand der Wirtschaftsprüfer

Verfasser: WP StB Dipl.-Ök. Andreas Dörschell

1 Vorrede

Als Klaus-Peter Naumann im Jahr 1989 als Fachreferent in das Institut der Wirtschaftsprüfer eintrat, war die Welt noch eine andere. Das wird bereits demjenigen deutlich, der nur einen Blick auf die Sammlung der IDW Verlautbarungen zu diesem Zeitpunkt wirft oder sich die zeitgenössischen WP-Handbücher anschaut. Die Abschlussprüfung war im Wesentlichen in den drei Fachgutachten aus dem Jahr 1988 geregelt: FG 1/1988 (Grundsätze ordnungsmäßiger Durchführung von Abschlussprüfungen), FG 2/1988 (Grundsätze ordnungsmäßiger Berichterstattung bei Abschlussprüfungen) und FG 3/1988 (Grundsätze für die Erteilung von Bestätigungsvermerken bei Abschlussprüfungen)[1]. Daneben bestanden eine Vielzahl von Stellungnahmen des HFA vor allem zu Fragen der Rechnungslegung – nimmt man allein die Anzahl der Stellungnahmen zur Rechnungslegung zum Maßstab, verstand sich das IDW zu dieser Zeit mehr als Institution, die sich mit Rechnungslegung beschäftigt, und weniger als Standardsetzer im Prüfungsbereich. Immer schon war es aber das Selbstverständnis des IDW, ein Fachverband zu sein – ein Verband, der die Facharbeit in den Vordergrund stellt, und nicht eine bloße Interessenvertretung. So hat es jedenfalls der Autor dieser Zeilen, der sechs Jahre lang – von 1995 bis 2000 – mit dem Jubilar als Fachreferent des IDW im Wirtschaftsprüferhaus tätig war, verstanden, und so hat es auch Klaus-Peter Naumann stets gelebt.

Was ist seit dem Jahr 1989 passiert? Welche Einflüsse haben auf die deutsche Abschlussprüfung und auf den Berufsstand der Wirtschaftsprüfer – und damit auf

---

[1] Vgl. hierzu auch IDW, Liste der IDW Veröffentlichungen (Stand August 2021).

das IDW und seine Arbeit und auf die des Jubilars – eingewirkt? Da ist zunächst die Internationalisierung. Sie betrifft sowohl den Bereich der Rechnungslegung als auch den Bereich der Abschlussprüfung. Greifbar wird die Internationalisierung am „Roten Buch"[2], der Gegenüberstellung der Rechnungslegungsgrundsätze von HGB und IAS (International Accounting Standards) nebst Abweichungsanalyse, an der der Jubilar federführend beteiligt war. Ebenso das „Blaue Buch"[3], die Gegenüberstellung der Deutschen Prüfungsgrundsätze und der ISA (International Standards on Auditing), verdeutlicht den eingeschlagenen Weg. Die beiden Bücher stellten wichtige Weichen für das IDW in den späten 1990er Jahren.

Auch zu dieser Zeit gab es im Übrigen Bilanzskandale und Diskussionen um die Qualität der Abschlussprüfung. Vielen sagen heute beispielsweise die Firmen Balsam oder Flowtex nichts mehr. Die Skandale führten aber zu maßgeblichen Neuregelungen des gesetzlichen Rahmens der Abschlussprüfung – etwa im Gesetz für Kontrolle und Transparenz im Unternehmensbereich (KonTraG). Diskutiert wurden schon lange Themen wie interne und externe Rotation, Joint Audit und Regelungen zur Unabhängigkeit. Im Jahr 2012 hat sich das IDW mit seinem Positionspapier zur Zusammenarbeit zwischen Aufsichtsrat und Abschlussprüfer[4] zu grundlegenden Fragen der Corporate Governance geäußert. Die Abwägungen der Vor- und Nachteile entsprechender potenzieller Regulierungsmaßnahmen erscheinen heute noch aktuell. Im Grunde beginnt hier der rote Faden zur Tätigkeit des Jubilars in der Regierungskommission Corporate Governance in den Jahren 2015 bis 2023.

In den 1990er Jahren nahm auch die Regulierung des Berufsstandes zunehmend Fahrt auf. Im Grünbuch der EU-Kommission[5] wurde ein Bedarf für die Harmonisierung der Qualitätssicherung erkannt und die Einführung von Systemen der Qualitätskontrolle gefordert. Im Jahr 2001 wurde das System der externen Qualitätskontrolle in Deutschland eingeführt[6]. Auch bei diesem berufspolitisch keineswegs einfachen Thema war Klaus-Peter Naumann auf Seiten des IDW beteiligt.

---

2   Vgl. IDW (Hrsg.), Rechnungslegung nach International Accounting Standards, Düsseldorf 1995.
3   Vgl. IDW (Hrsg.), Abschlußprüfung nach International Standards on Auditing (ISA), Düsseldorf 1998.
4   IDW Positionspapier: Zusammenarbeit zwischen Aufsichtsrat und Abschlussprüfer, 2. Aufl., Stand: 23.01.2020.
5   Grünbuch der EU-Kommission: „Rolle, Stellung und Haftung des Abschlussprüfers in der Europäischen Union", EU-Amtsblatt C 321, 28.10.1996.
6   Vgl. zum Abriss der Einführung des Systems der Qualitätskontrolle in Deutschland Clauß, in: Hense/Ulrich, WPO-Kommentar, 4. Aufl., § Vor § 57a WPO, Tz. 1 ff.

Wir können jedenfalls festhalten: Die fachlichen Wurzeln des Jubilars und seiner Tätigkeit für den Berufsstand datieren insbesondere aus den 1990er Jahren und der Zeit um die Jahrtausendwende. Im Jahr 2001 wurde Klaus-Peter Naumann Vorstandssprecher des IDW – und damit wandelte sich auch sein eigenes Aufgabenspektrum: Der Fachmann wurde verstärkt Stratege im Sinne des Berufsstandes.

In der Folge wird zunächst das derzeitige Leistungsspektrum des Wirtschaftsprüfers skizziert und die Bedeutung des Vertrauens der Stakeholder in den Berufsstand nebst den Grundlagen für dieses Vertrauen hervorgehoben. Im Anschluss erfolgt die Darstellung des rechtlichen Rahmens für die Tätigkeiten des Wirtschaftsprüfers. Sodann wird erörtert, welche Bedeutung die allgemeinen Berufspflichten des Wirtschaftsprüfers für die verschiedenen Funktionen haben, in denen der Wirtschaftsprüfer auftragsabhängig tätig werden kann. Dabei soll deutlich werden, dass das grundlegende Korsett des Berufsrechts und das Bild des Wirtschaftsprüfers in seiner Vorbehaltsaufgabe als gesetzlicher Abschlussprüfer für alle anderen Tätigkeiten des Berufsangehörigen prägend sind. Schließlich wird auf aktuelle Herausforderungen an den Berufsstand eingegangen, die das Berufsbild weiterentwickeln – sowohl in inhaltlicher als auch in technologischer Hinsicht. Der Beitrag schließt mit einem kurzen Fazit.

2 Leistungsspektrum und Vertrauen

2.1 Erwartungen und Qualität

Der Wirtschaftsprüfer ist heute weit über die Vorbehaltsaufgabe der gesetzlichen Abschlussprüfung hinaus tätig. Die Tätigkeiten reichen von weiteren betriebswirtschaftlichen Prüfungen mit unterschiedlichsten Beurteilungsgegenständen – sog. Assurance-Leistungen – über umfassende Beratungsleistungen etwa in der klassischen Steuerberatung oder im IT-Bereich bis zur Übernahme von Outsourcing-Dienstleistungen[7]. Dass das heutige Leistungsspektrum des Wirtschaftsprüfers sich – gerade außerhalb der Vorbehaltsaufgabe – in einer solch dynamischen Weise entwickeln und derart differenzieren und erweitern konnte, ist die Folge des besonderen Vertrauens, das der Berufsstand genießt.

Klaus-Peter Naumann hat gleich zu Beginn seines Einführungsbeitrags zum WP-Handbuch „Beruf und Dienstleistungen des Wirtschaftsprüfers" die zen-

---

7   Vgl. ausführlich Naumann, Kap. A, in: IDW, WPH Edition, WP Handbuch, Wirtschaftsprüfung und Rechnungslegung, 18. Aufl., Tz. 8 ff.

trale Aussage zu den Erwartungshaltungen an den Berufsstand getroffen und die Verbindung zur Vorbehaltsaufgabe der gesetzlichen Abschlussprüfung betont: „Mit den ihnen vorbehaltenen Prüfungen […] stärken [die Wirtschaftsprüfer] das **Vertrauen** in diese Abschlüsse und leisten damit einen bedeutenden Beitrag zum ordnungsgemäßen Funktionieren der Kapitalmärkte. Wirtschaftsprüfer erfüllen als Abschlussprüfer damit eine besonders wichtige Gesellschaftliche Funktion."[8]

Damit sind wir bei den Erwartungshaltungen an den Wirtschaftsprüfer. Formuliert werden diese grundsätzlich zunächst von den Auftraggebern als unmittelbare Stakeholder. Dies sind das jeweilige Aufsichtsgremium bzw. rechtsformabhängig die Gesellschafter oder die gesetzlichen Vertreter und darüber hinaus branchenabhängig auch Aufsichts- oder Regulierungsbehörden[9]. Der Kreis reicht aber darüber hinaus und umfasst insbesondere Kapitalgeber, Investoren, Mitarbeiter, die Finanzverwaltung und allgemein die interessierte Öffentlichkeit einschließlich der Politik[10]. Sie alle erwarten verlässliche Informationen und eine fehlerfreie und ordnungsgemäße Berufsausübung als Grundlage für ihre (unternehmerischen) Entscheidungen. Im Einzelfall hängt die Erfüllung dieser Erwartungen von einer Vielzahl von Faktoren ab. Zentrale Voraussetzung dafür ist, dass die Adressaten verstehen, in welcher Funktion der Wirtschaftsprüfer tätig wird und welchen Beschränkungen bzw. Einschränkungen sein Arbeitsergebnis unterliegt.

Ferner verweist Klaus-Peter Naumann auf die Notwendigkeit, die erforderliche hohe Qualität zu gewährleisten und schließt auf die gebotene fachliche Qualifikation, nachgewiesen durch das Ablegen des Wirtschaftsprüfungsexamens, mit dem die fachliche und persönliche Eignung belegt wird.[11] Leffson hat es auf den Punkt gebracht: Notwendige Voraussetzungen für die Abgabe eines vertrauenswürdigen Urteils sind die Urteilsfähigkeit und die Urteilsfreiheit des Prüfers sowie die sachgerechte Urteilsbildung[12].

---

8   Naumann, in: IDW, WPH Edition, WP Handbuch, a.a.O., Tz. 1.

9   Vgl. hierzu näher Plendl/Kling, Kap. M, in: IDW, WPH Edition, WP Handbuch, Wirtschaftsprüfung und Rechnungslegung, 17. Aufl., Tz. 22.

10 In diesem Sinne auch IDW Positionspapier zur Weiterentwicklung des externen Reportings kapitalmarktorientierter Unternehmen (Arbeitsgruppe Trendwatch, Zukunft der Berichterstattung), Stand: 21.06.2018, S. 7.

11 Vgl. Naumann, in: IDW, WPH Edition, WP Handbuch, a.a.O., Tz. 2.

12 Vgl. Leffson, Wirtschaftsprüfung, 4. Aufl., Wiesbaden 1980, S. 66.

Im Ergebnis geht es also um die fachliche und persönliche Kompetenz, um gesetzliche und berufsrechtliche Regelungen, die insbesondere die Unabhängigkeit sicherstellen, und darum, die Aufgabe im Einklang mit den einschlägigen Prüfungsgrundsätzen professionell und mit hoher Qualität zu erbringen.

2.2   Exkurs: Berufsexamen und Qualitätskontrolle

Im Rahmen dieser Festschrift muss nicht näher ausgeführt werden, dass das bestandene Wirtschaftsprüfungsexamen den Berufsangehörigen als Experten für Rechnungslegung und Prüfung, für betriebswirtschaftliche und volkswirtschaftliche Fragen für Wirtschafts- und Steuerrecht ausweist. Das Wirtschaftsprüfungsexamen ist das anspruchsvollste Berufsexamen in Deutschland. Es bestehen restriktive Zulassungsvoraussetzungen und ein strenges staatliches Prüfungsverfahren[13].

Auch sollen einige Hinweise darauf ausreichen, dass das System der internen Qualitätssicherung und der externen Qualitätskontrolle besteht, das insbesondere auf die sachgerechte Urteilsbildung durch den Berufsangehörigen in seinen Tätigkeiten abzielt. Nach § 55b Abs. 1 WPO haben Berufsangehörige in ihrer Praxis Regelungen zu schaffen, die die Einhaltung ihrer Berufspflichten gewährleisten und deren Anwendung überwachen und durchsetzen (internes Qualitätssicherungssystem). Die Regelung des § 55b Abs. 1 WPO stellt dabei auf die gesamte Tätigkeit des Wirtschaftsprüfers ab. Darüber hinaus bestehen gemäß § 55b Abs. 2 bis 4 WPO weitere besondere Anforderungen an das Qualitätssicherungssystem einer Praxis, die gesetzliche Abschlussprüfungen nach §§ 316 ff. HGB[14] durchführt. Und schließlich unterliegen Praxen, die gesetzliche Abschlussprüfungen nach § 316 ff. HGB durchführen, gemäß § 57a WPO der turnusmäßigen externen Qualitätskontrolle durch einen Berufskollegen – einem bei der Wirtschaftsprüferkammer registrierten Prüfer für Qualitätskontrolle[15]. Praxen, die Jahres- und Konzernabschlüsse von Unternehmen von öffentlichem Interesse prüfen, sind nach § 62b WPO zusätzlich verpflichtet, sich

---

13   Vgl. zum Zulassungsverfahren und zu den Prüfungsgebieten im Einzelnen Naumann, in: IDW, WPH Edition, WP Handbuch, a.a.O., Tz. 377 ff. und 396 ff.

14   Vgl. zum Anwendungsbereich Clauß, in: Hense/Ulrich, a.a.O., § 55b WPO, Tz. 4.

15   Vgl. zum gesamten Verfahren der externen Qualitätskontrolle durch einen Prüfer für Qualitätskontrolle Schmidt, Kap. E, in: IDW, WPH Edition, WP Handbuch, Wirtschaftsprüfung und Rechnungslegung, 17. Aufl., Tz. 39 ff.

der Inspektion durch die Abschlussprüferaufsichtsstelle (APAS) als vom Berufsstand unabhängige Behörde zu unterziehen[16].

Damit sei nochmals der hohe Qualitätsanspruch an den Berufsstand betont –
sowohl in Bezug auf den Bereich der gesetzlichen Abschlussprüfungen als auch
hinsichtlich sämtlicher weiterer Tätigkeiten. Kein anderer Berufsstand verfügt
über ein vergleichbares System der internen Qualitätsicherung sowie der externen Qualitätskontrolle. Die Qualität der Berufsausübung sichert ein vertrauens-
würdiges Arbeitsergebnis.

Ein genauerer Blick soll nun auf den rechtlichen Rahmen geworfen werden, in
dem der Berufsstand seine Leistungen erbringt. Wie dargestellt, ist das Leistungsspektrum des Berufsstands sehr umfassend. Der Beruf des Wirtschaftsprüfers ist heute geprägt durch ein besonders vielseitiges, anspruchsvolles und
interessantes Berufsbild, aber es gibt Grenzen. Auch diese – so die Hypothese –
sind qualitätsfördernd.

3   Rechtlicher Rahmen und Berufsbild

3.1   Grundlagen der WPO

Betrachtet man allein die Rechtsnorm des § 2 WPO zum Inhalt der Tätigkeit
des Berufsangehörigen, so finden sich dort die berufsprägenden Tätigkeiten der
Prüfung, Beratung und Begutachtung, die Befugnis zur Steuerrechtshilfe sowie
weitere Befugnisse[17]. Dieses Bild wird erweitert und z.T. präzisiert durch die in
§ 43a Abs. 1 WPO bezeichneten originären Tätigkeiten, in denen Wirtschaftsprüfer die für das Berufsbild typischen Aufgaben wahrnehmen können, sowie
in den vereinbaren Tätigkeiten gemäß § 43a Abs. 2 WPO, die ohne eine Gefährdung der Berufspflichten neben dem Beruf des Wirtschaftsprüfers ausgeübt
werden können[18]. Dagegen stehen die unvereinbaren Tätigkeiten gemäß § 43a
Abs. 3 WPO, insbesondere die gewerbliche Tätigkeit. Diese Regelung dient dem
Schutz des Vertrauens in die sachgerechte, unabhängige und eigenverantwortliche Berufsausübung[19].

---

16   Vgl. zum gesamten Verfahren der externen Qualitätskontrolle durch einen Prüfer für Qualitäts-
     kontrolle Schmidt, in: IDW, WPH Edition, WP Handbuch, a.a.O., Tz. 99 ff.

17   Vgl. im Einzelnen Geithner, in Hense/Ulrich, a.a.O., § 2 WPO, Tz. 1 f.

18   Vgl. hierzu Uhlmann, in Hense/Ulrich, a.a.O., § 43a WPO, Tz. 1 f.

19   So Uhlmann, in Hense/Ulrich, a.a.O., § 43a WPO, Tz. 170.

Damit ist ein wesentlicher gesetzlicher Rahmen für den Beruf des Wirtschaftsprüfers gesteckt – allerdings in einer Art und Weise, die über die Kernaufgabe der Abschlussprüfung deutlich hinausgeht. Erst dadurch wird es möglich, dass das Dienstleistungsspektrum von Wirtschaftsprüfern und Wirtschaftsprüfungsgesellschaften derart weit gespannt ist und sich stetig weiterentwickelt. Dies zeigt sich auch in der Themenauswahl dieser Festschrift. Es sei nochmals betont: Der Wirtschaftsprüfer ist nicht allein Abschlussprüfer und Prüfer weiterer Finanzinformationen. Er prüft auch andere Beurteilungsgegenstände, wie z.B. Nachhaltigkeitsberichte, Corporate-Governance-Systeme oder Verkaufsprospekte über Vermögensanlagen. Er ist Berater in steuerlichen, wirtschaftlichen und nachhaltigkeitsbezogenen Fragen – und er ist vieles mehr.

Im folgenden Kapitel wird zwischen den unterschiedlichen Funktionen unterschieden, in denen der Wirtschaftsprüfer in seiner beruflichen Praxis tätig werden kann. In diesem Zusammenhang werden auch die unterschiedlichen Beurteilungsgegenstände angesprochen.

3.2 Funktionen des Wirtschaftsprüfers

3.2.1 Grundlagen

§ 43 Abs. 1 WPO bezeichnet in Satz 1 die allgemeinen Berufspflichten der Unabhängigkeit, der Gewissenhaftigkeit, der Verschwiegenheit und der Eigenverantwortlichkeit. Diese Berufspflichten gelten für sämtliche beruflichen Tätigkeiten. Darüber hinaus fordert Satz 2 der Norm ausdrücklich, dass sich Berufsangehörige bei der Erstellung von Prüfungsberichten und Gutachten unparteiisch zu verhalten haben. Diese Anforderung an die unbedingte Neutralität korrespondiert mit der öffentlichen Aufgabe des Wirtschaftsprüfers als Vertrauensdienstleister – sei es in der gesetzlichen Abschlussprüfung, bei weiteren Prüfungsleistungen oder als Gutachter bzw. Sachverständiger bei Gericht.

3.2.2 Funktion als Prüfer oder Gutachter/Sachverständiger

Die Kernaufgabe des Berufsstandes besteht in der Vorbehaltsaufgabe, gesetzliche Abschlussprüfungen nach §§ 316 ff. HGB durchzuführen. Sie prägt bis heute das Bild des Berufsstandes in der Öffentlichkeit: Der Abschlussprüfer als unabhängige, gewissenhafte, verschwiegene, eigenverantwortliche und unparteiische Instanz. Hervorzuheben sind hier zudem die (gesetzlichen) Anforderungen an die kritische Grundhaltung. Gemäß § 43 Abs. 4 WPO sind Prüfungen mit einer kritischen Grundhaltung zu planen und durchzuführen. Glaubwürdigkeit, Angemessenheit und Verlässlichkeit der erlangten Prüfungsnachweise sind während der gesamten Prüfung kritisch zu hinterfragen[20]. Dies korrespondiert wiederum mit den Anforderungen des § 28 BS WP/vBP an die Unparteilichkeit: Die Prüfung ist so durchzuführen, dass kein Beteiligter benachteiligt oder bevorzugt wird. Erforderlich ist dabei eine vollständige Auswertung aller für oder gegen ein Ergebnis sprechenden Umstände[21].

In Bezug auf die gesetzliche Abschlussprüfung steht am Ende der Prüfungstätigkeit der Prüfungsbericht gem. § 321 HGB[22] und insbesondere der Bestätigungsvermerk gem. § 322 HGB[23]. Im Bestätigungsvermerk bildet der Abschlussprüfer ein Prüfungsurteil über die Ordnungsmäßigkeit der Rechnungslegung. Gefordert ist dabei eine hinreichende Sicherheit des Prüfungsurteils, d.h. ein hohes Maß an Sicherheit, jedoch keine Garantie.

Dass dem Bestätigungsvermerk des Abschlussprüfers eine Signalwirkung in der Öffentlichkeit zugesprochen wird,[24] spricht für die herausgehobene Bedeutung der Aufgabe des Abschlussprüfers. Mit dem Bestätigungsvermerk liegt ein öffentliches Urteil über die Ordnungsmäßigkeit der Rechnungslegung des geprüften Unternehmens vor. Der Abschlussprüfer erfüllt mit dem Testat seine öffentliche Funktion als Vertrauensdienstleister. Der Berufsstand trägt zum Vertrauen in den deutschen Kapitalmarkt und in die Wirtschaft insgesamt bei.

In gleicher Weise ist die Tätigkeit des Wirtschaftsprüfers bei der freiwilligen, sog. statuarischen Abschlussprüfung, die nach den Grundsätzen des §§ 316 ff. HGB durchzuführen ist, zu beurteilen. Die Anzahl derartiger, z.B. auf gesellschaftsvertraglicher Grundlage, durchgeführten Prüfungen übersteigt noch die Zahl der gesetzlichen Pflichtprüfungen. Auch hier fordern Adressaten – Eigenkapitalgeber, Fremdkapitalgeber und Dritte – eine glaubwürdige Grundlage für ihre Entscheidungen.

---

20 Vgl. hierzu auch Erläuterungen des Vorstands der WPK zur Berufssatzung zu § 37 BS WP/vBP.
21 So Erläuterungen des Vorstands der WPK zur Berufssatzung zu § 28 BS WP/vBP.
22 Vgl. hierzu im Einzelnen *IDW Prüfungsstandard: Grundsätze ordnungsmäßiger Erstellung von Prüfungsberichten (IDW PS 450 n.F.)*.
23 Vgl. im Einzelnen *IDW Prüfungsstandard: Bildung eines Prüfungsurteils und Erteilung eines Bestätigungsvermerks (IDW PS 400 n.F.)* als Rahmenkonzept und die weiteren Prüfungsstandards hierzu.
24 Vgl. Plendl/Kling, in: IDW, WPH Edition, WP Handbuch, a.a.O., Tz. 90 m.w.N.

Betrachtet man zudem die – in der Berufssatzung der Prüfung gleichgestellte – Erstellung von Gutachten durch den Wirtschaftsprüfer, so gelten wie bereits angesprochen dieselben berufsrechtlichen Anforderungen wie bei der Abschlussprüfung. Hervorzuheben ist hier, dass auf der Grundlage entsprechender Bewertungsgutachten etwa gerichtliche Entscheidungen von erheblicher Tragweite in aktienrechtlichen Spruchverfahren getroffen werden. Der einschlägige *IDW Standard: Grundsätze zur Durchführung von Unternehmensbewertungen (IDW S 1 i.d.F. 2008)* stellt hier auf die Funktion als neutraler Gutachter ab[25]. Das Gutachten muss folglich eine Darstellung aller wesentlichen Gesichtspunkte enthalten. Alle für und gegen ein Ergebnis sprechenden Umstände sind vollständig auszuwerten[26].

Festzuhalten bleibt, dass die Stakeholder dem Wirtschaftsprüfer und seiner Arbeit – ausgehend vom berufsrechtlichen Rahmen für seine prüferische Kerntätigkeit und seiner fachlichen und persönlichen Kompetenz – ein besonderes Vertrauen entgegenbringen. Dies geht weit über die Kerntätigkeit der gesetzlichen Vorbehaltsaufgabe hinaus und beschränkt sich nicht auf eng verwandte Gebiete und die Tätigkeit als Bewertungsgutachter. Inzwischen werden Wirtschaftsprüfer in erheblichem Umfang mit der Erbringung von weiteren betriebswirtschaftlichen Prüfungen (Assurance-Leistungen) beauftragt. Das Spektrum reicht dabei von der Prüfung von verschiedensten Systemen – z.B. Risikofrüherkennungssystem, Compliance-Management-System – bis zu Sonderprüfungen oder zu Prüfungen im Rahmen der Gewährung öffentlicher Zuschüsse[27]. Dies alles geht zurück auf die Ankerfunktion der gesetzlichen Abschlussprüfung und auf die hierzu erworbene Vielfalt der methodischen und fachlichen Kompetenzen.

3.2.3 Funktion als Berater

Der Wirtschaftsprüfer ist jedoch nicht nur „Prüfer". Er wird auch als Berater und Interessenvertreter tätig. Auch hier gelten die allgemeinen Berufspflichten des § 43 WPO, einschließlich des Unabhängigkeitsgebotes. Unabhängigkeit als berufsbezogene Pflicht wird diesbezüglich aber verstanden als Entscheidungs- und Handlungsfreiheit, losgelöst von der konkret ausgeübten Tätigkeit bzw.

---

25 Vgl. *IDW Standard: Grundsätze zur Durchführung von Unternehmensbewertungen (IDW S 1 i.d.F. 2008)*, Tz. 12.

26 So Erläuterungen des Vorstands der WPK zur Berufssatzung zu § 28 BS WP/vBP.

27 Vgl. hierzu etwa das Spektrum der Assurance-Leistungen bei Sack, Kap. A, in: IDW, WPH Edition, Assurance, 2. Aufl., Tz. 12 ff.

vom einzelnen Auftrag[28]. Der Berufsangehörige muss über die Freiheit verfügen, Mandate oder Aufträge ablehnen zu können, die seiner inneren Überzeugung widersprechen[29].

Geprägt sind die in der Funktion als Berater übernommenen Aufträge durch die Interessengebundenheit[30]. Der Wirtschaftsprüfer vertritt z.B. bei der Wirtschafts- und Unternehmensberatung oder auch bei der Rechtshilfe in Steuersachen bestmöglich legale Interessen seines Mandanten gegen die Interessen anderer. Ausdrücklich ist es dem Wirtschaftsprüfer nicht verwehrt, in dieser Funktion den Auftrag zur Erstellung eines Argumentationspapiers anzunehmen, in dem allein die positiven oder die negativen Aspekte eines Gegenstandes betont werden[31]. Das Unparteilichkeitsgebot gilt hier gerade nicht. Es darf aber keinesfalls der Eindruck erweckt werden, das Arbeitsergebnis sei ein neutraler Prüfungsbericht oder ein Gutachten. Dies wäre ein schwerwiegender beruflicher Verstoß.

Warum wird der Wirtschaftsprüfer von seinem Mandanten in der Funktion als Berater beauftragt? Auch hier geht es um Vertrauen – nicht unbedingt um das Vertrauen der Öffentlichkeit, sondern ganz zentral um das Vertrauen des Auftraggebers in die fachliche und persönliche Kompetenz des Auftragnehmers.

Prüfung und Beratung aus einer Hand gegenüber demselben Mandanten anzubieten, ist dabei – im Rahmen der berufsrechtlichen Grenzen des gesetzlichen Selbstprüfungsverbots – ein wesentliches Charakteristikum insbesondere der mittelständischen Wirtschaftsprüfung und wird mandantenseitig ausdrücklich gewünscht. Der Berufsangehörige muss in der Lage sein, den gesetzlichen Rahmen seiner Betätigung im Auge zu behalten und die Funktionen zu trennen, in denen er tätig wird.

3.2.4 Funktion als Vermittler

Abgerundet wird das Funktionenspektrum des Wirtschaftsprüfers durch die Funktion als Vermittler. Sie baut auf der Funktion als Prüfer bzw. Gutachter/ Sachverständiger auf und erfordert ebenso – neben den allgemeinen Berufspflichten – die Unparteilichkeit. In einer Konfliktsituation zweier oder mehrerer

---

28   So Bärenz/Golz, in Hense/Ulrich, a.a.O., § 43 WPO, Tz. 9.
29   Vgl. Bärenz/Golz, in Hense/Ulrich, a.a.O., § 43 WPO, Tz. 11.
30   Vgl. Bärenz/Golz, in Hense/Ulrich, a.a.O., § 43 WPO, Tz. 10.
31   Vgl. Erläuterungen des Vorstands der WPK zur Berufssatzung zu § 28 BS WP/vBP.

Parteien wird dann zwischen den verschiedenen Vorstellungen der Parteien vermittelt, indem eine Einigungslösung verbindlich festgestellt oder den Parteien ein Einigungsvorschlag unterbreitet wird[32].

Typischerweise steht die Funktion als Vermittler im Zusammenhang mit einer Beauftragung des Wirtschaftsprüfers als Schiedsgutachter, die häufig in Gesellschaftsverträgen vorgesehen ist. Nicht selten ist ein derartiger Auftrag aber auch auf die Rechnungslegung gerichtet, z.B. wenn eine spätere Kaufpreiszahlung von zukünftigen bilanziellen (Wert-)Ansätzen abhängt, die zwischen den Parteien streitig sind.

Auch in dieser Funktion steht das Vertrauen der Parteien in die fachliche und persönliche Kompetenz und auch in die Integrität des Wirtschaftsprüfers im Zentrum seiner Tätigkeit.

3.2.5 Zwischenfazit

Jede berufliche Aufgabe des Wirtschaftsprüfers ist einer der vorgenannten Funktionen zugeordnet. Das grundlegende Korsett des Berufsrechts und das Bild des Wirtschaftsprüfers in seiner Vorbehaltsaufgabe als gesetzlicher Abschlussprüfer sind dabei für alle anderen Tätigkeiten des Berufsangehörigen prägend. Die Vorbehaltsaufgabe der gesetzlichen Abschlussprüfung erfüllt somit nach wie vor eine wichtige Ankerfunktion. Jedoch reicht das Tätigkeitsspektrum weit darüber hinaus.

Im Zentrum steht das Vertrauen, das die Stakeholder dem Berufsangehörigen bei jedem Auftrag und in jeder Funktion entgegenbringen. Der berufliche Rahmen ist vertrauensbildend und wird für die Zukunft fortbestehen. Er ist nicht verhandelbar.

Allerdings gilt ebenso: Die Berufsangehörigen müssen sich das Vertrauen stets wieder neu durch qualitativ hochwertige Arbeit verdienen – eine stetige Herausforderung für jeden einzelnen.

---

32   Vgl. hierzu *IDW S 1 i.d.F. 2008*, Tz. 12.

4 Das Berufsbild des Wirtschaftsprüfers – in Zukunft

4.1 Inhaltliche Weiterentwicklung

Das Berufsbild des Wirtschaftsprüfers hat sich, wie bereits in der Vorrede dargestellt wurde, in den vergangenen gut drei Jahrzehnten erheblich fortentwickelt. Der Umfang der Aufgaben hat sich erweitert, das regulatorische Umfeld wurde komplexer und die internationale Zusammenarbeit wurde intensiviert. Wie wird die Entwicklung weitergehen? Werfen wir einen Blick in die Zukunft.

Fragen der Nachhaltigkeit gewinnen immer mehr an gesellschaftlicher und ökonomischer Bedeutung. Zwar haben Wirtschaftsprüfer bereits in der Vergangenheit freiwillig aufgestellte Umweltberichte und Sustainability Reports geprüft. Auch existiert bereits seit einigen Jahren für solche Kapitalgesellschaften bzw. Muttergesellschaften, die die Voraussetzungen des § 289b Abs. 1 HGB bzw. § 315b Abs. 1 HGB erfüllen, die gesetzliche Verpflichtung, den (Konzern-)Lagebericht um die nichtfinanzielle Erklärung zu erweitern oder einen diesbezüglichen gesonderten nichtfinanziellen (Konzern-)Bericht auf der Internetseite zu veröffentlichen. Diese Berichtselemente sind schon derzeit vom Abschlussprüfer zu prüfen; allerdings gemäß § 317 Abs. 1 Satz 4 HGB nur daraufhin, ob die relevante Erklärung bzw. der relevante Bericht gemacht wurde. Dennoch lassen die zur Aufstellung verpflichteten Unternehmen diese Berichtselemente auch heute schon regelmäßig inhaltlich durch den Abschlussprüfer prüfen – oft auf Veranlassung des Aufsichtsrats auf der Grundlage des § 111 Abs. 2 Satz 4 AktG.

Und dennoch beginnt nun vor allem mit der Corporate Sustainability Directive (CSRD) und deren Umsetzung in deutsches Recht eine neue Zeitrechnung: Der Europäische Gesetzgeber hat sich das Ziel gesetzt, die Unternehmen stärker in die Verantwortung für ihr eigenes Handeln zu nehmen. Dazu sollen die Unternehmen eine Nachhaltigkeitsstrategie für die Handlungsfelder Environment, Social und Governance (ESG) entwickeln und auf dieser Grundlage Leitlinien für ihr Handeln ableiten, Ziele definieren und Maßnahmen festlegen. Anhand von Kennzahlen soll die Zielerreichung überwacht werden. Im Nachhaltigkeitsbericht soll schließlich Transparenz über die Nachhaltigkeitsaktivitäten der Unternehmen geschaffen werden, wobei der Nachhaltigkeitsbericht obligatorischer Bestandteil des Lageberichts sein wird.

Und hier kommt der Wirtschaftsprüfer ins Spiel, denn der Nachhaltigkeitsbericht soll nach den Vorschriften der CSRD künftig vom Abschlussprüfer bzw. – bei entsprechender Ausübung des Mitgliedstaatenwahlrechts – auch von einem anderen Wirtschaftsprüfer oder einem anderen unabhängigen Erbringer von Bestätigungsleistungen geprüft werden. Zunächst soll über die Prüfung ein Urteil mit begrenzter Sicherheit, nach einigen Jahren voraussichtlich mit hinreichender Prüfungssicherheit abgegeben werden. Damit soll die nachhaltigkeitsbezogene Berichterstattung auf eine Ebene mit der finanziellen Berichterstattung gestellt werden.

Voraussichtlich werden in Deutschland der Abschlussprüfer oder ein anderer Wirtschaftsprüfer als Prüfer der Nachhaltigkeitsberichterstattung zugelassen werden[33]. Hieraus werden erhebliche Chancen aber auch Herausforderungen für den Berufsstand erwachsen. Neben fachlichen Herausforderungen bei der Beurteilung von Sachverhalten, mit denen der Berufstand bislang nicht in der ganzen Tiefe befasst war, werden die organisatorischen Prozesse bei den Berufsangehörigen angepasst werden müssen. Auch wird die Zusammenarbeit mit internen oder externen Sachverständigen zunehmende Bedeutung erlangen.

Es ergibt sich zudem auch die Chance, den Mandanten und sein Geschäft künftig noch umfassender zu verstehen. Hieraus kann ein noch besseres Verständnis für die Prüfung des Jahresabschlusses folgen, da das Zahlenwerk letztendlich stets das Ergebnis unternehmerischer Wertschöpfungen und Entscheidungen ist. Dieses Verständnis ermöglicht es dem Abschlussprüfer auch, seine Prüfungstätigkeit effektiver und effizienter durchzuführen. Er kann relevante Informationen schneller identifizieren, potenzielle Risiken genauer einschätzen und gezieltere Prüfungsstrategien entwickeln.

Darüber hinaus ist zu erwarten, dass die Kommunikation mit den für die Überwachung Verantwortlichen (in der Regel der Aufsichtsrat oder ein vergleichbares Organ) erheblich intensiviert wird. Der Prüfer wird aufgrund seiner im Rahmen der Nachhaltigkeitsprüfung gewonnenen Erkenntnisse als noch kompetenterer Partner wahrgenommen, der dem Aufsichtsrat relevante Einblicke und Informationen liefern kann, die für die Überwachung und Steuerung des Unternehmens von entscheidender Bedeutung sind. Im Ergebnis wird dies zu einer nachhaltigeren Beziehung zwischen dem Wirtschaftsprüfer und den für die Überwachung Verantwortlichen beitragen.

---

33 So sieht es der zum Zeitpunkt der Abfassung dieses Beitrags vorliegende Referentenentwurf vor. Vgl. Referentenentwurf v. 22. März 2024: Gesetz zur Umsetzung der Richtlinie (EU) 2022/2464 des Europäischen Parlaments und des Rates vom 14. Dezember 2022 zur Änderung der Verordnung (EU) Nr. 537/2014 und der Richtlinien 2004/109/EG, 2006/43/EG und 2013/34/EU hinsichtlich der Nachhaltigkeitsberichterstattung von Unternehmen, § 324e HGB-E.

Auch als Berater wird der Wirtschaftsprüfer gefragt sein, wenn es z.B. um die Einführung und Aufrechterhaltung von Reporting-Systemen geht, die für die Aufstellung des Nachhaltigkeitsberichts erforderlich sind.

All dies wird die Attraktivität unseres Berufsstandes weiter steigern.

4.2 Technologische Weiterentwicklung

Ein weiterer Trend, der unser Berufsbild maßgeblich beeinflussen wird, ist der dynamische technologische Wandel. Auch in der Wirtschaftsprüfung hat die fortschreitende Digitalisierung und Automatisierung bereits bedeutende Veränderungen eingeleitet und wird auch in Zukunft einen maßgeblichen Einfluss haben.

Die zunehmende Verbreitung digitaler Technologien wie künstliche Intelligenz (KI), Big Data-Analyse, Blockchain und maschinelles Lernen hat die Wirtschaftsprüfung bereits jetzt erkennbar beeinflusst. Die Technologien ermöglichen eine effizientere und präzisere Datenanalyse, was zu einer Verbesserung der Prüfungsqualität und -effizienz führen kann. Beispielsweise können KI-Algorithmen große Datenmengen analysieren und Muster erkennen, die auf potenzielle Risiken oder Unregelmäßigkeiten hinweisen.

Ein weiterer bedeutender Einfluss des Technologiewandels ist die Automatisierung von Prüfungsprozessen. Routinemäßige Aufgaben wie die Überprüfung von Transaktionen, die Identifizierung von Abweichungen und die Dokumentation von Prüfungsergebnissen werden zunehmend durch Softwarelösungen unterstützt. Dies ermöglicht es Wirtschaftsprüfern, sich intensiver mit komplexen Sachverhalten und Analysen auseinanderzusetzen und sich auf die Interpretation von Ergebnissen zu konzentrieren, anstatt sich mit zeitaufwändigen manuellen Aufgaben zu beschäftigen.

Es kann folglich davon ausgegangen werden, dass durch die fortschreitende Integration von KI und maschinellem Lernen in bestehende Prüfungsprozesse die Analysefähigkeit der Prüfungsteams weiter verbessert werden kann.

Dies geht einher mit der Notwendigkeit, Mitarbeiter mit den erforderlichen digitalen Kompetenzen auszustatten, um die neuen Technologien effektiv nutzen zu können. Darüber hinaus müssen Berufsangehörige sicherstellen, dass die eingesetzten Technologien den geltenden Vorschriften und Standards entsprechen.

Der technologische Wandel hat bereits heute einen signifikanten Einfluss auf die Wirtschaftsprüfung und wird diesen Einfluss in Zukunft weiter verstärken. Die fortschreitende Digitalisierung und Automatisierung bieten sowohl Herausforderungen als auch Chancen für die Branche. Wirtschaftsprüfer müssen sich auf diese Veränderungen einstellen und ihre Strategien entsprechend anpassen, um auch zukünftig erfolgreich agieren zu können.

4.3 Ausbildung und Examen

Das Wirtschaftsprüfungsexamen zählt zu den anspruchsvollsten Examen in Deutschland. In den vergangenen Jahren wurde viel unternommen, um das Examen zu flexibilisieren und für den Nachwuchs attraktiver zu gestalten.

Die bedeutendste Maßnahme war die Modularisierung des Wirtschaftsprüferexamens. Seither haben die Kandidaten die Möglichkeit, das Examen über einen Zeitraum von bis zu sechs Jahren zu absolvieren. Die schriftliche Prüfung umfasst grundsätzlich vier Module mit insgesamt sieben Aufsichtsarbeiten [Wirtschaftliches Prüfungswesen, Unternehmensbewertung und Berufsrecht (2 Klausuren), Angewandte Betriebswirtschaftslehre, Volkswirtschaftslehre (2 Klausuren), Wirtschaftsrecht (1 Klausur) und Steuerrecht (2 Klausuren)].

Darüber hinaus wurde die Möglichkeit geschaffen, das Examen in verkürzter Form nach den §§ 8a und 13b der WPO abzulegen. Im Rahmen der Digitalisierung soll künftig auch die Möglichkeit eröffnet werden, die schriftliche Prüfung in IT-gestützter Form durchzuführen.

Mit Blick auf die Nachhaltigkeitsberichterstattung wird das Wirtschaftsprüfungsexamen einer neuerlichen Revision unterzogen. Derzeit ist vorgesehen, ein weiteres – fakultatives – Modul in das Wirtschaftsprüfungsexamen aufzunehmen: Die zusätzliche Prüfung zum Prüfer für Nachhaltigkeitsberichte, die sich in eine schriftliche und mündliche Prüfung gliedert[34]. Die zuständigen Gremien der Wirtschaftsprüferkammer befassen sich bereits intensiv mit Fragen der Umsetzung der zu erwartenden Regelungen in das zukünftige Wirtschaftsprüfungsexamen.

---

34   So Referentenentwurf v. 22. März 2024, a.a.O., § 13c WPO-E.

5   Fazit

Der Berufsstand hat in der Vergangenheit die ihm gestellten Aufgaben stets angenommen. Das Berufsbild hat sich dabei mit den Aufgaben weiterentwickelt
und umfasst heute ein breites Leistungsspektrum. Die inhaltliche Fortentwicklung hält weiter an und es ist eine Herausforderung für die Wirtschaftsprüferkammer, aber namentlich auch für das IDW, hier stets den angemessenen und
modernen Rahmen für die berufliche Tätigkeit und nicht zuletzt auch für den
Berufsnachwuchs zu schaffen.

Klaus-Peter Naumann hat das IDW seit dem Jahr 2001 durch mehr als 20 Jahre navigiert – bis an die Schwelle der Umsetzung der CSRD in Deutschland.
Das heutige breite Leistungsspektrum des Berufsstandes ist – selbstverständlich
neben einer Vielzahl von weiteren Einflussfaktoren – nicht zuletzt das Resultat
seines Wirkens und Gestaltens. Es ist an den Nachfolgern, sein Werk in eine
gute Zukunft zu führen.

Die moderne Wirtschaftsprüfung

Verfasser: WP StB RA Dr. Christoph Regierer

1 Einleitung

Die Wirtschaftsprüfung ist im Umbruch. Zum Glück, möchte man sagen, denn dieser an sich als traditionell geltende Berufsstand bewegt sich in einem äußerst dynamischen Umfeld: Ob Internationalisierung, Nachhaltigkeit, Digitalisierung oder Künstliche Intelligenz – hinter solchen „Buzz Words" stecken Kräfte, die nicht nur das Was, sondern auch das Wie der Wirtschaftsprüfung verändern. Der Blick zurück zeigt: Vor Herausforderungen standen Prüfer von Anfang an.

Offiziell gibt es den Beruf des Wirtschaftsprüfers bei uns seit 1931. Damals hatte Reichspräsident Paul von Hindenburg eine Notverordnung erlassen, die für Aktiengesellschaften eine formale und inhaltliche Prüfung der Jahresabschlüsse durch unabhängige Prüfer vorschrieb. So sollten weitere Unternehmenszusammenbrüche als Folge der Weltwirtschaftskrise von 1929 vermieden werden.[1]

Überliefert ist, dass die Wurzeln des Berufsstands noch viel weiter zurückgehen: Nach dem Börsenkrach von 1873 sollen zwei deutsche Juristen eine jährliche Pflichtprüfung für Aktiengesellschaften durch externe Revisoren gefordert haben.[2] Die Klöster des europäischen Mittelalters pflegten die buchhalterischen Fertigkeiten der Antike weiter: Kaufleute und Gutsherren konnten schon im 13. Jahrhundert sogenannte „Auditoren" bestellen, um ihre Geschäftsbücher

---

[1] Vgl. Presseinformation der Wirtschaftsprüferkammer vom 28.10.2011: 80-jähriges Jubiläum des Berufsstandes der Wirtschaftsprüfer (online abrufbar unter wpk.de; letzter Abruf: 07.11.2023).

[2] Vgl. Wirtschaftsprüferkammer (Hrsg.), Wirtschaftsprüfer: Ein attraktiver Beruf im Kernbereich der Wirtschaft (Stand: 01.04.2024) (online abrufbar unter wpk.de; letzter Abruf: 06.11.2023).

prüfen zu lassen und Unregelmäßigkeiten aufzuklären.[3] Archäologen zufolge fanden wirtschaftliche Prüfungshandlungen bereits in den Hochkulturen des Altertums statt: Babylonische Steintafeln enthalten Einkerbungen, die als Beweis für frühe Inventarprüfungen gewertet werden. Und aus altägyptischen Aufzeichnungen (von 3000 v. Chr. bis 395 n. Chr.) lässt sich auf Prüfungshandlungen schließen, die wir heute als Vier-Augen-Prinzip bezeichnen würden.

Längst ist die Wirtschaftsprüfung eine tragende Säule unserer Volkswirtschaft. Angesichts des breiten Tätigkeitsspektrums wäre es falsch, den Berufsstand auf die Durchführung von Abschlussprüfungen zu reduzieren – auch wenn diese im öffentlichen Interesse wichtige Aufgabe derzeit besonders kontrovers diskutiert wird. Ob als Sachverständige für wirtschaftliche Betriebsführung oder in ihrer Funktion als Jahresabschlussprüfer von Kapitalgesellschaften und anderen Unternehmen, die per Gesetz zur externen Prüfung verpflichtet sind, sorgen die aktuell rund 14.800 Prüferinnen und Prüfer[4] in Deutschland für etwas, das paradoxerweise kaum zu beziffern, gleichwohl aber essenziell ist: Sie schaffen Vertrauen. Denn Investoren, Kunden, Lieferanten, Mitarbeiter und viele weitere Gruppen – alle stützen ihre Entscheidungen auf Informationen, die verlässlich sein müssen. Mit der Wirtschaftsprüfung (und ihrem Teilbereich Abschlussprüfung) ist heute eine Verantwortung verbunden, die über das reine Zahlenwerk hinausgeht. Ihre Rolle hat eine gesamtgesellschaftliche Dimension erreicht.

Eng damit verknüpft sind Themen, die eine strategische Planung und mitunter eine öffentliche Positionierung in eben dieser neuen, gesamtgesellschaftlichen Dimension erfordern. Das gilt auch für die Wirtschaftsprüfungsgesellschaften selbst. Neben Megatrends wie Nachhaltigkeit und der damit verbundenen Prüfung der nichtfinanziellen Berichterstattung, die als Erfolgsfaktor einer modernen Wirtschaftsprüfung feststehen dürften, stellt sich die Frage, vor welchen großen Herausforderungen die WP-Branche steht, welche disruptiven Kräfte auf sie einwirken und womit sich WP-Praxen befassen sollten, um zukunftsfähig zu sein. Was kennzeichnet eine moderne Wirtschaftsprüfung im 21. Jahrhundert? Welche Fundamentalprinzipien leiten den Berufsstand heute, morgen und darüber hinaus?

---

3   Vgl. Expedition Wirtschaft, Blogbeitrag vom 13.09.2021: Von der Steintafel bis zur Datenanalyse. Geschichte der Wirtschaftsprüfung, Teil 1 (online abrufbar unter expedition-wirtschaft.de/blog; letzter Abruf: 09.11.2023).

4   Vgl. Mitgliederstatistik der WPK vom 01.07.2023 (online abrufbar unter wpk.de; letzter Abruf: 07.11.2023).

2 Das Berufsbild

Als Adjektiv steht „modern" für neu, neuzeitlich, gegenwärtig und heutig. Diese Definition in Abgrenzung zu „alt" oder „antik" setzt Agilität und Flexibilität voraus. Tatsächlich hat sich vieles in der Wirtschaftsprüfung über die Jahre verändert – beispielsweise das Berufsbild.

Der Wirecard-Skandal von 2020 war daran nicht ganz unschuldig, hat er doch die öffentliche Aufmerksamkeit auf einen vor allem im PIE-Segment[5] hochkonzentrierten Markt gelenkt und eine ganze Branche (zu Unrecht) in Sippenhaft genommen. „Wenn frisch geprüfte Banken untergehen" titelte die Frankfurter Allgemeine Zeitung im März 2023 und fragte, welchen Nutzen das Testat eines Abschlussprüfers noch hat, wenn der Prüfling wenige Tage später in Existenznot gerät.[6] „Wirtschaftsprüfer sind keine Bilanzpolizei", konterte damals Andreas Dörschell, Präsident der Wirtschaftsprüferkammer (WPK), und betonte, die Aufgaben eines Abschlussprüfers bestünden nicht darin, die Zukunft des Unternehmens zu prognostizieren oder gar seine Geschäfte zu führen.[7] Hinzu kommt, dass die Arbeit eines Prüfers nicht mit der eines Forensikers oder Staatsanwalts zu vergleichen ist. Letztere wissen, wonach sie suchen müssen, und können dort gezielt in die Tiefe gehen. Das ist bei einer Abschlussprüfung nicht möglich. Für den Prüfer gilt es festzustellen, und so will es auch der Gesetzgeber, ob die Jahresrechnung als Ganzes frei von wesentlichen Fehlern ist.

Es mag ein wenig zynisch klingen, aber wenn man den Bilanzskandalen eines abgewinnen kann, dann die Tatsache, dass sie das Bewusstsein für Qualität und Risiko deutlich geschärft haben. Mit Verabschiedung des FISG muss sich insbesondere der Prüfungsausschuss kapitalmarktorientierter Unternehmen intensiver mit der Qualität einer Abschlussprüfung auseinandersetzen. Helfen dürfte dabei das International Standard of Quality Management 1 (ISQM 1) insofern, als dieses noch recht junge Qualitätsmanagementsystem den Faktor Qualität für Regulatoren prüf- und messbar und für Aufsichtsräte transparent macht. Unbestritten ist: Berichterstattung und Prüfung zahlen auf ein neues, geschärftes Qualitätsbewusstsein ein, das wir im Interesse der Finanzstabilität unbedingt brauchen.

---

5   Unternehmen von öffentlichem Interesse (engl. Public Interest Entity, Abk. PIE).

6   Vgl. Fehr, Wenn frisch geprüfte Banken untergehen, FAZ vom 22.03.2023 (online abrufbar unter faz.net; letzter Abruf: 07.11.2023).

7   Vgl. Fehr, Wenn frisch geprüfte Banken untergehen, a.a.O. (Fn. 6).

Lässt sich daraus ein modernes Berufsbild ableiten? Oder klaffen hier Außenwahrnehmung und Selbstverständnis auseinander? Gilt diese Diskrepanz am Ende auch für die Wertvorstellungen? Mit diesen Fragen hat sich das Institut der Wirtschaftsprüfer in Deutschland e.V. (IDW) lange intensiv beschäftigt und im Sommer 2022 zunächst den Entwurf für einen „Wertekodex für Wirtschaftsprüfer" vorgelegt. Die finale Fassung[8] ist seit Januar 2023 online.

2.1   Der IDW Wertekodex

Mit dem Kodex verfolgt der Verband zwei Ziele: Zum einen will er in allgemein verständlichen Worten erklären, welche hohen, insbesondere auch moralischen Anforderungen an Wirtschaftsprüfer gestellt werden. Zum anderen will er dem Selbstverständnis der Wirtschaftsprüfer öffentlich Gehör verschaffen. Der IDW Wertekodex führt nicht nur die Verhaltensgrundsätze für alle Titelträger auf, sondern geht auch auf die Grundsätze für die Führung von Wirtschaftsprüfungspraxen ein. Dabei liegt der Fokus auf dem adäquaten Umgang mit Mitarbeitenden, der Förderung von Diversität, dem Einsatz für Qualität in den erbrachten Leistungen sowie sozialen und ökologischen Belangen.

Der IDW Wertekodex zeichnet ein modernes Berufsbild und ist außerdem Öffentlichkeitsarbeit für den Berufsstand. Besondere Zeiten erfordern besondere Maßnahmen – in diesem Fall: eine Verdeutlichung der Wertebasis, auf der alle Wirtschaftsprüfer aufsetzen. Die Reaktionen auf Bilanzskandale im In- und Ausland haben gezeigt: Ein Eid, geschworen im Verborgenen, kann den Vertrauensverlust in der Öffentlichkeit nicht korrigieren. Es braucht mehr, um das Wertefundament einer modernen Wirtschaftsprüfung in die Vorstandsetagen, Board Rooms, Hörsäle und Nachrichtenredaktionen zu transportieren.

Viele Unternehmen haben erkannt, dass es im „War for Talents" von Vorteil ist, klar formulierte Unternehmenswerte zu benennen, die sich nicht nur am Profit ausrichten. Dieser Trend geht auch an den Wirtschaftsprüfungsgesellschaften nicht vorbei. Demnach finden sich Hinweise zu Verhaltensgrundsätzen oder „Corporate Values" auf nahezu allen Websites der Branche. Wichtig, und nur so wird Werteorientierung zu einem Fundamentalprinzip für moderne WP-Praxen: Was gut oder schlecht, richtig oder falsch ist, muss länder- und geschäftsbereichsübergreifend verankert werden. Beispielsweise gilt der „Global

---

8   Vgl. IDW, Der IDW Wertekodex für Wirtschaftsprüfer*innen (online abrufbar unter idw.de; letzter Abruf: 07.11.2023).

Code of Conduct" von Mazars nicht nur für die Wirtschaftsprüfer in Deutschland, sondern für alle Berufsträger der international integrierten und multidisziplinär aufgestellten Partnerschaft, also auch für die Steuerberater und die Juristen.

2.2 Diversity & Inclusion

Ein Gradmesser, an dem sich die Moderne gut ablesen lässt, ist das öffentliche Bekenntnis zu sozialer Nachhaltigkeit, insbesondere zu Diversity & Inclusion. So hat beispielsweise der Branchenverband IDW mit dem „IDW Women's Network" am 8. März 2023 auf seinem LinkedIn-Kanal eine Gruppe explizit für Frauen des Berufsstands lanciert. Erfahrungsaustausch zu aktuellen Themen, überregionales Netzwerken und Teilen neuer Impulse stehen dabei im Vordergrund. Angesprochen werden sowohl erfahrene als auch junge Wirtschaftsprüferinnen sowie der Berufsnachwuchs, allen voran die Prüfungsassistentinnen. Ziel ist, durch ein starkes Netzwerk den Interessen und Bedürfnissen der Frauen innerhalb des Berufsstands mehr Gehör zu verleihen.

Beispiele für gelebte Diversity finden sich auch auf der IDW Mitgliederseite. In diesem Sinne hat Mazars Chancengleichheit fest in die Unternehmensstrategie integriert und geht die erforderlichen Schritte bei allen internen Prozessen – vom Recruiting über das Onboarding bis zum Staffing und zur Beförderung. Mit Erfolg. In den letzten Jahren konnte der Anteil von Frauen in Führungspositionen deutlich erhöht werden: Aktuell besetzen Frauen bei Mazars 48 Prozent der Positionen in den Leitungsorganen. 75 Prozent der größten Ländervertretungen haben Aktionspläne für mehr Vielfalt entwickelt und mit deren Umsetzung begonnen.

Die Vorteile von Diversity liegen auf der Hand. Trotzdem existieren nach wie vor geschlechtsspezifische Ungleichheiten, auch im Prüfungs- und Beratungsumfeld. Es ist daher wichtig, dass sich zukunftsorientierte WP-Praxen mit immer noch bestehenden Vorurteilen und Mythen auseinandersetzen.[9] Sie müssen überprüfen, ob auch die „richtigen" Maßnahmen ergriffen wurden, um eine nachhaltige Geschlechtergleichstellung im Sinne sozialer Nachhaltigkeit zu erreichen.

---

9   Vgl. Pressemitteilung von Mazars vom 08.11.2022: Report zu Geschlechtergerechtigkeit: acht Mythen, die Frauenkarrieren ausbremsen (online abrufbar unter mazars.de; letzter Abruf: 10.11.2023).

3   Die Megatrends: Lawinen in Zeitlupe

Der wohl größte Treiber für den eingangs erwähnten Umbruch sind die sogenannten Megatrends. Sie prägen Wirtschaft und Wirtschaftsprüfung nicht nur kurzfristig, sondern auf mittlere bis lange Sicht. Aber was heißt eigentlich Megatrend? Der Begriff wurde 1982 von dem britischen Zukunftsforscher John Naisbitt geprägt. Im Gegensatz zu allgemeinen Trends, die oft nur kurzlebig sind, dauern Megatrends meist mehrere Jahrzehnte. Zudem bewirken sie einen tiefgreifenden Wandel, der sich durch alle Aspekte des Lebens zieht.

Das renommierte Zukunftsinstitut, gegründet 1998 von Matthias Horx, spricht von „Lawinen in Zeitlupe"[10] und definiert sie folgendermaßen: „Megatrends muss man nicht voraussagen, denn sie sind schon da und markieren Veränderungen, die uns schon lange prägen und auch noch lange prägen werden. Megatrends sind Tiefenströmungen des Wandels. Als Entwicklungskonstanten der globalen Gesellschaft umfassen sie mehrere Jahrzehnte. Ein Megatrend wirkt in jedem einzelnen Menschen und umfasst alle Ebenen der Gesellschaft: Wirtschaft und Politik sowie Wissenschaft, Technik und Kultur. Megatrends verändern die Welt – und zwar langsam, dafür aber grundlegend und langfristig." Laut Zukunftsinstitut gibt es zwölf Megatrends: New Work, Globalisierung, Mobilität, Konnektivität, Gesundheit, Neo-Ökologie, Gender Shift, Individualisierung, Wissenskultur, Urbanisierung, Silver Society und Sicherheit.

3.1   Megatrend Digitalisierung

Und was ist mit der Digitalisierung? Ein Blick auf die von Horx entwickelte und einer U-Bahnkarte ähnliche „Megatrend-Map" zeigt, dass sich Digitalisierung längst durch alle heutigen und zukünftigen Veränderungsprozesse zieht.[11] So gehört beispielsweise der Sub-Trend „Internet of Things" zu den Megatrends Konnektivität, Sicherheit und New Work. „Big Data" wiederum treibt die Megatrends Urbanisierung, Gesundheit, Konnektivität und Sicherheit voran. Die „eine" Digitalisierung gibt es folglich nicht. Für moderne und digitalisierungsbereite Wirtschaftsprüfungsgesellschaften bedeutet das: Sie müssen den Megatrend Digitalisierung in seine Bestandteile aufteilen – Big Data, Cloud,

---

10   Vgl. Zukunftsinstitut, Die Megatrends (online abrufbar unter zukunftsinstitut.de; letzter Abruf: 08.11.2023).

11   Vgl. Zukunftsinstitut, Die Megatrend-Map (online abrufbar unter zukunftsinstitut.de; letzter Abruf: 08.11.2023).

Künstliche Intelligenz (KI) und Hyperautomation – und diese in ihren Digitalisierungsprojekten berücksichtigen.

3.1.1 Sub-Trends Big Data und Cloud

Schätzungen zufolge wird das weltweite Datenvolumen bis 2025 auf 164 Zettabytes ansteigen – ein kaum vorstellbarer Datenbestand.[12] Ein Zettabyte sind 1.000 Exabytes. Ein Exabyte steht für eine Trillion (10 hoch 18) Bytes oder eine Milliarde Gigabytes oder eine Million Terabytes. Big Data verlangt nach neuen Möglichkeiten der Verarbeitung und Speicherung. Die Cloud ist mittlerweile zu einem unsichtbaren, aber omnipräsenten Schaltzentrum in nahezu allen Unternehmen avanciert. Niemand möchte mehr auf eine cloudbasierte Datenspeicherung verzichten. Die Cloud sei das neue Herzstück der Unternehmensdigitalisierung, schreiben die Marktforscher von IDC[13] in ihrem Whitepaper „Data Age 2025". Bis zum Jahr 2025 würden 49 Prozent aller gespeicherten Daten in öffentlichen Cloud-Netzwerken liegen, so die Autoren.

Für die Schnittstellen zur modernen Wirtschaftsprüfung bedeutet das: Kennzahlen haben ein digitales Zuhause bekommen, die Zeit der Papierberge aus kiloschweren Aktenordnern ist vorbei. Die zunehmende Digitalisierung von Prozessen und Geschäftsmodellen spielt hierbei eine wesentliche Rolle. Insbesondere durch den Einsatz von smarten Data Analytics Tools lassen sich große Datenbestände in Sekunden automatisiert analysieren und auf Auffälligkeiten untersuchen. Ein Beispiel aus der Praxis: Die klassische Zufallsstichprobe bei der Prüfung kann heute schon der Vergangenheit angehören.

3.1.2 Sub-Trend Künstliche Intelligenz

Auch die Künstliche Intelligenz (KI) ist aus der modernen Wirtschaftsprüfung nicht mehr wegzudenken. So können bereits heute substanzielle Prüfungshandlungen für das komplexe Prüffeld der Rückstellungen automatisiert durch KI-Modelle vorbereitet werden.[14] Künstliche Intelligenz werde daher „mehr als Chance und weniger als Risiko" gesehen, schreibt das Marktforschungsunter-

---

12 Vgl. Verbraucherzentrale, Die Geschichte von Big Data (Stand: 16.10.2023) (online abrufbar unter verbraucherzentrale.de; letzter Abruf: 10.11.2023).

13 Vgl. IDC Seagate, Data Age 2025: The Digitization of the World (online abrufbar unter seagate.com; letzter Abruf: 09.11.2023).

14 Vgl. Föhr/Marten/Schreyer, Generative Künstliche Intelligenz in der Wirtschaftsprüfung, Der Betrieb Nr. 30, 24.07.2023, S. 1681–1693.

nehmen Lünendonk & Hossenfelder in einer aktuellen Studie.[15] In Bezug auf die kognitive Intelligenz werde KI „die größte und schnellste Welle der Disruption erzeugen, die wir jemals erlebt haben." Lünendonk & Hossenfelder spricht gar von einer „Zeitenwende" und empfiehlt WP-Gesellschaften hinsichtlich KI „frühzeitig neue Zukunftsstrategien" zu integrieren.[16]

Tatsächlich beschäftigen sich bereits zahlreiche Häuser mit generativer KI. Damit sind Modelle gemeint, die auf der Basis von Eingabedaten durch Befehle („Prompts") den darauf mit hoher Wahrscheinlichkeit passenden Output generieren. Das in der Öffentlichkeit wohl bekannteste Modell generativer KI ist ChatGPT. Es setzt auf eine schriftliche Eingabe-Ausgabe-Interaktion zwischen Mensch und Maschine. Die generative KI „stellt einen Paradigmenwechsel mit erheblichen Folgen für sämtliche Berufsfelder dar, so auch für die Wirtschaftsprüfung", schreiben Tassilo Lars Föhr, Dr. Kai-Uwe Marten und Marco Schreyer in einem 2023 veröffentlichten Aufsatz.[17] Ohne Regulierung kommt KI freilich nicht aus: Am 08.12.2023 verständigten sich Unterhändler von Europaparlament und EU-Staaten nach langen Verhandlungen auf den „AI Act", das erste umfassende KI-Gesetz der Welt. Am 13.03.2024 stimmten die EU-Parlamentarier mit großer Mehrheit für das Gesetz.

Für KI-Schlagzeilen sorgen die Big Four mit hohen Investitionsversprechen. PwC gab im März 2023 eine exklusive Kooperation mit der GPT-Anwendung „Harvey" bekannt und erklärte, in den kommenden Jahren über eine Milliarde Dollar für das Projekt ausgeben zu wollen. Im Juli 2023 veröffentlichte KPMG die Zusammenarbeit mit Microsoft, verbunden mit der Entwicklung einer eigenen generativen KI-Anwendung namens „KaiChat". EY berichtete im September 2023, einen Milliardenbetrag für eine Plattform mit verschiedenen Formen Künstlicher Intelligenz budgetiert zu haben. Und auch bei Deloitte steht KI auf der Agenda: Man wolle künftig stärker in das Thema investieren und „in Deutschland einen dreistelligen Millionenbetrag in technologiebasierte Anwendungen" stecken, sagte Deloitte-Chef Volker Krug im November 2023.

---

15 Vgl. Lünendonk & Hossenfelder GmbH, Lünendonk®-Studie „Wirtschaftsprüfung und Steuerberatung in Deutschland" 2023, S. 37.

16 Vgl. Lünendonk & Hossenfelder GmbH, Lünendonk®-Studie „Wirtschaftsprüfung und Steuerberatung in Deutschland" 2023, S. 135.

17 Vgl. Föhr/Marten/Schreyer, Generative Künstliche Intelligenz in der Wirtschaftsprüfung, Der Betrieb Nr. 30, 24.07.2023, S. 1681–1693.

KI sei eine teure Technologie, die sich permanent weiterentwickelt, betonte IDW-Vorstandssprecherin Melanie Sack in einem Interview mit dem FINANCE Magazin. Aber auch das gehört zur Wahrheit: Die Big Four sind riesige weltumspannende Netzwerke mit jeweils mehreren Hunderttausend Mitarbeitern – und alle wollen mitgenommen werden in die schöne neue KI-Welt. Ihre Aus- und Weiterbildung hat zwangsläufig eine ganz andere Kostendimension als bei kleinen und mittelständischen Praxen, die zudem davon profitieren, dass sich KI vom „Hype" zum „New Normal" entwickelt. Tatsächlich ist die Demokratisierung von Künstlicher Intelligenz bereits in vollem Gang. Womit sich selbst die kleinste Wirtschaftsprüfungsgesellschaft beschäftigen sollte, sind die von Softwareherstellern wie Microsoft angebotenen KI-Produktivitätsanwendungen, die unter dem Sammelbegriff „CoPilot" vermarktet werden und selbst den Einsatz von Word, Excel, PowerPoint, Outlook, Teams und die damit verbundenen Workflows stark verändern.

Doch Künstliche Intelligenz hat nicht nur einen technischen Kern. Wenn alle Branchen, Bereiche, Abteilungen und Prozesse von dieser digitalen Transformation erfasst werden, können Produktivität und Qualität in allen Disziplinen gestärkt werden. Für KI spricht also, einen multidisziplinären Ansatz zu wählen bzw. diesen weiterhin erfolgreich fortzusetzen. Für KI spricht außerdem, Mensch und Maschine künftig so einzusetzen, dass auch mittelständische WP-Praxen komplexe Prüfungsmandate annehmen können, was wiederum die Anbietervielfalt auf dem immer noch hochkonzentrierten PIE-Prüfungsmarkt erhöhen dürfte.

Prüfer setzen KI bereits für die Datenanalyse, die Betrugserkennung und die Risikoanalyse ein. Teile der Prüfung werden damit beschleunigt, qualitativer und effizienter. Doch bei aller Euphorie sollten auch die Grenzen und Risiken mitbedacht werden. KI kann Daten analysieren und Muster erkennen, für rechtliche oder gar ethische Schlussfolgerungen braucht es weiterhin den Menschen. Defizite haben KI-Systeme zudem bei der Interpretation von Kontext, bei der Entwicklung von wirklich kreativen und strategischen Lösungsansätzen, bei der Kundenkommunikation und außerdem in vielen Situationen, die menschliche Erfahrung und emotionale Intelligenz erfordern.[18] Unbestritten ist, KI kann nur ein Hilfsmittel sein. Die Verantwortung – auch für einen algorithmischen Prüfungsansatz – bleibt immer beim Wirtschafts- bzw. Abschlussprüfer, der die Ergebnisse einordnen muss.

---

18   Vgl. Weddemar/Hilmer, KI in der Wirtschaftsprüfung: Hat die Revolution begonnen? (WP-Blog von Mazars, online abrufbar unter der-wirtschaftspruefungs-blog.de; letzter Abruf: 16.11.2023).

Sub-Trends wie KI, Data Analytics & Co. werden für den modernen Prüfer auch die Schnittstelle zum Prüfungsausschuss verändern. Ein Beispiel dafür ist das „Remote Audit" in Kombination mit einem „Continuous Auditing": Dabei können Prüfer aus der Ferne alle relevanten Daten einsehen und übersichtlich visualisiert laufend im Blick behalten. Hinzu kommen Chatbots, die für einfache Nachfragen genutzt werden. Mit Science-Fiction hat das alles nichts zu tun. Wie bereits erwähnt, wird der Zugang zu KI-Technologien durch No-Code-Plattformen demokratisiert: Auch wer von Programmierung keine Ahnung hat, kann damit praktikable Anwendungen über eine grafische Benutzeroberfläche einfach gestalten. Low-Code-Plattformen erfordern etwas mehr Know-how, öffnen jedoch das Anwendungsdesign ebenfalls für einen weiten Kreis.

3.1.3 Sub-Trend Hyperautomatisierung

Ein weiterer Sub-Trend im Kontext der Digitalisierung ist die Hyperautomatisierung (engl. Hyperautomation). Dahinter verbirgt sich keine Technologie, sondern ein Ansatz, der unterschiedliche Automatisierungstechnologien miteinander kombiniert, zum Beispiel Machine Learning und Robotic Process Automation (RPA). Hyperautomatisierung, früher als Prozessautomatisierung bezeichnet, ist der nächste Schritt in der Automatisierung von Prozessen, hin zu einem Ökosystem von Technologien, die ineinandergreifen und sich ergänzen. Der Trend geht zu einem ganzheitlichen und strategischen Ansatz, der alle Abläufe und Prozesse im Unternehmen intelligent integriert. Künftig werden RPA, Business Process Management, Workflow Engine und Process Mining so zusammenspielen, dass komplexe Prozesse komplett automatisiert ablaufen können. Vom Wirtschaftsprüfer erfordert das ganz sicher mehr technisches Verständnis als früher. Ein zusätzliches Informatikstudium werde er jedoch nicht benötigen, stellte IDW-Chefin Melanie Sack im Interview klar. „Aber natürlich wandelt sich das Berufsbild – auch durch den vermehrten Einsatz von KI."[19]

Schöne neue Welt? Fest steht, Digitalisierung ist ein Megatrend mit zahlreichen Facetten und weitreichenden Veränderungen für die Menschen, die Gesellschaft, die Märkte und die Unternehmen. So wie sich moderne Unternehmen weiterentwickeln, so ist auch die moderne Wirtschaftsprüfung gefordert, die digitale Transformation als Qualitätsschub in eine multidisziplinäre Zukunft zu verstehen.

---

19 Vgl. Sinß, IDW-Chefin Melanie Sack: „KI macht die Abschlussprüfung nicht günstiger" (Interview), FINANCE Magazin vom 05.04.2024 (online abrufbar unter finance-magazin.de; letzter Abruf: 05.04.2024).

3.2   Megatrend Neo-Ökologie

„Nachhaltigkeit, Umweltschutz und Klimawandel sind keine Nischenthemen mehr. Es geht um nichts weniger als um unsere Existenz." So beschreibt das in Wien ansässige Zukunftsinstitut einen weiteren Megatrend, der Wirtschaft und Wirtschaftsprüfung auf Veränderung trimmt: Nachhaltigkeit bzw. Neo-Ökologie.[20] Mit der Klimakrise im Mittelpunkt ist dieser Trend nicht nur zum zentralen Treiber für neue Werte geworden. Neo-Ökologie steht auch für einen tiefgreifenden Systemwandel in der Wirtschaft. „Dass es kein ‚Weiter so' mehr geben kann, ist im kollektiven Bewusstsein angekommen", erklären die Zukunftsforscher rund um Matthias Horx. Eine Lösung könne es nur geben, wenn sich sämtliche Gesellschaftsbereiche neu ausrichten auf ein neues Nachhaltigkeitsparadigma. Dabei spielt Transformation eine entscheidende Rolle.[21]

Die Wirtschaft steht unter Transformationsdruck. „Wir beobachten bereits heute einen deutlichen Wandel – weg vom Shareholder Value, also nur dem Mehrwert für Aktionäre, hin zum Stakeholder Value, dem Mehrwert für ganz unterschiedliche Personenkreise", stellt Petra Justenhoven, Sprecherin der Geschäftsführung von PwC Deutschland, in einem 2023 veröffentlichten Gastbeitrag richtigerweise fest.[22] Tatsächlich erwarten immer mehr Anspruchsgruppen genauere Einblicke in den Einfluss, den Unternehmen auf die Welt nehmen und der sie zu zentralen Akteuren der Bewältigung aktueller und künftiger Herausforderungen macht. Mit Blick auf die vielen Krisen der letzten Jahre, häufig als „Polykrise" subsummiert, sind die Unternehmen gefragt, ihre Geschäftsmodelle anzupassen – sei es, weil Lieferketten nicht mehr funktionieren oder weil politische und rechtliche Grundlagen des Wirtschaftens auf einmal unsicher geworden sind. „Am Ende steht die License to Operate auf dem Spiel", warnen die Experten der internationalen Kommunikationsberatung FleishmanHillard in ihrer aktuellen Studie zur Corporate Citizenship.[23]

Gesellschaftliche Verantwortung und unternehmerischer Erfolg sind keine Gegensätze mehr. Unternehmen, die sich als „Corporate Citizen" begreifen,

---

20   Vgl. Zukunftsinstitut, Der wichtigste Megatrend unserer Zeit (online abrufbar unter zukunftsinstitut.de; letzter Abruf: 10.11.2023).

21   Vgl. Zukunftsinstitut, Megatrend Neo-Ökologie (online abrufbar unter zukunftsinstitut.de; letzter Abruf: 10.11.2023)

22   Vgl. Justenhoven, Der Megatrend Nachhaltigkeit verändert die Wirtschaftsprüfung, WPg 2023, S. 344.

23   Vgl. FleishmanHillard, Corporate Citizenship Studie 2022 (online abrufbar unter fleishmanhillard.de; letzter Abruf: 15.12.2023).

machen Verantwortung zum Managementprinzip. Sie haben erkannt, dass unternehmerische Verantwortung weit über ökonomische Kalküle hinausgeht. Damit eröffnet die Transformation der Wirtschaft die Chance auf Wettbewerbsvorteile. Voraussetzung: Die Unternehmen müssen nachhaltiges Handeln und unternehmerische Verantwortung für sich definieren und außerdem durch Kennzahlen mess- und vergleichbar machen.

3.2.1 CSRD: Treiber nachhaltiger Transformation

Diese nachhaltige Transformation der Wirtschaft erfordert wiederum eine agile und leistungsfähige Wirtschaftsprüfung. Noch relativ neu, und jetzt schließt sich der Kreis zur modernen Wirtschaftsprüfung in ihrer gesamtgesellschaftlichen Dimension, sind Vertrauensdienstleistungen rund um die nichtfinanziellen Kennzahlen. Ein wesentlicher Treiber ist die Corporate Sustainability Reporting Directive (CSRD).[24] Die Richtlinie trat Anfang 2023 in Kraft und sollte bis Juli 2024 in nationales Recht umgesetzt werden.

Von der CSRD sind in Europa schätzungsweise rund 50.000 Unternehmen direkt betroffen, davon entfallen allein 15.000 auf Deutschland. Hinzu kommt die Mehrheit der bundesweit rund 18.500 Unternehmen der öffentlichen Hand, die indirekt betroffen sind.[25] Künftig werden also deutlich mehr Unternehmen verpflichtet, Nachhaltigkeitsberichte zu erstellen als heute. Darüber hinaus gilt erstmals ein verpflichtendes Rahmenwerk: die European Sustainability Reporting Standards (ESRS) mit einer Vielzahl von qualitativen und quantitativen Datenpunkten. Noch sind diese Regelungen mit Auslegungsunsicherheiten behaftet, was Unternehmen vor weitere Herausforderungen stellt.[26] Neben den umfangreichen Berichtsanforderungen der CSRD wird die Nachhaltigkeitsberichterstattung auch inhaltlich prüfungspflichtig. Gilt zunächst die begrenzte Sicherheit („limited assurance"), will die EU-Kommission bis Oktober 2028 im Rahmen einer Machbarkeitsbewertung ermitteln, ob die Anforderungen auf hinreichende Prüfungssicherheit („reasonable assurance") erweitert werden sollen. „Die Breite und Tiefe der neuen Regulierung zeigt eindrucksvoll, dass Unternehmen sich schnellstmöglich mit den neuen Anforderungen aus-

---

24 Richtlinie (EU) 2022/2464.

25 Vgl. IDW Schreiben vom 08.09.2022, Nachhaltigkeitsberichterstattung öffentlicher Unternehmen: Mittelbare Auswirkungen der Corporate Sustainability Reporting Directive (CSRD) (online abrufbar unter idw.de; letzter Abruf: 15.11.2023).

26 Vgl. Sack/Stappert, Umsetzung des neuen Nachhaltigkeitsreportings: Wie Wirtschaftsprüfer bei der Vorbereitung und Erstellung unterstützen können, econic Magazin, Oktober 2023, S. 32–34.

einandersetzen sollten", schrieb Melanie Sack, Vorstandssprecherin des IDW, in einem Gastbeitrag.

3.2.2 Prüfung aus einer Hand

Lassen sich Finanz- und Nachhaltigkeitsberichterstattung – mit Blick auf die Prüfung – tatsächlich klar voneinander trennen? Falls ja, wer sollte die Prüfung der nichtfinanziellen Kennzahlen idealerweise übernehmen? Die CSRD sieht grundsätzlich vor, dass die Nachhaltigkeitsberichterstattung durch den Abschlussprüfer geprüft wird. Das wäre eine Prüfung aus einer Hand. Allerdings hatte Brüssel den Mitgliedstaaten bei der Umsetzung in nationales Recht ein Wahlrecht eingeräumt, das auch die Bestellung eines anderen Wirtschaftsprüfers oder eines sogenannten „unabhängigen Erbringers von Bestätigungsleistungen" zulassen würde. Ende 2023 zeichnete sich ab, dass sich die meisten Mitgliedstaaten für diese Öffnungsklausel aussprechen wollten. Allein Deutschland, Tschechien und Slowenien hielten zu dem Zeitpunkt ausschließlich am Abschlussprüfer fest. Mit einem Brandbrief hatte sich damals der TÜV-Verband e.V. als Vertretung der technischen Prüforganisationen gemeinsam mit den Wirtschaftsverbänden der Chemischen Industrie (VCI), des Maschinen- und Anlagenbaus (VDMA), der Elektro- und Digitalindustrie (ZVEI), der Textilindustrie sowie der Stahl- und Metallverarbeitung (WSM) und der Wirtschaftsvereinigung Metalle an das Bundesjustizministerium gewandt. Die Forderung: Deutschland solle unabhängige Erbringer von Bestätigungsleistungen zulassen, denn dies fördere den Wettbewerb, führe zu geringeren Kosten für die berichtenden Unternehmen und vermeide potenzielle Kapazitätsengpässe bei der externen Prüfung. Mittlerweile hat das Bundesjustizministerium den Referentenentwurf zur deutschen Umsetzung der CSRD veröffentlicht. Er sieht vor, dass in Deutschland nur andere Wirtschaftsprüfer neben dem Abschlussprüfer für die Prüfung der Nachhaltigkeitsberichterstattung zugelassen werden. Damit hat sich der Berufsstand mit seiner Forderung durchgesetzt, dass nur Wirtschaftsprüfer die Nachhaltigkeitsberichte prüfen sollen. In diese Richtung hatte auch der Prüferverband argumentiert und dabei auf die methodische Prüfungskompetenz sowie die „qualitätssichernde Infrastruktur" verwiesen.[27] Außerdem gelte es, das Risiko von Greenwashing zu verringern.[28]

---

27 Vgl. Sinß, IDW-Chefin Melanie Sack: „KI macht die Abschlussprüfung nicht günstiger" (Interview), a.a.O. (Fn. 19).

28 Vgl. Sack/Stappert, Umsetzung des neuen Nachhaltigkeitsreportings, a.a.O. (Fn. 26).

3.2.3 Gefahr von Greenwashing

Tatsächlich könnte es sein, dass Nicht-Regierungsorganisationen und andere Nicht-Kapitalgeber die Nachhaltigkeitsberichte künftig stärker auf Greenwashing-Hinweise analysieren. „Die Aufspaltung der Prüfung des Finanz- und Nachhaltigkeitsberichts auf zwei unterschiedliche Prüfungsinstanzen vergrößert das Risiko von Greenwashing und einer Erwartungslücke, weil die Stakeholder nicht zwischen den Vorgehensweisen der beiden Prüfungsinstanzen unterscheiden können und insbesondere verstärkt eine integrierte Berichterstattung und Prüfung nachfragen", schrieb Prof. Dr. Patrick Velte, Professor für Betriebswirtschaftslehre, insb. Accounting, Auditing & Corporate Governance an der Leuphana Universität Lüneburg, in einem Impulspapier für die Schmalenbach Gesellschaft.[29] Aus ökonomischer Perspektive, so Velte, stelle die kombinierte Prüfung des Finanz- und Nachhaltigkeitsberichts durch die Nutzung von Synergieeffekten und die Bedeutungszunahme einer integrierten Berichterstattung durch das International Sustainability Standards Board (ISSB) die „vorzugswürdige Strategie" dar.

Unbestritten ist, dass beide Dimensionen der Berichterstattung anspruchsvoll und zudem miteinander verknüpft sind. Das erfordert nicht nur fachliches Know-how, sondern auch den Aufbau entsprechender Ressourcen. Mit seinem Hinweis auf „potenzielle Kapazitätsengpässe" hat der TÜV einen Nerv getroffen. Für eine langfristige integrierte Prüfung von Finanz- und Nachhaltigkeitsbericht durch den Wirtschafts- bzw. Abschlussprüfer mit hinreichender Sicherheit sei der Berufsstand aufgefordert, in den nächsten Jahren eine „flächendeckende Aus- und Fortbildung von Wirtschaftsprüfern im ESG-Bereich" zu vollziehen und gleichzeitig dem hartnäckigen Nachwuchsproblem zu begegnen, betont Velte.[30] Damit könnte die CSRD einen disruptiven Charakter in der Ausbildung und Qualifikation von Wirtschaftsprüfern haben.[31] Wie sonst sollten beispielsweise Emissionsberechnungen, finanzielle Auswirkungen von Abhängigkeiten oder Risiken und Chancen der biologischen Vielfalt mit begrenzter bzw. hinreichender Sicherheit geprüft werden? „Nur weil die Verantwortung

---

29 Vgl. Velte, Prüfung von Nachhaltigkeitsberichten nach der Corporate Sustainability Reporting Directive (CSRD) durch den Wirtschaftsprüfer – Fluch oder Segen?", Schmalenbach IMPULSE 3(1): 1–13.

30 Vgl. Patrick Velte, „Prüfung von Nachhaltigkeitsberichten nach der Corporate Sustainability Reporting Directive (CSRD) durch den Wirtschaftsprüfer – Fluch oder Segen?", Schmalenbach IMPULSE 3(1): 1–13.

31 Grabenhorst/Marx/Maurer, Wirtschaftsprüfung: Verdammt zur inkrementellen Innovation?, IDW Life 04.2023

beim Abschlussprüfer oder Wirtschaftsprüfer liegt, heißt das nicht, dass er alles allein machen wird", betonte IDW-Chefin Melanie Sack in einem Interview und verwies zu Recht auf entsprechende Standards für die Einbeziehung externer Dritter, die schon heute für Rechts- oder Spezialfragen hinzugezogen werden.[32]

Mit der Neo-Ökologie haben Wirtschaft und Wirtschaftsprüfung also ein wichtiges Zukunftsthema auf der Agenda. Nachhaltigkeit sei kein kurzlebiger Hype, sondern werde zu einem Imperativ unternehmerischen Handelns, heißt es dazu in der 18. Lünendonk®-Studie zum WP-Markt in Deutschland.[33] „Wir bauen unsere ESG-Beratungs- und Prüfungsexpertise derzeit aus", erklärten schon 2023 fast 80 Prozent der Studienteilnehmer. Für eine nachhaltige Transformation der Wirtschaft müssen – prüferseitig – nicht nur Dienstleistungen, sondern Vertrauensdienstleistungen erbracht werden. Die CSRD bietet modernen WP-Praxen die Chance, an dieser Transformation mitzuwirken und so zum Erfolg des 2019 von der Europäischen Kommission ausgerufenen „European Green Deal" beizutragen.

3.3   Megatrend Globalisierung

Als Globalisierung haben Zukunftsforscher einen weiteren Megatrend definiert. Dieser beschreibt den „Prozess einer weltweiten Verflechtung" verschiedener Akteure, der in den vergangenen Jahrzehnten erheblich an Dynamik gewonnen hat. Immer mehr „Menschen, Organisationen und Staaten sind miteinander vernetzt" und interagieren.[34]

In der Wirtschaftsprüfung gibt es drei Möglichkeiten, sich im internationalen Umfeld zu bewegen. Die erste und am weitesten verbreitete Option ist der Zusammenschluss von rechtlich unabhängigen Wirtschaftsprüfungsgesellschaften zu einem gemeinsamen Netzwerk – mitunter auch mit einheitlicher Firmierung. Der zweite Ansatz ist ein Engagement über Tochterunternehmen in mehreren Ländern. Die dritte Variante setzt auf eigenständige Landesgesellschaften.

---

32 Vgl. Sinß, IDW-Chefin Melanie Sack: „KI macht die Abschlussprüfung nicht günstiger" (Interview), a.a.O. (Fn. 19).

33 Vgl. Lünendonk & Hossenfelder GmbH, Lünendonk®-Studie „Wirtschaftsprüfung und Steuerberatung in Deutschland" 2023, S. 100.

34 Vgl. Zukunftsinstitut, Megatrend Globalisierung (online abrufbar unter zukunftsinstitut.de; letzter Abruf: 14.11.2023).

„Die Vorteile einer internationalen Ausrichtung sind unumstritten und es ist klar: Wer auf Internationalität verzichtet, ist auf mittel- und langfristige Sicht bei länderübergreifenden Projekten nicht konkurrenzfähig – auch wenn es oftmals schwerfällt, die eigene Unabhängigkeit aufzugeben oder Netzwerkgebühren zu zahlen", schreiben die Analysten von Lünendonk & Hossenfelder.[35] Um Mandanten qualitativ angemessen und einheitlich betreuen zu können, „muss das Alignment zwischen den Netzwerkpartnern durch geeignete organisatorische und finanzielle Regelungen enger werden, so dass eine Zusammenarbeit wie in den Verbünden der Big Four entsteht. Nur so kann zum Beispiel eine Digitalisierungsstrategie weltweit realisiert und einheitlich umgesetzt werden", empfiehlt ein Vertreter der Next Sixt.[36]

3.3.1 Konsistenz ist gefragt

Tatsächlich sind diejenigen im Vorteil, die auf Konsistenz setzen und ihre internen Systeme länderübergreifend vereinheitlichen. Ein Beispiel aus dem Challenger-Umfeld: 2023 hat Mazars mit „Atlas NextGen" eine neue, weltweit einheitliche Prüfungsplattform eingeführt. Sie wurde intern speziell für die Bedürfnisse der internationalen Prüfungsteams entwickelt und deckt alle vier Audit-Phasen ab: Acceptance, Planning & Risk, Audit Response und Completion. Hinter der Software steht der One-Team-Gedanke von Mazars. Die Gruppe fährt (auch) im Audit einen international einheitlichen Prüfungsansatz, der die Konsistenz zwischen den Ländern fördert und die Prüfungsqualität länderübergreifend gewährleistet. So kann theoretisch jeder Prüfer jedes Prüfmandat bearbeiten, ohne sich extra in ein neues Tool einarbeiten zu müssen. Die internationale Unterstützung bei personellen Engpässen in einzelnen Ländern oder Regionen wird quasi barrierefrei. Atlas NextGen hat erfolgreich mehrere, sehr unterschiedliche Prüfungsprogramme abgelöst, die über Jahre parallel im Einsatz waren. Die neue Plattform wurde außerdem so offen gestaltet, dass weitere Anwendungen eingebunden werden können, darunter die ebenfalls länderübergreifende Kommunikationsplattform Signals.

Weil sich Systeme durch Interaktionen gegenseitig beeinflussen, ändert sich die Dynamik der Globalisierung ständig. Das gilt für Wirtschaft und Wirtschaftsprüfung gleichermaßen. Es gibt Interaktionen, die Neues entstehen lassen –

---

35 Vgl. Lünendonk & Hossenfelder GmbH, Lünendonk®-Studie „Wirtschaftsprüfung und Steuerberatung in Deutschland" 2023, S. 84.

36 Vgl. Baker Tilly, Audit of the Future: Auswirkungen auf den Mittelstand (online abrufbar unter bakertilly.de; letzter Abruf: 14.11.2023).

zum Beispiel das zum 01.06.2024 gegründete globale Netzwerk Forvis Mazars – oder alte Verbindungen kappen, wie der Netzwerk-Wechsel bei Ebner Stolz von Nexia zu RSM International gezeigt hat.

Treiber dieser Dynamik auf Prüferseite sind die Mandanten bzw. die Tatsache, dass sich das wirtschaftliche Geschehen zunehmend in größere und internationale Einheiten verschiebt. „Follow your Customer" setzt auf die Nutzung von stabilen Kundenbeziehungen, um dadurch den eigenen Internationalisierungsgrad zu erweitern und so eine stabile und planbare Basis für die eigenen Aktivitäten im Ausland zu liefern. Prüfer stehen damit jedoch vor der Herausforderung, die Jahresabschlussprüfung unter Beachtung internationaler Gesetzgebungen/Regulierungen durchzuführen.

3.3.2 Standards weltweit anerkannt

Interessant ist in diesem Kontext die Entwicklung der ISA [DE]. Theoretisch sieht § 317 (5) HGB vor, dass ein Abschlussprüfer bei der Durchführung seiner Prüfung die International Standards on Auditing (ISA) anzuwenden hat. Weil die einzelnen EU-Mitgliedstaaten von ihren nationalen Besonderheiten nicht abrücken wollen, hat die EU bislang die ISA nicht offiziell angenommen. Deshalb läuft der § 317 (5) HGB noch ins Leere. In diese Regelungslücke treten die vom IDW ausgegebenen Prüfungsstandards (PS). Lange wurden neue PS unter Berücksichtigung der (sofern vorhanden) korrespondierenden ISA in einem Transformationsprozess erarbeitet. Künftig sollen die ISA direkt zur Anwendung kommen. Die neuen deutschen Grundsätze ordnungsgemäßer Abschlussprüfung (GoA) bestehen daher aus den ISA, die um spezifische deutsche Besonderheiten in DE-Textziffern ergänzt wurden: die sogenannten ISA [DE]. Ihre Vorteile liegen auf der Hand: Prüfungen werden immer globaler. In einem internationalen Netzwerk können einheitliche Prüfungshandbücher und Qualitätssicherungsverfahren genutzt werden. Bei internationalen Mandanten lässt sich also einfacher darlegen, dass nach internationalen Standards geprüft wurde. Die parallele Prüfung nach deutschen GoA und ISA fällt weg, Doppelarbeit wird vermieden. Kurzum: eine Win-win-Situation.

3.3.3 Geopolitische Herausforderungen

Die Dynamik der Globalisierung, die sich aus den Interaktionen ergibt, kann in bestimmte Richtungen weisen. Sie kann den „Wir sind eins"-Gedanken verstärken und eine Annäherung von Akteuren oder Ländern fördern („Konvergenz"). Sorgt die Dynamik hingegen dafür, dass sich die Nationen oder Regionen separieren, nennt man diesen Effekt Divergenz. Möglich ist, dass die Konvergenz in einem Bereich Divergenzen in einem anderen auslöst. Ein Beispiel dafür ist der russische Angriff auf die Ukraine, weil sich Russland nicht nur vom Westen abgewandt, sondern möglichen neuen Partnern wie z.B. China zugewandt hat. Ereignisse wie die weltweite Erschütterung des Finanzsystems, die Pandemie oder die Energie-Krise haben gezeigt, dass die Folgen krisenhafter Interaktionen gewaltig sein können, warnt das Zukunftsinstitut in seinem Dossier zum Megatrend Globalisierung.[37]

Folglich ist eine zunehmend internationalisierte Wirtschaftsprüfung auch geostrategischen Fragen ausgesetzt. Wie etwa soll man sich zum geopolitischen Aufsteiger China positionieren? Denn im Verhältnis zur Volksrepublik zeichnet sich ein Abschied von der Wahrnehmung als „Absatz-Schlaraffenland" ab. „China handelt ambivalent, die Strategie des Landes ist mit europäischem Denken kaum zu fassen. Allein durch die Wucht seiner Größe bestimmt China zunehmend die Spielregeln – von Investitionen über rechtliche Rahmenbedingungen bis hin zu kulturellen Entwicklungen", beobachten die Zukunftsforscher um Matthias Horx. Die Hebelkraft Chinas dürfte perspektivisch sogar noch zunehmen. Der Internationale Währungsfonds (IWF) hat seine Wachstumsprognose für die chinesische Wirtschaft 2023 von 4,4 auf 5,2 Prozent angehoben. Seit dem Ende der strikten Corona-Reisebeschränkungen haben auch chinesische Unternehmen wieder begonnen, ihre Fühler ins Ausland auszustrecken. So ist von zahlreichen chinesischen Wirtschaftsdelegationen zu hören, die Deutschland und andere europäische Länder besuchen – Termine bei Wirtschaftsprüfern inklusive. Es verwundert nicht, dass einige Wirtschaftsprüfungsgesellschaften einen „China Desk" mit mehrsprachigen Teams eingerichtet haben, um chinesische Mandanten mit Buchhaltungs-, Steuer- und Jahresabschlussdienstleistungen, Abschlussprüfungen und Due Diligences zu unterstützen.

Wie dynamisch sich der Megatrend Globalisierung in der modernen Wirtschaftsprüfung weiterentwickelt, hängt maßgeblich von der internationalen Aufstellung der Mandanten ab. Wichtig ist außerdem die Frage, welche Vision eine Wirtschaftsprüfungsgesellschaft für sich bzw. ihr Netzwerk formuliert hat. Soll die Zukunft innovativ und mutig gestaltet werden? Oder soll sie bewahrt, beschützt und eigentlich nur verwaltet werden?

---

37   Vgl. Zukunftsinstitut, Megatrend Globalisierung (online abrufbar unter zukunftsinstitut.de; letzter Abruf: 14.11.2023).

3.3.4 Neue Regularien

Die Option, einfach den Status quo zu halten, haben Wirtschaftsprüfer nicht immer. Mitunter sitzen die Treiber für Veränderungen in Berlin und Brüssel. Aus neuen Gesetzen ergeben sich nicht selten neue Prüfungs- und Beratungsbedarfe. Ziel einer modernen Wirtschaftsprüfung sollte sein, diese neuen Regularien in die Praxis einfließen zu lassen. Dafür müssen zunächst die Hausaufgaben gemacht, d.h. Daten erhoben und analysiert werden: Welche Mandanten sind wann und wie von den neuen Gesetzen betroffen? Was bedeutet das für ihre Bedarfe – und für die zu erbringenden Dienstleistungen? Nachfolgende Beispiele stehen stellvertretend für die vielen regulatorischen Impulse, die dieser Tage aus Brüssel kommen:

Mit der eingangs erwähnten CSRD wird die Non-Financial Reporting Directive (NFRD), die in Deutschland 2017 mit dem CSR-RUG umgesetzt wurde, abgelöst. Sie macht die Nachhaltigkeitsberichterstattung und ihre Prüfung zur Pflicht. Ab 2025 (für das Berichtsjahr 2024) sind alle Unternehmen betroffen, die bereits nach der NFRD berichten müssen. Das gilt für kapitalmarktorientierte große Unternehmen mit mehr als 500 Mitarbeitenden. Ab 2026 (für das Berichtsjahr 2025) folgen alle großen Unternehmen, die zwei der drei folgenden Kriterien erfüllen: mehr als 250 Mitarbeitende, mehr als 25 Mio. Euro Bilanzsumme oder mehr als 50 Mio. Euro Umsatz. Ab 2027 (für das Berichtsjahr 2026) trifft es kapitalmarktorientierte kleine und mittlere Unternehmen (KMUs) sowie kleine und nicht komplexe Kreditinstitute und firmeneigene Versicherungsunternehmen. Ab 2029 (für das Berichtsjahr 2028) müssen auch Nicht-EU-Unternehmen mit EU-Niederlassungen oder EU-Tochterunternehmen ihre Nachhaltigkeitsberichte nach der CSRD prüfen lassen.

Impulse für die Prüfung und Beratung sind auch vom neuen „Gesetz über digitale Dienste und Märkte" zu erwarten. Zu diesem EU-Regulierungspaket gehören zwei Verordnungen für Online-Plattformen.[38] Der Digital Markets Act (DMA) ist seit 01.11.2022 in Kraft und kam am 02.05.2023 zur Anwendung. Er betrifft große Digitalkonzerne, sogenannte Gatekeeper, deren marktbeherrschende Macht beschränkt werden soll. Dafür legt der Gesetzgeber Verhaltenspflichten fest und droht bei Verstößen mit Geldbußen oder gar Zerschlagung. Ergänzt wird der DMA vom Digital Services Act, kurz DSA, der seit 17.02.2024

---

38 Vgl. Bundesregierung, Tipps für Verbraucher vom 28.11.2022: Digital Services Act und Digital Markets Act. Gesetz über digitale Dienste und Märkte (online abrufbar unter bundesregierung.de; letzter Abruf: 16.11.2023).

in allen EU-Staaten zur Anwendung kommt. Er soll für mehr Sicherheit im Internet sorgen. Im Fokus stehen illegale Inhalte auf Plattformen und in den sozialen Medien. Das gilt beispielsweise für Hassreden, aber auch für Tricks wie personalisierte Werbeanzeigen, mit denen Internet-Nutzer zu Käufen animiert werden sollen. Für sehr große Online-Plattformen und sehr große Online-Suchmaschinen sieht der DSA das Werkzeug der „unabhängigen Prüfung" vor. Die Prozesse und Algorithmen, die von diesen Plattformen zur Einhaltung der DSA-Verpflichtungen verwendet werden, müssen mit angemessener Sicherheit geprüft werden. Der DSA ist somit der Anfang des „Algorithmus-Audits", das mit der Verabschiedung des KI-Gesetzes in der EU bald zu einem Prüfungsschwerpunkt werden dürfte. Die Ausbreitung der Künstlichen Intelligenz wird den Bedarf an Algorithmus-Audits in vielen Sektoren verstärken und diese Audits sicher auch in vielen Ländern erforderlich machen.

3.4 Megatrend New Work

Mit der fortschreitenden Digitalisierung, dem „War for Talents" am Arbeitsmarkt und dem zunehmenden Wunsch nach sinnstiftender Arbeit und einer guten Work-Life-Balance gehen Veränderungen einher, die einen weiteren Megatrend charakterisieren, der auch die Wirtschaftsprüfung erfasst hat: New Work.

Zukunftsforscher verweisen in diesem Kontext auf eine neue Grundlogik der Arbeitsökonomie, die sich in den Industriegesellschaften durch Corona und andere Krisen entwickelt: den Fachkräftemangel. In den USA diskutiert man bereits auf breiter Front das Phänomen der „Great Resignation", das sich auf fast alle Branchen bezieht. Die größte Kündigungswelle in der Geschichte der USA wurde in der Corona-Pandemie 2021 ausgelöst: Arbeitnehmer kündigten freiwillig wegen ihrer Gesundheit, Work-Life-Balance, Arbeitskonditionen, Karrierechancen und zugunsten von Jobs mit mehr Sinnhaftigkeit. „Zwischen Kapital und Arbeit kehren sich die Machtverhältnisse um", warnen die Experten für Zukunftsforschung.[39]

---

39   Vgl. Zukunftsinstitut, Megatrend New Work (online abrufbar unter zukunftsinstitut.de; letzter Abruf: 16.11.2023).

3.4.1 Herausforderung und Chance: Generation Z

Die WP-Branche steht vor der Herausforderung, berufliche Anforderungen mit neuen und veränderten Ansprüchen junger Fach- und Führungskräfte in Einklang zu bringen. Gerade die Generation Z ist weniger bereit, mit vielen (Über-) Stunden familienunfreundlich abseits der Heimat zu arbeiten. Die Corona-Pandemie hat gezeigt: Remote Work ist ein wichtiger Bestandteil von New Work – und funktioniert.[40] „Corona hat uns jedoch auch gelehrt, dass kaum jemand ohne persönlichen Kontakt und ohne Wir-Gefühl arbeiten möchte. Wie so oft liegt wohl die beste aller möglichen künftigen Arbeitswelten in der goldenen Mitte", lautet der Rat von Dr. Vera-Carina Elter, Personalvorständin bei KPMG, an moderne Wirtschaftsprüfer.[41]

Einzelne WP-Praxen sind ganz sicher gefordert, ihre Arbeitsbedingungen zu überdenken. Denn New Work steht auch für veränderte Erwartungen der Mitarbeitenden in Bezug auf Beteiligung, Autonomie und Sinnstiftung durch Arbeit. Welche aktuellen Probleme und welche Zukunftsaufgaben können unsere Produkte oder Dienstleistungen lösen? Das ist die Sinnfrage, die sich jedes zukunftsfähige Unternehmen stellt.[42] Tatsächlich bleibt die Diskussion über die gesellschaftliche Relevanz der Abschlussprüfung gerade in der fachfremden Öffentlichkeit wichtig. Mit dem Wirtschaftsprüfungs-Blog[43] hat Mazars 2021 eine Plattform geschaffen, die eben diesen öffentlichen Diskurs fördert und auch das Nachwuchsproblem adressiert.

Gerade das WP-Examen schreckt viele junge Menschen ab. Es gilt nicht ohne Grund als einer der härtesten Abschlüsse im deutschen Bildungssystem. „Ließe sich das Berufsexamen entschlacken und differenzieren? Muss jeder Prüfer alles können? Ist es nicht eher ein Team mit kombinierten Qualifikationen, das prüft?", fragt Prof. Dr. Rolf Uwe Füllbier von der Universität Bayreuth. Er sieht Analogien zu anderen Branchen, insbesondere zu Anwälten und Medizinern: Neben jenen, die generalistisch alles machen, gibt es (hoch)spezialisierte Fachanwälte bzw. Fachärzte. Das Modell auf die Wirtschaftsprüfung zu übertragen,

---

40 Vgl. Zukunftsinstitut, Megatrend New Work (online abrufbar unter zukunftsinstitut.de; letzter Abruf: 16.11.2023).

41 Vgl. Expedition Wirtschaft, Blogbeitrag vom 18.08.2021: Moderner, flexibler, mobiler – „New Work" verändert die Arbeitswelt. Auch in der Wirtschaftsprüfung (online abrufbar unter expedition-wirtschaft.de/blog; letzter Abruf: 16.11.2023).

42 Vgl. Zukunftsinstitut, Megatrend New Work (online abrufbar unter zukunftsinstitut.de; letzter Abruf: 16.11.2023).

43 Vgl. Wirtschaftsprüfungs-Blog von Mazars unter der-wirtschaftspruefungs-blog.de.

wäre zumindest eine Überlegung wert. Handlungsdruck besteht zweifelsohne auch bei den Karrierepfaden ohne Berufsexamen und unterhalb des Partner-levels. Unterm Strich muss es der modernen Wirtschaftsprüfung gelingen, den Beruf attraktiver sowie inhaltlich spannender aufzustellen und den gesellschaft-lichen Impact aufzuzeigen.[44]

3.4.2 Sub-Trend organisationale Resilienz

Eng mit dem Megatrend New Work verknüpft sind eventuell notwendige Veränderungen in der Organisationsstruktur. Für WP-Praxen, die nationalen oder internationalen Netzwerken angeschlossen sind, geht es um den Aufbau einer „organisationalen Resilienz". Diese bezieht sich nicht nur auf die Vorweg-nahme möglicher Risiken und Krisen, sondern beschreibt die Fähigkeit, sich kontinuierlich an neue Anforderungen des Umfelds anzupassen.[45]

Die Prüfungs- und Beratungsgesellschaft Deloitte hat im Rahmen ihrer Studie „Building The Resilient Organization 2021" fünf Handlungsfelder identifiziert, die Unternehmen beim Aufbau von Resilienz helfen können: 1) der Grad der Vorbereitung auf mögliche Krisen und Veränderungen, 2) die Anpassungs-fähigkeit und Flexibilität der Beschäftigten, 3) die Zusammenarbeit im Team und im Unternehmen (digital und in Präsenz), 4) Vertrauen (mit einem auf Empathie basierenden Führungsstil) und 5) die soziale Verantwortung.[46] Zwar lag der Fokus der Studie nicht auf den Prüfern, sondern vielmehr auf ihren Man-danten – befragt wurden damals 2.260 Führungskräfte aus 21 Ländern –, doch sind die Merkmale resilienter Organisationen branchenübergreifend zu ver-stehen. Impulse für die moderne Wirtschaftsprüfung lassen sich beispielsweise aus dem zweiten und dritten Handlungsfeld ableiten: Der Studie zufolge kamen in Deutschland vor allem jene Unternehmen besser durch die Corona-Krise, die schon vor 2020 interne Silos abgebaut oder solche Prozesse zumindest ein-geleitet hatten. Tatsächlich ist das häufig beklagte Silodenken mit organisatio-naler Resilienz unvereinbar. In der betriebswirtschaftlichen Organisationslehre beschreiben Silos nach innen orientierte Organisationsbereiche, die externen Beziehungen zu wenig Beachtung schenken.[47] Kommunikationsprobleme und die fehlende oder zumindest ungenügende Zusammenarbeit zwischen einzel-

---

44 Vgl. Füllbier, Berufsstand im Umbruch, IDW Life 06.2023, S. 508–511.
45 Vgl. Flüter-Hoffmann, Widerstandsfähig in Krisenzeiten, IDW Life 02.2022, S. 136.
46 Vgl. Deloitte, 2021 Deloitte Global Resilience Report. Coping with the unexpected challenges (online abrufbar unter deloitte.com; letzter Abruf: 22.05.2024).
47 Vgl. Fenwick/Seville/Brunsdon, Reducing the impact of organisational silos on resilience, 2009.

nen Bereichen und weiteren Anspruchsgruppen sowie die Entwicklung einer eigenen Silo-Kultur sind weitere typische Merkmale von silogeprägten Organisationen.

Im Idealfall tendieren moderne WP-Praxen zu einer auf Kooperation und Koordination ausgerichteten Organisationsstruktur. Im Unterschied zum „vernetzten (Klein-)Unternehmen", das eigenständig agiert, nur fallweise kooperiert, kaum formale Netzwerkregeln kennt und den Markt allein für sich bearbeitet, zeichnet sich das sogenannte „koordinierte Netzwerkunternehmen" durch eine gemeinsame Vision, eine gemeinsame Strategie und eine gemeinsame Kultur aus. Es besteht aus unternehmerisch handelnden spezialisierten Leistungseinheiten („Zellen"), die interdisziplinär zusammenarbeiten und dabei übergreifend koordiniert werden. Ein Vorteil dieser Organisationsform ist die hohe Anpassungsfähigkeit auf Marktveränderungen. Keine Option für Befürworter von New Work und organisationaler Resilienz ist hingegen das „traditionelle Managementmodell" – eine pyramidenförmige zentralisierte Hierarchie mit festen Regeln, gesteuert von oben nach unten nach dem Prinzip von „Weisung und Kontrolle".

3.4.3   Sub-Trend Friendshoring

Interessant ist im Kontext resilienter Organisationsstrukturen auch die Entwicklung verschiedener Outsourcing-Optionen. Immer häufiger ist es notwendig, Personalressourcen flexibel zu skalieren, um Spitzen abzudecken. Hierfür haben Unternehmen die Wahl zwischen Onshoring (der Dienstleister befindet sich im Inland), Nearshoring (der Dienstleister befindet sich in einem Nachbarland) oder Offshoring (der Dienstleister befindet sich in einem Land mit anderer Zeitzone).

„War in den vergangenen Jahren vor allem die Entwicklung vom Offshoring zum Nearshoring zu beobachten, so zählt in einer sich intensivierenden Globalisierung vor allem das Friendshoring", beobachten die Trendforscher vom Zukunftsinstitut in Wien.[48] Der Begriff ist eine Kombination aus Friendship und Offshoring. Er wurde 2022 durch US-Finanzministerin Janet Yellen populär. Beim Friendshoring geht es darum, Beziehungen zu gestalten, die auf Vertrauen, gemeinsamen Zielen sowie einer langfristigen Zusammenarbeit basieren. „Gemeinsam" sei hier der Schlüsselbegriff, sagt Matthias Horx und

---

48   Vgl. Zukunftsinstitut, Globaler Trend: Vom Nearshoring zum Friendshoring (online abrufbar unter zukunftsinstitut.de; letzter Abruf: 17.11.2023).

betont: „Die Zeiten eindimensionaler, direktionaler Weisungen sind vorbei." Friendshoring habe den Vorteil, dass Unternehmen von den Stärken und Fachkenntnissen ihrer Partner profitieren und gleichzeitig Risiken minimieren oder Effizienzgewinne erzielen. Die zentrale Frage lautet daher nicht, wo Partner zu finden sind, sondern wie tief das Vertrauen zu diesen Partnern ist.

Auf Grundlage des gegenseitigen Vertrauens bilden sich neue Netzwerke und Communities, neue Institutionen und Vertrauenspartnerschaften. Für moderne Wirtschaftsprüfungen stellt sich also die Frage: Wo sind meine „Freunde", mit denen ich den globalen Herausforderungen meiner Mandanten begegnen kann? Zukünftige Geschäftsbeziehungen basieren damit nicht nur auf klassischen Verbindungen, sondern auf „Trust Networks". Beispiele dafür, dass die internationalen WP-Netzwerke in Bewegung sind, gab es 2023 gleich mehrere: Im März hatte Ebner Stolz den Wechsel von Nexia zu RSM International verkündet. Auch dhpg und CHF Cordes + Partner haben Nexia verlassen und sich dem 2022 gegründeten Netzwerk CLA Global angeschlossen. Elf Standorte von RSM Deutschland fanden wiederum bei Nexia eine neue internationale Heimat. Schließlich meldete Mazars im November, gemeinsam mit Forvis ein neues globales Top-Ten-Netzwerk zu gründen, das seit Juni 2024 unter Forvis Mazars firmiert.

3.4.4   New Capital for New Work?

Wer die Rolle für das Morgen neu denken will, muss sich mit den Herausforderungen im Hier und Jetzt befassen. Davon gibt es für Wirtschaftsprüfer reichlich. Sie bewegen sich in einem Spannungsfeld unterschiedlichster Stakeholder, die allesamt hohe Ansprüche an eine qualitative und unabhängige Wirtschafts- bzw. Abschlussprüfung stellen: Angefangen beim Gesetzgeber, der weitere Disruptionen à la Wirecard im Interesse stabiler Finanzmärkte vermeiden will, über die Aufsichtsbehörden, die nach den Bilanzskandalen selbst in der Kritik stehen und jetzt mit Argusaugen sowie größeren Kontrollbefugnissen unterwegs sind, bis zu den Mandanten, die – neben Internationalität, Konsistenz und Innovationsfreude – eine Anbietervielfalt erwarten, die der Prüfermarkt zumindest im PIE-Segment heute noch nicht bietet.

Einer Stakeholder-Gruppe sollten moderne WP-Praxen in Zukunft besondere Aufmerksamkeit widmen, weil sie den Markt mit Finanzspritzen kräftig aufmischt: Es geht um professionelle Investoren, insbesondere jene im Private-Equity-Segment. Weltweit häufen sich die Meldungen über PE-Gesellschaften, die sich in der Wirtschaftsprüfung engagieren. So hat sich BDO in den USA kürzlich nicht nur vom traditionellen Partnermodell verabschiedet, sondern einen 1,3 Mrd. Dollar schweren Schuldendeal mit der Beteiligungsgesellschaft Apollo Global Management abgeschlossen. Auch hinter dem Netzwerk CLA Global, gegründet von CliftonLarsonAllen LLP und Evelyn Partners, steht Private Equity, nämlich Permira. Und die PIA Group, die in Belgien und den Niederlanden vor allem mittelständische Unternehmen prüft, hat in Baltisse ebenfalls einen Kapitalgeber aus dem PE-Segment gefunden. „Es kommt ein Punkt, an dem die Partner kein weiteres Risiko mit ihrem eigenen Kapital eingehen wollen", erklärt Timothy Mahapatra den Trend zur Fremdfinanzierung. Er ist Partner bei Cooper Parry, einer britischen Wirtschaftsprüfungsgesellschaft, die von dem niederländischen Private-Equity-Unternehmen Waterland unterstützt wird.[49] „In einigen Fällen erfordern Wachstumsmöglichkeiten mehr Kapital, als die Partner selbst aufbringen können", so Mahapatra.

Finanzierung ist ein wichtiges, Fremdfinanzierung zweifelsohne ein heikles Thema. Anders als in manch anderen europäischen Staaten ist die Beteiligung Dritter in Deutschland nicht gestattet („Fremdbesitzverbot"). Bis zum 31.12.1985 war diese Finanzierungsform bei uns noch möglich und könnte jetzt neu betrachtet werden. Klar ist: Will man mit der digitalen Transformation Schritt halten und außerdem wettbewerbsfähige Strukturen ermöglichen, die neue Impulse in den Prüfermarkt geben, so ist dies mit hohen Investitionen verbunden, die nicht allein durch die bisherigen Finanzierungsformen in angemessener Zeit generiert werden können. Eine Diskussion über die Eigentumsverhältnisse moderner WP-Praxen sollte jedoch unbedingt zum Ziel haben, ein angemessenes Gleichgewicht zu finden, das die Unabhängigkeit der Wirtschaftsprüfungsgesellschaften wahrt und ihnen gleichzeitig Wachstum ermöglicht.

Interessant ist in diesem Zusammenhang ein weiteres Ergebnis der 18. Lünendonk®-Studie zum WP-Markt in Deutschland: Im Geschäftsjahr 2022 waren sowohl die minimalen als auch die maximalen Stundensätze gestiegen. Liegt das durchschnittliche Maximum in der Wirtschaftsprüfung heute bei knapp 260 Euro, wurden 2012 noch ca. 205 Euro pro Stunde aufgerufen. „Damit haben sich die maximalen Honorarsätze in der Wirtschaftsprüfung um mehr als 26 Prozent erhöht. Diese Preisentwicklungen sind zu großen Teilen der Inflation geschuldet. Dennoch muss erwähnt werden, dass die immer höheren

---

49   Vgl. Financial Times vom 06.01.2024, Private equity targets UK accounting firms (online abrufbar unter ft.com; letzter Abruf: 14.01.2024).

Ansprüche an die Prüfer diese Preise rechtfertigen", erklären die Analysten von Lünendonk & Hossenfelder.

Wenn die Polykrise für neue Herausforderungen sorgt und mit den eingangs erwähnten Megatrends die Ansprüche der vielen Stakeholder steigen, dann stellt sich die Frage, wie WP-Praxen die eigene Transformation finanzieren sollen. Die Preiserhöhungen, mit denen die Branche laut Lünendonk® auch 2023 fest rechnet, könnten profan zur Gewinnmaximierung genutzt – oder zukunftsorientiert in notwendige Modernisierungsmaßnahmen reinvestiert werden.

Eine wichtige Voraussetzung dafür ist, dass Klarheit über die strategische Ausrichtung herrscht. Ob neue Regularien, verschärfte Prüfungsstandards, fehlende Fachkräfte, Künstliche Intelligenz, hohe Investitionen, akribische Aufsichtsbehörden oder insgesamt steigende Risiken – es gibt viele Faktoren, die das Geschäftsmodell auf den Prüfstand stellen. In den USA häufen sich Meldungen, wonach sich mittelständische WP-Praxen aus der Prüfung von PIE-Unternehmen zurückziehen, weil sie ihre begrenzten Ressourcen im aktuellen Risikoumfeld lieber anderweitig einsetzen wollen. Sie fragen sich nicht nur: „Where do we get the biggest bang for the buck?", sondern auch: „What space do we want to be in?" Dass die amerikanische Aufsichtsbehörde Public Company Accounting Oversight Board ihre Inspektionen im Bankensektor 2024 ausweiten will, haben WP-Gesellschaften wie CliftonLarsonAllen zum Anlass genommen, ihr Geschäftsmodell zu überdenken und künftig eher mit Mandaten von privaten Unternehmen oder gemeinnützigen Organisationen zu wachsen.[50]

4   Fazit

Wachstum ist tatsächlich die Chance, die sich aus den disruptiven Impulsen unserer Zeit ergibt. Dabei ist Wachsen um des Wachsens willen sicher nicht das Ziel. Gefragt ist verantwortungsvolles Wachstum, das sich an den Märkten und den Bedarfen der Mandanten orientiert. Mit Blick auf prägende Ereignisse wie die Maueröffnung 1989, die Finanzkrise 2008 oder die Zeitenwende 2022 wissen wir: Paradigmen sind in Bewegung.[51] Tatsächlich lehrt uns die historische Analyse, nichts für gegeben und alles für möglich zu halten. Übertragen auf die moderne Wirtschaftsprüfung bedeutet das: Sie arbeitet im öffentlichen

---

50   Vgl. Financial Times vom 26.12.2023, Midsized US accounting firms retreat from public company audits (online abrufbar unter ft.com; letzter Abruf: 14.01.2024).

51   Vgl. Rödder, Das Ende der grünen Hegemonie, FAZ vom 08.01.2024 (online abrufbar unter faz.net; letzter Abruf: 22.05.2024).

Interesse und ist sich ihrer gesamtgesellschaftlichen Verantwortung bewusst. Sie ist werteorientiert, qualitätsbewusst und multidisziplinär. Gestützt auf diese Fundamentalprinzipien hat sie erkannt: Vor Herausforderungen standen Prüfer von Anfang an. Aber es lohnt sich, nach vorne zu schauen. Morgen kann kommen.

Kapitel B

Corporate Governance

Aktuelles zum Zusammenwirken von Prüfungsausschuss und Abschlussprüfer

Verfasser: WP StB Petra Justenhoven, WP StB RA Dr. Henning Hönsch[1]

1 Einleitung

Aufgabe des Aufsichtsrats ist es, die Geschäftsführung zu überwachen (§ 111 Abs. 1 AktG). Dazu gehört es, die Rechnungslegung des Unternehmens zu prüfen (§ 171 Abs. 1 Satz 1 AktG). Gegenstand dieser Prüfung ist die Recht-, Ordnungs- und Zweckmäßigkeit der Rechnungslegung[2]. Teile seiner Überwachungsaufgaben kann der Aufsichtsrat auf einen Prüfungsausschuss delegieren (§ 107 Abs. 3 Satz 2 AktG). Zur Stärkung der Verantwortungsstrukturen sowie der Wirksamkeit und Effizienz der Arbeit des Aufsichtsrats sind die Unternehmen von öffentlichem Interesse i.S.v. § 316a HGB seit dem 01.01.2022 sogar verpflichtet, einen Prüfungsausschuss einzurichten (§ 107 Abs. 4 Satz 1 AktG)[3].

Der Jahresabschluss und der Lagebericht einer Kapitalgesellschaft, die nicht klein i.S.v. § 267 Abs. 1 HGB ist, sowie der Konzernabschluss und der Konzernlagebericht einer Kapitalgesellschaft unterliegen der gesetzlichen Abschlussprüfung (§ 316 Abs. 1 und 2 HGB). Zu diesem Zweck haben die Kapitalgesellschaften einen Abschlussprüfer zu bestellen (vgl. § 318 Abs. 1 und 2 HGB). Die Prüfung des Jahres- und Konzernabschlusses ist nach § 317 Abs. 1 und 3 HGB so anzulegen, dass Unrichtigkeiten und Verstöße gegen die gesetzlichen Vorschriften und sie ergänzende Bestimmungen des Gesellschaftsvertrags oder der Satzung, die sich auf die Darstellung eines den tatsächlichen Verhältnissen

---

1 Die Verfasser bedanken sich bei den Herren Martin Kaspar, WP StB Dr. Bernd Kliem und WP StB Prof. Dr. Rüdiger Loitz für deren Unterstützung bei der Erarbeitung dieses Beitrags.

2 Koch, AktG, 17. Aufl., München 2023, § 171, Rn. 3, m.w.N.

3 BT-Drucks. 19/26966, S. 2 und 116.

entsprechenden Bildes der Vermögens-, Finanz- und Ertragslage der Kapitalgesellschaft wesentlich auswirken, bei gewissenhafter Berufsausübung erkannt werden. Der Lagebericht und der Konzernlagebericht sind daraufhin zu prüfen, ob sie mit dem jeweiligen Abschluss sowie mit den bei der Prüfung gewonnenen Erkenntnissen des Abschlussprüfers in Einklang stehen und insgesamt ein zutreffendes Bild von der Lage der Kapitalgesellschaft bzw. der Lage des Konzerns vermitteln (§ 317 Abs. 2 HGB).

Allein dieser generische Überblick über die Aufgaben des Aufsichtsrats bzw. Prüfungsausschusses und die Rolle des Abschlussprüfers lässt die hohe Bedeutung ihres Zusammenwirkens erkennen. Sie wird dadurch unterstrichen, dass die Überwachung der Abschlussprüfung nach § 107 Abs. 3 Satz 2 AktG zu den Aufgaben des Prüfungsausschusses gehört[4]. Dabei darf aber nicht aus dem Blick geraten, dass der Abschlussprüfer nicht allein ein Gehilfe des Aufsichtsrats ist. Vielmehr hat er die gesetzliche Abschlussprüfung unter Beachtung der gesetzlichen Vorgaben und damit im Interesse aller Adressaten der geprüften Berichterstattung durchzuführen[5].

Wichtigen aktuellen Entwicklungen des Zusammenwirkens des Aufsichtsrats bzw. Prüfungsausschusses einerseits und des Abschlussprüfers andererseits wird im Folgenden nachgegangen, ohne dass die Darstellung einen Anspruch auf Vollständigkeit erhebt. Wir glauben, mit unserem Thema auch die Interessen des mit dieser Festschrift geehrten Jubilars zu treffen. Denn er hat nicht nur über viele Jahre hinweg den Berufsstand der Wirtschaftsprüfer ganz maßgeblich mitgestaltet, sondern sich auch regelmäßig, nicht zuletzt als Mitglied der Regierungskommission Deutscher Corporate Governance Kodex seit Mitte 2015, in die Debatte um die Fortentwicklung der Corporate Governance deutscher Unternehmen eingebracht[6].

---

4 Vgl. dazu auch D.III. DCGK 2022 und IDW Positionspapier: Zusammenarbeit zwischen Aufsichtsrat und Abschlussprüfer, 2. Aufl., Stand: 23.02.2020, sowie Spindler, in: MünchKomm. GmbHG, Bd. 2, 4. Aufl., München 2023, § 52 GmbHG, Rn. 330, m.w.N.

5 Vgl. Merkt, ZHR 179 (2015), S. 602.

6 Vgl. nur Naumann, FAZ vom 22.01.2023; ders., WPg 2023, S. 1106 ff.

2 Auswahl des Abschlussprüfers

Der Abschlussprüfer wird von den Gesellschaftern gewählt (§ 318 Abs. 1 Satz 1 HGB). Bei der Aktiengesellschaft schlägt der Aufsichtsrat der Hauptversammlung einen Abschlussprüfer zur Wahl vor (§ 124 Abs. 3 Satz 1 AktG). Den Vorschlag des Aufsichtsrats bereitet der Prüfungsausschuss vor (§§ 107 Abs. 3 Satz 2, 124 Abs. 3 Satz 2 AktG).

Bei Unternehmen von öffentlichem Interesse i.S.v. § 316a HGB ist der Abschlussprüfer bzw. die Prüfungsgesellschaft alle zehn Jahre zu wechseln [Art. 17 Abs. 1 Unterabs. 2 Verordnung (EU) Nr. 537/2014[7], nachfolgend als Abschlussprüfungsverordnung bezeichnet und mit APrVO abgekürzt]. Die Möglichkeit der EU-Mitgliedstaaten, die Höchstlaufzeit von zehn Jahren unter bestimmten Voraussetzungen zu verdoppeln, hat Deutschland mit dem Gesetz zur Stärkung der Finanzmarktintegrität (Finanzmarktintegritätsstärkungsgesetz – FISG) mit Wirkung zum 01.07.2021 rückgängig gemacht[8].

Jeder Bestellung eines neuen Abschlussprüfers bzw. einer neuen Prüfungsgesellschaft durch ein Unternehmen von öffentlichem Interesse hat ein Auswahlverfahren vorauszugehen (Art. 16 Abs. 3 APrVO). Seit Inkrafttreten der APrVO am 17.06.2016 haben – unter Berücksichtigung der für die Verpflichtung zum externen Prüferwechsel geltenden Übergangsbestimmungen – mittlerweile nahezu alle Unternehmen von öffentlichem Interesse ihren Abschlussprüfer bzw. ihre Prüfungsgesellschaft gewechselt bzw. stehen kurz davor. Insofern hat sich

---

7   Verordnung (EU) Nr. 537/2014 des Europäischen Parlaments und des Rates vom 16.04.2014 über spezifische Anforderungen an die Abschlussprüfung bei Unternehmen von öffentlichem Interesse und zur Aufhebung des Beschlusses 2005/909/EG der Kommission, ABl. EU Nr. L 158/77 vom 27.05.2014.

8   Art. 11 Nr. 5 a) des Gesetzes zur Stärkung der Finanzmarktintegrität (Finanzmarktintegritätsstärkungsgesetz – FISG), BGBl. I 2021, S. 1534. Zudem hat der deutsche Gesetzgeber mit mehreren Gesetzen die externe Rotation auf Unternehmen ausgeweitet bzw. weitet sie noch aus, die der Aufsicht der Bundesanstalt für Finanzdienstleistungsaufsicht unterliegen [vgl. § 28 Abs. 1 Satz 3 KWG, § 23 Abs. 1 Satz 3 ZAG und § 36 Abs. 1 Satz 3 VAG, eingeführt durch das FISG, § 77 Abs. 1 WpIG und § 68 Abs. 7 Satz 5 KAGB, eingeführt durch das Gesetz zur Förderung geordneter Kreditzweitmärkte und zur Umsetzung der Richtlinie (EU) 2021/2167 über Kreditdienstleister und Kreditkäufer sowie zur Änderung weiterer finanzrechtlicher Bestimmungen (Kreditzweitmarktförderungsgesetz), BGBl. I 2023, Nr. 411, S. 1 ff., sowie § 39 Abs. 1 KMAG-E und §§ 32f Abs. 4 Satz 3, 89 Abs. 3 Satz 3 WpHG-E, laut dem Regierungsentwurf eines Gesetzes über die Digitalisierung des Finanzmarktes (Finanzmarktdigitalisierungsgesetz – FinmadiG), BT-Drucks. 20/10280]. Diese Unternehmen unterliegen allerdings nicht den Vorgaben der APrVO für das Verfahren zur Auswahl des Abschlussprüfers.

auf der Grundlage der gesetzlichen Vorgaben ein jedenfalls in seinen Grundzügen übliches Vorgehen herausgebildet[9].

In der Ausgestaltung des Auswahlverfahrens sind die Unternehmen den gesetzlichen Vorgaben nach relativ frei, dürfen jedoch kleinere Wirtschaftsprüfungsgesellschaften nicht von vornherein ausschließen [vgl. Art. 16 Abs. 3 lit. a) APrVO][10]. Zudem bedarf das Verfahren einer gewissen Formalisierung bzw. Dokumentation [vgl. Art. 16 Abs. 3 Buchst. b), d) bis f) APrVO], die zu seiner Objektivität und Nachvollziehbarkeit beiträgt.

Für das Auswahlverfahren ist ausdrücklich der Prüfungsausschuss zuständig (Art. 16 Abs. 3 Unterabs. 2 APrVO). Durch diese Zuständigkeitszuordnung sollte die Rolle des Prüfungsausschusses bei der Auswahl des Abschlussprüfers gestärkt werden[11]. Das Unternehmen kann den Prüfungsausschuss bei dem Auswahlverfahren unterstützen. Alle wesentlichen Entscheidungen des Verfahrens, beispielsweise über den Ausschreibungszeitpunkt oder über die an die eingehenden Angebote anzulegenden Bewertungskriterien, hat der Ausschuss aber selbst zu treffen[12].

Für das Verfahren hat der Prüfungsausschuss Auswahlkriterien festzulegen, anhand derer er die eingehenden Angebote beurteilt. Typische Felder, auf die sich die Auswahlkriterien beziehen, sind[13]:

- Zusammensetzung des Teams, beispielweise Seniorität, Expertisemischung und Einbindung von Spezialisten sowie Erfahrungen mit der Branche bzw. vergleichbaren Mandaten

---

9   Vgl. dazu IDW Positionspapier: Ausschreibung der Abschlussprüfung für Unternehmen von öffentlichem Interesse, 2. Aufl., Stand: 09.01.2018; Kaspar, WPg 2019, S. 1019 ff.

10 Art. 16 APrVO fordert keine öffentliche Ausschreibung, sondern ein Unternehmen kann auch ausgewählte Wirtschaftsprüfungsgesellschaften ansprechen, soweit kleinere Wirtschaftsprüfungsgesellschaften nicht per se ausgeschlossen werden; siehe dazu CEAOB 2021-006 vom 16.03.2021: Appointment of statutory auditors or audit firms by public-interest entities (online abrufbar unter finance.ec.europa.eu; letzter Abruf: 05.04.2024).

11 APrVO, a.a.O. (Fn. 7), Erwägungsgründe (18).

12 IDW Positionspapier: Ausschreibung der Abschlussprüfung für Unternehmen von öffentlichem Interesse, a.a.O. (Fn. 9), Rn. 11; Schüppen, Abschlussprüfung, 2. Aufl., Baden-Baden 2022, Anh. § 318 HGB, Rn. 8.

13 Vgl. IDW Positionspapier: Ausschreibung der Abschlussprüfung für Unternehmen von öffentlichem Interesse, a.a.O. (Fn. 9), Rn. 27 ff.

- Ausprägung des Abschlussprüfernetzwerks, beispielsweise für das Unternehmen relevante regionale Abdeckung und Durchsetzungsfähigkeit des Abschlussprüfers im Netzwerk
- Prüfungsvorgehen, beispielsweise Verständnis des Geschäftsmodells und der Herausforderungen des Unternehmens, geplante Prüfungsschwerpunkte, eingesetzte Technologie, Reichweite der Systemprüfung
- Unabhängigkeit und Qualität, beispielsweise Verfahren zur Sicherung der Unabhängigkeit, insb. Abstimmung von Nichtprüfungsleistungen, und Ausprägung wesentlicher Elemente des Qualitätssicherungssystems und der Inspektionsergebnisse
- Honorar, beispielsweise prüferische Abdeckung des Konzerns, geplanter Stundenumfang und Stundensätze sowie Umgang mit Nebenkosten

Üblicherweise werden zunächst schriftliche Angebote erbeten, aus denen anhand der festgelegten Kriterien eine verkürzte Liste mit einzelnen Anbietenden erstellt wird. Die finale Auswahl wird dann anhand von mündlichen Präsentationen getroffen. In dieser Phase fließen in die Bewertung auch eher subjektive Kriterien wie die Art der Kommunikation und der persönliche Eindruck der Entscheidungsträger ein.

Zudem wird in der zweiten Phase häufig nochmal die Preisbildung hinterfragt. Dass dies gerade in Zeiten des Fachkräftemangels nicht automatisch zu sinkenden Prüfungshonoraren führt, belegt ein Blick in die Marktstrukturanalyse 2022 der WPK. Für 456 (Vorjahr 455) kapitalmarktorientierte Unternehmen hat die WPK den im Jahr 2022 veröffentlichten Geschäftsberichten eine Steigerung der Prüfungshonorare um knapp € 36 Mio. (von rund € 757 Mio. auf € 793 Mio.) und damit von 4,8 % entnommen.

Basierend auf dem Auswahlverfahren hat der Prüfungsausschuss dem Aufsichtsrat zwei Abschlussprüfer bzw. Prüfungsgesellschaften unter Nennung einer Präferenz zu empfehlen (Art. 16 Abs. 2 Unterabs. 2 APrVO, siehe auch § 124 Abs. 3 Satz 2 AktG). In der Folge schlägt der Aufsichtsrat der Hauptversammlung einen Prüfer zur Wahl vor. Der Vorschlag hat die Empfehlung und Präferenz des Prüfungsausschusses zu enthalten (Art. 16 Abs. 5 Unterabs. 1 APrVO). Eine etwaige Abweichung von der Empfehlung des Prüfungsausschusses ist zu erläutern (Art. 16 Abs. 5 Unterabs. 2 APrVO).

Wie vom Gesetzgeber beabsichtigt, wurde die Rolle des Prüfungsausschusses bei der Auswahl des Abschlussprüfers und in der Folge deren Bindung tatsächlich gestärkt, indem dem Prüfungsausschuss die Verantwortung für das Auswahlverfahren zugeordnet wurde. Dabei zeigt sich in der Praxis allerdings eine größere Spannbreite bei der Befassung des Prüfungsausschusses mit den eingehenden Angeboten – von einer eher summarischen Befassung mit den bereits durch Unternehmensmitarbeiter ausgewerteten Angeboten bis hin zur Mitgliedschaft von Mitgliedern des Prüfungsausschusses, insb. des Ausschussvorsitzenden, in der entsprechenden Projektgruppe des Unternehmens[14].

Anders als bei Einführung der externen Rotation teilweise befürchtet[15], führen die Ausschreibungen in Deutschland nicht zu einer weiteren Konzentration der Prüfungsmandate bei den größten vier Wirtschaftsprüfungsgesellschaften. Die Marktstrukturanalysen der WPK der Jahre 2018 bis 2022 belegen vielmehr das Gegenteil. In jedem Jahr haben mehr kapitalmarktorientierte Unternehmen von einer der vier großen zu den nächstkleineren Prüfungsgesellschaften gewechselt als umgekehrt[16].

Auch wenn die Zuordnung der Zuständigkeit für das Auswahlverfahren zum Prüfungsausschuss eine positive Wirkung entfaltet und die externe Rotation die Marktkonzentration nicht gefördert hat, ist die Verpflichtung zur externen Rotation damit noch nicht gerechtfertigt. Vielmehr muss sie tatsächlich zur Unvoreingenommenheit des Abschlussprüfers und damit zur Qualität der Abschlussprüfung beitragen. Ob sie dies wirklich tut, ist weiterhin zweifelhaft. Denn der Stärkung der Unvoreingenommenheit des Abschlussprüfers steht die Herausforderung entgegen, dass jeder neue Abschlussprüfer einer gewissen Einarbeitungszeit bedarf[17].

---

14 Vgl. Kaspar, WPg 2019, S. 1023.
15 Velte, WPg 2012, S. 317 und 320.
16 WPK, Marktstrukturanalyse 2022, S. 13; WPK, Marktstrukturanalyse 2021, S. 10 f.; WPK, Marktstrukturanalyse 2020, S. 10 f.; siehe zudem Fröndhoff, Handelsblatt vom 12.01.2024, S. 22. Auch die Europäische Kommission konstatiert für den Zeitraum 2019 bis 2021 EU-weit einen (allerdings geringfügigen) Rückgang der Marktkonzentration bei der Prüfung von Unternehmen von öffentlichem Interesse, vgl. Europäische Kommission, Bericht COM (2024), 102 final vom 05.03.2024, S. 5 ff. und 16.
17 Vgl. Quick/Toledano/Toledano, AG 2020, S. 819 ff.; Velte, DStR 2016, S. 1944 ff.; zur ambivalenten Bewertung der externen Rotation aus Sicht der Prüfungsausschüsse siehe Europäische Kommission, Bericht COM (2024), 102 final vom 05.03.2024, S. 14.

Im Jahr 2023 gab es einzelne öffentlichkeitswirksame Fälle, in denen es Unternehmen von öffentlichem Interesse schwergefallen ist, einen Abschlussprüfer zu finden[18]. Diese Schwierigkeiten können unterschiedliche Gründe haben.

Eine Ursache stellt etwa das gestiegene Haftungsrisiko des Abschlussprüfers dar. Mit dem FISG wurden die Haftungshöchstsummen des § 323 HGB deutlich angehoben. Für grobe Fahrlässigkeit gegenüber Prüfungskunden, die kapitalmarktorientiert i.S.v. § 264d HGB sind, haftet der Abschlussprüfer nun sogar unbegrenzt. Der Abschlussprüfer kann das Risiko einer Fehleinschätzung dabei auch nicht durch eine verbindliche Voranfrage bei der Bundesanstalt für Finanzdienstleistungsaufsicht (BaFin) als Aufsicht über die Rechnungslegung der Unternehmen von öffentlichem Interesse bzw. der Abschlussprüferaufsichtsstelle (APAS) als Aufsicht über ihre Prüfer begrenzen.

Zur Verknappung des Angebots tragen zudem die strengen Unabhängigkeitsregeln bei. Beispielsweise kann eine Wirtschaftsprüfungsgesellschaft, die das ausschreibende Unternehmen von öffentlichem Interesse im Jahr vor dem ersten zu prüfenden Geschäftsjahr bei der Verlagerung der Buchhaltung in die Cloud begleitet, nach Art. 5 Abs. 1 Unterabs. 2 lit. e) i.V.m. Unterabs. 1 lit. b) APrVO nicht an der Ausschreibung teilnehmen.

Ein weiterer Grund liegt im aktuellen Fachkräftemangel, der auch die Prüfungsgesellschaften trifft. So steigt etwa die Zahl der deutschen Wirtschaftsprüfer schon seit mehr als zehn Jahren nur noch geringfügig und nahezu ein Drittel der hiesigen Wirtschaftsprüfer sind mittlerweile 60 Jahre oder älter[19].

Mit der Verpflichtung zur Erstellung eines Nachhaltigkeitsberichts, die für die großen Unternehmen von öffentlichem Interesse ab dem Jahr 2024 gilt und danach weitere Gruppen von Unternehmen erfasst, wird zu der Zuständigkeit des Prüfungsausschusses für die Auswahl des gesetzlichen Abschlussprüfers eine weitere Facette der Prüferbestellung hinzukommen, da der Nachhaltigkeitsbericht wie der Jahres- bzw. Konzernabschluss vom Aufsichtsrat zu prüfen (Art. 33

---

18 Sinß, Finance vom 19.01.2023 (Online-Magazin, abrufbar unter finance-magazin.de; letzter Abruf: 05.04.2024).

19 WPK, Mitgliederstatistik der WPK, Stand: 01.07.2023 (online abrufbar unter wpk.de; letzter Abruf: 05.04.2024).

Abs. 1 Richtlinie 2013/34/EU[20], nachfolgend als Bilanzrichtlinie bezeichnet) und zuvor einer gesetzlichen externen Prüfung (mit begrenzter Sicherheit) zu unterziehen sein wird [Art. 34 Abs. 1 lit. aa) Bilanzrichtlinie].

Die Prüfung kann – seine entsprechende Eignung vorausgesetzt – der gesetzliche Abschlussprüfer durchführen. Die EU-Mitgliedstaaten sind aber nicht verpflichtet, die Prüfung des Nachhaltigkeitsberichts dem gesetzlichen Abschlussprüfer vorzubehalten, sondern sie können dafür auch andere Wirtschaftsprüfer oder gar andere eigens anerkannte unabhängige Erbringer von Bestätigungsleistungen zulassen (Art. 34 Abs. 4 Bilanzrichtlinie).

Es steht zu erwarten, dass der deutsche Gesetzgeber die Auswahl, Bestellung und Überwachung des Prüfers der Nachhaltigkeitsberichterstattung parallel zu der des gesetzlichen Abschlussprüfers regeln wird (vgl. dazu die Vorgaben in Art. 37 Abs. 1 Unterabs. 2 und Art. 39 Abs. 6 Richtlinie 2006/43/EG[21], nachfolgend als Abschlussprüfungsrichtlinie bezeichnet und mit APrRL abgekürzt). Demnach wird der Prüfer des Nachhaltigkeitsberichts auf Vorschlag des Aufsichtsrats von der Gesellschafterversammlung zu wählen sein. Den Vorschlag des Aufsichtsrats würde der Prüfungsausschuss vorbereiten, sich also auch mit der Auswahl des Prüfers des Nachhaltigkeitsberichts befassen.

Die europäischen Vorgaben verpflichten die Unternehmen von öffentlichem Interesse nicht, ihren Prüfer des Nachhaltigkeitsberichts alle zehn Jahre zu wechseln und seiner Bestellung ein Auswahlverfahren wie bei der gesetzlichen Abschlussprüfung vorzuschalten. Allerdings steht aufgrund der engen inhaltlichen Verknüpfung der Rechnungslegung mit der Nachhaltigkeitsberichterstattung zu erwarten, dass häufig der gesetzliche Abschlussprüfer auch Prüfer des Nachhaltigkeitsberichts werden soll. In diesen Fällen dürfte die Auswahl des Prüfers des Nachhaltigkeitsberichts zukünftig Bestandteil der Verfahren zur Auswahl des Abschlussprüfers werden.

---

20 Richtlinie 2013/34/EU des Europäischen Parlaments und des Rates vom 26. Juni 2013 über den Jahresabschluss, den konsolidierten Abschluss und damit verbundene Berichte von Unternehmen bestimmter Rechtsformen und zur Änderung der Richtlinie 2006/43/EG des Europäischen Parlaments und des Rates und zur Aufhebung der Richtlinien 78/660/EWG und 83/349/EWG des Rates, ABl. EU Nr. L 157/87 vom 09.06.2006.

21 Richtlinie 2006/43/EG des Europäischen Parlaments und des Rates vom 17. Mai 2006 über Abschlussprüfungen von Jahresabschlüssen und konsolidierten Abschlüssen, zur Änderung der Richtlinien 78/660/EWG und 83/349/EWG des Rates und zur Aufhebung der Richtlinie 84/253/EWG des Rates, ABl. EU Nr. L 182/19 vom 29.06.2013.

3   Unabhängigkeit des Abschlussprüfers

Die Unabhängigkeit des Abschlussprüfers ist eine zentrale Voraussetzung für das in sein Urteil gesetzte Vertrauen. Insofern verwundert es nicht, dass ihr eine große regulatorische Aufmerksamkeit gewidmet wird. Wesentliche Beispiele dafür sind:

- Mit der APrVO, die ab dem 17.06.2016 Wirkung entfaltete, wurden für Unternehmen von öffentlichem Interesse neue Regeln für Nichtprüfungsleistungen ihres Abschlussprüfers eingeführt. Darunter befindet sich eine Liste von Nichtprüfungsleistungen, die der Abschlussprüfer nicht für die von ihm geprüften Unternehmen von öffentlichem Interesse erbringen darf (Art. 5 Abs. 1 APrVO). Gepaart wurde die Verbotsliste mit einer Kappung der Honorare für Nichtprüfungsleistungen auf 70 % des Durchschnitts der Abschlussprüfungshonorare der letzten drei Jahre (Art. 4 Abs. 2 APrVO). Zudem darf der Abschlussprüfer Nichtprüfungsleistungen nur unter Billigung des Prüfungsausausschusses erbringen (Art. 5 Abs. 4 APrVO).
- Mit dem FISG nahm der deutsche Gesetzgeber die in der APrVO als Wahlrecht der Mitgliedstaaten angelegte Erlaubnis für den Abschlussprüfer von Unternehmen von öffentlichem Interesse zurück, diesen gegenüber Steuerberatungs- und Bewertungsleistungen zu erbringen, die kein unmittelbares und wesentliches Selbstprüfungsrisiko verursachen[22]. Zudem verkürzte er die Frist zum Wechsel der verantwortlichen Prüfungspartner (interne Rotation) auf fünf Jahre (§ 43 Abs. 6 WPO)[23] und dehnte die externe Rotation auf weitere Unternehmen aus[24].
- Das International Ethics Standards Board for Accountants (IESBA) hat zuletzt alljährlich jeweils zwei Überarbeitungen seines Code of Ethics (CoE) mit Bezug zur Unabhängigkeit veröffentlicht[25]. So wurde beispielsweise das Selbstprüfungsverbot gegenüber Public Interest Entities (der Begriff entspricht weitgehend dem der Unternehmen von öffentlichem Interesse i.S.d. APrVO) auf unwesentliche Selbstprüfungsrisiken erweitert. Die großen Wirtschaftsprüfernetzwerke wenden den IESBA CoE unmittelbar an. Zudem sind die Wirtschaftsprüferkammer (WPK) und das Institut der Wirtschaftsprüfer (IDW) Mitglieder der International Federation of Accounts

---

22   Art. 11 Nr. 6 FISG, a.a.O. (Fn. 8), S. 1548.
23   Art. 21 Nr. 3 c) FISG, a.a.O. (Fn. 8), S. 1548.
24   Siehe dazu Fn. 8.
25   Siehe IESBA Standards & Pronouncements (online abrufbar unter ethicsboard.org; letzter Abruf: 04.04.2024).

(IFAC), die die Arbeit des IESBA fördert, und haben sich verpflichtet, die Vorgaben des IESBA CoE nach Möglichkeit im deutschen Recht zu reflektieren[26].

Die hohe Aufmerksamkeit für die Unabhängigkeit führt dabei nicht immer zu nachvollziehbaren Ergebnissen. So ist die Verbotsliste des Art. 5 APrVO ihrem Wortlaut nach teilweise kaum verständlich. Auch nach einigen Jahren der Anwendung ist beispielsweise nicht abschließend geklärt, wie weit das Verbot des Art. 5 Abs. 1 Unterabs. 2 lit. i) APrVO von „Leistungen im Zusammenhang mit der Finanzierung, der Kapitalstruktur und -ausstattung sowie der Anlagestrategie des geprüften Unternehmens, ausgenommen die Erbringung von Bestätigungsleistungen im Zusammenhang mit Abschlüssen, einschließlich der Ausstellung von Prüfbescheinigungen (Comfort Letters) im Zusammenhang mit vom geprüften Unternehmen herausgegebenen Prospekten", genau reicht.

Auf deutscher Ebene blieb und bleibt unklar, weshalb das vollständige Verbot von Steuerberatungs- und Bewertungsleistungen, also auch von diesbezüglichen Leistungen ohne jedes Selbstprüfungsrisiko, das mit der Streichung der Ausübung des diesbezüglichen Mitgliedstaatenwahlrechts im Zuge des FISG verbunden war, zur Qualität der Abschlussprüfung beitragen soll, zumal weder der IESBA CoE noch die üblicherweise besonders restriktiven US-amerikanischen Unabhängigkeitsregeln ein derartiges Verbot kennen.

Eine besondere Schwäche der Unabhängigkeitsregeln liegt in Deutschland zudem auf der Rechtsfolgenseite. Denn im Unterschied zu den Vorgaben des IESBA CoE und den US-Regeln soll hierzulande in bestimmten Fällen keine Abwägung der Umstände des Einzelfalls stattfinden, um zu klären, ob ein Verstoß gegen die Unabhängigkeitsvorgaben tatsächlich zur Inhabilität des Abschlussprüfers geführt hat. So vertritt die APAS die Ansicht, dass im Falle der Erbringung verbotener Nichtprüfungsleistungen nach Art. 5 Abs. 1 Unterabs. 2 lit. b), c) oder e) APrVO stets von der Inhabilität des Abschlussprüfers auszugehen sein „dürfte"[27]. Unverständlicherweise hat sie der Finanzausschuss des

---

26 IFAC, Statement of Membership Obligations, Updated July 2022, SMO 4 (online abrufbar unter ifac. org; letzter Abruf: 05.04.2024).

27 APAS, Verlautbarung Nr. 8 vom 13.12.2019, Rechtsfolgen eines Verstoßes gegen Artikel 5 Abs. 1 der Verordnung (EU) Nr. 537/2014, S. 2 (online abrufbar unter apasbafa.bund.de; letzter Abruf: 05.04.2024).

Deutschen Bundestages darin auch noch durch entsprechende Ausführungen in seiner Beschlussempfehlung und seinem Bericht zum FISG bestärkt[28].

Derselbe Fehler ist in § 31 Abs. 2 Satz 1 der Berufssatzung WP angelegt. Danach wird auch berufsrechtlich die Besorgnis der Befangenheit unwiderleglich vermutet, wenn Tatbestände i.S.d. §§ 319 Abs. 3, 319b Abs. 1 HGB verwirklicht sind, obwohl die dort genannten Tatbestände (z.B. das Verbot für die Mitglieder des Prüfungsteams, finanzielle Interessen an Prüfungskunden zu halten) teilweise keine Wesentlichkeitsschwelle kennen.

Fehlt auf der Rechtsfolgenseite ein korrigierendes Element und kennt der Verstoßtatbestand keine Wesentlichkeitsschwelle, führt dies insb. bei laufenden Abschlussprüfungen offensichtlich zu unbilligen Ergebnissen. Denn schon kleinste Verstöße gegen die Unabhängigkeitsregeln würden dazu führen, dass der Abschlussprüfer die Prüfung (auch noch kurz vor ihrer Beendigung) niederlegen müsste (§ 49 WPO) – mit entsprechenden Folgen für das Unternehmen und seine Investoren oder Gläubiger.

Die vorgenannten rechtlichen Unsicherheiten sind grundsätzlich auch für den Prüfungsausschuss relevant, da er die Unabhängigkeit des Abschlussprüfers zu überwachen hat (§ 107 Abs. 3 Satz 2 AktG). Zudem sieht Art. 5 Abs. 4 APrVO für Unternehmen von öffentlichem Interesse vor, dass Nichtprüfungsleistungen des Abschlussprüfers durch den Prüfungsausschuss zu genehmigen sind. Diese Regel wurde mit Entscheidung vom April 2021 für Public Interest Entities[29] in den IESBA CoE aufgenommen. Dabei soll die Genehmigungspflicht des IESBA CoE erstaunlicherweise selbst für Nichtprüfungsleistungen gelten, die der Abschlussprüfer gegenüber Mutterunternehmen erbringt, für die der Prüfungskunde wirtschaftlich unwesentlich ist[30], obwohl die materiellen Unabhängigkeitsregeln des IESBA CoE für Leistungen diesen gegenüber gar nicht greifen[31].

Die Prüfungsausschüsse erlassen häufig Richtlinien, die den Umgang des jeweiligen Unternehmens mit Nichtprüfungsleistungen des Abschlussprüfers regeln und bestimmte Arten von Nichtprüfungsleistungen grundsätzlich, d.h. unabhängig vom Einzelfall, für zulässig erklären. Darüber hinaus fordern viele Prüfungsausschüsse vom Abschlussprüfer im Vorfeld ihrer Empfehlung an den

---

28 BT-Drucks. 19/29879, S. 154.

29 Zum Begriff siehe oben.

30 IESBA CoE 2023 R600.21.

31 IESBA CoE 2023 R400.20 i.V.m. der Definition von Related Entities im Glossar.

Aufsichtsrat zu seiner (Wieder-)Bestellung eine Unabhängigkeitserklärung an, die sich auch auf etwaige Nichtprüfungsleistungen bezieht. Grundlage dieser Unabhängigkeitserklärung war eine entsprechende Empfehlung des Deutschen Corporate Governance Kodex (Ziff. 7.2.1 DCGK 2017), die allerdings bei der grundlegenden Überarbeitung seiner Regeln im Jahr 2019 gestrichen wurde.

Etwaige Gefahren für die Unabhängigkeit hat der Abschlussprüfer mit dem Prüfungsausschuss zu erörtern (Art. 6 Abs. 2 lit. b) APrVO). Schließlich haben sich die Prüfungsausschüsse mindestens jährlich – jedenfalls in aggregierter Form – mit den Nichtprüfungsleistungen zu befassen, die der Abschlussprüfer tatsächlich erbracht hat (vgl. § 171 Abs. 1 Satz 3 AktG)[32].

Diese beidseitigen Pflichten führen zu einer engen Zusammenarbeit bei der Sicherung der Unabhängigkeit des Abschlussprüfers. Dabei legt der Abschlussprüfer schon aus eigener Verpflichtung heraus die jeweils einschlägigen gesetzlichen Regeln und berufsrechtlichen Standards sowie ggf. etwaige Richtlinien des geprüften Unternehmens an alle Beziehungen zu dem Unternehmen an. Seine Einschätzung teilt er zumindest bei kritischen und bei allen zu genehmigenden Beziehungen, z.B. bei Nichtprüfungsleistungen für Unternehmen von öffentlichem Interesse, mit dem Prüfungsausschuss bzw. mit Vertretern des Unternehmens, die den Prüfungsausschuss bei seiner Überwachung unterstützen. Der Prüfungsausschuss bzw. das Unternehmen hinterfragt die Einschätzungen des Abschlussprüfers nicht nur unter eigener Interpretation der jeweiligen regulatorischen Vorgaben, sondern auch unter eigenem Sachverhaltsverständnis (z.B. der Bedeutung der angefragten Nichtprüfungsleistung für die Rechnungslegung).

Vor dem Hintergrund der stetig verschärften und – wie oben dargestellt – auslegungsbedürftigen Unabhängigkeitsregeln für Unternehmen von öffentlichem Interesse überrascht es nicht, dass das Volumen der Nichtprüfungsleistungen, die die Abschlussprüfer gegenüber diesen Unternehmen erbringen, trotz der Vereinfachung mittels der erwähnten Unternehmensrichtlinien über die Jahre deutlich gesunken ist. So machen die Honorare für Nichtprüfungsleistungen nur noch knapp 20 % der Honorare aus, die die Abschlussprüfer bei den kapitalmarktorientierten Unternehmen insgesamt (also inkl. der Abschlussprüfungshonorare) erzielen. Verstärkt wird die Aussagekraft dieses Trends dadurch, dass von diesen 20 % der größte Teil andere Bestätigungsleistungen, also letztlich

---

32 Vgl. auch IDW Positionspapier: Nichtprüfungsleistungen des Abschlussprüfers, 6. Aufl., Stand: 07.12.2021, Abschn. 2.3.8.

andere Prüfungen, ausmachen und in den 20 % zudem noch Steuerberatungsleistungen enthalten sind, die aufgrund des FISG für die Geschäftsjahre entfallen, die nach dem 31.12.2021 begannen[33].

Weitere Unabhängigkeitsbestimmungen sind bereits absehbar. Denn mit Einführung der Pflichtprüfung der Nachhaltigkeitsberichte sind neue Regeln für die Unabhängigkeit der Prüfer der Nachhaltigkeitsberichte zu treffen. Insbesondere wurde mit der Richtlinie (EU) 2022/2464[34], nachfolgend als Corporate Social Responsibility Directive bezeichnet und als CSRD abgekürzt, Art. 25c in die APrRL eingefügt, der mit „Nichtprüfungsleistungen, die verboten sind, wenn der Abschlussprüfer bei einem Unternehmen von öffentlichem Interesse die Bestätigung der Nachhaltigkeitsberichterstattung durchführt" überschrieben ist. Abs. 1 erklärt dabei die meisten Verbote von Nichtprüfungsleistungen des Abschlussprüfers für von ihm geprüfte Unternehmen von öffentlichem Interesse für den Prüfer des Nachhaltigkeitsberichts von Unternehmen von öffentlichem Interesse als entsprechend anwendbar. Dabei soll auch das Verbot der „Gestaltung und Umsetzung interner Kontroll- oder Risikomanagementverfahren, die bei der Erstellung und/oder Kontrolle von Finanzinformationen oder Finanzinformationstechnologiesystemen zum Einsatz kommen", des Art. 5 Abs. 1 Unterabs. 2 lit. e) APrVO gelten, und zwar inklusive der Cooling-in-Regel für das Jahr vor dem zu prüfenden Geschäftsjahr (Art. 5 Abs. 1 Unterabs. 1 lit b) APrVO).

Schon die Überschrift der Norm ist missverständlich. Denn der Artikel dürfte sich an Prüfer von Nachhaltigkeitsberichten wenden, die gerade nicht gesetzlicher Abschlussprüfer desselben Unternehmens sind, da für die Abschlussprüfer von Unternehmen von öffentlichem Interesse die Regelungen des Art. 5 APrVO ohnehin gelten. Zudem bleibt unklar, warum Art. 25c APrRL ohne jede Anpassung auf Art. 5 Abs. 1 Unterabs. 2 lit. e) APrVO verweist. Hat der europäische Gesetzgeber damit zum Ausdruck bringen wollen, dass die Daten, die in den Nachhaltigkeitsbericht eingehen, als „Finanzinformationen" anzusehen sind und sie mittels „Finanzinformationstechnologiesystemen" generiert werden? Es bleibt zu hoffen, dass der deutsche Gesetzgeber bei seiner Umsetzung von Art. 25c APrRL für Klarheit sorgt.

---

33 WPK, Marktstrukturanalyse 2022, S. 11.

34 Richtlinie (EU) 2022/2464 des Europäischen Parlaments und des Rates vom 14. Dezember 2022 zur Änderung der Verordnung (EU) Nr. 537/2014 und der Richtlinien 2004/109/EG, 2006/43/EG und 2013/34/EU hinsichtlich der Nachhaltigkeitsberichterstattung von Unternehmen, ABl. EU Nr. L 322/15 vom 16.12.2022.

Auch das IESBA hat sich der Prüfung von Nachhaltigkeitsberichten angenommen. Mit seinem Exposure Draft vom 29.01.2024 schlägt es eine Erweiterung des IESBA CoE um Standards for Sustainability Assurance vor. Damit sollen die Berufsregeln, darunter die Unabhängigkeitsregeln, die für die Prüfung von Abschlüssen gelten, auf die Prüfung der Nachhaltigkeitsberichte übertragen werden. Auch dies wirft noch einige Zweifelsfragen auf, etwa die Frage, ob der Kreis der Unternehmen, gegenüber denen der Prüfer des Nachhaltigkeitsberichts unabhängig sein muss, tatsächlich dem Kreis entspricht, der bei der Abschlussprüfung anzulegen ist. Damit müsste nämlich der Prüfer eines Nachhaltigkeitsberichts einer Public Interest Entity[35] auch gegenüber einem mit dem berichtspflichtigen Unternehmen assoziierten und für dieses wesentlichen Unternehmen unabhängig sein, obwohl es – anders als in den Konzernabschluss – gar nicht in den Nachhaltigkeitsbericht einzubeziehen ist.

Schließlich ist anzumerken, dass der Aufsichtsrat bzw. Prüfungsausschuss sich nicht nur mit der Unabhängigkeit des Abschlussprüfers befassen muss. Vielmehr hat auch die Unabhängigkeit der Mitglieder des Aufsichtsrats schon vor einigen Jahren Einzug in die deutsche Corporate Governance gehalten. So waren schon in den ersten DCGK 2002 in Ziff. 5.4 gewisse Regeln zur Unabhängigkeit von Aufsichtsratsmitgliedern integriert. Der aktuelle Kodex 2022 enthält unter C.II. nun sogar einen ganzen Abschnitt zur Unabhängigkeit von Aufsichtsratsmitgliedern. Auch hier zeigt sich, dass die Unabhängigkeit einer Person abstrakt noch relativ einfach (vgl. C.7 Satz 2 DCGK 2022) definiert werden kann, konkret aber deutlich schwerer zu fassen ist. Die eigene Betroffenheit von Unabhängigkeitserwägungen hat dabei in der Praxis zu mehr Aufmerksamkeit für die Prüferunabhängigkeit und gleichzeitig zu mehr Verständnis für die Schwierigkeiten einer sachgerechten Abgrenzung geführt.

4   Reichweite der Abschlussprüfung

Wie bereits in der Einleitung aufgezeigt, kann sich der Prüfungsausschuss bei seiner Prüfung des Jahres- und Konzernabschlusses sowie des (Konzern-)Lageberichts in großem Umfang auf die Prüfung durch den gesetzlichen Abschlussprüfer stützen. Zudem erfährt die Abschlussprüfung teilweise gesetzliche Erweiterungen. Hierzu zählen beispielsweise:

---

35   Zum Begriff siehe oben.

- die Prüfung des Risikofrüherkennungssystems i.S.v. § 91 Abs. 2 AktG bei börsennotierten Gesellschaften (§ 317 Abs. 4 HGB)
- die Prüfung des Abhängigkeitsberichts abhängiger Aktiengesellschaften nach § 313 Abs. 1 Satz 2 AktG
- die Prüfungen nach § 29 KWG bei Kredit- und Finanzdienstleistungsinstituten

Sind diese Erweiterungen einschlägig, kann der Aufsichtsrat bzw. Prüfungsausschuss auch daraus für seine eigene Befassung mit den Themen Sicherheit ziehen.

Grundsätzlich gehen die Prüfungs- und Überwachungspflichten des Aufsichtsrats bzw. Prüfungsausschusses aber deutlich über die Pflichten des Abschlussprüfers hinaus. Dies gilt – wenn auch praktisch wenig relevant – selbst für die Prüfung des Jahres- und Konzernabschlusses, weil sich die gesetzliche Abschlussprüfung auf die Ordnungsmäßigkeit beschränkt (vgl. § 317 Abs. 1 und 2 HGB), der Aufsichtsrat und sein Prüfungsausschuss grundsätzlich aber auch Zweckmäßigkeitsfragen in den Blick nehmen müssen (vgl. § 171 Abs. 1 AktG)[36]. Deutlicher wird die Diskrepanz bei den Halbjahresfinanzberichten und den sonstigen unterjährigen Berichten bzw. Mitteilungen kapitalmarktorientierter Unternehmen, weil sie nicht prüfungspflichtig sind.

Zudem gibt es Elemente der Berichterstattung, die der Aufsichtsrat und, vorbereitend für ihn, der Prüfungsausschuss zu prüfen haben, die aber nur im Hinblick auf ihr Vorhandensein, nicht ihre inhaltliche Richtigkeit der gesetzlichen Abschlussprüfung unterliegen. Wesentliche Beispiele dafür sind:

- die nichtfinanzielle Erklärung i.S.d. §§ 289b, 315b HGB (§ 317 Abs. 3 Satz 2 HGB)
- die Erklärung zur Unternehmensführung i.S.d. §§ 289 f, 315d HGB (§ 317 Abs. 2 Satz 2 HGB)
- der Vergütungsbericht i.S.d. § 162 AktG (§ 162 Abs. 3 Satz 2 AktG)
- der Ertragssteuerinformationsbericht i.S.d. §§ 342g ff. HGB (§ 317 Abs. 3b HGB)[37]

---

36   Siehe dazu oben unter 1. Einleitung; vgl. Fn. 2.

37   Der Ertragssteuerinformationsbericht wurde mit Gesetz zur Umsetzung der Richtlinie (EU) 2021/2101 im Hinblick auf die Offenlegung von Ertragssteuerinformationen durch bestimmte Unternehmen und Zweigniederlassungen sowie zur Änderung des Verbraucherstreitbeilegungsgesetzes und des Pflichtversicherungsgesetzes vom 19.06.2023, BGBl. I 2023, S. 1, eingeführt. Der Bericht ist von den in § 342 HGB definierten Gesellschaften erstmals für Geschäftsjahre zu erstellen, die nach dem 21.06.2024 beginnen.

Für die nichtfinanzielle Erklärung ist zu berücksichtigen, dass sie durch die Pflicht zur Erstattung eines Nachhaltigkeitsberichts ersetzt werden wird. Der Nachhaltigkeitsbericht wird mit begrenzter Prüfungssicherheit zu prüfen sein (vgl. dazu oben unter 2. Auswahl des Abschlussprüfers). Der Prüfer wird sich auch mit dem internen Kontrollsystem und dem Risikomanagementsystem in Bezug auf die Nachhaltigkeitsberichterstattung auseinanderzusetzen haben[38].

Ein besonderes Augenmerk verdient in diesem Zusammenhang die 2022 eingeführte Empfehlung in A.5 DCGK. Danach sollen die börsennotierten Gesellschaften in ihrem Lagebericht die wesentlichen Merkmale des gesamten internen Kontrollsystems und des Risikomanagementsystems beschreiben und es soll zur Angemessenheit und Wirksamkeit dieser Systeme Stellung genommen werden[39]. Die Regelung nimmt § 91 Abs. 3 AktG auf, der den Vorstand einer börsennotierten Gesellschaft verpflichtet, „ein im Hinblick auf den Umfang der Geschäftstätigkeit und die Risikolage des Unternehmens angemessenes und wirksames internes Kontrollsystem und Risikomanagementsystem einzurichten".

Wie der mit dem FISG eingeführte § 91 Abs. 3 AktG beschränkt sich auch A.5 DCGK nicht auf die Systeme mit Relevanz für die Rechnungslegung, sondern schließt die Einhaltung regulatorischer Vorgaben ein und erstreckt sich auf das interne Kontrollsystem und das Risikomanagementsystem zur Steuerung der gesamten Geschäftstätigkeit des Unternehmens[40]. Da die betroffenen Gesellschaften bisher nur die wesentlichen Merkmale des internen Kontrollsystems und des Risikomanagementsystems im Hinblick auf den Rechnungslegungsprozess im Lagebericht zu beschreiben haben (§§ 289 Abs. 4, 315 Abs. 4 HGB), geht schon die Empfehlung des DCGK zur Systembeschreibung über das Gesetz hinaus, weil sie sich auf die „gesamten" Systeme bezieht. Zudem besteht keine gesetzliche Pflicht, zur Angemessenheit und Wirksamkeit der Systeme Stellung zu nehmen.

Auch wenn die erweiterten Systembeschreibungen und die Stellungnahme zur Angemessenheit und Wirksamkeit der Systeme in den Lagebericht aufgenommen werden sollen, unterliegen diese Informationen als sogenannte „lageberichtsfremde", d.h. nicht per Gesetz oder nach DRS 20 geforderte Angaben nicht

---

38   Vgl. IAASB, Proposed International Standards on Sustainability Assurance 5000, Exposure Draft, August 2023, Tz. 102-112.

39   Zur Bedeutung klarer regulatorischer Vorgaben für ein internes Kontrollsystem zur Sicherung der Ordnungsmäßigkeit der Rechnungslegung vgl. Oxera Report, An analysis of the EU governance framework for corporate reporting, 30.11.2022 (online abrufbar unter europeancontactgroup.eu; letzter Abruf: 05.04.2024).

40   Vgl. BT-Drucks. 19/26966, S. 115; Grundsatz 5 Satz 2 DCGK 2022.

der gesetzlichen Abschlussprüfung[41]. Dies gilt nicht nur, wenn die Angaben eindeutig von den geforderten (lageberichtstypischen) Angaben abgegrenzt sind. Vielmehr kann sich der Abschlussprüfer auch dann gegen eine Prüfung entscheiden, wenn es an einer eindeutigen Abgrenzung fehlt. In der Folge muss er die Beschränkung der Reichweite seiner Prüfung und seines Prüfungsurteils im Bestätigungsvermerk deutlich machen[42].

Hingegen hat sich der Prüfungsausschuss mit der Angemessenheit und Wirksamkeit des internen Kontrollsystems, des Risikomanagementsystems und des internen Revisionssystems zu befassen (vgl. § 107 Abs. 3 Satz 2 AktG). Auch diese Bestimmung beschränkt sich nicht auf die Systeme mit Relevanz für die Rechnungslegung, sondern sie ist – wie § 91 Abs. 3 AktG auch[43] – umfassend, d.h. über alle (wesentlichen) Kontroll-, Risiko- und Compliance-relevanten Bereiche der Unternehmenstätigkeit hinweg, angelegt[44]. Zudem hat der Aufsichtsrat und in Vorbereitung dessen der Prüfungsausschuss die Beschreibungen der Systeme sowie die Aussagen des Managements zu ihrer Angemessenheit und Wirksamkeit im Zuge der Befassung mit der Rechnungslegung zu prüfen (§ 171 Abs. 1 Satz 1 AktG). Auch insofern geht die Befassungspflicht des Prüfungsausschusses also (deutlich) über den Gegenstand der gesetzlichen Abschlussprüfung hinaus.

Trotz der beschränkten Reichweite der gesetzlichen Abschlussprüfung kann es für den Aufsichtsrat bzw. Prüfungsausschuss sinnvoll sein, den Austausch mit dem Abschlussprüfer über Gebiete zu suchen, die nicht (vollständig) von der Abschlussprüfung abgedeckt sind. Für diesen Austausch sprechen neben der Prüfung der rechnungslegungsbezogenen Systeme und den zuvor dargestellten Erweiterungen der Abschlussprüfung insb. folgende Gründe:

- Die externe Rechnungslegung bildet die Tätigkeit des Unternehmens in weitem Umfang ab, sodass der Abschlussprüfer ein breites Verständnis der Geschäftstätigkeit des Unternehmens entwickeln muss; auch kann er ggf. Parallelen zu anderen relevanten Unternehmen ziehen.

---

41 IDW Positionspapier: Compliance-Kultur in deutschen Unternehmen verbessern - zur Empfehlung A.5 DCGK 2022, Stand: 12.03.2024, S. 13. Zur Unternehmenspraxis vgl. Rabenhorst, BB 2023, S. 1258 (1261).

42 *IDW Prüfungsstandard: Prüfung des Lageberichts im Rahmen der Abschlussprüfung (IDW PS 350 n.F. (10.2021))* (Stand: 29.10.2021), Tz. 15 f.

43 BT-Drucks. 19/26966, S. 115.

44 BT-Drucks. 16/10067, S. 77 und 102.

- Im Zuge seiner Prüfung befasst sich der Abschlussprüfer auch mit Systemen ohne direkten Bezug zur Rechnungslegung, etwa dem internen Revisionssystem[45] oder dem Compliance-Management-System, soweit sie für die Abschlussprüfung relevant sind. In diesem Fall gewinnt er einen Einblick in die Systeme.
- Der Abschlussprüfer hat auch nicht geprüfte Informationen des Geschäftsberichts zu lesen und auf etwaige Unstimmigkeiten im Vergleich zu den Erkenntnissen aus der Abschlussprüfung hin zu würdigen[46].

Zudem kann der Prüfungsausschuss mit dem Abschlussprüfer Prüfungsschwerpunkte vereinbaren. Diese müssen allerdings einen inhaltlichen Bezug zur Abschlussprüfung haben. Darüber hinaus steht es dem Prüfungsausschuss frei, dem Abschlussprüfer (oder einem anderen Wirtschaftsprüfer) gesonderte Prüfaufträge zu erteilen.

Vor dem Hintergrund der Einführung von § 91 Abs. 3 AktG im Jahr 2021 und der Empfehlung A.5 DCGK aus dem Jahr 2022 haben viele Unternehmen (nochmal) die Angemessenheit und Wirksamkeit ihrer Systeme hinterfragt und einige von ihnen Projekte zur Stärkung der Systeme aufgesetzt. Auch ist in der Praxis ein gewisser Anstieg der Nachfrage nach Prüfungen von Compliance-Management-Systemen nach *IDW PS 980* oder von Risikomanagementsystemen nach *IDW PS 981* zu verzeichnen.

Gerade bei der Klärung der Fragen, welche Themenfelder durch die Abschlussprüfung abgedeckt sind und inwieweit es darüber hinaus der Prüfungssicherheit bedarf, kann der zweite gesetzlich geforderte Experte des Prüfungsausschusses eine wichtige Rolle spielen. Denn seit Inkrafttreten des FISG sieht § 100 Abs. 5 AktG vor, dass der Prüfungsausschuss nicht nur über ein Mitglied mit Sachverstand auf dem Gebiet der Rechnungslegung, sondern auch eines mit Sachverstand auf dem Gebiet der Abschlussprüfung verfügt. Dabei wird ein *financial expert* in der Praxis häufig beide Themenfelder abdecken; zwingend ist dies ausweislich des § 100 Abs. 5 AktG aber nicht. Selbst wenn ein Mitglied des Prüfungsausschusses Sachverstand auf beiden Gebieten hat, bedarf es nach § 100 Abs. 5 AktG zweier Experten[47].

---

45   ISA [DE] 610 (Revised 2013): Nutzung der Tätigkeit interner Revisoren, Tz. 15.
46   Vgl. dazu ISA [DE] 720 (Revised): Verantwortlichkeiten des Abschlussprüfers im Zusammenhang mit sonstigen Informationen.
47   BT-Drucks. 19/29699, S. 115 f.

Jedenfalls muss sich der Prüfungsausschuss der Grenzen der Abschlussprüfung bewusst sein und er sollte erwägen, inwieweit er den Abschlussprüfer zur prüferischen Abdeckung von Themenfeldern nutzen kann, die über die gesetzliche Abschlussprüfung hinausgehen. Dabei sollte sich der Prüfungsausschuss auch über wesentliche Änderungen der Prüfungsstandards und ihrer Auswirkungen auf das Vorgehen bei der Abschlussprüfung informieren (lassen), wie sie sich etwa aus dem laufenden Projekt zur Überarbeitung von ISA 240: The Auditor's Responsibilities Relating to Fraud in an Audit of Financial Statements und ISA 570 (Revised): Going Concern ergeben können.

Auf dieser Basis kann dann auch ein Dialog mit den Investoren zum Grad der Verlässlichkeit der veröffentlichten, nicht vollständig geprüften Informationen sowie der genutzten Steuerungs- und Kontrollsysteme geführt werden, und zwar auch, um Missverständnisse über die Reichweite von Aussagen zur Wirksamkeit dieser Systeme zu vermeiden.

5 Digitalisierung der Rechnungslegung und Abschlussprüfung

Die großen Fortschritte der Digitalisierung, für die die jüngst sich schnell ausbreitende Kommerzialisierung generativer künstlicher Intelligenz nur ein Beispiel ist, bieten vielen Unternehmen große Chancen, stellen sie aber auch vor die Herausforderung, bestehende Geschäftsmodelle sowie ihre operativen Abläufe anzupassen. Der hohe Stellenwert, den diese Transformation für die Unternehmen hat, zeigt sich auch darin, dass viele Unternehmen die Verantwortung für die Digitalisierung auf Geschäftsleitungsebene verankern und Fortschritte dabei als vergütungsrelevante Ziele vereinbart werden sowie dass die Digitalisierungsexpertise mittlerweile zu einer Standardqualifikation in den Besetzungsmatrizes der Aufsichtsräte geworden ist[48].

Die digitale Transformation erfasst auch die Rechnungslegung der Unternehmen und ihre diesbezüglichen Prozesse. So entstehen im Zuge der Digitalisierung, insb. bei datengetriebenen Geschäftsmodellen, zahlreiche immaterielle Vermögensgegenstände mit Relevanz für die Rechnungslegung. Eine besondere Herausforderung stellen dabei die selbstgeschaffenen immateriellen Vermögensgegenstände dar, die nur außerhalb der in § 248 Abs. 2 Satz 2 HGB bzw.

---

48 Vgl. Stein/Kollmann, Dax Digital Monitor 2023 (online abrufbar unter dax-digital-monitor.de; letzter Abruf: 26.02.2024).

IAS 38.48 und .63 genannten Fälle aktiviert werden dürfen[49]. Auch sind die wesentlichen Chancen und Risiken, die aus der Digitalisierungstransformation für das jeweilige Unternehmen resultieren, im (Konzern-)Lagebericht zu beschreiben (§§ 289 Abs. 1 Satz 3, 315 Abs. 1 Satz 3 HGB).

Zudem wird der Prozess der Rechnungslegung umfassend digitalisiert[50]. So überführen zahlreiche Unternehmen ihre Rechnungslegung in die Cloud. Dies lässt eine gewisse Standardisierung der Rechnungslegungsprozesse über alle Unternehmen hinweg erwarten. Erfahrungen aus der Praxis zeigen allerdings, dass diese Standardisierung aufgrund der unternehmensindividuellen Anforderungen an die Rechnungslegung und ihre Prozesse letztlich doch begrenzt ist.

Weiterhin automatisieren die Unternehmen ihre Rechnungslegungsprozesse zunehmend. Diese Entwicklung wird sich mit Hilfe der künstlichen Intelligenz noch beschleunigen. Grundlage für die Automatisierung ist dabei eine strukturierte Datenerfassung, die möglichst auch einen Austausch über verschiedene Datenpools hinweg erlaubt.

Eine ähnliche Entwicklung findet aufseiten der Abschlussprüfer statt[51]. Sie haben die Abbildung immaterieller Vermögensgegenstände in den Abschlüssen sowie die Darstellung der Chancen und Risiken der Digitalisierung in den Lageberichten zu prüfen. Auch unterliegen die Veränderungen der Rechnungslegungsprozesse der Prüfung, soweit dies zur Verifizierung der Rechnungslegung erforderlich ist.

Zudem nutzen die Abschlussprüfer die Digitalisierung, um ihre eigenen Prozesse – im Rahmen ihrer jeweiligen Investitionskraft – zu vereinfachen. Der Einsatz von Technologie reicht dabei von der Analyse der Buchhaltungssysteme über die Auswertung von Massendaten bis zur automatisierten Berichterstattung über die Prüfung. Dabei wird sich auch die Reichweite der Prüfung ändern. Denn die Digitalisierung bietet die Möglichkeit, anstelle manueller Stichproben alle Buchungen einer automatisierten Analyse zu unterziehen. Dabei ist die Analyse nicht auf einzelne Aspekte beschränkt, sondern sie kann zahlreiche Parameter (Buchungssatz, -zeitpunkt, -höhe usw.) in den Blick nehmen. Zudem können

---

49 Zur Aktivierung von digitalen Innovationen siehe Rade/Hanke, in: Beck HdR, München 1987 ff., B 211, Rn. 260 ff.

50 Vgl. dazu PwC, Digitalisierung im Finanz- und Rechnungswesen 2023 (online abrufbar unter pwc. de; letzter Abruf: 05.04.2024).

51 Vgl. Sellhorn u.a., WPg 2020, S. 311 ff.

die digitalen Verprobungen mehrfach hintereinander und damit mehrfach im Jahr laufen.

Eine „Vollprüfung" der Rechnungslegung begegnet allerdings praktisch noch erheblichen Herausforderungen, weil die IT-Landschaften der zu prüfenden Unternehmen weiterhin sehr heterogen sind. Zudem stellt sich bei einer mehrfachen, gar dauerhaften automatisierten Prüfung der Buchungen der Unternehmen die berufsrechtliche Frage, wie die Prüfung vom internen Kontrollsystem des Unternehmens abzugrenzen wäre.

Auch bei den Wirtschaftsprüfungsgesellschaften ist kürzlich die künstliche Intelligenz in den Mittelpunkt der Bemühungen gerückt, sodass künstliche Intelligenz nicht nur aufseiten der Unternehmen, sondern auch aufseiten der Abschlussprüfer zum Einsatz kommt bzw. kommen wird. Die Prüfungsstandards müssen für den Fall der Prüfung (künstlicher Intelligenz) durch künstliche Intelligenz im Einklang mit der technischen Entwicklung (fort)entwickelt werden[52].

Die digitale Transformation der Rechnungslegung und ihres Prozesses sowie die digitale Transformation der Abschlussprüfung erfordern eine enge Abstimmung zwischen dem Prüfungsausschuss und den für die jeweilige Prüfung verantwortlichen Prüfungspartnern[53]. Dabei gilt es, ein klares Verständnis zu entwickeln, welchen Beitrag die bei der Prüfung von dem jeweiligen Unternehmen einerseits und seinem Abschlussprüfer anderseits eingesetzten Technologien zur Sicherung der Ordnungsmäßigkeit der Rechnungslegung (tatsächlich) leisten können. Ein wichtiges Thema ist dabei der Umfang des Datenaustauschs zwischen dem jeweiligen Unternehmen und seinem Abschlussprüfer. Denn ohne ihn können die Möglichkeiten, die die Digitalisierung bietet, nicht ausgeschöpft werden.

6   Kommunikation und Berichterstattung

Für das Zusammenspiel von Prüfungsausschuss und Abschlussprüfer ist zweifelsohne eine offene wechselseitige Kommunikation von entscheidender Bedeutung. So sollte der Prüfungsausschuss dem Abschlussprüfer seine Sicht auf wesentliche Sachverhalte mit Bedeutung für die Rechnungslegung mitteilen und mit ihm Prüfungsschwerpunkte vereinbaren. Der Abschlussprüfer sollte

---

52   Siehe bereits *IDW Prüfungsstandard: Prüfung von KI-Systemen (IDW PS 861 (03.2023))* (Stand: 10.03.2023).
53   Ebenso Sellhorn u.a., WPg 2020, S. 316.

den Prüfungsausschuss bzw. dessen Vorsitzenden über das geplante Prüfungsvorgehen, über wesentliche Prüfungsfortschritte und über die Prüfungsergebnisse informieren. Die Kommunikation über die gesamte Prüfung hinweg hat die Regierungskommission Deutscher Corporate Governance Kodex mit ihren jüngsten Änderungen von D.10 DCGK 2022 für die Prüfungsausschüsse börsennotierter Gesellschaften nochmals betont[54].

Vor diesem Hintergrund nimmt der Abschlussprüfer bei vielen, insb. bei größeren Unternehmen nicht nur an den Sitzungen des Prüfungsausschusses teil, sondern tauscht sich auch außerhalb der Sitzungen mit seinem Vorsitzenden aus.

Die Bedeutung einer freien Kommunikation zwischen Prüfungsausschuss und Abschlussprüfer hat der Gesetzgeber mit dem FISG betont, indem er § 109 Abs. 1 AktG um folgenden Satz ergänzt hat: „Wird der Abschlussprüfer als Sachverständiger zugezogen, nimmt der Vorstand an dieser Sitzung nicht teil, es sei denn, der Aufsichtsrat oder der Ausschuss erachtet seine Teilnahme für erforderlich." Zur Begründung wird ausgeführt: „Durch diese Änderung soll die vertrauliche Kommunikation des Aufsichtsrates oder eines Ausschusses mit dem Abschlussprüfer gestärkt werden, wenn der Aufsichtsrat oder der Ausschuss sich mit diesem im Rahmen der Vorbereitung oder der Durchführung der Prüfung austauschen will."[55]

Ausweislich von § 109 Abs. 3 Satz 3 AktG kann der Prüfungsausschuss den Vorstand jederzeit zur Sitzung zulassen. In der Praxis wird dieses Recht zumindest für das Vorstandsmitglied mit Zuständigkeit für das Finanzressort auch häufig genutzt. Die Öffnung für den Vorstand bedeutet aber nicht, dass der Prüfungsausschuss in der Praxis nicht doch regelmäßig auch ohne Vorstand tagen würde. Denn durch bestimmte Zeitanteile ohne Vorstandsanwesenheit setzen viele börsennotierte Gesellschaften D.10 DCGK um, der ihnen empfiehlt, regelmäßig mit dem Abschlussprüfer auch ohne den Vorstand zu beraten.

7 Qualität der Abschlussprüfung

Mit dem FISG wurde die Überwachung der Abschlussprüfung durch den Prüfungsausschuss dahingehend konkretisiert, dass sich der Prüfungsausschuss auch mit der Qualität der Abschlussprüfung auseinanderzusetzen hat. Mit der

---

54 Vgl. dazu Elten/Koch, WPg 2023, S. 471 ff.
55 BT-Drucks. 19/29879, S. 158.

Änderung sollte im Einklang mit Art. 39 Abs. 6 Buchstabe d) der Abschlussprüfungsrichtlinie[56] klargestellt werden, „dass die Überwachung der Abschlussprüfung die Prüfung ihrer Qualität von der Auswahl des Prüfers bis zur Beendigung des Auftrags umfasst. Bei der Bewertung hat der Prüfungsausschuss auch die Erkenntnisse und Schlussfolgerungen aus Inspektionen nach Artikel 26 Absatz 8 der Abschlussprüfungsverordnung zu berücksichtigen."[57]

Aufseiten der Abschlussprüfer wurden im Jahr 2020 die internationalen Standards für ihr Qualitätsmanagementsystem (ISQM 1 und 2) sowie der für die Qualitätssicherung bei den einzelnen Abschlussprüfungen [ISA 220 (Revised)] überarbeitet und in den Jahren 2022 und 2023 vom IDW adaptiert {*IDW QMS 1* und *IDW QMS 2* sowie ISA [DE] 220 (Revised)}. Mit der internationalen Überarbeitung sollten Verbesserungsvorschläge von verschiedenen Interessengruppen und Feststellungen der Abschlussprüferaufsichten aufgegriffen werden. Mit den neuen Standards waren in der Praxis umfangreiche Änderungen, insb. eine deutliche Ausweitung der Beurteilung der Qualitätsrisiken und der Tests der Wirksamkeit der Maßnahmen zu ihrer Minimierung, verbunden.

Die Bewertung der Qualität soll ausweislich der Gesetzesbegründung „von der Auswahl des Prüfers bis zur Beendigung des Auftrags" reichen[58]. Mit Blick auf die Auswahl des Prüfers sollte an das unter 2. Auswahl des Abschlussprüfers beschriebene Verfahren angeknüpft werden. Denn die Kriterien, die für die Auswahl des Abschlussprüfers maßgeblich waren, sollten auch in die Qualitätsbeurteilung eingehen. Die jährliche Bewertung kann dann auch der Entscheidung über eine erneute Bestellung desselben Abschlussprüfers zugrunde gelegt werden[59].

In die Bewertungen sollen Kenntnisse eingehen, die im Zuge der Inspektionen der APAS und/oder der Qualitätskontrollen durch die Prüfer für Qualitätskontrolle gewonnen werden (vgl. § 57a WPO)[60]. Dies gilt zunächst für Erkenntnisse,

---

56   Richtlinie 2014/56/EU des Europäischen Parlaments und des Rates vom 16.04.2014 zur Änderung der Richtlinie 2006/43/EG über Abschlussprüfungen von Jahresabschlüssen und konsolidierten Abschlüssen, Abl. EU Nr. L 158/196 vom 27.05.2014.

57   BT-Drucks. 19/26966, S. 116.

58   Siehe Fn. 32.

59   Vgl. Arbeitskreis Externe und Interne Überwachung der Unternehmung (AKEIÜ) der Schmalenbach-Gesellschaft für Betriebswirtschaft e. V., Thesen zur Auswahl und Nutzung von Audit Quality Indicators aus der Sicht von Prüfungsausschüssen, BB 2021, S. 2219 ff.; IDW Positionspapier: Kommunikation von Prüfungsqualität, Vorschläge für einen strukturierten Dialog über Prüfungsqualität unter Berücksichtigung von Audit Quality Indicators, Stand: 28.10.2021.

60   Siehe Fn. 32.

die aus einer Überprüfung der Abschlussprüfung des Unternehmens gewonnen werden, dessen Geschäftsführung der Prüfungsausschuss überwacht. Da im Zuge einer Inspektion bzw. Qualitätskontrolle aber regelmäßig nur ausgewählte Mandate überprüft werden, ist dies – jedenfalls bei größeren Wirtschaftsprüfungsgesellschaften – praktisch selten relevant.

Der Prüfungsausschuss sollte sich aber auch Erkenntnisse berichten lassen, die aus anderen Mandaten gewonnen werden. In diesem Zusammenhang gab es im Zuge der Umsetzung der Verpflichtung zur Auseinandersetzung mit der Prüfungsqualität eine gewisse Diskussion über Form und Umfang der Berichterstattung. Mittlerweile ist geklärt, dass sich die Berichterstattung des Abschlussprüfers auf Feststellungen mit Relevanz für das Qualitätsmanagementsystem und damit für die von dem Abschlussprüfer insgesamt durchgeführten Abschlussprüfungen bezieht. Insoweit kann der Prüfungsausschuss auch Einblick in den Inspektions- bzw. Qualitätskontrollbericht i.S.v. § 57a Abs. 5 und 6 Satz 5 WPO nehmen. Hingegen sind Erkenntnisse mit Relevanz allein für den Einzelfall einer anderen Abschlussprüfung nicht von der Berichterstattung erfasst, zumal sie der Verschwiegenheit des Abschlussprüfers unterliegen, jedenfalls sobald ein Rückschluss auf das betroffene Mandat möglich wäre.

In Ergänzung zu der Auseinandersetzung mit den Erkenntnissen aus den Inspektionen der APAS bzw. den Erkenntnissen aus den Qualitätskontrollen erheben die Unternehmen bzw. die Prüfungsausschüsse teilweise eigene Kennzahlen (sogenannte Audit Quality Indicators – AQIs) und/oder erfragen sie vom Abschlussprüfer. Diese beschränken sich regelmäßig nicht auf Indikatoren dafür, dass die Abschlussprüfung den gesetzlichen Anforderungen entsprach. Vielmehr werden auch andere für das Unternehmen relevante Aspekte, wie etwa eine reibungslose Kommunikation oder Beiträge zur Verbesserung der Unternehmensprozesse, abgedeckt.

Neben den Kriterien für die Auswahl des Abschlussprüfers können etwa die Qualifikation und Motivation des Prüfungsteams (z.B. Anteil der Stunden erfahrener Prüfer an den Gesamtstunden oder der Trainingsstunden des Kernprüfungsteams insgesamt), das Prüfungsvorgehen (z.B. Anzahl der Überschreitungen vereinbarter Fristen im Verhältnis zu der Gesamtzahl vereinbarter Fristen), die Kommunikation (z.B. Verständlichkeit der mündlichen und schriftlichen Berichterstattung und der Wiedergabe der Key Audit Matters im Bestätigungsvermerk) und das Ergebnis der Prüfung (z.B. Zahl der Hinweise für eine Verbesserung der Rechnungslegungsprozesse) Felder für AQIs sein[61].

Das Ergebnis seiner Bewertung sollte der Prüfungsausschuss offen und nachvollziehbar an den Abschlussprüfer kommunizieren, sodass dieser dazu Stellung nehmen und Schlussfolgerungen für seine weitere Tätigkeit für das Unternehmen ziehen kann.

So sinnvoll eine Auseinandersetzung mit der Qualität der Abschlussprüfung ist, so sollte sie nicht den Blick darauf verstellen, dass es insgesamt um die Qualität der Rechnungslegung geht. Insofern ist es auch nur konsequent, nicht allein die Qualität der Abschlussprüfung anhand von Kennzahlen zu objektivieren, sondern dasselbe für die Rechnungslegung bzw. den Rechnungslegungsprozess des Unternehmens zu tun[62]. Dies gilt schon deshalb, weil die Qualitätsindikatoren der Praxis nicht immer eindeutig der Abschlussprüfung zugeordnet werden können. Zeigt beispielsweise ein Indikator eine häufige Überschreitung von Fristen für die Finalisierung von Teilleistungen an, kann dies auf eine verzögerte Abschlussprüfung ebenso hindeuten wie auf eine verspätete Lieferung von Dokumenten durch das Unternehmen an den Abschlussprüfer. Selbst dann jedoch, wenn ein Indikator allein der Abschlussprüfung zugeordnet werden kann, heißt das nicht, dass es nicht unternehmensspezifische Indikatoren gäbe, die ebenso relevant für die Ordnungsmäßigkeit der Rechnungslegung sind. Wieso sollte beispielsweise allein die Fortbildung des Abschlussprüfungsteams mit Zuständigkeit für die Prüfung des Unternehmens, nicht aber die Fortbildung des Unternehmensteams mit Zuständigkeit für die Erstellung des Abschlusses für die Qualität der Rechnungslegung relevant sein?

---

61   Für weitere Beispiele für AQIs siehe AKEIÜ, a.a.O. (Fn. 34), S. 2224 f. und IDW, a.a.O. (Fn. 34), S. 24 ff.

62   Vgl. AKEIÜ, a.a.O. (Fn. 20), S. 2221, der in diesem Zusammenhang zur Verdeutlichung die Bezeichnung „Preparation Quality Indicators" nutzt.

8   Aufsicht

Mit dem FISG wurde die Aufsicht über die Rechnungslegung von Emittenten von Wertpapieren, für die Deutschland der Herkunftsstaat i.S.v. § 2 Abs. 13 Nr. 1 WpHG ist, mit Wirkung ab dem 01.01.2022 vollständig der Bundesanstalt für Finanzdienstleistungsaufsicht unterstellt. Der privatrechtlich-organisierte Deutsche Prüfstelle für Rechnungslegung e.V. (DPR), der bis dahin auf erster Stufe für das Verfahren zuständig war, wurde von seinen Aufgaben entbunden[63]. Begründet wurde diese Umorganisation mit einer Reduktion der Komplexität des Verfahrens[64].

Gegenstand der Überprüfung sind der zuletzt festgestellte und/oder veröffentlichte Jahres- und Konzernabschluss nebst (Konzern-)Lagebericht, der zuletzt veröffentlichte verkürzte Abschluss und der zugehörige Zwischenlagebericht sowie der zuletzt veröffentlichte (Konzern-)Zahlungsbericht (§ 107 Abs. 1 Satz 4 WpHG). Diese Berichte werden daraufhin geprüft, ob sie den gesetzlichen Vorschriften einschließlich der Grundsätze ordnungsgemäßer Buchführung oder den sonstigen durch Gesetz zugelassenen Rechnungslegungsstandards entsprechen (§ 106 Satz 1 WpHG). Die BaFin führt weiterhin sowohl Stichproben- als auch Anlassprüfungen durch (§ 107 Abs. 1 Satz 1 und 3 WpHG).

Stellt die BaFin einen Fehler fest, macht sie ihn unter den in § 109 Abs. 2 WpHG genannten Voraussetzungen selbst bekannt. Vor dem FISG waren die Fehler noch auf Anordnung der BaFin durch die Unternehmen selbst zu veröffentlichen (§ 109 Abs. 2 Satz 1 WpHG in der vor dem 01.01.2022 geltenden Fassung). In diesem Zusammenhang ist interessant, dass ein Fehler auch dann festgestellt werden kann, wenn die Vorgaben für die jeweilige Rechnungslegung auslegungsbedürftig waren und die Interpretation des Unternehmens zumindest nachvollziehbar und vertretbar war, denn die BaFin soll nach einer Entscheidung des für Rechtsmittel im Enforcement-Verfahren zuständigen OLG Frankfurt am Main berechtigt sein, die „objektiv richtige Rechtslage" festzustellen[65].

Zudem kann die BaFin Prüfungsanordnungen und wesentliche Verfahrensschritte bekannt machen (§ 107 Abs. 1 Satz 6 und Abs. 8 WpHG). Auch insoweit wurden ihre Befugnisse ausgeweitet. In diesem Zusammenhang hat die BaFin mitgeteilt, dass sie die Eröffnung von Anlassprüfungen unter Nennung des

---

63   Ausführlich zum Enforcement nach dem FISG: Kliem/Kosma/Optenkamp, DB 2021, S. 1519 ff.
64   BT-Drucks. 19/29879, S. 146.
65   OLG Frankfurt am Main vom 04.02.2019 – WpÜG 3/16, WpÜG 4/16, NZG 2019, S. 713.

Unternehmens und des Eröffnungsgrunds sowie wesentliche Verfahrensschritte dieser Prüfungen grundsätzlich bekannt machen wird[66].

Auch die Ermittlungsbefugnisse der BaFin wurden gestärkt. So hat die BaFin etwa erweiterte Auskunftsrechte sowie Durchsuchungs- und Beschlagnahmerechte (§ 107 Abs. 5 bis 7 WpHG). Unter anderem kann sie Organmitglieder des geprüften Unternehmens, und damit auch Mitglieder seines Aufsichtsrats bzw. Prüfungsausschusses, sowie den Abschlussprüfer des Unternehmens vorladen und vernehmen (§ 107 Abs. 5 Satz 1 WpHG). Gerade die Ausweitung der Ermittlungsbefugnisse hat der Gesetzgeber mit einem hohen Gemeinwohlinteresse daran begründet, Fälle von Bilanzmanipulation zu verhindern bzw. frühzeitig aufzudecken, um die Integrität des deutschen Kapitalmarkts und damit die Reputation des Finanzstandortes Deutschland zu schützen[67].

Die Stärkung der Position der BaFin ging mit der Gründung einer „Gruppe Bilanzkontrolle" unter unmittelbarer Anbindung an die oberste Leitungsebene der BaFin und einer Verdoppelung der personellen Ressourcen im Vergleich zu dem Mitarbeiterpool einher, über den die BaFin und DPR vor 2022 verfügt hat[68].

Außerdem wurde der Informationsaustausch der Behörden neu gefasst (§ 109a WpHG). Dazu zählt auch der Austausch von Informationen zwischen der BaFin und der Abschlussprüferaufsichtsstelle als Aufsicht über die Abschlussprüfer von Unternehmen von öffentlichem Interesse. Dabei hat der Gesetzgeber ausdrücklich darauf hingewiesen, dass der Austausch nicht auf Informationen beschränkt ist, die konkrete Anhaltspunkte für einen Verstoß gegen Rechnungslegungsvorschriften begründen. Dahinter steht, dass Fälle denkbar seien, in denen erst die mosaikartige „Zusammenschau" verschiedener Informationsteile einen konkreten Anhaltspunkt für Rechnungslegungsfehler liefere, der dann Anlass einer Verdachtsprüfung sein könnte[69].

Schließlich wurden mit dem FISG die bilanzrechtlichen Straf- und Ordnungswidrigkeiten sowohl für Aufsichtsratsmitglieder als auch den Abschlussprüfer verschärft (siehe § 405 AktG, §§ 331a, 332 und 334 HGB).

---

66 BaFin, Aufsichtsmitteilung. Bekanntmachung von Bilanzkontrollverfahren, 07.03.2022 (online abrufbar unter bafin.de; letzter Abruf: 05.04.2024).

67 BT-Drucks. 19/26966, S. 78.

68 Hanenberg/Kostjutschenkow, Moderne Aufsicht: Die neue Bilanzkontrolle, 17.12.2021 (online abrufbar unter bafin.de; letzter Abruf: 04.04.2024).

69 BT-Drucks. 19/26966, S. 83.

Die BaFin hat angekündigt, im Wesentlichen die Anlassprüfung zu stärken. Um Unrichtigkeiten proaktiver aufdecken zu können, wurde auch im Hinblick auf die Bilanzkontrolle die Hinweisgeberstelle weiter ausgebaut und eine Market Contact Group etabliert, über die Marktteilnehmer, Experten oder Journalisten Informationen an die BaFin weitergeben können[70]. Die Verfolgung von Hinweisen nimmt einen beachtlichen Teil der Arbeitszeit der Gruppe Bilanzkontrolle in Anspruch. Um die Notwendigkeit der Einleitung einer anlassbezogenen Prüfung abschließend beurteilen zu können, findet ggf. eine Anhörung des Unternehmens zu den Vorwürfen statt.

Vorträgen der BaFin ist zu entnehmen, dass auch bei der Stichprobenprüfung risikoorientierter vorgegangen werden soll; eine höhere Anzahl an regulären Stichprobenprüfungen wird derzeit nicht angestrebt. Die Stichproben zieht die BaFin anhand risikoorientierter Kriterien, die sie mit einer Rotation sowie einer Zufallsauswahl kombiniert. Die risikoorientierte Auswahl speist sich insb. aus einer Medienanalyse und einem Markt-Monitoring. In das Monitoring fließt eine Vielzahl von Kennzahlen ein, die von der BaFin entwickelt wurden, systematisch aus in- und externen Quellen erhoben werden und zu einem ersten Ranking der Unternehmen führen. Das Kennzahlensystem wird nicht veröffentlicht und soll in den kommenden Jahren verfeinert und ausgebaut werden. Im Ergebnis sucht die BaFin also nach unternehmensindividuellen oder branchenspezifischen Indikatoren für Fehler in der Rechnungslegung bzw. nach Umständen, die zu entsprechenden Fehlern führen können. Dieser Ansatz ist sowohl für den Prüfungsausschuss als auch für die Abschlussprüfer interessant und sollte von ihnen aufmerksam verfolgt werden.

Die BaFin betont, dass nach den Vorschriften des WpHG nicht nur die Abschlüsse und Berichte dem Enforcement unterliegen, sondern ausdrücklich auch die Buchführung des Unternehmens, die – anders als im Rahmen der Abschlussprüfung – für sich genommen beanstandet und zu Fehlerfeststellungen führen kann[71]. Dabei hebt sie hervor, dass die Buchführung nicht nur die Buchungssätze an sich beinhaltet, sondern weit mehr umfasst, nämlich alle Aspekte, die sich in der Buchführung niedergeschlagen und mithin bei der Bestimmung bzw. Ermittlung der konkreten bilanziellen Abbildung eine Rolle gespielt haben. Mit diesem Hinweis will die BaFin die Unternehmen zu einer nachvollziehbaren

---

[70] Kyriasoglou, Moderne Aufsicht: Hinweisgeberstelle weiter ausgebaut, 18.02.2022 (online abrufbar unter bafin.de; letzter Abruf: 04.04.2024).

[71] Siehe hierzu Müller, AG 2020, S. 83.; a.A. Lüdenbach/Freiberg, BB 2020, S. 811; zutreffend Deubert/Lewe, Der Konzern 2020, S. 465.

und nachprüfbaren Dokumentation anhalten, anhand derer die Ausübung von Bilanzierungsentscheidungen überprüfbar wird. Auch wird erwartet, dass diese Unterlagen zum Aufstellungszeitpunkt in einem abgeschlossenen Stadium vorliegen. Entsprechend sollten die betroffenen Unternehmen hinreichende Ressourcen auf eine aussagekräftige Dokumentation verwenden[72]. Diese Überlegungen decken sich durchaus mit dem oben beschriebenen Ansatz zur Messung der Qualität der Rechnungslegung bzw. des Rechnungslegungsprozesses auch durch den Aufsichtsrat.

Mit Umsetzung der CSRD wird auch die Nachhaltigkeitsberichterstattung in Deutschland dem Enforcement unterliegen. Die BaFin wird diese Aufgabe für die Unternehmen übernehmen, deren finanzielle Berichterstattung sie beaufsichtigt. Anfang 2024 hat die ESMA begonnen, Leitlinien für das Enforcement der Nachhaltigkeitsberichterstattung zu entwickeln[73]. Grundsätzlich spiegeln diese die bereits vorhandenen Leitlinien zur Überwachung von Finanzinformationen[74] wider. Die ebenso als Stichproben- und Anlassprüfungen ausgestalteten Verfahren werden gleichfalls keine vollumfängliche Prüfung darstellen, sondern Schwerpunkte setzen. Es ist davon auszugehen, dass aufgrund der höheren Anzahl an Stakeholdern umfangreiche Hinweise bei der BaFin eingehen werden, die sich insb. auf (vermeintlich) fehlende Angaben beziehen. Insofern könnten gerade die nach der CSRD und den konkretisierenden ESRS vorzunehmenden Wesentlichkeitsbeurteilungen im Fokus der Bilanzkontrolle stehen.

Mit den Entwicklungen rund um die Aufsicht über die Rechnungslegung der Unternehmen, aktuell insb. die Einbeziehung der Nachhaltigkeitsberichterstattung, sollte sich der Prüfungsausschuss befassen. Zudem hat er sich mit dem Stand der Vorbereitungen auf eine etwaige anlass- oder stichprobenbezogene Prüfung auseinanderzusetzen. Auch hat er den Umgang mit einer Anhörung oder gar Prüfung zu überwachen. Dabei sollten die Prüfungsausschüsse einer Anhörung die gleiche Sorgfalt wie einer Prüfung widmen, da einer Anhörung die Einleitung einer Anlassprüfung folgen kann, die regelmäßig bereits bekannt gemacht wird.

---

72 Vgl. dazu auch Kliem/Hillemeyer/Funk, KoR 2023, S. 6.

73 ESMA, Consultation on Draft Guidelines on Enforcement of Sustainability Information. From 15 December 2023 to 15 March 2024 (online abrufbar unter esma.europa.eu; letzter Abruf: 05.04.2024).

74 ESMA, Leitlinien zur Überwachung von Finanzinformationen (Enforcement), 23.11.2020 (online abrufbar unter esma.europa.eu; letzter Abruf: 05.04.2024).

Zwar ist der Abschlussprüfer formal nicht Beteiligter einer Kontrolle der Finanz- oder der Nachhaltigkeitsberichterstattung. Es liegt dennoch auf der Hand, dass die Unternehmen und ihre Prüfungsausschüsse regelmäßig bei der Vorbereitung auf eine Prüfung und während ihrer Durchführung eng mit ihrem Abschlussprüfer zusammenarbeiten. Dies ist auch deshalb im Interesse des jeweiligen Abschlussprüfers, weil Fehlerfeststellungen der BaFin regelmäßig an die APAS weitergegeben werden, damit diese etwaigen Verletzungen der Berufspflichten des Abschlussprüfers nachgehen kann (vgl. § 110 Abs. 2 WpHG).

9 Zusammenfassung

Über die letzten Jahre haben sich einige neue Aspekte des Zusammenwirkens von Prüfungsausschuss und Abschlussprüfer entwickelt. Dabei fällt auf, dass die in diesem Beitrag reflektierten Aspekte ganz überwiegend regulatorisch unterlegt sind.

Zwei Aspekte betreffen eher den Kern der Abschlussprüfung. Zum einen deckt die Abschlussprüfung nur einen Teil der Prüfungen ab, die der Aufsichtsrat bzw. sein Prüfungsausschuss zu leisten haben. Diese Diskrepanz sollte für beide Seiten (Prüfungsausschuss und Abschlussprüfer) möglichst transparent sein und setzt beiderseits ein klares Rollenverständnis voraus. Dabei sollten sich beide Parteien der Erwartungslücken bewusst sein, die aus den unterschiedlichen Reichweiten der jeweiligen Prüfungen und ihrer jeweiligen Leistungsfähigkeit für die verschiedenen Interessengruppen, insb. der Anteilseigner, resultieren können. Zum anderen – und dieser Aspekt ist ausnahmsweise nicht regulatorisch unterlegt – führt die rasant fortschreitende Digitalisierung zu einer Transformation der Rechnungslegung und der Abschlussprüfung. Diese Transformationen bedürfen eines Abgleichs von und eines hohen Verständnisses für ihren jeweiligen Stand und die damit verbundenen Einsatzmöglichkeiten sowie deren Grenzen.

Weitere der dargestellten neueren Aspekte des Zusammenwirkens von Prüfungsausschuss und Abschlussprüfer betreffen eher den Rahmen der Zusammenarbeit. Hierzu zählen die Vorgaben zu dem Verfahren zur Auswahl des Abschlussprüfers. Diese haben aufgrund der Formvorgaben zu einer gewissen Objektivierung der Bestellung und aufgrund der Zuständigkeitszuordnung zum Prüfungsausschuss zu einer höheren Bindung zwischen Prüfungsausschuss und Abschlussprüfer geführt. Eng mit dem Auswahlverfahren verknüpft ist die Befassung des Prüfungsausschusses mit der Qualität der Abschlussprüfung, da die

Kriterien für die Auswahl auch für die Qualitätsbeurteilung relevant sind. Ein regulatorischer Dauerbrenner ist der weitere Aspekt der Sicherung der Unabhängigkeit des Abschlussprüfers, für die Prüfungsausschuss und Abschlussprüfer mittlerweile ebenfalls zusammenarbeiten müssen, da der Prüfungsausschuss die Unabhängigkeit des Abschlussprüfers zu überwachen und bei Unternehmen von öffentlichem Interesse seine Nichtprüfungsleistungen zu billigen hat. Letzteres ist aufgrund der immer strikteren Vorgaben für diese Nichtprüfungsleistungen allerdings auf dem Weg zum Scheinriesen.

Ein gutes Zusammenwirken ist bei Unternehmen von öffentlichem Interesse auch deshalb so wichtig, weil sowohl die Rechnungslegung der Unternehmen als auch die Abschlussprüfung unter staatlicher Aufsicht stehen und jeder Fehler in der Rechnungslegung, zukünftig inkl. des Nachhaltigkeitsberichts, grundsätzlich den Vorwurf einer fehlerhaften Abschlussprüfung auslöst. Daher haben sich die Prüfungsausschüsse der Unternehmen von öffentlichem Interesse wie ihre Abschlussprüfer mit den Neuerungen des Rechnungslegungs-Enforcements durch die BaFin zu befassen.

Alle dargestellten Aspekte des Zusammenwirkens haben eines gemein: Die Güte der Zusammenarbeit wird ganz maßgeblich von einer offenen beidseitigen Kommunikation bestimmt. Hierum müssen sich beide Seiten bemühen und Regeln, wie die neuere Bestimmung zur Verhandlung des Prüfungsausschusses mit dem Abschlussprüfer ohne Vorstandsanwesenheit, können hierfür nur gewisse Impulse geben.

Neue Aspekte des Zusammenwirkens wird die Pflicht zur Nachhaltigkeitsberichterstattung und ihrer Prüfung mit sich bringen[75]. Ihre konkrete Ausprägung hängt allerdings noch von der Umsetzung der CSRD in deutsches Recht ab.

Die Diskussion auf europäischer Ebene zur Verbesserung des Systems für die Unternehmensberichterstattung war Ende 2021/Anfang 2022 mit einer öffentlichen Konsultation[76] zu den drei Säulen Unternehmen, Abschlussprüfer und behördliche Aufsicht und im August 2023 mit der Vergabe einer Studie[77] (insb.

---

[75] Vgl. dazu Link/Kohl/Pissarczyk, BB 2022, S. 2603 ff.

[76] European Commission, Corporate reporting – improving its quality and enforcement (online abrufbar unter ec.europa.eu; letzter Abruf: 04.04.2024).

[77] Study on the Effectiveness and Efficiency of the EU Framework on Corporate Governance Underpinning the Quality of Corporate Reporting (Ausschreibung online auffindbar unter etendering.ted.europa.eu; letzter Abruf: 04.04.2024).

zu den Themen regulatorischer Rahmen für die Corporate Governance, rechnungslegungsbezogene interne Kontrollsysteme und Aufsichts- sowie Sanktionssystem in Bezug auf die Corporate Governance) verbunden. Es wird sich zeigen, inwieweit die Diskussion weitere Impulse bringt.

Prüfung der Nachhaltigkeitsberichterstattung durch den Aufsichtsrat – Einschätzungen aus der Sicht von Prüfungsausschussvorsitzenden in Deutschland

Verfasser: Prof. Dr. Annette G. Köhler; Xenia Ottawa, M.Sc.; Olivia Radwanska, M.Sc.

1 Einleitung

1.1 Hintergrund und Anlass der Studie

Nachhaltigkeitsberichte und -kennzahlen sind insbesondere für Investoren und Fremdkapitalgeber, aber auch für unternehmensinterne Steuerungszwecke relevant.[1] Voraussetzung für ihre Entscheidungsrelevanz ist jedoch, dass die entsprechenden Informationen nachvollziehbar, vergleichbar und glaubwürdig sind.[2] Infolge der Dynamik der Informationsansprüche der unternehmensexternen Stakeholder befinden sich die regulatorischen Anforderungen an die Nachhaltigkeitsberichterstattung im Wandel.[3] Mit dem Ende der Finanzkrise in den Jahren 2008/09 wurden von der EU-Kommission zunehmend ökologische und

---

[1] Vgl. KPMG, ESG-Berichterstattung. Erstellen Sie ein aussagekräftiges ESG-Reporting mit den Kennzahlen, die wirklich wichtig sind (online abrufbar unter kpmg.com; letzter Abruf: 22.03.2024).

[2] Vgl. Richtlinie (EU) 2022/2464 des Europäischen Parlaments und des Rates vom 14. Dezember 2022 zur Änderung der Verordnung (EU) Nr. 537/2014 und der Richtlinien 2004/109/EG, 2006/43/EG und 2013/34/EU hinsichtlich der Nachhaltigkeitsberichterstattung von Unternehmen, ABl. EU Nr. L 322/18 vom 16.12.2022; Bundesministerium für Arbeit und Soziales, Corporate Sustainability Reporting Directive (CSRD). Die neue EU-Richtlinie zur Unternehmens-Nachhaltigkeitsberichterstattung im Überblick (online abrufbar unter csr-in-deutschland.de; letzter Abruf: 22.03.2024); KPMG, ESG-Berichterstattung. Erstellen Sie ein aussagekräftiges ESG-Reporting mit den Kennzahlen, die wirklich wichtig sind (online abrufbar unter kpmg.com; letzter Abruf: 22.03.2024).

[3] Vgl. Bundesministerium für Arbeit und Soziales, Corporate Sustainability Reporting Directive (CSRD). Die neue EU-Richtlinie zur Unternehmens-Nachhaltigkeitsberichterstattung im Überblick (online abrufbar unter csr-in-deutschland.de; letzter Abruf: 22.03.2024).

soziale Ziele für die Unternehmen des europäischen Binnenmarktes umschrieben.[4] Im Zuge dessen wurde im Jahr 2014 mit Inkrafttreten der Non-Financial Reporting Directive (NFRD) für kapitalmarktorientierte Unternehmen, Kreditinstitute und Versicherungsgesellschaften mit mindestens 500 Arbeitnehmern im Jahresdurchschnitt und einer Bilanzsumme von über 20 Millionen Euro oder einem Umsatz von über 40 Millionen Euro mit Einführung der nichtfinanziellen Erklärung bzw. des gesonderten nichtfinanziellen Berichts ein neuer Grundstein der Unternehmensberichterstattung gelegt.[5] 2019 wurde mit Veröffentlichung des European Green Deal jedoch auch deutlich gemacht, dass die NFRD nicht die gewünschte Informationsqualität der nichtfinanziellen Erklärung hervorbringt.[6] Als wesentliche Kritikpunkte der Richtlinie wurden vor allem die Ermessensspielräume bei der Auswahl der Standards für die Berichterstattung und die fehlende Prüfungspflicht genannt.[7] Eingebettet in das Ziel der Klimaneutralität bis zum Jahr 2050 und der Reduzierung der Treibhausgasemissionen um 55% bis zum Jahr 2030 im Vergleich zu 1990 wurden mit dem European Green Deal neben der Reformierung der Nachhaltigkeitsberichterstattung auch die Regulierungen für nachhaltige Unternehmensinvestitionen und unternehmerische Sorgfaltspflichten in Liefer- und Wertschöpfungsketten angepasst.[8] Damit markieren zusätzlich zu den Neuerungen durch die Corporate Sustainability Reporting Directive (CSRD), die EU-Taxonomie-Verordnung und die Corporate Sustainability Due Dilligence Directive (CSDDD) weitere Meilensteine

---

4   Vgl. Richtlinie (EU) 2014/95/EU des Europäischen Parlaments und des Rates vom 22. Oktober 2014 zur Änderung der Richtlinie 2013/34/EU im Hinblick auf die Angabe nichtfinanzieller und die Diversität betreffender Informationen durch bestimmte große Unternehmen und Gruppen, ABl. EU Nr. L 330/1 vom 15.11.2014; Velte, Schmalenbach Impulse 2023, S. 1.

5   Vgl. Richtlinie 2014/95/EU, ABl. EU L 330/4 i.V.m Richtlinie 2013/34/EU des Europäischen Parlaments und des Rates vom 26. Juni 2013 über den Jahresabschluss, den konsolidierten Abschluss und damit verbundene Berichte von Unternehmen bestimmter Rechtsformen und zur Änderung der Richtlinie 2006/43/EG des Europäischen Parlaments und des Rates und zur Aufhebung der Richtlinien 78/660/EWG und 83/349/EWG des Rates, ABl. EU Nr. L 182/28 vom 29.06.2013; Summary Report of the Public Consultation on the Review of the Non-Financial Reporting Directive 20 February 2020 – 11 June 2020 (online abrufbar unter eur-lex.europa.eu; letzter Abruf: 22.03.2024), S. 2; Velte, Schmalenbach Impulse 2023, S. 1.

6   Vgl. Mitteilung der Europäischen Kommission zum europäischen Grünen Deal, COM(2019) 640 final (online abrufbar unter eur-lex.europa.eu; letzter Abruf: 22.03.2024); Velte, Der Betrieb 2022, S. 1081.

7   Vgl. Consultation Document Review of the Non-Financial Reporting Directive, EBA response to the European Commission Public Consultation on Non-Financial Reporting Directive (NFRD) 11 June 2020 (online abrufbar unter eba.europe.eu; letzter Abruf: 22.03.2024), S. 5.

8   Vgl. Mitteilung der Europäischen Kommission zum europäischen Grünen Deal, COM(2019) 640 final (online abrufbar unter eur-lex.europa.eu; letzter Abruf: 22.03.2024); Velte, Schmalenbach Impulse 2023, S. 2.

auf dem Weg zur Erreichung der formulierten Nachhaltigkeitsziele.[9] Die CSRD dient als eine Maßnahme zur Verbesserung der NFRD und gilt ab dem 1. Januar 2024 zunächst für einen eingeschränkten Kreis von Unternehmen, der in den darauffolgenden Jahren sukzessive erweitert wird.[10] Während für Geschäftsjahre beginnend ab dem 1. Januar 2024 Unternehmen betroffen sind, die bereits unter den Anwendungskreis der NFRD fallen, wird der Anwendungskreis für Geschäftsjahre beginnend ab dem 1. Januar 2025 auf alle anderen bilanzrechtlich großen Unternehmen ausgeweitet.[11] Schließlich sind für Geschäftsjahre beginnend ab dem 1. Januar 2026 auch kapitalmarktorientierte KMU, sofern sie nicht von der Möglichkeit des Aufschubs bis 2028 Gebrauch machen, von der Richtlinie betroffen.[12]

Angesichts der umfangreichen Darstellung der Berichterstattungserfordernisse sind Prüfungsaspekte der Nachhaltigkeitsberichterstattung in der einschlägigen Literatur noch weitgehend unterrepräsentiert. Dabei wird durch die CSRD der Glaubwürdigkeit der Nachhaltigkeitsberichterstattung besondere Bedeutung beigemessen, was nicht nur Prüfer, sondern auch Aufsichtsorgane der Unternehmen betrifft.[13]

Die vorliegende Studie soll dazu beitragen, diese Lücke zu schließen. Ziel ist es, auf der Basis von Interviews mit ausgewählten Prüfungsausschussvorsitzenden in Deutschland die Umsetzungsmöglichkeiten der expliziten *Prüfungspflicht* zu beschreiben und wesentliche Problemfelder zu identifizieren. Auf diese Weise sollen Handlungsoptionen aufgezeigt und Ansatzpunkte für weitergehende Untersuchungen entwickelt werden.

---

9   Vgl. Mitteilung der Europäischen Kommission zum europäischen Grünen Deal, COM(2019) 640 final (online abrufbar unter eur-lex.europa.eu; letzter Abruf: 22.03.2024); Velte, Schmalenbach Impulse 2023, S. 2.

10   Vgl. Richtlinie 2022/2464, ABl. EU Nr. L 322/77; Bundesministerium für Arbeit und Soziales, Corporate Sustainability Reporting Directive (CSRD). Die neue EU-Richtlinie zur Unternehmens-Nachhaltigkeitsberichterstattung im Überblick (online abrufbar unter csr-in-deutschland.de; letzter Abruf: 22.03.2024).

11   Vgl. Richtlinie 2022/2464, ABl. EU Nr. L 322/77; Bundesministerium für Arbeit und Soziales, Corporate Sustainability Reporting Directive (CSRD). Die neue EU-Richtlinie zur Unternehmens-Nachhaltigkeitsberichterstattung im Überblick (online abrufbar unter csr-in-deutschland.de; letzter Abruf: 22.03.2024).

12   Vgl. Richtlinie 2022/2464, ABl. EU Nr. L 322/77; Bundesministerium für Arbeit und Soziales, Corporate Sustainability Reporting Directive (CSRD). Die neue EU-Richtlinie zur Unternehmens-Nachhaltigkeitsberichterstattung im Überblick (online abrufbar unter csr-in-deutschland.de; letzter Abruf: 22.03.2024).

13   Vgl. Hommelhoff, KoR 2024, S. 66; Hennrichs, Der Aufsichtsrat 2023, S. 153.

1.2   Normativer Rahmen der Prüfungspflicht und offene Fragen

Die NFRD sieht keine explizite inhaltliche Prüfungspflicht der nichtfinanziellen Erklärung durch den Aufsichtsrat vor. Allerdings sind mit dem CSR-Richtlinie-Umsetzungsgesetz (CSR-RUG) aus dem Jahr 2017, welches zur Umsetzung der NFRD in deutsches Recht verabschiedet wurde, die bereits bestehenden Pflichten des Aufsichtsrats um eine Prüfungspflicht der nichtfinanziellen Erklärung bzw. des gesonderten nichtfinanziellen Berichts mit Einführung des § 171 Abs. 1 Satz 4 AktG erweitert worden.[14] In diesem Kontext können auch sachkundige Ausschüsse, wie ein Prüfungs- oder Nachhaltigkeitsausschuss, eingesetzt werden.[15]

Um die regulatorische Überwachungslücke durch das unternehmensspezifische Aufsichtsorgan infolge der NFRD auf europäischer Ebene zu schließen, wurde durch die CSRD eine EU-weite Überwachungspflicht des zuständigen Verwaltungs- oder Aufsichtsrats für den Nachhaltigkeitsbericht eingeführt. Obgleich die Prüfungspflicht über die Überwachungspflicht hinausgehen dürfte, dürften aufgrund des bereits erlassenen § 171 Abs. 1 Satz 4 AktG keine Auswirkungen auf deutsche Vorschriften zu erwarten sein,[16] sodass sich die Pflichtenlage für Aufsichtsräte in Deutschland grundsätzlich nicht ändern dürfte. Zudem folgt aus der Überwachungspflicht der CSRD auch eine Überprüfung des Internen Kontrollsystems, der Internen Revision sowie des Risikomanagementsystems, die die Finanz- und Nachhaltigkeitsberichterstattung betreffen.[17] Dazu ergänzend wird in der aktuellen Fassung des Deutschen Corporate Governance Kodex (DCGK) auf die Einbindung von Nachhaltigkeit in die Governance-, Risk- und Compliance-Systeme (GRC-Systeme) hingewiesen.[18] Gemäß A.3

---

14   Vgl. Gesetz zur Stärkung der nichtfinanziellen Berichterstattung der Unternehmen in ihren Lage- und Konzernlageberichten (CSR-Richtlinie-Umsetzungsgesetz – CSR-RUG), BGBl. I 2017, S. 812; Velte, Schmalenbach Impulse 2023, S. 4; Jene Prüfungspflicht ist gem. § 171 Abs. 1 Satz 4 AktG an die Voraussetzung geknüpft, dass eine nichtfinanzielle Erklärung bzw. ein gesonderter nichtfinanzieller Bericht überhaupt erstellt worden ist. Vgl. CSR-RUG, BGBl. I 2017, S. 812. Eine Prüfungspflicht im Fall der Entscheidung zur nichtfinanziellen Erklärung als Teil des Lageberichts resultiert bereits aus § 171 Abs. 1 Satz 1 AktG, vielmehr dient die Prüfungspflicht im Rahmen des CSR-RUG als Klarstellung für den gesonderten nichtfinanziellen Bericht. Vgl. Koch, in: Beck'scher Kurzkommentar AktG, 17. Aufl. § 171 AktG, Rn. 8a.

15   Vgl. Koch, a.a.O. (Fn. 13), § 171 AktG, Rn. 8a i.V.m. Rn. 12; Hennrichs/Pöschke, in: Münchener Kommentar AktG, 5. Aufl. § 171 AktG, Rn. 5.

16   Vgl. Richtlinie 2022/2464, ABl. EU Nr. L 322/74.

17   Vgl. Richtlinie 2022/2464, ABl. EU Nr. L 322/74.

18   Vgl. A.3 DCGK.

des DCGK sollen das Interne Kontrollsystem und Risikomanagementsystem nachhaltigkeitsbezogene Ziele, einschließlich der Prozesse und Systeme zur Erfassung und Verarbeitung nachhaltigkeitsbezogener Daten, umfassen.[19] Das Interne Kontrollsystem und Risikomanagementsystem haben außerdem nach Grundsatz 5 ein an der Risikolage des Unternehmens ausgerichtetes Compliance-Management-System einzuschließen.[20] Nach A.5 des DCGK sollen im Lagebericht, welcher im Rahmen der CSRD den Nachhaltigkeitsbericht als separaten Abschnitt integriert, die wesentlichen Merkmale des gesamten Internen Kontrollsystems und Risikomanagementsystems beschrieben und Stellung zur Angemessenheit und Wirksamkeit dieser Systeme bezogen werden.[21] Weiterhin soll der Aufsichtsrat gemäß CSRD die externe Prüfung und damit einhergehend die Unabhängigkeit des Prüfers überwachen.[22] Es besteht dabei ein Mitgliedstaatenwahlrecht, ob die Überwachung vom Prüfungsausschuss oder einem anderen dafür eingerichteten Ausschuss durchgeführt wird.[23]

Hinsichtlich der externen Prüfung gilt aktuell noch die bestehende Pflicht zur formellen Prüfung, welche infolge der NFRD in § 317 Abs. 2 Satz 4 HGB verankert wurde.[24] Dabei handelt es sich lediglich um eine Prüfung, ob die nichtfinanzielle Erklärung im Lagebericht oder der gesonderte nichtfinanzielle Bericht separat *vorgelegt* wurde.[25] Auf die Ausübung des Mitgliedstaatenwahlrechts der NFRD, die formelle Prüfungspflicht auf eine materielle Prüfungspflicht auszudehnen, wurde in Deutschland verzichtet, sodass im Gegensatz zur Abschlussprüfung eine externe inhaltliche Beurteilung der Normenkonformität der nichtfinanziellen Erklärung bzw. des gesonderten nichtfinanziellen Berichts durch einen Prüfer bislang gem. § 111 Abs. 2 Satz 4 AktG freiwillig ist.[26]

Die EU-Kommission verfolgt mit den Regelungsinhalten der CSRD das Ziel einer sukzessiven Annäherung des Stellenwertes der Nachhaltigkeitsberichterstattung an den Stellenwert der Finanzberichterstattung.[27] Dazu soll unter anderem die nichtfinanzielle Erklärung bzw. der gesonderte nichtfinanzielle Bericht

---

19   Vgl. A.3 DCGK.
20   Vgl. Grundsatz 5 DCGK.
21   Vgl. A.5 DCGK.
22   Vgl. Richtlinie 2022/2464, ABl. EU Nr. L 322/74.
23   Vgl. Richtlinie 2022/2464, ABl. EU Nr. L 322/74.
24   Vgl. Richtlinie 2014/95/EU, ABl. EU L330/5; CSR-RUG, BGBl. I 2017, S: 806.
25   Vgl. Richtlinie 2014/95/EU, ABl. EU L330/5; CSR-RUG, BGBl. I 2017, S: 806.
26   Vgl. Richtlinie 2014/95/EU, ABl. EU L330/5; CSR-RUG, BGBl. I 2017, S: 806.
27   Vgl. Richtlinie 2022/2464, ABl. EU Nr. L 322/22.

als Nachhaltigkeitsbericht[28] zwingend in den Lagebericht integriert werden, wodurch ein Wahlrecht zwischen den bisherigen verschiedenen Berichtsformaten entfällt.[29] Darüber hinaus schreibt die CSRD eine verpflichtende externe inhaltliche Prüfung durch einen qualifizierten Prüfer vor.[30] Gegenstand der Prüfung ist die Übereinstimmung der Berichterstattung mit den von der European Financial Advisory Group (EFRAG) veröffentlichten European Sustainability Reporting Standards (ESRS).[31] Dabei sieht die CSRD mit Beginn der Prüfungspflicht – faktisch im Jahr 2025 für die Prüfungen der integrierten Nachhaltigkeitsberichte des Geschäftsjahres 2024 – zunächst eine Prüfung mit begrenzter Sicherheit (*limited assurance*) vor.[32] Bis spätestens zum 1. Oktober 2028 plant die EU-Kommission einen Übergang zur Prüfung mit hinreichender Sicherheit (*reasonable assurance*) mit dem Ziel, durch die prüferische Gleichbehandlung der finanziellen und nichtfinanziellen Berichterstattung zur Gleichwertigkeit der Berichte beizutragen.[33]

Hierzu strebt die EU-Kommission die Verabschiedung EU-weiter Prüfungsstandards für die Prüfung mit begrenzter Sicherheit bis zum 1. Oktober 2026 und für die Prüfung mit hinreichender Sicherheit bis spätestens zum 1. Oktober 2028 an.[34] Bis dahin können nationale Prüfungsstandards, Verfahren oder Anforderungen für die Bestätigung der Nachhaltigkeitsberichterstattung angewendet werden.[35] Diese umfassen vor allem den International Standard on Assurance Engagements (ISAE) 3000 (rev. 2013), Assurance Engagements Other than Audits or Reviews of Historical Financial Information, herausgegeben vom International Auditing and Assurance Standard Board (IAASB),[36] und die hie-

---

28   Aufgrund umfassender Kritik an dem Begriff „nichtfinanziell" geht mit der CSRD eine Änderung der Formulierung „nichtfinanzielle Informationen" zu „Nachhaltigkeitsinformationen" einher. „Nichtfinanziell" suggeriere das Ausschließen finanzieller Informationen, obwohl gewisse finanzielle Informationen von Relevanz seien. Vgl. Richtlinie 2022/2464, ABl. EU Nr. L 322/17.

29   Vgl. Richtlinie 2022/2464, ABl. EU Nr. L 322/42.

30   Vgl. Richtlinie 2022/2464, ABl. EU Nr. L 322/56. Dabei kann im Rahmen eines Mitgliedstaatenwahlrechts neben dem Abschlussprüfer ein anderer Berufsträger oder unabhängiger Prüfungsdienstleister beauftragt werden. Vgl. Richtlinie 2022/2464, ABl. EU Nr. L 322/56.

31   Vgl. Sustainability Reporting Standards (online abrufbar unter efrag.org; letzter Abruf: 22.03.2024).

32   Vgl. Richtlinie 2022/2464, ABl. EU Nr. L 322/34 und Nr. L 322/76.

33   Vgl. Richtlinie 2022/2464, ABl. EU Nr. L 322/34f.

34   Vgl. Richtlinie 2022/2464, ABl. EU Nr. L 322/69.

35   Vgl. Richtlinie 2022/2464, ABl. EU Nr. L 322/69.

36   Vgl. ISAE 3000 (rev. 2013), Assurance Engagements Other than Audits or Reviews of Historical Financial Information, Tz. 1.

rauf basierenden *IDW EPS 990* und *IDW EPS 991*[37] sowie *IDW EPS 352*, basierend auf dem *IDW PS 350*.[38]

Inwieweit die Prüfung der nichtfinanziellen Erklärung bzw. des gesonderten nichtfinanziellen Berichts durch den Aufsichtsrat überhaupt zu bewerkstelligen ist, ist allerdings fraglich, da dem Aufsichtsrat die notwendigen Ressourcen und die prüferische Expertise, um die Berichte auf Übereinstimmung mit den relevanten rechtlichen Vorgaben *eigenständig* zu prüfen, fehlen dürften.[39] Dies dürfte grundsätzlich nicht nur in Bezug auf die Prüfung der Nachhaltigkeitsberichterstattung, sondern auch in Bezug auf die Prüfung der Finanzberichterstattung der Fall sein.[40]

So stellen sich die Fragen, welche (Prüfungs-)Handlungen der Aufsichtsrat durchführt bzw. an den Prüfungsausschuss vorbereitend delegiert, wie die Prüfung zeitlich und personell organisiert wird und welche Rolle der ggf. beauftragte externe Prüfer dabei spielt.

2   Empirischer Befund

2.1   Interviewdesign

Diese Fragen wurden im Rahmen strukturierter Interviews insgesamt acht Prüfungsausschussvorsitzenden deutscher kapitalmarktorientierter Unternehmen im August 2023 vorgelegt und ausführlich diskutiert. Die Interviewpartner waren im Durchschnitt seit sieben Jahren als Prüfungsausschussvorsitzende tätig und hatten im Durchschnitt zwei Aufsichtsratsmandate inne. Der vorab versendete Interviewleitfaden wurde im Rahmen eines Pretests getestet und danach nur leicht modifiziert. Die per Videokonferenz geführten Interviews dauerten zwischen 30 und 60 Minuten. Die Interviews wurden zunächst vollständig transkribiert. Im zweiten Schritt wurden die relevanten Inhalte extrahiert und ent-

---

37   Vgl. *Entwurf eines IDW Prüfungsstandards: Inhaltliche Prüfung mit begrenzter Sicherheit der nichtfinanziellen (Konzern-)Berichterstattung außerhalb der Abschlussprüfung (IDW EPS 991)* (Stand: 24.11.2022), S. 1; *Entwurf eines IDW Prüfungsstandards: Inhaltliche Prüfung mit hinreichender Sicherheit der nichtfinanziellen (Konzern-)Berichterstattung außerhalb der Abschlussprüfung (IDW EPS 990)* (Stand: 24.11.2022), S. 1.

38   Vgl. *Entwurf eines IDW Prüfungsstandards: Inhaltliche Prüfung der nichtfinanziellen (Konzern-) Erklärung im Rahmen der Abschlussprüfung (IDW EPS 352)* (Stand: 17.08.2022), S. 1; siehe auch Prüfungsstandard zur Nachhaltigkeitsberichterstattung ISSA 5000. Vgl. ISSA 5000 (Exposure Draft 2023), Proposed International Standard on Sustainability Assurance 5000, Tz. 1.

39   Vgl. Hennrichs, Neue Zeitschrift für Gesellschaftsrecht 2023, S. 699-701.

40   Vgl. Hommelhoff, KoR 2024, S. 66; Hennrichs, Der Aufsichtsrat 2023, S. 153.

sprechend den Fragestellungen zusammengefasst. Nach fünf Interviews wurden keine wesentlich neuen Inhalte von den Interviewpartnern vorgetragen (sog. „Sättigung"), sodass der Stichprobenumfang zwar absolut gering, aber angesichts der Zielsetzung der Studie angemessen erscheint.[41]

2.2   Ergebnisse

2.2.1   Organisatorische Aspekte

Zunächst kann konstatiert werden, dass Aufsichtsräte üblicherweise ihren gesetzlichen Auftrag nach § 171 AktG vorbereitend an den Prüfungsausschuss delegieren[42]. Als Gründe werden hierfür vor allem die häufige Verankerung in der Lageberichterstattung, mit der sich der Prüfungsausschuss ohnehin prüferisch zu befassen hat, sowie die Schnittstellen zu den Rechnungslegungsprozessen, dem Internen Kontrollsystem und dem Risikomanagementsystem, die ebenfalls im Fokus des Prüfungsausschusses sind, genannt. Gleichwohl wird betont, dass dies das Aufsichtsratsplenum in keiner Weise aus der eigenen Verantwortlichkeit entlässt. Als umso wichtiger wird deshalb die Vermittlung der für die Prüfung notwendigen Kenntnisse durch Schulungsmaßnahmen etc. für alle Aufsichtsratsmitglieder erachtet, auch wenn dabei den Kenntnissen der sog. Financial Experts und insbesondere der Prüfungsausschussvorsitzenden besondere Bedeutung zukommt. In Ergänzung dazu wurde von zwei Interviewpartnern angeregt, im Prüfungsausschuss eine Person zu identifizieren, die sich durchaus arbeitsteilig besonders tief mit Nachhaltigkeitsfragen auseinandersetzt. Auf diese Weise sollte die konstruktiv-kritische Haltung des Aufsichtsrats gegenüber der Geschäftsstrategie des Vorstands gestärkt werden. Ziel sollte es schließlich sein, die Transparenz durch die nichtfinanzielle Berichterstattung zur Verhaltenssteuerung zu nutzen und die nachhaltige Transformation der Geschäftsmodelle zu fördern. Im Fall eines Interviewpartners ergänzen sich dabei der Prüfungsausschuss und der Nachhaltigkeitsausschuss, der sich eher grundsätzlichen Nachhaltigkeitsfragen zuwendet.

Einer der Interviewpartner hat jedoch bereits zu Beginn des Interviews betont, dass weder der Prüfungsausschuss noch der Aufsichtsrat *eigene* Prüfungshandlungen durchführen, sondern vielmehr die Prüfung durch Dritte, wie z.B. den

---

41   Vgl. Glaser/Strauß, Grounded Theory: Strategien qualitativer Forschung, Bern 1998, S. 69.

42   Im Folgenden wird vereinfachend vom Prüfungsausschuss gesprochen, auch wenn dieser Ausschuss zusätzlich mit anderen Themenfeldern schwerpunktmäßig befasst ist, die sich in der Bezeichnung niederschlagen, z.B. Prüfungs- und Compliance-Ausschuss oder Prüfungs- und Risikoausschuss.

Abschlussprüfer, vorbereiten und kritisch begleiten. Dies trifft grundsätzlich auch auf die nichtfinanzielle Berichterstattung zu.

Auch in Bezug auf die Frage, inwiefern Gespräche von Prüfungsausschussmitgliedern außerhalb der Sitzungen eine Rolle spielen, ergab sich ein vielschichtiges Bild. Zunächst wurde auf anstehende Veränderungen, die sich durch die Verabschiedung der CSRD ergeben, hingewiesen. Auch wenn die Anforderungen an die Berichterstattung, die auf der NFRD beruhen, möglicherweise in der Vergangenheit nicht explizit oder nur rudimentär vom Aufsichtsrat thematisiert wurden, so ist spätestens die Umsetzung der Anforderungen aus der CSRD ein regelmäßiges Thema im Austausch zwischen Prüfungsausschussvorsitzenden und den für Nachhaltigkeitsfragen im Unternehmen Verantwortlichen, aber auch Prüfungsausschussvorsitzenden und Abschlussprüfer. Einige der Interviewpartner betonten hingegen, dass Nachhaltigkeitsthemen schon seit geraumer Zeit Gegenstand dieser Gespräche, aber auch des Austausches mit den Verantwortlichen der Bereiche Internes Kontrollsystem, Risikomanagementsystem, Compliance-Management-System und Interne Revision sind. Im Austausch mit dem Finanzvorstand solle es dabei hingegen insbesondere um die Vermeidung von Greenwashing gehen. Auch der Austausch mit Verantwortlichen für Investor Relations und der Arbeitnehmerseite wurde von jeweils einem Interviewpartner explizit erwähnt.

Zudem hat ein Interviewpartner auf die Bedeutung von Empfehlungen aus Diskussionen mit anderen Unternehmen hingewiesen. Dabei können vor allem generelle und formale Fragen zur Ausgestaltung der Nachhaltigkeitsberichterstattung vor dem Hintergrund der Erwartungen verschiedener Stakeholdergruppen erörtert werden. Beispiele hierfür sind die mögliche Separierung des Nachhaltigkeitsberichts vom Geschäftsbericht, die Durchführung der Materiality-Analysen und der Umgang mit Prüfungsergebnissen externer Prüfer.

Grundsätzlich werden die Gespräche vom Prüfungsausschussvorsitzenden geführt, der dadurch stets in alle relevanten Themen eingebunden wird und die Kontrolle über Kommunikationswege erhält. Nur in Ausnahmen finden Gespräche mit Nachhaltigkeitsverantwortlichen im Aufsichtsrat (die nicht notwendigerweise Mitglieder des Prüfungsausschusses sind) statt.

2.2.2 Prüfungshandlungen und Befassung mit Prüfungsgegenständen

Zunächst sei vorangestellt und hervorgehoben, dass zwischen der *persönlichen* Durchführung von *Prüfungshandlungen* im Sinne eines konkreten evidenzbasierten Soll-Ist-Abgleichs einzelner Prüfungsgegenstände durch Aufsichtsratsmitglieder (oder vorbereitend hierzu durch Prüfungsausschussmitglieder) einerseits und der *Befassung* mit einem Prüfungsgegenstand oder mit dessen Prüfung durch Dritte andererseits zu unterscheiden ist. Inwiefern bereits diese Befassung als Prüfung im Sinne des Gesetzgebers verstanden werden kann, wurde von den Interviewpartnern unterschiedlich beurteilt (s.u.).

Einigkeit herrschte darüber, dass vor dem Hintergrund der Verantwortlichkeit des Aufsichtsrats die Prüfung der nichtfinanziellen Berichterstattung durch einen Prüfer wie den Abschlussprüfer von zentraler Bedeutung ist und dass der Prüfungsausschuss ein gründliches Verständnis über das Vorgehen des Prüfers und über die Prüfungsergebnisse zu erlangen hat. Dies gilt analog für prüferische Durchsichten (*reviews*) oder die Durchführung vereinbarter Untersuchungshandlungen (*agreed-upon procedures*).

Eine Unterscheidung zwischen dem Vorgehen im Hinblick auf die finanzielle versus nichtfinanzielle Berichterstattung ist dabei grundsätzlich unerheblich. Allerdings wurde mehrfach betont, dass das inhärente Risiko wesentlicher falscher Angaben bei der nichtfinanziellen Berichterstattung deutlich höher sei als bei der finanziellen Berichterstattung. Gründe hierfür sind der niedrigere Reifegrad der Berichte, mangelnde Erfahrung auf der Erstellerseite und häufigere manuelle Datenerhebungs- und -verarbeitungsprozesse. Demzufolge wird der Nutzen einer Prüfung nichtfinanzieller Berichte durch einen Prüfer höher eingeschätzt als der Nutzen einer Prüfung der finanziellen Berichterstattung. Vier der Befragten beschrieben ihre Befassung mit der Prüfung durch einen externen Prüfer anhand konkreter Fragestellungen. Dabei wurde deutlich, dass die Beurteilung der Normenkonformität, d.h. Ordnungsmäßigkeit der nichtfinanziellen Berichterstattung, durch – und diese Begriffe wurden explizit genannt –

a) das Nachvollziehen,
b) die Plausibilisierung,
c) die Verprobung,
d) die kritische Diskussion und
e) die Hinterfragung

des Vorgehens des Prüfers ermöglicht wird.[43] Nach Festlegung des Prüfungs-
umfangs und Prüfungsansatzes wurden als Fragen an den Prüfer – idealerweise
ohne Beisein des Managements – beispielhaft genannt:

- Stimmen die im Bericht angewandten Prinzipien und Indikatoren mit den
  relevanten Standards und Rahmenwerken überein?
- Sind die angewandten Berichtskriterien/Key Performance Indicators (KPIs)
  geeignet und wesentlich?
- Sind die angewandten Berichtskriterien/KPIs aus der Strategie des Unternehmens abgeleitet, und sind sie auch in den Geschäftsbereichen des Unternehmens relevant?
- Sind die den KPIs zugrunde liegenden Annahmen und Schätzungen sach-
  gerecht und angemessen?
- Wurden die KPIs richtig ermittelt?
- Sind Aufbau und Funktion der zugrunde liegenden Berichtsprozesse und
  -systeme angemessen und prüfbar?
- Liegt ein angemessenes und wirksames Internes Kontrollsystem der zu-
  grunde liegenden Berichtsprozesse und -systeme vor?
- Sind die zugrunde liegenden Berichtsprozesse und -systeme so ausgestaltet,
  dass das Fehlerrisiko möglichst gering ist?
- Sind die Angaben im Bericht vollständig und sachlich richtig?
- Sind die Angaben im Bericht verständlich und nachvollziehbar?

Analog zum Vorgehen in Bezug auf die Finanzberichterstattung dürfte in den
meisten Fällen eine zusammenfassende Diskussion zur Nachhaltigkeitsberichterstattung und -prüfung in der der Bilanzsitzung vorgelagerten Sitzung des Prüfungsausschusses erfolgen. Dieser Analogie folgend findet die abschließende
Befassung dann in der Bilanzsitzung des Aufsichtsrats statt.

Unabhängig davon bzw. diesen Fragen vorgelagert sollte allerdings eine eigenständige Befassung mit den der nichtfinanziellen Berichterstattung zugrunde
liegenden Daten, Prozessen und Systemen stehen. Dies schließt nach Meinung
aller Interviewpartner insbesondere auch die nachhaltigkeitsbezogenen Elemente und Aspekte des Internen Kontrollsystems, des Risikomanagementsystems, des Compliance-Management-Systems und der Internen Revision ein. Ein
Interviewpartner hob die besondere Bedeutung des Internen Kontrollsystems
hervor, da dessen Elemente sowohl in Zentralfunktionen als auch in den ope-

---

43   Zudem ist in Bezug auf die Abschlussprüfung gem. § 107 AktG die Unabhängigkeit des Abschluss-
     prüfers und die Qualität der Abschlussprüfung zu beurteilen.

rativen Einheiten angesiedelt und die Zuständigkeiten dementsprechend vielschichtig seien. Betont wurde ferner, dass die Anforderungen an die Systeme aber nicht immer eindeutig und klar seien. Im Bereich des Internen Kontrollsystems führt dies u.a. dazu, dass die Tätigkeit der Internen Revision, die bei ihren Prüfungen ja gerade interne Kontrollen zugrunde legt, beeinträchtigt oder verzögert werden kann. Nach Aussage eines Interviewpartners würde das Risikomanagementsystem manchmal (noch) auf das Risikofrüherkennungssystem reduziert. Eine umfassende und ausgewogene Berücksichtigung von Nachhaltigkeitsthemen im Risikomanagementsystem dürfte bei Unternehmen mit hohen nachhaltigkeitsspezifischen Reputationsrisiken wahrscheinlicher sein. Ein Interviewpartner betonte außerdem, dass die Interne Revision bei entsprechender Qualifikation und Ausstattung im Auftrag des Aufsichtsrats bzw. Prüfungsausschusses einen wichtigen Beitrag zur Prüfung der der nichtfinanziellen Berichterstattung zugrunde liegender Daten, Prozesse und Systeme leisten kann.

Einigkeit herrschte in Bezug auf die hervorzuhebende Rolle des Finanzvorstands. Im Zuge der zunehmenden Integration der finanzberichterstattungsspezifischen und nichtfinanzberichterstattungsspezifischen Aspekte vor allem des IKS dürfte sich der Verantwortungsbereich des Finanzvorstands künftig erweitern. Davon unberührt bleiben nachhaltigkeitsspezifische Aspekte in der Unternehmensstrategie und -planung, die außerhalb seiner direkten Verantwortung liegen dürften.

Zwei Interviewpartner wiesen explizit darauf hin, dass zudem alle Mitglieder des Prüfungsausschusses den Berichtsentwurf durchsehen und ggf. Hinweise und Anmerkungen an die Verantwortlichen im Unternehmen zurückspielen sollten. Dabei sei zunächst ein gemeinsames Verständnis über die berichtsrelevanten Bereiche, die sich aus der Nachhaltigkeitsstrategie bzw. einer diesbezüglichen Transformationsstrategie der Geschäftsbereiche der Unternehmen ergeben, zu erzielen. Dies kann auch die Differenzierung nach unterschiedlichen Planungshorizonten umfassen. Dabei sollten auch Ressourcenbedarfe, z.B. für Forschung und Entwicklung, aber auch für die Umstellung von fossilen auf andere Energieträger berücksichtigt und ggf. bereits verfügbaren Benchmarks gegenübergestellt werden.

Auf die Frage, inwieweit für den Prüfungsausschuss sog. ESG-Ratings relevant seien, herrschte mehrheitlich die Meinung vor, dass die Intransparenz sowohl über das Zustandekommen der Ratingkriterien und deren Gewichte als auch über das Zustandekommen der Ratingergebnisse ein Problem darstelle. Dies sei umso gravierender, als die Ergebnisse zunehmend bei Investoren und Fremd-kapitalgebern, aber auch Kunden Beachtung finden. Demzufolge gaben zwei Interviewpartner an, dass gute Ratingergebnisse bewusst zu Marketingzwecken verwendet würden. Dabei könnten Ratings, die explizit auf öffentlich zugäng-lichen Informationen oder verifizierten Informationen von Unternehmen ba-sieren, durchaus hilfreich bei Vergleichen der Nachhaltigkeitsperformance mit Wettbewerbern und im Zeitablauf sein. Von zwei Interviewpartnern wurden Ratings als nutzenstiftend in Bezug auf die Beurteilung von Lieferketten und sozialen Aspekten erachtet.

2.2.3 Bedeutung und Merkmale der Prüfung durch einen externen Prüfer

Wie bereits ausgeführt, war vor dem Hintergrund der eigenen Verantwort-lichkeit aus der Sicht der Befragten die Prüfung der Nachhaltigkeitsbericht-erstattung durch einen externen Prüfer unabdingbar. Die Frage, inwieweit die Prüfung durch einen anderen Prüfer als durch einen Berufsträger, d.h. einen Wirtschaftsprüfer, durchgeführt werden kann oder sollte, wurde in den Inter-views nicht gestellt, da alle Interviewpartner implizit von einem Wirtschaftsprü-fer, wenn nicht speziell vom Abschlussprüfer des Unternehmens, ausgegangen sind.

Auch wenn es vorkommt, dass die Unternehmen nicht ihren Abschlussprüfer, sondern einen anderen Wirtschaftsprüfer mit der Prüfung der nichtfinanziellen Berichterstattung beauftragen, so scheint durch die zunehmende Integration der finanziellen und nichtfinanziellen Berichterstattung aus Effektivitäts- und Effizienzgründen die Beauftragung des Abschlussprüfers angezeigt. Da von allen Interviewpartnern eine künftig deutlich ansteigende Relevanz der nicht-finanziellen Berichterstattung erwartet wird, wird von allen auch die parallele und verschränkte Behandlung beider Berichte durch den Prüfungsausschuss, die bereits derzeit stattfindet, betont. Dies wurde auch unter Verweis auf Inhalte, d.h. Prüfungsgegenstände, die sowohl im Lagebericht als auch in der nichtfinan-ziellen Berichterstattung vorkommen, begründet.

Die Prüfungen finden derzeit praktisch ausschließlich mit begrenzter Prüfungs-sicherheit statt statt. Nach Einschätzung zweier Interviewpartner sind derzeit noch erhebliche Widerstände gegen die Durchführung von Prüfungen mit hin-reichender Sicherheit zu beobachten – und zwar sowohl aufseiten der Ersteller als auch aufseiten der Prüfer. Demsprechend sei es wichtig, dass Prüfungsausschüsse mit dem Prüfer interagieren und explizit nachfragen, was notwendig sei, um eine Prüfung mit hinreichender Sicherheit durchzuführen, und inwieweit der Prüfungsausschuss dabei unterstützen könne. Zudem wurde konstatiert, dass es bei Prüfungen mit hinreichender Sicherheit häufiger zu Testatseinschränkungen kommen würde. Weiterhin wurde auf die Regulierungsdynamik und die fortschreitenden Reifegrade in den relevanten Systemen und Prozessen hingewiesen. Auch wenn derzeit eine Prüfung mit begrenzter Prüfungssicherheit angemessen sei, so sei mittel- und langfristig eine Prüfung mit hinreichender Sicherheit angezeigt, wenn nicht notwendig.

Auf die Frage, welche Bedeutung die einschlägigen Prüfungsnormen auf internationaler und nationaler Ebene haben, wurde deutlich, dass diese Normen nach Einschätzung der Befragten bei der Tätigkeit der Prüfungsausschüsse keine Rolle spielen. Durchaus arbeitsteilig sei es vielmehr Aufgabe der Prüfer, diese Normen ordnungsgemäß anzuwenden und auf diese Weise zur Glaubwürdigkeit und Standardisierung der Nachhaltigkeitsberichterstattung, aber auch zur Standardisierung der Prüfung selbst und zur Erhöhung der Berichterstattungs- und Prüfungsqualität beizutragen.

Spätestens mit der Anwendung einschlägiger Normen durch den Prüfer wird die Analogie im Vorgehen des Prüfers mit dem Vorgehen eines Wirtschaftsprüfers bei der Abschlussprüfung und der Kommunikation mit dem Prüfungsausschuss deutlich und wurde von den Interviewpartnern auch mehrheitlich betont. Gleichzeitig wurde von drei Interviewpartnern wiederholt auf noch bestehende Unsicherheiten bei der Ableitung des Sollobjekts und teilweise erhebliche Ermessensspielräume, die größer sind als bei der Abschlussprüfung, hingewiesen. Dies liegt am häufig qualitativen und weniger quantitativen Charakter der Berichtsangaben, d.h. des Prüfungsgegenstands, und an der deutlich geringeren Spezifität der diesbezüglichen normativen Anforderungen. Grund hierfür ist die unterschiedliche Funktion der Berichterstattung. Die Finanzberichterstattung hat eine Informationsfunktion; die nichtfinanzielle Berichterstattung soll ausgehend von den Präferenzen der Adressaten das Verhalten, d.h. die geschäftsmodellrelevanten Entscheidungen des Managements, beeinflussen. Zudem fehlt es häufig an Erfahrungswerten und Routinen der Ersteller, aber auch der Prüfer.

Bereits heute führt die Verpflichtung zur Nachhaltigkeitsberichterstattung in Einklang mit der NFRD zu Mehraufwand des Aufsichtsrats und insbesondere des Prüfungsausschusses. Die umfangreichen Änderungen durch die Umsetzung der CSRD werden diesen Mehraufwand weiter deutlich erhöhen, auch wenn durch Lerneffekte und Synergien der Anstieg nach einiger Zeit abflachen dürfte. Hinzu kommt, dass auch künftig neue und detailliertere normative Anforderungen erwartet werden, da sowohl auf europäischer als auch auf internationaler Ebene die Standards zur Nachhaltigkeitsberichterstattung mit Hochdruck weiterentwickelt werden. Dies dürfte zu erneutem Fort- und Weiterbildungsbedarf sowie einer größeren Komplexität der Berichte führen, die ihrerseits den Aufwand aufseiten des Prüfungsausschusses erhöht.

2.2.4 Gesamtbeurteilung und Verbesserungspotenzial

Bei der Beurteilung der Erfüllung des gesetzlichen Auftrags nach § 171 AktG, wonach der Aufsichtsrat auch den gesonderten nichtfinanziellen Bericht (§ 289b des Handelsgesetzbuchs) und den gesonderten nichtfinanziellen Konzernbericht (§ 315b des Handelsgesetzbuchs) zu prüfen hat, sofern sie erstellt wurden, haben die Interviewpartner konsequenterweise zwischen

a) der Durchführung eigener Prüfungshandlungen,
b) der Befassung mit der nichtfinanziellen Berichterstattung sowie den zugrunde liegenden Daten, Prozessen und Systemen und
c) der Befassung mit der Prüfung der nichtfinanziellen Berichterstattung durch einen Wirtschaftsprüfer

differenziert und dabei den gesetzlichen Auftrag durchaus unterschiedlich interpretiert. Zwei Interviewpartner haben sich nicht geäußert, weil aus ihrer Sicht die Beurteilung zu subjektiv oder nicht möglich sei.

Diejenigen Befragten, die die gesetzlichen Anforderungen nur bei (a) erfüllt sehen, haben ihre eigene Leistung als ungenügend bezeichnet, da der Aufsichtsrat (und genauso der Prüfungsausschuss) aus prohibitiven Ressourcen- und Qualifikationslimitationen überhaupt keine eigenen Prüfungshandlungen durchführen *kann*. Der Gesetzgeber evoziert damit eine Erwartungslücke[44], die mit zusätzlichen Anforderungen an das Überwachungsorgan einer Aktiengesellschaft vergrößert wird. Hierunter fallen auch die Änderungen, die sich aus der Umsetzung der CSRD ergeben werden.

Diejenigen Interviewpartner, die die gesetzlichen Anforderungen nicht an (a) knüpfen, sondern diese auch bei (b) und (c) erfüllt sehen, haben ihre Leistun-

---

44 Vgl. Velte, WiSt 2009, S. 481 f.; Porter, Accounting and Business Research 1993, S. 50.

gen in Bezug auf (b) und (c) differenziert beurteilt. Bei (c) wurde die eigene Leistungsbeurteilung auch an die Leistungsbeurteilung des Wirtschaftsprüfers geknüpft. So hat ein Interviewpartner aufgrund der guten bis sehr guten Leistungsbeurteilung des Abschlussprüfers, der auch die nichtfinanzielle Berichterstattung prüft, und der Beurteilung der eigenen Befassung nach (b) und (c) der eigenen Tätigkeit ebenfalls eine gute bis sehr gute Leistung bescheinigt. Andere haben ihre eigene Befassung nach (b) und (c) weniger gut beurteilt. Dies wurde u.a. darauf zurückgeführt, dass die Anforderungen an die nichtfinanzielle Berichterstattung nicht hinreichend präzise seien und auch der Prüfungsauftrag vom Gesetzgeber nicht eindeutig formuliert sei.[45]

Dies führt unmittelbar zum Blick nach vorne und der Frage, welcher Verbesserungsbedarf von den Interviewpartnern gesehen wird. Die Antworten verliefen diametral. Während sich eine Untergruppe klar für einen Abbau von Spezialregelungen hin zu stärker prinzipienbasierten Grundsätzen mit größeren Ermessensspielräumen aussprach, forderte die andere Untergruppe ergänzende Präzisierungen der bislang formulierten Anforderungen, die die Ermessensspielräume stärker einschränken. Unabhängig davon wurde von fast allen Interviewpartnern eine bessere Verständlichkeit und Klarheit der Normen sowie deren inter- und supranationale Harmonisierung zur Effizienzsteigerung, aber auch besseren Vergleichbarkeit der Berichte angemahnt. Ein Interviewpartner forderte die Prüfung der Berichte durch einen Wirtschaftsprüfer mit hinreichender Sicherheit; ein weiterer mahnte explizite Nutzen-Kostenüberlegungen bei der Ausdehnung der Berichterstattungserfordernisse an, da nicht nur aufseiten des Aufsichtsrats, sondern auch auf der Erstellerseite durch die zusätzlichen Berichte erhebliche Ressourcen gebunden werden.

3   Schlussbetrachtung

Die Pflichtenlage aus § 171 AktG suggeriert einen eigenständigen Soll-Ist-Abgleich der Finanzberichterstattung und neuerdings auch der nichtfinanziellen Berichterstattung durch den Aufsichtsrat bzw. vorbereitend durch den Prüfungsausschuss. Die Ergebnisse einer Interviewreihe mit Prüfungsausschuss-

---

45   Ein Interviewpartner hob hervor, dass die Leistungsbeurteilung nicht nur von der Ordnungsmäßigkeit der nichtfinanziellen Berichterstattung abhinge, sondern vielmehr auch davon, ob die Berichterstattung die intendierte Verhaltensänderung des Managements zur nachhaltigkeitsorientierten Transformation des Geschäftsmodells bewirke. Dies führt auch zur Frage nach der Einrichtung eines ESG-Ausschusses, der in Bezug auf nachhaltigkeitsspezifische strategische und operative Themen vorbereitend für den Aufsichtsrat tätig wird.

vorsitzenden kapitalmarktorientierter Unternehmen in Deutschland machen allerdings deutlich, dass in der Praxis hiervon keine Rede sein kann. Aufgrund inhärenter Limitationen in Qualifikation und Ressourcenausstattung bleibt dem Überwachungsorgan lediglich die Befassung mit der nichtfinanziellen Berichterstattung sowie den zugrunde liegenden Daten, Prozessen und Systemen sowie die Vorbereitung, kritische Begleitung und Beurteilung der Prüfung und ihrer Ergebnisse durch einen externen Prüfer. Bereits diese Tätigkeiten sind u.a. aufgrund der Erweiterung des Berichtswesens im Zuge der NFRD umfangreich und komplex. Dies belegen auch die Beispiele, die von Interviewpartnern glaubhaft und nachvollziehbar angeführt wurden. Dieser Sachverhalt kann als Ausprägung einer Erwartungslücke verstanden werden, die auf ein Normenversagen zurückzuführen ist, weil die betroffenen Parteien die Anforderungen, die sich aus der Norm ergeben, nicht erfüllen *können*. Die Umsetzung der CSRD wird diese Erwartungslücke eher erweitern, auch wenn zur Erhöhung der Glaubwürdigkeit der Nachhaltigkeitsberichte mittelfristig eine Prüfung mit hinreichender Sicherheit durch einen Prüfer vorgesehen ist.

Es bleibt abzuwarten, ob und ggf. inwieweit die Diskussion über die Pflichtenlage des Überwachungsorgans, die spätestens mit dem nächsten Bilanz- oder Greenwashing-Skandal Fahrt aufnehmen wird, durch den notwendigen Realismus bei der Beurteilung der *Möglichkeiten* von Aufsichtsräten gekennzeichnet sein wird. Gut vorstellbar, dass Prof. Dr. Klaus-Peter Naumann, dem dieser Beitrag gewidmet ist, sich daran beteiligen wird. Wir sind gespannt.

4 Anhang

4.1 Interviewleitfaden

Die Prüfung der Nachhaltigkeitsberichterstattung durch den Aufsichtsrat

Prof. Dr. Annette G. Köhler
unter Mitarbeit von Xenia Ottawa, M.Sc., und Olivia Radwanska, M.Sc.,
Mercator School of Management, Universität Duisburg-Essen

Gemäß § 171 Abs. 1 Satz 1 AktG ist der Aufsichtsrat dazu verpflichtet, den Jahresabschluss sowie den Lagebericht zu prüfen. Ihm obliegt zudem gemäß § 111 Abs. 2 Sätze 2 und 3 AktG die Möglichkeit, einzelne Mitglieder, insbesondere Sachverständige oder einen Abschlussprüfer, für die Prüfung zu beauftragen. Mit der Non-Financial Reporting Directive (NFRD) wurden 2017 die bereits bestehenden Pflichten des Aufsichtsrats um eine Prüfungspflicht des gesonderten nichtfinanziellen Berichts erweitert (§ 171 Abs. 1 Satz 4 AktG). Während das Delegieren der Prüfung von nichtfinanziellen Berichten an externe Dritte wie den Abschlussprüfer nach § 111 Abs. 2 Satz 4 AktG bislang freiwillig gewesen ist, wird eine Prüfung zukünftig durch die Corporate Social Reporting Directive (CSRD) verpflichtend. In diesem Kontext können auch sachkundige Ausschüsse wie ein Prüfungs- oder Nachhaltigkeitsausschuss gebildet oder bereits bestehende Ausschüsse eingesetzt werden. Im Zusammenhang mit den verschärften Anforderungen an die Nachhaltigkeitsberichterstattung durch die CSRD soll in Deutschland der nichtfinanzielle Bericht künftig in den Lagebericht integriert werden. Die genannten Neuerungen werfen viele Fragen auf und dürften den Aufsichtsrat bzw. Prüfungsausschuss vor neue Herausforderungen stellen.

Ziel dieser Studie ist es, auf der Basis von Interviews mit ausgewählten Prüfungsausschussvorsitzenden in Deutschland die Umsetzungsmöglichkeiten der o.g. Prüfungspflicht zu beschreiben und wesentliche Problemfelder zu identifizieren. Auf diese Weise sollen Handlungsoptionen aufgezeigt und Ansatzpunkte für weitergehende Untersuchungen identifiziert werden.

Interviewleitfaden

1. Findet die Prüfung vorbereitend durch den Prüfungsausschuss (PA) statt? Wenn nein, durch einen anderen Ausschuss oder nur durch das Aufsichtsratsplenum?
2. Wann (in zeitlichem Bezug zur Bilanzsitzung) findet die Prüfung statt?
   a) Parallel zur Prüfung der finanziellen Berichterstattung?
   b) Im Rahmen einer Sitzung oder mehrerer Sitzungen?
3. Inwiefern spielen Gespräche von PA-Mitgliedern außerhalb der Sitzungen eine Rolle?
4. Wer führt diese? Nur der/die PA-Vorsitzende?
5. Bitte beschreiben Sie die wesentlichen Prüfungsschritte und Prüfungshandlungen.
6. Welche Bedeutung haben bei der Prüfung ESG-Ratings?
7. Welche Bedeutung hat die mögliche prüferische Durchsicht oder Prüfung durch einen Wirtschaftsprüfer?
8. Welche Bedeutung haben Prüfungsnormen wie die einschlägigen Normen des IDW?
9. Welche Rolle spielen bei der Prüfung das Interne Kontrollsystem, das Risikomanagementsystem, das Compliance-System und die Interne Revision?

10. Was sind die Hauptunterschiede dieser Prüfung zur Prüfung des Jahresabschlusses und des Lageberichts durch den Aufsichtsrat?
11. Wie hoch schätzen Sie Ihren persönlichen zusätzlichen Zeitaufwand pro Jahr ein?
12. In einer (selbst-)kritischen Gesamtbetrachtung:
    a) Wie beurteilen Sie die (eigene) Prüfungsleistung? 1 = sehr gut bis 6 = völlig unzureichend
    b) Kann der Aufsichtsrat den Anforderungen des Gesetzgebers überhaupt nachkommen? 1 = ja, uneingeschränkt bis 6 = völlig unmöglich
    c) Was müsste sich ggf. ändern?

Qualität der Abschlussprüfung aus der Sicht eines Abschlusserstellers – das Spannungsfeld zwischen Unabhängigkeitsanforderungen an den Prüfer und effizienter Corporate Governance

Verfasser: Prof. Dr. Ralf P. Thomas

Die Bereitstellung entscheidungsrelevanter Informationen ist die elementare Funktion der Konzernrechnungslegung, anhand dieser legt das Unternehmen Rechenschaft gegenüber seinen Stakeholdern ab. Eine hohe Qualität der entsprechenden Finanzberichterstattung ist eine wesentliche Voraussetzung dafür, diese Informationsfunktion zu erfüllen. Dieser unabdingbare Qualitätsanspruch gilt auch für die unabhängige Prüfung des Rechenwerks im Rahmen der Abschlussprüfung – erst ein nach vorgegebenen Standards erstellter und unabhängig geprüfter Abschluss vermag die Erwartungshaltung der Stakeholder an die Finanzberichterstattung in vollem Umfang zu erfüllen. Über die vergangenen Jahre hinweg war die Qualität der Abschlussprüfung immer wieder Gegenstand öffentlicher Diskussionen und daraus abgeleiteter regulatorischer Maßnahmen, die unter anderem in zunehmende Unabhängigkeitsanforderungen an den Abschlussprüfer mündeten. Der folgende Beitrag diskutiert diese regulatorischen Entwicklungen aus der Perspektive des zu prüfenden Unternehmens und dabei insbesondere dessen bestehenden Governance Setups. Dabei ist aus der Sicht des Verfassers das im Titel angesprochene ‚Spannungsfeld' zwischen Unabhängigkeitsanforderungen an den Prüfer und effizienter Corporate Governance nicht ursächlich in dem grundsätzlichen Prüfungserfordernis des Abschlusses durch einen unabhängigen Prüfer angelegt. Die professionelle Interaktion zwischen Unternehmen, seinen Aufsichtsorganen und dem unabhängigen Prüfer ist ein elementarer Baustein einer wirksamen Corporate Governance. Dieses Spannungsfeld ergibt sich vielmehr dann, wenn wachsende Unabhängigkeits-

anforderungen an den Prüfer Auswirkungen auf unternehmerische Handlungsoptionen haben und damit die Effizienz der Corporate Governance belasten.

Dieser Beitrag beginnt daher mit einer Beschreibung der grundsätzlichen Bedeutung einer wirksamen Corporate Governance aus Unternehmenssicht. Dem
schließt sich eine Darstellung der Bedeutung von Unabhängigkeitsanforderungen an den Abschlussprüfer für die Prüfungsqualität der Finanzberichterstattung
an. Darauf aufbauend wird die Bedeutung von prüfungsnahen Dienstleistungen
für unternehmerische Entscheidungs- und Handlungsoptionen betrachtet, im
Zuge derer insbesondere auf das angesprochene Spannungsfeld eingegangen
wird. Die Einordnung weiterer, aktuell zur Diskussion stehender regulatorischer
Überlegungen zur Erhöhung der Unabhängigkeit des Abschlussprüfers schließt
den Beitrag ab.

1   Aspekte einer wirksamen Corporate Governance aus Unternehmenssicht

1.1   Bedeutung einer effektiven und effizienten Corporate Governance für Unternehmen und Kapitalmarkt

„Unter Corporate Governance wird der rechtliche und faktische Ordnungsrah-
men für die Leitung und Überwachung eines Unternehmens verstanden."[1] Corporate Governance ist ein zentraler Faktor für den nachhaltigen Erfolg und die
langfristige Stabilität eines Unternehmens. Die Qualität der Corporate Governance ist entscheidend für das Vertrauen, das Stakeholder in ein Unternehmen
und dessen Führung setzen. Sie bildet die Leitplanken und Mechanismen, die
sicherstellen, dass ein Unternehmen in Erfüllung regulatorischer Vorgaben effizient und verantwortungsbewusst geführt wird. Eine wirkungsvolle Corporate
Governance im Unternehmen baut dabei auf Verantwortlichkeit, Transparenz
und Integrität auf.

Die präzise Definition von Zuständigkeiten und Verantwortlichkeiten ist unerlässlich, um Entscheidungen zu treffen, die im besten Interesse des Unternehmens und seiner Stakeholder liegen. Der Gestaltung der internen Aufbau- und
Ablauforganisation kommt dabei eine zentrale Bedeutung zu, sowohl um die
unternehmerischen Ziele zu erreichen als auch regulatorische Vorgaben einzuhalten.

---

1   Vgl. Präambel zum DCGK in der Fassung vom 28. April 2022.

Transparenz ist eines der Schlüsselprinzipien der Corporate Governance. Eine auf diese Transparenz ausgerichtete glaubwürdige und verlässliche, externe Kommunikation umfasst die Bereitstellung von Informationen über die finanzielle Leistungsfähigkeit, die strategische Ausrichtung, Chancen und Risiken sowie andere relevante Aspekte, die für Investoren und Stakeholder von Interesse sind.

Integrität ist ein weiteres elementares Grundprinzip der Corporate Governance. Unternehmen müssen ethische Standards und Verhaltenskodizes einhalten, um sicherzustellen, dass alle Geschäftspraktiken in Übereinstimmung mit den geltenden Gesetzen und Vorschriften stehen.

Corporate Governance ist von solcher Bedeutung, dass in Deutschland ein spezieller Kodex, der Deutsche Corporate Governance Kodex (DCGK), geschaffen wurde, um sogenannte Best Practices guter Unternehmensführung zu formulieren. Die Entstehung und Entwicklung des Corporate Governance Kodex ist eng mit der jüngeren Geschichte der deutschen Wirtschaft und ihren Bedürfnissen verknüpft. Ein zentrales Ziel bei der Einführung des DCGK im Jahr 2002 war es, das Vertrauen von Investoren und der Öffentlichkeit nach diversen Unternehmensskandalen zu stärken.

Der DCGK wurde von der Regierungskommission Deutscher Corporate Governance Kodex erarbeitet, die sich aus Vertretern von Unternehmen, Investoren und Experten zusammensetzt und legt insbesondere Standards für eine gute und verantwortungsbewusste Unternehmensführung fest. Der von der Kommission erstellte Kodex enthält eine Reihe von Empfehlungen und Anregungen zur Unternehmensführung, die auf der Basis der gesetzlichen Bestimmungen in Deutschland entwickelt wurden.

Der DCGK reflektiert zum einen wesentliche rechtliche Anforderungen an eine verantwortungsbewusste Unternehmensführung und dient hierbei als Informationsquelle für Anleger und weitere Stakeholder. Zum anderen enthält er Empfehlungen, von denen Gesellschaften abweichen können, sie sind jedoch dann verpflichtet, diese Abweichungen jährlich offenzulegen und zu begründen („comply or explain"). Darüber hinaus enthält der Kodex Anregungen, von denen ohne Offenlegung abgewichen werden kann.[2]

---

2   Vgl. DCGK in der Fassung vom 28. April 2022.

Seit seiner Einführung wurde der DCGK mehrmals überarbeitet und aktualisiert, um auf neue Entwicklungen und Herausforderungen zu reagieren. Dies unterstreicht auch, dass die Anforderungen an gute Corporate Governance dynamisch sind und sich im Laufe der Zeit verändern.

Neben einer effektiven Corporate Governance ist es auch im Interesse des Unternehmens, dass diese effizient ausgestaltet ist. Hierbei geht es um einen möglichst optimalen Einsatz von Unternehmensressourcen bei der Erfüllung gegebener unternehmerischer Ziele innerhalb des dafür vorgesehenen regulatorischen Governancerahmens. Bezogen auf die bereits angesprochene Aufbau- und Ablauforganisation steht dabei die Vermeidung von nicht erforderlichen Doppelarbeiten, ein effizientes Schnittstellenmanagement und insgesamt die Einbettung erforderlicher Governanceaktivitäten in unternehmerische Planungs-, Entscheidungs- und Umsetzungsprozesse im Mittelpunkt. Wie eine solche Einbettung erfolgt, soll im Folgenden anhand einer Erläuterung wesentlicher Elemente einer effektiven und effizienten Corporate Governance aufgezeigt werden.

1.2   Elemente einer effektiven und effizienten Corporate Governance

Eine effektive und effiziente Corporate Governance erfordert das optimale und harmonische Ineinandergreifen mehrerer Elemente. Hier ist beispielsweise die Interaktion von Vorstand, Aufsichtsrat und Abschlussprüfer von entscheidender Bedeutung, aber auch die effektive und effiziente Ausgestaltung des internen Kontrollsystems. Die Rechnungslegung fungiert dabei als zentrale Schnittstelle zwischen diesen Elementen, indem nach definierten Normen erstellte und unabhängig geprüfte Informationen bereitgestellt werden.

Aus der Vielzahl der bei einer wirkungsvollen Corporate Governance aufeinander abgestimmten Elemente sollen im Folgenden jene eingehender betrachtet werden, in die der Abschlussprüfer einbezogen ist. Hier steht vor allem die – bei Unternehmen von öffentlichem Interesse weitgehend regulatorisch verankerte – Interaktion von Abschlussprüfer und Aufsichtsrat bzw. dem vom Aufsichtsrat eingerichteten Prüfungsausschuss im Mittelpunkt.

Durch das Gesetz zur Stärkung der Finanzmarktintegrität (FISG) wurde die Einrichtung eines Prüfungsausschusses für Unternehmen von öffentlichem Interesse in der Neufassung des § 107 Abs. 4 AktG verpflichtend gemacht.[3]

Zu den Aufgaben des Prüfungsausschusses, die sich aus den grundlegenden Aufgaben des Aufsichtsrats ableiten, gehören die Befassung mit der Rechnungslegung, der Wirksamkeit des Rechnungslegungsprozesses, des internen Kontrollsystems sowie des Risikomanagementsystems, der Compliance, des internen Revisionssystem sowie der Abschlussprüfung, hierbei insbesondere mit Blick auf deren Qualität, der Unabhängigkeit des Abschlussprüfers sowie dessen Auswahl.[4] Voraussetzung hierfür ist, dass im Prüfungsausschuss die erforderliche Expertise auch für den Bereich der Abschlussprüfung vorhanden ist. Entsprechend muss mindestens ein Mitglied des Prüfungsausschusses über Sachverstand auf dem Gebiet der Rechnungslegung und mindestens ein weiteres Mitglied über Sachverstand auf dem Gebiet der Abschlussprüfung verfügen.[5]

Schon die Aufzählung der Aufgaben des Prüfungsausschusses macht die vielfältige Interaktion zwischen Prüfungsausschuss und Abschlussprüfer deutlich. So dienen die Prüfungsberichte des Abschlussprüfers dem Prüfungsausschuss im Rahmen der Befassung mit der Rechnungslegung und des Rechnungslegungsprozesses als wesentliche Informationsgrundlage. Ebenso verhält es sich bei der Befassung mit der Wirksamkeit des internen Kontrollsystems (IKS), mithilfe dessen das Unternehmen die Geschäftätigkeit steuert und überwacht, indem es die Identifikation und Bewertung potenzieller Risiken sowie die Implementierung angemessener Kontrollen zur Risikominimierung oder -vermeidung ermöglicht. Prüferseitig bildet ein funktionierendes IKS den Ansatzpunkt für einen effizienten, risikoorientierten Prüfungsansatz. Bei der Identifizierung und Beurteilung der Risiken wesentlicher falscher Darstellungen aufgrund von dolosen Handlungen oder Irrtümern erlangt der Prüfer u.a. ein Verständnis von dem IKS des Unternehmens und führt als Reaktion auf die beurteilten Risiken u.a. Funktionsprüfungen zur Beurteilung der Wirksamkeit der Kontrollen

---

3   § 324 Abs. 1 HGB verpflichtet ebenfalls Unternehmen von öffentlichem Interesse, die keinen Aufsichtsrat nach den Grundsätzen des Aktiengesetzes zu errichten haben zur Bildung eines Prüfungsausschusses. Folglich gilt, dass im Einklang mit der überwiegenden Praxis nunmehr alle PIE zwingend einen Prüfungsausschuss einrichten müssen (§ 107 Abs. 4 Satz 1 AktG). Dem Prüfungsausschuss müssen zwei Finanzexperten angehören, von denen einer das Gebiet der Rechnungslegung und der andere das Gebiet der Abschlussprüfung abdecken muss (§ 100 Abs. 5 AktG).

4   Vgl. § 100 Abs. 3 S. 2 AktG.

5   Vgl. § 100 Abs. 5 AktG.

durch.[6] Durch die Angemessenheit und Wirksamkeit des IKS kann Prüfungs-sicherheit gewonnen und der Umfang der aussagebezogenen Prüfungshand-lungen, wie Stichproben, reduziert werden. Somit kann der Prüfungsausschuss bei der Beurteilung der Wirksamkeit des IKS auf die diesbezüglichen Prüfungs-ergebnisse des Abschlussprüfers aufbauen. Dies gilt prinzipiell auch für die Beurteilung der Wirksamkeit des Risikomanagementsystems – hier muss sich der Abschlussprüfer einer börsennotierten Aktiengesellschaft mit dessen Teil-bereich ‚Risikofrüherkennungssystem' befassen und darüber Bericht erstatten.[7]

Die enge Zusammenarbeit zwischen Prüfungsausschuss und Abschlussprü-fer zeigt sich schließlich in allen Aktivitäten des Prüfungsausschusses, die auf die Beurteilung der Qualität der Abschlussprüfung, der Beurteilung der Un-abhängigkeit des Abschlussprüfers sowie dessen Auswahl gerichtet sind. Die Teilnahme des Abschlussprüfers an den Sitzungen des Prüfungsausschusses, die Vereinbarung von Prüfungsschwerpunkten, die Billigung von gesetzlich zu-lässigen Nichtprüfungsleistungen oder einer Befassung mit den Qualitätssiche-rungsmaßnahmen des Abschlussprüfers zeigen nur beispielhaft die vielfältigen Interaktionen auf, die im Rahmen einer wirkungsvollen Corporate Governance zwischen Prüfungsausschuss und Abschlussprüfer bestehen.[8]

Eine entsprechend enge Zusammenarbeit gibt es auch zwischen Vorstand und Prüfungsausschuss sowie Vorstand und Abschlussprüfer, da die Verantwortlich-keiten für Kernelemente einer gut funktionierenden Corporate Governance wie zum Beispiel dem Risikomanagement- und Kontrollsystem, dem Compliance-system oder einer transparenten Finanzberichterstattung originär in der Ver-antwortung des Vorstands liegen.

Corporate Governance ist in diesem Kontext ein System aus Strukturen und Prozessen, die sicherstellen sollen, dass Unternehmen effektiv und transparent geführt werden und die Interessen aller Stakeholder berücksichtigt werden. Sie ist kein statisches Konzept, sondern sollte sich kontinuierlich weiterentwickeln und verbessern, um den sich ändernden Bedingungen und Anforderungen ge-recht zu werden. Unter Berücksichtigung der beispielhaft erläuterten Elemen-

---

6   Vgl. ISA [DE] 315 (Revised 2019): Identifizierung und Beurteilung der Risiken wesentlicher falscher Darstellungen.

7   Vgl. IDW PS 340 n.F. (01.2022): Die Prüfung des Risikofrüherkennungssystems nach § 317 Abs. 4 HGB (IDW PS 340 n.F. (01.2022), Stand 10.01.2022).

8   Vgl. PWC: Der Prüfungsausschuss Best Practices einer effizienten Überwachung, 6. überarbeitete Auflage, Frankfurt am Main, November 2021.

te ist eine effektive und effiziente, mithin wirkungsvolle und gute Corporate Governance das Ergebnis des professionellen Zusammenspiels aller Elemente, getragen von den Leitprinzipien Transparenz, Integrität, Verantwortlichkeit und – wo in diesem Sinne erforderlich – Unabhängigkeit.

Aufbauend auf der Erläuterung ausgewählter Elemente einer wirkungsvollen Corporate Governance steht im Folgenden eine genauere Betrachtung des bereits angesprochenen Unabhängigkeitserfordernisses des Abschlussprüfers als elementare Voraussetzung zur Erfüllung seiner regulatorischen Aufgabe im Mittelpunkt.

2 Bedeutung der Unabhängigkeit des Abschlussprüfers für die Qualität der Finanzberichterstattung und der Abschlussprüfung

2.1 Die Unabhängigkeit des Wirtschaftsprüfers als zentrales Element der Abschlussprüfung

Wie bereits in Kapitel 1 erläutert, ist die Interaktion mit dem Abschlussprüfer ein zentraler Baustein einer effektiven wie effizienten Corporate Governance. Die Abschlussprüfung mündet in ein Urteil über die Normenkonformität von Jahresabschluss und Lagebericht und verbessert so die Glaubwürdigkeit der Rechnungslegung. Voraussetzung hierfür ist, dass diese Bestätigung von einer entsprechend unabhängigen Partei erteilt wird. Die Rolle des Abschlussprüfers ist damit von besonderer Bedeutung, da er einen entscheidenden Beitrag zur Schaffung von Vertrauen in die Finanzberichte leistet und somit zur Verringerung der Informationsasymmetrie zwischen Unternehmen und Stakeholdern beiträgt.

Die Unabhängigkeit des Abschlussprüfers zielt darauf ab, dass die Prüfung des Jahresabschlusses und der Finanzberichte eines Unternehmens objektiv und frei von Interessenkonflikten durchgeführt wird.

Ein Abschlussprüfer sollte daher keine wirtschaftlichen, finanziellen oder persönlichen Bindungen zum geprüften Unternehmen haben.

Im Schrifttum finden sich verschiedene, von den jeweiligen nationalen und internationalen Regulierungsinstanzen geprägte Ansätze einer Definition der Unabhängigkeit im Kontext der Abschlussprüfung.[9]

Im deutschen Rechtsraum ist die Unabhängigkeit des Abschlussprüfers sowohl in den Prüfungsgrundsätzen als auch gesetzlich kodifiziert. Gemäß § 43 Abs. 1 Wirtschaftsprüferordnung (WPO) gilt, dass ein Wirtschaftsprüfer seinen Beruf „unabhängig, gewissenhaft, verschwiegen und eigenverantwortlich" auszuüben hat. Die Unabhängigkeit des Abschlussprüfers nimmt dabei eine besondere Stellung ein und bildet einen zentralen Berufsgrundsatz für den Abschlussprüfer. So ist ein Wirtschaftsprüfer gemäß § 319 Abs. 2 HGB als Abschlussprüfer ausgeschlossen, wenn während des Geschäftsjahres oder der Abschlussprüfung Umstände gegeben sind, nach denen eine Besorgnis der Befangenheit besteht.

Das Risiko der Befangenheit ist dabei insbesondere im Falle einer „Selbstprüfung" hoch. Diese ist gegeben, wenn der Prüfer direkt an der Entstehung eines Sachverhalts beteiligt war und das Risiko besteht, dass Fehler übersehen oder nicht offengelegt werden.[10]

Zusätzlich kann die Unabhängigkeit des Prüfers gefährdet sein, wenn er in anderen Angelegenheiten Interessen für oder gegen das zu prüfende Unternehmen vertritt, enge Beziehungen zu dem Unternehmen bzw. den handelnden Personen hat oder finanzielle Verbindungen mit dem zu prüfenden Unternehmen bestehen.[11]

Schließlich zielen Rotationserfordernisse darauf ab, zu enge Bindungen zwischen Abschlussprüfer und Unternehmen zu vermeiden und dadurch die Unabhängigkeit des Abschlussprüfers zu gewährleisten.

Gemäß HGB § 321 Abs. 4 (4a) ist der Abschlussprüfer dazu verpflichtet, die Einhaltung seiner Unabhängigkeit ausdrücklich im Prüfungsbericht zu bestätigen. Mit diesen Bestätigungen soll sichergestellt werden, dass der Abschlussprüfer

---

9   Vgl. hierzu für einen umfassenden Überblick Schmidt, Florian: Die Wahrnehmung der Unabhängigkeit des Abschlussprüfers – Eine empirische Analyse für den deutschen Prüfungsmarkt, Darmstadt 2018, S. 18 ff.

10 Vgl. § 33 Abs. 1 BS WP/vBP (Berufssatzung für Wirtschaftsprüfer/vereidigte Buchprüfer – BS WP/vBP vom 21.06.2016), geändert durch Beiratsbeschluss der WPK vom 03.06.2022.

11 Vgl. §§ 34 Abs. 1 Abs. 1 BS WP/vBP, 35 Abs. 1 Abs. 1 BS WP/vBP, sowie § 319 Abs. 3 Nr. 1 und Nr. 2 HGB.

seine Unabhängigkeit und die des durch die Bestätigung erfassten Personenkreises während der gesamten Dauer der Abschlussprüfung sicherstellt und überwacht.[12]

2.2 Historische Entwicklung der Unabhängigkeitsanforderungen und deren jüngste Verschärfung durch das FISG

Die Aufgabe einer unabhängigen Beurteilung wirtschaftlichen Gebarens stellte sich dabei schon lange vor der Etablierung von Kapitalmärkten wie wir sie heute kennen. Die Entwicklung der Unabhängigkeitsanforderungen des Abschlussprüfers begann mit der Notwendigkeit von Prüfungshandlungen, die durch den Übergang des Staates von der Natural- bzw. Lehenswirtschaft zum Steuerstaat entstand.[13] Im Fokus standen Prüfungen der Mittelverwendung öffentlich erhobener Abgaben. Später gewann das Prüfungswesen zunehmend an Bedeutung durch die Ausdehnung des Wirtschaftsraums und die juristische Trennung von Eigentum und Verfügungsmacht, was zum „Principal-Agent-Problem" führte.[14] Pflichtprüfungen entstanden infolge von vermehrt vorkommenden Manipulationen bei Unternehmensgründungen zur Zeit der Industriellen Revolution Ende des 19. Jahrhunderts. Die Bankenzusammenbrüche in Verbindung mit dem sog. „Schwarzen Donnerstag" im Jahre 1929 führten zur Entstehung des Berufes des Wirtschaftsprüfers und zur Einführung der gesetzlichen Abschlussprüfung in Deutschland.[15] Die Notwendigkeit einer unabhängigen Prüfung der Abschlüsse von Unternehmen, die bestimmte Kriterien erfüllen müssen, besteht seither unverändert. Dabei haben sich die Anforderungen an die Unabhängigkeit im Laufe der Zeit kontinuierlich verschärft.

Eine solche Ausweitung externer Regulierung war meist im Zusammenhang mit Zusammenbrüchen und Schieflagen von Unternehmen zu beobachten, die als Ergebnis der letzten Abschlussprüfung noch einen uneingeschränkten Bestätigungsvermerk erhalten hatten. Häufig wurde der Abschlussprüfer zumindest in der öffentlichen Wahrnehmung dafür mitverantwortlich gemacht, eine kritische

---

12   Vgl. IDW QMS 1 (09.2022), bzgl. Einhaltung des Berufsgrundsatzes Unabhängigkeit einzurichtender Regelungen und Maßnahmen siehe IDW QMS 1 (09.2022), Tz 39 f..

13   Vgl. Loitlsberger, Erich: Zur Theorie der Prüfung, in: Illetschko, Leopold (Hrsg.), Grundlagen der Buchprüfung, Wien 1953, S. 21–56, hier S. 25.

14   Vgl. ebenda, hier S. 26.

15   Damit einhergehend war die Gründung des Instituts für das Revisions- und Treuhandwesen in Berlin.

Lage des Unternehmens nicht rechtzeitig erkannt oder kommuniziert zu haben. Hier wurde in der Vergangenheit nicht selten eine mangelnde Unabhängigkeit des Abschlussprüfers als zumindest begünstigender Umstand genannt und dem Abschlussprüfer von der Öffentlichkeit eine parteiliche Berufsausübung und damit mangelnde Integrität vorgeworfen.[16]

Der nationale und internationale Normensetzungsprozess fokussierte sich in der Aufarbeitung unternehmerischer Schieflagen darauf, verloren gegangenes Vertrauen der Anleger in die Richtigkeit von publizierten Daten wiederherzustellen. Viele Gesetzesinitiativen, die angestoßen wurden, enthielten Elemente, welche die Unabhängigkeit des Abschlussprüfers stärker regulierten. Beispielhaft sei auf das Gesetz zur Kontrolle und Transparenz im Unternehmensbereich (KonTraG), das Bilanzrechtsreformgesetz und auf europäischer Ebene die Abschlussprüfungsrichtlinie aus dem Jahr 2006[17] (auch EuroSOX genannt) hingewiesen, welche der deutsche Gesetzgeber im Rahmen des Gesetzes zur Stärkung der Berufsaufsicht und zur Reform berufsrechtlicher Regelungen in der Wirtschaftsprüferordnung (Berufsaufsichtsreformgesetz – BARefG) im Jahr 2007 umgesetzt hat.

Nachfolgend hat die Finanzmarktkrise im Jahre 2008 auf EU-Ebene eine intensive Diskussion über zusätzliche Regulierung hervorgerufen. Nachdem zunächst die Rollen der Banken und Ratingagenturen in der Krise kritisch kommentiert und beurteilt wurden, wurden auch die Wirtschaftsprüfer, die teilweise als „Mitauslöser der Finanzkrise"[18] gesehen wurden, ins Visier der Regulierer genommen. Infolgedessen veröffentlichte die Europäische Union im Jahr 2010 ein Grünbuch mit dem Titel „Weiteres Vorgehen im Bereich der Abschlussprüfung: Lehren aus der Krise".[19] Dieses als vorgesetzgeberische Diskussions-

---

16 Vgl. Katrin, Müller: Die Unabhängigkeit des Abschlussprüfers. Eine kritische Analyse der Vorschriften in Deutschland im Vergleich zu den Vorschriften der Europäischen Union, der IFAC und in den USA, Wiesbaden 2006, hier S. 144.

17 Richtlinie 2006/43/EG des Europäischen Parlaments und des Rates vom 17. Mai 2006 über Abschlussprüfungen von Jahresabschlüssen und konsolidierten Abschlüssen (auch 8. EU-Richtlinie; Abschlussprüfungsrichtlinie).

18 Vgl. Lehne, Klaus-Peter/Obermüller, Philipp/Riemschneider, Sebastian: Reformüberlegungen zur Corporate Governance und Abschlussprüfung in der EU, in: KoR, 10. Jg. (2011), S. 374–381, hier S. 378.

19 Vgl. Europäische Kommission KOM (2010) 561 vom 13.10.2010: Grünbuch – Weiteres Vorgehen im Bereich der Abschlussprüfung: Lehren aus der Krise.

grundlage dienende Papier resultierte in der EU-Abschlussprüferverordnung[20], welche im Jahr 2016 in Kraft trat. Schlüsselbestimmungen, die auf verschärfte Unabhängigkeitsanforderungen an den Abschlussprüfer gerichtet waren, umfassen die Rotation von Abschlussprüfern sowie Beschränkungen bei Nichtprüfungsleistungen. Diese Beschränkungen richten sich auf die Art der erbrachten Nichtprüfungsleistungen und teilen diese grundsätzlich in zulässige und nichtzulässige Nichtprüfungsleistungen ein. Ferner geht mit der Überwachung der zulässigen Nichtprüfungsleistungen die Einhaltung des sogenannten Fee Cap einher.[21]

Zuletzt hat der Bundestag im Mai 2021 als Reaktion auf den Wirecard-Skandal das bereits erwähnte Gesetz zur Stärkung der Finanzmarktintegrität (FISG) verabschiedet. Neben einigen auf die Stärkung der Corporate Governance gerichteten Maßnahmen ist klares Ziel dieses Gesetzes, die Qualität der Abschlussprüfung zu verbessern und insgesamt das Vertrauen in den deutschen Finanzmarkt zu stärken. Hierbei wurden die Anforderungen an den Abschlussprüfer erneut verschärft. Eine wesentliche Maßnahme ist dabei eine striktere Pflichtrotation, welche die Bindung des Abschlussprüfers zu seinem Mandanten durchbrechen und somit dem Unabhängigkeitsrisiko der Vertrautheit noch stärker entgegenwirken soll. Der deutsche Gesetzgeber hatte ursprünglich von dem Mitgliedsstaatenwahlrecht der EU-Abschlussprüferverordnung (EU APVO) Gebrauch gemacht und bei Unternehmen von öffentlichem Interesse (PIE) Verlängerungen der Höchstlaufzeit von Prüfungsmandaten zugelassen.[22] Dies änderte sich mit dem FISG. So wurde die externe Pflichtrotation bei PIEs verschärft. Nach dem Wegfall von § 318 Abs. 1a HGB a.F. gelten nunmehr unmittelbar die Regelungen der EU APVO zur externen Pflichtrotation.[23] Damit tritt ein grundsätzliches Rotationserfordernis nach einer Mandatierung über einen Zeitraum von zehn Jahren ein, was zuvor nur für Kreditinstitute und Versicherungsunternehmen galt. Diese Grundrotationszeit kann nicht mehr durch öffentliche Ausschreibung um zehn Jahre oder im Falle eines Joint Audit um weitere vier Jahre verlängert werden. Nach Ablauf dieser Frist muss der

---

20 Vgl. Verordnung (EU) Nr. 537/2014 des europäischen Parlaments und des Rates vom 16. April 2014 über spezifische Anforderungen an die Abschlussprüfung bei Unternehmen von öffentlichem Interesse und zur Aufhebung des Beschlusses 2005/909/EG der Kommission („EU APVO").

21 So darf das Gesamthonorar für zulässige Nichtprüfungsleistungen 70 Prozent des Durchschnitts der Prüfungshonorare der letzten drei aufeinanderfolgenden Jahre nicht überschreiten. Vgl. EU APVO Artikel 4.

22 Vgl. EU APVO Artikel 17 (4).

23 Vgl. EU APVO Artikel 17 (1).

Abschlussprüfer für mindestens vier Jahre ausgetauscht werden, bevor er erneut als Abschlussprüfer für dasselbe Unternehmen tätig werden kann.

Eine weitere Änderung betrifft die interne Rotation des verantwortlichen Prüfungspartners. Gemäß § 43 Abs. 6 WPO müssen verantwortliche Prüfungspartner bei Unternehmen von öffentlichem Interesse ihre Teilnahme an der Abschlussprüfung fünf Jahre nach ihrer Bestellung beenden.[24] Verantwortlicher Prüfungspartner ist dabei derjenige, der den Bestätigungsvermerk nach § 322 HGB unterzeichnet bzw. als Wirtschaftsprüfer von der Prüfungsgesellschaft als für die Durchführung einer Abschlussprüfung vorrangig verantwortlich bestimmt worden ist. Ferner ist ein angemessenes graduelles Rotationssystem für das an der Abschlussprüfung beteiligte Führungspersonal einzuführen.[25]

In der gesetzlichen Regelung vor Einführung des FISG wurde ferner das Mitgliedsstaatenwahlrecht ausgeübt, wodurch in gewissem Umfang in Artikel 5 der EU APVO als verbotene Nichtprüfungsleistungen eingestufte Steuerberatungs- und Bewertungsleistungen zulässig blieben. Diese Regelung wurde durch das FISG mit der Streichung des § 319a HGB abgeschafft, sodass nun die verbotenen Nichtprüfungsleistungen der EU APVO nicht mehr zulässig sind.

Zudem wurde mit der erweiterten Haftung im Rahmen des FISG[26] die Einhaltung der Berufspflichten des Abschlussprüfers in den Fokus gerückt und die Pflicht zur Wahrung der Unparteilichkeit unterstrichen. Dies ging einher mit höheren Haftungsgrenzen und einer Differenzierung des Grades der Pflichtverletzung in leichte und grobe Fahrlässigkeit sowie dem Vorsatz.[27]

Die mit den verschärften Unabhängigkeitsanforderungen intendierten positiven Wirkungen für die Qualität der Abschlussprüfung gehen aus Unternehmenssicht zum Teil mit höheren Aufwendungen für deren Implementierung einher. Beispielhaft sei hier auf die Durchführung der Ausschreibungsverfahren im Rahmen von Pflichtrotation des Abschlussprüfers oder Onboarding-Aktivitäten eines neu gewählten Abschlussprüfers verwiesen. Neben diesen di-

---

24 Der deutsche Gesetzgeber hat hier von dem Mitgliedsstaatenwahlrecht APVO Artikel 17 (7) Unterabs. 2 Gebrauch gemacht und weicht von der in APVO Artikel 17 (7) Unterabs. 1 vorgesehenen Rotation nach sieben Jahren ab.

25 Vgl. EU APVO Artikel 17 (7).

26 Zu diesem Zweck wurde die einschlägige handelsrechtliche Vorschrift zur Verantwortlichkeit des Wirtschaftsprüfers bei Abschlussprüfungen – § 323 HGB – neu gefasst.

27 Vgl. Buchert, Stephan /Weber, Till: Abschlussprüfung unter neuem Haftungsregime? – Lehren aus den USA, in: WPg, 10. Jg. (2021), S. 621–635, hier S. 623.

rekt beobachtbaren Effekten entfalten die zunehmenden rotationsbezogenen Unabhängigkeitsvorgaben für den Abschlussprüfer auch indirekte Auswirkungen auf unternehmerische Handlungsoptionen, konkret, wenn es darum geht, für bestimmte unternehmerische Fragestellungen nicht-abschlussbezogene Prüfungs- oder Beratungsexpertise hinzuzuziehen. Diese Auswirkungen werden dadurch verstärkt, dass im Zeitraum um den Prüferwechsel zwei Prüfer die strengen Unabhängigkeitsanforderungen erfüllen müssen. Dies ist notwendig, da der neu ernannte Abschlussprüfer bereits in Vorbereitung auf die Übernahme des Mandats unabhängig sein muss, während der bisherige Prüfer noch laufende Prüfungen abschließen muss. Im Kern geht es hierbei um die Frage, wann ein zusätzliches Maß an Unabhängigkeit innerhalb eines gut funktionierenden Governance Systems dessen Effektivität und Effizienz dadurch mindert, dass in Vorbereitung unternehmerischer Entscheidungen eine gegebenenfalls erforderliche externe Beratungsexpertise nicht zur Verfügung steht. Dieses eingangs erwähnte Spannungsverhältnis zwischen der obligatorischen Beachtung der regulatorischen Unabhängigkeitsvorgaben einerseits und möglichst effizienter Corporate-Governance-Abläufe im Unternehmen andererseits wird im folgenden Kapitel unter Berücksichtigung der bestehenden Marktsituation für Prüfungsleistungen und prüfungsnaher Beratung eingehender betrachtet.

3 Bedeutung des Abschlussprüfers als zentraler Ansprechpartner für Prüfungsleistungen und prüfungsnahe Beratung

Der heutige Markt der Abschlussprüfung und die Konzentration auf wenige große Prüfungsgesellschaften ist im Wesentlichen ein Resultat der in den 1980er und 1990er Jahren stattgefundenen Fusionen zwischen internationalen Prüfungsgesellschaften.[28] Diese Unternehmenszusammenschlüsse führten zu einer immer stärkeren Präsenz der großen Prüfungsgesellschaften, welche sich in einem über Jahre hinweg hohen Marktanteil der sogenannten Big Four Gesellschaften von teilweise über 90% niederschlägt.[29] Dieser hohe Marktanteil führt zu einer beherrschenden Stellung dieser Gesellschaften auf dem Markt der Abschlussprüfung sowohl in Deutschland als auch international.[30] Die star-

---

28 Vgl. Quick, Reiner/Sattler, Matthias: Das Erfordernis der Umsatzunabhängigkeit und die Konzentration auf dem deutschen Markt für Abschlussprüfung, in: ZfB, 81. Jg. (2011), S. 61–98, hier S. 62.

29 Vgl. Köhler, Annette/Marten, Kai-Uwe/Ratzinger, Nicole/Wagner, Marco: Prüfungshonorare in Deutschland – Determinanten und Implikationen, in: ZfB, 80. Jg. (2010), S. 6–29, hier S. 13.

30 Vgl. Huber, Nick: The Concentration Battle, in: International Accounting Bulletin, Mai 2011, S. 6–10, hier S. 6.

ke Präsenz der Big Four gerade bei großen Prüfungsmandaten resultiert unter anderem aus der Notwendigkeit eines entsprechend globalen Setups, um global tätige Unternehmen in inhaltlicher und zeitlicher Hinsicht mit qualitativ hochwertigen Leistungen bedienen zu können. Damit können länderspezifische und industriespezifische Besonderheiten auch auf Prüferseite innerhalb einer globalen Organisation abgedeckt und die Abschlussprüfung für den Konzern rasch nach dem Bilanzstichtag durchgeführt werden.[31]

Die aktuell implementierten Maßnahmen zur Steigerung der Unabhängigkeit, wie insbesondere die Begrenzung der Mandatsdauer eines Abschlussprüfers und einhergehender Pflichtrotation hat an der Marktsituation für Prüfungsleistungen keine Änderung herbeigeführt. Vielmehr kann davon ausgegangen werden, dass die mit dem FISG eingeführte Pflichtrotation die Konzentration des Prüfermarktes weiter verstärkt.[32]

Gleichzeitig ist auf Unternehmensseite eine stetig zunehmende Nachfrage nach prüfungsnahen Beratungsleistungen zu verzeichnen. Unternehmen suchen aus verschiedenen Gründen prüfungsnahe Beratung. Zunächst ist die Einhaltung von Compliance und Regelkonformität dabei ein wesentlicher Faktor. Durch die immer weiter gestiegenen regulatorischen Anforderungen müssen sich diese in einem zunehmenden Umfang an Gesetze und Vorschriften halten. Prüfungsnahe Beratung hilft sicherzustellen, dass die immer komplexer werdenden Vorschriften eingehalten werden. Dies wird auch dadurch verstärkt, dass die in vielen Bereichen beobachtbare zusätzliche Regulierung mit immer kürzer werdenden Implementierungsfristen einhergeht.

Insbesondere die Verpflichtung der Anwendung der IFRS für kapitalmarktorientierte Unternehmen im Konzernabschluss ab dem Jahre 2005[33] brachte eine Vielzahl zu befolgender komplexer Ansatz- und Bewertungsgrundsätze mit sich, vor allem in jenen Bereichen, in denen eine Fair Value Bilanzierung vorgegeben ist. Auch die Implementierung neuer Rechnungslegungsstandards erzeugt erheblichen Aufwand, selbst wenn, wie beispielsweise im Fall der Einführung von IFRS 15 zur Umsatzlegung, oft keine quantitativ materiellen Auswirkungen aus den geänderten Bilanzierungsvorgaben resultieren.

---

31 Vgl. Mandler, Udo: Theorie internationaler Wirtschaftsprüferorganisationen, in: DBW, 55. Jg. (1995), S. 31–44, hier S. 36 f.

32 Vgl. Köhler, Annette: Pflichtrotation auf dem deutschen Prüfungsmarkt, in: WPg, 65. Jg. (2012), S. 477–482, hier S. 478.

33 Vgl. EU APVO Artikel 17 (7).

Ein weiterer Faktor, der aktuell zu einer hohen Nachfrage nach prüfungsnahen Beratungsleistungen führt, sind die zusätzlichen Anforderungen aus der Nachhaltigkeitsberichterstattung. Die 2022 verabschiedete EU-Richtlinie zur Corporate Sustainability Reporting Directive (CSRD) macht künftig eine umfangreiche Nachhaltigkeitsberichterstattung sowie deren Prüfung für viele Unternehmen verpflichtend. Die erforderliche Erhebung zahlreicher Datenpunkten und deren prüfungssichere Dokumentation stellt die betroffenen europäischen Unternehmen vor erhebliche Herausforderungen bei der Implementierung, zumal viele Auslegungsfragen der vorgegebenen Berichtsanforderungen noch nicht abschließend geklärt sind.[34] Vor diesem Hintergrund sind prüfungsnahe Beratungsleistungen oftmals unabdingbar um die vorgesehenen, oft sehr kurzen Implementierungsfristen einhalten zu können.

Ebenso zieht ein aktives Portfoliomanagement und damit einhergehende M&A Aktivitäten prüfungsnahen Beratungsbedarf nach sich. Hier werden Wirtschaftsprüfer häufig als Berater bei Due Diligence Untersuchungen, der Erteilung von Fairness Opinion oder von Comfort Letters beauftragt.

Wirtschaftsprüfer verfügen sowohl über die erforderliche Fachkenntnis, um prüfungsnahe Beratungsleistungen anzubieten, als auch über ein tiefes Verständnis für industriespezifische Geschäftsmodelle und -prozesse. Wie auch bei der Abschlussprüfung ist bei der Erbringung prüfungsnaher Beratungsleistungen eine globale Präsenz ein Erfolgsfaktor, da entsprechende Beratungsprojekte wie neue Rechnungslegungsstandards, die Implementierung nachhaltigkeitsbezogener Berichtserfordernisse oder die Umsetzung überregionaler Portfoliomaßnahmen die Einbindung globaler Beraterteams erforderlich macht. Betrachtet man nun die beschriebene Marktsituation im globalen Prüfungsmarkt, den wachsenden Bedarf an prüfungsnahen Beratungsleistungen und einzelne Ausgestaltungsmerkmale der Unabhängigkeitsbestimmungen für den Abschlussprüfer zusammen, wird schnell ersichtlich, dass zunehmend Konstellationen entstehen können, die die Beraterauswahl stark limitieren oder die Prüfung der Einhaltung der Unabhängigkeit wertvolle Zeit bis zum Start eines Beratungsprojekts kosten kann.

Um dieses Spannungsfeld zu adressieren, dienen unternehmensinterne Melde- und Genehmigungsprozesse dazu, entsprechende potenzielle Konflikt-

---

34 Vgl. hierzu Interview von Prof. Naumann in der FAZ vom 11.12.2023.

situationen frühzeitig zu erkennen und darauf aufbauend den passenden Berater zu finden.

Dabei stellt sich diese Herausforderung nicht durch alle der bereits beschriebenen Unabhängigkeitsvorgaben gleichermaßen. Unabhängigkeitsbestimmungen etwa, die das Selbstprüfungsverbot oder weitere Interessenkonflikte aus der Erbringung von Nicht-Prüfungsleistungen, finanziellen Abhängigkeiten und personellen Verflechtungen adressieren, sind mit Blick auf die Effektivität der Corporate Governance unabdingbar. Hier legen Unternehmen intern bisweilen stringentere, über die gesetzlichen Vorgaben hinausgehende Maßstäbe an.

Demgegenüber zielen Vorgaben, die auf eine Sicherstellung der Unabhängigkeit etwa durch kürzere Rotationsfristen abstellen, vereinfacht ausgedrückt auf die Vermeidung eines befürchteten ‚Gewöhnungseffekts‘ zwischen Prüfer und zu Prüfendem ab, weil davon ausgegangen wird, der Abschlussprüfer könne aufgrund einer bestimmten Mandatsdauer kein unabhängiges Urteil (mehr) bilden. Anzumerken ist hier, dass schon die neben der Unabhängigkeit in § 43 Abs. 1 Wirtschaftsprüferordnung (WPO) verankerten Berufsgrundsätze der Gewissenhaftigkeit und Eigenverantwortlichkeit keinen Raum für eine entsprechende Urteilstrübung lassen.

Zudem stellen genau hier die bereits beschriebenen verschiedenen, auf Transparenz, Integrität und Verantwortlichkeit basierenden Elemente einer wirkungsvollen Corporate Governance sicher, dass die Mandatsdauer keine negativen Auswirkungen auf die Urteilsfreiheit des Abschlussprüfers hat.

Im Zuge der Implementierung kürzerer Rotationsfristen scheinen neben der intendierten Stärkung der Unabhängigkeit bisweilen auch marktregulierende Aspekte wie der dadurch begünstigte Zugang mittelgroßer Prüfungsgesellschaften zum Prüfungsmarkt global agierender Unternehmen eine Rolle gespielt zu haben.[35] Entsprechende Marktlenkungsversuche sollten allerdings nicht mit Maßnahmen zur Stärkung der Corporate Governance vermengt werden.

Vor diesem Hintergrund sollten ausgehend vom Status quo regulatorisch angedachte, weitergehende Überlegungen zu Unabhängigkeitsanforderungen an den Abschlussprüfer vor allem auch dahin gehend hinterfragt werden, inwiefern diese unter Berücksichtigung bestehender effektiver Corporate-

---

[35] Vgl. Wiemann, Daniela: Externe Pflichtrotation zur Stärkung der Unabhängigkeit und Erhöhung der Prüfungsqualität, in: Prüfungsqualität des Abschlussprüfers, Wiesbaden 2011, hier S. 71.

Governance-Vorgaben tatsächlichen Mehrwert bezüglich der freien Urteilsbildung des Abschlussprüfers liefern.

4 Eine Analyse weitergehender regulatorischer Überlegungen zur Unabhängigkeit des Abschlussprüfers

4.1 Verschärfung von Unabhängigkeitserfordernissen

Nachdem in den vorangegangenen Kapiteln die Bedeutung einer effektiven und effizienten Corporate Governance aus Unternehmenssicht dargelegt, die Unabhängigkeitsanforderungen an den Abschlussprüfer erläutert und deren Verschärfung in den letzten Jahren aufgezeigt wurde, geht es abschließend darum, aktuell diskutierte Maßnahmen zu einer weiteren Verschärfung der Unabhängigkeit in ihrer Auswirkung auf das Spannungsfeld zwischen immer strikter werdenden Unabhängigkeitsanforderungen und der Notwendigkeit einer effizienten Corporate Governance aus Unternehmenssicht zu analysieren. Dabei werden insbesondere die Themen Prüfung der Nachhaltigkeitsberichterstattung, Gemeinschaftsprüfungen und die Aufspaltung von Wirtschaftsprüfungsgesellschaften in separate Prüfungs- und Beratungseinheiten betrachtet.

4.2 Prüfung der Nachhaltigkeitsberichterstattung

Überlegungen zur Trennung der Prüfung der finanziellen- und nichtfinanziellen Berichterstattung wurden insbesondere durch die zunehmende Bedeutung der Nachhaltigkeitsberichterstattung und der daraus resultierenden Frage nach deren Prüfung hervorgerufen. So sieht die sogenannte Corporate Sustainability Reporting Directive (CSRD)[36] eine Prüfungspflicht der Nachhaltigkeitsberichterstattung vor, und dies grundsätzlich durch den Abschlussprüfer des Unternehmens. Darüber hinaus enthält die CSRD jedoch ein Wahlrecht, nach dem die Mitgliedstaaten gestatten können, dass die Prüfung durch eine andere Prüfungsgesellschaft oder durch einen sogenannten unabhängigen Erbringer von Bestätigungsleistungen durchgeführt wird. [37]

---

[36] Richtlinie (EU) 2022/2464 des europäischen Parlaments und des Rates vom 14. Dezember 2022 zur Änderung der Verordnung (EU) Nr. 537/2014 und der Richtlinien 2004/109/EG, 2006/43/EG und 2013/34/EU hinsichtlich der Nachhaltigkeitsberichterstattung von Unternehmen, Tz. 61.

[37] Das IDW führt in seiner Fachausschusssitzung Recht vom 09. Februar 2024 grundsätzlich aus, dass in dem nationalen Umsetzungsgesetz zur CSRD nach dem europäischen Grundsatz jedenfalls der Abschlussprüfer als Prüfer der Nachhaltigkeitsberichterstattung zugelassen werden wird.

Aus der Perspektive eines Abschlusserstellers ist die Trennung der Prüfung der finanziellen- und nichtfinanziellen Berichterstattung im Hinblick auf effiziente Corporate Governance abzulehnen. Der Abschlussprüfer agiert bereits als Ansprechpartner für die Unternehmensorgane und gewährleistet einen zeitgerechten Abschluss der Prüfung.[38] Der Abschlussprüfer sollte auch als Ansprechpartner für weitere Prüfungsleistungen fungieren, da er über die notwendige Kenntnis über das Unternehmen und dessen Geschäftsmodell sowie der entsprechenden Branche verfügt.[39]

Die Durchführung qualitativ hochwertiger Prüfungen, unabhängig davon, ob sie finanzielle oder nachhaltigkeitsbezogene Informationen zum Gegenstand haben, setzt ferner das Vorhandensein von prüfungsspezifischem Fachwissen ebenso voraus wie eine etablierte, qualitätssichernde Infrastruktur. Diese Voraussetzungen werden vom Abschlussprüfer erfüllt.

Die Integration von zwei Prüfern mit teilweise überlappenden Prüfungsbereichen in die Corporate Governance des Unternehmens könnte nicht nur erheblichen zusätzlichen Aufwand, sondern auch Qualitätseinbußen nach sich ziehen. Die Notwendigkeit, die Zusammenarbeit zwischen den beiden Prüfern und die des Unternehmens mit diesen Prüfern zu koordinieren, kann eine erhebliche Komplexität mit sich bringen und möglicherweise Konfliktsituationen hervorbringen.

Dies kann eine Beeinträchtigung der Effizienz und Effektivität der Prüfung bedeuten und ebenso einen erhöhten Ressourcenaufwand hervorrufen. Die Qualität der Prüfung könnte negativ beeinflusst werden und zudem Zeitverzögerungen und erhöhte Kosten ohne materiellen Mehrwert befürchten lassen.

Schließlich erfordert die Beurteilung eines Unternehmens durch Investoren und Stakeholder eine integrierte Berichterstattung über finanzielle und nachhaltigkeitsbezogene Informationen im Lagebericht, da diese sich gegenseitig beeinflussen und ergänzen. Die einheitliche Prüfung dieser Informationen durch den Abschlussprüfer fördert die Verlässlichkeit dieser integrierten Berichterstattung. Der Abschlussprüfer des Unternehmens ist somit der bestgeeignete Prüfer für die Nachhaltigkeitsberichterstattung.

---

38 Vgl. IDW Stellungnahme zum Richtlinienvorschlag der Europäischen Kommission „Corporate Sustainability Reporting" vom 04. Juni 2021, hier S. 8.
39 Vgl. ebenda.

Zusammenfassend lässt sich sagen, dass eine verpflichtende Trennung der Prüfung der finanziellen und nichtfinanziellen Berichterstattung möglicherweise negative Auswirkungen auf die Effizienz der Corporate Governance und die Qualität der Prüfung haben würde. Die Einbeziehung des Abschlussprüfers in die Prüfung der Nachhaltigkeitsberichterstattung erfüllt nicht nur die Anforderungen an spezifisches Fachwissen und eine etablierte Qualitätssicherungsinfrastruktur, sondern fördert auch die Verlässlichkeit der integrierten Berichterstattung. Der erhöhte Koordinationsaufwand, der durch die Einbeziehung mehrerer Prüfer entsteht, könnte zu Qualitätseinbußen, Zeitverzögerungen und erhöhten Kosten führen. Daher ist es sinnvoll, den Abschlussprüfer auch für die Prüfung der Nachhaltigkeitsberichterstattung zu berücksichtigen.

4.3   Gemeinschaftsprüfungen

Zudem ist die Einführung von Gemeinschaftsprüfungen ein lang diskutiertes Thema im Kontext der Verschärfung der Unabhängigkeitsanforderungen. Unter einer gemeinsamen Prüfung wird die Bestellung von mehr als einem Abschlussprüfer zur gesetzlichen Prüfung des Jahres- oder Konzernabschlusses verstanden.[40] Dabei sind beide Prüfer gemeinsam zur Abschlussprüfung bestellt, führen die Prüfung jedoch jeweils eigenverantwortlich durch.[41] Angesichts des konzentrierten Marktes der Abschlussprüfung stellt sich die Frage, ob eine gesetzliche Verpflichtung zur gemeinsamen Prüfung die Position von mittelständischen Prüfungsgesellschaften stärken und ihnen Zugang zu neuen Marktsegmenten ermöglichen würde. Für international tätige Konzerne sieht der Verfasser gemeinsame Prüfungen als nicht zielführend an. Globale Geschäftstätigkeit in Verbindung mit gesellschaftsrechtlicher Präsenz in einer Vielzahl von Ländern und die hieraus resultierende Komplexität bedingen die Anforderung, eine große, global agierende Prüfungsgesellschaft als Abschlussprüfer zu bestellen.[42] Gemeinschaftsprüfungen stellen daher kein geeignetes Mittel zur Reduktion der Marktkonzentration dar.

---

40   Vgl. IDW PS 208: Zur Durchführung von Gemeinschaftsprüfungen (IDW PS 208, Stand 13.08.2021).

41   Vgl. Francis, Jere R. et al.: Assessing France's Joint Audit Requirement: Are two Heads better than one?, in: AJPT, Vol. 28 (2009), Nr. 2, S. 35–63, hier S. 58–59.

42   Vgl. Kämpfer, Georg/Kayser, Harald/Schmidt, Stefan: Das Grünbuch der EU-Kommission zur Abschlussprüfung, in: DB, 64. Jg. (2011), S. 2457–2463, hier S. 2462.

Ferner sind aus der Perspektive eines Abschlusserstellers durch gemeinschaftlich durchgeführte Prüfungen signifikant höhere Prüfungskosten zu erwarten.[43] Dies ist vor allem der Tatsache geschuldet, dass Gemeinschaftsprüfungen weniger effizient durchführbar sind, da die erforderliche Koordination zwischen mehreren Prüfungsgesellschaften mit höherer Komplexität und größerem Zeitaufwand einhergeht. Zudem können unterschiedliche Ansichten, Methoden oder Standards zwischen den Prüfungsgesellschaften zu Konflikten und damit zu einer Beeinträchtigung der Prüfungseffizienz führen.

Daneben kann die Qualität der Prüfungsergebnisse durch die Komplexität der Abstimmung zwischen den Prüfern beeinträchtigt werden. Beispielsweise könnten Informationsflüsse eingeschränkt sein, insbesondere wenn die beteiligten Prüfungsgesellschaften in einem starken Wettbewerbsverhältnis zueinanderstehen.[44] Verlässt sich eine der beteiligten Prüfungsgesellschaften lediglich auf die geleistete Arbeit der anderen Gesellschaft, besteht wiederum auch bei Gemeinschaftsprüfungen die Gefahr, trotz höherer Kosten keine Qualitätsverbesserung zu erzielen.

Zuletzt stellt sich die Frage der Verantwortlichkeit. Bei Problemen oder Fehlern kann es schwierig sein, die Verantwortlichkeiten zwischen den beteiligten Prüfungsgesellschaften klar zu definieren, was zu rechtlichen oder regulatorischen Herausforderungen führen kann. Es besteht zusätzlich das Risiko, dass die Qualität und Konsistenz der Prüfungsergebnisse zwischen den beteiligten Prüfungsgesellschaften variieren können, insbesondere wenn sie unterschiedliche Ansätze oder interne Standards verfolgen.

Verpflichtende Gemeinschaftsprüfungen sind somit aus der Sicht des Abschlusserstellers abzulehnen, da sie zu erhöhten Kosten, Effizienzverlusten, Qualitätsunsicherheiten und rechtlichen Fragestellungen führen können.

---

43   Vgl. Severus, Julia: Jahresabschlussprüfung in Form eines Joint Audit, Wiesbaden 2007, hier S. 161 sowie Interview mit Naumann, Klaus-Peter in: Klooß, Kristian: Der Wirtschaftsprüfer dient nicht nur dem Vorstand, in: Manager Magazin, 11. Februar 2011, hier S. 2. Gemäß Köhler et al. erwarten rund 81% der befragten Aufsichtsräte erhöhte bzw. stark erhöhte Prüfungshonorare bei der Einführung von verpflichtenden Joint Audits. Köhler, Annette G./Ruhnke, Klaus/Schmidt, Martin: Nutzen der Abschlussprüfung für die Aufsichtsräte – Eine empirische Untersuchung vor dem Hintergrund des Grünbuchs der EU, in: DB, 64. Jg. (2011), S. 773–778, hier S. 777.

44   Vgl. Piot, Charles: Auditor Concentration in a Joint-Audit Environment: The French Market 1997–2003, in: Managerial Auditing Journal, Vol. 22 (2007), Nr. 2, S. 161–176, hier S. 175.

4.4 Trennung von Prüfungs- und Beratungsleistung

Im zweiten Kapitel wurde bereits das Verbot der Erbringung von bestimmten Nichtprüfungsleistungen diskutiert. Die Frage nach der Aufspaltung von Wirtschaftsprüfungsgesellschaften in separate Prüfungs- und Beratungseinheiten wurde in diesem Zusammenhang auch immer wieder diskutiert.

Durch die Etablierung von eigenständigen Prüfungs- und Beratungsgesellschaften könnte der Markt, insbesondere für prüfungsnahe Beratungsleistungen, breiter aufgestellt werden. Internationale Unternehmen könnten weiterhin auf renommierte Prüfungsgesellschaften für die Abschlussprüfung zurückgreifen, während sie bei der Auswahl von Beratungsdienstleistungen auf ein umfangreicheres Angebot zugreifen können und nicht durch Unabhängigkeitsregulierungen eingeschränkt werden.

Dabei ist eine regulatorisch angeordnete Aufspaltung von Prüfungs- und Beratungseinheit einer Wirtschaftsprüfungsgesellschaft zu unterscheiden von einer entsprechenden Trennung basierend auf unternehmerischen Kalkül der hierfür verantwortlichen Entscheidungsträger einer Wirtschaftsprüfungsgesellschaft. Für beide Ansätze wären in Teilen ähnliche entscheidungsrelevante Aspekte wie beispielsweise der Einfluss von Wissensverlust durch Spezialisierung auf die jeweilige Prüfungs- und Beratungsqualität oder die Arbeitgeberattraktivität zu klären.[45] So können Nichtprüfungsleistungen durch den Transfer von Wissen und Erfahrungen aus den Beratungsleistungen zu einer höheren Qualität der Prüfung beitragen, und reine Prüfungsgesellschaften könnten möglicherweise an Attraktivität für qualifiziertes Personal im nicht-originären Wirtschaftsprüfungsbereich verlieren, was die Prüfungsqualität beeinträchtigen kann.

Letztlich stellt eine regulatorisch angeordnete Trennung jedoch einen zu weitgehenden Eingriff in die unternehmerische Freiheit dar. Würde eine solche Trennung hingegen unter Berücksichtigung unternehmerischer Erwägungen erfolgen, könnte dies aus der Sicht des Abschlusserstellers die bereits beschriebene Herausforderung nur weniger verfügbarer, aber globaler Anbieter von prüfungsnahen Beratungsleistungen adressieren. Zudem würde es den Prozess im Zusammenhang mit der Feststellung und Überwachung der Unabhängig-

---

45   Vgl. Willekens, Marleen/Achmadi, Christina: Pricing and Supplier Concentration in the private Client Segment of the Audit Market: Market Power or Competition, Working Paper, Katholieke Universiteit Leuven 2010, hier S. 3.

keit des Abschlussprüfers vereinfachen und für mehr Wettbewerb unter den Prüfungsgesellschaften sorgen.

Auch für Wirtschaftsprüfungsgesellschaften könnte eine solche Trennung Chancen bieten, da der adressierbare Markt der getrennten Einheiten aufgrund der wegfallenden Unabhängigkeitsanforderungen größer wäre als zuvor. Ein klarer Fokus auf Prüfungsleistungen könnte ebenfalls dazu führen, dass Unabhängigkeitsanforderungen bei Beratungsleistungen für Mehrmandantendienstleister, wie beispielsweise Hyperscaler, in Situationen, in denen die Wirtschaftsprüfungsgesellschaft als Abschlussprüfer für deren Kunden fungiert, nicht mehr notwendig sind.[46]

5   Zusammenfassung

Zusammenfassend ist festzustellen, dass in den vergangenen Jahren viele Gesetze und regulatorische Vorgaben geschaffen wurden, die auf Verbesserungen bezüglich einer effektiven und wirkungsvollen Corporate Governance abzielen. Ein unabhängiger, qualitativ hochwertiger Abschlussprüfer ist hierbei stets ein elementarer Baustein.

Es wurde aufgezeigt, dass eine effektive Corporate Governance im besten Interesse des Unternehmens und seiner Stakeholder liegt. Das fängt bei dem Vorstand an, in dessen originärer Verantwortung ein gut funktionierendes Corporate-Governance-Setup liegt und wird durch vielfältige Beratungs- und Überwachungskompetenzen des Aufsichtsrats bzw. des Prüfungsausschusses komplettiert.

Gleichzeitig liegt es auch in der unternehmerischen Verantwortung des Vorstands, die regulatorischen Vorgaben so effizient wie möglich umzusetzen, um agil und ressourcenschonend handeln zu können. In diesem Zusammenhang schränken wachsende, insbesondere rotationsbezogene Unabhängigkeitsanforderungen an den Abschlussprüfer die unternehmerischen Handlungsoptionen und damit die Effektivität und Effizienz der Corporate Governance ein. Dies geschieht vor dem Hintergrund immer neuer regulatorischer Anforderungen und kürzerer Umsetzungsfristen, die auf der Unternehmensseite zu einer stetig wachsenden Nachfrage nach prüfungsnahen Beratungsleistungen führen.

---

46   Vgl. Pieper, Konstantin et al.: Zur Unabhängigkeit des Abschlussprüfers im Kontext zu Tätigkeiten Mehrmandantendienstleistern, in: WPg, Heft 5/2024, S. 250–259.

Auch zukünftig wird es notwendig sein, das Corporate-Governance-System weiterzuentwickeln, um den Anforderungen des gesellschaftlichen und wirtschaftlichen Umfelds gerecht zu werden. Wie am Beispiel der regulatorischen Etablierung rotationsbezogener Unabhängigkeitsanforderungen an den Abschlussprüfer gezeigt wurde, sollten bei dieser Weiterentwicklung einzelne Maßnahmen nicht isoliert, sondern stets im Kontext bestehender und etablierter Bausteine und Prozesse guter Corporate Governance betrachtet werden. Dabei gilt es, ihre Auswirkungen auf die Entscheidungs- und Handlungsfähigkeit der Unternehmen zu berücksichtigen.

Ausgehend von dem heute grundsätzlich sehr gut funktionierenden Corporate-Governance-Konzept sollte bei der Weiterentwicklung immer hinterfragt werden, welchen Beitrag einzelne Veränderungen der Corporate-Governance-Vorgaben, wie beispielsweise weitergehende Unabhängigkeitserfordernisse, insgesamt zur Effektivität der Corporate Governance beitragen und dabei auch der Einfluss auf die Effizienz unternehmerischer Prozesse berücksichtigt werden.

Zur Befassung des Vorstands mit der Angemessenheit und Wirksamkeit des internen Kontrollsystems und Risikomanagementsystems im Lichte der regulatorischen Entwicklung

Verfasser: WP Mattias Schmelzer, WP StB RA Dr. Jochen Haußer

In vielen Beiträgen hat Professor Dr. Klaus-Peter Naumann die Diskussion um eine Stärkung der Corporate Governance in Deutschland geprägt. Nicht nur in seiner langjährigen Funktion als Sprecher des Vorstands des IDW, sondern auch als Mitglied der Regierungskommission Deutscher Corporate Governance Kodex und im Beirat der Schmalenbach-Gesellschaft für Betriebswirtschaft e.V. hat er sich um deren Fortentwicklung verdient gemacht. Für die Leitung und Überwachung eines Unternehmens sind definierte Prozesse und wirksame Kontrollen überaus bedeutsam. Dabei stellt sich die Frage, in welcher Form sich die gesetzlichen Vertreter von Kapitalgesellschaften damit befassen müssen. Der folgende Beitrag fokussiert sich auf die Aktiengesellschaft und geht dieser Frage nach.[1]

1 Ein Blick zurück: Die gesetzliche Entwicklung

1.1 USA

Unternehmen geraten durch wirtschaftskriminelle Handlungen nicht nur ins Visier von Strafverfolgungsbehörden, sondern stehen dann auch im Fokus der Öffentlichkeit. Diese Handlungen richten teilweise erheblichen wirtschaftlichen Schaden im Unternehmen an und können nachhaltig dessen Ruf beeinträchtigen. Insbesondere in Fällen, in denen diese Handlungen teilweise jahrelang

---

1   Die Verfasser danken Herrn Professor Dr. Joachim Schindler, Berlin, für seine wertvollen Hinweise aus der Aufsichtsratspraxis.

unbemerkt blieben, stellt sich die Frage, was die Unternehmensleitung getan hat, um solche Schäden zu vermeiden. Die Aufarbeitung dieser Fälle hat gezeigt, dass meist ein schwaches Kontrollumfeld sowie eine unzureichende Überwachung vorlag.

Dies zeigt sich etwa an einem der spektakulärsten Unternehmensskandale der Vergangenheit, dem Zusammenbruch des US-amerikanischen Energiekonzerns Enron im Jahre 2001. Aufgrund zunehmender wirtschaftlicher Schwierigkeiten im Zuge der New-Economy-Krise ging das Management dazu über, Umsatzerlöse und Gewinne zu manipulieren, risikobehaftete Geschäfteteile sowie Teile des Sachanlagevermögens und insbesondere die dazugehörigen Verbindlichkeiten auf Zweckgesellschaften auszulagern und Hedging-Transaktionen mit ihnen vorzunehmen.[2] Fehlende Kontrollen, ein mangelhaftes Informationssystem und ein unzureichendes Kontrollumfeld bei Enron führten dazu, dass die schädigenden Aktivitäten zu spät erkannt wurden. Auch beim Niedergang des US-amerikanischen Telekommunikationskonzerns WorldCom im Jahre 2002 konnten Verstöße gegen grundlegende Bilanzierungsvorschriften durch ein mangelhaftes Unternehmensüberwachungssystem lange verschleiert werden.[3]

Auf diese Unternehmensschieflagen sowie weitere Finanzskandale hat die US-amerikanische Regierung zur Beruhigung der Kapitalmärkte reagiert und den **Sarbanes-Oxley Act** (SOX) vom 30.07.2002 verabschiedet. Mit diesem Gesetz sollte das Vertrauen der Anleger in die Richtigkeit und Verlässlichkeit der Finanzberichterstattung wiederhergestellt und verschiedene Aspekte der Governance von Unternehmen, deren Wertpapiere an US-amerikanischen Börsen gehandelt bzw. öffentlich angeboten werden, geregelt werden.[4] Dieses Gesetz betraf nicht nur Unternehmen, sondern enthielt auch Regelungen für den Berufsstand der Abschlussprüfer. So sollten fortan Abschlussprüfungen von Unternehmen, die den Regelungen der Securities and Exchange Commission (SEC) unterliegen, von einem Public Company Accounting Oversight Board (PCAOB) überwacht werden (Sec. 101 ff. SOX). Zudem wurden Regelungen zur Sicherung der Unabhängigkeit des Abschlussprüfers[5] (Sec. 201 ff. SOX) und zu Audit Committees (Sec. 301 SOX) getroffen.

---

2   Ausf. Peemöller u.a., Bilanzskandale, 3. Aufl., Berlin 2020, S. 41 ff.

3   Vgl. dazu Tanski, DStR 2002, S. 2003. Ausf. Nicklisch, Die Auswirkungen des Sarbanes-Oxley Act auf die deutsche Corporate Governance, Berlin 2007, S. 37 ff.

4   Ein Überblick vermitteln Kamann/Simpkins, RIW 2003, S. 184; Peemöller u.a., a.a.O. (Fn. 2), S. 443 ff.

5   Zur besseren Lesbarkeit wurde im folgenden Beitrag das generische Maskulinum verwendet. Gemeint sind stets beide Geschlechter.

Die für Unternehmen folgenreichste Änderung betrifft mit Sec. 404 SOX die Verpflichtung des Managements, einen internen Kontrollbericht als Teil der Finanzberichterstattung zu veröffentlichen. Dieser enthält eine Erklärung des Managements, mit der die Verantwortlichkeit für die Einrichtung und Aufrechterhaltung von adäquaten internen Kontrollen und Prozessen zum Ausdruck kommt. Diese Pflicht wird ergänzt um „an assessment, as of the end of the most recent fiscal year of the issuer, of the effectiveness of the internal control structure and procedures of the issuer for financial reporting" (Sec. 404 (a) (2) SOX).[6] Damit begrenzt die Vorschrift den sachlichen Anwendungsbereich auf das Gebiet der Rechnungslegung. Ausgangspunkt war die Erkenntnis, dass ein mangelhaftes Überwachungssystem und das Versagen der Überwachung zu den erwähnten Finanzskandalen geführt haben. Wegen der überragenden Bedeutung einer richtigen und vollständigen Finanzberichterstattung für den Kapitalmarkt ging es dem US-amerikanischen Gesetzgeber daher um das rechnungslegungsbezogene Interne Kontrollsystem (IKS).[7]

Haftungsrelevant wird diese Regelung durch den Umstand, dass das Management in der Person des sogenannten „principal officer" (CEO)und des „principal financial officer" (CFO) jeweils eine persönliche Erklärung abgeben müssen, in der sie zum einen die Verantwortung für die Einrichtung und Aufrechterhaltung der rechnungslegungsbezogenen internen Kontrollen („internal control over financial reporting") übernehmen und zum anderen erklären, dass sie die Effektivität dieser Kontrollen evaluiert haben und dies mit hinreichender Sicherheit („reasonable assurance") bestätigen können.[8] Mögliche wesentliche Mängel („material weaknesses") des rechnungslegungsbezogenen IKS müssen dargestellt werden (Sec. 302(a)(4) SOX). Eine Aussage in Form einer „negative assurance" ist nicht zulässig.[9] CEO und CFO setzen sich bei einer falschen

---

6   Vgl. H.R. 3763 – Sarbanes-Oxley Act of 2002, 107th Congress [2001–2002] (online abrufbar unter congress.gov/bill/107th-congress/house-bill/3763; letzter Abruf: 13.02.2024) sowie die Umsetzungsregelungen der SEC (vgl. dazu Pressemeldung 2002-150 vom 16.10.2002: SEC Proposes Additional Disclosures, Prohibitions to Implement Sarbanes-Oxley Act, online abrufbar im Pressearchiv der SEC unter sec.gov/news/press/2002-150.htm; letzter Abruf: 14.02.2024). Die Verpflichtung zur Einrichtung eines IKS ergab sich bereits aus dem Exchange Act bzw. den Verlautbarungen des American Institute of Certified Public Accountants (AICPA); vgl. Nicklisch, a.a.O. (Fn. 3), S. 148 f.

7   Über den Weg des Kapitalmarktrechts hatte der Bundesgesetzgeber die Gesetzgebungskompetenz, während das Gesellschaftsrecht Sache der Bundesstaaten ist; vgl. Nicklisch, a.a.O. (Fn. 3), S. 13, 22 f.

8   Vgl. 17 Code of Federal Regulation (CFR) § 240.13a-15.

9   Vgl. 68 Federal Register, 36635, 36642, Fn. 62: „A negative assurance statement indicating that nothing has come to management's attention to suggest that the company's internal control over financial reporting is not effective will not be acceptable."

Bestätigung nicht nur einer zivilrechtlichen Haftung aus, sondern sie müssen auch mit einer strafrechtlichen Ahndung in Form von empfindlichen Geldstrafen und Freiheitsstrafen rechnen.[10]

Die Verantwortlichkeit für die systematische Erfassung, Evaluierung und Überwachung wesentlicher Kontrollen wird damit klar der Unternehmensleitung zugewiesen. Abschlussprüfern wiederum kommt die Aufgabe zu, nicht nur die Wirksamkeit dieses Kontrollsystems zu prüfen, sondern auch dazu Stellung zu nehmen, wie die Unternehmensleitung bei der Beurteilung des Internen Kontrollsystems vorgegangen und zu welchem Urteil sie gekommen ist (Sec. 404 (b) SOX).[11]

1.2   Deutschland und EU

Diese Entwicklungen wurden in Deutschland aufmerksam verfolgt. Mit ihrem Maßnahmenkatalog aus dem Jahr 2003 sah sich auch die deutsche Bundesregierung veranlasst, die Unternehmensintegrität und den Anlegerschutz zu verbessern.[12] Zu diesem Zweck hat der deutsche Gesetzgeber in den folgenden Jahren ein Bündel an Gesetzen verabschiedet. So wurde mit dem Bilanzkontrollgesetz (**BilKoG**)[13] vom 15.12.2004 ein zweistufiges Enforcementsystem eingeführt, mit dem die Finanzberichterstattung von kapitalmarktorientierten Unternehmen durch die Deutsche Prüfstelle für Rechnungslegung DPR e.V. und die Bundesanstalt für Finanzdienstleistungsaufsicht überprüft werden konnte. Neben dem Enforcement stand – wie in den USA – die Regulierung der Abschlussprüfung im Fokus. So verschärfte der Gesetzgeber mit dem Bilanzrechtsreformgesetz (**BilReG**)[14] vom 04.12.2004 die Regelungen für Abschlussprüfer hinsichtlich der Übernahme bestimmter Beratungsdienstleistungen für das geprüfte Unternehmen. In diesem Zusammenhang setzte er auch europarechtliche Vorgaben um und erweiterte die Lageberichterstattung um die Angaben zu Risikomanagementzielen und -methoden der Gesellschaft, einschließlich der Angaben zu

---

10   Vgl. dazu Kamann/Simpkins, RIW 2003, S. 187; Lanfermann/Maul, DB 2002, S. 1729.

11   Vgl. zunächst den am 09.03.2004 verabschiedeten PCAOB Auditing Standard No. 2: „An Audit of Internal Control Over Financial Reporting Performed in Conjunction With an Audit of Financial Statements" (online abrufbar unter pcaobus.org; letzter Abruf: 14.02.2024), der durch nachfolgende Prüfungsstandards ersetzt wurde.

12   Abrufbar auf der Website des Bundesgerichtshofs unter bundesgerichtshof.de (letzter Abruf: 14.02.2024).

13   Gesetz zur Kontrolle von Unternehmensabschlüssen, BGBl. I 2004, S. 3408.

14   Gesetz zur Einführung internationaler Rechnungslegungsstandards und zur Sicherung der Qualität der Abschlussprüfung, BGBl. I 2004, S. 3166.

Preisänderungs-, Ausfall- und Liquiditätsrisiken sowie Risiken aus Zahlungsstromschwankungen (§§ 289 Abs. 2 Satz 1, 315 Abs. 2 Satz 1 HGB). Noch im Dezember 2004 wurde mit dem Abschlussprüferaufsichtsgesetz (**APAG**)[15] die Berufsaufsicht der Abschlussprüfer geändert, indem erstmals eine letztverantwortliche öffentliche fachbezogene Aufsicht über die Wirtschaftsprüferkammer eingeführt wurde.

Bei den diversen Gesetzesmaßnahmen hat der Gesetzgeber indes davon Abstand genommen, die Unternehmensleitung zu verpflichten, ein funktionsfähiges und effizientes rechnungslegungsbezogenes IKS einzurichten und eine Erklärung darüber abzugeben. Insoweit ist er dem US-amerikanischen Beispiel nicht gefolgt. Hintergrund mag nicht zuletzt die auf die Unternehmen zukommende Belastung bei der Einführung einer derartigen Verpflichtung gewesen sein. So zeigen die Erfahrungen der Unternehmen, die SOX 404 anwendeten, dass deren Einhaltung mit erheblichen Kosten verbunden ist.[16] Neben den externen Kosten für Beratung und Software sowie den gestiegenen Honoraren von externen Prüfern schlagen insbesondere Kosten für interne Arbeitsstunden zu Buche. Zudem sah die Bundesregierung die Abgabe einer Erklärung – verkürzt – über die Richtigkeit des Jahresabschlusses von einzelnen Vorstandsmitgliedern nach US-amerikanischem Vorbild stets kritisch.[17] Als die Bundesregierung im Zuge der Umsetzung der EU-Transparenzrichtlinie[18] Jahre später gezwungen war, den sog. Bilanzeid einzuführen[19], sollte dieser konsequenterweise von den Mitgliedern des vertretungsberechtigten Organs von kapitalmarktorientierten Unternehmen abgegeben werden. Dementsprechend waren sämtliche Vorstandsmitglieder nach dem deutschen gesellschaftsrechtlichen Grundsatz der Gesamtverantwortung in der Pflicht, unabhängig von ihrer Ressortzuständigkeit. Damit haben die Erklärung nicht nur Vorstands-

---

15   Gesetz zur Fortentwicklung der Berufsaufsicht über Abschlussprüfer in der Wirtschaftsprüferordnung vom 27.12.2004, BGBl. I. 2004, S. 3846.

16   Siehe etwa Cunningham: The Gain And Pain Of Sarbanes-Oxley, Forbes, Dec 30, 2005; Vgl. auch Bibawi/Nicoletti, Der Schweizer Treuhänder 2005, S. 431 (432); Glaum/Thomaschewski/Weber, Auswirkungen des Sarbanes Oxley Acts auf deutsche Unternehmen, in: Studien des deutschen Aktieninstituts, 2006, S. 31. Zur Haftungsproblematik siehe auch Lanfermann/Maul, DB 2002, S. 1729.

17   Vgl. Bundesregierung gegen Bilanzschwur in den USA, FAZ vom 18.08.2002. Kritisch zur Bewährung des SOX in der Praxis vgl. Nicklisch, a.a.O. (Fn. 3), S. 17 f., S. 36 m.w.N. („gesetzgeberische Fehlleistung"); S. 153 f.

18   Richtlinie 2004/109/EG vom 15.12.2004 (ABl. L 390 vom 31.12.2004, S. 38).

19   Transparenzrichtlinie-Umsetzungsgesetz (TUG) vom 05.01.2007, BGBl. I 2007, S. 10.

vorsitzender und Finanzvorstand abzugeben.[20] Der Bilanzeid lehnte sich daher zwar an das US-amerikanische Vorbild an, beschränkte sich aber zudem inhaltlich auf Jahresabschluss/Konzernabschluss bzw. (Konzern-)Lagebericht und umfasste gerade nicht den Bericht über das IKS.

Die Finanzskandale Enron und WorldCom wirkten auch in der EU nach. Weitere Finanzskandale in Europa folgten, wie etwa der Niedergang des italienischen Molkereiunternehmens Parmalat, das im Jahr 2003 wegen Untreue, nicht zuletzt des Unternehmensgründers, zahlungsunfähig wurde.[21] Immer wieder offenbarten diese Schieflagen ein nicht existentes, ausgeschaltetes oder umgangenes IKS.[22] Das nahm die EU zum Anlass, u.a. mit ihrer **Abänderungsrichtlinie** 2006/46/EG kapitalmarktorientierte Unternehmen zu verpflichten, die wichtigsten Merkmale der vorhandenen Risikomanagementsysteme und internen Kontrollverfahren bezogen auf den Rechnungslegungsprozess zu beschreiben. Diese EU-Regelung wurde durch das Bilanzrechtsmodernisierungsgesetz **(BilMoG)**[23] in deutsches Recht umgesetzt (§ 289 Abs. 4 HGB bzw. für den Konzernlagebericht § 315 Abs. 4 HGB). Bei der Novellierung des Handelsrechts durch das BilMoG stand nicht das rechnungslegungsbezogene Risikomanagementsystem, sondern das rechnungslegungsbezogene IKS im Vordergrund. Das IKS hat eine zentrale Rolle für den Jahresabschluss sowie für den Lagebericht und enthält die Grundsätze, Verfahren und Maßnahmen, die die Wirksamkeit und Wirtschaftlichkeit der Rechnungslegung und deren Ordnungsmäßigkeit sowie die Einhaltung der maßgeblichen rechtlichen Vorschriften sicherstellen sollen.[24] Die gesetzlichen Vertreter können bei ihren Erläuterungen zum IKS beispielsweise auf Bilanzierungsrichtlinien zur Bewertung der Vorräte, auf den Prozess der (Konzern-)Abschlusserstellung oder auf IT-Regelungen zu Zugriffsrechten Bezug nehmen.[25]

---

20 Vgl. Fleischer ZIP 2007, S. 100; Störk/Rimmelspacher, in: Beck BilKomm, 13. Aufl., München 2022, § 264 HGB Rn. 86.

21 Dazu ausf. Peemöller u.a., a.a.O. (Fn. 2), S. 69 ff.

22 Zu den Parallelen der Skandalfälle vgl. Peemöller u.a., a.a.O. (Fn. 2), S. 308 ff.

23 Gesetz vom 25.05.2009, BGBl. I 2009, S. 1102. Zum Zusammenhang der BilMoG mit der EU-Abänderungsrichtlinie vgl. Begr. RegE BilMoG, BT-Drucksache 16/10067, S. 39.

24 Begr. RegE BilMoG, BT-Drucksache 16/10067, S. 77.

25 Vgl. DRS 20.K175. Kolb/Neubeck (in: Kolb/Neubeck, Der Lagebericht, 2. Aufl., Bonn 2016, Rn. 842) weisen zutreffend darauf hin, dass Kontrollmaßnahmen der Überwachungsorgane nicht zu beschreiben sind, da es nur um von den gesetzlichen Vertretern einzurichtenden Systeme und Kontrollen geht.

Im Mittelpunkt der Ausführungen zum internen rechnungslegungsbezogenen Risikomanagementsystem stehen Maßnahmen zur Identifizierung, Bewertung, Überwachung und Begrenzung von Risiken, die die Übereinstimmung des (Konzern-)Abschlusses und (Konzern-)Lageberichts mit den einschlägigen Vorschriften gefährden:[26] Das können etwa Risikoabsicherungen sein, die sich in Form von Bewertungseinheiten im Jahresabschluss niederschlagen. In diesen Fällen sei das Risikomanagementsystem, das diese Transaktionen überwacht, zu beschreiben. Solche Angaben könnten allerdings mit denen nach §§ 289 Abs. 2 und 5 HGB zusammengefasst werden.[27]

Obwohl der Gesetzgeber ein solches Risikomanagementsystem in einem umfassenden Sinne verstanden wissen wollte und damit über die Pflicht zur Überwachung von bestandsgefährdenden Risiken (§ 91 Abs. 2 AktG)[28] hinausging, sah er keine Veranlassung, die Pflicht zur Darstellung auf das (gesamte) Risikomanagementsystem auszuweiten.[29] Stattdessen fokussierte er sich auf die Sicherung der Ordnungsmäßigkeit der Rechnungslegung. Sollte das Unternehmen gezwungen werden, auch Informationen zum nicht rechnungslegungsbezogenen Teil des Risikomanagements zu machen, könnten schutzwürdige Interessen betroffen sein.[30] Welche das sein könnten, wurde offengelassen. Vor dem Hintergrund zunehmender Anforderungen an die Transparenz von Unternehmen, die insbesondere Angaben zum Lagebericht betreffen, würde man dies heutzutage, über 15 Jahre nach Verabschiedung des BilMoG, sicherlich anders würdigen.

Aus den Gesetzgebungsmaterialien wird deutlich, dass die betroffenen Unternehmen die bestehenden Strukturen und Prozesse beschreiben sollten; eine Verpflichtung zur Einrichtung oder inhaltlichen Ausgestaltung des IKS oder des Risikomanagementsystems war ausdrücklich nicht gefordert.[31] Es sollte vielmehr dem Vorstand überlassen bleiben, ob und wie er diese ausgestaltet. Der Gesetzgeber hat bei dieser Novellierung des Handels- und Gesellschaftsrechts zudem bewusst darauf verzichtet, eine Regelung zur Einschätzung der

---

26   Vgl. DRS 20.K177.

27   Begr. RegE BilMoG, BT-Drucksache 16/10067, S. 77.

28   Vgl. Gesell, ZGR 2011, S. 371; *IDW Prüfungsstandard: Die Prüfung des Risikofrüherkennungssystems (IDW PS 340 n.F. (01.2022))* (Stand: 01.01.2022), Tz. 3. § 91 Abs. 2 HGB wurde mit dem Gesetz zur Kontrolle und Transparenz im Unternehmensbereich (KonTraG) vom 27.04.1998, BGBl. I 1998, S. 786 eingeführt.

29   Siehe auch Schindler/Haußer, WPg 2012, S. 236.

30   Begr. RegE BilMoG, BT-Drucksache 16/10067, S. 76.

31   Begr. RegE BilMoG, BT-Drucksache 16/10067, S. 76, S. 102.

Effektivität des IKS und des Risikomanagementsystems aufzunehmen.[32] Er ging davon aus, dass sich die Unternehmensleitung im Rahmen der Beschreibung der Systeme, nicht zuletzt vor dem Hintergrund eines Haftungsrisikos wegen Sorgfaltspflichtverletzung, ohnehin mit deren Effektivität auseinandersetzt.[33] Gefordert ist eine Auseinandersetzung im Lagebericht, die den Adressaten des Lageberichts in die Lage versetzt, die Effektivität der Systeme einschätzen zu können.[34] Es darf allerdings bezweifelt werden, dass sich ein externer Adressat des Lageberichts aufgrund der meist sehr allgemein gehaltenen Aussagen über Systeme und Prozesse ein Bild von der Effektivität der Systeme machen kann, zumal eine Fehlanzeige ohne Begründung im Lagebericht bereits ausreicht.

Der Gesetzgeber des BilMoG hat der handelsrechtlichen Pflicht des Vorstands, IKS und RMS im Lagebericht zu beschreiben, eine gesellschaftsrechtliche Aufgabenzuweisung an den Prüfungsausschuss gegenübergestellt. In einer Norm über die innere Ordnung des Aufsichtsrats sieht er vor, dass der Aufsichtsrat einen Prüfungsausschuss bestellen kann, „der sich mit der Überwachung des Rechnungslegungsprozesses, der Wirksamkeit des internen Kontrollsystems, des Risikomanagementsystems und des Internen Revisionssystems sowie der Abschlussprüfung [...] befasst" (§ 107 Abs. 3 Satz 2 AktG). Im Unterschied zu der Darstellungspflicht des Vorstands im Lagebericht sind IKS, das Revisionssystem und das Risikomanagementsystem nicht auf den rechnungslegungsbezogenen Teil beschränkt, sondern in einem umfassenden Sinne zu verstehen.[35] Mit dieser Novellierung des AktG sollte jedoch keine Verpflichtung zur Einrichtung eines Risikomanagementsystems geschaffen, sondern weiterhin dem Vorstand die Entscheidung über das „Ob" und „Wie" überlassen werden.[36] Freilich wird sich, zumindest bei kapitalmarktorientierten Gesellschaften, eine Pflicht zur Einrichtung eines entsprechenden Risikomanagementsystems meist bereits aus § 93 Abs. 1 Satz 1 AktG ergeben[37], auch wenn dessen Umfang im Ermessen der gesetzlichen Vertreter liegt.

---

32 So auch DRS 20.K178. Eine Aussage zur Effektivität und Effizienz kann hingegen auf freiwilliger Basis erfolgen und wird als Bestandteil des Lageberichts von der Prüfung durch den Abschlussprüfer erfasst; vgl. Withus; WPg 2009, S. 860; siehe auch Kajüter, in: Küting/Weber (Hrsg.), Handbuch der Rechnungslegung, 5. Aufl., Stuttgart 2005 ff., Bd. I, § 289 HGB, Rn. 174.

33 Begr. RegE BilMoG, BT-Drucksache 16/10067, S. 76.

34 Hachmeister u.a., Bilanzrecht, 2. Aufl., Köln 2020, § 289 HGB, Rn. 5; Palmes, in: Beck BilKomm., a.a.O. (Fn. 20), § 289 HGB, Rn. 132.

35 Begr. RegE BilMoG, BT-Drucksache 16/10067, S. 102.

36 Begr. RegE BilMoG, BT-Drucksache 16/10067, S. 102; siehe auch Begr. RegE FISG, BT-Drucksache 19/26966, S. 114.

37 Begr. RegE FISG, BT-Drucksache 19/26966, S. 115.

Erst mit der Aufarbeitung der Schieflage beim Zahlungsdienstleister Wirecard entfaltete der Gesetzgeber weitere Aktivitäten. Die Aufarbeitung des wohl größten Bilanzskandals der deutschen Nachkriegsgeschichte förderte erhebliche Mängel in der Compliance des Unternehmens zutage.[38] Daher sah sich auch hier der Gesetzgeber gezwungen, verloren gegangenes Vertrauen in den deutschen Finanzmarkt wiederherzustellen. Hierzu nahm er mit dem Finanzmarktintegritätsstärkungsgesetz (**FISG**)[39] unter anderem in § 91 Abs. 3 AktG eine gesetzliche Verpflichtung für börsennotierte Aktiengesellschaften auf, „ein im Hinblick auf den Umfang der Geschäftstätigkeit und die Risikolage des Unternehmens angemessenes und wirksames internes Kontrollsystem und Risikomanagementsystem einzurichten." Bei diesen Gesellschaften ist das Leitungsermessen insoweit eingeschränkt; die gesetzlichen Vertreter haben nur hinsichtlich des Umfangs und der konkreten Ausgestaltung einen Gestaltungsspielraum. Für nicht-börsennotierte Unternehmen hingegen steht die Einrichtung dieser Systeme weiterhin im Ermessen des Vorstands, wobei sich eine Pflicht zur Einrichtung allerdings im konkreten Fall aus der allgemeinen Sorgfaltspflicht (§ 93 Abs. 1 AktG) regelmäßig ergeben wird.

Die Befassung des Vorstands mit der Angemessenheit des Risikomanagementsystems zielt auf die Beurteilung ab, ob die in den Prozessbeschreibungen des Unternehmens dargestellten Regelungen so ausgestaltet und implementiert sind, dass sie in Übereinstimmung mit den angewandten Grundsätzen geeignet sind, mit hinreichender Sicherheit die wesentlichen Risiken rechtzeitig zu identifizieren, zu bewerten und entsprechend den vom Unternehmen festgelegten Zielen des Risikomanagementsystems zu steuern und zu überwachen.[40] Die Prüfung der Wirksamkeit des RMS zielt darüber hinaus auf die Einschätzung ab, ob die in der Beschreibung des Risikomanagementsystems dargestellten Regelungen wie vorgesehen eingehalten wurden. Sofern sich ein Risiko verwirklicht, kann jedoch nicht von vornherein auf die Unwirksamkeit der internen Systeme

---

38   Vgl. Naumann/Schmitz-Herkendell/Penkwitt, WPg 2023, S. 1106, 1108; siehe auch Naumann, Unternehmen besser führen, FAZ vom 23.01.2023.

39   Gesetz vom 03.06.2021, BGBl. I 2021, S. 1534.

40   Vgl. *IDW Prüfungsstandard: Grundsätze ordnungsmäßiger Prüfung von Risikomanagementsystemen (IDW PS 981)* (Stand: 03.03.2017), Tz. 61 und. 63; ausf. weiter unten, Abschnitt 2.1.1.2.

geschlossen werden.[41] Ähnliches gilt für die Angemessenheit und Wirksamkeit des IKS.[42]

Die Entwicklung der vergangenen Jahre hat gezeigt, dass sich der deutsche Gesetzgeber zunehmend mit dem IKS und dem Risikomanagementsystem in verschiedenen Gesetzen befasst. Sie sind allesamt Ergebnis „kriseninduzierter Legislativakte"[43] mit dem Ziel, Unternehmensschieflagen frühzeitig zu erkennen und künftig möglichst zu verhindern. Durchringen konnte sich der Gesetzgeber indes nicht, die gesetzlichen Vertreter der Kapitalgesellschaften zu einer Aussage zum gesamten IKS und Risikomanagementsystem im Lagebericht zu verpflichten.

2   Aktivitäten der Kodex-Kommission

Im Unterschied zum Vorgehen des Gesetzgebers hat die Regierungskommission Deutscher Corporate Governance Kodex (Kodex-Kommission) bereits in ihrem ersten Kodex vom 26.02.2002 unter Nr. 4.1.4 vorgesehen, dass der „Vorstand […] für ein angemessenes Risikomanagement und Risikocontrolling im Unternehmen [sorgt]".[44] Damit wurde die Verpflichtung des Vorstands lange vor der gesetzlichen Regelung schriftlich fixiert.[45] Erklärt ein Unternehmen in der abzugebenden Entsprechenserklärung (§ 161 AktG), den Empfehlungen des Kodex insoweit zu entsprechen, ergibt sich daraus eine Rechtspflicht zur Einrichtung eines solchen Systems, mit der die allgemeine Sorgfaltspflicht aus § 93 Abs. 1 S. 1

---

41   Begr. RegE FISG, BT-Drucksache 19/26966, S. 115. Siehe auch Bartuschka, BB 2022, S. 1389; Kopp, CCZ 2023, S. 130. Koch (in: AktG, 17. Aufl., München 2023, § 91 AktG Rn. 37 i.V.m. § 76 AktG Rn. 17a) weist in diesem Zusammenhang auf die teilweise anderslautende Praxis des Bundeskartellamts hin, das eine Strafminderung bei Unternehmen bereits dann verweigert, wenn deren Compliance-Programmen in Einzelfällen versagt hat.

42   Vgl. *IDW Prüfungsstandard: Grundsätze ordnungsmäßiger Prüfung des internen Kontrollsystems des internen und externen Berichtswesens (IDW PS 982)* (Stand: 03.03.2017), Tz. 64, 66 und 23, 25.

43   Zit. Fleischer, ZIP 2007, S. 105 (im Zusammenhang mit dem Transparenzrichtlinie-Umsetzungsgesetz vom 05.01.2007, BGBl. I. 2007, S. 10).

44   Die aktuelle Fassung des DCGK ist neben den Vorgängerverlautbarungen auf der Webseite der Regierungskommission verfügbar (dcgk.de; letzter Abruf: 26.02.2024).

45   Zur Verpflichtung des Geschäftsleiters von Kreditinstituten und Finanzdienstleistungsinstituten, ein angemessenes und wirksames Risikomanagement einzurichten und seine Angemessenheit und Wirksamkeit regelmäßig zu überprüfen vgl. § 25a KWG, der im Rahmen des Finanzmarktrichtlinie-Umsetzungsgesetzes (FRUG) vom 16.07.2007, BGBl. I S. 1330, eingefügt wurde. Siehe dazu RegE Finanzmarkt-Richtlinie-Umsetzungsgesetz, BT-Drucksache 16/4028, S. 95 und AT3 des Rundschreibens der BaFin 05/2023 (BA) – Mindestanforderungen an das Risikomanagement – MaRisk vom 29.06.2023, geändert am 18.10.2023, Geschäftszeichen BA 54-FR 2210-2023; abrufbar auf der Website der BaFin unter bafin.de (letzter Abruf: 26.02.2024).

AktG konkretisiert wird. Im Kodex vom 16.10.2019 wurde diese Textfassung in Nr. 4.1.4. an die Formulierung in § 107 Abs. 3 Satz 2 AktG angepasst und dem Vorstand aufgegeben, ein geeignetes und wirksames IKS und Risikomanagementsystem einzurichten. Mit der sprachlichen Änderung waren indes keine materiellen Änderungen verbunden, weil die Wirksamkeit und Geeignetheit Konkretisierungen eines angemessenen Systems sein sollten und das Risikocontrolling ein Instrument der Steuerung von Risiken eines Risikomanagementsystems ist.

2.1   Kodex der Regierungskommission in der Fassung vom 28.04.2022

Mit dem DCGK i.d.F. vom 28.04.2022 kam es zu einer deutlichen Überarbeitung auch der das Risikomanagement und IKS betreffender Abschnitte des Kodex. Diese Kodexfassung ist mit Bekanntmachung im Bundesanzeiger am 27.06.2022 in Kraft getreten.

Zunächst wiederholt **Grundsatz 4** die bereits in den Vorgängerfassungen des DCGK formulierte und nunmehr am Wortlaut des § 91 Abs. 3 AktG orientierte Pflicht des Vorstands einer börsennotierten Gesellschaft, ein angemessenes und wirksames IKS und Risikomanagementsystem einzurichten. Dabei hat der Grundsatz sowohl börsennotierte Gesellschaften als auch Gesellschaften mit Kapitalmarktzugang im Blick.[46] Die Angemessenheit und Wirksamkeit dieser Systeme setzen eine interne Überwachung voraus (Grundsatz 4 Satz 2). Das ist die erste und vornehmste Aufgabe des Vorstands und ergibt sich nicht zuletzt bereits aus seiner Leitungs- und Führungsfunktion.[47] Richtigerweise findet sich diese Aufgabenzuweisung im Kodex unter „I. Geschäftsführungsaufgaben des Vorstands".

Grundsatz 5 bezieht sich auf Compliance und knüpft an die im Grunde selbstverständliche Pflicht des Vorstands an, sich nicht nur rechtstreu zu verhalten, sondern auch für die Einhaltung der gesetzlichen Bestimmungen und der unternehmensinternen Richtlinien zu sorgen und auf deren Beachtung durch die Konzernunternehmen hinzuwirken. Grundsatz 4 und 5 sind als Einheit zu betrachten, weil IKS und Risikomanagementsystem auch Compliance als

---

46   Präambel zum DCGK 2022, S. 3.
47   Koch, a.a.O. (Fn. 41), § 76 AktG Rn. 8. Siehe auch Begr. DCGK 2022 S. 5.

das Verhalten, gesetzliche und interne Vorschriften einzuhalten[48], erfassen. Zudem sind Prozesse und Systeme, die Risiken der Nichteinhaltung von Vorschriften identifizieren, analysieren, bewerten, kommunizieren und steuern (Compliance-Management-System)[49], Teil der Systemlandschaft des übergeordneten Risikomanagementsystems und IKS. Diesen Gedanken bringt Grundsatz 5 Satz 2 DCGK 2022 zum Ausdruck.[50]

Nach der Empfehlung A.5 sollen im Lagebericht die wesentlichen Merkmale des gesamten IKS und Risikomanagementsystems beschrieben werden und es soll zur Angemessenheit und Wirksamkeit dieser Systeme Stellung genommen werden.

Der Anwendungsbereich dieser Empfehlung erfasst das integrierte Gesamtsystem IKS und Risikomanagementsystem einschließlich des Compliance-Management-Systems und hat alle Risiken im Blick. Daher ist die Empfehlung A.5 nicht nur auf Compliance-Risiken bzw. deren Systemkomponenten beschränkt, was die Anordnung von A.5 unter dem Grundsatz 5 nahelegen könnte. Die Grundsätze 4 und 5 sind daher im Zusammenhang zu lesen und als Einheit zu verstehen. Zum besseren Verständnis hätte man die Empfehlung A.5 auch direkt im Anschluss an den Grundsatz 4 anfügen können, um das Thema Einrichtung und Überwachung des IKS und Risikomanagementsystems sowie dessen Berichterstattung im Lagebericht geschlossen abzuhandeln. Freilich bleibt es dabei, dass auch die Grundzüge des Compliance-Management-Systems vom Vorstand des Unternehmens darzustellen sind, was sich aus A.5 i.V.m. Grundsatz 5 ergibt.[51]

Die Inhalte der Empfehlung A.5 werden unterschiedlich ausgelegt. Diese verschiedenen Auffassungen betreffen insbesondere den Umfang der Darstellung der wesentlichen Merkmale sowie den Inhalt der Stellungnahme des Vorstands.

---

48 Vgl. Pauthner, in: Ghassemi-Tabar/Pauthner/Wilsing (Hrsg.), Corporate Compliance, Düsseldorf 2016, § 1 Rn. 7 ff. Siehe auch bereits Schindler/Haußer, WPg 2012, S. 235.

49 Kritisch von der Linden, DStR 2022, S. 1766. Zum Compliance-Management-System vgl. umfassend Bay/Hastenrath, Compliance-Management-Systeme, 3. Aufl., München 2022; KPMG (Hrsg.), Das wirksame Compliance-Management-System, 2. Aufl., Herne 2014.

50 Instruktiv Begr. DCGK 2022. S. 4 Abs. 2.

51 Begr. DCGK 2022 S. 5. So auch Kopp, CCZ 2023, S. 127.

2.1.1 Wesentliche Merkmale von IKS, Risikomanagement-system und Compliance-Management-System

2.1.1.1 Einrichtung und Überwachung

Der Berichterstattung zu den wesentlichen Merkmalen von IKS und Risiko-managementsystem geht die Verpflichtung des Vorstands voraus, ein angemessenes und wirksames IKS und Risikomanagementsystem **einzurichten**, das der Geschäftstätigkeit und der Risikolage des Unternehmens entspricht (§ 91 Abs. 3 AktG). Viele Unternehmen greifen bei der Ausgestaltung von IKS und Risikomanagementsystem auf international verbreitete Standards zurück und lehnen sich beispielsweise an den Modellen der Committee of Sponsoring Organizations of the Treadway Commission (COSO), einer privatwirtschaftlichen Organisation in den USA, an. Diese Modelle fanden auch Eingang in die deutschen und internationalen Prüfungsstandards {etwa ISA [DE] 315 (Revised 2019), *IDW PS 982*} und standen zudem Pate bei der Ausgestaltung vieler Compliance-Management-Systeme in der Praxis. Im erstmals 1992 veröffentlichten COSO Framework (COSO) wurden folgende Bausteine als zentral für ein IKS definiert:[52] Das *Kontrollumfeld* wird maßgeblich geprägt von der Kultur des Unternehmens, dem Führungsstil („tone at the top") und dem Umgang mit Problemen und Fehlern. Ein positives Kontrollumfeld ist eine Voraussetzung für die Wirksamkeit des IKS. Bei den *Risikobeurteilungen* ist zu fragen, wie die Unternehmensleitung Risiken, die sich auf die Ordnungsmäßigkeit und Verlässlichkeit der Rechnungslegung auswirken, erkennt und im Hinblick auf ihre Bedeutung und Auswirkungen würdigt und wie über Maßnahmen des Risikomanagements entschieden wird. *Kontrollaktivitäten* sind die Maßnahmen des Managements zur Reaktion auf Risiken wesentlicher falscher Darstellungen (z.B. Belegkontrolle oder Funktionstrennung). Die Sicherung und Verlässlichkeit der Rechnungslegung bedeutet, dass alle relevanten *Informationen* zeitnah und vollständig *weitergegeben* werden. Schließlich muss das IKS vom Management hinsichtlich seiner Angemessenheit und Wirksamkeit laufend *überwacht* werden.

Jahre später hat die Organisation dieses Modell zu einem Risikomanagementsystem ausgebaut. In diesem COSO Enterprise Risk Management Integrated Framework (COSO-ERM)[53] finden sich fünf Dimensionen, die durch Prinzipien, die hier beispielhaft erläutert werden, weiter ausgeführt werden:

---

52   Ausf. IDW (Hrsg.), WPH Edition, Wirtschaftsprüfung und Rechnungslegung, 18. Aufl., Düsseldorf 2023, Kap. L, Tz. 256 ff.

53   Vgl. dazu Dierks/Sandmann/Herre, CCZ 2013, S 166.

- „Governance & Culture": Bedeutung von Compliance in der Unternehmensorganisation sowie Berücksichtigung des Risikomanagements in der Unternehmenskultur
- „Strategy & Objective-Setting": Festlegung der Schwelle, bis zu der ein Risiko vom Unternehmen akzeptiert wird („Risikoappetit"), und Bestimmung der Risikomanagementstrategien
- „Performance": Identifizierung und Bewertung wesentlicher Risiken bzw. des gesamten Risikoportfolios
- „Review & Revision": Überwachung von Risiken und deren Verwirklichung sowie Weiterentwicklung des gesamten Systems
- „Information, Communication & Reporting": Festlegung von Kommunikationskanälen und Berichtslinien

Die wechselseitigen Verbindungen zu Unternehmen, Werten, Unternehmenszielen und Geschäftsaktivitäten zeigt folgende Graphik:[54]

Abb.: Bestandteile des Risikomanagementsystems nach COSO II.

Neben IKS und Risikomanagementsystem muss nach Grundsatz 5 Satz 2 DCGK 2022 auch ein an der Risikolage des Unternehmens ausgerichtetes Compliance-Management-System bestehen. Diese Klarstellung ist zu begrüßen, versteht sich allerdings von selbst, weil die Steuerung und Kontrolle von Compliance-Risiken als eine Risikoart zwingender Bestandteil eines Risikomanagementsystems und IKS ist und nicht davon losgelöst sein kann. Konsequenterweise hat der Vorstand daher auch die wesentlichen Merkmale dieses Systems im Lagebericht zu beschreiben.

---

54   COSO, Enterprise Risk Management – Integrating with Strategy and Performance, Executive Summary, S. 6 (online abrufbar auf der Website der COSO unter coso.org (letzter Abruf: 24.02.2024).

Die vom Vorstand eingerichteten Systeme sind von ihm fortlaufend zu **überwachen**. Sein Blick muss sich auf die eingerichteten Prozesse und Kontrollen, die Umsetzung seiner strategischen Entscheidungen und die Zielerreichung richten. Ein Augenmerk muss zudem auf der Befassung mit wesentlichen Verstößen und Kontrolldefiziten liegen. In der Praxis zeigen sich bestimmte, häufig wiederkehrende Schwachstellen: So werden vom Risikomanagementsystem teilweise nicht sämtliche relevante Risiken abgedeckt. Auch werden Kontrollen nicht oder nur unzureichend in die Unternehmensprozesse integriert oder sind nicht mit den jeweiligen, sie adressierenden Risiken verbunden. Es wurde oben gezeigt, dass Risikofrüherkennungssystem (§ 91 Abs. 2 AktG) und Compliance-Management-System Teile eines gesamten Risikomanagementsystems sind. Daher hat der Vorstand auch darauf zu achten, dass diese Teilsysteme in die Risikosteuerung und Kontrollprozesse integriert sind.

Das setzt eine rechtzeitige und umfassende Versorgung mit Informationen voraus, wozu es effektiver und effizienter Informationswege bedarf. Diese Informationen gelangen von den unterschiedlichen Ebenen des Unternehmens zu den Leitungsorganen bzw. den gesetzlichen Vertretern. Mit dem sog. „Three Lines"-Modell des Chartered Institute of Internal Auditors können die verschiedenen Maßnahmen der Steuerung und Überwachung des Unternehmens vermittelt werden.[55] Dabei befasst sich die erste Linie mit operativen Prozessen, während die zweite Linie eine interne Kontroll- und Überwachungsfunktion durch Bereiche wie beispielsweise Risikomanagement, Compliance, Controlling/Rechnungswesen oder Qualitätssicherung wahrnimmt. Die Interne Revision schließlich leistet mit der dritten Linie als (prozess-)unabhängige Einheit den zentralen Beitrag für die Überwachung der vom Vorstand eingerichteten Systeme. Ihre Arbeit ist Grundlage für die Einschätzung des Vorstands zur Angemessenheit und Wirksamkeit von IKS und Risikomanagementsystem, da sie hinsichtlich ihrer Funktion insbesondere darauf ausgelegt ist, die Wirksamkeit der Überwachungs-, Risikomanagement- und internen Kontrollprozesse zu beurteilen und zu verbessern.[56] Auf Basis der Prüfung der Prozesse durch die Interne Revision kann der Vorstand zu der Auffassung gelangen, dass die Systeme des Unternehmens angemessen und wirksam sind. Der DCGK 2022

---

55   Vgl. dazu WPH Edition, Wirtschaftsprüfung und Rechnungslegung (a.a.O. Fn. 52), Kap. L, Tz. 251 ff. Siehe auch Arbeitskreis „Externe und Interne Überwachung der Unternehmen" der Schmalenbach-Gesellschaft für Betriebswirtschaft e.V., DB 2021, S. 1757.

56   International Standard on Auditing [DE] 610 (Revised 2013): Nutzung der Tätigkeit der Internen Revision, Tz. 14(a).

sieht daher konsequenterweise die Überwachung des IKS und des Risikomanagementsystems als Kernaufgaben der Internen Revision.[57]

Das Deutsche Institut für Interne Revision (DIIR) hat eigene Revisionsstan-
dards herausgegeben. Mit den Revisionsstandards Nr. 3 [„Prüfung von Internen
Revisionssystemen (Quality Assessments)"] sowie Nr. 5 („Prüfung des Anti-
Fraud-Management-Systems") liegen tragfähige Grundlagen für die Prüfung der
Angemessenheit und Wirksamkeit dieser Systeme vor. DIIR Revisionsstandard
Nr. 2 („Prüfung des Risikomanagementsystems durch die Interne Revision")
ergänzt diese Standards und zielt ab auf die Prüfung der Angemessenheit und
Wirksamkeit eines umfassenden Risikomanagementsystems und eines internen
Kontrollsystems durch die Interne Revision.[58]

Das „Institute for Internal Audit" hat in einem mehrjährigen Projekt sein
Rahmenwerk („International Professional Practices Framework") überarbeitet
und am 09.01.2024 die neuen Global Internal Audit Standards herausgegeben.
Es ist vorgesehen, dass diese Prüfungsgrundsätze ein Jahr später von allen in-
ternen Revisionsabteilungen umgesetzt werden. Als zentrales Ziel der Internen
Revision wird die Unterstützung der Leistungs- und Überwachungsorgane und
des Managements mit der Bereitstellung objektiver Prüfungssicherheit und
Beratung hervorgehoben. Dabei spielen Governance-, Risikomanagement- und
Kontrollprozesse eine zentrale Rolle.[59]

In der Neufassung dieser Prüfungsstandards des IAA und der Empfehlung A.5
des DCGK 2022 liegt die Chance für eine Aufwertung der Internen Revision.
Eine funktionsfähige Interne Revision kann damit Vorstand und Aufsichtsrat
bei ihren Überwachungsaufgaben effektiv und effizient unterstützen. Voraussetzung dafür ist allerdings, dass die Interne Revision budgetär und kapazitativ
in die Lage versetzt wird, ihren Überwachungsaufgaben effektiv und effizient
nachzukommen. Es muss um eine Prüfung der gesamten Systeme und nicht nur
um eine Änderung von Prüfungsfeldern gehen.[60]

---

57   Begr. DCGK 2022, S. 5.

58   Zit. DIIR Revisionsstandard Nr. 2: Prüfung des Risikomanagementsystems durch die Interne
     Revision, Version 2.1 (online abrufbar unter diir.de; letzter Abruf: 05.03.2024).

59   Vgl. IIA, Global Internal Standards, 2024, S. 7. (online abrufbar unter theiia.org; letzter Abruf:
     05.03.2024). Siehe auch Bantleon/Eulerich, WPg 2023, S. 1231 f.

60   Vgl. bereits Lück/Henke, BFuP 2004, S. 1 ff.

2.1.1.2   Berichterstattung im Lagebericht

Der Kodex verlangt eine Beschreibung der wesentlichen Merkmale der Systeme. Die Darstellung wird den Prozess der Risikoanalyse und die wesentlichen Präventionsmaßnahmen umfassen müssen.[61] Für den Adressaten bedeutsam ist zudem, wie das Compliance-Management-System als Teilsystem in das gesamte IKS und Risikomanagementsystem eingebettet ist, wie etwa die Verantwortlichkeiten, Berichts- und Kommunikationsprozesse verlaufen und die Compliance-Risiken in die gesamte Risikosteuerung Eingang finden. Der Umfang der Angaben richtet sich – wie bei der Darstellung von IKS und Risikomanagementsystem – nach der unternehmensspezifischen Ausgestaltung bzw. dem Compliance-Risiko-Profil sowie nach dem zugrunde liegenden Rahmenwerk, etwa dem einschlägigen Prüfungsstandard des IDW.[62]

Das **Interne Revisionssystem** wird in der Empfehlung A.5 nicht erwähnt.[63] Daher stellt sich die Frage, ob auf dessen Beschreibung verzichtet werden kann.[64] Nun ist die Interne Revision nicht nur eine Einheit, die die Systeme der internen Kontrollen und des Risikomanagements prozessunabhängig überwacht, sondern sie ist ihrerseits wesentlicher Bestandteil von IKS und Risikomanagementsystem des Unternehmens.[65] Daher schließt, wie die Gesetzgebungsmaterialien zum BilMoG zeigen, das IKS das Interne Revisionssystem mit ein[66], sodass dessen wesentliche Merkmale[67] im Lagebericht zu beschreiben sind. Auch die branchenspezifische Regelung in § 25a Abs. 1 Satz 3 Nr. 3 KWG gibt das

---

61   Ghassemi-Tabar, in: Ghassemi-Tabar, DCGK, 2. Aufl., München 2023, Empfehlung A.5 Rn. 11. Vgl. zur Risikoanalyse auch Bartuschka, BB 2022, S. 1388 f.

62   *IDW Prüfungsstandard: Grundsätze ordnungsmäßiger Prüfung von Compliance Management Systemen (IDW PS 980 n.F.) (09.2022))* (Stand: 06.12.2022).

63   Mock/Velte (AG 2022, S. 887) weisen auf die dadurch entstandene Rechtsunsicherheit in der Unternehmenspraxis hin.

64   So Ghassemi-Tabar, in: Ghassemi-Tabar, a.a.O. (Fn. 62), Empfehlung A.5 Rn. 14; Kopp, CCZ 2023, S. 127.

65   Vgl. International Standard on Auditing [DE] 610 (Revised 2013): Nutzung der Tätigkeit der Internen Revision, Tz. 6; vgl. auch IDW Positionspapier: Compliance-Kultur in deutschen Unternehmen verbessern – Zur Empfehlung A.5 DCGK 2022 (Stand: 15.12.2023), S. 7; Naumann/Schmitz-Herkendell/Penkwitt, WPg 2023, S. 1110; Bachmann, in: Kremer u.a., Deutscher Corporate Governance Kodex, 9. Aufl., München 2023, A5 Rn. 12. Siehe auch *IDW Prüfungsstandard: Feststellung und Beurteilung von Fehlerrisiken und Reaktionen des Abschlussprüfers auf die beurteilten Fehlerrisiken (IDW PS 261 n.F.)* (Stand: 15.09.2017), Tz. 20. Obgleich *IDW PS 261 n.F.* durch ISA [DE] 315 (Revised 2019) ersetzt wird, ist die Verortung der Internen Revision als Teil des IKS in Gestalt des Internen Überwachungssystems weiterhin zutreffend.

66   Vgl. Begr. RegE BilMoG, BT-Drucksache 16/10067, S. 77.

67   Zur Unterstützung des Vorstands durch die Interne Revision bei der Überwachung des Unternehmens vgl. weiter unten, Abschnitt 2.1.2.

allgemeine weite Verständnis eines umfassenden Risikomanagementbegriffs wieder. Das IDW hat sich im Rahmen seines Prüfungsstandards *IDW PS 983*[68] dezidiert mit Aufbau und Bestandteilen des Internen Revisionssystems befasst, von dem sich ein Unternehmen bei der Beschreibung im Lagebericht leiten lassen kann.

Umfang und Detailtiefe der Darstellung haben sich – entsprechend den Grundsätzen der externen Berichterstattung – am Informationsbedürfnis der Adressaten des Lageberichts auszurichten. Die Ausführungen müssen einen verständigen Adressaten in die Lage versetzen, sich ein Bild von den relevanten Governance-Strukturen machen zu können. Das gilt für das IKS und Risikomanagementsystem und schließt das Compliance-Management-System und das Interne Revisionssystem als dessen integrale Bestandteile mit ein. Der Kodex verlangt Angaben zu den wesentlichen Merkmalen der Systeme. Hier kann sich die Unternehmenspraxis am bisherigen § 289 Abs. 4 bzw. am § 315 Abs. 4 HGB orientieren und die Angaben um solche ergänzen, die über das rechnungslegungsbezogene IKS und Risikomanagementsystem hinausgehen. Dabei haben sich die Angaben auf das System und nicht auf einzelne Risiken zu erstrecken, da diese im Chancen- und Risikobericht zu erläutern sind. Die Beschreibung kann an den Kernprozessen und den unterstützenden Prozessen des Unternehmens ausgerichtet sein. Im Rahmen der primären Prozesse stehen regelmäßig Beschaffung, Produktion und Absatz im Fokus, während HR, projektübergreifendes Controlling/Rechnungslegung und Finanzen übergreifende, unterstützende Funktion haben.[69] Die IT wird zumeist viele Kernprozesse betreffen. Der Umfang und der Detailgrad der Darstellung hängt allerdings von der jeweiligen Ausgestaltung von IKS und Risikomanagementsystem im Unternehmen ab.

Die Empfehlung A.5 DCGK 2022 erfasst auch Kontrollen, die wirtschaftskriminellen Handlungen mit wesentlichen Auswirkungen vorbeugen sollen sowie Systeme, die sich mit von den gesetzlichen Vertretern identifizierten, besonderen Risikobereichen befassen und sich aus der jeweiligen Geschäftstätigkeit ergeben.[70] Hier werden sicherlich Überschneidungen zum rechnungslegungsbezogenen IKS und Risikomanagementsystem bestehen.

---

68   *IDW Prüfungsstandard: Grundsätze ordnungsmäßiger Prüfung von Internen Revisionssystemen (IDW PS 983)* (Stand: 03.03.2017), Tz. A19.

69   Vgl. ausf. Bungartz, Handbuch Interne Kontrollsysteme (IKS), 5. Aufl., Berlin 2017, S. 153 ff.

70   So zutreffend Naumann/Schmitz-Herkendell/Penkwitt, WPg 2023, S. 1110; IDW Positionspapier: Compliance-Kultur in deutschen Unternehmen verbessern, a.a.O. (Fn. 66), S. 8.

Der DCGK 2022 erwähnt in Grundsatz 22 und Empfehlung F.2 explizit den Konzernabschluss und Konzernlagebericht, während die Empfehlung A.5 DCGK 2022 bei der Beschreibung und Stellungnahme der Systeme lediglich auf den Lagebericht Bezug nimmt. Das könnte dahingehend zu verstehen sein, dass sich die Empfehlung nur an die Kapitalgesellschaft und im **Konzernverbund** nur an die Muttergesellschaft richtet.[71] Dieses Verständnis würde der Bedeutung der konzernweiten Risikosteuerung und Kontrollmaßnahmen für den Adressaten nicht gerecht und ihm einen wichtigen Einblick verwehren. Gerade die oben dargestellten Finanzskandale haben das Versagen konzernweiter Prozesse und Systeme gezeigt. Daher erstreckt sich die Beschreibung und Stellungnahme auch auf den Konzern. Dies zeigt zudem die Formulierung im zweiten Satz zum Grundsatz 5 DCGK 2022: Darin wird in Zusammenhang mit der Verantwortlichkeit für Compliance (Satz 1) und der Klarstellung, dass das Compliance-Management-System von IKS und Risikomanagementsystem erfasst wird (Satz 2), explizit auf das Unternehmen Bezug genommen. Ausweislich der Präambel des DCGK 2022 sind damit Konzernunternehmen gemeint. Wie oben dargestellt[72], sind die Grundsätze 4 und 5 des DCGK 2022 in einem Zusammenhang zu verstehen, sodass sich die Beschreibung und Stellungnahme auf das konzernweite IKS und Risikomanagementsystem zu richten hat. Grundsatz 5 Satz 2 wäre wenig verständlich, wenn der DCGK 2022 zwar ein konzernweites Compliance-Management-System verlangte, es aber hinsichtlich des IKS und Risikomanagementsystems bei dem der Muttergesellschaft beließe. In den Gesetzgebungsmaterialien zum KonTraG hat der Gesetzgeber bereits die konzernweite Bedeutung eines Risikofrüherkennungssystems (§ 91 Abs. 2 AktG) anerkannt[73], sodass für das gesamte IKS und Risikomanagementsystem nichts anderes gelten kann. Schließlich wird mit dieser Auslegung ein Gleichklang mit der Berichterstattungspflicht des Vorstands nach §§ 289 Abs. 4, 315 Abs. 4 HGB erreicht.[74] Aus der Verantwortung des Vorstands einer Muttergesellschaft zur Einrichtung und Anwendung konzernweiter Risikomanagementstrukturen und Kontrollprozesse[75] resultiert eine entsprechende Berichtspflicht im Lagebericht. Freilich muss der Vorstand der Konzernobergesellschaft keine Angaben

---

71   So Backhaus, NZG 2023, S. 253; Bachmann, in: Kremer u.a., a.a.O. (Fn. 66), A.5 Rn. 6.

72   Siehe oben, Abschnitt 2.1.

73   Vgl. Begr. RegE KonTraG, BT-Drucksache 13/9712, S. 15.

74   Kopp, CCZ 2023, S. 127.

75   Begr. RegE KonTraG, BT-Drucksache 13/9712, S. 15. Zum Compliance Management im Konzern vgl. Pauthner, in: Ghassemi-Tabar/Pauthner/Wilsing (Hrsg.), a.a.O. (Fn. 48), § 1 Rn. 426 ff. Zur Angemessenheit des Risikomanagements auf Gruppenebene von Finanzinstituten nach § 25a Abs. 3 Satz 1 KWG vgl. Hannemann/Steinbrecher/Weigl, Mindestanforderungen an das Risikomanagement (MaRisk), 5. Aufl., Stuttgart 2019, AT 4.5.

zum IKS bzw. Risikomanagementsystem der einzelnen Tochterunternehmen aufnehmen. Der Vorstand des Mutterunternehmens ist aufgerufen, zumindest die grundlegenden Risikomanagement- und Kontrollprozesse bzw. Strukturen des Konzerns darzustellen.[76] Hierzu wird er eine zentrale Abteilung für IKS und Risikomanagementsystem einrichten und entsprechend ausstatten. Häufig bietet es sich an, diese an das Beteiligungscontrolling anzubinden.

2.1.2   Stellungnahme zur Angemessenheit und Wirksamkeit

Empfehlung A.5 DCGK 2022 verlangt neben einer Beschreibung der wesentlichen Merkmale des gesamten IKS bzw. Risikomanagementsystems eine Stellungnahme zur Angemessenheit und Wirksamkeit dieser Systeme. Über Art und Umfang dieser Stellungnahme finden sich verschiedene Auffassungen im Schrifttum. Teilweise soll eine Beschreibung der internen Überwachung der Angemessenheit und Wirksamkeit der Systeme genügen, während eine Einschätzung der Angemessenheit und Wirksamkeit nicht erforderlich sei[77] Im Unterschied hierzu wird verschiedentlich eine positive oder negative Gesamtaussage des Vorstands zur Angemessenheit und Wirksamkeit der Systeme verlangt.[78] Bei einer positiv formulierten Gesamtaussage bringt der Vorstand zum Ausdruck, er sei der Auffassung, dass ein IKS und Risikomanagementsystem eingerichtet wurde, welches angemessen und wirksam ist (sog. „positive Assurance"). Bei einer sog. „negative Assurance" erklärt der Vorstand, dass ihm im Geschäftsjahr keine Informationen vorlägen, die auf eine mangelnde Angemessenheit und Wirksamkeit des Risikomanagementsystems und des IKS schließen lassen könnten. Teilweise wird dem Vorstand ein Wahlrecht eingeräumt, die Stellungnahme in Form einer beschreibenden Erklärung oder einer negativen bzw. positiven Gesamtaussage abzugeben und sich bei der Wahl der Variante vom Reifegrad der eingerichteten Systeme leiten zu lassen.[79]

---

76   Vgl. Ghassemi-Tabar, in: Ghassemi-Tabar, a.a.O. (Fn. 62), Empfehlung A.5 Rn. 7 f.; Kopp, CCZ 2023, S. 127 f.

77   Ghassemi-Tabar, in: Ghassemi-Tabar, a.a.O. (Fn. 62), Empfehlung A.5 Rn. 17 und 19. So auch Backhaus, NZG 2023, S. 254 („bejahende oder verneinende Aussage [...] wird nicht erwartet").

78   So etwa Kopp, CCZ 2023; S. 129 und 132 („zumindest eine sog. Negativerklärung"). Nach Bachmann [in: Kremer u.a., a.a.O. (Fn. 66), A.5 Rn. 11] müsse sich aus der Stellungnahme ablesen lassen, ob der Vorstand seine Systeme für angemessen hält oder nicht. Wohl auch Bartuschka, BB 2022, S. 1389 („muss der Vorstand eine Aussage [...] treffen").

79   Vgl. IDW Positionspapier: Compliance-Kultur in deutschen Unternehmen verbessern, a.a.O. (Fn. 66), S. 9 f. (allerdings mit dem Hinweis, dass eine positive oder negative Aussage zur Angemessenheit und Wirksamkeit dem Informationsinteresse der unterschiedlichen Stakeholder am ehesten entspreche; so auch Naumann/Schmitz-Herkendell/Penkwitt, WPg. 2023, S. 1112).

Eine Definition oder Erläuterung des Begriffes „Stellungnahme" findet sich weder in der Kodexfassung noch in der Begründung hierzu. Allgemein wird unter einer Stellungnahme eine Meinungsäußerung verstanden; als Synonyme gelten Begriffe wie „Beurteilung", „Einschätzung" oder „Bewertung".[80] Dies legt nahe, dass eine wertende Aussage gemeint ist. Ein weiterer Hinweis kann der Formulierung der Empfehlung A.5 entnommen werden: Während im ersten Satzteil der Empfehlung eine *Beschreibung* des gesamten IKS und des Risikomanagementsystems verlangt wird, sieht der zweite Satzteil eine *Stellungnahme* zu deren Angemessenheit und Wirksamkeit vor, was dann überflüssig wäre, wenn sowohl die wesentlichen Merkmale als auch die Angemessenheit und Wirksamkeit der Systeme bloß beschreibend darzustellen wären. Daher muss es bei der Stellungnahme um eine andere Art von Aussage gehen.

Ein angemessenes und wirksames IKS und Risikomanagementsystem bedarf, wie oben gezeigt[81], neben der Einrichtung auch seiner Überwachung. Konsequenterweise führt die Begründung zur Empfehlung A.5 aus, dass die Stellungnahme „sich regelmäßig darauf beziehen [wird], worin die interne Überwachung und ggf. externe Prüfung der Systeme bestanden haben".[82] Daher könnte das Erfordernis einer Stellungnahme so zu verstehen sein, dass der Vorstand darin seine Aktivitäten zur Überwachung der Angemessenheit und Wirksamkeit von IKS und Risikomanagementsystem erläutert. Die von der Internen Revision gegenüber dem Vorstand vorgenommene Einschätzung zur Angemessenheit und Wirksamkeit könnte danach Grundlage der externen Darstellung im Lagebericht sein, die sich aber nicht in der eigenen (Gesamt-)Aussage des Vorstands widerspiegelt, sondern sich auf die Darstellung der Überwachungsmaßnahmen des Vorstands beschränkt. Da sich in den Unternehmensabschlüssen der kapitalmarktorientierten Unternehmen zum 31.12.2022 stets der Bezug auf eine Prüfung der Angemessenheit und Wirksamkeit der Systeme durch die Interne Revision findet[83], hätten sie nach dieser Auffassung allesamt den Anforderungen des DCGK 2022 Genüge getan.

Bei einer beschreibenden Darstellung der Maßnahmen zur Überwachung der Angemessenheit und Wirksamkeit der Systeme kommt es daher zu einem Gleichklang der gesetzlichen Einrichtungsverpflichtung (§ 91 Abs. 3 AktG) mit

---

80 Vgl. Duden (Deutsches Universalwörterbuch).

81 Siehe oben, Abschnitt 2.1.1.1.

82 Zit. Begr. DCGK 2022. S. 4 f.

83 Bezogen auf den Kreis der DAX-40-, MDAX- und SDAX-Unternehmen vgl. Teucher/Ratzinger-Sakel, WPg 2024, S. 364.

der Berichterstattung im Lagebericht nach dem DCGK 2022. Für diese Auffassung spricht, dass es ungewöhnlich wäre, wenn der DCGK 2022 mit einer Gesamtaussage zur Angemessenheit und Wirksamkeit eine über den gesetzlichen Rahmen hinausgehende Pflicht zur Berichterstattung statuieren wollte, ohne dies in der Begründung oder in sonstiger Weise zum Ausdruck zu bringen und zu erläutern.

Es stellt sich allerdings die Frage, ob bei einer bloßen Beschreibung der Angemessenheit und Wirksamkeit der Systeme bzw. bei einem Hinweis auf die Unterstützung des Vorstands durch die Interne Revision von einer „Stellungnahme" gesprochen werden kann oder ob es nicht einer Einschätzung bzw. Bewertung der Systeme durch den Vorstand bedarf.

Die Kodex-Kommission will mit dem DCGK zur Transparenz des deutschen Corporate-Governance-Systems beitragen und „das Vertrauen der Anleger, der Kunden, der Belegschaft und der Öffentlichkeit in die Leitung und Überwachung deutscher börsennotierter Gesellschaften fördern".[84] Die Unternehmensschieflagen der Vergangenheit haben die Bedeutung von einem angemessenen und wirksamen IKS und Risikomanagementsystem für die Stabilität von Unternehmen gezeigt. Daher ist eine Einschätzung des Vorstands hierzu für die Unternehmensexternen überaus wichtig. Aus Basis einer bloßen Beschreibung kann der Leser keine eigene Einschätzung vornehmen. Die bislang veröffentlichten Unternehmensabschlüsse haben hinsichtlich der Ausführungen zur Empfehlung A.5 gezeigt, dass die Beschreibung der zugrunde liegenden Maßnahmen zwischen einem Satz und mehreren Seiten umfasst.[85] Nicht zuletzt angesichts des unterschiedlichen Umfangs der Berichterstattung ist eine Gesamtaussage des Vorstands im Lagebericht zur schnellen und klaren Orientierung des Lesers wichtig. Damit kann den Informationsinteressen der Adressaten ausreichend Rechnung getragen werden.

Eine Gesamtaussage im Lagebericht ergänzt die gesetzliche Einrichtungs- und Überwachungsverpflichtung des Vorstands (§ 91 Abs. 3 AktG). Gleichzeitig erhöht es den Druck auf den Vorstand, sich mit den Systemen ausreichend zu befassen, wenn er weiß, dass er nicht nur gegenüber Aufsichtsrat bzw. Prüfungsausschuss zu einem Urteil zur Angemessenheit und Wirksamkeit kommen, sondern dies auch gegenüber der Öffentlichkeit erklären muss.[86] Einer möglichen,

---

84 Zit DCGK 2022 Präambel.

85 Vgl. Teucher/Ratzinger-Sakel, WPg 2024, S. 365.

86 Siehe auch Kopp, CCZ 2023, S. 129.

auf der (negativen oder positiven) Gesamtaussage basierenden Erwartungslücke könnte durch einen Hinweis auf die inhärenten Grenzen eines derart komplexen Gebildes wie dem gesamten IKS und Risikomanagementsystem begegnet werden.

Das Verständnis von Einrichtungs- bzw. Überwachungsverpflichtung und Berichterstattungspflicht deckt sich zudem mit der Begründung zur Empfehlung A.5, die an die oben dargestellte[87] gesetzliche Entwicklung und die Regelung des § 289 Abs. 4 HGB anknüpft. Der expliziten Verpflichtung durch den Gesetzgeber, ein umfassendes IKS und Risikomanagementsystem einzurichten, „entspricht eine entsprechend *weitergehende* [Hervorhebung durch die Verfasser] Offenlegung"[88] im DCGK 2022. Damit kommt es zu einer gesetzlich kodifizierten Ausweitung der Einrichtungs- und Überwachungspflicht auf das gesamte IKS und Risikomanagementsystem und zur in Form einer Gesamtaussage erweiterten Berichterstattung nach dem DCGK 2022.

Teilweise wird gegen die Gesamtaussage eingewendet, dass diese ein erhebliches Haftungsrisiko berge.[89] Es ist indes fraglich, ob in jeder Schwachstelle ein Organisationsmangel liegt, der eine Pflichtverletzung (§ 93 Abs. 1 AktG) darstellt und eine Schadensersatzpflicht auslösen könnte. Hat der Vorstand Kenntnis von Vorfällen von Schwachstellen im IKS bzw. Risikomanagementsystem im Unternehmen, so stellt sich zunächst die Frage, ob damit das gesamte IKS bzw. Risikomanagementsystem als nicht angemessene oder nicht wirksam zu beurteilen ist. Der deutsche Gesetzgeber gibt zu erkennen, dass ein Risiko, das sich verwirklicht hat, nicht von vorneherein eine Unwirksamkeit der internen Systeme bedeute.[90] Freilich ist der Vorstand dann aufgerufen, für Abhilfe zu sorgen. Unterlässt er dies schuldhaft, wird man darin dann eine Pflichtverletzung sehen können. Auch zeigt die Praxis der Berichterstattung, dass sich in den meisten Unternehmen Schwachstellen bzw. Optimierungsbereiche finden. Die Praxis zeigt zudem, dass Unternehmen im Rahmen der Stellungnahme zur Angemessenheit und Wirksamkeit auf Verbesserungspotentiale und Schwachstellen durchaus hinweisen.[91] Schließlich hat der Vorstand nach § 161 Abs. 1 AktG immer noch die Möglichkeit, der Empfehlung nicht zu entsprechen und in einer Begründung einen erläuternden Hinweis zu geben.

---

87   Siehe oben, Abschnitt 1.2.

88   Zit. Begr. DCGK 2022, S. 4, letzter Absatz.

89   Etwa Backhaus, NZG 2024, S. 255.

90   Siehe oben, Ende Abschnitt 1.2.

91   Vgl. Teucher/Ratzinger-Sakel, WPg 2024, S. 366.

Kommt es zu einer falschen (Gesamt-)Aussage im Lagebericht, kann sich eine Haftung der Mitglieder des Vorstandes *gegenüber Dritten* aus § 823 Abs. 2 BGB i.V.m. § 331 Abs. 1 Nr. 1 HGB als Schutzgesetz[92] oder allgemein aus § 826 BGB ergeben. Für Fehler in der Entsprechenserklärung selbst scheidet eine Haftung aus § 823 Abs. 2 BGB aus, weil die Empfehlung A.5 kein Gesetz im Sinne dieser Norm ist[93], sodass es bei einer Haftung des Vorstands aus § 826 BGB verbleibt. Sowohl § 823 Abs. 2 i.V.m. § 331 Abs. 1 Nr. 1 HGB als auch § 826 BGB setzen jedoch – zumindest bedingten – Vorsatz voraus.[94] Zu einer Außenhaftung der Vorstandsmitglieder kommt es also nur dann, wenn der Vorstand weiß, dass seine Aussage falsch ist. Eine Falschaussage kann *gegenüber der Gesellschaft* zu einer Innenhaftung wegen Verletzung der Sorgfaltspflichten (§ 93 Abs. 2 AktG) führen.[95] Dies setzt jedoch nicht nur ein Verschulden des Vorstands, sondern auch den Eintritt eines Schadens der Gesellschaft voraus, was in vielen Fällen nicht oder jedenfalls kaum ohne Weiteres dazulegen ist.[96] Das Haftungsrisiko scheint daher vertretbar zu sein und liegt weniger in der falschen Gesamtaussage des Vorstands, als vielmehr in der mangelhaften Einrichtung bzw. Überwachung der entsprechenden Systeme.

Damit sprechen insgesamt die besseren Argumente für eine Gesamtaussage des Vorstands zur Wirksamkeit und Angemessenheit von IKS und Risikomanagementsystem. Ob der Vorstand zu einer positiven oder einer negativen Gesamtaussage verpflichtet ist, lässt sich dem Begriff der Stellungnahme nicht entnehmen. Beide Formen ermöglichen den Adressaten einen Einblick in die Sichtweise des Vorstands. Daher erscheint auch eine Erklärung des Inhalts, dass dem Vorstand keine Informationen vorliegen, die gegen die Angemessenheit und Wirksamkeit sprechen, von der Empfehlung A.5 gedeckt zu sein. Dem ist die bisherige Berichterstattungspraxis auch gefolgt. So zeigen die Unternehmensabschlüsse des Geschäftsjahres 2022, dass von den DAX-40-Unternehmen 33 Unternehmen eine Gesamtaussage trafen und es nur zwei bei einer beschreibende Darstellung beließen. Bei der Gesamtaussage entschied sich mit 30 Unternehmen die weit überwiegende Mehrheit für eine Negativaussage.[97] Dieses Ergebnis

---

92   Vgl. Wagner, in: MünchKomm. BGB, Bd. 7, 8. Aufl., München 2020, § 823 HGB, Rn 597.

93   Spindler, in: K. Schmidt/Lutter (Hrsg.), AktG, Band 2, 4. Aufl., Köln 2020, § 161 AktG, Rn. 72 m.w.N.; Vgl. auch Goette, in: MünchKomm. AktG, Band 3, 4. Aufl., München 2018, § 161 AktG, Rn. 101.

94   Backhaus, NZG 2023, S. 255 m.N.

95   Goette, a.a.O. (Fn. 94), § 161, Rn. 98; Spindler, a.a.O. (Fn. 94), § 161 AktG, Rn. 65 f.

96   Auf die erheblichen Beweisschwierigkeiten in der Praxis weist Spindler (a.a.O. [Fn. 94], § 161 AktG, Rn. 65) hin.

97   Vgl. Rabenhorst, BB 2023, S. 1260.

spiegelt sich auch in der Berichtspraxis der Unternehmen aus dem weitergefassten Kreis von DAX 40, MDAX und SDAX zum 31.12.2022: Von den insgesamt 139 Unternehmen nahmen 122 eine Angemessenheits- und Wirksamkeitsaussage vor[98], überwiegend in Form einer Negativaussage.[99] Auch wiesen etwa ein Drittel der untersuchten Unternehmen auf Verbesserungspotentiale hin; die Darstellung von Schwachstellen blieb auf Einzelfälle beschränkt. Damit folgt die ganz überwiegende Mehrheit der Unternehmen der Auffassung, wonach es für die Stellungnahme nach A.5 einer Gesamtaussage bedarf. Dies mag auch damit zusammenhängen, dass unternehmensseitig möglicherweise eine negative Außenwirkung befürchtet wird, wenn sich der Vorstand keine Aussage zutraut, sondern sich auf eine deskriptive Darstellung beschränkt.

2.1.3   Verortung im Lagebericht

Der Kodex macht keine Vorgaben, wo die Angaben zu der Empfehlung A.5 des DCGK 2022 innerhalb des Lageberichts zu erfolgen haben. Die Berichterstattung hierzu ergänzt die gesetzlichen Angaben zum rechnungslegungsbezogenen IKS und Risikomanagementsystem (§§ 289 Abs. 4, 315 Abs. 4 HGB sowie DRS 20). Denkbar wäre daher eine Darstellung im Kontext dieser Angaben. Dabei ist allerdings zu beachten, dass die vom Gesetzgeber und vom DRSC geforderten Darstellungen integrative Bestandteile des Lageberichts sind und der Prüfung durch den gesetzlichen Abschlussprüfer unterliegen, während die darüber hinausgehenden Informationen des Kodex als sog. **„lageberichtsfremde" Bestandteile** nicht der Prüfungspflicht unterliegen, sofern diese eindeutig von den inhaltlich geprüften Lageberichtsangaben abgegrenzt werden.[100] In der Unternehmenspraxis erfolgt die Beschreibung bzw. Stellungnahme häufig in der Erklärung zur Unternehmensführung (§§ 289f, 315d HGB)[101], sofern diese in einen gesonderten Abschnitt des Lageberichts aufgenommen wird und ihrerseits nicht der Prüfung durch den Abschlussprüfer unterliegt (so § 317 Abs. 2 Satz 6 HGB). Der Abschlussprüfer hat diese inhaltlich nicht geprüften Angaben als sonstige Informationen jedoch zu lesen und zu würdigen, ob sie konsistent

---

98   Teucher/Ratzinger-Sakel, WPg 2024, S. 264.

99   Auf den überdurchschnittlich hohen Anteil an Positivaussagen im Finanz- und Versicherungsbereich (40,0 Prozent gegenüber 2,8 Prozent) weisen Teucher/Ratzinger-Sakel (WPg 2024, S. 366) hin.

100 *IDW Prüfungsstandard: Prüfung des Lageberichts im Rahmen der Abschlussprüfung (IDW PS 350 n.F. (10.2021)* (Stand: 29.10.2021), Tz 15 f. i.V.m. Tz. 20k und l; IDW Positionspapier: Compliance-Kultur in deutschen Unternehmen verbessern, a.a.O. (Fn. 66), S. 13; Bachmann, in: Kremer u.a. Werder, a.a.O. (Fn. 66), A.5 Rn. 16.

101 Vgl. dazu Rabenhorst, BB 2023, S. 1259.

zu seinen aus der Prüfung gewonnenen Kenntnissen sind.[102] Die Angaben haben sich, entsprechend der Verortung im Lagebericht, auf das Geschäftsjahr bis zum Abschlussstichtag zu erstrecken.[103]

2.2   Pflichtenkreis des Aufsichtsrats bzw. Prüfungsausschusses

Die Berichterstattung nach A.5 ist vom Aufsichtsrat umfassend zu würdigen. Damit muss er sich auch den Teilen widmen, die als lageberichtsfremde Angaben nicht vom gesetzlichen Abschlussprüfer geprüft werden.[104] Mit der gesetzlich geforderten Einrichtung eines angemessenen und wirksamen IKS und Risikomanagementsystems (§§ 91 Abs. 3 AktG bzw. 93 Abs. 1 AktG) schafft der Vorstand die Grundlage für die Überwachung durch Aufsichtsrat bzw. Prüfungsausschuss, denen die Aufgabe zukommt, sich auch mit der Überwachung der Wirksamkeit des IKS, des Risikomanagementsystems und des Internen Revisionssystems zu befassen.[105] Die Prüfungshandlungen der Internen Revision bzw. eines Wirtschaftsprüfers bieten hierbei die zentrale Grundlage. Ergänzend kann der Aufsichtsrat bzw. Prüfungsausschuss sich vom Vorstand dezidiert die Risikoanalyse, Absicherungsstrategien und -maßnahmen sowie Kontrollprozesse erläutern lassen und von den Leitern der Zentralbereiche, wie Risikocontrolling[106] oder Interne Revision, ergänzende Informationen einholen (§ 107 Abs. 4 Satz 4 AktG).

Die Entwurfsfassung zum DCGK 2022[107] sah im Abschnitt „Zusammenarbeit im Aufsichtsrat und mit dem Vorstand") in der Empfehlung D.3 vor, dass sich der Prüfungsausschuss davon überzeugen soll, dass die Angemessenheit und Wirksamkeit der verschiedenen Elemente des eingerichteten IKS und Risi-

---

102   Vgl. ISA [DE] 315 (Revised 2019), Tz. 11. Vgl. auch ISA [DE] „Verantwortlichkeiten des Abschlussprüfers im Zusammenhang mit sonstigen Informationen" (ISA [DE] 720 (Revised) (Stand: 07.05.2020). Zu den Auswirkungen bei einer wesentlichen falschen Darstellung in sonstigen Informationen vgl. Naumann/Schmitz-Herkendell/Penkwitt, WPg. 2023, S. 1112.

103   Vgl. auch IDW Positionspapier: Compliance-Kultur in deutschen Unternehmen verbessern, a.a.O. (Fn. 66), S. 10, das ergänzend darauf hinweist, dass die Bezugnahme auf das Geschäftsjahr bzw. den Abschlussstichtag nicht zwingend sei, sodass der Vorstand in seiner Stellungnahme den Zeitpunkt bzw. Zeitraum, auf den sich die Stellungnahme bezieht, angeben sollte. Eine Angabe des Zeitbezugs fordern auch Teucher/Ratzinger-Sakel, WPg 2024, S. 365, 368.

104   Siehe oben, Abschnitt 2.1.2.

105   Vgl. § 107 Abs. 3 Satz 2 AktG als Konkretisierung der allgemeinen Überwachungsaufgabe des Aufsichtsrats aus § 111 Abs. 1 AktG. Sofern kein Prüfungsausschuss besteht, hat der Aufsichtsrat diese Aufgaben selbst wahrzunehmen; vgl. Begr. RegE BilMoG, BT-Drucksache 16/10067, S. 102.

106   Siehe oben, Abschnitt 2.1.1.2.

107   Online abrufbar auf der Website des DCGK unter dcgk.de (letzter Abruf: 02.03.2024).

komanagementsystems intern geprüft wird. Diese Empfehlung wurde in die endgültige Fassung des DCGK 2022 jedoch nicht übernommen. Gleichwohl wird sich der Aufsichtsrat bzw. der Prüfungsausschuss darlegen lassen müssen, wie der Vorstand seiner Überwachungsaufgabe nachgekommen ist.

2.3 Unterstützung durch den Abschlussprüfer bzw. Wirtschaftsprüfer

Neben der Internen Revision kann der gesetzliche Abschlussprüfer der Gesellschaft bzw. ein anderer Wirtschaftsprüfer den Vorstand bei der Überwachung der Angemessenheit und Wirksamkeit von IKS und Risikomanagementsystem unterstützen. Die Möglichkeit von gelegentlich durchgeführten externen Prüfungen von IKS und Risikomanagementsystem wird bereits in der Begründung zum DCGK 2022 hervorgehoben, ohne den Vorstand allerdings dazu zu verpflichten.[108]

Nun stellt die Kodex-Kommission in ihrer Begründung indes klar, dass es sich bei der Empfehlung A.5 des DCGK 2022 um zusätzliche, nicht vom Gesetzgeber bzw. DRSC geforderten Angaben handelt, die daher als lageberichtsfremde Angaben nicht der inhaltlichen Prüfung durch den gesetzlichen Abschlussprüfer unterliegen, sofern sie eindeutig von den inhaltlich zu prüfenden Angaben im Lagebericht abgegrenzt werden. Daher wird in der Begründung zu A.5 klargestellt, dass es sich um freiwillige Prüfungen handelt.[109] Diese Prüfung kann vom gesetzlichen Abschlussprüfer oder einem externen Prüfer auf Basis der *IDW Prüfungsstandards*

- *Grundsätze ordnungsmäßiger Prüfung von Risikomanagementsystemen (IDW PS 981)* (Stand: 03.03.2017) und
- *Grundsätze ordnungsmäßiger Prüfung des internen Kontrollsystems des internen und externen Berichtswesens (IDW PS 982)* (Stand: 03.03.2017)

---

108 Begr. DCGK 2022, S. 5.
109 Siehe bereits weiter oben, Abschnitt 2.1.2. Mock/Velte (AG 2022, S. 888) weisen darauf hin, dass durch das Fehlen einer verpflichtenden Prüfung der Stellungnahme durch den Abschlussprüfer die „Verlässlichkeit der Information wesentlich konterkariert" werde. Siehe auch *IDW Prüfungsstandard: Auswirkungen des Deutschen Corporate Governance Kodex auf die Abschlussprüfung (IDW PS 345 n.F. (02.2023))* (Stand: 24.02.2023), Tz. 25a und 21a.

durchgeführt werden.[110] Mit *IDW PS 980 n.F.* steht darüber hinaus ein Prüfungs-standard zu den Grundsätzen ordnungsmäßiger Prüfung von Compliance-Ma-nagement-Systemen zur Verfügung.[111] Abschlussprüfer bzw. Wirtschaftsprüfer können schließlich insbesondere im Bereich der Prüfung der Internen Revi-sionssysteme unterstützen, bei dem sich die Beteiligung der Internen Revision wegen der Gefahr der Selbstprüfung auf eine Selbsteinschätzung beschränken wird. Hierfür kann der *IDW Prüfungsstandard: Grundsätze ordnungsmäßiger Prüfung von Internen Revisionssystemen (IDW PS 983)* (Stand: 03.03.2017) her-angezogen werden.

Diese Prüfungsstandards erläutern, bezogen auf das jeweilige System, die Vorgehensweise zur Prüfung der Angemessenheit und Wirksamkeit. Die Angemessenheitsprüfung zielt darauf ab, dem Prüfer ein Urteil mit hinreichen-der Sicherheit zu ermöglichen, ob

- die zu einem bestimmten Zeitpunkt implementierten Regelungen des jeweiligen Systems in der Systembeschreibung in Übereinstimmung mit den angewandten Grundsätzen in allen wesentlichen Belangen angemessen dargestellt sind,
- die dargestellten Regelungen in Übereinstimmung mit den jeweiligen angewandten Grundsätzen des Systems in allen wesentlichen Belangen
  - geeignet waren, mit hinreichender Sicherheit die wesentlichen Risiken, die dem Erreichen der festgelegten Ziele des Risikomanagementsystems entgegenstehen, rechtzeitig zu erkennen, zu bewerten, zu steuern und zu überwachen bzw. die IKS-Ziele zu erreichen,[112] und
  - zu einem bestimmten Zeitpunkt implementiert waren.[113]

---

110   *IDW PS 981* befasst sich indes nicht mit dem gesamten Risikomanagement, sondern mit dem Teil, der sich mit strategischen Risiken und den operativen Risiken aus der Geschäftstätigkeit (Risiken aus den Leistungserstellungsprozessen) befasst (vgl. *IDW PS 981*, Tz. 7).

111   *IDW Prüfungsstandard: Grundsätze ordnungsmäßiger Prüfung von Compliance Management Systemen (IDW PS 980 n.F.) (09.2022)* (Stand: 06.12.2022).

112   Das IDW Positionspapier: Compliance-Kultur in deutschen Unternehmen verbessern, a.a.O. (Fn. 66), S. 12, hebt zusätzlich die Geeignetheit der Regelungen hervor, mit hinreichender Sicher-heit Risiken für wesentliche Regelverstöße rechtzeitig zu erkennen bzw. auch Regelverstöße zu verhindern.

113   *IDW PS 981*, Tz. 24; *IDW PS 982*, Tz. 23; zu Angemessenheit bei Compliance-Management-Systemen vgl. *IDW PS 980 (09.2022)*, Tz. 19 sowie bei Internen Revisionssystemen *IDW PS 983*, Tz. 25.

Mit der Wirksamkeitsprüfung, die stets eine Angemessenheitsprüfung beinhaltet[114], soll ein Prüfer in die Lage versetzt werden, mit hinreichender Sicherheit ein Urteil abgeben zu können, ob

- die im geprüften Zeitraum implementierten Regelungen der jeweiligen Systeme in den Systembeschreibungen in Übereinstimmung mit den jeweils angewandten Grundsätzen in allen wesentlichen Belangen angemessen dargestellt sind, und
- die dargestellten Regelungen in Übereinstimmung mit den jeweils angewandten Grundsätzen in allen wesentlichen Belangen
  - während des geprüften Zeitraums geeignet waren, mit hinreichender Sicherheit die wesentlichen Risiken, die dem Erreichen der festgelegten Ziele des Risikomanagementsystems entgegenstehen, rechtzeitig zu erkennen, zu bewerten, zu steuern und zu überwachen, bzw. die IKS-Ziele zu erreichen, und
  - während des geprüften Zeitraums wirksam waren.[115]

Mit einer derart durchgeführten Prüfung kann für den Vorstand der externe Nachweis der ermessensfehlerfreien Ausübung der Organisations- und Sorgfaltspflichten erbracht werden, wobei freilich zu beachten ist, dass sich die Prüfung durch einen Wirtschaftsprüfer regelmäßig auf Teilgebiete beschränken wird. Der Vorstand muss sich dabei mit den Erkenntnissen des Abschlussprüfers bzw. Wirtschaftsprüfers und seinen Feststellungen zur Angemessenheit und Wirksamkeit der Systeme befassen und Schlussfolgerungen für deren Verbesserung ziehen, was insbesondere bei monierten Schwächen im IKS gilt.

Die Unternehmenspraxis hat bislang wenig von einer externen Prüfung Gebrauch gemacht. Es bleibt abzuwarten, ob der Vorstand künftig verstärkt auf externe Prüfungen zurückgreifen wird. Das hängt sicherlich zum einen davon ab, ob die Interne Revision verstärkt die Angemessenheit und Wirksamkeit der Gesamtsysteme zum Revisionsgegenstand machen wird. Zum anderen spricht vieles dafür, dass Vorstand und Aufsichtsrat künftig vermehrt von Aktionären nach einer Prüfung durch den Abschlussprüfer bzw. Wirtschaftsprüfer gefragt werden.[116]

---

114 *IDW PS. 981*, Tz. 23; *IDW PS 982*, Tz. 22.

115 *IDW PS 981*, Tz. 22; *IDW PS 982*, Tz. 21; zu Angemessenheit bei Compliance-Management-Systemen vgl. *IDW PS 980 (09.2022)*, Tz. 17 sowie bei Internen Revisionssystemen *IDW PS 983*, Tz. 23.

116 Hönsch, Der Aufsichtsrat 2022, S. 111.

3   Blick über den Ärmelkanal: Der UK Corporate Governance Code 2024

Das englische Pendant zur deutschen Regierungskommission, das Financial Reporting Council (FRC), hat sich im UK Corporate Governance Code vom Januar 2024 gleichfalls mit dem IKS und dem Risikomanagementsystem befasst. Der Code sieht vor, dass das Board des Unternehmens[117] die Pflicht hat, nicht nur eine Einschätzung der „emerging and principal risks" vorzunehmen und dies im Jahresabschluss zu erklären, sondern auch zu einer Beschreibung zu kommen, wie diese Risiken gesteuert bzw. gemindert werden.[118] Auf dieser Risikobetrachtung aufbauend soll das Board das Risikomanagement und das IKS überwachen und dessen Effektivität zumindest einmal pro Jahr überprüfen („review"). Der Jahresabschluss hat dabei nicht nur eine Beschreibung zu enthalten, wie die Systeme überwacht und überprüft wurden, sondern auch eine Erklärung der Effektivität (positive Gesamtaussage) bzw. ggf. eine Beschreibung ineffektiver Kontrollen.[119] Auch wenn sich das FRC hinsichtlich Beschreibung, Überwachung und Erklärung am Sarbanes-Oxley Act orientiert, geht es weit darüber hinaus, weil es nicht nur das (gesamte) Risikomanagement, sondern auch Kontrollen jenseits des Rechnungslegungsprozesses erfasst sehen will, wie etwa operative Kontrollen. Das FRC war sich vielleicht selbst der Dynamik bewusst, die in diesen Regelungen steckt, da die Vorschrift über IKS und Riskmanagement erst mit Wirkung für Geschäftsjahre, die am oder nach dem 01.01.2026 beginnen, in Kraft treten. Damit soll den Unternehmen Zeit zur Anpassung gegeben werden. Es bleibt abzuwarten, wie die Unternehmen und die UK-Regulatoren auf diese Verschärfung reagieren werden.

4   Schluss

In Deutschland wurde erst Jahre nach dem US-amerikanischen SOX 404 eine Erläuterung der wesentlichen Merkmale des für eine Corporate Governance zentralen IKS und Risikomanagementsystems geregelt. Angesichts

---

117 Nach dem "One-tier-Modell" sind damit sowohl „executive" als auch „non executive" Direktoren (einschließlich der unabhängigen Mitglieder) umfasst (vgl. UK Corporate Governance Code 2024, Principles G).

118 UK Corporate Governance Code 2024, Rn. 28. Der Kodex ist verfügbar auf der Website des FRC (online abrufbar unter frc.org.uk; letzter Abruf: 12.03.2024). Als „principal risks" werden beispielhaft solche Risiken genannt, die das Geschäftsmodell des Unternehmens oder seine Zahlungsfähigkeit gefährden.

119 UK Corporate Governance Code 2024, Rn. 29 („declaration of effectiveness of the material controls as at the balance sheet dat").

der Bedeutung dieser Systeme für eine ordnungsmäßige Rechnungslegung stand dabei der Rechnungslegungsprozess im Vordergrund. Die Kodex-Kommission hat mit dem DCGK 2022 Neuland betreten, indem sie erstmals das gesamte IKS und Risikomanagementsystem in den Blick nahm und neben einer Beschreibung ihrer wesentlichen Elemente eine Stellungnahme des Vorstands zu deren Angemessenheit und Wirksamkeit im Lagebericht verlangte. Nach der hier vertretenen Auffassung ist dazu eine Beschreibung von IKS und Risikomanagementsystem nicht ausreichend, sondern es bedarf einer positiven oder zumindest negativen Gesamtaussage, die nicht nur eine Überwachung erkennen lässt, sondern eine Bewertung der Wirksamkeit und Angemessenheit der Systeme deutlich zum Ausdruck bringt.

Obgleich es verschiedene Auffassungen zu Art und Inhalt der Stellungnahme im DCGK 2022 gibt, befruchten diese Diskussionen die Weiterentwicklung der Corporate Governance in Deutschland. Es bleibt indes zu wünschen, dass damit praxistaugliche und hilfreiche Handreichungen für Vorstand und Aufsichtsrat geboten werden und kein „Traumstoff", aus dem „fantasievoll bezeichnete Managementtools geschneidert und verunsicherten Topmanagern angeboten [werden], damit jetzt kontrolliert in die Hose gehen kann, was bisher von selbst schief gegangen ist".[120]

---

120   Hakelmacher, Das Alternative WP Handbuch, 2. Aufl., Düsseldorf 2006, S. 88.

Die Corporate Governance der Wirtschaftsprüfer – Zeit zum Handeln

Verfasser: RA Priv.-Doz. Dr. Moritz Pöschke, LL.M. (Harvard) und Prof. Christian Strenger

1 Einführung

Bessere Corporate Governance steht insbesondere für Unternehmen von öffentlichem Interesse[1] (Public Interest Entities, nachfolgend: PIE) seit Langem im Fokus des Gesetzgebers. In der jüngeren Vergangenheit hat der Gesetzgeber mit dem Finanzmarktintegritätsstärkungsgesetz (FISG)[2] als Reaktion auf den Wirecard-Skandal noch einmal an verschiedenen Stellen nachgeschärft und die Kompetenzverteilung zwischen Vorstand und Aufsichtsrat teilweise neu justiert. Auch die Rolle des Abschlussprüfers in dem Skandal wurde kritisch beleuchtet, was den Gesetzgeber u.a. dazu veranlasste, die Haftung des Abschlussprüfers nach § 323 HGB[3] und die Vorgaben für die Durchführung von Abschlussprüfungen sowie die Erbringung von Nicht-Prüfungsleistungen bei PIE zu verschärfen.[4]

Bislang kaum adressiert wurde indes ein damit eng verbundenes Thema: die eigene Corporate Governance innerhalb großer Wirtschaftsprüfungsgesellschaften, insbesondere vor dem Hintergrund der immer bedeutender werdenden Rolle der sog. Big-4-Gesellschaften. Unseres Erachtens scheint insbesondere deren Corporate Governance verbesserungswürdig. Man verweist zwar auf

---

1 Vgl. die Definition in § 316a HGB.
2 Gesetz zur Stärkung der Finanzmarktintegrität (Finanzmarktintegritätsstärkungsgesetz – FISG) vom 03.06.2021, BGBl. I 2021, 1534.
3 Vgl. dazu Homborg/Landahl, NZG 2021, S. 859.
4 Überblick bei Hennrichs, DB 2021, 268, S. 270 f.

das Instrument des sog. Transparenzberichts,[5] den PIE prüfende Gesellschaften gemäß Art. 13 Abs. 1 der EU-Verordnung zur Abschlussprüfung jährlich veröffentlichen müssen. Allerdings sind die europäischen Vorgaben u.E. nicht ausreichend, sodass diese Berichte keine volle Transparenz schaffen. So fehlen u.a. Informationen zur Unabhängigkeit und Mandatslaufzeit der Aufsichtsratsmitglieder.[6] Zudem gibt es bisher keine inhaltlichen Vorgaben für die Corporate Governance der Gesellschaften: Die Pflicht zur Veröffentlichung von Transparenzberichten verlangt nur Transparenz, nicht jedoch die Schaffung bestimmter Corporate-Governance-Strukturen.Aus Sicht der Verfasser besteht regulatorischer Handlungsbedarf zumindest für PIE prüfende Gesellschaften. Aus rechtspolitischer Sicht sollten für diese ähnlich strenge Vorgaben für Corporate Governance und diesbezügliche Transparenz wie für die PIE selbst gelten.

2   Bestandsaufnahme

Dass die inhaltliche Ausgestaltung und die Transparenz der Corporate Governance der großen Wirtschaftsprüfungsgesellschaften, insbesondere der Big 4, verbesserungswürdig ist, wurde bereits in der Vergangenheit vielfach, u.a. vom Verfasser Strenger, postuliert. In einer zum 30.06.2022 durchgeführten Auswertung der Transparenzberichte der Big 4 wurde festgestellt, dass aus Sicht der Adressaten nützliche Informationen nicht in den Berichten enthalten sind (was freilich grundsätzlich im Einklang mit den bisherigen Vorgaben der EU-Verordnung steht).[7] Eine freiwillige Ausweitung der Berichterstattung erfolgt bislang kaum, wie die Auswertung der zum 01.03.2024 vorliegenden Transparenzberichte zeigt:

---

5   Vgl. dazu etwa Löw/Zock, WPg 2023, S. 553 ff.; Quick, BB 2023, S. 2155 ff.

6   Vgl. bereits Hennrichs/Strenger, NZG 2022, S. 1561.

7   Strenger, Börsen-Zeitung vom 12.08.2022; vgl. ferner Hennrichs/Strenger, NZG 2022, S. 1561. Vgl. auch die Analyse der Big-4-Transparenzberichte *von Quick,* BB 2023, S. 2155, 2157 ff., der insgesamt zu dem Ergebnis gelangt, dass der Anteil „entscheidungsrelevanter Informationen" trotz weitgehender Befolgung der gesetzlichen Vorgaben gering sei.

Aufsichtsrat-Governance Merkmale der vier großen Prüfungsgesellschaften	EY	PwC (2022/2023)	KPMG	Deloitte
(Quelle: zum 01.03.2024 verfügbare Transparenzberichte der Gesellschaften für 2023 bzw. 2022/2023)				
Besetzung des Aufsichtsrats				
Namentliche Aufführung aller AR-Mitglieder	Ja	Ja	Ja (im Anhang, nur Jan 2023)	Ja
Paritätische Zusammensetzung	Ja	Ja	Ja	Ja
Unabhängigkeit der Mitglieder	Keine Angaben	Keine Angaben	Keine Angaben	Keine Angaben
Zugehörigkeitsdauer (nur Anteilseigner)	Nein	Ja (3 Mitglieder über 10 J.)	Ja	Ja (3 Mitglieder über 10J.)
„Cooling-off"-Angaben	Nein	Nein	Nein	Nein
Zahl der Sitzungen	n.b.	4	n.b.	n.b.
Vergütung des Aufsichtsrats				
Fixe Vergütung (AR-Vorsitzender)	Ja (6x)	Ja (3x)	Ja	Ja + Sitzungsgeld
Variable Vergütungskomponente	Nein	Nein	Nein	Nein
Einzelbeträge der Mitglieder	Nein	Ja (€ 50 T.)	Nein	Nein
Anzahl an Teilnahme an Sitzungen	n.b.	n.b.	n.b.	n.b.
Festlegung der Vergütung durch	n.b.	AR + Geschäftsführung	n.b.	n.b.
Kompetenz des Aufsichtsrats				
Kompetenzprofil	Nein	Nein	Nein	Nein
Weitere Tätigkeiten der Mitglieder (außer Hauptberuf)	Nein	Nein	Nein	Nein
Akademischer Werdegang	Nein	Nein	Nein	Nein
ESG-Expertise	Keine Angaben	Keine Angaben	Keine Angaben	Keine Angaben
Zusammensetzung Ausschüsse	Keine Angaben	Ja, aber nur Insider (3:1 Ex-Partner)	Keine Angaben	Keine Angaben
Prüfungsausschuss	Ja (Bilanz)	Nein (Präsidium 3 Ex-PwC-VS)	Nein	Keine Angaben
Vergütungsfestlegung von Vorständen und Partnern	n.b.	Nein	n.b.	n.b.
Anteil der variablen Vergütung von Organmitgliedern + leit. Angestellte	70%	51%	65%	n.b.
Abgrenzung von Prüfungs- und Beratungsleistungen	Nein	Nein	Nein	Nein

Tab. 1: Auswertung der Transparenzberichte der Big 4

Weiterhin fehlen u.a. Angaben zum „Cooling-off" früherer Vorstände, zum Kompetenzprofil (inkl. ESG-Expertise) und zu weiteren Tätigkeiten der Mitglieder.

Da auf Grundlage der aktuellen Regulierung weder in Sachen Transparenz noch bei der inhaltlichen Ausgestaltung der Corporate Governance der großen Wirtschaftsprüfungsgesellschaften in den letzten Jahren freiwillige Fortschritte – etwa in Form einer Selbstverpflichtung – erzielt wurden, besteht aus unserer Sicht regulatorischer Handlungsbedarf.

3   Reformempfehlungen

3.1   Notwendigkeit „guter" Corporate Governance

Aus rechtspolitischer Sicht lässt sich dies damit begründen, dass die Abschluss-prüfer trotz ihrer privatrechtlichen Organisation eine wichtige öffentliche Funktion ausüben[8] und zentraler Baustein im gesetzlichen System der Überwa-chung von PIE sind.[9] Nach einer Studie des F.A.Z.-Instituts aus dem Jahr 2022 entfiel auf die von den großen Gesellschaften geprüften 240 börsennotierten deutschen PIE ein hoher Anteil am Gesamtumsatz aller Unternehmen von 1,76 Billionen Euro.[10]

Die Aufgaben der Wirtschaftsprüfer nehmen zudem kontinuierlich zu, nicht nur aufgrund zwingender gesetzlicher Vorgaben. Zu nennen sind vor allem die Prüfung der Finanzberichterstattung (§§ 316 ff. HGB i.V.m. der EU-Verord-nung zur Abschlussprüfung[11]) und ab 2024 die Prüfung der Nachhaltigkeits-berichterstattung nach der jetzt in nationales Recht umzusetzenden Corporate Sustainability Reporting Directive (CSRD).[12] Hinzu kommen die Prüfung der Überwachungssysteme i.S.d. § 91 Abs. 2 AktG (§ 317 Abs. 4 HGB) und die Prü-fung der gemäß §§ 289f Abs. 2 und 5, 315d HGB erforderlichen Angaben (§ 317 Abs. 2 Satz 6 HGB). Nach den einschlägigen *IDW Verlautbarungen*[13] ist zudem die gesamte Erklärung zur Unternehmensführung als sonstige Information im Rahmen der Abschlussprüfung zu lesen und kritisch zu würdigen.[14]

---

8   Vgl. zu der seit Langem geführten Diskussion über die Rolle des Abschlussprüfers bereits Schulze-Osterloh, ZGR 1976, S. 411 ff.

9   Vgl. im Zusammenhang mit dem FISG etwa Hennrichs, DB 2021, S. 268 ff.

10   Studie des F.A.Z.-Instituts im Auftrag von Mazars in Deutschland mit dem Titel „Abschlussprüfung in Europa: Public Interest Entities (PIEs) – Marktstrukturen in Deutschland, Frankreich und im Vereinigten Königreich" (online abrufbar unter mazars.de; letzter Abruf: 10.03.2024).

11   Verordnung (EU) Nr. 537/2014 vom 16.04.2014 über spezifische Anforderungen an die Abschlussprüfung bei Unternehmen von öffentlichem Interesse und zur Aufhebung des Beschlusses 2005/909/EG der Kommission, Abl. EU vom 27.05.2014, L158/77.

12   Richtlinie (EU) 2022/2464; vgl. dazu etwa Fink/Schmidt, KOR 2023, S. 105 ff. Siehe zur Umsetzung der CSRD in Deutschland den RefE eines Gesetzes zur Umsetzung der Richtlinie (EU) 2022/2464 des Europäischen Parlaments und des Rates vom 14. Dezember 2022 zur Änderung der Verord-nung (EU) Nr. 537/2014 und der Richtlinien 2004/109/EG, 2006/43/EG und 2013/34/EU hinsicht-lich der Nachhaltigkeitsberichterstattung von Unternehmen, der am 22. März 2024 vom BMJ an die zu beteiligenden Verbände und Fachkreise versandt wurde.

13   Zur Rechtsqualität Pöschke, in: Staub, HGB, 5. Aufl. 2021, § 238 Rn. 45.

14   Dazu Grottel, in: Beck'scher Bilanz-Kommentar, 13. Aufl. 2022, § 289f HGB Rn. 241.

Hinzu kommt häufig ein faktischer Druck für Organmitglieder, sich mit einer „freiwilligen" Prüfung durch einen Wirtschaftsprüfer abzusichern. So ist bereits heute bei börsennotierten Unternehmen die externe Prüfung der nichtfinanziellen Erklärung oder des gesonderten nichtfinanziellen Berichts (§ 289b HGB) bzw. der nichtfinanziellen Konzernerklärung oder des gesonderten nichtfinanziellen Konzernberichts (§ 315b HGB) durch einen Wirtschaftsprüfer weit verbreitet.[15]

Die Prüfung durch Wirtschaftsprüfer nach den jeweils einschlägigen *IDW Prüfungsstandards* hat sich in weiteren Bereichen durchgesetzt – wie die Prüfung von Compliance-Management-Systemen nach *IDW PS 980*.[16] Beispielhaft für das zukunftsorientierte Agieren des Jubilars Klaus-Peter Naumann ist sein Plädoyer für Prüfungen der Lieferketten-Compliance nach der Corporate Sustainability Due Diligence Directive (CSDDD)[17] durch Wirtschaftsprüfer.[18]

Wirtschaftsprüfungsgesellschaften unterliegen aufgrund der – freilich teils auch im Interesse der Auftraggeber liegenden – Erbringung von prüfungsnahen Beratungsleistungen einem immanenten Interessenkonflikt, der auch vom europäischen Gesetzgeber in der EU-Verordnung zur Abschlussprüfung bei Unternehmen von öffentlichem Interesse[19] adressiert wurde.

Vor diesem Hintergrund überrascht es, dass das europäische Recht keine konkreten Vorgaben zur Corporate Governance von Wirtschaftsprüfungsgesellschaften macht. Schon die gebotene ausreichende Unabhängigkeit im Aufsichtsrat legt nahe, die Unabhängigkeit des Prüfers auch intern zu kontrollieren. Die Erwartungen des Rechtsverkehrs sollten gebieten, dass die Gesellschaften, die im öffentlichen Interesse PIE prüfen, an ähnliche Standards bzgl. der Corporate Governance und der diesbezüglichen Transparenz gebunden sind.

Bisher gibt es hierzu nur wenige inhaltliche Vorgaben. Die berufsrechtlichen Regelungen enthalten die Vorgabe der Schaffung einer internen Organisation, die die Einhaltung der Berufspflichten gewährleistet („internes Qualitätssicherungssystem"; § 55b Abs. 1 WPO). Für PIE prüfende Gesellschaften müs-

---

15 Vgl. bereits die Ergebnisse der DRSC-Studie für die Jahre 2017–2019 bei Schmotz/Schwedler/Barckow, DB 2021, S. 797, 804.

16 Vgl. die Aufzählung bei Hennrichs/Strenger, NZG 2022, S. 1561.

17 Aktueller Entwurfsstand vom 15. März 2024, 2022/0051(COD), 6145/24.

18 Naumann, NZG 2022, S. 1321.

19 Verordnung (EU) Nr. 537/2014, Abl. EU vom 27.5.2014, L158/77.

sen diese internen organisatorischen Vorgaben angemessene Grundsätze und Verfahren zur ordnungsgemäßen Durchführung und Sicherung der Qualität der Abschlussprüfung umfassen (§ 55b Abs. 2 WPO). Weiterhin normiert das Berufsrecht, dass die Leitungsorgane von Wirtschaftsprüfungsgesellschaften überwiegend mit Berufsträgern zu besetzen sind.[20] Dies gilt aber nicht für die Aufsichtsgremien, sodass relevante externe Expertise durchaus einbezogen werden kann.

Nach einer Analyse der Big-4-Transparenzberichte von Quick ist der Anteil der darin enthaltenen entscheidungsrelevanten Informationen trotz weitgehender Befolgung der gesetzlichen Vorgaben gering.[21] Insgesamt besteht daher u.E. kein Anwendungs- oder Vollzugsdefizit, sondern – jedenfalls überwiegend[22] – ein Regelungsdefizit.

Dieses Regelungsdefizit wird bislang nicht durch ein freiwilliges, überobligatorisches Verhalten der großen Wirtschaftsprüfungsgesellschaften kompensiert: So gibt es keine Selbstverpflichtung oder ähnliche Instrumente, mit denen diese sich etwa über die bestehenden Vorgaben hinaus dazu verpflichten würden, sich an die gesetzlichen Regelungen für die Governance börsennotierter Aktiengesellschaften und/oder an die Maßgaben des DCGK zu halten. Dies schmälert das Vertrauen in den Berufsstand der Wirtschaftsprüfer und den mit der gesetzlichen Aufgabenzuweisung verfolgten Zweck.

3.2   Internationale Governance und Transparenz-Aspekte

Generell sind die Transparenzanforderungen für Wirtschaftsprüfer in den USA deutlich höher als in Deutschland. Mehrere Fälle, in denen Governance-Probleme zutage traten, haben dort dazu geführt, dass es inzwischen eine intensive Diskussion über erforderliche Verbesserungen gibt. Der Vorschlag des Public Company Accounting Oversight Board (PCAOB), dass mindestens ein

---

20   § 28 Abs. 1 S. 1 WPO: „Voraussetzung für die Anerkennung ist, dass die Mehrheit der Mitglieder des Vorstandes, der Geschäftsführer und Geschäftsführerinnen, der persönlich haftenden Gesellschafter und Gesellschafterinnen, der geschäftsführenden Direktoren und Direktorinnen oder der Partner und Partnerinnen (gesetzliche Vertreter) Berufsangehörige oder EU- oder EWR-Abschlussprüfer sind."

21   Quick, BB 2023, S. 2155, 2157 ff.; ähnlich bereits Quick/Pappert, AG 2022, S. 417, 421 ff.; Löw/Zock, WPg 2023, S. 553, 557 ff. erkennen demgegenüber in ihrer Untersuchung in Teilen auch ein Anwendungsdefizit.

22   Namentlich dann, wenn man mit den Ergebnissen von Löw/Zock, WPg 2023, S. 553, 557 ff. in Teilen auch ein Anwendungsdefizit erkennt.

Nicht-Partner Mitglied des relevanten Boards sein soll, dürfte allerdings kaum genügen.

In Großbritannien hat der Financial Reporting Council (FRC) in seinem letzten Audit Firm Governance Code[23] stipuliert, dass größere Gesellschaften mindestens drei „independent non-executives" haben müssen, die in einem „supervisory board" die Mehrheit für die Behandlung von „public interest matters" bilden; auch muss zur Abgrenzung von Beratungsleistungen ein separates Gremium mit einer unabhängigen Mehrheit existieren.[24]

3.3 Konkrete Empfehlungen de lege ferenda

Seit einigen Jahren wird im Schrifttum vorgeschlagen, dass sich auch große PIE prüfende Wirtschaftsprüfungsgesellschaften an die Empfehlungen des DCGK halten sollen: Der Kodex betont in seiner Präambel, dass die Empfehlungen und Anregungen des Kodex auch nicht-kapitalmarktorientierten Gesellschaften zur Orientierung dienen mögen. Gute Governance sollte keine exklusive Veranstaltung nur für kapitalmarktorientierte Unternehmen sein.[25]

Der DCGK enthält zahlreiche Regelungen zur Corporate Governance börsennotierter Gesellschaften, auch als gesamthafte Vorgaben für eine „Good Governance". Es liegt daher nahe, dass der DCGK *mutatis mutandis* auch für die Wirtschaftsprüfungsgesellschaften gelten sollte, die im öffentlichen Interesse Unternehmen von öffentlichem Interesse prüfen. Dies ließe sich etwa dadurch erreichen, dass der Gesetzgeber PIE-Prüfern die Befolgung des DCGK durch einen § 161 AktG vergleichbaren Ansatz vorgibt und dies mit dem dortigen *Comply-or-explain-Ansatz* verbindet. Dadurch würden die Vorgaben zum Transparenzbericht erweitert und die Gesellschaften hätten über die Befolgung bzw. eine Nicht-Befolgung der Empfehlungen des DCGK in einer Entsprechens-Erklärung zu berichten.

Als weitere Säule empfiehlt es sich u.E., die Einhaltung dieser (und anderer gesetzlicher) Vorgaben intensiver zu überwachen. Da die APAS bisher in ihrem Zuständigkeitsbereich keine überzeugende Reputation erwerben konnte, könnte hierfür eine neue Sonderzuständigkeit der BaFin begründet werden.

---

23   FRC, Audit Firm Governance Code (Revised 2022).

24   Kennedy, Rachel, Big Four firms in governance rethink after 2023 miscues, Financial Times vom 03.01.2024, S. 7.

25   Henrich/Strenger, NZG 2022, S. 1561.

Ergänzend sollte auch das Institut der Wirtschaftsprüfer in Deutschland e.V. (IDW) in den Blick genommen werden. Durch die Verzahnung von Berufsrecht und Facharbeit einschließlich der Entwicklung von allgemein anerkannten „Standards" hat das IDW gerade im Bereich der PIE eine übergeordnete Bedeutung für die Prüfungspraxis erreicht. Die unbestrittene Kompetenz des IDW sollte auch in die Konzeption des neu zu fassenden, die essenziellen Governance-Vorgaben beinhaltenden Berichtswesens einfließen.

4 Fazit

Nach unserer Auffassung wird bereits durch diese kurze Analyse deutlich, dass für PIE prüfende Gesellschaften vergleichbar strenge Vorgaben für Corporate Governance und diesbezügliche Transparenz wie für die PIE selbst angezeigt sind. Rechtspolitisch sollte vor dem Hintergrund des wachsenden Betätigungsfelds und der zunehmenden Bedeutung der Wirtschaftsprüfung zur Sicherung der Integrität des gesamten Systems über eine Fortentwicklung der gesetzlichen Vorgaben nachgedacht werden.

Dies würde u.E. auch dem Berufsstand selbst dienen, für den sich der Jubilar jahrzehntelang mit großem und erfolgreichem Engagement eingesetzt hat. Mehr Transparenz und entsprechende regulatorische Vorgaben würden auch dazu beitragen, dass das durch ihn mitgeprägte hohe Ansehen des Berufsstands und die wichtige Rolle des IDW gesichert werden.

Kapitel C

Unternehmensreporting

Nachhaltigkeit in Berichterstattung und Governance: Relevanz für den Berufsstand und wichtige Entwicklungen

Verfasser: WP StB Prof. Dr. Frank Beine, StB Dr. Matthias Schmidt

1 Fortentwicklung der Berichterstattung ist Kerninteresse des Berufsstands

Der hochverehrte Jubilar, Prof. Dr. Klaus-Peter Naumann, hat im Laufe seines Wirkens die Berichterstattung, Prüfung und Corporate Governance maßgeblich beeinflusst und insb. die stärkere Berücksichtigung von Nachhaltigkeitsaspekten mit dem Ziel der Erhöhung der Aussagekraft der Berichterstattung frühzeitig unterstützt: „Eine solche integrierte Finanz- und Nachhaltigkeitsberichterstattung bildet nicht einfach das finanzielle Ergebnis ab. Vielmehr verdeutlicht und erläutert sie dessen Zustandekommen, indem die wesentlichen Erfolgsfaktoren sowie deren Wechselwirkungen innerhalb des Unternehmens sowie zwischen dem Unternehmen und seinen Stakeholdern verdeutlicht werden. Vor allem sollen diese Informationen verlässliche Rückschlüsse auf die künftige Unternehmensentwicklung zulassen."[1]

Die Prüfung von Rechnungslegungsinformationen, vor allem im Rahmen der gesetzlichen Abschlussprüfung, ist historisch die reputationsbildende Kerntätigkeit von Wirtschaftsprüfern, aber keineswegs kann der Berufsstand ausschließlich auf diese Tätigkeit reduziert werden. Das Tätigkeitsspektrum von Wirtschaftsprüfern folgt vielmehr dem sich wandelnden und erweiternden Bedarf von Interessenträgern an verlässlichen Informationen.

---

1   Siehe Naumann, BB 15/2013, S. I.

Vor diesem Hintergrund hat sich Naumann intensiv für die Fortentwicklung der Berichterstattung eingesetzt, vor allem mit Blick auf die Adressaten, aber letztlich auch im Sinne des Berufsstands: „Die Fortentwicklung der herkömmlichen Finanzberichterstattung hin zu einer zukunftsorientierten und auf die wesentlichen Werttreiber fokussierten integrierten Berichterstattung liegt nicht nur im Interesse der Ersteller und Nutzer von Berichten, sondern auch der Prüfer: Die Prüfung von Informationen kann nicht relevanter sein als die Information selbst."[2]

Der Jubilar mahnte jedoch auch stets, die bisherige Praxis der (Finanz-)Berichterstattung nicht übermäßig bzw. in irreführender Weise zu kritisieren – insb. die Kritik an einer ganz überwiegenden Vergangenheitsorientierung des Zahlenwerks wies er mit Hinweis auf die umfangreiche Berücksichtigung künftiger Entwicklungen bei der Bewertung von Vermögen und Rückstellungen zurück. Ferner wies er darauf hin, dass Transparenz ein wichtiger Bestandteil einer nachhaltigen Entwicklung sei, aber keineswegs ausreichend: „Die derzeit inflationäre Einführung neuer Bestandteile in die externe Unternehmensberichterstattung beeinträchtigt die Konsistenz der Rechnungslegung."[3]

Ein besonderes Anliegen war dem Jubilar auch immer, die Attraktivität des Berufsstands für den Berufsnachwuchs aufrechtzuerhalten. Der Beitrag zu einer gesamtgesellschaftlichen nachhaltigen Entwicklung und die erforderliche Befassung auch mit nachhaltigkeitsbezogenen Erfolgstreibern von Geschäftsmodellen ist ein wichtiger Faktor, dies zu gewährleisten: „[E]s ist nicht mehr ausreichend, lediglich die finanziellen Werte in Jahres-/Konzernabschlüssen und (Konzern-)Lageberichten nachzuvollziehen; vielmehr sind zunehmend umfangreichere Kenntnisse von betriebswirtschaftlichen Zusammenhängen erforderlich. Hierdurch bleiben Wirtschaftsprüfer wertvolle Sparringspartner für die Aufsichtsorgane von Unternehmen und – in Zeiten zunehmend standardisierter und verkürzter Hochschulausbildungen – auch eine Talentschmiede für diese."[4]

Im vorliegenden Beitrag werden zunächst die übergeordneten Entwicklungen der Nachhaltigkeitsberichterstattung zusammengefasst. Da Informationen für Adressaten nur dann relevant sein werden, wenn sie verlässlich und vertrauenswürdig sind, werden die derzeit relevanten Entwicklungen der CSRD/

---

2   Siehe Naumann/Schmidt, in: Freidank/Müller/Velte (Hrsg.), Handbuch Integrated Reporting, Berlin 2015, S. 391.

3   Siehe Naumann, BB 15/2019, S. I.

4   Siehe Naumann/Schmidt, a.a.O. (Fn. 2), S. 415.

ESRS- und Taxonomie-Berichtspflichten vor dem Hintergrund des vom IAASB entwickelten Vier-Faktoren-Modells für verlässliche und vertrauenswürdige Informationen gewürdigt. Der Beitrag schließt mit einer Zusammenfassung und einem Ausblick.

2 Kurzüberblick: Nachhaltigkeitsberichterstattung

Bereits seit den 1970er Jahren veröffentlichten einige Unternehmen Umweltberichte. Mit den Vorgaben der Global Reporting Initiative besteht seit der Jahrtausendwende ein anerkannter Standard für die (freiwillige) und an einen breiten Stakeholderkreis (über Kapitalmarktteilnehmer hinaus) gerichtete Berichterstattung über die ökologischen, sozialen und ökonomischen Auswirkungen der Geschäftstätigkeit von Unternehmen. Die Entwicklung der GRI-Vorgaben konkretisierte die vielbeachteten, aber noch sehr allgemeinen Prinzipien des United Nations Global Compact für Berichterstattung. Spätestens mit der Veröffentlichung des GRI-G3-Berichtsleitfadens im Jahr 2006 setzten sich die GRI-Vorgaben vor allem bei international tätigen Großunternehmen durch.[5]

Ein wichtiger Treiber für die Weiterentwicklung und Verschmelzung von finanzieller und nichtfinanzieller Berichterstattung war die Gründung des International Integrated Reporting Council (IIRC) zur Entwicklung einer integrierten Berichterstattung (Integrated Reporting, <IR>). Diese umfasst eine integrierte Unternehmensführung und die Aufstellung eines integrierten Berichts. Im Fokus stand von Beginn an die gesamte Wertschöpfung von Unternehmen. Daher wird über die wirtschaftliche Lage hinaus von einem breiter gefassten Kapitalbegriff ausgegangen, sodass nicht nur Finanzkapital, sondern auch Produktions-, Human-, Sozial- und Netzwerk- sowie geistiges und natürliches Kapital betrachtet werden – insb. deren Wechselwirkungen.[6]

Das <IR>-Rahmenkonzept hat die Entwicklung der Rechenschaftslegung von Unternehmen maßgeblich geprägt – vor allem die wichtigsten heute angewendeten Rahmenwerke, namentlich die EU-CSR-Richtlinie (in Deutschland vor allem durch §§ 289b ff., 315b f. HGB umgesetzt), die Empfehlungen der Task Force on Climate-related Financial Disclosures (TCFD, die in die Finanzberichterstattung zu integrierende Berichterstattung über Chancen und Risiken

---

5 Vgl. Schmidt, Möglichkeiten und Grenzen einer integrierten Finanz- und Nachhaltigkeitsberichterstattung, Düsseldorf 2012, S. 89-95.

6 Vgl. ausführlich Deloitte/E.ON (Hrsg.), Projektbericht: Integrierte Berichterstattung bei E.ON, 2024.

des Klimawandels für ein Unternehmen (unter deutlicher Betonung der integrierten Unternehmensführung als in den anderen wichtigen Berichtsstandards) und die SASB-Standards (konkrete branchenspezifische Nachhaltigkeitsinformationen zur Integration in die Finanzberichterstattung). Weitere Initiativen zur Messbarmachung und Monetarisierung von Auswirkungen bauen hierauf auf.[7] IIRC und SASB sind zwischenzeitlich (weitgehend) im International Sustainability Standards Board (ISSB) aufgegangen, der unter der IFRS Foundation und neben dem IASB eine „global baseline" für an Investoren gerichtete Nachhaltigkeitsberichterstattung entwickelt.[8]

Durch die Verabschiedung der EU-CSR-Richtlinie (2014/95/EU, Non-Financial Reporting Directive, NFRD) und deren Umsetzung in nationales Recht (vor allem in §§ 289b ff., 315b f. HGB durch das CSR-Richtlinien-Umsetzungsgesetz, CSR-RUG) wurden Nachhaltigkeitsaspekte umfassender und grundsätzlich explizit lageberichtspflichtig (die Angaben können auch außerhalb des Lageberichts in einem gesonderten nichtfinanziellen Bericht gemacht werden). So sind große, kapitalmarktorientierte Unternehmen mit mehr als 500 Arbeitnehmern verpflichtet, ihre (Konzern-)Lageberichte seit dem Geschäftsjahr 2017 um eine nichtfinanzielle Erklärung (NFE) zu erweitern. Diese muss Angaben zu Umwelt-, Arbeitnehmer- und Sozialbelangen sowie zur Achtung der Menschenrechte und Maßnahmen zur Bekämpfung von Korruption und Bestechung enthalten, soweit diese für das Verständnis von Geschäftsverlauf, Geschäftsergebnis und Lage sowie das Verständnis der Auswirkungen erforderlich sind.

An diese Berichtspflicht knüpft die Taxonomie-Berichtspflicht an: So müssen realwirtschaftliche Unternehmen, die zur nichtfinanziellen Berichterstattung verpflichtet sind, diese Berichterstattung um Angaben zu „ökologisch nachhaltigen" Umsatzerlösen, Investitionsausgaben und Betriebsausgaben im Sinne der EU-Taxonomie-Verordnung ergänzen. Durch diese Berichtspflicht werden erstmals finanzielle und nichtfinanzielle Informationen zwingend miteinander verknüpft. Die Angaben sind Grundlage für die Erfüllung eigener Berichtspflichten von Finanzinstituten (z.B. nach der EU-Offenlegungsverordnung 2019/2088) und nicht nur deshalb sehr relevant für Investoren, Banken und Versicherungen.[9]

---

7 Vgl. Schmidt, DB 2020, S. 797-799.

8 Vgl. Berger/Schmidt, WPg 2020, S. 376 ff.

9 Vgl. ausführlich EnBW/Deloitte (Hrsg.), Fallstudie zur EU-Sustainable Finance Taxonomie, 2021; EnBW (Hrsg.), Fallstudie zur EU-Sustainable-Finance-Taxonomie 2.0, 2022; Rieth/Schmidt, in: Baetge u.a., Rechnungslegung nach IFRS, Tz. 47-109.

Mit der EU Corporate Sustainability Reporting Directive (CSRD) hat die Europäische Union die Vorgaben für die verpflichtende Nachhaltigkeitsberichterstattung erheblich erweitert.[10] Die Richtlinie ist auf EU-Ebene final verabschiedet, muss aber noch in deutsches Recht überführt werden.[11] Die konkreten Berichtsvorgaben ergeben sich aus den European Sustainability Reporting Standards (ESRS), die – zumindest deren erster Satz – als delegierte Verordnung von der EU-Kommission verabschiedet wurden.[12] Eine Umsetzung in deutsches Recht ist hier nicht erforderlich. Nach Schätzungen wird sich die Zahl der berichtspflichtigen Unternehmen in Deutschland von bisher 500 bis 600 auf 13.200 erhöhen.

Die jüngste Überarbeitung des DCGK im Jahr 2022 umfasste insb. auch das Thema Nachhaltigkeit, das an folgenden Stellen explizit aufgenommen wurde:[13]

- Noch deutlichere Betonung von Nachhaltigkeitsaspekten in der Präambel.
- Neue Empfehlung A.1, wonach der Vorstand die mit Sozial- und Umweltfaktoren verbundenen Risiken und Chancen für das Unternehmen sowie die sozialen und ökologischen Auswirkungen der Geschäftätigkeit systematisch identifizieren und bewerten soll. Neben langfristigen wirtschaftlichen Zielen sollen auch ökologische und soziale Ziele angemessen berücksichtigt und in der Unternehmensplanung berücksichtigt werden.
- Neue Empfehlung A.3, wonach das Interne Kontrollsystem und das Risikomanagementsystem auch nachhaltigkeitsbezogene Ziele abdecken sollen.
- Ergänzung von Grundsatz 6: Überwachung und Beratung durch den Aufsichtsrat umfassen insb. auch Nachhaltigkeitsfragen.
- Ergänzung von Empfehlung C.1: Das Kompetenzprofil des Aufsichtsrats soll auch Expertise zu den für das Unternehmen bedeutsamen Nachhaltigkeitsfragen umfassen.

---

10 Vgl. ausführlich Deloitte (Hrsg.), iGAAP fokussiert: Politische Einigung zur Corporate Sustainability Reporting Directive (CSRD), 2022.

11 Der Gesetzesentwurf liegt derzeit vor als Referentenentwurf des Bundesministeriums der Justiz: Entwurf eines Gesetzes zur Umsetzung der Richtlinie (EU) 2022/2464 des Europäischen Parlaments und des Rates vom 14. Dezember 2022 zur Änderung der Verordnung (EU) Nr. 537/2014 und der Richtlinien 2004/109/EG, 2006/43/EG und 2013/34/EU hinsichtlich der Nachhaltigkeitsberichterstattung von Unternehmen.

12 Vgl. ausführlich Deloitte (Hrsg.), iGAAP fokussiert zur delegierten Verordnung zum ersten Satz der ESRS, 2023.

13 Vgl. ausführlich Schmidt, in: Ghassemi-Tabar (Hrsg.), Deutscher Corporate Governance Kodex, München 2023.

- Neufassung von Empfehlung D.3, wonach der im Prüfungsausschuss erforderliche Sachverstand auf den Gebieten Rechnungslegung und Prüfung u.a. die Nachhaltigkeitsberichterstattung und deren Prüfung umfasst.

Die Unternehmensleitung ist verantwortlich für die ordnungsmäßige Aufstellung der handelsrechtlichen Nachhaltigkeitsberichterstattung. Der Aufsichtsrat hat die Angaben zu prüfen, ebenso, wie er Abschluss und Lagebericht zu prüfen hat.

3   Umsetzung der neuen Berichtspflichten in der Praxis

3.1   Faktoren für verlässliche und vertrauenswürdige Berichterstattung

Erwartung von Gesetzgeber und Adressaten ist, dass die Qualität der Nachhaltigkeitsberichterstattung innerhalb sehr kurzer Zeit auf dasselbe hohe Niveau wie das der seit langem etablierten und über einen langen Zeitraum entwickelten Finanzberichterstattung gebracht wird.

Der International Auditing and Assurance Standards Board (IAASB) hat vier Faktoren für die Schaffung von Verlässlichkeit und Vertrauen in die Nachhaltigkeitsberichterstattung herausgearbeitet:[14]

- Ein hochwertiges Rahmenkonzept für die Berichterstattung, das aufgrund von eindeutigen Vorgaben zu einer relevanten und vergleichbaren Berichterstattung führt;
- Eine angemessene und wirksame Governance – vor allem die Einführung hochwertiger Berichtssysteme und interner Kontrollen, die zu einer hohen Datenqualität und Datenverfügbarkeit führen;
- Konsistenz mit weiteren Informationen, und zwar sowohl mit weiteren durch das Unternehmen vermittelten Informationen – z. B. im Abschluss, Lagebericht oder in Investoren-Präsentationen – als auch mit externen Quellen, z.B. Analysten-Reports;
- Externe Prüfung der Nachhaltigkeitsberichterstattung durch einen unabhängigen Dritten (mit hinreichender bzw. begrenzter Sicherheit).

---

14   Vgl. IAASB (Hrsg.), Non-Authoritative Support Material: Credibility and Trust Model relating to Extended External Reporting (EER), New York 2021, S. 3-8.

Die Befolgung aller vier Faktoren sorgt für Verlässlichkeit und für Vertrauen aufseiten interner und externer Stakeholder.

Die aktuellen Entwicklungen der Nachhaltigkeitsberichterstattung sollen in der Folge anhand dieser vier Faktoren eingeordnet werden.

3.2 Faktor 1: Hochwertiges Rahmenkonzept für die Berichterstattung

Ein Grund für einen wahrgenommen geringeren Reifegrad der bisherigen Nachhaltigkeitsberichterstattung im Vergleich zur Finanzberichterstattung war die Qualität und die weitgehende Freiwilligkeit der Berichtsvorgaben.

Die Nachhaltigkeitsberichterstattung soll insb. einen Beitrag zur Begrenzung des Klimawandels im 21. Jahrhundert und damit verbunden einer Dekarbonisierung der Wirtschaft bis 2050 leisten. Vor diesem Hintergrund gehen die zuständigen Instanzen (EU-Kommission, EFRAG etc.) von einer besonderen Dringlichkeit aus. Dies hat zur Folge, dass ein hoher Zeitdruck für die Ausarbeitung der Vorgaben besteht, verbunden mit einer geringen Vorlaufzeit für Unternehmen, um die neuen Anforderungen zu implementieren. Dies war bei der Entwicklung sowohl der Taxonomie-Vorgaben als auch der ESRS der Fall. Die Vorgaben mussten z.T. bereits im Entwurf-Stadium umgesetzt werden, um eine fristgerechte Erfüllung der Berichtspflichten zu gewährleisten. Anpassungen der Vorgaben infolge von Konsultationen o.Ä. mussten dann von den Unternehmen in den laufenden Implementierungsprojekten nachgeholt werden. Anforderungen sind z.T. auslegungsbedürftig formuliert und wurden deshalb durch FAQ-Dokumente der EU-Kommission „nachgebessert", i.d.R. zu äußerst ungünstigen Zeitpunkten kurz vor Finalisierung der Berichtsaufstellung durch Unternehmen mit kalendergleichem Geschäftsjahr.

Hier besteht bereits ein erheblicher Unterschied zur Finanzberichterstattung: Darin wird regelmäßig von einem sehr robusten due process für die Entwicklung bzw. Anpassung von Vorgaben ausgegangen, vor allem bei den IFRS. Unternehmen haben neue Vorgaben mit angemessenem Vorlauf umzusetzen, was sich insb. positiv auf die Datenverfügbarkeit und Datenqualität der konzernweit zu beschaffenden Informationen auswirkt. Ferner sind Anpassungen (z.B. bei der Erfassung von Umsatzerlösen oder der Abbildung von Leasing-Verhältnissen) i.d.R. Änderungen innerhalb eines bestehenden Systems. Ausgehend von den bisherigen Vorgaben werden Sachverhalte nach Anpassung der Vorgaben anders abgebildet. Die ESRS und vor allem auch die Taxonomie-Vorgaben bauen nicht auf einer solchen Historie auf, was die Auslegung der Vorgaben zusätzlich erschwert.

3.3   Faktor 2: Angemessene und wirksame Governance des Rechnungslegungsprozesses

Die Nachhaltigkeitsberichterstattung muss alle wesentlichen Informationen enthalten. Die Angaben müssen verlässlich und ausgewogen sowie klar und übersichtlich sein. Betroffene Unternehmen sind darauf häufig noch nicht entsprechend vorbereitet:[15]

- Berichtssysteme und interne Kontrollen unterscheiden sich von den Finanzberichterstattungssystemen vor allem hinsichtlich Prozessgeschwindigkeit, Qualität, Vollständigkeit und Genauigkeit, die entsprechend generierten Daten sind daher fehleranfälliger.
- Ferner wird das Risiko beabsichtigter falscher Angaben häufig unterschätzt (Fraud), wenn die variable Vergütung auch durch Nachhaltigkeits-KPIs, wie die Zahl der Arbeitsunfälle oder den Energieverbrauch, beeinflusst wird. Die zuständigen Mitarbeiter sind ggf. nicht gleichermaßen mit Datenerhebung und Dokumentation vertraut wie die Mitarbeiter im Rechnungswesen. Die Daten sind daher auch anfälliger für unbeabsichtigte Fehler.
- Nachhaltigkeits-Daten liegen oft Annahmen und Schätzungen bzw. Durchschnittswerte zugrunde: Auch in diesem Fall sind glaubwürdige Quellen mit belastbarer Datenqualität heranzuziehen. Die Berichterstattung sollte Auskunft geben über bedeutsame Ermessensspielräume und darüber, wie mit diesen umgegangen wurde.
- Für die Berichtsinhalte müssen ausreichende Nachweise und Belege vorgehalten werden.
- Die Auslegung unbestimmter Rechtsbegriffe ist eng an den Gesetzes- und ESRS-Vorgaben durchzuführen und zu dokumentieren. Für die als wesentlich eingestuften Informationen ist in internen Vorgaben und Handbüchern eindeutig festzulegen, wer welche Informationen wann wo zu melden hat sowie welche Anlagen/Belege und Freigaben (Vier-Augen-Prinzip) erforderlich sind.

---

15   Vgl. Schmidt/Strenger, NZG 2019, S. 483; Schmidt, WPg 2022, S. 100.

Die Erwartung von Regulatoren und Kapitalmarktteilnehmern, dass sich die Qualität der Nachhaltigkeitsberichterstattung innerhalb sehr kurzer Zeit an die Qualität der Finanzberichterstattung annähern soll, hat dazu geführt, dass sich das Rechnungswesen berichtspflichtiger Unternehmen in die ESRS-Berichterstattung deutlich stärker einbringt, als dies in der Vergangenheit der Fall war, und dabei häufig sogar in die Führungsrolle geht. Der deutlichere Fokus auf nachhaltigkeitsbezogene Chancen und Risiken führt ferner dazu, dass der Bereich Risikomanagement ebenfalls stärker als bislang involviert ist. Bei Unternehmen, die durch die CSRD erstmalig über Nachhaltigkeit berichten und dementsprechend gar nicht über eine Nachhaltigkeitsabteilung verfügen, ist es naheliegend, dass das Rechnungswesen auch diese Berichtspflicht übernimmt. Welche Bereiche in die ESRS-Implementierung und -Berichterstattung involviert werden, ist unternehmensindividuell zu entscheiden und auch abhängig von den handelnden Personen. Erkennbar ist jedoch, dass es sinnvoll ist, die Fachkompetenz aus Nachhaltigkeits- und Umweltbereichen mit der Methodenkompetenz aus Rechnungswesen, Controlling und Risikomanagement zu verbinden. Die erforderliche Zusammenarbeit solcher Bereiche, die in der Vergangenheit möglicherweise nur eingeschränkt zusammengearbeitet haben, gelingt umso besser, je stärker dies von der Unternehmensleitung unterstützt und eingefordert wird (tone from the top).

Die Unternehmensleitung sollte die ESRS-Implementierung eng verfolgen und die erforderlichen Ressourcen zur Verfügung stellen. Ferner sollte sie analysieren, welche strategischen Impulse sich aus der Umsetzung herleiten lassen sowie ob Anpassungen der Planungs-/Investitionsprozesse und des Chancen- und Risikomanagements angezeigt sind.

Der Aufsichtsrat hat die Nachhaltigkeitsberichterstattung ebenso zu prüfen, wie er Abschluss und Lagebericht zu prüfen hat. Von einer „gespaltenen Prüfungsintensität"[16], wonach Nachhaltigkeitsangaben weniger intensiv zu prüfen seien, weil sie vom Prüfer weniger tiefgehend geprüft werden als Gegenstände der gesetzlichen Abschlussprüfung, ist nicht auszugehen.[17]

Mit Blick auf den Aufsichtsrat dürfte ferner vor allem die Empfehlung D.3 DCGK herausfordernd sein, wonach die Finanz-Expertise aus § 100 Abs. 5 AktG auch entsprechende Kenntnisse zu Nachhaltigkeitsberichterstattung und

---

16 Siehe Hennrichs/Pöschke, NZG 2017, S. 125; Vetter, in: Spindler/Wilsing/Butzke (Hrsg.), Unternehmen, Kapitalmarkt, Finanzierung, FS Marsch-Barner, München 2018, S. 568 f.

17 Siehe Fußnote 15.

deren Prüfung umfasst. Aufgrund der in der Nachhaltigkeitsberichterstattung einschlägigen „Währungen", der weniger reifen Berichtsprozesse und der in der Regel dezentraleren Erfassung der Daten kann keineswegs davon ausgegangen werden, dass eine Vertrautheit mit HGB-/IFRS-Vorgaben „automatisch" auch die erforderliche Nachhaltigkeits-Expertise zur Folge hat. Allerdings werden sich hinreichend vorgebildete Prüfungsausschuss-Mitglieder das entsprechende Wissen mit ausreichender Fortbildung aneignen können – es ist regelmäßig nicht erforderlich, dass Aufsichtsräte selbst an Nachhaltigkeitsprojekten mitgearbeitet haben.

3.4   Faktor 3: Konsistenz mit weiteren Unternehmensinformationen

In der Vergangenheit war z.T. zu beobachten, dass Finanz- und Nachhaltigkeitsberichte von unterschiedlichen Abteilungen, ggf. aus unterschiedlichen Vorstands-Ressorts, verfasst wurden. Mangelnde Abstimmung konnte dann dazu führen, dass in den unterschiedlichen Berichten unterschiedliche Bilder desselben Unternehmens und insb. von dessen Nachhaltigkeits-Engagement vermittelt wurden. Dies fiel auf, als institutionelle Investoren sich zunehmend auch für Nachhaltigkeitsinformationen interessierten und Finanzvorstände auf Inkonsistenzen hinwiesen.

Bei der Formulierung von Zielen, z.B. bezüglich Dekarbonisierung oder Erreichung eines bestimmten Werts von taxonomiekonformem Investitionsausgaben, sollte unbedingt die Datenqualität und Zielerreichbarkeit intensiv analysiert werden. Unternehmen sollten sich ferner ein Framework für entsprechende Ziele geben, insb. in Bezug auf die Frage, unter welchen Umständen beispielsweise bei Dekarbonisierungszielen das Basisjahr angepasst werden darf bzw. muss. Nachträgliche Anpassungen von vorab unklar bzw. unplausibel formulierten Zielen haben in der Vergangenheit zu erheblicher Kritik von institutionellen Investoren geführt.

Die ESRS geben ein Set von – soweit wesentlich – zwingend berichtspflichtigen Datenpunkten vor. Diese sollten bei der Entwicklung von Zielen, z.B. für die Vorstandsvergütung oder für ESG-verknüpfte Finanzinstrumente, berücksichtigt werden, um Doppelerfassungen zu vermeiden, die schlimmstenfalls noch einander entgegenlaufende Anreize setzen.

Zusätzlich ist die Konsistenz mit dem Abschluss zu prüfen. Die ESMA hat für 2023 vor allem Auswirkungen des Klimawandels und anderer Umweltauswirkungen auf den Abschluss als Prüfungsschwerpunkt formuliert.[18] Bereits in der Vergangenheit hatten öffentlich formulierte Dekarbonisierungsziele, die sich aber nicht in der Nutzungsdauer treibhausgasintensiver Vermögenswerte im Abschluss niederschlugen, zu umfangreicher Kritik in Enforcement-Verfahren geführt.

3.5   Faktor 4: Externe Prüfung durch einen unabhängigen Dritten

Wirtschaftsprüfer, vor allem die jeweilige Abschlussprüfungsgesellschaft, sind aufgrund ihrer Kenntnis des zu prüfenden Unternehmens, seines Geschäftsmodells, der Chancen und Risiken seiner künftigen Entwicklung sowie aufgrund ihrer Prüfungsexpertise und ihrer umfangreichen Maßnahmen zu Aus- und Fortbildung sowie interner und externer Qualitätssicherung inkl. ihrer kontrollierten Unabhängigkeit für die Prüfung auch von Nachhaltigkeitsinformationen prädestiniert. Gerade auch bei der Prüfung der Taxonomie-Angaben können Synergieeffekte aus der gesetzlichen Abschlussprüfung genutzt werden, insb. hinsichtlich Umsatzerlösen, Investitions- und Betriebsausgaben. Diese Synergieeffekte werden künftig noch weiter zunehmen, einerseits durch die ESRS-Berichtspflichten zu Chancen und Risiken in allen drei ESG-Dimensionen sowie andererseits zu durch die (möglichen) Auswirkungen vor allem der Umweltthemen auf den Abschluss. Aufgrund der langjährigen Erfahrung aus der Erbringung solcher Prüfungsleistungen einschließlich der Einbindung von Spezialisten in die Prüfung verfügen Wirtschaftsprüfer ferner über die erforderlichen Kompetenzen.

Entsprechende Prüfungen können derzeit insb. nach ISAE 3000 (rev.) mit begrenzter oder hinreichender Sicherheit (limited bzw. reasonable assurance) vereinbart werden. Der Marktstandard ist derzeit (noch) die freiwillige Prüfung mit begrenzter Sicherheit – eine solche Prüfung wird für die Berichterstattung nach CSRD/ESRS künftig zwingend vorgeschrieben. In der CSRD ist jedoch auch bereits der Übergang zur Prüfungspflicht mit hinreichender Sicherheit angelegt. Dieser wird – nach einer Machbarkeitsbewertung – derzeit ab dem Kalenderjahr 2028 erwartet. Auch Investoren und Aufsichtsräte fordern dies ein,

---

18   Vgl. ESMA (Hrsg.), Public Statement: European enforcement priorities for 2023 annual financial reports, Paris 2023, S. 3-5.

da sie eine solche Prüfung mit hinreichender Sicherheit als Qualitätsmerkmal hinsichtlich Datenqualität und Datenverfügbarkeit wahrnehmen und weil sie davon ausgehen, dass bei Vereinbarung einer Prüfung mit begrenzter Sicherheit eine „Prüfungslücke" verbleibt, die der Aufsichtsrat kaum durch eigene Prüfungshandlungen schließen kann.

Die Verwendung des grundlegenden, nicht explizit für die Prüfung von Nachhaltigkeitsinformationen entwickelten Standards ISAE 3000 (rev.) war in der Vergangenheit sachgerecht, da sie dem Reifegrad und der Heterogenität des Standardsettings und der unternehmensinternen Prozesse entsprach. Der Berufsstand hat rechtzeitig erkannt, dass mit der Fortentwicklung dieser Rahmenbedingungen auch eine weitere Detaillierung der Prüfungsvorgaben angezeigt ist, und hierauf insb. mit der Entwicklung der folgenden Vorgaben bzw. Interpretationen reagiert:

- *Entwurf eines IDW Prüfungsstandards: Inhaltliche Prüfung der nichtfinanziellen (Konzern-)Erklärung im Rahmen der Abschlussprüfung (IDW EPS 352 (08.2022)), Entwurf eines IDW Prüfungsstandards: Inhaltliche Prüfung mit hinreichender Sicherheit der nichtfinanziellen (Konzern-)Berichterstattung außerhalb der Abschlussprüfung (IDW EPS 990 (11.2022)), Entwurf eines IDW Prüfungsstandards: Inhaltliche Prüfung mit begrenzter Sicherheit der nichtfinanziellen (Konzern-)Berichterstattung außerhalb der Abschlussprüfung (IDW EPS 991 (11.2022))*
- IAASB: Non-authoritative guidance on applying ISAE 3000 (rev.) to Extended External Reporting (EER)
- IAASB ED ISSA 5000: General Requirements for Sustainability Assurance Engagements

Die durch die CSRD vorgesehene Pflicht zur inhaltlichen Prüfung der Nachhaltigkeitsberichterstattung ist vor diesem Hintergrund ein nachvollziehbarer Schritt. Dass diese Pflicht zunächst mit begrenzter Sicherheit vorgesehen wird, ist ebenfalls verständlich, mit Blick auf die erforderlichen Anpassungen in der Governance des Berichtsprozesses für eine Prüfung mit hinreichender Sicherheit. Allerdings ist ebenso nachvollziehbar, dass das DRSC in seiner Breitenstudie zu dem Ergebnis kommt, dass – wenn Nachhaltigkeitsinformationen mittlerweile für Berichtsadressaten ebenso relevant sind wie Finanzinformationen – grundsätzlich nicht plausibel ist, diese Informationen mit geringerer Intensität zu prüfen. Entsprechend beauftragen einzelne Aufsichtsräte schon heute die Prüfung von Nachhaltigkeitsberichten oder zumindest spezifischer KPI mit hinreichender Sicherheit. Der Gesetzgeber hat den berichtspflichtigen Unternehmen zudem den Weg klar vorgezeichnet – es empfiehlt sich, eine „reasonable assurance readiness" bereits bei der Implementierung für die erstmalige ESRS-Berichterstattung für 2024 bzw. 2025 weitgehend mitzuberücksichtigen, selbst wenn letztlich nur eine Prüfung mit begrenzter Sicherheit mit dem Prüfer vereinbart wird.

4 Zusammenfassung und Ausblick

Der Berufsstand der Wirtschaftsprüfer hat sich – nicht zuletzt infolge des Engagements und der Initiative des Jubilars Naumann – frühzeitig in die Fortentwicklung der Unternehmensberichterstattung eingebracht. Übergeordnetes Ziel war dabei stets, die Aussagekraft der Berichterstattung aus Adressatensicht zu gewährleisten bzw. zu erhöhen, zur Sicherstellung der weiteren Relevanz der Berichterstattung. Diese maßvolle und frühzeitige Einbringung hat den Berufsstand zu einem gefragten Experten in diesen wichtigen Fragestellungen gemacht.

Gerade mit der Schaffung der ESRS- und Taxonomie-Berichtspflichten sind wichtige Schritte zur Fortentwicklung der Unternehmensberichterstattung gemacht worden. Angemessene Transparenz ist ein wichtiger Faktor zur Erreichung von gesamtgesellschaftlichen Nachhaltigkeitszielen – sie wird aber allein nicht ausreichend sein und kann dies letztlich auch gar nicht.

Die Prüfung der künftigen Nachhaltigkeitsberichterstattung ist eine wesentliche Facette für Verlässlichkeit und Vertrauenswürdigkeit der Informationen, sowohl für interne als auch für externe Stakeholder. Aber die Prüfung allein kann dies nicht gewährleisten – weitere Faktoren sind zu beachten. Hinsichtlich der Rechnungslegungsvorgaben bleibt zu bemängeln, dass diese erkennbar mit großem Zeitdruck entwickelt wurden und nun mit kurzer Vorlaufzeit, trotz erheblichen Auslegungsbedarfs, von den berichtspflichtigen Unternehmen umzusetzen sind. Unternehmen sollten dringend auch die erforderlichen internen Strukturen und Prozesse schaffen und nicht nur das Verfassen eines weiteren Teilberichts im Lagebericht vor Augen haben. Hinsichtlich Konsistenz sind zunehmend Wechselwirkungen zwischen der in der Nachhaltigkeitsberichterstattung gezeigten Nachhaltigkeits-Performance und der im Abschluss gezeigten finanziellen Performance zu beachten.

Das Tätigkeitsspektrum von Rechnungslegungs- und Prüfungsexperten ist um eine spannende Aufgabe erweitert worden! Der Jubilar hat dies früh erkannt und die Weichen gestellt. Passend dazu hat der Fachausschuss für Unternehmensberichterstattung jüngst erstmals eine Modulverlautbarung veröffentlicht, die Unternehmen und deren Abschlussprüfer in der einheitlichen Auslegung der ESRS unterstützt.[19]

---

19   *IDW Stellungnahme zur Rechnungslegung: ESRS-Modulverlautbarung (IDW RS FAB 100)* (Stand: 20.02.2024), Vgl. FN-IDW 2024, Heft Nr. 4, S. 399.

Darstellung immaterieller Ressourcen als Teil der Lageberichterstattung – Neue Impulse durch die Corporate Sustainability Reporting Directive

Verfasser: WP StB Georg Lanfermann, Kristina Schwedler

1 Einleitung

Die EU-Richtlinie zur Nachhaltigkeitsberichterstattung von Unternehmen (Corporate Sustainability Reporting Directive, CSRD) wird die Berichtsanforderungen für Unternehmen ab dem Geschäftsjahr 2024 grundlegend verändern. Mit der CSRD wird für eine Vielzahl von Unternehmen ein umfassender Nachhaltigkeitsbericht zum Pflichtbestandteil des Lageberichts. Neben der ausführlichen Nachhaltigkeitsberichterstattung erweitert die CSRD die Berichtspflichten über die immateriellen (Vermögens-)Werte eines Unternehmens. Künftig müssen bestimmte Unternehmen in den Lagebericht Informationen über ihre wichtigsten immateriellen Ressourcen aufnehmen.

Diese neue Berichtspflicht ist ein Meilenstein in der Entwicklung der Unternehmensberichterstattung. Unstrittig besitzen immaterielle (Vermögens-)Werte oftmals einen erheblichen Einfluss auf den Unternehmenserfolg und damit die Zukunftsfähigkeit eines Unternehmens. Die klassischen Instrumente der Unternehmensberichterstattung – wie die Bilanz zur Vermittlung der Vermögenslage – vermögen immaterielle (Vermögens-)Werte bisher aber nur unzureichend darzustellen. Die daraus resultierende Kritik besteht seit Jahrzehnten.

Nunmehr gaben die dynamischen Entwicklungen im Bereich der Nachhaltigkeitsberichterstattung den Bestrebungen nach einer verbesserten Berichterstattung über (Vermögens-)Werte neue Impulse. Immaterielle (Vermögens-)Werte – wie beispielsweise Innovationsfähigkeit und Mitarbeiterqualifikationen – bilden Schlüsselfunktionen für die Transformation hin zu einer nachhaltigen Wirtschaft. Analysten und Investoren, aber auch andere Stakeholder aus der Zivilgesellschaft sollen dem Lagebericht künftig Informationen zu diesen immateriellen Ressourcen entnehmen können. Das ist ein großer Fortschritt im Hinblick auf die Vermittlung eines umfassenden Bildes der Leistungs- und Zukunftsfähigkeit von Unternehmen.

Dieser Beitrag zeigt die mit einer Berichterstattung über immaterielle (Vermögens-)Werte verbundenen Herausforderungen auf und würdigt die Bestrebungen nach einer verbesserten Berichterstattung darüber. Man darf gespannt sein, wie die Unternehmen die neue Berichtspflicht mit Leben füllen werden und inwiefern die CSRD-Vorgaben damit tatsächlich ein neues Kapitel der Berichterstattung über immaterielle (Vermögens-)Werte darstellen. Nach zahlreichen Beiträgen und Verdiensten für eine qualitativ hochwertige Unternehmensberichterstattung schlägt auch der mit dieser Festschrift Geehrte ein neues Kapitel auf. Wir wünschen ihm, dass er vor allem auch die immateriellen Früchte seines bisherigen Lebenswegs in vollen Zügen genießen kann.

2   Berücksichtigung immaterieller (Vermögens-)Werte in der Unternehmensberichterstattung: Die „ewigen Sorgenkinder des Bilanzrechts"[1]

Das deutsche Bilanzrecht ist aufgrund der lange Zeit vorherrschenden Dominanz der Fremdfinanzierung als Form der Unternehmensfinanzierung durch Vorsichtsgedanken und Objektivierungsaspekte geprägt. Infolgedessen wurde 1965 ein ausdrückliches Verbot des Ansatzes aller selbst geschaffenen immateriellen Vermögensgegenstände des Anlagevermögens kodifiziert (§ 248 Abs. 2 HGB a.F.). Die nachfolgenden Reformen des Bilanzrechts waren von der Umsetzung europäischer Richtlinien bestimmt. Besonders einflussreich waren das Bilanzrichtliniengesetz (BiRiLiG) von 1995 und das Bilanzrechtsmodernisierungsgesetz (BilMoG) von 2009.[2]

Durch das BilMoG wurde das generelle Aktivierungsverbot für selbst geschaffene immaterielle Vermögensgegenstände des Anlagevermögens aufgehoben und ein Bilanzierungswahlrecht eingeführt. Ursprünglich vorgesehen war eine Aktivierungspflicht; diese wurde aber im Verlauf des Gesetzgebungsverfahrens

---

1   Bereits 1979 geprägte Bezeichnung, vgl. Moxter, BB 1979, S. 1102.
2   Siehe Zwirner, WPg 2015, S. 218 ff. Vgl. auch Naumann, WPg 8/2014, S. I.

durch die Einführung des Aktivierungswahlrechts ersetzt. Insbesondere der Mittelstand übte Kritik am angedachten Aktivierungsgebot mit Verweis auf eine hohe Regelungskomplexität und erhebliche Mehraufwendungen. Ziel der Öffnung der Bilanz für selbst geschaffene immaterielle Anlagenwerte war es, die Informationsfunktion des Jahresabschlusses zu stärken und seine Aussagekraft zu verbessern. Um der Möglichkeit einer Gefährdung der Gläubiger durch Aktivierung unsicherer immaterieller (Vermögens-)Werte zu begegnen, wurde eine Ausschüttungs- und Abführungssperre in § 268 Abs. 8 HGB und § 301 AktG aufgenommen.[3]

Mit dem BilMoG näherte sich das deutsche Bilanzrecht den kapitalmarktorientierten International Financial Reporting Standards (IFRS) – hier konkret International Accounting Standard (IAS) 38 – an. Die folgende Tabelle zeigt beide Regelwerke im Vergleich.

	Separat erworben	Im Rahmen eines Unternehmenszusammenschlusses erworben	Selbst geschaffen
Immaterielle Ressourcen, die separat bilanzierungsfähig sind (HGB: immaterielle Vermögensgegenstände;	HGB + IFRS: Ansatzpflicht	HGB: Ansatzpflicht, wenn Bewertung zuverlässig möglich IFRS: Ansatzpflicht	Marken, Drucktitel, Verlagsrechte, Kundenlisten und vergleichbare immaterielle Vermögensgegenstände/-werte: Ansatzverbot gem. HGB + IFRS

---

3 Vgl. van Hall/Kessler, 2009, „Selbst geschaffene immaterielle Vermögensgegenstände des Anlagevermögens", in: Handbuch BilMoG – Der praktische Leitfaden zum Bilanzrechtsmodernisierungsgesetz, Hrsg. Harald Kessler, Markus Leinen und Michael Strickmann, S. 138–155.

	Separat erworben	Im Rahmen eines Unternehmens-zusammenschlus-ses erworben	Selbst geschaffen
IFRS: immaterielle Vermögens-werte)			Ansonsten (z.B. Software, Produkt-innovationen): Ansatzwahlrecht (HGB)/Ansatz-pflicht (IFRS) bei Erfüllung bestimmter Kriterien
Immaterielle Ressourcen, die nicht separat bilanzierungs-fähig sind	Nicht anwendbar	HGB + IFRS: Aktivierung als Teil des Goodwills	Ansatzverbot

Tab. 1: Überblick über die Ansatzschriften für immaterielle Ressourcen nach HGB und IFRS (vgl. von Keitz/Schwedler, 2023, S. 35)

Damit finden immaterielle (Vermögens-)Werte zum Teil Eingang in na-tionale und internationale Bilanzen. Ihre Erfassung ist abhängig von der Art ihres Zugangs und der Ausübung des Bilanzierungswahlrechts nach HGB sowie von bestehenden Bilanzierungsspielräumen, z.B. bei der Abgrenzung von Forschungs- und Entwicklungskosten. Explizit außen vor bleiben selbst geschaffene Marken, Drucktitel, Verlagsrechte, Kundenlisten und vergleichbare immaterielle Vermögensgegenstände/-werte. Grundsätzlich stehen einer Viel-zahl immaterieller (Vermögens-)Werte ihre regelmäßig zugrunde liegenden Merkmale – wie Zukunftsorientierung, Ungewissheit, kommerzielle Sensibili-tät und begrenzte Kontrolle – einer bilanziellen Erfassung nach den aktuellen Bilanzierungskonzepten entgegen. Dies gilt für nationale (HGB) und interna-tionale (IFRS) Abschlüsse gleichermaßen.

Ungeachtet ihrer hohen Relevanz zählen immaterielle (Vermögens-)Werte daher seit mehreren Jahrzehnten zu den „ewigen Sorgenkindern des Bilanzrechts".[4] In der Konsequenz begründen nicht bilanzierte immaterielle Werte Differenzen zwischen dem bilanziellen Eigenkapital (Reinvermögen) und dem Unternehmenswert (Marktwert). Aufgrund der zentralen und zunehmenden Bedeutung der immateriellen Ressourcen für die (nachhaltige) Geschäftstätigkeit und Wertschöpfung von vielen Unternehmen vergrößerte sich diese Marktwert-Buchwert-Lücke kontinuierlich.[5] Obgleich gemeinhin gilt, dass das bilanzielle Eigenkapital nicht auf eine Abbildung des Unternehmenswertes abzielt, gaben hohe Marktwert-Buchwert-Lücken Anlass für deutliche Kritik an der Aussagekraft und damit insgesamt an der Bedeutsamkeit der bestehenden Finanzberichterstattung.[6]

3 Bisherige Vorschläge für eine verbesserte Berichterstattung

3.1 Motive

Entsprechend der oben dargestellten Historie wird eine verbesserte Berichterstattung über immaterielle (Vermögens-)Werte auf globaler, europäischer und deutscher Ebene seit Jahrzehnten diskutiert. Leitmotiv der Diskussion bildet bis heute die stetig wachsende wirtschaftliche Bedeutung von Dienstleistungs- und Technologieunternehmen. Immaterielle (Vermögens-)Werte gehören zu den zentralen Werttreibern der digitalen Transformation.[7]

Darüber hinaus hat sich in letzter Zeit das Bewusstsein für die Notwendigkeit ökologisch und sozial nachhaltiger Geschäftsmodelle erhöht. Immaterielle (Vermögens-)Werte gehören zu den zentralen Werttreibern für den Wandel hin zu einer nachhaltigen Wirtschaft. Es ist daher nicht verwunderlich, dass im Rahmen der aktuellen dynamischen Entwicklung der Nachhaltigkeitsberichterstattung neue Impulse für eine verbesserte Berichterstattung über immaterielle (Vermögens-)Werte entstehen.[8]

---

4   Siehe Fn. 1.

5   Zur Wertrelevanz von immateriellen (Vermögens-)Werten vgl. von Keitz/Schwedler, 2023, „Immaterielle Ressourcen als Werttreiber für (nachhaltiges) Wirtschaften", Bertelsmann Stiftung, S. 26–28.

6   Siehe dazu beispielhaft Lev/Gu, 2016, S. 75.

7   Hierzu Naumann, IRZ 2017, S. 189–190. Ausführlich zu Digitalisierung und immateriellen Ressourcen von Keitz/Schwedler, 2023, S. 24.

8   Vgl. von Keitz/Schwedler, 2023, S. 25.

Damit liegt es auf der Hand, dass eine Vielzahl von immateriellen (Vermögens-) Werten sowohl für die Finanz- als auch für die Nachhaltigkeitsberichterstattung relevant sind. Sie bilden ein wichtiges Bindeglied zwischen den beiden Berichts-welten, die derzeit noch weitgehend parallel existieren. Daher sind immaterielle (Vermögens-)Werte ein wichtiger Bezugspunkt für die Verknüpfung und Inte-gration von Finanz- und Nachhaltigkeitsinformationen, die ein ganzheitliches Berichtssystem auszeichnen. Auf dieser Schnittstelle bewegt sich auch die neue Berichtspflicht nach der CSRD.[9]

3.2   Vorschläge nationaler Standardsetzer

In den letzten Jahren veröffentlichte eine Reihe (nationaler) Standardsetzer ver-schiedene Diskussionsbeiträge zu einer verbesserten Berichterstattung über im-materielle (Vermögens-)Werte. Die folgende Tabelle gibt einen Überblick über die jüngsten Forschungsaktivitäten einiger (nationaler) Standardsetzer.[10]

Australian Accounting Standards Board (AASB)
Staff Paper Intangible Assets: Reducing the Financial Statements Informa-tion Gap through Improved Disclosures, März 2022
Joint AASB-Auditing and Assurance Standards Board (AUASB) Research Report Australian Listed Entities: Recognised intangible assets and key audit matters, Mai 2023
Canadian Accounting Standards Board (AcSB)
Survey of the types of intangibles prevalent in the Canadian market, laufend
Deutsches Rechnungslegungs Standards Committee (DRSC)
Immaterielle Ressourcen als Werttreiber für (nachhaltiges) Wirtschaften: Chancen und Herausforderungen der neuen Berichtspflicht, Oktober 2023

---

9   Zu einer integrierten Finanz- und Nachhaltigkeitsberichterstattung Naumann, BB 15 (2013), S. I.

10   Ausführlich zu den Inhalten der Forschungsprojekte von Keitz/Schwedler, 2023, S. 43–47.

European Financial Reporting Advisory Group (EFRAG) Recommendations and Feedback Statement: Better Information on Intangibles: Which is the best way to go?, April 2023
Korea Accounting Standard Board (KASB) Statement of Core Intangibles, Dezember 2019
New Zealand External Reporting Board (XRB) Meeting users' needs, recognition and disclosure of intangible assets, September 2023
UK Financial Reporting Council (FRC) Feedback Statement: Business Reporting of Intangibles – Realistic Proposals, Januar 2021
UK Endorsement Board (UKEB) Accounting for Intangibles: UK Stakeholders' Views, März 2023 Accounting for Intangibles: A survey of users' views, Mai 2024 Accounting for Intangibles: A quantitative analysis of UK Financial Reports, Mai 2024

Tab. 2: Überblick zu den Forschungsaktivitäten von (nationalen) Standardsetzern

Die Spanne ist dabei groß, von Überlegungen zu einem vermehrten Ansatz immaterieller (Vermögens-)Werte in der Bilanz oder einem separaten Statement zu immateriellen (Vermögens-)Werten – einschließlich Monetarisierung – bis hin zum Erwägen erweiterter Anhang- und Lage- bzw. Geschäftsberichtsangaben (narrative Berichterstattung). Insbesondere die Forschungsergebnisse der EFRAG verdeutlichen, dass immaterielle (Vermögens-)Werte viele verschiedenartige Werte mit unterschiedlichen Charakteristika umfassen, sodass je nach Art des immateriellen (Vermögens-)Wertes unterschiedliche Ansätze zu einer verbesserten Berichterstattung beitragen können.

Mit ihren Forschungsaktivitäten zielen die (nationalen) Standardsetzer insbesondere auch darauf ab, die internationale Diskussion zu einer verbesserten Berichterstattung über immaterielle Ressourcen proaktiv mitzugestalten. Das IASB hat als Ergebnis seiner dritten Agenda-Konsultation ein Forschungsprojekt zur umfassenden Überprüfung der Rechnungslegungsvorschriften für immaterielle (Vermögens-)Werte gestartet. Im Rahmen des Projekts wird untersucht, inwiefern die Anforderungen von IAS 38 weiterhin relevant sind und aktuelle Geschäftsmodelle angemessen widerspiegeln oder einer Anpassung an die Berichterstattung über immaterielle (Vermögens-)Werte bedürfen.[11]

Die Erörterungen der (nationalen) Standardsetzer zeigen insgesamt die Komplexität einer adäquaten Abbildung von immateriellen (Vermögens-)Werten durch erweiterte Bilanzierungsvorgaben auf. Neben der Erfüllung der Ansatzvoraussetzungen – wie z.B. die Erfüllung des Ansatzkriteriums der Kontrolle über einen Vermögenswert – stellt sich insbesondere die Bewertung von immateriellen (Vermögens-)Werten oftmals als problematisch dar. Vielfach wird eine erweiterte narrative Berichterstattung daher als ein erster Schritt hin zu einer verbesserten Berichterstattung über immaterielle (Vermögens-)Werte gesehen. Die CSRD geht diesen Weg und verlangt narrative Informationen über die wichtigsten immateriellen Ressourcen eines Unternehmens im Lagebericht.

3.3   Vorschläge aus Wissenschaft und Praxis

Darüber hinaus kann zur Weiterentwicklung der Berichterstattung über immaterielle (Vermögens-)Werte auf ein umfangreiches wissenschaftliches Schrifttum zurückgegriffen werden.[12] Mit Blick auf den vorab dargestellten Widerspruch zwischen der Bedeutung immaterieller (Vermögens-)Werte und ihrer begrenzten Berücksichtigung in der Unternehmensberichterstattung sind neben wissenschaftlichen Beiträgen auch aus der Praxis verschiedene Vorschläge zu einer verbesserten Berichterstattung hervorgegangen. Zunächst zielten diese im Sinne eines Value Reporting primär auf die Schließung der Buchwert-Marktwert-Lücke ab. Aufgrund der zunehmenden gesellschaftspolitischen Gewichtung von Umwelt- und Sozialverantwortung erweiterte sich der Fokus. Die Konzepte und Initiativen zur (freiwilligen) Berichterstattung über immaterielle Ressourcen adressieren nunmehr auch die Bedeutung immaterieller Ressourcen mit Nachhaltigkeitsbezug.

---

11   Vgl. IASB (2024).
12   Vgl. Zambon et al., „A Literature Review on the Reporting of Intagibles" (2020).

Auf die Diskussionen zu einer verbesserten Berichterstattung über immaterielle (Vermögens-)Werte üben insbesondere Einfluss aus:

- die Initiative des AKIWIR mit dem Vorschlag eines Intellectual Capital Statement (ICS),[13]
- das International IR Framework[14] und
- das WICI Intangible Reporting Framework.[15]

Diese drei Berichterstattungskonzepte eignen sich im besonderen Maße als Orientierungsrahmen für die Umsetzung und Anwendung der Berichtspflicht über immaterielle Ressourcen gemäß CSRD.[16]

4   Berichtspflicht zu immateriellen Ressourcen nach der CSRD

4.1   Originäre Regelung in der CSRD

Die Initiativen und Vorschläge für eine verbesserte (freiwillige) Berichterstattung über immaterielle (Vermögens-)Werte fanden in der Praxis nur wenig Widerhall. Daraufhin greift die CSRD in ihrem Erwägungsgrund 34 die bestehende Lücke von Informationen über immaterielle (Vermögens-)Werte explizit auf und führt aus: *„Es ist weithin anerkannt, dass über Informationen zu immateriellen Anlagewerten und anderen immateriellen Faktoren, einschließlich intern geschaffener immaterieller Ressourcen, in zu geringem Maße Bericht erstattet wird, wodurch eine ordnungsgemäße Bewertung des Geschäftsverlaufs, des Geschäftsergebnisses und der Lage eines Unternehmens sowie die Überwachung von Investitionen erschwert wird. Um Anlegern ein besseres Verständnis der bei zahlreichen Unternehmen und in vielen Wirtschaftszweigen zunehmend beobachteten Diskrepanz zwischen Buchwert und Marktbewertung zu verschaffen, sollte […] eine angemessene Berichterstattung über immaterielle Ressourcen verlangt werden."*[17]

---

13   Siehe AKIWIR (Arbeitskreis „Immaterielle Werte im Rechnungswesen"), Kategorisierung und bilanzielle Erfassung immaterieller Werte, DB 19 (2001), S. 989–995; AKIWIR (Arbeitskreis „Immaterielle Werte im Rechnungswesen"), Freiwillige externe Berichterstattung über immaterielle Werte, DB 23 (2003), S. 1233–1239.

14   Siehe IIRC (2021).

15   Siehe WICI (2016).

16   Für einen Überblick und weitere Details vgl. von Keitz/Schwedler, 2023, S. 38–43.

17   Vgl. CSRD, ErwG 32.

Entsprechend wird gemäß Art. 1 Nr. 3 CSRD in Art. 19 Abs. 1 der Bilanz-richtlinie (n.F.) ein neuer Unterabsatz eingefügt, nach dem über die wichtigsten immateriellen Ressourcen Bericht zu erstatten ist. Ferner ist zu er-läutern, inwiefern das Geschäftsmodell grundlegend von diesen Ressourcen abhängt und inwiefern diese Ressourcen eine Wertschöpfungsquelle darstel-len. Die Berichtspflicht gilt für große Unternehmen sowie kleine und mitt-lere Unternehmen, bei denen es sich um Unternehmen von öffentlichem In-teresse handelt,[18] und damit für ca. 50.000 Unternehmen EU-weit (davon ca. 15.000 Unternehmen mit Sitz in Deutschland).[19] Sie besteht bereits für am 01.01.2024 beginnende Geschäftsjahre.

Die neue Berichtspflicht führt den Begriff *„wichtigste immaterielle Ressourcen"* ein. Grundsätzlich geht der Begriff „Ressource" über den Begriff „Vermögens-wert" bzw. „Vermögensgegenstand" und damit über die in der Bilanz erfass-baren Werttreiber hinaus. Allerdings wird mit dem vorangestellten Adjektiv „wichtigste" der Umfang berichtspflichtiger immaterieller Ressourcen stark eingeschränkt. Er beschränkt sich auf diejenigen immateriellen Ressourcen, von denen das Geschäftsmodell des Unternehmens grundlegend abhängt und die eine Wertschöpfungsquelle für das Unternehmen darstellen. Entsprechend ist der Begriff im Richtlinientext explizit definiert.[20]

Die Berichtsvorgaben selbst sind allgemein formuliert. Konkretisierungen sind auch in den ESRS nicht enthalten, da sich die ihnen zugrunde liegende Ermäch-tigung zum Erlass delegierter Rechtsakte (nur) auf die Inhalte des Nachhaltig-keitsberichts bezieht. Der Berichtspflicht zu den immateriellen Ressourcen ist indes im allgemeinen, finanziellen Teil des Lageberichts nachzukommen.

Ursprünglich war allerdings beabsichtigt, die neuen Anforderungen an die Berichterstattung über immaterielle Ressourcen in den mit der CSRD ein-geführten Nachhaltigkeitsbericht aufzunehmen. Dies verdeutlicht einmal mehr, dass immaterielle Ressourcen ebenfalls zu den zentralen Werttreibern für eine nachhaltige Entwicklung gehören und ein zentrales Bindeglied zwischen Finanz- und Nachhaltigkeitsberichterstattung bilden. Erwägungsgrund 32 der

---

18   Es gelten die Größenkriterien der Bilanzrichtlinie. Unternehmen von öffentlichem Interesse sind Unternehmen, deren Wertpapiere zum Handel an einem geregelten Markt in der EU zugelassen sind, Kreditinstitute und Versicherungsunternehmen.

19   Zur Schätzung der Zahl betroffener deutscher Unternehmen vgl. DRSC, 2021, Tz. 269. Zu berück-sichtigen ist, dass zwischenzeitlich die Schwellenwerte der monetären Größenkriterien der Bilanz-richtlinie angehoben wurden.

20   Vgl. CSRD, Art. 1 Nr. 2 Buchstabe b).

CSRD reflektiert dies wie folgt: *„Nichtsdestotrotz sind bestimmte Informationen über immaterielle Ressourcen untrennbar mit Nachhaltigkeitsaspekten verbunden und sollten daher Teil der Nachhaltigkeitsberichterstattung sein. Beispielsweise sind Informationen über die Fähigkeiten der Beschäftigten, ihre Kompetenzen, ihre Erfahrung, ihre Loyalität gegenüber dem Unternehmen und ihre Motivation zur Verbesserung von Prozessen, Waren und Dienstleistungen Nachhaltigkeitsinformationen zu sozialen Aspekten, die auch als Informationen über immaterielle Ressourcen betrachtet werden könnten. Ebenso sind Informationen über die Qualität der Beziehungen zwischen dem Unternehmen und seinen Interessenträgern, einschließlich Kunden, Lieferanten und Gemeinschaften, die von den Tätigkeiten des Unternehmens betroffen sind, Nachhaltigkeitsinformationen, die für Sozial- oder Governance-Aspekte relevant sind und ebenfalls als Informationen über immaterielle Ressourcen betrachtet werden könnten. Diese Beispiele verdeutlichen, dass es in manchen Fällen nicht möglich ist, Informationen über immaterielle Ressourcen von Informationen über Nachhaltigkeitsaspekte zu unterscheiden.*"[21]

	Merkmale der Berichtspflicht zu immateriellen Ressourcen nach der CSRD
Definition	Wichtigste immaterielle Ressourcen sind Ressourcen ohne physische Substanz, von denen das Geschäftsmodell des Unternehmens grundlegend abhängt und die eine Wertschöpfungsquelle für das Unternehmen darstellen
Berichtsgegenstand	Wichtigste immaterielle Ressourcen, unabhängig von deren Bilanzierung und einem Nachhaltigkeitsbezug
Berichtsinhalt	Informationen über die wichtigsten immateriellen Ressourcen und Erläuterung, inwiefern das Geschäftsmodell des Unternehmens grundlegend von diesen Ressourcen abhängt und inwiefern diese Ressourcen eine Wertschöpfungsquelle für das Unternehmen darstellen
Berichtsort	Grundsätzlich im allgemeinen, finanziellen Teil des Lageberichts, Informationen über immaterielle Ressourcen mit Nachhaltigkeitsbezug ggf. im Abschnitt der Nachhaltigkeitsberichterstattung

Tab. 3: Überblick über die CSRD-Vorgaben zur Berichterstattung über immaterielle Ressourcen

---

21   CSRD, ErwG 32.

Der EU-Gesetzgeber wählt somit die Erweiterung der narrativen Berichtspflichten im Lagebericht, um eine verbesserte Berichterstattung über immaterielle (Vermögens-)Werte auf den Weg zu bringen. Weitere zukünftige legis-
lative Schritte – einschließlich Konkretisierungen – sind sicherlich auch von
der Umsetzung der neuen Berichtspflicht über immaterielle Ressourcen in der
Berichterstattungspraxis der Unternehmen abhängig.

4.2   Regelung des Referentenentwurfs zur Umsetzung ins deutsche Recht

Das Bundesjustizministerium schlägt in seinem Referentenentwurf vom
22.03.2024 zur Umsetzung der CSRD in das deutsche Recht vor, die neuen
Anforderungen an die Berichterstattung über immaterielle Ressourcen wie
folgt zu integrieren: *„Eine Kapitalgesellschaft hat im Lagebericht auch diejenigen
Ressourcen ohne physische Substanz anzugeben, von denen das Geschäftsmodell
der Gesellschaft grundlegend abhängt und die eine Wertschöpfungsquelle für die
Gesellschaft darstellen, […]. Dabei ist zu erläutern, inwiefern das Geschäftsmodell
der Gesellschaft grundlegend von diesen Ressourcen abhängt und inwiefern diese
Ressourcen eine Wertschöpfungsquelle für die Gesellschaft darstellen."*[22]

Auffällig ist, dass der Begriff „wichtigste immaterielle Ressourcen" nicht fällt. Da
aber eine Formulierung gleichlautend zur Definition im Richtlinientext gewählt
wurde, ist von einer Eins-zu-eins-Übernahme der Richtlinienanforderungen
auszugehen. Ferner wird der Begriff „wichtigste immaterielle Ressourcen" in
der Gesetzesbegründung verwendet. Gleichwohl wäre u.E. die explizite Bezugnahme auf die „wichtigsten immateriellen Ressourcen" im HGB-Wortlaut
klarer. Warum der deutsche Gesetzgeber darauf verzichtet, wird in der Gesetzesbegründung nicht dargestellt.

Der Gesetzesbegründung zu entnehmen sind Aussagen zu immateriellen
Ressourcen mit Nachhaltigkeitsbezug: *„Anzugeben sind diejenigen Ressourcen
ohne physische Substanz, von denen das Geschäftsmodell der Kapitalgesellschaft
grundlegend abhängt und die eine Wertschöpfungsquelle für die Gesellschaft
darstellen. Das können (müssen aber nicht) Angaben mit Bezug zu Nachhaltigkeitsaspekten sein, etwa Angaben über die Fähigkeiten oder Erfahrungen von
Arbeitnehmern, ihre Loyalität gegenüber der Gesellschaft und ihre Motivation zur
Verbesserung von Prozessen oder aber Angaben über die Qualität der Beziehun-*

---

22   RefE CSRD-UmsG, Art. 1 Nr. 5 Buchstabe c) (Hervorhebung d. Verf.).

gen zwischen der Kapitalgesellschaft und ihren Interessenträgern einschließlich Kunden, Lieferanten und lokalen Gemeinschaften, die von der Geschäftstätigkeit der Gesellschaft betroffen sind. "[23] Die Aussagen geben den Inhalt des ErwG 32 der CSRD wieder. Die Beispiele werden eins zu eins übernommen. Deutlich wird auch hier die Überschneidung von Finanz- und Nachhaltigkeitsberichterstattung, allerdings ohne den Verweis auf eine Verortung. Auch hier wäre u.E. eine stärker am Richtlinientext orientierte Formulierung wünschenswert, um einer von der Eins-zu-eins-Umsetzung abweichenden Interpretation keinen Raum zu geben.[24]

4.3   Aktivitäten des DRSC

Das CSRD-UmsG wird aufgrund der im Referentenentwurf angestrebten Eins-zu-eins Umsetzung und der eher allgemein gehaltenen Ausrichtung des HGB kaum konkrete Anhaltspunkte zur Erfüllung der neuen Berichtspflicht bieten. Die vorab dargestellten Inhalte des Referentenentwurfs werden voraussichtlich keine Erweiterung erfahren. Hilfestellung für die Praxis können die das HGB konkretisierenden DRS geben. Entsprechend plant das DRSC bei der Anpassung seiner DRS an das HGB i.d.F. des CSRD-UmsG, die Berichtsplicht über die wichtigsten immateriellen Ressourcen zu erörtern und in die DRS aufzunehmen.

Bereits im Jahr 2022 hat das DRSC begonnen, in einer integriert ausgerichteten Arbeitsgruppe „Immaterielle Werte" die Thematik und insbesondere die sich abzeichnende europäische Regulierung zu immateriellen (Vermögens-)Werten zu diskutieren. Sie wurde vom Gemeinsamen Fachausschuss des DRSC beauftragt, einen Entwurf zur Konkretisierung der neuen Berichtsanforderungen zu den wichtigsten immateriellen Ressourcen zu erarbeiten. Der Entwurf soll den Informationsbedürfnissen im gegebenen regulatorischen Kontext der CSRD Rechnung tragen und gleichermaßen den Bedarf an Orientierung seitens Ersteller und Abschlussprüfer berücksichtigen. Dabei soll er eine standardisierte, vergleichbare Berichterstattung fördern.

Ferner hat das DRSC in Zusammenarbeit mit der Bertelsmann Stiftung den bisherigen Diskussionsstand und mögliche Handlungsoptionen im Rahmen eines Studienprojektes zusammengefasst. Die Studie wurde im Herbst 2023

---

23   RefE CSRD-UmsG, Gesetzesbegründung zu Art. 1 Nr. 5 Buchstabe c).
24   Siehe hierzu die Stellungnahme des DRSC zum RefE eines CSRD-UmsG vom April 2024.

veröffentlicht. Sie hat das Ziel, einen breiten Diskurs zu den neuen Berichtspflichten zu immateriellen Ressourcen anzustoßen. Es braucht in der Wirtschaft ein klares Verständnis der Notwendigkeit und der Umsetzung einer erweiterten Berichtspflicht über immaterielle Ressourcen.

Mögliche Hilfestellungen könnten beispielsweise ansetzen bei der Abgrenzung des Berichtsgegenstandes, der Frage des Vorliegens einer grundlegenden Abhängigkeit vom Geschäftsmodell oder beim Zeitbezug der Betrachtung – vergangenheits- vs. zukunftsorientiert.[25] Um den mit der Berichtspflicht konfrontierten Unternehmen eine Vorstellung relevanter immaterieller Werte zu vermitteln, kann eine Kategorisierung von immateriellen Ressourcen hilfreicher sein als eine abstrakte Definition. Anleihen für eine Kategorisierung immaterieller Ressourcen lassen sich aus den vorab genannten Initiativen ICS des AKIWIR, International IR Framework und WICI Intangibles Reporting Framework entnehmen.

AKIWIR	IIRC	WICI
Human Capital	Human Capital	Human Capital
Customer Capital Supplier Capital Investor Capital	Social and Relationship Capital	Relational Capital
Innovation Capital Pocess Capital Location Capital	Intellectual Capital	Organizational Capital

Tabelle 4: Gegenüberstellung der Kategorisierungsvorschläge von AKIWIR, IIRC und WICI (vgl. von Keitz/Schwedler, 2023, S. 20)

Bei der Berichterstattung über immaterielle Ressourcen sind insbesondere auch die bestehenden Vorgaben des DRS 20 zu berücksichtigen. Der Konnektivität einer Berichterstattung über immaterielle Ressourcen mit der Strategieberichterstattung, der Berichterstattung über Geschäftsmodelle sowie Risiken und Chancen ist Rechnung zu tragen. Die folgende Aufzählung verdeutlicht anhand von drei Beispielen, in welchen Teilen bzw. Abschnitten des Lageberichts implizit Angaben zu immateriellen Ressourcen zu erwarten sind.

---

25   Vgl. Lanfermann/Baumüller/Scheid, KoR 2021, S. 435 f.

Beispiele für die Konnektivität einer Berichterstattung über immaterielle Ressourcen mit bestehenden DRS-20-Inhalten (in Anlehnung an: von Keitz/ Schwedler, 2023, S. 31–32):

- Gemäß DRS 20.36 bis 38 sind im Rahmen der Beschreibung des Geschäftsmodells die notwendigen Einsatzfaktoren zu erläutern, wozu auch immaterielle Ressourcen zählen können. Zudem sind Angaben zum Personal, zu den Geschäftsprozessen, den Beschaffungs- und den Absatzmärkten zu machen, soweit dies für das Verständnis des Geschäftsmodells erforderlich ist. Insofern sind hier Angaben grundsätzlich zu allen Kategorien von immateriellen Ressourcen denkbar.
- Im Bericht über Forschung und Entwicklung (DRS 20.48 bis 52) finden sich insbesondere Angaben zum Innovation Capital. So werden hier qualitative und quantitative Angaben zur Ausrichtung und Intensität der eigenen Forschungs- und Entwicklungsaktivitäten (z.B. zum Faktoreneinsatz sowie den Ergebnissen) gefordert.
- Sofern immaterielle Ressourcen wesentliche Faktoren für das Geschäftsmodell eines Unternehmens sind, können sich daraus auch Chancen oder Risiken für das berichtende Unternehmen ergeben, über die im Chancen- und Risikobericht zu berichten ist.

5 Zusammenfassung

Eine verbesserte Berichterstattung über immaterielle (Vermögens-)Werte und Ressourcen wird seit Jahrzehnten auch in Deutschland diskutiert. Dennoch bleibt die externe Berichterstattung zu immateriellen (Vermögens-)Werten und Ressourcen bislang hinter ihrer Bedeutung zurück. Die Einführung eines Ansatzwahlrechts für (bestimmte) immaterielle Vermögensgegenstände des Anlagevermögens mit dem Bilanzrechtsmodernisierungsgesetz 2009 stellte einen ersten wichtigen Meilenstein dar.

Die neuen CSRD-Anforderungen eröffnen den nächsten Schritt zu einer verbesserten Berichterstattung über immaterielle Ressourcen. Die CSRD betont die narrative Berichterstattung über immaterielle Ressourcen und die Bedeutung des Lageberichts. Auch wird hierbei die Verbindung zwischen Finanz- und Nachhaltigkeitsberichterstattung besonders hervorgehoben. Damit bietet die Umsetzung der CSRD-Berichtsanforderungen zu immateriellen Ressourcen eine Chance für die Weiterentwicklung der integrierten Berichterstattung. Die gesetzgeberische Umsetzung der CSRD in Deutschland befindet sich derzeit in der entscheidenden Phase. Hierbei erfordern Erörterungen zur Umsetzung der neuen Berichtspflichten einen weiteren Blick auf andere wichtige Inhalte der Lageberichterstattung, wie Unternehmensstrategie, Geschäftsmodell sowie Risiko- und Chancenberichterstattung.

Mittel- und langfristig werden die IFRS, die als globale Standards in über 160 Ländern weltweit angewendet werden, neue Impulse für eine verbesserte Berichterstattung über immaterielle (Vermögens-)Werte und Ressourcen geben. Das IASB beabsichtigt eine umfassende Überprüfung seiner Regelungen zu immateriellen Vermögenswerten. Das Forschungsprojekt zur Überarbeitung von IAS 38 wurde im April 2024 begonnen. Zunächst gilt es, den Umfang des Projekts zu bestimmen und ggf. Projektphasen festzulegen, um in einem zeitlich überschaubaren Rahmen Verbesserungen der IFRS-Rechnungslegungsstandards zu erreichen.

Eine verbesserte Berichterstattung über immaterielle (Vermögens-)Werte und Ressourcen bleibt somit auch in den kommenden Jahren auf der Agenda.

IFRS – ein True and Fair View?

Verfasser: WP StB Prof. Dr. Peter Wollmert, WP StB Dr. Stefan Bischof, StB Sybille Bellert

1 Einführung

„Im modernen betriebswirtschaftlichen und juristischen Schrifttum ist unbestritten, dass der Rechnungslegungszweck bzw. das System von Rechnungslegungszwecken maßgebend ist für die Ausgestaltung der Rechnungslegung."[1] Diese Grundausrichtung gilt gleichermaßen für alle Rechnungslegungssysteme, sei es für die internationale Rechnungslegung, die US-amerikanische Rechnungslegung oder die Bilanzierung auf der Grundlage der Europäischen Bilanzrichtlinien. Der Zweck der Rechnungslegung muss daher ausreichend konkret und widerspruchsfrei formuliert werden,[2] um daraus geeignete Bilanzierungsregeln abzuleiten oder – mangels ausreichender Konkretisierung – eine zweckorientierte Auslegung der Bilanzierungsregeln vornehmen zu können.

Die im Schrifttum aufgeführten Zwecke der Rechnungslegung umfassen ein Konglomerat unterschiedlicher Aufgaben und Funktionen, denen die Rechnungslegung Rechnung tragen soll.[3] Bei genauerer Untersuchung der im Schrifttum aufgeführten Zwecke wird deutlich, dass die Informationsinteressen der Rechnungslegungsadressaten sich situativ unterscheiden und zudem im Zeitablauf verändern können – wie die aktuelle Diskussion zur Nachhaltigkeitsberichterstattung eindrucksvoll belegt. Informationsökonomische Untersuchungen können daher aufgrund der Vielzahl von Prämissen nur modell-

---

1 Baetge, in: Baetge u.a. (Hrsg.), Bilanzfragen, FS Leffson, Düsseldorf 1976, S. 13.

2 Vgl. Schneider, in: Baetge (Hrsg.), Der Jahresabschluss im Widerstreit der Interessen, Düsseldorf 1983, S. 133.

3 Vgl. Wollmert, Die Konzernrechnungslegung von Versicherungsunternehmen als Informationsinstrument, Diss. Univ. Marburg 1992, S. 18.

theoretischen Charakter haben und eignen sich nur bedingt für eine praktische Analyse spezifischer Rechnungslegungsvorschriften.[4]

Die IFRS-Rechnungslegung befasst sich unbeschadet dieser bilanztheoretischen Herausforderung im sog. Rahmenkonzept (*conceptional framework*) mit den typischen Rechnungslegungsadressaten (*primary users*) und den qualitativen Anforderungen an eine sinnvolle Finanzberichterstattung (*qualitative characteristics of useful financial information*). Es geht im Kern um die Zielstellung, den typischen Rechnungslegungsadressaten entscheidungsnützliche Informationen zur Verfügung zu stellen.[5] Zutreffend wird konzediert, dass es Interessenkonflikte zwischen den Informationsadressaten geben und die IFRS-Rechnungslegung nicht allen Informationsinteressen umfänglich Rechnung tragen kann.[6] Die IFRS-Rechnungslegung soll aber unter Beachtung von Kosten-Nutzen-Gesichtspunkten einer maximalen Anzahl von typischen Rechnungslegungsadressaten entscheidungsrelevante Informationen zur Verfügung stellen,[7] ohne eine weitere Konkretisierung vorzunehmen. Als typische Rechnungslegungsadressaten nennt das Rahmenkonzept bestehende und zukünftige Eigenkapitalgeber, Fremdkapitalgeber und sonstige Gläubiger.[8]

Die bilanztheoretische Zielstellung in der IFRS-Rechnungslegung gilt dann als erfüllt, wenn alle relevanten Rechnungslegungsstandards vollumfänglich angewendet werden. Auf diesem Wege würde grundsätzlich ein den tatsächlichen Verhältnissen entsprechendes Bild der Vermögens-, Finanz- und Ertragslage (*True and Fair View*) vermittelt.[9] Nur in seltenen Ausnahmefällen sei von den Standards abzuweichen, wenn das Management zu der Schlussfolgerung kommt, dass unter Beachtung der Standards ausnahmsweise kein den tatsächlichen Verhältnissen entsprechendes Bild der Vermögens-, Finanz- und Ertragslage vermittelt würde.[10] Es deutet sich bereits bei oberflächlicher Betrachtung an, dass auch die IFRS-Rechnungslegung keine präzise normative Grundlage zur Ableitung entscheidungsnützlicher Rechnungslegungsstandards liefert und gleichermaßen Auslegungsspielräume in den Fällen, die nicht eindeutig von den Rechnungslegungsstandards erfasst werden, verbleiben.

---

4   Vgl. Wollmert, a.a.O. (Fn. 3), S. 31.
5   Vgl. IAS 1.9, CF 1.2, CF.BC1.27.
6   Vgl. CF.BC1.21.
7   Vgl. CF.BC1.21.
8   Vgl. CF.1.2.
9   Vgl. IAS 1.15.
10 Vgl. IAS 1.19.

Der Jubilar hat sich persönlich schon früh mit bilanztheoretischen Fragen der IFRS-Rechnungslegung[11] auseinandergesetzt und in seiner hauptberuflichen Funktion als Sprecher des Instituts der Wirtschaftsprüfer e.V. ex officio mit Fach- und Berufsfragen im Interesse des Berufsstands der Wirtschaftsprüfer[12] befasst. Er hat sich besonders in den ersten Jahren seiner beruflichen Tätigkeit im Rahmen der Betreuung des Arbeitskreises IFRS-Rechnungslegung gemeinsam mit den Verfassern für klare Grundprinzipen in der internationalen Rechnungslegung eingesetzt. Im vorliegenden Beitrag soll am Beispiel der Bilanzierung von Pensionsverpflichtungen nach IAS 19 unter Beachtung der bilanztheoretischen Unschärfen untersucht werden, ob und inwieweit die IFRS einen *True and Fair View* vermitteln.

2   True and Fair View – ein unbestimmter Rechtsbegriff

2.1   Terminologische Abgrenzung

Der Begriff des „True and Fair View" wird in vielen Bilanzierungssystemen als Leitbild[13] der Berichterstattung verwendet, ohne aber eine Legaldefinition oder klare Maßstäbe zu formulieren. Der Fokus der Betrachtung liegt auf den Fragen, welche Bedeutung dem *True and Fair View* in dem jeweiligen Bilanzierungssystem beizumessen ist (*overriding principle* oder Auslegungshilfe bei Ermessensspielräumen)[14], wie ein *True and Fair View* vermittelt werden kann (über Bilanz/ Gewinn- und Verlustrechnung /Kapitalflussrechnung und/oder Berichterstattung im Anhang/Lagebericht)[15] und was Gegenstand der Betrachtung ist (Informationsebenen).[16]

---

11   Vgl. z.B. Naumann, in: Kirsch/Thiele (Hrsg.), Rechnungslegung und Wirtschaftsprüfung, FS Baetge, Düsseldorf 2007, S. 419 ff.

12   Vgl. auch Satzung des Instituts der Wirtschaftsprüfer in Deutschland e.V., § 2 Abs. 2c).

13   Erstmalige gesetzliche Verankerung im britischen Companies Act von 1948 in Section 149 Subsection 2: "*Every balance sheet of a company so prepared shall give a true and fair view of the state of affairs of the company as at the end of its financial year, and every profit and loss account of a company as prepared shall give a true and fair view of the profit and loss account of the company for the financial year.*"

14   Vgl. ADS, 6. Aufl., Stuttgart 1995 ff., § 264 HGB, Rn. 59 ff.

15   Vgl. Staub, in: Canaris u.a. (Hrsg.), Großkommentar, Berlin 2014, § 264 Tz. 39.

16   Vgl. Ballwieser, in: Baetge/Kirsch/Thiele (Hrsg.), Bilanzrecht, Bonn 2012 ff., § 264 Tz. 81 ff.; Streim in: Ballwieser u.a. (Hrsg.), FS Moxter, Düsseldorf 1994, S. 393 ff.

Der Tatbestand, dass der *True and Fair View* oder der synonym verwendete Begriff[17] der *fair presentation* in verschiedenen Rechnungslegungssystemen als Leitbild verwendet wird, suggeriert a priori den Verdacht einer begrifflichen Unschärfe. Streim[18] formuliert pointiert: „Der britische ‚True and Fair View‘ – ein Phantom?" Präziserweise müsste man eher von einem Chamäleon sprechen, da der *True and Fair View* in dem jeweiligen Rechnungslegungssystem trotz einer einheitlichen Grundidee eine unterschiedliche Gestalt annimmt. Anders formuliert: Der *True and Fair View* ist ein unbestimmter Rechtsbegriff, der in dem jeweiligen Rechtssystem je nach den jeweiligen Bestimmungen unterschiedlich auszulegen ist und zu unterschiedlichen Rechtsfolgen führt. Was „*True*" und was „*Fair*" ist, ist – anders als man das vermuten möge – nicht neutral definiert, sondern durch das jeweilige Rechnungslegungssystem prädisponiert. Somit ist das, was etwa aus Sicht der IFRS-Rechnungslegung „*True and Fair*" ist, im Verhältnis zu der handelsrechtlichen Rechnungslegung nur insoweit „*True and Fair*", als sich die Rechnungslegungsnormen nicht widersprechen.

2.2 Rechtsgrundlagen in der IFRS-Rechnungslegung

Gemäß IAS 1.15 hat der IFRS-Abschluss ein getreues Bild der Vermögens-, Finanz- und Ertragslage (*financial performance*) sowie der Zahlungsströme (*cash flows*) des Unternehmens zu vermitteln. Das bedeutet i.S.d. IFRS-Rechnungslegung, dass die Auswirkungen von Geschäftsvorfällen und sonstigen Ereignissen und Bedingungen wirklichkeitsgetreu in Übereinstimmung mit den im Rahmenkonzept enthaltenen Definitionen und Erfassungskriterien für Vermögenswerte, Schulden, Erträge und Aufwendungen dargestellt werden. Grundsätzlich (*in virtually all circumstances*) wird dem Genüge getan, indem nach IAS 1.17

1. die Bilanzierungs- und Bewertungsmethoden nach Maßgabe des IAS 8 (unter Anwendung der dort beschriebenen Hierarchie bei Fehlen von spezifischen IFRS) ausgewählt und angewendet,
2. die Finanzinformationen nach den Qualitätsanforderungen (*qualitative characteristics*) des Rahmenkonzepts dargestellt und
3. Zusatzangaben gemacht werden, wenn die Beachtung von spezifischen IFRS-Regelungen nicht ausreicht, um dem Bilanzleser ein angemessenes Verständnis über die Auswirkungen einer bestimmten Transaktion oder eines bestimmten Sachverhalts zu vermitteln.

---

17 Vgl. zum Begriff „True and Fair View" den entsprechenden Eintrag in: wirtschaftslexikon24.com (letzter Abruf: 17.08.2023).

18 Vgl. Streim, a.a.O. (Fn. 16), S. 393.

Sollte die Einhaltung einer IFRS-Vorschrift zu einer irreführenden Berichterstattung gemessen an den Kriterien des Rahmenkonzepts führen, kann dem
nicht durch zusätzliche Anhangangaben Rechnung getragen werden (IAS 1.18);
vielmehr ist von den ansonsten vorgeschriebenen Bilanzierungs- und Bewertungsvorschriften abzuweichen (IAS 1.19). Es wird indes betont, dass ein solcher Fall nur in äußerst seltenen Fällen (*extremely rare circumstances*) denkbar
ist. Angesichts der Umfänglichkeit der Standards, deren kontinuierlicher Fortentwicklung und der fortwährenden Interpretationen ist ein solcher Fall inzwischen praktisch kaum denkbar.

Methodisch ist das Gebot zu einer *fair presentation* unbeschadet der Eintritts-
wahrscheinlichkeit somit als *overriding principle* ausgestaltet. Das ist sachlo-
gisch nur konsequent, da die IFRS-Rechnungslegung zwar grundsätzlich prin-
zipienorientiert[19] ist, aber bei weltweit anerkannten Normen eine einheitliche
Rechtsfortbildung, wie sie etwa im HGB über die Grundsätze ordnungsmäßiger
Buchführung erfolgen, nicht zu erwarten ist.[20]

Kritiker des sog. *True and Fair Override* sehen in dem Konzept „die Funktion
einer rechtfertigenden Maxime"[21]: auf der Theorieebene in der Konkurrenz
zu verschiedenen Rechnungslegungssystemen, indem als wirklichkeitsgetreue
Abbildung per Definition die Befolgung der IFRS-Regeln gilt; auf der Anwen-
dungsebene eine latente Gefahr im Missbrauch des *True-and-Fair-View*-Kon-
zepts, um Regeln im Einzelfall zu umgehen oder zu missachten, selbst wenn es
nur in äußerst seltenen Fällen dazu kommen sollte. Der kritischen Haltung ist
schwer zu widersprechen, denn gerade für den Fall des *True and Fair Override*
hätte es klarerer Maßstäbe bedurft, woran die Vermittlung ein den tatsächlichen
Verhältnissen entsprechenden Bildes der Vermögens-, Finanz- und Ertragslage
zu messen ist.

---

19   Vgl. Lüdenbach/Hoffmann/Freiberg, Haufe IFRS-Kommentar, 21. Aufl., Freiburg 2023, § 1 Rn. 42 ff.
20   Vgl. Müller, in: Haufe Finance Office Premium, Rz. 6.
21   Vgl. Lüdenbach/Hoffmann/Freiberg, a.a.O. (Fn. 19), § 1 Rn. 74 ff.

3 Vermittlung eines True and Fair View – Untersuchung am Beispiel der Bilanzierung von Pensions- verpflichtungen nach IAS 19

3.1 Rechtsgrundlagen in der IFRS-Rechnungslegung

IAS 19 unterscheidet zwischen Beitrags- und Leistungsplänen.[22] Im Falle von Beitragsplänen ist die Verpflichtung des Unternehmens gegenüber dem Begünstigten rechtlich und faktisch auf die vom Unternehmen vereinbarten Beiträge begrenzt. Die Bilanzierung dieser Pläne wird vom IASB selbst als einfach bezeichnet, weil die Verpflichtung des berichtenden Unternehmens in jeder Periode durch die für die Periode zu entrichtenden Beträge bestimmt ist.[23] Diese Beiträge sind nach IAS 19.51 als Personalaufwand ergebniswirksam zu erfassen, es sei denn, ein anderer Standard erlaubt oder verlangt die Einbeziehung des Beitrags in die Anschaffungs- oder Herstellungskosten eines Vermögenswerts (insb. Vorräte IAS 2, Sachanlagen IAS 16, immaterielle Vermögenswerte IAS 38). Versicherungsmathematische Annahmen und Bewertungen sind hierfür nicht erforderlich, da die Verpflichtung des Unternehmens durch seine Beiträge abschließend definiert und durch deren Zahlung erbracht ist. Lediglich bereits vorausgezahlte oder rückständige Beiträge kommen im Rahmen der Periodenabgrenzung zu einem Bilanzansatz.

Bei Leistungsplänen wird die Verpflichtung durch eine zugesagte Leistung determiniert, für deren Erfüllung der Arbeitgeber das versicherungsmathematische Risiko und das Anlagerisiko trägt.[24] Die Bilanzierung dieser mit Unsicherheiten behafteten künftigen Versorgungsleistungen ist nach Ansicht des IASB komplex.[25] Maßgabe des IAS 19 ist es u.a., den zum jeweiligen Bilanzstichtag bestehenden Verpflichtungsumfang des Unternehmens abzubilden. Hierzu ist die Nettoschuld bzw. der Nettovermögenswert aus diesen Leistungsplänen (*net defined benefit liability/asset*) als Fehlbetrag bzw. Vermögensüberdeckung in der

---

22 Zur Einordnung der in Deutschland nach dem Betriebsrentengesetz möglichen Versorgungszusagen vgl. Fachgrundsatz der Deutschen Aktuarvereinigung e.V. (DAV), Anwendung von IAS 19 Employee Benefits auf die betriebliche Altersversorgung in Deutschland, Richtlinie 2023 (online abrufbar unter aktuar.de; letzter Abruf: 17.08.2023); Wollmert u.a., in: Baetge u.a. (Hrsg.), IFRS-Kommentar, 2. Aufl., Stuttgart 2002 ff., IAS 19, Rn. 91 ff.

23 Vgl. IAS 19.50.

24 Vgl. IAS 19.26 ff.

25 Vgl. IAS 19.55.

Bilanz anzusetzen, berechnet als Differenz zwischen dem Barwert der leistungsorientierten Verpflichtung (*present value of the defined benefit obligation,* DBO)
und dem beizulegenden Zeitwert eines vorhandenen Planvermögens (*fair value
of plan assets*), ggf. korrigiert um die Auswirkungen einer Begrenzung des Nettovermögenswerts auf die Vermögensobergrenze[26] (*asset ceiling*).[27]

Der Barwert der leistungsorientierten Verpflichtung (*defined benefit obligation,*
s.o., im Folgenden: DBO) ist gem. IAS 19.66 ff. versicherungsmathematisch
nach der Methode der laufenden Einmalprämien (*projected unit credit method*)
zu bestimmen. Dieses Verfahren geht davon aus, dass in jedem Dienstjahr ein
zusätzlicher Teil des Leistungsanspruchs erdient wird, und fügt so aus den einzelnen Leistungsbausteinen die endgültige Verpflichtung zusammen. Zu deren
Berechnung sind neben der Zuordnung von Leistungen zu den Dienstjahren
aufeinander abgestimmte versicherungsmathematische Annahmen (demografi-
sche Annahmen, z.B. Sterbewahrscheinlichkeit, Fluktuation, Renteneintritts-
alter, mögliche Inanspruchnahme unterschiedlicher Auszahlungsoptionen etc.,
und finanzielle Annahmen, z.B. Abzinsungssatz, Gehaltsentwicklung, Renten-
dynamik etc.) gem. IAS 19.75 ff. zu verwenden.

Ein zur Finanzierung der Leistungsverpflichtungen bestimmtes Planvermögen ist gem. IAS 19.113 mit seinem beizulegenden Zeitwert (*fair value)*[28] nach
IFRS 13 zu bewerten. Als Planvermögen kommen Vermögenswerte in Betracht,
die entweder in einer entsprechend langfristig ausgelegten, zur Erfüllung der
Pensionsverpflichtungen zweckgebundenen, rechtlich unabhängigen Einheit
[*fund,* in Deutschland z.B. Unterstützungskassen, Pensionsfonds oder sog. *contractual trust arrangement* (CTA)] ausgelagert sind oder sog. qualifizierende

---

26 Der Ansatz eines Nettovermögenswerts ist begrenzt auf den Überhang eines Planvermögens über
    die DBO, der dem Unternehmen künftig durch einen Nutzen in Form von Rückerstattungen aus
    dem Plan oder Minderungen künftiger Beitragszahlungen zufließen wird; vgl. IAS 19.8, IAS 19.64.

27 Vgl. IAS 19.8, IAS 19.63 ff.

28 Nach IAS 19.8 ist der beizulegende Zeitwert mit Hinweis auf IFRS 13 definiert als der Preis, der
    in einem geordneten Geschäftsvorfall zwischen Marktteilnehmern am Bemessungsstichtag für
    den Verkauf eines Vermögenswerts eingenommen bzw. für die Übertragung einer Schuld gezahlt
    würde.

Versicherungsverträge[29] darstellen.[30] Ein entscheidendes Kriterium für die Qualifikation bzw. den Ausschluss als Planvermögen ist in der Praxis regelmäßig die erforderliche Insolvenzsicherheit gegenüber den Gläubigern des Arbeitgebers. Diese wird bei CTAs zum Beispiel durch eine doppelseitige Treuhandvereinbarung[31] oder bei Versicherungsansprüchen, die vom Arbeitgeber selbst und nicht von einem externen Fonds gehalten werden, durch eine Verpfändung an den Versorgungsberechtigten herbeigeführt.

3.2   Evaluierung der Bewertungskonzeption des IAS 19 im Lichte der Vermittlung eines True and Fair View

Während die Bilanzierung von Beitragsplänen zweifelsohne die wirtschaftliche Belastung des Unternehmens entsprechend den tatsächlichen Verhältnissen am jeweiligen Bilanzstichtag abbildet, ist die Bewertungskonzeption von Leistungsplänen diesbezüglich in mehrfacher Hinsicht zu hinterfragen. Konzeptioneller Maßstab für die Bewertung eines Leistungsplans sind dessen letztendliche Kosten (*ultimate cost of a defined benefit plan*), deren Höhe durch diverse mit Unsicherheiten behaftete Variablen sowie den regelmäßig langen Zeitraum bis zur Erfüllung ungewiss ist.[32]

---

29   Ein qualifizierender Versicherungsvertrag ist eine Versicherungspolice eines Versicherers, der nicht zu den nahestehenden Unternehmen i.S.d. IAS 24 des berichtenden Unternehmens gehört, wenn die Erlöse aus dem Vertrag nur verwendet werden können, um Leistungen an Arbeitnehmer aus einem leistungsorientierten Versorgungsplan zu zahlen oder zu finanzieren, und diese nicht den Gläubigern des berichtenden Unternehmens zur Verfügung stehen (auch nicht im Falle eines Insolvenzverfahrens) und nicht an das berichtende Unternehmen gezahlt werden können, es sei denn, die Erlöse stellen Überschüsse dar, die für die Erfüllung sämtlicher Leistungsverpflichtungen gegenüber Arbeitnehmern im Zusammenhang mit dem Versicherungsvertrag nicht benötigt werden, oder die Erlöse werden an das berichtende Unternehmen zurückgezahlt, um diesem bereits gezahlte Leistungen an Arbeitnehmer zu erstatten. Zur Bewertung leistungskongruenter qualifizierender Versicherungsverträge vgl. die ausführlichere Darstellung zum True and Fair View bei rückgedeckten Pensionsverpflichtungen in Abschnitt 3.4.
30   Vgl. IAS 19.8.
31   Nach herrschender Meinung ist nach deutschem Insolvenzrecht ein Absonderungsrecht für die Qualifikation als Planvermögen ausreichend (vgl. etwa Mühlberger/Gohdes/Stöckler, in: Thiele/von Keitz/Brücks, Internationales Bilanzrecht, Bonn 2023, IAS 19, Rn. 274 m.w.N.). Zur doppelseitigen Treuhand siehe auch *IDW Praxishinweis: Treuhandverhältnisse und ähnliche Rechtsgeschäfte (IDW Praxishinweis 2/2023)*, Tz. 12 und 89 ff.
32   Vgl. IAS 19.66.

Die für diesen langen Bewertungshorizont getroffenen Bewertungsannahmen sind unter Anwendung des Stichtagsprinzips[33] zu jedem Bilanzstichtag zu überprüfen und an ggf. bessere Erkenntnisse anzupassen. Die Bewertungsannahmen sind gem. IAS 19.75 unvoreingenommen (*unbiased*) und aufeinander abgestimmt (*mutually compatible*) zu wählen und sollen gem. IAS 19.80 auf den am Bilanzstichtag für den Leistungszeitraum bestehenden Markterwartungen beruhen. Bilanzielle Risiken ergeben sich aus dieser stichtagsbezogenen Bewertung hauptsächlich durch die Volatilität des Abzinsungssatzes zur Diskontierung der Pensionsverpflichtung (DBO) und die Volatilität des beizulegenden Zeitwerts eines ggf. vorhandenen Planvermögens. Darüber hinaus kann sich die DBO auch durch eine Änderung der demographischen Bewertungsparameter (z.b. Sterblichkeit, Fluktuation, Invalidität, Frühverrentung) sowie der angesetzten finanziellen Annahmen (z.b. Leistungsniveau, Gehalts- und/oder Rententrends, respektive Inflation) ändern, wobei die hier vorzunehmenden Anpassungen tendenziell weniger volatil und die daraus resultierenden Effekte in der Regel geringer sind.

Die Finanzierungskosten eines Leistungsplans wurden unter IAS 19 (*revised* 2008) durch den Zinsaufwand der Leistungsverpflichtung (Aufzinsung des Barwerts) und die erwarteten Erträge aus einem etwaigen Planvermögen (*expected return on plan assets*) bestimmt. Unter IAS 19 (*revised* 2008) war also noch eine Schätzung des erwarteten Ertrags erforderlich, welcher ergebniswirksam in der Gewinn- und Verlustrechnung erfasst wurde, was indes zu einem (erheblichen) Gestaltungsspielraum beim Periodenaufwand führte.[34] Infolge der daran geübten Kritik wurde das Konzept der Nettozinsen eingeführt. Nettozinsen (*net interest*) sind gem. IAS 19.8 die während der Berichtsperiode aufgrund des Verstreichens von Zeit eintretenden Veränderungen der Nettoschulden (Vermögenswerte) aus Leistungsplänen. Sie sind gem. IAS 19.123 f. mittels Multiplikation der Nettoschuld (Vermögenswert) (korrigiert um unterjährige Zahlungen) mit dem zu Beginn der Berichtsperiode festgelegten Abzinsungssatz nach IAS 19.83 zu ermitteln.

---

33 IAS 19.58 stellt klar, dass eine vollständige versicherungsmathematische Bewertung am Ende des Berichtszeitraums nicht erforderlich ist, sofern ein Unternehmen den Barwert der leistungsorientierten Verpflichtungen und den beizulegenden Zeitwert aller Planvermögenswerte so regelmäßig ermittelt, dass die im Abschluss erfassten Beträge nicht wesentlich von den am Bilanzstichtag ermittelten Beträgen abweichen würden.

34 Vgl. Riehl, PiR 2010, S. 136.

Dieser Abzinsungssatz soll, so stellt der IASB in IAS 19.84 klar, allein den Zeitwert des Geldes widerspiegeln, nicht aber das versicherungsmathematische Risiko oder das Kapitalanlagerisiko eines Fondsvermögens. Auch werden weder das unternehmensspezifische Bonitätsrisiko des zusagenden Unternehmens noch das Risiko, dass die künftige Entwicklung von den versicherungsmathematischen Annahmen abweichen kann, in diesem Zinssatz berücksichtigt. Der Abzinsungssatz ist gem. IAS 19.83 auf Basis von laufzeit- und währungskongruenten[35] Renditen hochwertiger festverzinslicher Unternehmensanleihen (*high quality corporate bonds*)[36] am Markt zum Bilanzstichtag zu bestimmen.

Bei Renten- oder Ratenzahlungen erfolgt der künftige Ressourcenabfluss aus dem Leistungsplan zu verschiedenen Zeitpunkten, für deren Abzinsung unter dem Aspekt des *True and Fair View* theoretisch laufzeitäquivalente *spot rates* (Zins für den Zeitraum zwischen Bewertungsstichtag und Fälligkeit der Leistung) heranzuziehen wären. Allerdings räumt der IASB der Praxis einen gewissen Gestaltungsspielraum ein, indem er nicht präzisiert, ob nur ein Zinssatz zu verwenden ist oder ob auch verschiedene Zinssätze herangezogen werden können.[37] Der IASB räumt in IAS 19.85 lediglich ein, dass die Praxis häufig einen einzigen zahlungsgewichteten Durchschnittszinssatz (*single weighted average discount rate*) verwendet.

Damit ist die GuV-Wirksamkeit der Finanzierungskosten unternehmensübergreifend auf den Zinsaufwand eines Fehlbetrags bzw. auf den Zinsertrag einer Vermögensüberdeckung in Höhe der Marktrendite hochwertiger festverzinslicher Unternehmensanleihen begrenzt. Bei gleicher Höhe des Barwerts der Verpflichtung und dem Zeitwert des Planvermögens sind die Nettoschuld und somit auch deren Finanzierungskosten in Form der Nettozinsen null. Die Mehr- oder Minderrendite eines Planvermögens im Vergleich zum Abzinsungssatz ist ergebnisneutral im Rahmen der Neubewertungen als versicherungsmathema-

---

35   Das IFRS IC hat im Juni 2017 klargestellt, dass ein Unternehmen bei der Zinssatzbestimmung nicht auf den Markt oder das Land beschränkt ist, in dem es tätig ist, sondern dass auch andere Märkte oder Länder zu berücksichtigen sind, in denen auf diese Währung lautende Unternehmensanleihen von hoher Qualität begeben werden, vgl. IFRIC Update June 2017 (online abrufbar unter ifrs.org; letzter Abruf: 17.08.2023).

36   In Analogie zu den relevanten US-GAAP-Vorschriften hat sich die herrschende Meinung. etabliert, dass Unternehmensanleihen mit mindestens „AA"-Rating als hochwertige festverzinsliche Unternehmensanleihen gelten. Stellvertretend vgl. DAV e.V., a.a.O. (Fn. 22), S. 13, die sich auch zu möglichen Herangehensweisen bei der Bestimmung des Abzinsungssatzes mit Verweis auf die Diskussion des IFRS-Fachausschusses des DRSC äußert.

37   Vgl. Freiberg, PiR 2015, S. 86.

tischer Gewinn bzw. Verlust aus Planvermögen im sonstigen Ergebnis zu erfassen.[38]

Der IASB sieht in der Nettozinskonzeption eine einfache und pragmatische Lösung.[39] Durch die Nettozinskonzeption sind die Finanzierungskosten zwar unternehmensübergreifend vergleichbar, spiegeln aber weder die Innenfinanzierungskraft des Unternehmens noch den tatsächlichen Erfolg des Asset Managements im Periodenergebnis wider.[40] Im Hinblick auf die Vermittlung eines *True and Fair View* kann die Neuregelung insoweit durchaus kritisch betrachtet werden.[41] Typischerweise ist das Asset Management in der Praxis, insb. bei CTAs, darauf ausgerichtet, eine höhere Rendite als der sich aus dem IAS 19 Abzinsungssatz ergebende Anlageertrag zu erzielen. Der Ansatz des IASB führt damit systematisch dazu, dass dauerhaft Teile des Anlageertrags an der Gewinn- und Verlustrechnung vorbeigeschleust werden. Insoweit besteht u.E. auch eine Inkonsistenz zum bilanziellen Ansatz der Planvermögenswerte: Diese werden mit ihrem beizulegenden Zeitwert, also unter Berücksichtigung ihres gesamten Ertragspotenzials bewertet.

Im Übrigen zeigt sich auch im Hinblick auf den nach IAS 19 zu verwendenden Abzinsungssatz, abgeleitet aus hochwertigen festverzinslichen Unternehmensanleihen, eine Kasuistik in den IFRS, die nicht unbedingt mit dem Ziel der Vermittlung eines *True and Fair View* in Einklang zu bringen ist. Bspw. sieht IAS 37, der allgemeine Standard zu Rückstellungen, einen von IAS 19 abweichenden Abzinsungssatz vor. IAS 37 hat ebenfalls die Bilanzierung von mit Unsicherheit behafteten Verpflichtungen zum Gegenstand. Unter IAS 37 fallen auch mit Pensionsverpflichtungen vergleichbar mit höheren Unsicherheiten behaftete Sachverhalte, bspw. Entsorgungsverpflichtungen. Nach IAS 37 ist bei dem für die Abzinsung anzuwendenden Zinssatz der Zeitwert des Geldes sowie das spezifische Risiko der Verpflichtung zu berücksichtigen. Gemeinhin wird hierunter ein risikoloser Zinssatz verstanden.[42] Es kann dahingestellt bleiben, ob die Berücksichtigung von Risiken bei den Zahlungsströmen in IAS 19 einerseits und IAS 37 andererseits identisch bzw. unterschiedlich ist, zumindest ergibt sich auch im Zusammenspiel von Zahlungsströmen und Abzinsungssatz methodisch ein ab-

---

38 Vgl. IAS 19.120(c), IAS 19.127(b).

39 Vgl. IAS 19.BC81. Siehe zu den Erwägungen des IASB ausführlich IAS 19.BC74 ff.

40 Vgl. Neumeier, PiR 2012, S. 146.

41 Vgl. dazu schon Wollmert/Bischof, Börsenzeitung v. 15.06.2010, S. 11.

42 Die Frage, ob das Kreditrisiko des Unternehmens bei der Bestimmung des Abzinsungssatzes zu berücksichtigen ist, ist u.a. Gegenstand des IASB-Projektes „Provisions – Targeted Improvments".

weichendes Ergebnis, das u.E. im Hinblick auf die Vermittlung eines *True and Fair View* nicht nachvollziehbar ist. Der IASB räumt das Vorhandensein entsprechender Inkonsistenzen ein.[43] Das Thema wurde zuletzt vom IASB im Rahmen der 3. Agendakonsultation als ein mögliches Thema angesprochen,[44] indes wurde dieser Aspekt nicht in die finale Agenda aufgenommen.

Neben den Finanzierungskosten ist in der Gewinn- und Verlustrechnung gem. IAS 19.120(a) als weitere Komponente der sog. Dienstzeitaufwand (*service cost*) zu erfassen. Ein Aufwand hierfür ist dann zu erfassen, wenn das Unternehmen den wirtschaftlichen Nutzen aus der im Austausch für die spätere Versorgungsleistung erbrachten Arbeitsleistung vereinnahmt hat, also in der Periode, in der sich der Arbeitnehmer seinen Versorgungsanspruch „erdient". Dieser erdiente Anspruch stellt den Dienstzeitaufwand dar, der sich nach der Definition des IAS 19.5 im Anstieg des Barwerts während der laufenden Berichtsperiode widerspiegelt. Im Grundsatz sieht es IAS 19.71 vor, die Leistungen den Dienstjahren so zuzuordnen, wie es die Planformel vorgibt. Führt allerdings die in späteren Dienstjahren erbrachte Arbeitsleistung zu einem wesentlich höheren (*materially higher*) Leistungsniveau als die in früheren Dienstjahren erbrachte Arbeitsleistung – man spricht hier vom sog. *backloading* –, so hat das Unternehmen die Leistungszuordnung linear vorzunehmen (IAS 19.67). Dies hat zur Folge, dass bei einem *backloading* die DBO in den früheren Dienstjahren – gemessen an der zu diesem Zeitpunkt tatsächlich bestehenden Verpflichtung – zu hoch bewertet ist.

In diesem Zusammenhang mag man in Zweifel ziehen, ob die Vorschriften des IAS 19 zum Ansatz und zur Bewertung von Pensionsverpflichtungen konzeptionell mit der Definition einer Schuld i.S.d. Rahmenwerks bzw. mit Vorschriften in anderen IFRS, etwa IAS 37, in Einklang stehen. Eine Tatbestandsvoraussetzung für das Vorliegen einer Schuld ist gem. CF 4.278a(a) das Vorliegen eines Verpflichtungstatbestands (*obligation*). CF 4.29 definiert eine *obligation* als eine *„duty or responsibility that an entity has no practical ability to avoid"*. IAS 19 sieht demgegenüber bspw. vor, dass auch für verfallbare Ansprüche eine Pensionsverpflichtung anzusetzen ist, der Eintritt der Unverfallbarkeit ist insoweit für den Ansatz einer Pensionsverpflichtung unbeachtlich; die Verfallbarkeit ist gem. IAS

---

43   Vgl. IASB, IFRS Standards Project Summary, Discount Rates in IFRS Standards, S. 8 f.; IASB, Request for Information Third Agenda Consultation, B20f.

44   Vgl. IASB, Request for Information Third Agenda Consultation, B20f.

19.72 lediglich im Rahmen der Bewertung zu berücksichtigen.[45] Dies, obwohl sich das Unternehmen durch Kündigung der betreffenden Mitarbeiter seiner Verpflichtung entziehen könnte. Gleichermaßen führt das oben angesprochene *backloading* dazu, dass eine Verpflichtung mit einem Wert anzusetzen ist, der von einem zukünftigen Ereignis, nämlich der zukünftigen Beschäftigung der entsprechenden Arbeitnehmer, abhängig ist. Auf die praktische Fähigkeit, diese Zahlungen vermeiden zu können, kommt es bei IAS 19 in diesen Fällen nicht an.[46] Auch insoweit zeigt sich, dass – ausgehend vom Rahmenwerk und der praktischen Umsetzung in den einzelnen Standards – die Vermittlung eines *True and Fair View* mehr oder weniger eine Chimäre ist.

Gerade dem Gedanken des *backloading* dürfte eine primär betriebswirtschaftliche Betrachtungsweise zugrunde liegen. Insoweit steht dazu eine IFRIC-Agenda-Entscheidung aus dem April 2021 scheinbar in Widerspruch: In der Entscheidung ging es um einen Pensionsplan, nach dessen Regelung ein Arbeitnehmer erst ab dem Alter 46 anfangen konnte, sich einen Pensionsanspruch zu erwerben. Fraglich war, ob eine Pensionsverpflichtung bereits mit dem (früheren) Eintritt in das Unternehmen oder erst mit Erreichen der Altersgrenze von 46 Jahren zu erfassen ist. Das IFRS IC kam auf Basis der Vorgaben des IAS 19.73 zu dem Ergebnis, dass erst ab dem Zeitpunkt, zu dem der Arbeitnehmer sich erstmals aufgrund der Planformel Ansprüche erwerben kann, also hier mit dem Alter 46, eine Pensionsverpflichtung zu bilden ist.[47] Auch wenn die Fälle nicht vergleichbar sind – im Falle des *backloading* oder der verfallbaren Ansprüche sind die Perioden auf die der Aufwand verteilt wird, Voraussetzung für den Erwerb der Pensionsansprüche, während im Fall der IFRIC Agenda-Entscheidung Perioden vor dem Alter von 46 Jahren nicht zum Erhalt von Pensionsansprüchen beitragen –, so erscheint aus betriebswirtschaftlicher Sicht die Ungleichbehandlung fragwürdig. Denn in beiden Fällen wird ein Arbeitnehmer in Kenntnis der Regelung faktisch auch für seinen Pensionsanspruch arbeiten. Augenfällig wird die Diskrepanz, wenn man den der IFRIC Agenda-Entscheidung zugrunde liegenden Fall zuspitzt: Ein Pensionsplan soll vorsehen, dass nur die letzten 5 Jahre oder noch extremer nur das letzte Jahr vor Renteneintritt für den Erhalt der Pensionsansprüche relevant ist. Die IFRIC Agenda-Entscheidung würde dazu führen, dass nur mit Beginn des 5. Jahres vor Renteneintritt bzw. in der Fallvariation letztlich erst mit Renteneintritt eine Pensionsverpflichtung zu

---

45   Ohne dezidierte Begründung wird in IAS 19.72 das Vorliegen einer *constructive obligation* unterstellt.

46   Zu dieser Inkonsistenz in Bezug auf die Verfallbarkeit siehe der IASB selbst CF BC.4.51.f.

47   Vgl. IFRIC Update, April 2021, S. 2.

bilden wäre. Ob eine solche Bilanzierungsweise dem Gebot des *True and Fair View* entsprechen würde?

Die Wertänderung eines etwaig vorhandenen Planvermögens, welches gem. IAS 19.113 mit dem beizulegenden Zeitwert zum Bilanzstichtag nach IFRS 13 zu bewerten ist, spiegelt sich – wie oben ausgeführt – aufgrund der Nettozinskonzeption nur teilweise in der Gewinn- und Verlustrechnung wider. In Höhe der Abweichung zum im Nettozins erfassten Betrag wird diese Differenz gem. IAS 19.120(c) als Neubewertung ergebnisneutral im sonstigen Ergebnis erfasst. Bilanziell wird der aktuelle Wert des verfügbaren Vermögens, welcher jedoch – anders als der Barwert der leistungsorientierten Verpflichtung – keine Schätzung des bei Eintritt des Versorgungsfalls erwarteten künftigen Vermögens darstellt, abgebildet. In Anbetracht der Tatsache, dass der Arbeitgeber nicht verpflichtet ist, die einmal als Planvermögen qualifizierten Vermögenswerte bis zum Zeitpunkt der Leistungserfüllung tatsächlich vorzuhalten, sondern diese grundsätzlich auch in andere Vermögenswerte umschichten kann[48], stellt die Bewertung mit dem beizulegenden Zeitwert als bestmögliche Schätzung des Preises, zu dem unter aktuellen Marktbedingungen am Bemessungsstichtag ein geordneter Geschäftsvorfall (*orderly transaction*) zwischen Marktteilnehmern stattfinden würde[49], den besten Maßstab zur Vermittlung der tatsächlichen Verhältnisse am Bilanzstichtag dar. Auf die Besonderheiten und Schwierigkeiten bei der Bewertung von qualifizierenden Versicherungsverträgen wird unter den Ausführungen zu rückgedeckten Pensionsverpflichtungen in Abschnitt 3.3 näher eingegangen.

Auch hier zeigt sich wiederum eine Kasuistik in den IFRS: Planvermögen mit der Konsequenz einer bilanziellen Verrechnung sieht lediglich IAS 19 (und das nicht einmal für alle Arten von Arbeitnehmerleistungen), nicht aber bspw. IAS 37 vor. Dort existiert in IAS 37.53 lediglich das Konzept von Erstattungsleistungen, die zwar in der Gewinn- und Verlustrechnung zu einem saldierten

---

48   Nach IAS 19.8 darf ein Planvermögen grundsätzlich nicht an den Arbeitgeber zurückübertragen werden, es sei denn, es handelt sich um eine Vermögensüberdeckung, die nicht zur Leistungserfüllung benötigt wird, bzw. um die Erstattung bereits durch den Arbeitgeber gezahlter Versorgungsleistungen. Bei Versicherungsverträgen führt ein vertragliches Kündigungsrecht des Arbeitgebers dazu, dass dieser die Erlöse aus der Versicherung auch anderweitig als zur Begleichung der Versorgungsleistung verwenden kann, sodass die Voraussetzungen für einen qualifizierenden Versicherungsvertrag nicht erfüllt wären und stattdessen ein Erstattungsanspruch zu aktivieren wäre (vgl. PwC, Manual of Accounting – IFRS 2022, FAQ 12.25.5). Bei einer Verpfändung des Versicherungsanspruchs an den Arbeitnehmer bedarf eine Aufhebung oder Änderung des verpfändeten Anspruchs im dt. Rechtskreis allerdings nach § 1276 BGB dessen Zustimmung.

49   Vgl. IAS 19.9 i.V.m. IFRS 13.2.

Ausweis führen, nicht aber in der Bilanz. Zu konzedieren ist, dass für eine vergleichbare Regelung in IAS 37 freilich in der Praxis wohl kein breiter Anwendungsraum bestehen dürfte.

3.3   True and Fair View bei erfolgsneutraler Verrechnung von Bewertungsanpassungen?

Die Bilanzierungslogik des IAS 19 für Leistungspläne basierte ursprünglich rein auf dem sog. *income approach,* wonach die Höhe des Pensionsaufwandes den Bilanzansatz der Pensionsverpflichtung bestimmte. Der Pensionsaufwand wurde und wird nach wie vor unter IAS 19 prospektiv zu Beginn des Jahres geschätzt.[50] Unter Berücksichtigung der erwarteten Pensionszahlungen für das Berichtsjahr konnte so bereits zu Periodenbeginn die für das Jahresende erwartete Pensionsverpflichtung ermittelt werden.[51]

Mit der Überarbeitung des IAS 19 im Jahr 2011 näherte sich der IASB konzeptionell dem *balance sheet approach* an, indem die zeitlich gestreckte Erfassung versicherungsmathematischer Gewinne und Verluste[52] sowie nachzuverrechnender Dienstzeitaufwendungen zugunsten eines stets vollständigen Bilanzansatzes der Verpflichtung abgeschafft wurde. Damit wurde die Kritik an der Vorgängerregelung, die tatsächliche Verpflichtung des Unternehmens werde nicht in der Bilanz abgebildet, sondern z.T. im Anhang „versteckt", abgewendet.[53] Moniert wurde, dass diese Regelung zu einer irreführenden Darstellung führen konnte, wenn z.B. in der Bilanz eine Überdeckung als Vermögenswert ausgewiesen wurde, der Plan aber aufgrund noch nicht realisierter versicherungsmathematischer Verluste tatsächlich im Defizit war.[54] Zudem verbessert die Abschaffung von Bilanzierungswahlrechten die unternehmensübergreifende Vergleichbarkeit der Abschlüsse.[55]

---

50   Vgl. IAS 19.122A und IAS 19.123A.

51   Vgl. Mühlberger/Gohdes/Stöckler, a.a.O. (Fn. 31), IAS 19, Rn. 196.

52   IAS 19 (revised 2008) sah drei unterschiedliche Optionen zur Erfassung von versicherungsmathematischen Gewinnen und Verlusten vor (IAS 19.BC66): 1) die sog. Korridormethode, bei der versicherungsmathematische Gewinne und Verluste nicht im Bilanzansatz erfasst wurden, soweit sie innerhalb eines „Korridors" lagen (darüber hinausgehende Beträge wurden zeitlich gestreckt ergebniswirksam in der Gewinn- und Verlustrechnung erfasst), 2) die sofortige aufwandswirksame Erfassung oder 3) die sofortige Erfassung im sonstigen Ergebnis mit Ausweis in den Gewinnrücklagen.

53   Neumeier, a.a.O. (Fn. 40), S. 146.

54   Vgl. IAS 19.BC70.

55   Vgl. IAS 19.BC71.

An der prospektiven Schätzung des Periodenaufwands bereits zu Beginn des Berichtsjahres hat der IASB jedoch weiter festgehalten. Es werden der Dienstzeitaufwand [*service cost* (IAS 19.122A)] und die Nettozinsen [*net interest* (IAS 19.123A)] zu Beginn des Geschäftsjahres unter Berücksichtigung der erwarteten unterjährigen Beitrags- und Leistungszahlungen im Hinblick auf das Ende des Geschäftsjahres geschätzt und gem. IAS 19.120(a) und (b) in der Gewinn- und Verlustrechnung erfasst. Am Ende der Berichtsperiode erfolgt eine Neubewertung der Verpflichtung mit aktualisierten Annahmen. Die Differenz zwischen der zu Beginn des Geschäftsjahres erwarteten und der am Ende des Geschäftsjahres tatsächlich ermittelten Verpflichtung stellen die sog. Neubewertungen (*remeasurements*) dar. Diese sind gem. IAS 19.120(c) sofort in voller Höhe im sonstigen Ergebnis zu erfassen und setzen sich gem. IAS 19.127 aus drei Komponenten zusammen: Erstens aus versicherungsmathematischen Gewinnen und Verlusten, zweitens aus dem Ertrag eines Planvermögens, ohne die Beträge, die bereits in den Nettozinsen enthalten sind, und drittens aus jeglicher Veränderung aus der Anwendung der Vermögensobergrenze (*asset ceiling*), soweit diese nicht bereits in den Nettozinsen enthalten ist.

Konzeptionell werden damit Schätzungsänderungen und der tatsächliche Erfolg/Misserfolg eines Asset Managements dauerhaft an der Gewinn- und Verlustrechnung „vorbeigeschleust", da nach IAS 19.122 eine spätere Umgliederung dieser Beträge in die Gewinn- und Verlustrechnung (*reclassification*) im Gegensatz zu US-GAAP[56] ausgeschlossen ist. Unter dem Vorgängerstandard IAS 19 (2008) lautete die Begründung für die zeitverzögerte Erfassung bestimmter Bewertungseffekte, dass die Volatilität aus den Schätzungsänderungen andernfalls ein Maß an Bewertungsgenauigkeit impliziert, das in der Praxis nicht gegeben, sondern der unvermeidbaren Schätzungsungenauigkeit geschuldet ist, bei der sich versicherungsmathematische Gewinne und Verluste zudem langfristig ausgleichen können [IAS 19.BC39(1998)].[57] Diese Argumentation trägt aber allenfalls bei Zinssatzschwankungen; demgegenüber liegen bei geringerer Sterblichkeit durch die Verwendung anderer Sterbetafeln oder Erhöhungen des Gehalts- und Rententrends zweckmäßigerweise in der Gewinn- und Verlustrechnung zu erfassende Schätzungsänderungen vor (IAS 19.DO8, .DO15). Seit der Standardänderung im Jahr 2011 wird die Erfassung der Neubewertungen im sonstigen Ergebnis seitens des IASB mit dem geringeren „*predictive value*" dieser Verpflichtungskomponenten begründet.[58] Für das fehlende umgangs-

---

56   Vgl. IAS 19.BC276.
57   Vgl. Pawelzik, PiR 2011, S. 213.
58   Vgl. IAS 19.BC90 und IAS 19.BC95 (2011).

sprachliche „Recycling" gibt es konzeptionell jedoch keine Begründung seitens des IASB. Der IASB weist in IAS 19.BC99 lediglich darauf hin, dass die IFRS bisher kein einheitliches Konzept zur Umgliederung vorsehen und es schwierig ist, eine geeignete Grundlage für den Zeitpunkt und den Umfang solcher Umgliederungen nach IAS 19 zu finden. Diese konzeptionelle Lücke im Rahmenwerk muss erstaunen, handelt es sich bei dieser Frage doch auch angesichts der involvierten Beträge nicht um eine Nebensächlichkeit. Auch das IDW hat hier verschiedentlich eine konzeptionelle Unterfütterung für die Fragen, ob und unter welche Voraussetzungen Posten außerhalb der Gewinn- und Verlustrechnung auszuweisen sind und wann konzeptionell ein Recycling geboten bzw. zu unterlassen ist, angemahnt.[59] Dies führt dazu, dass in der Praxis durchaus vergleichbare Sachverhalte unterschiedlich in der IFRS-Rechnungslegung abgebildet werden. Wie bereits oben angesprochen, existieren auch abseits der Pensionsbilanzierung Sachverhalte, deren Bilanzierung signifikanten Unsicherheiten unterliegen. Erwähnt sei hier nochmals das Beispiel der Entsorgungsverpflichtungen. Solche Verpflichtungen fallen in den Anwendungsbereich des IAS 37. IAS 37 sieht indes keine IAS 19 entsprechende Regelung zur Erfassung von Schätzungsänderungen im sonstigen Ergebnis vor, vielmehr sind auch diese Änderungen in der Gewinn- und Verlustrechnung zu erfassen. Dies mag dem zeitlich unterschiedlich erfolgten Standardsetting geschuldet sein, im Hinblick auf das angestrebte Ziel der IFRS-Rechnungslegung, einen *True and Fair View* zu vermitteln, ist dies offensichtlich nicht zuträglich.

Interessant ist in diesem Zusammenhang auch, dass die kumulierten Neubewertungen im Sinne der vom Unternehmen insgesamt vorgenommenen Schätzungenauigkeiten weder aus der Eigenkapitalveränderungsrechnung noch aus den Anhangangaben ersichtlich sind. Unter dem „alten" IAS 19 (*revised* 2008) waren versicherungsmathematische Gewinne und Verluste explizit den Gewinnrücklagen zuzuordnen. Dies verlangt IAS 19 (*revised* 2011) für die Neubewertungen nicht mehr. Allerdings eröffnet IAS 19.122 die Möglichkeit, im Eigenkapital erfasste Neubewertungen innerhalb des Eigenkapitals umzugliedern. So wäre denkbar, Neubewertungen zunächst in einer separaten Eigenkapitalkomponente zu erfassen und zu einem späteren Zeitpunkt eine Umgliederung in die Gewinnrücklagen vorzunehmen, z.B. wenn die zugehörigen Pensionsverpflichtungen (und ggf. Planvermögen) aufgrund des Verkaufs eines Tochterunternehmens abgehen, oder bei Planabgeltungen[60], um so die kumulierten Neube-

---

59 Vgl. etwa den Comment Letter des IDW zum IASB Exposure Draft 2015/3: Conceptual Framework for Financial Reporting.

60 Vgl. Wollmert u.a., a.a.O. (Fn. 22), IAS 19, Rn. 202.

wertungen aus den noch im Bestand befindlichen Leistungsplänen transparent im Sinne der tatsächlichen Verhältnisse abzubilden. Man mag in der Tat den kumulierten Neubewertungen einen geringen Informationswert beimessen, zumal (große) Teile der darin enthaltenen Beträge – nämlich soweit sie auf den Abzinsungssatz und den Ertrag auf Planvermögen entfallen – auf Vorgaben des Standards und weniger (in konzeptioneller Hinsicht) auf Schätzungen des Unternehmens beruhen, also diese nicht vom Unternehmen beinflussbar sind. Insoweit können aus den kumulierten Neubewertungen keine Rückschlüsse auf die Güte der Schätzungen des Unternehmens geschlossen werden. Da IAS 19 zudem kein Recycling dieser Beträge vorsieht, ergibt sich auch insoweit keine Notwendigkeit, diese Beträge transparent zu machen. Ein Unbehagen bleibt indes zurück, da sich dadurch bildlich gesprochen durchaus signifikante Beträge „in Luft auflösen".

Besonders relevant können Neubewertungseffekte bei unterjährigen Sonderereignissen sein, welche den IASB im Jahr 2018 letztendlich auch zu einer klarstellenden Änderung des IAS 19 bewogen haben. Grundsätzlich werden die Pensionsaufwendungen mit den zu Beginn des Geschäftsjahres erwarteten Pensionsaufwendungen (laufender Dienstzeitaufwand sowie Nettozinsen) in der Gewinn- und Verlustrechnung erfasst. Findet unterjährig eine Planänderung[61], Plankürzung[62] oder Planabgeltung[63] (kurz: ein Sonderereignis) statt, wurden in der Praxis – abhängig von der Art des Sonderereignisses – unterjährig z.T. keine Anpassungen von laufendem Dienstzeitaufwand und den Nettozinsen vorgenommen, z.T. wurde nur eine Anpassung an das geänderte Mengengerüst, i.d.R. aber keine Anpassung an die aktualisierten versicherungsmathematischen Annahmen vorgenommen.[64] Mit der genannten Änderung wurde klargestellt, dass zum Zeitpunkt des Sonderereignisses die Nettoschuld (Vermögenswert) gem. IAS 19.99(b)

---

61   Eine Planänderung (*plan amendment*) ist gem. IAS 19.104 eine Vereinbarung, welche den Umfang der zu zahlenden Leistungen eines bestehenden Leistungsplans ändert. Dies kann durch die Einführung oder Rücknahme einzelner Leistungsbestandteile oder durch die Änderung (Erhöhung/Minderung) bereits vereinbarter Leistungsbestandteile erfolgen. Planänderungen sind von Schätzungsänderungen zu unterscheiden (IAS 19.129). Letztere werden nicht in der Gewinn- und Verlustrechnung, sondern im Rahmen der Neubewertungen (*remeasurement*) als versicherungsmathematischer Gewinn oder Verlust (*actuarial gain or loss*) direkt im sonstigen Ergebnis (*other comprehensive income*) erfasst [IAS 19.57(d)(i), IAS 19.127(a), IAS 19.128].

62   Eine Plankürzung (*plan curtailment*) liegt gem. IAS 19.105 vor, wenn das Mengengerüst des Leistungsplans, also die Anzahl der Versorgungsberechtigten, in erheblichem Umfange reduziert wird.

63   Planabgeltungen (*plan settlements*) sind gem. IAS 19.8 Maßnahmen, bei denen sich der Arbeitgeber von allen weiteren rechtlichen oder faktischen Leistungsverpflichtungen aus den Pensionszusagen befreit.

64   Vgl. Bischof/Chamczyk/Bellert, DB 2018, S. 2062.

unter Anwendung aktualisierter Bewertungsannahmen neu zu berechnen ist und darüber hinaus auch der laufende Dienstzeitaufwand und die Nettozinsen für den Zeitraum nach dem Sonderereignis auf Basis der aktualisierten versicherungsmathematischen Annahmen neu zu ermitteln sind. Der IASB hat dies vor allem damit begründet, dass ein außer Acht lassen der aktualisierten versicherungsmathematischen Annahmen bei der Ermittlung des laufenden Dienstzeitaufwands und der Nettozinsen für die Restperiode ab dem Zeitpunkt des Sonderereignisses nicht zu entscheidungsnützlichen Informationen führen würde.

Die Neuregelung wird im Hinblick auf die Vergleichbarkeit der Abschlüsse indes auch kritisch beurteilt. Dies betrifft zum einen die mangelnde Vergleichbarkeit zwischen Unternehmen: Bei Unternehmen mit einem Sonderereignis wird unterjährig der Effekt aus geänderten versicherungsmathematischen Annahmen für die Restperiode ab dem Zeitpunkt des Sonderereignisses als Aufwand/Ertrag in der Gewinn- und Verlustrechnung erfasst, während bei Unternehmen ohne ein Sonderereignis dieser Effekt im Rahmen der Neubewertungen am Bilanzstichtag als versicherungsmathematischer Gewinn oder Verlust ergebnisneutral im sonstigen Ergebnis erfasst wird. Insoweit wird bspw. in Bezug auf den Abzinsungssatz bei einem Unternehmen ohne Sonderereignis der Pensionsaufwand ausschließlich auf Basis der Verhältnisse zu Beginn der Berichtsperiode ermittelt, während bei Unternehmen mit einem Sonderereignis sich der Pensionsaufwand ab dem Sonderereignis auf Basis der zu diesem Zeitpunkt vorherrschenden Verhältnisse ermittelt. Zum anderen wird dadurch aber auch die Vergleichbarkeit innerhalb eines Unternehmens eingeschränkt, da nur für den vom Sonderereignis betroffenen Plan eine Aktualisierung des laufenden Dienstzeitaufwands und der Nettozinsen, bspw. im Hinblick auf einen geänderten Rechnungszins, vorgenommen wird, nicht aber für die anderen Pläne des Unternehmens, bei denen der Aufwandserfassung weiterhin der zum Jahresanfang gültige Rechnungszins zugrunde liegt.[65] Hinzu kommt, dass diese Regelung auch einen gewissen Spielraum für Bilanzpolitik eröffnet. Denn eine Neubewertung wird im Standard nicht explizit auf wesentliche Sonderereignisse begrenzt, sondern kann von Unternehmen auch bei unbedeutenden Sonderereignissen vorgenommen werden, sodass mit gezielten Maßnahmen auf die Höhe des in der Gewinn- und Verlustrechnung zu erfassenden Pensionsaufwands gestalterisch Einfluss genommen werden kann.[66] Beispielsweise könnte im Fall eines während des Geschäftsjahres angestiegenen Rechnungszinses ein vom Umfang eher geringfügiges Sonderereignis dazu be-

---

65 Vgl. Bischof/Chamczyk/Bellert, a.a.O. (Fn. 64), S. 2062.

66 Vgl. Bischof/Chamczyk/Bellert, a.a.O. (Fn. 64), S. 2063; Hagemann/Neumeier, PiR 2018, S. 144; Schmidt, KoR 2018, S. 163.

nutzt werden, eine Neubewertung des gesamten Plans und eine Neubestimmung des laufenden Dienstzeitaufwands und der Nettozinsen mit den veränderten Bewertungsprämissen herbeizuführen.[67]

3.4 True and Fair View bei rückgedeckten Pensionsverpflichtungen?

Bei Leistungsplänen sieht IAS 19 eine spezielle Bewertungsregel für Versicherungsverträge vor, die alle oder einige der zugesagten Leistungen hinsichtlich ihres Betrages und ihrer Fälligkeit genau abdecken (*„exactly match the amount and timing of some or all of the benefits payable under the plan"*). Man spricht hier von einer Leistungskongruenz zur zugesagten Versorgungsleistung. Soweit eine Leistungskongruenz gegeben ist, ist der beizulegende Zeitwert des Versicherungsvertrags annahmegemäß gleich dem Barwert der abgedeckten Verpflichtung.[68]

Soweit keine Leistungskongruenz gegeben ist, sind Versicherungsverträge, wenn sie als qualifizierender Versicherungsvertrag[69] als Planvermögen gelten, mit ihrem beizulegenden Zeitwert nach IFRS 13 zu bewerten und mit der DBO zu saldieren. Ist ein Versicherungsvertrag hingegen nicht als qualifizierend einzustufen, weil er z.B. von einem Konzernunternehmen begeben wurde oder mangels Verpfändung an den Arbeitnehmer nicht insolvenzsicher ist, so qualifiziert er nicht als Planvermögen.[70] Im Regelfall[71] stellt dieser dann einen Erstattungsanspruch (*reimbursement right*) dar, der als separater Vermögenswert mit dem beizulegenden Zeitwert zu aktivieren ist und bei der Ermittlung der Nettoschuld nicht in Abzug gebracht werden darf; lediglich in der Gewinn- und Verlustrechnung bzw. im sonstigen Ergebnis ist eine Saldierung zulässig.[72]

---

67 Vgl. Mühlberger/Gohdes/Stöcker, a.a.O. (Fn. 31), IAS 19, Rn. 304.

68 Vgl. IAS 19.115 und IAS 19.119.

69 Zur Definition siehe Fn. 29.

70 Vgl. Höpken/Torner, in: Beck'sches IFRS-Handbuch, 6. Aufl., München 2020, § 26, Rn. 41.

71 Laut DAV e.V., a.a.O. (Fn. 22), S. 18, stellt ein (Rückdeckungs-)Versicherungsvertrag nicht notwendigerweise einen Erstattungsanspruch dar, weil die vertraglichen Versicherungsleistungen u.U. unabhängig davon fällig werden, ob aus der Pensionszusage zu diesem Zeitpunkt auch tatsächlich ein Versorgungsfall eingetreten ist.

72 Vgl. IAS 19.116, IAS 19.118.

> **Beispiel 1**
>
> Der Arbeitgeber hat seinem Arbeitnehmer eine Altersrente zugesagt. Die abgeschlossene Rückdeckungsversicherung sieht indes zum Renteneintritt eine einmalige Kapitalzahlung vor. Aufgrund der unterschiedlichen Zahlungszeitpunkte liegt keine (auch keine teilweise) Leistungskongruenz vor.[73]

Bei einer gleichlaufenden Bewertung von Planvermögen und Verpflichtung aufgrund einer vollständigen Leistungskongruenz ergibt sich ein bilanzielles Nullsummenspiel, da der Versicherungswert mit dem Wert der gedeckten DBO gleichzusetzen ist und daraus eine Nettoschuld von null resultiert. Entsprechend betragen die Nettozinsen auch null, sodass in der Gewinn- und Verlustrechnung allein der Dienstzeitaufwand und im sonstigen Ergebnis die Neubewertungseffekte verbleiben.

Ein Erstattungsanspruch kann anders als Planvermögen nicht mit der DBO saldiert werden, es tritt insoweit keine bilanzverkürzende Wirkung ein [IAS 19.116(a)], während die Kostenkomponente in der Gewinn- und Verlustrechnung und im sonstigen Ergebnis wie beim Planvermögen zu erfassen sind.[74]

Trotz dieser wirtschaftlich sinnvollen und auf den ersten Blick einfach anmutenden Bewertungsregel bei kongruent gedeckten Pensionsverpflichtungen liegt die Schwierigkeit ihrer Anwendung im deutschen Rechtskreis im Detail.

Der Standardsetter ist mit seiner Vorgabe, dass eine kongruente Bewertung auch dann zulässig ist, wenn nur „einige" (*some*) der zu zahlenden Leistungen durch die Versicherungsleistung kongruent abgedeckt sind, wenig präzise. Weder aus dem Standard noch aus der *implementation guidance* oder der *basis for conclusion* geht hervor, was der IASB mit dem Begriff „einige" genau im Sinn hatte. Eine mögliche Interpretation wäre, dass sich „einige" auf verschiedene Leistungskomponenten bezieht, wenn ein Versorgungsplan mehrere Leistungsbestandteile enthält, z.B. Altersversorgung, Zahlungen bei Invalidität und eine Hinterbliebenenversorgung.[75]

---

73 Vgl. Lüdenbach/Hoffmann/Freiberg, a.a.O. (Fn. 19), § 22, Rn. 100.
74 Vgl. IAS 19.116(b) i.V.m. IAS 19.124 f.
75 So Hagemann, DB 2022, S. 960.

Beispiel 2

Ein Leistungsplan nach Beendigung des Arbeitsverhältnisses bietet sowohl eine Altersvorsorge als auch eine Invaliditätsleistung. Die Leistungen aus dem Versicherungsvertrag umfassen jedoch nur (indes vollständig kongruent) die Altersleistungen, nicht aber die Invaliditätsleistungen. In diesem Fall deckt die Versicherung alle Leistungen der Altersversorgungskomponente ab, sodass hierauf die kongruente Bewertung anzuwenden ist. Im Ergebnis erfolgt bilanziell der Ausweis einer Netto-DBO in Höhe der Invaliditätsleistung, da dieser kein Versicherungsanspruch gegenübersteht.

Eine alternative Auslegung wäre, dass „einige" (*some*) in IAS 19.115 bzw. 119 als „teilweise" interpretiert wird. Hiernach wäre eine kongruente Bilanzierung anzuwenden, wenn eine Versicherungspolice nur einen bestimmten Prozentsatz einer Leistung abdeckt.[76]

Beispiel 3

Ein Leistungsplan nach Beendigung des Arbeitsverhältnisses sieht nur Altersvorsorgeleistungen vor. Die Leistungen einer Versicherung decken 80 % der Altersleistungen ab. Nach dieser Interpretation ist eine kongruente Bewertung auf 80 % der Altersversorgungsleistungen anzuwenden, die durch die Versicherungspolice abgedeckt sind. Damit erfolgt faktisch nur für den Teil der Zusage der Ausweis einer Netto-DBO, dem kein Versicherungsanspruch gegenübersteht, also in Höhe der nicht gedeckten 20 %.

Des Weiteren stellt sich die Frage, wie das Kriterium „genau abdecken" (*exactly match*) zu verstehen ist. Hierunter fallen sog. versicherungsakzessorische oder versicherungsgebundene Versorgungszusagen, die so ausgestaltet sind, dass sich die zugesagte Versorgungsleistung nach der Versicherungsleistung bemisst;[77] im Hinblick auf die nach § 16 BetrAVG vorzunehmenden Rentenanpassungen können indes auch hier Unschärfen in der Leistungskongruenz bestehen. Liegt keine Bindung der Versorgungsleistung an die Versicherungsleistung vor, sondern wird eine Versicherung (i.d.R.) nachträglich abgeschlossen, um die erteilte Versorgungszusage ganz oder teilweise abzusichern, so ist die Leistungskongruenz zur Versorgungszusage zu hinterfragen, insbesondere dann, wenn die

---

[76]   So wohl Lüdenbach/Hoffmann/Freiberg, a.a.O. (Fn. 19), § 22, Rn. 101.

[77]   Vgl. DAV e.V., a.a.O. (Fn. 22), S. 17, wo von „in jedem Fall" die Rede ist.

Versicherungsverträge so ausgestaltet sind, dass nur ein Teil der Versorgungsleistungen garantiert wird und der nicht garantierte Teil durch die (zukünftige) Überschussbeteiligung gedeckt werden soll.

Eine enge Auslegung wäre, dass sich *„exactly match"* auf die gesamte Versicherungsleistung bezieht.

Beispiel 4

In Deutschland hat ein Arbeitgeber nach § 16 BetrAVG seine laufenden Leistungen alle drei Jahre einer Rentenanpassungsprüfung zu unterziehen, soweit kein Befreiungstatbestand, wie z.B. eine ohnehin jährlich garantierte Rentendynamisierung von 1 % vereinbart ist oder eine Beitragszusage mit garantierter Mindestleistung erteilt wurde. Die ggf. erforderliche Rentenanhebung in Form eines Inflationsausgleiches wird von der Versicherungspolice nicht garantiert. Selbst für den Fall, dass davon ausgegangen wird, dass die Inflationsanpassung über die Überschussbeteiligung vollständig abgedeckt wird, wäre eine kongruente Bewertung nicht zulässig, da die Versicherungsleistung in nicht in jedem Fall genau die Zusage abdeckt.

Eine weitere Auslegung wäre, dass sich *„exactly match"* nur auf die garantierte Versicherungsleistung bezieht.

Beispiel 5

In Deutschland hat ein Arbeitgeber nach § 16 BetrAVG seine laufenden Leistungen alle drei Jahre einer Rentenanpassungsprüfung zu unterziehen, soweit kein Befreiungstatbestand, wie z.B. eine ohnehin jährlich garantierte Rentendynamisierung von 1 % vereinbart ist oder eine Beitragszusage mit garantierter Mindestleistung erteilt wurde. Die ggf. erforderliche Rentenanhebung in Form eines Inflationsausgleiches wird von der Versicherungspolice nicht garantiert. Selbst für den Fall, dass davon ausgegangen wird, dass die Inflationsanpassung über die Überschussbeteiligung vollständig abgedeckt wird, wäre eine kongruente Bewertung nur auf den garantierten Teil der Leistung anzuwenden.[78]

---

78   Im Folgenden wird immer von einer vollständig ausfinanzierten Rückdeckungsversicherung ausgegangen. Zum Einfluss des Ausfinanzierungsgrads siehe bspw. Lüdenbach/Hoffmann/Freiberg, a.a.O. (Fn. 19), § 22, Rn. 102.

Eine weiter gefasste Auslegung wäre schließlich, dass sich *„exactly match"* nicht nur auf die durch eine Versicherung garantierten Leistungen bezieht, sondern auch die Leistungen einschließt, die voraussichtlich durch die Überschussbeteiligung (i.S.v. gleichlaufend erwarteten Zahlungsströmen) gedeckt sein werden.[79]

Beispiel 6

Der von einer Versicherung garantierte Betrag deckt die künftigen Rentenanpassungen nach § 16 BetrAVG nicht ab. Das Unternehmen geht aber davon aus, dass die Überschussbeteiligung die Inflationsanpassung vollständig decken wird (alternatives Szenario: 50 % der angenommenen Inflationsanpassung). Nach der weiter gefassten Auslegung ist eine kongruente Bewertung auf den Teil anzuwenden, der voraussichtlich durch die Versicherungspolice gedeckt sein wird, d.h. im vorliegenden Beispiel auf die gesamte Leistung (im alternativen Szenario: auf die garantierte Leistung sowie 50 % der angenommenen Inflationsanpassung).

Die Deutsche Aktuarvereinigung e.V. (DAV e.V.) äußerte sich dahingehend, dass bei nicht-versicherungsgebundenen Zusagen eine kongruente Bewertung in Höhe der anteiligen DBO für die zwischen der Rückdeckungsversicherung und der Pensionszusage für als gleichlaufend erwartete Zahlungsströme i.S.d. *IDW RH FAB 1.021*[80] nicht gefordert werden kann, da eine solche Kongruenzanalyse auf Basis von Erwartungswerten aus dem Wortlaut von IAS 19.115 und 119 (*„exactly match"*) nicht zwingend ableitbar ist. Dennoch ist aus Sicht der DAV e.V. nach IFRS eine analoge Anwendung des vom IDW für HGB-Bewertungen erlassenen Rechnungslegungshinweises auch nicht zu beanstanden, da es den wirtschaftlichen Zusammenhang zwischen Rückdeckungsversicherung und Versorgungszusage sachgerecht abbildet.[81]

---

79   So wohl Lüdenbach/Hoffmann/Freiberg, a.a.O. (Fn. 19), § 22, Rn. 101.

80   Vgl. *IDW Rechnungslegungshinweis: Handelsrechtliche Bewertung von Rückstellungen für Altersversorgungsverpflichtungen aus rückgedeckten Direktzusagen (IDW RH FAB 1.021).*

81   Vgl. DAV e.V., a.a.O. (Fn. 22), S. 17.

Hauptanwendungsfall dieser Bewertungsvorschrift sind in Deutschland sog. Rückdeckungsversicherungen.[82] Eine Rückdeckungsversicherung ist eine Lebensversicherung, die der Arbeitgeber (Versicherungsnehmer) oder eine Unterstützungskasse auf das Leben des versorgungsberechtigten Arbeitnehmers (versicherte Person) abschließt und damit die in der Versorgungszusage erteilten Bestandteile ganz oder teilweise gegenfinanziert. Die Leistungspflicht aus der Zusage gegenüber dem Versorgungsberechtigten bleibt weiterhin beim Arbeitgeber, dem auch das Bezugsrecht für die Versicherungsleistung zusteht, sodass eine Klassifizierung der versicherten Leistungen (*insured benefits*) als Beitragsplan (*defined contribution plan*) gem. IAS 19.46 ff. ausscheidet und die Pensionszusage als Leistungsplan (*defined benefit plan*) zu bilanzieren ist.

Die von einem Arbeitgeber für seine Direktzusage abgeschlossene Rückdeckungsversicherung erfüllt nach einer Verpfändung des Versicherungsanspruchs an den Arbeitnehmer typischerweise die Voraussetzungen für Planvermögen als qualifizierender Versicherungsvertrag (IAS 19.8), bei fehlender Insolvenzsicherheit mangels Verpfändung an den Arbeitnehmer oftmals die Definition eines Erstattungsanspruchs (IAS 19.116 ff.). In beiden Fällen ist bei Leistungskongruenz für den Versicherungsvertrag eine kongruente Bewertung in Höhe der abgesicherten DBO nach IAS 19.115 bzw. IAS 19.119 vorzunehmen.

Wird eine Rückdeckungsversicherung von einem externen Versorgungsträger, z.B. einer Unterstützungskasse, abgeschlossen, könnte im Hinblick auf den Wortlaut des IAS 19.115 fraglich sein, ob eine kongruente Bewertung auch auf diesen Versicherungsanspruch angewendet werden kann, da das Vermögen zur „zweiten Kategorie" von Planvermögen in Form eines externen Fondsvermögens gehört.[83] In Anbetracht dessen, dass die Definition eines qualifizierenden Versicherungsvertrags in IAS 19.8 nicht explizit voraussetzt, dass die Versicherungsverträge vom berichtenden (Arbeitgeber-)Unternehmen gehalten werden müssen und auch die Formulierung des IAS 19.115 „soweit zum Planvermögen qualifizierende Versicherungsverträge gehören" (*„where plan assets include qualifying insurance policies"*) nahelegt, dass auch externes Fondsvermögen quali-

---

82   Zum Jahresende 2022 bestanden in Deutschland 3,7 Mio. Rückdeckungsversicherungen, die zur Absicherung von Direktzusagen oder Unterstützungskassenzusagen gehalten werden, vgl. GDV, Die deutsche Lebensversicherung in Zahlen 2023 (online abrufbar unter gdv.de; letzter Abruf: 17.08.2023). Gegenüber dem Jahr 2005, als die Anzahl der Rückdeckungsversicherungen in Deutschland noch 2,3 Mio. betrug, bedeutet dies einen Anstieg um fast 61% [vgl. aba, GDV: Rückdeckungsversicherungen, Entwicklung im Zeitraum 2005 – 2022 (Stand: Juni 2023), online abrufbar unter aba-online.de; letzter Abruf: 17.08.2023].

83   Dies für rückgedeckte Unterstützungskassen explizit bejahend DAV e.V., a.a.O. (Fn. 22), S. 42.

fizierende Versicherungsverträge enthalten kann, erscheint eine kongruente Bewertung in diesen Fällen nicht ausgeschlossen[84] und hinsichtlich eines *True and Fair View* begrüßenswert.

Fraglich ist, wie bei Erwerb einer kongruenten Rückdeckungsversicherung und anschließender Anwendung der kongruenten Bewertung die entstehende Differenz zwischen den Anschaffungskosten und dem beizulegenden Zeitwert in Höhe der abgesicherten DBO zu behandeln ist. Diese kann zwar grundsätzlich als versicherungsmathematischer Gewinn oder Verlust interpretiert und entsprechend im sonstigen Ergebnis erfasst werden, je nach Sachverhalt wird indes auch eine sofortige aufwandswirksame Erfassung gefordert.[85]

Mit dem Konzept der kongruenten Bewertung von Versicherungsvertrag und abgesicherter DBO bei entsprechender Leistungskongruenz hat der IASB eine offensichtlich betriebswirtschaftlich motivierte Ausnahmeregelung[86] von der grundsätzlichen Bewertung des Planvermögens zum beizulegenden Zeitwert geschaffen. Dies ist zumindest für einen qualifizierenden Versicherungsvertrag nachvollziehbar und begrüßenswert, da eine Tatbestandsvoraussetzung für die Einstufung als qualifizierender Versicherungsvertrag ist, dass die Ansprüche aus der Versicherungspolice nur für Zwecke der Zahlung der Altersversorgungsverpflichtungen verwendet werden können. Dem Unternehmen steht in diesen Fällen keine alternative Verwendung der Versicherungspolice zu.[87] Damit hat bei einer vollständig ausfinanzierten und leistungskongruenten Versicherung das Unternehmen zum Bilanzstichtag wirtschaftlich betrachtet weder einen über die Erfüllung der Alters-

---

84   So wohl PwC, a.a.O. (Fn. 48), FAQ 12.25.1.

85   Vgl. KPMG, Insights into IFRS, 19th Edition 2022/2023, Rn. 4.4.670.40: aufwandswirksam, soweit es sich um verlässlich ermittelbare Verwaltungskosten handelt, wobei einschränkend der Hinweis gegeben wird, dass erfahrungsgemäß die angegebenen Verwaltungskosten einer Versicherungspolice nicht repräsentativ sind für die tatsächlichen Verwaltungskosten des Plans und daher die Feststellung, ob die Verwaltungskosten des Versicherers verlässlich beziffert werden können, unabhängig von den in der Versicherungspolice angegebenen Vertragskosten erfolgen sollte; Deloitte, iGAAP 2022, A15, 7.3.7.5-1: aufwandswirksam, soweit es sich um Transaktionskosten handelt; EY, International GAAP 2023, Chap. 30, Sec. 10.2.2: aufwandswirksam, soweit es sich faktisch um eine Planabgeltung handelt; ebenso PwC, a.a.O. (Fn. 48), FAQ 12.25.1.

86   Interessanterweise nehmen IAS 19.115 bzw. .119 weiterhin auf den beizulegenden Zeitwert Bezug. Dieser soll annahmegemäß dem Barwert der abgedeckten Verpflichtung entsprechen – u.E. ist dies schwerlich ein beizulegender Zeitwert.

87   Insoweit könnte die kongruente Bilanzierung bei Erstattungsansprüchen kritisch gesehen werden, da eine alternative Verwendung der Versicherungspolice tatbestandsrechtlich von IAS 19.119 nicht ausgeschlossen ist. In der Praxis dürfte der überwiegende Teil der Versicherungspolicen aber für die Begleichung der Altersversorgungsansprüche gehalten werden, sodass die Ausdehnung der Bewertungsvorschrift auch auf Erstattungsansprüche sachgerecht erscheint.

versorgungsverpflichtung hinausgehenden Vermögensvor- noch -nachteil. Würde in einem solchen Fall die Bilanzierung von Vermögen und Verpflichtung auseinanderfallen, würden damit faktisch Scheingewinne bzw. -verluste ausgewiesen. Insoweit führt die Bilanzierung zu einem den tastsächlichen Verhältnissen entsprechenden Bild der Vermögenslage.

Im Detail zeigen sich indes einige Zweifelsfragen bei der Rechtsanwendung. Dies gilt umso mehr im deutschen Rechtskreis, da eine vollständige (durch die Versicherung garantierte) Leistungskongruenz oftmals nicht vorliegen dürfte. Dies hat das IDW veranlasst, für HGB mit dem *IDW RH FAB 1.021* der Praxis eine Hilfestellung an die Hand zu geben. [88]

3.5 True and Fair View bei wertpapiergebundenen Pensionszusagen?

In Deutschland werden sog. „wertpapiergebundene Versorgungszusagen" immer beliebter. Eine Definition derartiger Zusagen enthält IAS 19 bislang nicht. Allerdings wurde mit dem Bilanzrechtsmodernisierungsgesetz (BilMoG) im Jahr 2009 für HGB-Abschlüsse eine spezielle Bewertungsvorschrift für wertpapiergebundene Versorgungszusagen in § 253 Abs. 1 Satz 3 HGB eingeführt, wonach der Passivwert der Altersversorgungsverpflichtung mit dem beizulegenden Zeitwert dieser Wertpapiere anzusetzen ist, soweit er den garantierten Mindestbetrag übersteigt. Ist allerdings der garantierte Mindestbetrag höher, ermittelt sich der notwendige Erfüllungsbetrag der Altersversorgungszusage als Barwert der Mindestgarantie.

Verpflichtungsumfang = Max {Zeitwert Wertpapiere; Barwert Mindestgarantie}

Bei wertpapiergebundenen Zusagen werden in Deutschland Direktzusagen des Arbeitgebers typischerweise so konzipiert, dass sich die Höhe der Versorgungsleistung ausschließlich nach dem Zeitwert bestimmter Wertpapiere bemisst, ergänzt um einen garantierten Mindestbetrag, z.B. in Höhe der gezahlten Beiträge zuzüglich einer garantierten Mindestverzinsung.

Die Wertpapiere müssen nicht vom Unternehmen gehalten werden, eine reine Koppelung an die Wertentwicklung eines Wertpapiers oder eines Wertpapierindex ist möglich.[89] Für jeden Versorgungsberechtigten wird ein tatsächliches

---

88   Zuletzt dazu Henckel u.a., WPg 2023, S. 994.
89   Vgl. DAV e.V., a.a.O. (Fn. 22), S. 38.

oder ein virtuelles Kapitalkonto (*cash balance*) geführt, auf welchem periodisch Beiträge zzgl. einer festen und/oder variablen Verzinsung gutgeschrieben werden.[90] International sind solche Pläne daher auch als *cash balance plans* bekannt.

Für den Fall, dass der Arbeitgeber die für die Versorgungsleistung maßgebenden Wertpapiere tatsächlich hält, liegt die Attraktivität dieser Zusagen für den Arbeitgeber zum einen in einer vergleichsweise hohen Planbarkeit des Liquiditätsabflusses bei gleichzeitiger Risikominimierung. Denn das Risiko des Arbeitgebers ist je nach Ausgestaltung[91] auf seine Beitragszahlung zuzüglich einer gegebenenfalls garantierten Mindestverzinsung begrenzt. Durch diese Mindestleistung hat der Arbeitnehmer eine gewisse Versorgungssicherheit, aber auch die Chance auf eine attraktive Versorgungsleistung durch eine entsprechende Performance der Wertpapiere, ohne dass dem Arbeitgeber hierdurch zusätzliche Kosten entstehen.

IAS 19 sieht bislang keine speziellen Bilanzierungs- und Bewertungsvorschriften für wertpapiergebundene Versorgungszusagen vor. Garantiert ein Arbeitgeber eine Mindestleistung, so ist seine Leistungspflicht nicht auf eine reine Beitragszahlung an einen externen Fonds begrenzt. Wertpapiergebundene Versorgungszusagen mit garantierter Mindestleistung sind folglich gem. IAS 19.9 i.V.m. IAS 19.29(b) als Leistungspläne zu bilanzieren.

Würde die oben beschriebene allgemeine Vorgehensweise bei der Bewertung von Leistungsplänen nach IAS 19.63 ff. herangezogen, wäre die definierte Leistungsverpflichtung (DBO) grundsätzlich als versicherungsmathematischer Barwert der erwarteten künftigen Kosten (sprich: Versorgungsleistungen) unter Anwendung der *projected unit credit method* zu bewerten.

Eine solche streng formale Vorgehensweise führt indes bei einer wirtschaftlichen Betrachtung zu wenig überzeugenden Ergebnissen.

Beispiel 7

Die in einem Jahr zu zahlende Pensionsleistung erfolgt in Höhe des beizulegenden Zeitwerts der Referenzvermögenswerte zu diesem Zeitpunkt. Folgende Annahmen liegen zum Bilanzstichtag vor:

---

90   Vgl. Wollmert u.a., (a.a.O. (Fn. 22), IAS 19, Rn. 189.
91   Bei einer Altersrente verbleibt jedoch bspw. noch das Langlebigkeitsrisiko beim Arbeitgeber.

- die Referenzvermögenswerte haben einen aktuellen beizulegenden Zeitwert von 100 TEUR
- die erwartete Rendite der Referenzaktiva beträgt 5 %; und
- der nach IAS 19.83 anzuwendende Abzinsungssatz liegt bei 3 %.

IAS 19 schreibt vor, dass ein Unternehmen den Barwert der DBO wie folgt zu bewerten hat:

- Schätzung der letztendlichen Kosten der Pensionsleistung für das Unternehmen durch Prognose der Mittelabflüsse mit einer erwarteten Rendite von 5 %; und
- Diskontierung der Cashflows mit 3 %.

Daraus ergäbe sich ein Barwert der DBO von 102 TEUR.[92]

Hält das Unternehmen die Referenzaktiva tatsächlich und qualifizieren diese als Planvermögen, so wäre bei einer Bewertung des Planvermögens mit dem beizulegenden Zeitwert von 100 TEUR und einem saldierten Bilanzausweis eine Unterdeckung von 2 TEUR zu zeigen.

Diese Vorgehensweise führt regelmäßig zu Scheinverlusten, indem bilanziell eine höhere Verpflichtung als der beizulegende Zeitwert der Wertpapiere ausgewiesen werden muss, obgleich die tatsächliche wirtschaftliche Belastung auf den Zeitwert der Wertpapiere begrenzt ist, solange eine garantierte Mindestleistung nicht unterschritten wird. Das Ergebnis ist eine inkongruente Bilanzierung, wenn bei einer klassischen Pensionsbewertung die Pensionsverpflichtung anhand der erwarteten Rendite bestimmter Vermögenswerte projiziert und über die Marktrenditen hochwertiger Unternehmensanleihen abgezinst wird und hierbei unterschiedliche Zinssätze zur Anwendung kommen.[93]

Über die sachgerechte Bilanzierung derartiger Versorgungsmodelle wird schon – bisher fruchtlos – seit vielen Jahren diskutiert. Ein erster Lösungsversuch wurde im Juli 2004 seitens des IFRS IC mit dem Interpretationsentwurf D9 *Employee Benefit Plans with a Promised Return on Contributions or Notional Contributions*[94] unternommen. Dieser unterteilte die in Rede stehenden Pläne in 3 Kategorien: in Pläne mit fixer Verzinsung, in Pläne mit variabler Verzinsung und in

---

92 Vgl. IFRS Staff, Agenda Paper 6, October 2021 (online abrufbar unter ifrs.org; letzter Abruf: 17.08.2023).

93 Vgl. EFRAG, Discussion Paper: Accounting for Pension Plans with an Asset-Return Promise, May 2019, Rn. 2.14 (online abrufbar unter efrag.org; letzter Abruf: 17.08.2023).

94 IFRIC D9 (online abrufbar unter ifrs.org; letzter Abruf: 17.08.2023).

Pläne, die sowohl eine fixe als auch eine variable Verzinsungskomponente aufweisen, sog. Hyprid-Pläne. Die in Deutschland bei solchen Plänen vorwiegend anzutreffenden wertpapiergebundenen Versorgungszusagen mit garantierter Mindestverzinsung gehören zur Kategorie der Hyprid-Pläne. Im August 2005 zog das IFRS IC den Interpretationsentwurf mit folgender Begründung zurück: *„The staff found the fixed/variable and modified fixed/variable approaches inadequate to give a faithful representation of the entity's obligation for more complex benefit structures. They believed that some aspects of the fixed/variable approach in D9 were not fully consistent with IAS 19. [...] The staff [...] recommended that the correct treatment for D9 plans should be determined as part of an IASB project."* Der IASB adressierte dieses Thema zwar in seinem 2008 veröffentlichten Diskussionspapier *„Preliminary Views on Amendments to IAS 19 Employee"*, entschied aber im Jahr 2009, dieses Thema bis zu einer grundlegenden Überarbeitung des IAS 19 zu verschieben.

In Anbetracht der weiterhin bestehenden Relevanz nahm das IFRS IC im Mai 2012 das Thema wieder auf, allerdings im Januar 2014 mit nahezu gleicher Begründung wie zuvor wieder von seiner Agenda: *"In the Interpretations Committee's view, developing accounting requirements for these plans would be better addressed by a broader consideration of accounting for employee benefits, potentially through the research agenda of the IASB. The Interpretations Committee acknowledged that reducing diversity in practice in the short term would be beneficial. However, because of the difficulties encountered in progressing the issues, the Interpretations Committee decided to remove the project from its agenda. The Interpretations Committee notes the importance of this issue because of the increasing use of these plans. Consequently, the Interpretations Committee would welcome progress on the IASB's research project on post–employment benefits".*[95]

Im Februar 2018 kündigte der IASB ein Forschungsprojekt zu *Pension Benefits that Depend on Asset Returns* an.[96] Aufgrund der hohen Relevanz[97] dieser Zusagen in Europa veröffentlichte auch die *European Financial Reporting Advisory*

---

95   Vgl. IFRS IC Staff Agenda Paper 9, May 2014: IAS 19 Employee Benefits—employee benefits plans with a guaranteed return on contributions or notional contributions (online abrufbar unter ifrs.org; letzter Abruf: 17.08.2023).

96   Vgl. IASB Staff Agenda Paper 29, December 2018: Pension Benefits that Depend on Asset Returns (online abrufbar unter ifrs.org; letzter Abruf: 17.08.2023).

97   Die Analyse des IASB Staff ergab zum damaligen Zeitpunkt für Europa die regional höchste Relevanz, vgl. IASB Staff Agenda Paper 15, May 2016, Appendix A, Chart 2 (online abrufbar unter ifrs. org; letzter Abruf: 17.08.2023).

Group (EFRAG) im Mai 2019 ein Diskussionspapier[98] sowie Beispielrechnungen[99] zu *Accounting for Pension Plans with an Asset-Return Promise*, wobei sich dessen Anwendungsbereich auf Pläne beschränkte, bei denen die Referenzvermögenswerte auch tatsächlich gehalten werden. Die EFRAG schlug vor, die Planvermögenswerte entsprechend den Regelungen des IAS 19 mit ihrem beizulegenden Zeitwert zu bewerten, und stellte für die Bewertung der Verpflichtung folgende drei Vorgehensweisen zur Diskussion[100]:

a) *capped asset return approach* (bei der Bewertung der DBO wird die erwartete Vermögensrendite auf den Zinssatz hochwertiger Unternehmensanleihen (*high-quality corportate bonds* = Abzinsungssatz nach IAS 19.83) begrenzt)
b) *fair-value based appraoch* (die DBO wird als Summe des beizulegenden Zeitwerts des Planvermögens und dem beizulegenden Zeitwert der garantierten Mindestrendite berechnet)
c) *fulfilment value approach* (die Bewertung der DBO basiert auf den geschätzten Zahlungsmittelabflüssen, die zur Begleichung der gesamten Pensionsverpflichtung bei Fälligkeit erforderlich sind, abzüglich der erwarteten zukünftigen Zuflüsse über die Laufzeit des Pensionsplans)

Der IASB entschied sich daraufhin, ausschließlich den *capped asset return approach* anhand von Beispielen[101] näher zu untersuchen, da dieser die Inkonsistenzen bei der Bewertung von Planvermögen und DBO ohne umfassende Überarbeitung des IAS 19 beseitigen könne.[102] Mit diesem Vorschlag sollte vor allem verhindert werden, dass die Verpflichtung – wie im obigen Beispiel – deutlich höher als mit dem Zeitwert der Wertpapiere bewertet wird.[103] Allerdings hat der IASB im Oktober 2021 sämtliche Aktivitäten diesbezüglich wieder eingestellt und eine grundlegende Überarbeitung des IAS 19 auf die Dritte Agen-

---

98 Vgl. EFRAG, a.a.O. (Fn. 93).

99 Vgl. EFRAG, Secretariat Annex to EFRAG's Discussion Paper Accounting for Pension Plans with an Asset-Return Promise, May 2019 (updated) (online abrufbar unter efrag.org; letzter Abruf: 17.08.2023).

100 Vgl. EFRAG, Feedback Statement on EFRAG's Discussion Paper Accounting for Pension Plans with an Asset-Return Promise, February 2020 (online abrufbar unter efrag.org; letzter Abruf: 17.08.2023).

101 Vgl. IASB Staff Agenda Paper 6, January 2020: Pension Benefits that Depend on Asset Returns, Tz. 26 und 27 (online abrufbar unter ifrs.org; letzter Abruf: 17.08.2023).

102 Vgl. IASB Staff Agenda Paper 6, December 2020: Pension Benefits that Vary with Asset Returns, Educational session – Illustrative examples (online abrufbar unter ifrs.org; letzter Abruf: 17.08.2023).

103 Vgl. Hagemann/Neumeier, PiR 2020, S. 68.

da-Konsultation[104] verschoben, da er keine weitreichende Relevanz über alle Jurisdiktionen[105] hinweg sah, sodass die Kosten einer Standardänderung den potentiellen Nutzen einer verbesserten Finanzberichterstattung überwogen.[106] Nun schließt sich indes der Kreis wieder, da der IASB dieses Thema nicht auf den aktuellen Arbeitsplan für 2022 bis 2026 aufgenommen hat.[107] Mit einer baldigen Lösung des Bewertungsproblems seitens des IASB ist wohl auch nach über 20 Jahren nicht zu rechnen.

Immerhin ist sich der IASB der Bewertungsproblematik von wertpapiergebundenen Versorgungszusagen bewusst und nimmt, ebenso wie das IFRS IC, bis zu einem finalen Standardsetting eine *diversity in practice* billigend zur Kenntnis. Eine Anlehnung an die Bilanzierung entsprechend den Vorgaben des zurückgezogenen Interpretationsentwurfs IFRIC D9 wird als mögliche Bewertungspraxis seitens des IASB explizit genannt[108] und im Schrifttum als „marktwertorientierter Ansatz" für derartige Zusagen in der Praxis bestätigt.[109]

In IFRIC D9 wurde vorgeschlagen, Pläne mit einer Kombination aus einer garantierten festen Rendite und einer Verzinsung, die von zukünftigen Vermögensrenditen abhängt, in eine feste und eine variable Komponente zu zerlegen. Der leistungsorientierte Vermögenswert oder die Schuld, die sich allein aus der fixen Komponente ergeben würden, würden nach den allgemeinen Regelungen des IAS 19 bewertet und angesetzt. Die variable Komponente würde mit dem beizulegenden Zeitwert der Referenzvermögenswerte am Ende der Berichtsperiode bewertet. Eine darüber hinausgehende Hochrechnung der künftigen Vermögensentwicklung würde nicht vorgenommen werden, sodass eine Abzinsung des Nutzens auf den Bewertungsstichtag nicht erforderlich wäre. Der Wert der Verpflichtung für die variable Komponente würde dann mit dem der fixen

---

104 IASB Request for Information Third Agenda Consultation, March 2021 (online abrufbar unter ifrs. org; letzter Abruf: 17.08.2023).

105 Die Analyse des IASB Staff ergab damals außerhalb Europas bei 54% der ausgewerteten Antworten eine geringe Relevanz und bei 26% eine mittlere Relevanz, vgl. IASB Staff Agenda Paper 15, May 2016, Appendix A, Chart 2, a.a.O. (Fn. 97).

106 Vgl. IASB Update October 2021 (online abrufbar unter ifrs.org; letzter Abruf: 17.08.2023).

107 Vgl. IFRS Foundation work plan (online abrufbar unter ifrs.org; letzter Abruf: 17.08.2023).

108 Vgl. IFRIC Update April 2005, IFRIC Update August 2005, S. 4, IFRIC Update September 2012, S. 3, IFRIC Update Mai 2024, S. 10 (Updates online abrufbar unter ifrs.org; letzter Abruf: 17.08.2023).

109 Vgl. PwC, a.a.O. (Fn. 48), Rn. 12.57 und FAQ 12.57.1, die explizit ein Bilanzierungswahlrecht zwischen der klassischen DBO-Bewertung und der Bewertung nach IFRIC D9 sehen; ebenso Lüdenbach/Hoffmann/Freiberg, a.a.O. (Fn. 19), § 22, Rn. 124; KPMG, a.a.O. (Fn. 86), Rn. 4.4.395.20, nach deren Erfahrung eine Bilanzierung nach IFRIC D9 in einigen Rechtskreisen die vorherrschende Praxis ist; EY, a.a.O. (Fn. 85), Chap. 30 , Abschn. 3.5.

Komponente verglichen werden. Übersteigt der Wert der variablen Komponente den der fixen, wäre in Höhe der Differenz nach IFRIC D9.15 eine zusätzliche Verbindlichkeit zu passivieren. Im Ergebnis wäre somit für den Ansatz der Gesamtverpflichtung der höhere der beiden Werte maßgeblich.[110]

Ein ähnliches Vorgehen schlägt die Arbeitsgruppe Rechnungslegung des Fachausschusses Altersversorgung der DAV e.V. vor.[111] Danach soll die Verpflichtung aus wertpapiergebundenen Versorgungszusagen mit dem höheren Wert aus beizulegendem Zeitwert der Referenzvermögenswerte und dem nach den allgemeinen Bewertungsregeln des IAS 19 ermittelten Barwert der erdienten Mindestgarantie passiviert werden. Dieses Vorgehen entspricht in Deutschland einer gängigen Praxis[112] und bildet durch die Koppelung an den Zeitwert der Wertpapiere, soweit nicht die garantierte Mindestleistung zum Tragen kommt, während der Anwartschaft die Verpflichtung des Unternehmens am jeweiligen Bilanzstichtag besser entsprechend den wirtschaftlichen Verhältnissen als eine nach den allgemeinen Bewertungsregeln des IAS 19 ermittelte Verpflichtung ab.

Gerade der Fall der wertpapiergebundenen Zusagen zeigt eindrucksvoll, dass der Begriff des *True and Fair View* in der IFRS-Rechnungslegung ein relativer Begriff ist. Unstreitig dürfte sein, dass IAS 19 für solche Modelle keine zweckadäquate Bilanzierungsregelungen aufweist. Seit über 20 Jahren hat sich der IASB – aus verschiedenen Gründen – nicht in der Lage gesehen, dieses Problem einer Lösung zuzuführen. Der IASB nimmt dafür die in der Praxis entstandene uneinheitliche Bilanzierungsweise zur Lösung dieses Problems billigend in Kauf. Leider (muss man sagen) ist auch in naher Zukunft keine Antwort des IASB auf diese Fragen zu erwarten, da das Thema nach der letzten Agenda Konsultation nicht auf den Arbeitsplan des IASB genommen wurde.

4 Zusammenfassung: Wunsch und Wirklichkeit der Abbildungen eines True and Fair View in der IFRS-Rechnungslegung

Die Bilanzierung von Altersversorgungsverpflichtungen hat gezeigt, dass in der IFRS-Rechnungslegung die Tragweite des *True and Fair View* grundsätzlich

---

110 Vgl. EY, a.a.O. (Fn. 85), Chap. 30, Abschn. 3.5.

111 Zu Detailunterschieden zwischen IFRIC D9 und dem Bewertungsvorschlag der DAV-Richtlinie vgl. Mühlberger/Schwinger, a.a.O. (Fn. 31), S. 108 f.

112 Vgl. Hagemann/Neumeier, a.a.O. (Fn. 105), S. 69.

durch die IFRS-Regelungen selbst begrenzt wird. Insoweit existiert kein absoluter, etwa aus dem Rahmenwerk abgeleiteter *True and Fair View*. Dies mag man bedauern, da bspw. aufgrund der Art des Standardsetting und beschränkter Kapazitäten seitens des IASB derzeit noch einige Standards vorhanden sind, die bspw. mit dem neuen Rahmenwerk inkompatibel sind, da sie noch aus einer Zeit stammen, in denen die bilanzielle Denkrichtung des IASB eine andere war. Beispielseise hat man noch in 90er Jahren des letzten Jahrhunderts die IFRS-Rechnungslegung mit dem Begriff des *matching principle* verbunden, also einer GuV-orientierten Betrachtungsweise. Dies ist mittlerweile einer eher bilanzgeprägten – auf Beherrschung beruhende – Betrachtungsweise gewichen. Der *True and Fair View* in der IFRS-Rechnungslegung ist damit bildlich gesprochen auch ein Kind seiner Zeit.

Aufgrund der Abstraktheit des *True and Fair View* und seiner begrenzten Tragweite in der IFRS-Rechnungslegung werden letztlich immer Interpretationsspielräume bleiben. Somit sind je nach Rechnungslegungsadressat größere oder kleinere Informationslücken unvermeidbar. Wo Interpretations- und Auslegungsspielräume sind, werden selbst im Umfeld globaler Rechnungslegungsstandards die nationalen Rechnungslegungsinstitutionen immer eine wertvolle Aufgabe bei der Auslegung der Regelungen behalten, da die Komplexität der nationalen Gesetzgebung in internationalen Regelungen nicht erfassbar ist.

Bilanzierung von ESG-gebundenen Darlehen nach IFRS und HGB

Verfasser: Prof. Dr. Hans-Jürgen Kirsch, Simon Lücht

1 Problemstellung

Die Europäische Kommission hat den sogenannten **Green Deal** initiiert, um mitunter den supranationalen Verpflichtungen des Pariser Klimaschutzabkommens entsprechend bis zum Jahr 2050 vollständig klimaneutral zu werden.[1] Der Green Deal bezeichnet eine nachhaltige Wachstumsstrategie, um die Wirtschaft der Europäischen Union zur Erfüllung des Klimaziels unter Wahrung ihrer ökonomischen Wettbewerbsfähigkeit nachhaltig zu transformieren. Zur Umsetzung dieser Strategie sind ganze Wirtschaftszweige auf nachhaltiges Wirtschaften auszurichten und die dazu erforderlichen finanziellen Mittel bereitzustellen.[2] Im Zuge dessen hat sich nicht nur in der Europäischen Union ein gesamtgesellschaftliches Nachhaltigkeitsverständnis entwickelt, das gemeinhin im Akronym „ESG" seinen Einzug in die wirtschaftlichen Aktivitäten gefunden hat. Demnach sind ökologische (E), soziale (S) sowie führungsbezogene Aspekte (G) fortan mit zunehmender Bedeutung in unternehmerischen Entscheidungsprozessen zu berücksichtigen.[3] Resultierend aus der durch die *Corporate Sustainability Reporting Directive* (CSRD) in nationale Legislationen umzusetzenden **Ausweitung der Nachhaltigkeitsberichterstattung** werden Unternehmen sukzessive bis 2028 u.a. dazu verpflichtet, Rechenschaft über die

---

1   Vgl. hier und im folgenden Satz Mitteilung der Europäischen Kommission: Der europäische Grüne Deal, COM(2019) 640 final vom 11.12.2019, S. 5 f.

2   Vgl. Mitteilung der Europäischen Kommission: Investitionsplan für ein zukunftsfähiges Europa, Investitionsplan für den europäischen Grünen Deal, COM(2020) 21 final vom 14.01.2020, S. 10.

3   Zum sog. Drei-Säulen-Modell vgl. Mittwoch, Nachhaltigkeit und Unternehmensrecht, 1. Aufl., Tübingen 2022, S. 29–31.

Nachhaltigkeit ihrer wirtschaftlichen Aktivitäten in Übereinstimmung mit der EU-Taxonomie abzulegen.[4] Die Berichterstattung über Nachhaltigkeitsaspekte soll es Kapitalgebern bspw. erleichtern, ESG-bezogene Risiken von Unternehmen besser einzuschätzen und in ihren Kapitalvergabeentscheidungen zu berücksichtigen.[5]

Im Bereich der Fremdfinanzierung hat sich in jüngster Zeit ein heterogenes Spektrum nachhaltiger Finanzprodukte etabliert, das eine gewöhnliche Finanzdienstleistung mit ESG-bezogenen Aspekten verbindet.[6] Die **Integration von ESG-Aspekten in die Kreditvergabe** wird künftig eine höhere Bedeutung einnehmen als bisher.[7] Neben klassischen Kreditinstituten agieren zunehmend auch Kreditgeber wie private Debt-Fonds als Anbieter von ESG-gebundenen Darlehen.[8] Die Besonderheit ESG-gebundener Darlehen liegt darin, dass die an den Kreditgeber zu leistenden Zinszahlungen in Abhängigkeit von der Erreichung oder Verfehlung ESG-gebundener Zielgrößen des Kreditnehmers variieren können.

Weder die IFRS noch das Handelsrecht enthalten konkrete Regelungen, die sich mit den Auswirkungen der **ESG-gebundenen Variabilität** der kreditvertraglichen Zahlungen auf die Bilanzierung auseinandersetzen. Aufgrund einer erheblichen Unsicherheit in der zweckgerechten Anwendung der geltenden Normen ist gegenwärtig eine uneinheitliche Bilanzierungspraxis solcher ESG-

---

4   Zur Ausweitung der nicht-finanziellen Berichterstattung durch die CSRD und zur EU-Taxonomie vgl. Müller/Reinke, StuB 2023, S. 704–705; Weber, WPg 2023, S. 866–871. Zu den Auswirkungen der nachhaltigen Transformation und des regulatorischen Umfelds auf Kreditinstitute vgl. IDW (Hrsg.), Sustainable Finance, S. 1–13; Sandbaek, WPg 2024, S. 157–166; Gadow u.a., DB 2023, S. 564–567; Kumpan/Misterek, Zeitschrift für Bankrecht und Bankwirtschaft 2023, S. 3–9. Der DCGK n.F. fordert explizit, ökologische und soziale Ziele in der Unternehmensstrategie zu verankern, vgl. Regierungskommission Deutscher Corporate Governance Kodex (Hrsg.), DCGK 2022, Tz. A.I, sowie dazu ausführlich AKEIÜ, DB 2023, S. 1617–1623.

5   Zur Bedeutung der CSRD und von ESG-Kriterien für die Kreditvergabe vgl. Amel-Zadeh/Serafeim, Financial Analysts Journal 2018, S. 89–92. Die 7. MaRisk-Novelle berücksichtigt Mindestanforderungen an die Integration von ESG-Kriterien in die Kreditvergabe, die von der europäischen Bankaufsichtsbehörde vorgegeben werden, vgl. BaFin (Hrsg.), 7. MaRisk-Novelle, Abschn. AT 2.2; European Banking Authority (Hrsg.), EBA/GL/2020/06, Rn. 126–127.

6   Zur Übersicht grüner Finanzinstrumente vgl. IDW Knowledge Paper zur Bilanzierung von „grünen" Finanzierungen (Stand: 19.07.2021), S. 9–11; IASB (Hrsg.), Staff Paper 3B (July 2021), Rn. 4.

7   Vgl. IASB (Hrsg.), Staff Paper 3B (July 2021), Rn. 5; IDW, Comment Letter on ED/2023/2, S. 1–2.

8   Beispielsweise im Rahmen von *Leveraged-Buyout*-Finanzierungen, vgl. Blöcker/Engelmann, DB 2023, S. M15-M16.

gebundener Finanzierungen zu beobachten.[9] Dies nimmt der Beitrag zum Anlass, die Bilanzierung von ESG-gebundenen Darlehen nach IFRS und HGB aus Sicht eines Kreditgebers kritisch zu beleuchten.

2   Thematische Grundlagen zu ESG-gebundenen Darlehen

Ein (Geld-)Darlehen ist dadurch gekennzeichnet, dass ein Kreditgeber einem Kreditnehmer einen Geldbetrag mit begrenzter zeitlicher Laufzeit zur Verfügung stellt, den der Kreditnehmer zuzüglich Zinsen zum Ende der Laufzeit zurückzahlen muss.[10] Unter **ESG-gebundenen Darlehen** werden „sämtliche Arten von Kreditinstrumenten und/oder Kreditfazilitäten wie Garantielinien oder Akkreditive, die Anreize für das Erreichen ehrgeiziger, vorab festgelegter Nachhaltigkeitsziele durch den Kreditnehmer schaffen"[11], verstanden. Während sog. grüne Darlehen Projekte finanzieren sollen, die einen nachhaltigen Zweck verfolgen[12], sind ESG-gebundene Darlehen typischerweise **ohne zweckgebundene Verwendungsabrede** vereinbart.[13] Vielmehr kann der Kreditnehmer über die bereitgestellten Mittel frei verfügen.[14]

ESG-gebundene Darlehen sind vertraglich so strukturiert, dass die Höhe der Kreditmarge an vom Kreditnehmer zu erreichende **ESG-Zielgrößen** geknüpft ist. Diese Zielgrößen können in der Erreichung ökologischer (bspw. Einsparung von CO_2-Emissionen), sozialer (bspw. Arbeitssicherheitsmetriken) oder

---

9   Die Unsicherheit ist insb. unter IFRS-Bilanzierenden zu beobachten, Anm. d. Verf. Der IASB sah sich aufgrund der Rückmeldungen zum *post-implementation review* des IFRS 9 dazu veranlasst, mit dem ED/2023/2 Klarstellungen der bestehenden Regelungen des IFRS 9 zu diskutieren, vgl. ED/2023/2.IN.3(b). Zur handelsrechtlichen Bilanzierung hat das IDW in einem Knowledge Paper Stellung bezogen, um die Auffassung des Berufsstandes darzulegen, vgl. IDW Knowledge Paper zur Bilanzierung von „grünen" Finanzierungen, S. 18–19 und S. 21–22.

10   Vgl. Heermann, Handbuch des Schuldrechts, Geld und Geldgeschäfte, 1. Aufl., Tübingen 2003, § 17, Abschn. III, Rn. 4–5.

11   Vgl. LSTA (Hrsg.), *Sustainability-Linked Loan Principles*, February 2023, S. 2 (online abrufbar unter lsta.org; letzter Abruf: 05.03.2024). Die *Loan Syndications and Trading Association* (LSTA) ist ein Verbund von Kreditfinanzieren, der mit den sog. *Sustainability-linked Loan Principles* Leitlinien geschaffen hat, die zur Strukturierung von ESG-gebundenen Darlehen empfohlen werden, Anm. d. Verf.

12   Vgl. IDW Knowledge Paper zur Bilanzierung von „grünen" Finanzierungen, S. 11; Schlitt/Esmaty, BKR 2023, S. 426–427; ICMA (Hrsg.), *Green Bond Principles*, June 2021, S. 4–6 (online abrufbar unter icmagroup.org; letzter Abruf: 05.03.2024).

13   Zur Unterscheidung grüner und ESG-gebundener Darlehen vgl. ausführlich Weiand/Lewens, DB 2021, S. 50.

14   Vgl. Kropf, Zeitschrift für Wirtschafts- und Bankrecht 2020, S. 1102.

führungsbezogener Aspekte (bspw. Geschlechtervielfalt) bestehen.[15] Die Bindung an eine ESG-Zielgröße weist dabei Ähnlichkeiten zu einem gewöhnlichen Margengitter auf, bei dem sich die Kreditmarge in Abhängigkeit von der Einhaltung bestimmter finanzieller Covenants ändert.[16] Der **Unterschied zu finanziellen Covenants** besteht indes darin, dass die Bindung der Kreditmarge an vom Kreditnehmer zu erreichende ESG-Zielgrößen anders als bei herkömmlichen Covenants nicht primär aus Gründen des **Gläubigerschutzes** erfolgt.[17] Finanzielle Covenants sollen den Kreditgeber typischerweise vor den Auswirkungen einer Bonitätsverschlechterung des Kreditnehmers schützen, indem der Kreditgeber bspw. das vertragliche Recht zur Fälligstellung des Darlehensbetrags oder das Recht zur Anpassung der Kreditmarge bei Verstoß gegen definierte Bedingungen erhält. Gewöhnliche Kreditverträge enthalten dazu üblicherweise ein sog. Margengitter, das eine im Vorhinein feststehende Anpassung der Kreditmarge im Fall einer oder mehrerer vom Kreditnehmer nicht eingehaltener Finanzkennzahlen definiert (bonitätsabhängige Margenspreizung).[18] Im Unterschied dazu liegt das primäre Ziel der ESG-Bindung üblicherweise darin, den Kreditnehmer einerseits zur **Verbesserung seiner Nachhaltigkeitsleistung** anzureizen[19] und es andererseits dem Kreditgeber zugleich zu erlauben, die Nachhaltigkeit der eigenen wirtschaftlichen Tätigkeiten zur Konformität mit steigenden Stakeholderanforderungen aufgrund regulatorischer Vorgaben[20] zu erhöhen.[21]

Die **Kreditmarge** eines ESG-gebundenen Darlehens setzt sich additiv aus der Basismarge sowie einer durch die ESG-Zielgröße bedingt eintretenden Margenanpassung zusammen.[22] Die **Basismarge** ist über die Laufzeit des Darlehens unveränderlich und richtet sich im Wesentlichen nach dem Bonitätsrating

15   Zur Übersicht möglicher ESG-Zielgrößen vgl. Borcherding/Rasch, WPg 2023, S. 695; IDW (Hrsg.), WPH Edition, Kreditinstitute, Düsseldorf 2020, Kap. P, Tz. 152; Pohl, Corporate Finance 2022, S. 313.

16   Vgl. Kropf, Zeitschrift für Wirtschafts- und Bankrecht 2020, S. 1106.

17   Vgl. hier und im folgenden Satz zur Schutzfunktion von finanziellen und nicht-finanziellen Covenants ausführlich Velte, StuB 2007, S. 639–644.

18   Vgl. Situm, Zeitschrift für das gesamte Kreditwesen 2023, S. 292. Zum Begriff der „bonitätsabhängigen Margenspreizung" vgl. Gaber, Bankbilanz nach HGB, 3. Aufl., Freiburg 2023, S. 346–347.

19   Zur Anreizwirkung ESG-gebundener Darlehen auf die Nachhaltigkeitsleistung vgl. Auzepy/Bannier, Financial Management 2023, S. 644–675.

20   Siehe Fn. 4.

21   Vgl. Bannier/Auzepy, ESGZ 2022, S. 44.

22   Vgl. BDO AG/Landesbank Hessen-Thüringen (Hrsg.), Sustainability-Linked Loans, S. 5 (online abrufbar unter helaba.com; letzter Abruf: 05.03.2024); EFRAG, Comment Letter on RFI PiR IFRS 9, Rn. 38(a).

und den individuellen Finanzkennzahlen des Kreditnehmers.[23] Die Höhe der **Margenanpassung** hängt davon ab, ob der Kreditnehmer in der jeweiligen Periode die vertraglich festgelegten finanziellen oder nicht-finanziellen Zielgrößen erreicht.[24] Verfehlt der Kreditnehmer die gesetzte Zielgröße, erhöht sich die Kreditmarge (sog. *step-up*).[25] Wird die Zielgröße erreicht, verringert sich die Kreditmarge um einige Basispunkte (sog. *step-down*). Dabei ist möglich, eine Bandbreite von Zielausprägungen zu vereinbaren, bei der sich die Kreditmarge nicht verändert.[26] Der Kreditgeber erhält dann aufgrund der in Abhängigkeit von der Zielerreichung variierenden Kreditmarge vertragliche Zahlungen, die einer gewissen periodischen Variabilität unterliegen können.[27]

In Bezug auf ESG-Zielgrößen sind zwei **typische Ausgestaltungen** zu beobachten.[28] Die **erste Variante** besteht darin, die Kreditmarge über die **Bindung an ein ESG-Rating** mit der ganzheitlichen Nachhaltigkeitsleistung des Unternehmens zu verknüpfen.[29] Im derzeitigen Marktumfeld existiert eine Vielzahl an Anbietern, die unternehmensbezogene ESG-Ratings erstellen.[30] Im Vergleich zu einem Bonitätsrating verdichten sie statt finanzieller Informationen mehrheitlich Informationen über die Nachhaltigkeitsleistung eines Unternehmens zu einer Punktebewertung, um diese für die Adressaten besser vergleichbar zu machen.[31] Derzeit existieren keine verbindlichen technischen oder regulatorischen Standards zur Bildung eines ESG-Ratings.[32] Um diese **Regelungslücke** zu schließen und die Zuverlässigkeit und Vergleichbarkeit von ESG-Ratings im

---

23   Vgl. Kropf, Zeitschrift für Wirtschafts- und Bankrecht 2020, S. 1106.

24   Es werden Spannen zwischen 2,5 und 15 Basispunkten oder ein prozentualer Bonus/Malus auf die vereinbarte Kreditmarge beobachtet, vgl. IASB (Hrsg.), Staff Paper 3B (July 2021), Rn. 5; Wahl/ Gerke, ESGZ 2022, S. 53; Bannier/Auzepy, ESGZ 2022, S. 45.

25   Bei ESG-gebundenen Finanzierungen werden überwiegend *Step-down*-Komponenten genutzt, um Anreize zur Verbesserung der Nachhaltigkeitsleistung von Unternehmen zu setzen, wenngleich eine drohende Sanktion durch höhere Zinszahlungen den intuitiv probateren Anreiz setzen dürfte, vgl. u.a. Pohl/Schiereck, WiSt 2022, S. 13–16.

26   Vgl. Lewens, DB 2023, S. 56.

27   Vgl. IDW (Hrsg.), a.a.O. (Fn. 15), Kap. P, Rn. 152.

28   Vgl. Blöcker/Engelmann, DB 2023, S. M15. Überdies lassen sich auch Gestaltungen beobachten, bei denen der Zinssatz an marktbezogene ESG-Referenzindizes gebunden ist, vgl. IASB (Hrsg.), Request for Information, PiR IFRS 9 (September 2021), S. 13–14.

29   Vgl. IASB (Hrsg.), Request for Information, PiR IFRS 9 (September 2021), S. 13–14.

30   Bekannte Anbieter sind Sustainalytics, EcoVadis, Refinitiv, ISS, MSCI, aber auch finanzielle Ratingagenturen wie Fitch, Moody's und S&P, vgl. Ihlau/Zwenger, BB 2020, S. 2093; Wahl/Gerke, ESGZ 2022, S. 51; Hertel, Corporate Finance 2022, S. 155.

31   Vgl. Lohmann/Breinbauer, DB 2022, S. 1913; Hertel, Corporate Finance 2022, S. 153–154; Tönningsen, DB 2023, S. 2486.

32   Vgl. Berg/Kölbel/Rigobon, Review of Finance 2022, S. 1341–1343.

europäischen Kapitalmarkt zu verbessern, hat die EU-Kommission die ESMA im Dezember 2023 damit beauftragt, einen technischen Standard auszuarbeiten.[33] Bis dahin dürften zwischen den jeweiligen ESG-Ratings, die von verschiedenen Anbietern für ein spezifisches Unternehmen erstellt werden, weiter signifikante Unterschiede bestehen.[34]

Bei der **zweiten,** in der derzeitigen Finanzierungspraxis vorherrschenden **Variante**[35] ist die Kreditmarge an konkret zu erreichende, **individuelle Nachhaltigkeitsmetriken** geknüpft.[36] Sie folgt der gleichen Systematik eines von finanziellen Covenants abhängigen Margengitters, bei dem sich die Kreditmarge in Abhängigkeit von vertraglich definierten Ausprägungen von Finanzkennzahlen verändern kann. Wie bei finanziellen Zielgrößen sind die über die Höhe der Kreditmarge entscheidenden ESG-Metriken so auszuwählen, dass sie messbar, branchenübergreifend vergleichbar und für das Geschäftsmodell des Kreditnehmers wesentlich sind.[37] Bspw. dürfte die Bindung der Kreditmarge an eine durch den Kreditnehmer einzusparende Menge von CO_2-Emissionen einen Zementhersteller stärker zur Verbesserung seiner Nachhaltigkeitsleistung anreizen als ein annähernd klimaneutral operierendes Dienstleistungsunternehmen. Die Anreizwirkung einer ESG-gebundenen Kreditmarge wird überdies gefördert, wenn die vereinbarten ESG-Zielgrößen eine gewisse Ambition aufweisen, indem sie über gesetzliche oder regulatorische Mindestvorgaben hinausgehen.[38]

---

33   Vgl. Vorschlag für eine Verordnung des Europäischen Parlaments und des Rates über die Transparenz und Integrität von Rating-Tätigkeiten in den Bereichen Umwelt, Soziales und Governance (ESG), COM (2023) 314 final vom 13.06.2023, COM(2023) 314 final, Abs. 23–27; Reich, AG 2023, S. R325-R327; Tönningsen, DB 2023, S. 2485–2489.

34   Berg et al. haben stichprobenhaft nachgewiesen, dass die ESG-Ratings verschiedener Anbieter für identische Unternehmen eine Korrelation von ca. 50 % aufweisen, während Bonitätsratings verschiedener Anbieter im Vergleich zu ca. 99 % korrelieren, vgl. Berg/Kölbel/Rigobon, Review of Finance 2022, S. 1320, m.w.N.; Hertel, Corporate Finance 2022, S. 153–155; Kumpan/Misterek, Zeitschrift für Bankrecht und Bankwirtschaft 2023, S. 21.

35   Vgl. Wahl/Gerke, ESGZ 2022, S. 53.

36   Vgl. hier und im folgenden Satz Borcherding/Rasch, WPg 2023, S. 693–695; Herrmann/van Elten, KoR 2022, S. 238.

37   Vgl. hier und im folgenden Satz Wahl/Gerke, ESGZ 2022, S. 51; LSTA, a.a.O. (Fn. 11), S. 2–4.

38   Vgl. Lewens, DB 2023, S. 56.

3   Die Bilanzierung von ESG-gebundenen Darlehen nach IFRS

3.1   Klassifizierung und Bewertung finanzieller Vermögenswerte nach IFRS 9

Die Bilanzierung von ESG-gebundenen Darlehen in der Rechnungslegung nach IFRS folgt den Regelungen des IFRS 9. Im Zeitpunkt des Zugangs aktiviert der Kreditgeber die Darlehensforderung als finanziellen Vermögenswert. Diese Forderung ist zeitgleich für Zwecke der Folgebewertung einer der maßgeblichen Bewertungskategorien des IFRS 9 zuzuordnen.[39] Diese **Klassifizierung** mündet in der auch hier im Mittelpunkt stehenden Entscheidung, ob die Forderung zum beizulegenden Zeitwert unter erfolgswirksamer Berücksichtigung ihrer Wertschwankungen im Profit & Loss (FVTPL) oder zu fortgeführten Anschaffungskosten nach der Effektivzinsmethode (AC) zu bilanzieren ist.[40]

Im Zuge des *post-implementation review* des IFRS 9 wurde in Anbetracht der gestiegenen Relevanz von ESG-gebundenen Finanzierungen die Frage aufgeworfen, ob die bestehenden Regelungen zur Klassifizierung von Finanzinstrumenten sicherstellen, dass an die Erreichung von ESG-Zielgrößen gebundene Finanzierungen derjenigen Bewertungskategorie zugeordnet werden, die den Adressaten entscheidungsnützliche Informationen über Zeitpunkt, Höhe und Unsicherheit der vertraglichen Zahlungen vermittelt.[41]

Die Klassifizierung von finanziellen Vermögenswerten folgt grundsätzlich einem zweistufigen Vorgehen, wonach erstens die Nutzungsabsicht des Kreditgebers (**Geschäftsmodellbedingung**) und zweitens die Charakteristika der vertraglichen Zahlungen (**Zahlungsstrombedingung**) des betrachteten Vermögenswerts im Einzelfall zu würdigen sind.[42] Ein finanzieller Vermögenswert ist nur dann zu fortgeführten Anschaffungskosten (AC) zu bewerten, wenn die objektive Nutzungsabsicht des Kreditgebers bis zur Fälligkeit des Darlehens

---

39   Vgl. IFRS 9.4.1.1 sowie Aschauer/Schober, Klassifizierung und Bewertung von Finanzinstrumenten, in: Gruber/Engelbrechtsmüller (Hrsg.), IFRS 9 Finanzinstrumente. Herausforderungen für Banken, 2. Aufl., Wien 2018, S. 64–65.

40   Vgl. IFRS 9.4.1.1 sowie Barckow, in: Baetge u.a. (Hrsg.), Rechnungslegung nach IFRS. 2. Aufl., Stuttgart 2002, IFRS 9, Rn. 153–154.

41   Vgl. IASB (Hrsg.), Request for Information, PiR IFRS 9 (September 2021), S. 13–14. Diese Diskussion ist zugleich Anlass der vorgeschlagenen Änderungen des ED/2023/2, die in Abschn. 3.2 aufgegriffen werden. Die finalen Änderungen der Regelungen zur Klassifizierung und Bewertung von Finanzinstrumenten nach IFRS 7 und IFRS 9 liegen bei Redaktionsschluss noch nicht vor.

42   Vgl. IFRS 9.4.1.1 sowie Naumann, WPg 2010, S. I; Ganssauge/Mertes/Khaled, WPg 2023, S. 1136.

im „Halten" des Vermögenswerts besteht und zugleich die Zahlungsstrombedingung erfüllt ist.[43] Anderenfalls ist der Vermögenswert erfolgswirksam zum beizulegenden Zeitwert (FVTPL) zu bewerten.[44] Das **typische Geschäftsmodell** für Darlehen liegt darin, die vertraglichen Zahlungen in Form von Zins- und Tilgungszahlungen auf den Kapitalbetrag über die Laufzeit zu vereinnahmen.[45]

Während die Beurteilung der Geschäftsmodellbedingung also für die hier behandelte Frage weniger kritisch sein dürfte, ist zur Klassifizierung der Darlehensforderung **die Zahlungsstrombedingung** zu beurteilen.[46] Die Zahlungsstrombedingung ist dann erfüllt, wenn die Zins- und Tilgungszahlungen des betrachteten Darlehens denen für ein einfaches Kreditverhältnis üblichen vertraglichen Zahlungen entsprechen und dessen üblichen Risiken und Schwankungen ausgesetzt sind.[47] Die vertraglichen Zahlungen eines einfachen Kreditverhältnisses umfassen demnach ausschließlich solche Zahlungen, die den ausstehenden Kapitalbetrag[48] verzinsen oder tilgen (*solely payment of principal and interest*, sog. **SPPI-Kriterium**[49]).[50] Das SPPI-Kriterium folgt dabei aus einem Zinsbegriff, der den Zinssatz als **Aggregat verschiedener Zinskomponenten** versteht, die den Kreditgeber für unterschiedliche Kosten und Risiken aus der Kapitalüberlassung entschädigen. Diese Zinskomponenten umfassen das Entgelt des Kreditgebers für den **Zeitwert des Geldes**, für eine **Gewinnmarge** und das Entgelt für das **Kreditausfallrisiko** des ausstehenden Kapitalbetrags.[51] Hierzu ist der wirtschaftliche Gehalt der vertraglichen Regelungen

---

43 Vgl. IFRS 9.4.1.2 sowie zum Ziel der Effektivzinsmethode IFRS 9.BC4.23 mit Blick auf ED/2009/7.4–7.5 i.V. mit ED/2009/7.B1-B13.

44 Vgl. IFRS 9.4.1.4.

45 Vgl. gl. A. Herrmann/van Elten, KoR 2022, S. 239.

46 Vgl. IFRS 9.4.1.2(b) i.V. mit IFRS 9.B4.1.7-B4.1.19.

47 Vgl. IASB (Hrsg.), Request for Information, PiR IFRS 9 (September 2021), S. 13 mit Verweis auf IFRS 9.BC4.23.

48 Der Kapitalbetrag ist der beizulegende Zeitwert des Darlehens, der sich im Zeitablauf insb. durch Tilgungen ändern kann, vgl. IFRS 9.4.1.3(a) i.V. mit IFRS 9.B4.1.7B; Barckow, a.a.O. (Fn. 40), IFRS 9, Rn. 70.

49 Vgl. IFRS 9.4.1.2(b) i.V. mit IFRS 9.B4.1.7A; Barckow, a.a.O. (Fn. 40), IFRS 9, Rn. 169.

50 Vgl. hier und im Folgesatz IFRS 9.4.1.2(b) i.V. mit IFRS 9.B4.1.7 f.; Hartenberger, in: Beck'sches IFRS-Handbuch, 6. Aufl., München 2020, § 3, Rn. 169; Berger/Geisel, BB 2017, S. 620.

51 Vgl. IFRS 9.4.1.3(b) i.V. mit IFRS 9.B4.1.7A; Hartenberger, a.a.O. (Fn. 50), § 3, Rn. 167. Die einzelnen Zinskomponenten im Kontext ESG-gebundener Darlehen werden ausführlich in Abschn. 3.3.1 betrachtet, Anm. d. Verf.

einzeln auf enthaltene Zinskomponenten zu prüfen[52], wobei die Beurteilung des SPPI-Kriteriums grundsätzlich einem Wesentlichkeitsvorbehalt unterliegt.[53]

Die für ein gewöhnliches Darlehen vereinbarte Zinsanpassung im Falle eines Bruchs vertraglich festgelegter **finanzieller Covenants**, wie auf Basis eines hier beispielhaft betrachteten Margengitters[54], sind dann **SPPI-konform**, wenn die jeweils nicht-eingehaltene Finanzkennzahl einen individuell zu beurteilenden Zusammenhang zum veränderten Kreditausfallrisiko, bspw. durch eine Ratingverschlechterung oder verschlechterte Ertragslage des Kreditnehmers, aufweist.[55]

Im Kontext ESG-gebundener Darlehen ist strittig, ob und inwieweit die durch die Erreichung oder Verfehlung vereinbarter ESG-Zielgrößen hervorgerufene Variabilität der vertraglichen Zahlungen einen **Bezug zum veränderten Kreditausfallrisiko** des Kreditnehmers aufweist und damit das SPPI-Kriterium erfüllt.[56]

3.2 Vorgeschlagene Änderungen zur Klassifizierung finanzieller Vermögenswerte durch den ED/2023/2

Als Folge der bestehenden Unsicherheiten in der bilanziellen Abbildung ESG-gebundener Finanzierungen veröffentlichte der IASB mit dem **ED/2023/2** einen Vorschlag, um die bisherigen Anwendungsleitlinien des IFRS 9 u.a. zur **Beurteilung des SPPI-Kriteriums** im Kontext ESG-gebundener Finanzinstrumente klarzustellen.[57] Der Standardsetzer betont, dass die Anwendungsleitlinien zur Beurteilung des SPPI-Kriteriums ganzheitlich zu betrachten sind und Interdependenzen aufweisen, sodass aus der Reihenfolge der Regelungen kein

---

52 Vgl. Paa, in: Thiele/von Keitz/Brücks (Hrsg.), Internationales Bilanzrecht, 1. Aufl., Bonn 2008, IFRS 9 Finanzinstrumente, Rn. 273 i.V. mit IFRS 9.B4.1.7.

53 Vgl. hier und im folgenden Satz IFRS 9.B4.1.18; Hartenberger, a.a.O. (Fn. 50), § 3, Rn. 170; Aschauer/Schober, a.a.O. (Fn. 39), S. 68.

54 Siehe Fn. 23.

55 Vgl. IFRS 9.B4.1.10-B4.1.13 sowie IDW (Hrsg.), a.a.O. (Fn. 15), Kap. F, Tz. 151, m.w.N.; PwC (Hrsg.), Manual of Accounting, FAQ 42.45.2; Deloitte (Hrsg.), iGAAP – Volume B, Abschn. 5.2.4.2–6.

56 Vgl. ED/2023/2.IN3(b) i.V. mit ED/2023/2.BC40; Ganssauge/Mertes/Khaled, WPg 2023, S. 1136; Herrmann/van Elten, KoR 2022, S. 239.

57 Vgl. ED/2023/2.IN3(b); IDW Knowledge Paper zur Bilanzierung von „grünen" Finanzierungen, S. 14–19; Lüdenbach/Hoffmann/Freiberg, in: Haufe IFRS-Kommentar, 21. Aufl., Freiburg 2023, § 28 Finanzinstrumente, Rn. 217; Geisel/Spieles, WPg 2022, S. 81–82. Zugleich adressiert der ED/2023/2 Einzelfragen zur Ausbuchung finanzieller Verbindlichkeiten durch Begleichung über elektronische Bezahlsysteme, die für den vorliegenden Beitrag außer Betracht bleiben.

methodisches Vorgehen abzuleiten ist.[58] Diese Klarstellungen gelten für sämtliche finanzielle Vermögenswerte, ohne jedoch gesonderte Regelungen für ESG-gebundene Finanzierungen zu treffen, also auch für finanzielle Covenants.[59] Gleichwohl soll den Normanwendern auf Basis der vorgeschlagenen Änderungen eine **prinzipienorientierte Beurteilung** sowohl derzeitiger als auch künftiger ESG-gebundener Finanzierungen ermöglicht werden.[60]

In den Klarstellungen zur Beurteilung des SPPI-Kriteriums ist zu erkennen, dass die künftig immer wichtiger werdenden ESG-gebundenen Finanzierungen grundsätzlich zu fortgeführten Anschaffungskosten (AC) nach der Effektivzinsmethode bewertet werden können.[61] Hierzu ist es allerdings erforderlich, dass die ESG-gebundene Komponente die mit der Beleihung des ausstehenden Kapitalbetrags an den Kreditnehmer entstehenden Kosten und Risiken repräsentiert, die denen eines **einfachen Kreditverhältnisses** entsprechen.[62]

Diesen Gedanken konkretisierend enthalten die vorgeschlagenen Änderungen erstens **Klarstellungen zum Begriff eines einfachen Kreditverhältnisses**, der in den Anwendungsleitlinien im neu aufzunehmenden IFRS 9.B4.1.8A weniger abstrakt definiert werden soll.[63] Es komme zur Beurteilung der SPPI-Konformität weniger auf die absolute Höhe der Zinskomponenten eines einfachen Kreditverhältnisses, sondern vielmehr auf die Art der Auswirkung auf die vertraglichen Zahlungen an.[64] Vertragliche Zahlungen sind dann **SPPI-konform**, wenn sie den Kreditgeber ausschließlich für die zeitliche Überlassung des Darlehensbetrags und dessen möglicherweise ausbleibende Rückzahlung (Kreditausfall-

---

58 Vgl. IASB (Hrsg.), Staff Paper 16 (October 2023), Rn. 27–28.

59 Vgl. ED/2023/2.BC42 sowie IASB (Hrsg.), Staff Paper 16 (October 2023), Rn. 24–28. In den Kommentierungen wird bisweilen kritisiert, dass die vorgeschlagenen Änderungen dazu führen könnten, dass einige Finanzinstrumente, die bisher SPPI-konform gewesen sind, fortan als nicht mehr SPPI-konform einzustufen sind. Zur Abgrenzungsproblematik, vgl. u.a. EFRAG, Comment Letter on ED/2023/2, S. 5.

60 Vgl. ED/2023/2.BC39-BC45.

61 Im Standardsetzungsprozess des IFRS 9 wurden zudem die Erfolgswirkungen und ggf. erforderliche Modifizierungen der Effektivzinsmethode diskutiert, die indes hier nicht ausführlich gewürdigt werden können, vgl. u.a. EFRAG, Comment Letter on RFI PiR IFRS 9, Rn. 101–110; Herrmann/van Elten, KoR 2022, S. 242–244.

62 Vgl. ED/2023/2.BC43.

63 Zum Begriff des *basic lending agreement* vgl. hier und im folgenden Absatz ED/2023/2.B4.1.8A i.V. mit IFRS 9.B4.1.7A.

64 Dieses Grundprinzip der Beurteilung geht bereits aus den *Basis for Conclusions* des IFRS 9 hervor, wie der IASB betont. Vgl. auf IFRS 9.BC4.182(b) verweisend ED/2023/2.B4.1.8A i.V. mit ED/2023/2.BC48.

risiko) kompensieren.[65] Um das SPPI-Kriterium zu erfüllen, muss die Änderung der vertraglichen Zahlungen durch die auslösende ESG-Zielgröße einer Änderung der Richtung und Größenordnung des Kreditausfallrisikos im Sinne einer für ein einfaches Kreditverhältnis typischen **Risiko-Rendite-Relation** entsprechen.[66] Zur Beurteilung sind sämtliche implizit oder explizit im Vertragswerk vereinbarten Zahlungen einzeln auf ihre SPPI-Konformität zu untersuchen.[67]

Zweitens enthält der ED/2023/2 klarstellende Änderungsvorschläge, wann **Ereignisse, die den Zeitpunkt oder die Höhe der vertraglichen Zahlungen ändern**, als konform mit dem SPPI-Kriterium zu beurteilen sind.[68] Sämtliche den Zeitpunkt und die Höhe der vertraglichen Zahlungen ändernden auslösenden Ereignisse müssen vertraglich festgelegt sein, um SPPI-konform sein zu können.[69] Die Wahrscheinlichkeit ihres Eintritts ist dabei zur Beurteilung des SPPI-Kriteriums unerheblich.[70] Die die Änderung der vertraglichen Zahlungen auslösenden Ereignisse können zudem nur dann SPPI-konform sein, wenn das jeweilige auslösende Ereignis spezifisch für den jeweiligen Schuldner ist.[71] Der Standardsetzer zielt mit dem Kriterium der **Schuldnerspezifität** darauf ab, dass nur ein vertraglich definiertes, vom Schuldner selbst und nicht durch den Kreditgeber zu beeinflussendes Ereignis eine SPPI-konforme Änderung der vertraglichen Zahlungen auslösen kann.[72] Eine Vereinbarung, wonach die Zinsanpassung nicht durch die einzuhaltende eigene Finanzkennzahl, sondern durch die Finanzkennzahl einer gesamten Branche hervorgerufen wird, gilt demnach explizit als nicht SPPI-konform.[73]

Zur **Beurteilung** des Kriteriums der **Schuldnerspezifität** im Kontext ESG-gebundener Darlehen sollen zwei **illustrierende Anwendungsbeispiele** in den

---

65   Vgl. ED/2023/2.BC52.

66   Im Wortlaut des ED/2023/2 heißt es in Bezug auf ED/2023/2.B4.1.8A hierzu *„There is […] a relationship between the perceived risk the lender is taking on and the compensation it receives for that risk".* Vgl. hier und im folgenden Satz ED/2023/2.BC52.

67   Vgl. ED/2023/2.B4.1.8A. Dies geht aus der Formulierung des ED/2023/2.BC47(b) hervor: *„[E]ven if something is labelled „credit risk" or „profit margin", further analysis may be required."* Vgl. hierzu auch ED/2023/2.BC55.

68   Vgl. ED/2023/2.B4.1.10A i.V. mit IFRS 9.B4.1.10 sowie ED/2023/2.BC53-BC72.

69   Vgl. ED/2023/2.B4.1.10A i.V. mit ED/2023/2.BC56 sowie ED/2023/2.BC61-BC62.

70   Vgl. ED/2023/2.B4.1.10A i.V. mit ED/2023/2.BC56 sowie ED/2023/2.BC58-BC60. Ausgenommen sind Vereinbarungen, die als *non-genuine* zu klassifizieren sind, vgl. IFRS 9.B4.1.18.

71   Vgl. ED/2023/2.B4.1.10A und ED/2023/2.B4.1.13 i.V. mit ED/2023/2.BC56 sowie ED/2023/2.BC63-BC69.

72   Vgl. ED/2023/2.B4.1.10A i.V. mit ED/2023/2.BC66-BC67.

73   So wohl ED/2023/2.BC64-BC65.

IFRS 9 aufgenommen werden.[74] So sollen die vertraglichen Zahlungen eines Darlehens, dessen Zinssatz sich jährlich um eine definierte Anzahl an Basispunkten verringert, sofern der Schuldner seine Treibhausgasmenge um eine spezifisch für ihn festgelegte Menge reduziert, als SPPI-konform gelten. Damit ist dieses Beispiel zwar „technisch" konsistent zur Beurteilung eines an die Einhaltung finanzieller Covenants gebundenen Margengitters, bei dem der Zinssatz in Abhängigkeit von vertraglich definierten Ausprägungen bestimmter Finanzkennzahlen variieren kann.[75] Allerdings dürfte mit der ESG-Bedingung eine andere Motivation als bei finanziellen Covenants verbunden gewesen sein. Nach dem zweiten Beispiel wird das SPPI-Kriterium hingegen nicht als erfüllt angesehen, wenn der Zinssatz eines Darlehens und damit dessen vertragliche Zahlungen davon abhängen, ob ein marktbasierter Nachhaltigkeitsindex, wie bspw. ein CO_2-Preisindex, einen definierten Schwellenwert erreicht.[76] Dies begründet der IASB damit, dass eine **marktbezogene ESG-Zielgröße** das Kriterium der Schuldnerspezifität aufgrund der fehlenden Beeinflussbarkeit der Zielerreichung explizit **nicht erfüllt.**

Der IASB stellt klar, dass zur Beurteilung der Zahlungsstrombedingung sämtliche erwartbaren vertraglichen Zahlungen über die Laufzeit von Finanzinstrumenten im Einzelfall zu würdigen sind.[77] Um die aus der Bindung an eine ESG-Zielgröße resultierenden vertraglichen Zahlungen auf die Erfüllung des SPPI-Kriteriums hin zu untersuchen, ist hier zunächst zu beurteilen, ob sie bei **wirtschaftlicher Betrachtung** den allgemein üblichen Zinskomponenten eines einfachen Kreditverhältnisses zugeordnet werden können (**Abschn. 3.3.1**).[78] Anschließend wird untersucht, ob das die Änderung der vertraglichen Zahlungen auslösende Ereignis, das üblicherweise in der Bindung der Kreditmarge an ein ESG-Rating oder individuelle Nachhaltigkeitsmetriken des Kreditnehmers bestehen kann, im Einklang mit dem SPPI-Kriterium steht (**Abschn. 3.3.2**).[79]

---

74   Vgl. hier und im folgenden Satz ED/2023/2.B4.1.13-B4.1.14.

75   Siehe Fn. 55.

76   Vgl. hier und im Folgesatz ED/2023/2.B4.1.14. Dies geht bereits aus den aktuellen Anwendungsleitlinien hervor, die eine Zinsbindung an Aktienkurse oder Kurse börsengehandelter *Commodities* als zur Erfüllung der Zahlungsstrombedingung schädlich charakterisieren; vgl. IFRS 9.B4.1.7A.

77   Vgl. ED/2023/2.B4.1.10A i.V. mit ED/2023/2.BC53-BC55.

78   Vgl. Lüdenbach/Hoffmann/Freiberg, a.a.O. (Fn. 57), § 28 Finanzinstrumente, Rn. 215–216.

79   Im Kontext der Beurteilung des SPPI-Kriteriums ist unbeachtlich, ob die ESG-gebundene Margenanpassung vertraglich in Form eines *step-down* oder *step-up* ausgestaltet ist, Anm. d. Verf.

3.3 Beurteilung der Zahlungsstrombedingung für die ESG-gebundene Variabilität der vertraglichen Zahlungen

3.3.1 Beurteilung der Zinskomponenten eines ESG-gebundenen Darlehens

3.3.1.1 Vergütung für den Zeitwert des Geldes

Die ESG-gebundene Anpassung der Kreditmarge könnte dann eine Vergütung für den Zeitwert des Geldes darstellen, wenn der Kreditgeber die Zahlungen für das Verstreichen des Darlehenszeitraums und damit für die **temporäre Überlassung des Kapitalbetrags** erhält.[80] Der Zeitwert des Geldes kann im Zeitablauf eines Darlehens bspw. durch eine Bindung an kurz- oder langfristige Referenzzinssätze variieren.[81] Eine Veränderlichkeit der Kreditmarge aufgrund eines geänderten Zeitwerts des Geldes steht dem SPPI-Kriterium daher grundsätzlich nicht entgegen.[82] Die Kreditmarge eines ESG-gebundenen Darlehens ändert sich nur dann, wenn der Kreditnehmer eine vertraglich definierte ESG-Zielgröße erreicht oder verfehlt. Ein kausaler Zusammenhang zum Zeitwert des Geldes, den der Kreditgeber aufgrund der verstrichenen Zeit erhält, ist nicht zu erkennen. Daher stellen die aus der Bindung an eine ESG-Zielgröße resultierenden vertraglichen Zahlungen und deren Veränderungen wirtschaftlich betrachtet keine Vergütung für den Zeitwert des Geldes dar.[83]

3.3.1.2 Vergütung einer Gewinnmarge oder sonstiger Kreditkosten

Ob die ESG-gebundene Anpassung der Kreditmarge wirtschaftlich als Bestandteil der Gewinnmarge des Kreditgebers bzw. als Kompensation für sonstige aus der Darlehensvergabe entstehende Kreditkosten interpretiert werden könnte, wird im Schrifttum **kontrovers diskutiert**. Befürworter argumentieren, dass bspw. die Vereinbarung eines *step-down* als ein bewusster Verzicht des Kreditgebers auf einen Teil seiner Gewinnmarge verstanden werden kann.[84] Der Kreditnehmer werde zur Erfüllung seiner Nachhaltigkeitsziele angereizt, während der Kreditgeber seine Reputation zugleich durch die Ausgabe nachhaltiger Finanzierungen verbessern könne und deshalb freiwillig auf einen Teil

---

80 Vgl. IFRS 9.B4.1.9A-B4.1.9E, sowie Berger/Struffert/Nagelschmitt, WPg 2014, S. 1084.

81 Vgl. IFRS 9.B4.1.9B.

82 Vgl. Paa, a.a.O. (Fn. 52), IFRS 9 Finanzinstrumente, Rn. 274. Modifikationen des Zeitwerts des Geldes können durch den sog. Benchmarktest auf ihre SPPI-Konformität geprüft werden, vgl. dazu ausführlich IDW (Hrsg.), a.a.O. (Fn. 15), Kap. F, Tz. 140–146.

83 Vgl. gl. A. Freiberg, PiR 2021, S. 33.

84 Vgl. ICAEW, Comment Letter on RFI PiR IFRS 9, Rn. 23.

seiner Gewinnmarge zu verzichten bereit sei.[85] Dann zeige die Margenanpassung ausschließlich den Zinsvorteil, der dem Kreditnehmer bei Erfüllung der ESG-Zielgröße gewährt werde, sodass die Basismarge ohne Margenanpassung die Gewinnmarge des Kreditgebers ohne die Gewährung des ESG-gebundenen Zinsvorteils darstelle.[86] Es mag im Falle eines vereinbarten *step-down* mithin einleuchten, den geringeren Zinssatz als bedingten Verzicht des Kreditgebers auf eine Gewinnmarge zu verstehen. Der gegensätzliche Fall eines *step-up* wäre demnach als bedingte Pönale des Kreditgebers für nicht-zielkonformes Verhalten des Kreditnehmers zu interpretieren. Dieses Verständnis entspreche einer typischen Gewinnmarge, sodass das SPPI-Kriterium als erfüllt zu betrachten sei.[87]

Teile des Schrifttums lehnen dagegen einen Bezug der ESG-bedingten Margenanpassung als Ausdruck einer typischen Gewinnmarge ab, weil eine **veränderliche Gewinnmarge** der eher statisch zu betrachtenden Begriffsdefinition des IASB widerspreche.[88] Der IASB versteht die Gewinnmarge als einen grundsätzlich im Zeitablauf unveränderlichen, statischen Aufschlag auf die individuell zu vergütenden Risiken und Kosten des Kreditgebers, die aus der Kreditvergabe an den Kreditnehmer resultieren.[89] Dann wäre eine **trennscharfe Abgrenzung** zwischen einer Zuordnung zu einem vergüteten Risiko oder einem multiplikativ verknüpften Risikoaufschlag *per se* **unmöglich**.

Eine eindeutige Zuordnung der vertraglichen Zahlungen zu einer der beispielhaft im Standard angeführten Zinskomponenten eines einfachen Kreditverhältnisses ist allerdings zur Beurteilung der SPPI-Konformität im Einzelfall weder gefordert, noch trennscharf möglich.[90] Folglich ist die Beurteilung, ob die Bindung der Kreditmarge an die Erreichung von ESG-Zielgrößen als Bestandteil der Gewinnmarge oder als Entgelt sonstiger Kreditkosten eines Kreditgebers zu interpretieren sei, stets im individuellen Einzelfall zu würdigen. Zur Beurteilung des SPPI-Kriteriums wird insbesondere zu untersuchen sein, ob und inwieweit

---

85   Vgl. Herrmann/van Elten, KoR 2022, S. 240.

86   Vgl. ICAEW, Comment Letter on RFI PiR IFRS 9, Rn. 22–23.

87   Vgl. u.a. ICAEW, Comment Letter on RFI PiR IFRS 9, Rn. 23, EFRAG, Comment Letter on RFI PiR IFRS 9, Rn. 36.

88   Vgl. Sopp/Bura/Schiele, IRZ 2023, S. 220; Lüdenbach/Hoffmann/Freiberg, a.a.O. (Fn. 57), § 28 Finanzinstrumente, Rn. 218.

89   Vgl. IASB (Hrsg.), Staff Paper 3B (July 2021), Rn. 24: „*The profit margin is usually a small fixed spread included in the overall interest rate [that] does not result in any variability in the contractual cash flows on a financial asset*".

90   Vgl. IASB (Hrsg.), Staff Paper 3B (July 2021), Rn. 25–26.

die Bindung an eine ESG-Zielgröße eine kausale Beziehung zum Kreditausfallrisiko des ausstehenden Kapitalbetrags indiziert.

3.3.1.3 Vergütung für das Kreditausfallrisiko

Die Margenanpassung könnte bei einer wirtschaftlichen Sichtweise als Vergütung für das Kreditausfallrisiko des ausstehenden Kapitalbetrags interpretiert werden, das der Kreditgeber durch die Vergabe des Darlehens an den Kreditnehmer trägt.[91] Das **Kreditausfallrisiko** spiegelt das Wagnis des Kreditgebers für den Fall wider, dass der Kreditnehmer seinen Zahlungsverpflichtungen aus dem Darlehensvertrag nicht nachkommt.[92] Das Kreditausfallrisiko auf Ebene des Vermögenswerts wird durch die allgemeine Zahlungsfähigkeit des Kreditnehmers beeinflusst. Um das SPPI-Kriterium zu erfüllen, muss die ESG-gebundene Zinskomponente folglich einen Bezug zum **schuldnerspezifischen Kreditausfallrisiko** aufweisen.[93] Hierzu muss das im Darlehensvertrag vereinbarte Nachhaltigkeitsziel, an das die Margenanpassung gebunden ist, einen nachweisbaren Einfluss auf die **Fähigkeit des Kreditnehmers zur Leistung des Kapitaldienstes** haben.[94] Überdies muss zwischen der Anpassung der Kreditmarge und der Änderung des Kreditausfallrisikos eine angemessene Wirkungsbeziehung in Richtung und Größenordnung im Sinne einer für ein einfaches Kreditverhältnis üblichen Risiko-Rendite-Relation bestehen.[95] Dieser **Risiko-Rendite-Relation** folgend muss zur SPPI-Konformität jede Änderung der vertraglichen Zahlungen auf ein geändertes Kreditausfallrisiko zurückzuführen sein oder umgekehrt formuliert dürfen sich die vereinbarten Zahlungen nur aufgrund des geänderten Kreditausfallrisikos ändern.[96] Finanzielle Covenants dürften diese Bedingungen und damit das SPPI-Kriterium aufgrund ihres gläubigerschützenden Charakters regelmäßig erfüllen. Aber auch die an ein kreditvertraglich formuliertes ESG-Ziel gebundene Margenanpassung muss dazu folglich eine Vergütung für das durch die Zielerreichung geänderte Kreditausfallrisiko darstellen.

Dabei kann die Zahlungsstrombedingung nicht allein deshalb als erfüllt angesehen werden, weil die ESG-gebundene Variabilität der vertraglichen Zahlungen

---

91   Vgl. IFRS 9.4.1.3(b) i.V. mit IFRS 9.B4.1.7A.

92   Vgl. Hartmann-Wendels/Pfingsten/Weber, Bankbetriebslehre, 7. Aufl., Berlin 2019, S. 433.

93   Vgl. IFRS 9.4.1.3(b).

94   Vgl. ED/2023/2.B4.1.8A; IASB (Hrsg.), Staff Paper 3B (July 2021), Rn. 19; Lüdenbach/Hoffmann/Freiberg, a.a.O. (Fn. 57), § 28 Finanzinstrumente, Rn. 217; PwC, a.a.O. (Fn. 55), FAQ 42.41.1.

95   Vgl. ED/2023/2.B4.1.8A sowie ED/2023/2.BC52-BC54.

96   Vgl. ED/2023/2.BC52 i.V. mit IFRS 9.B4.1.7A.

in Verbindung zu den im zurückliegenden Abschnitt behandelten einzelnen Zinskomponenten eines einfachen Kreditverhältnisses steht.[97] Vielmehr richtet sich die Beurteilung der Zahlungsstrombedingung danach, ob sämtliche über die Laufzeit des Darlehens erwartbaren vertraglichen Zahlungen das SPPI-Kriterium erfüllen. Daher sind auch die **auslösenden Ereignisse**, die den Zeitpunkt oder die Höhe der vertraglichen Zahlungen ändern können – hier die Erreichung der vom Kreditnehmer vertraglich vereinbarten ESG-Zielgröße –, auf ihre **SPPI-Konformität** hin zu überprüfen.

3.3.2 Beurteilung von Ereignissen, die den Zeitpunkt oder die Höhe der vertraglichen Zahlungen ändern

3.3.2.1 Bindung der Kreditmarge an ein ESG-Rating des Kreditnehmers

Die Bindung der Kreditmarge an ein **ESG-Rating** ist grundsätzlich von der Bindung an ein Bonitätsrating zu unterscheiden, bei dem sich die vertraglichen Zahlungen des Darlehens nach der Bonität des Kreditnehmers richten.[98] Die Vereinbarung eines einzuhaltenden Bonitätsratings entspricht einem finanziellen Covenant, das im Falle eines Unterschreitens des vertraglich definierten Ratings eine Erhöhung der vertraglichen Zahlungen aufgrund eines gestiegenen Kreditausfallrisikos auslöst. Die Bindung der vertraglichen Zahlungen an ein **Bonitätsrating** ist deshalb **SPPI-konform**, weil sich in diesem Fall die Änderung der vertraglichen Zahlungen auf eine Änderung des Bonitätsratings zurückführen lässt und die Änderungen sowohl in Größenordnung als auch Wirkungsrichtung mit dem geänderten Kreditausfallrisiko übereinstimmen.[99] ESG-Ratings hingegen werden weniger auf Basis finanzieller Kennzahlen gebildet, die einen allgemeinen Zusammenhang zur Bonität eines Unternehmens aufweisen, sondern verdichten vielmehr unterschiedliche Nachhaltigkeitsinformationen zu einer Punktebewertung.[100]

Um in dem Fall einen Einfluss auf das Kreditausfallrisiko des ausstehenden Kapitalbetrags zu begründen, müsste nachgewiesen werden, dass das ESG-Rating im betrachteten Einzelfall überwiegend auf Basis von Informationen

---

97   Vgl. ED/2023/2.BC55 mit Verweis auf IFRS 9.B4.1.7A.
98   Vgl. Haak/Kühnberger, KoR 2022, S. 416; Herrmann/van Elten, KoR 2022, S. 239.
99   Vgl. Sopp/Bura/Schiele, IRZ 2023, S. 218.
100 Vgl. Ihlau/Zwenger, BB 2020, S. 2093; Hertel, Corporate Finance 2022, S. 153–155.

gebildet wurde, die ihrerseits das Kreditausfallrisiko beeinflussen können.[101] Der **Nachweis** wird indes dadurch erschwert, dass keine standardisierte und damit transparente Ermittlungsmethodik von ESG-Ratings existiert.[102] Deshalb ist aufgrund der Vielzahl möglicher ESG-bezogener Informationen nicht auszuschließen, dass zahlungsrelevante ESG-Kennzahlen gemeinsam mit nichtzahlungsrelevanten ESG-Kennzahlen über die Systematik der Gewichtung und Verdichtung bei der Ratingermittlung vermischt werden. Ein für die einzelne einbezogene Kennzahl grundsätzlich vorhandener Zusammenhang zum Kreditausfallrisiko könnte durch die Methodik der Ratingbildung nivelliert werden, sodass ein bestehender Einfluss auf das Kreditausfallrisiko des Darlehens letztlich nicht mehr nachgewiesen werden könnte.[103] In diesem Zusammenhang bleibt abzuwarten, welche Auswirkungen die Schaffung eines europaweit einheitlichen technischen Standards durch die ESMA zur Ermittlung von ESG-Ratings haben wird.[104]

In Bezug auf das **Kriterium der Schuldnerspezifität** dürfte die Bindung der Kreditmarge an ein spezifisch vom Kreditnehmer zu erreichendes ESG-Rating gemäß der vorgeschlagenen Fassung des ED/2023/2 ein die Variabilität der vertraglichen Zahlungen auslösendes Ereignis darstellen, das spezifisch für den Kreditnehmer ist.[105] Allerdings bleibt zweifelhaft, inwieweit die Erreichung eines ESG-Ratings einen nachweisbaren Bezug zum Kreditausfallrisiko des Kreditnehmers aufweisen soll. Es kann somit im **Ergebnis** nicht angenommen werden, dass die durch die Erreichung eines spezifischen ESG-Ratings ausgelöste Veränderung der vertraglichen Zahlungen einer für ein einfaches Kreditverhältnis üblichen Risiko-Rendite-Relation entspricht. Folglich dürfte im Fall ESG-gebundener Darlehen, deren Kreditmarge an spezifisch zu erreichende ESG-Ratings gebunden ist, eine Erfüllung des zur Bewertung des Darlehens zu fortgeführten Anschaffungskosten erforderlichen SPPI-Kriteriums nur dann gegeben sein, wenn ein in Größenordnung und Wirkungsrichtung bestehender Zusammenhang zwischen der Erreichung des spezifischen ESG-Ratings und dem Kreditausfallrisiko des Darlehens (ausnahmsweise) nachgewiesen werden

---

101 Vgl. zur Diskussion für individuelle Nachhaltigkeitskennzahlen Abschnitt 3.3.2.2.
102 Vgl. Berg/Kölbel/Rigobon, Review of Finance 2022, S. 1319–1323; Herrmann/van Elten, KoR 2022, S. 239–240.
103 So auch Sopp/Bura/Schiele, IRZ 2023, S. 218–219.
104 Siehe Fn. 33.
105 Vgl. ED/2023/2.B4.1.10A i.V. mit IFRS 9.B4.1.10.

kann.[106] Ist dieser Zusammenhang nicht nachweisbar, ist das ESG-gebundene Darlehen zum beizulegenden Zeitwert (FVTPL) zu bewerten.

3.3.2.2   Bindung der Kreditmarge an individuelle Nachhaltigkeitsmetriken des Kreditnehmers

Die vertraglichen Zahlungen eines ESG-gebundenen Darlehens können sich zudem in dem in der Praxis größtenteils zu beobachtenden Fall ändern, wenn die Kreditmarge des Darlehens vertraglich an **individuell vom Kreditnehmer zu erreichende Nachhaltigkeitsmetriken** geknüpft ist.[107] In diesem Fall stellt das Erreichen der vertraglich definierten Metrik das auslösende Ereignis dar, das auf seine SPPI-Konformität zu untersuchen ist. Die Beurteilung der SPPI-Konformität des die Änderung der vertraglichen Zahlungen auslösenden Ereignisses eines ESG-gebundenen Darlehens folgt damit der gleichen Systematik, die zur Beurteilung finanzieller Covenants einschlägig ist. Die vertraglichen Bedingungen des betrachteten Darlehens müssen das Erreichen einer ESG-Zielgröße bzw. den Bruch definierter finanzieller Covenants durch den Schuldner selbst vorsehen und zudem einen Bezug zum Kreditausfallrisiko des betrachteten Darlehens aufweisen, um SPPI-konform sein zu können. Den Vorschlägen des ED/2023/2 ist zu entnehmen, dass die Bindung an branchenspezifisch zu erreichende Metriken, wie bspw. eine branchenweite Reduktion von Treibhausgasemissionen, ebenso wenig wie die Anknüpfung an marktbasierte Größen wie einen Nachhaltigkeitsindex das Kriterium der Schuldnerspezifität und damit das SPPI-Kriterium erfüllt.[108]

Wenngleich sich ESG-Risiken grundsätzlich zwischen spezifischen Unternehmen unterscheiden können[109], reicht es jedoch im Kontext einer ESG-gebundenen Variabilität der Zahlungen nicht aus, eine SPPI-Konformität pauschal durch das **Kriterium der Schuldnerspezifität** zu begründen.[110] Der IASB hat zuletzt im ED/2023/2 selbst bekräftigt, dass es zur Beurteilung der SPPI-Konformität weniger darauf ankomme, in welcher Höhe der Kreditgeber vergütet werde, sondern **wofür** er vergütet werde.[111] Die derzeitige Formulierung der Anforde-

---

106 Vgl. gl. A. Herrmann/van Elten, KoR 2022, S. 239 i.V. mit S. 244.

107 Siehe Fn. 35.

108 Siehe Fn. 74; vgl. auch ED/2023/2.B4.1.13-B4.1.14 i.V. mit ED/2023/2.BC69.

109 Vgl. IDW Knowledge Paper zur Bilanzierung von „grünen" Finanzierungen, S. 15; Sopp/Bura/Schiele, IRZ 2023, S. 219–220.

110 So wohl auch IDW, Comment Letter on ED/2023/2, S. 7.

111 Mit Hervorhebungen im Original, vgl. ED/2023/2.BC48 mit Verweis auf IFRS 9.B4.1.7A i.V. mit IFRS 9.BC4.182(b); IASB (Hrsg.), Staff Paper 3B (July 2021), Rn. 34.

rung der Schuldnerspezifität impliziert, dass eine Bindung der Kreditmarge an pauschal jede theoretisch mögliche ökologische, soziale oder führungsbezogene Metrik ausreiche, um eine SPPI-Konformität zu begründen.[112] Nicht jede vom Kreditnehmer zu erreichende ESG-Metrik muss allerdings relevante Zahlungen auslösen, die die **Kapitaldienstfähigkeit** eines Kreditnehmers und damit das Kreditausfallrisiko eines Darlehens tangieren. Insofern mangelt es der vom IASB definierten Anforderung der Schuldnerspezifität an einem konkreten Bezug zu einem mit der Anpassung der Kreditmarge in Verbindung stehenden Risiko, das einer für ein einfaches Kreditverhältnis üblichen Risiko-Rendite-Relation entspricht.[113] Offen bleibt, wieso sich dieses Verständnis in den Formulierungen des ED/2023/2 nicht mehr explizit niederschlägt, obwohl der IASB den Bezug zu einer solchen Risiko-Rendite-Relation für die Bindung der vertraglichen Zahlungen an ESG-Metriken im Zuge des *post-implementation review* zum IFRS 9 selbst verlangt hatte.[114]

Um eine Risiko-Rendite-Relation zu begründen, sollte die jeweilige ESG-Metrik, deren Erreichung über die Anpassung der Kreditmarge entscheidet, überdies für die **Geschäftstätigkeit** des Kreditnehmers und dessen **Kapitaldienstfähigkeit** wesentlich sein.[115] Auf diese Weise würde der IASB dem formulierten Wesentlichkeitsvorbehalt gerecht, wonach zur Beurteilung des SPPI-Kriteriums ausschließlich wesentliche Vertragsinhalte beachtet werden sollen.[116] Dieser **Wesentlichkeitsvorbehalt** ist vor dem Grundsatz der Relevanz ausdrücklich zu befürworten. Um wesentliche ESG-Metriken zu identifizieren, könnten die Vertragsparteien auf die im Zuge der CSRD künftig durch die Unternehmen selbst verpflichtend durchzuführenden Wesentlichkeitsanalysen zurückgreifen, die die unternehmensspezifisch wichtigsten ESG-Kriterien identifizieren sollen.[117]

Darüber hinaus wäre es sachgerecht, nur solche ESG-Metriken als SPPI-konform zu deklarieren, die die Kapitaldienstfähigkeit des Kreditnehmers und damit das Kreditausfallrisiko des ESG-gebundenen Darlehens berühren.[118] Der **Nachweis**

---

112 Vgl. DRSC, Comment Letter ED/2023/2, S. 5.

113 So wohl auch IDW, Comment Letter on ED/2023/2, S. 6; Herrmann/van Elten, KoR 2022, S. 240.

114 Darüber hinaus wurde zu dem Zeitpunkt zudem eine tendenziell fehlende SPPI-Konformität postuliert, vgl. hierzu IASB (Hrsg.), Staff Paper 3B (July 2021), Rn. 37.

115 Vgl. zur individuellen Geschäftstätigkeit IDW (Hrsg.), a.a.O. (Fn. 15), Kap. P, Tz. 152; PwC, a.a.O. (Fn. 55), FAQ 42.41.1. Zur Forderung der Wesentlichkeit vgl. LSTA, a.a.O. (Fn. 11), S. 2–4; Wahl/Gerke, ESGZ 2022, S. 51.

116 Vgl. IFRS 9.B4.1.18; Barckow, a.a.O. (Fn. 40), IFRS 9, Rn. 182.

117 Vgl. Rodrian/Graewe, ESGZ 2023, S. 10–11; Conreder/Fräbel, ESGZ 2023, S. 51.

118 So wohl auch Lüdenbach/Hoffmann/Freiberg, a.a.O. (Fn. 57), § 28 Finanzinstrumente, Rn. 217.

einer Verbindung zwischen einer ESG-Metrik und dem Kreditausfallrisiko ist auf Ebene des einzelnen Vermögenswerts empirisch allerdings schwer zu führen.[119] So wurde gezeigt, dass **ökologische Metriken** die Zahlungsfähigkeit eines Kreditnehmers und damit das den Wert des finanziellen Vermögenswerts aus Sicht des Kreditgebers determinierenden Kreditausfallrisiko stärker als soziale oder führungsbezogene Metriken beeinflussen können.[120] Beispielsweise wurde nachgewiesen, dass Umweltkatastrophen unternehmensindividuelle Schocks verursachen können, die die Zahlungsfähigkeit von Schuldnern vermindern können.[121] Zudem erwartet die EZB, dass Kredite von Unternehmen, die sich bis 2050 keiner nachhaltigen Transformation unterziehen, mit einer Wahrscheinlichkeit zwischen 8 % und 30 % ausfallen werden.[122] Dass der IASB im ED/2023/2 vorschlägt, die Anwendungsleitlinien des IFRS 9 um ein SPPI-konformes Beispiel eines an die Reduktion von Treibhausgasemissionen geknüpften Zinssatzes zu ergänzen[123], stützt diese These weiter.

Offen bleibt aber, wieso der IASB im vorgeschlagenen Wortlaut des ED/2023/2 den **Begriff eines schuldnerspezifischen Ereignisses** im Kontext ESG-gebundener Zielgrößen nicht näher definiert. Insofern wäre eine weitere Klarstellung des IASB wünschenswert, was unter einem *contingent event* im Sinne des IFRS 9 zu verstehen ist und wie sich dieses auslösende Ereignis zum Kreditausfallrisiko im Allgemeinen und für ESG-gebundene Darlehen im Speziellen verhält.[124] Ohne eine derartige Konkretisierung besteht die Gefahr, dass auch solche Finanzierungen der Wertkategorie der fortgeführten Anschaffungskosten (AC) zugeordnet würden, deren vertragliche Zahlungen keiner der für ein einfaches Kreditverhältnis üblichen Zinskomponenten zugeordnet werden können, obwohl sie wirtschaftlich betrachtet aufgrund eines fehlenden Bezugs zum Kreditausfallrisiko folgerichtig zum beizulegenden Zeitwert (FVTPL) zu bilanzieren wären. Durch die **unzureichende Definition der Schuldnerspezifität** könnte – möglicherweise bewusst – zugelassen werden, dass auch die Bindung der Kreditmarge an eher qualitative ESG-Zielgrößen ohne unmittelbare Auswirkungen

---

119 Vgl. IASB (Hrsg.), Staff Paper 3B (April 2022), Rn. 11, m.w.N.; Loumioti/Serafeim, Harvard Business School Working Paper No. 23–027, November 2022, S. 1–70.

120 Vgl. Waschbusch/Kiszka/Runco, BKR 2020, S. 616–620; Höck u.a., Journal of Asset Management 2020, S. 85–93; Goss/Roberts, Journal of Banking & Finance 2011, S. 1794–1810.

121 Vgl. Barrot/Sauvagnat, The Quarterly Journal of Economics 2016, S. 1543–1549.

122 Vgl. Alogoskoufis u.a., ECB Occasional Paper Series No. 281, September 2021, S. 54–61, ohne sich jedoch auf konkrete ESG-Kriterien zu beziehen.

123 Vgl. ED/2023/2.B4.1.13.

124 Vgl. in Bezug auf ED/2023/2.B4.1.10-B4.1.10A u.a. EFRAG, Comment Letter on ED/2023/2, Rn. 52–57.

auf das Kreditausfallrisiko eine SPPI-Konformität begründen kann. Wenn die Erreichung einer eher qualitativen ESG-Zielgröße einen nachweisbaren Effekt auf das Kreditausfallrisiko eines Darlehens aufweist, ist das SPPI-Kriterium erfüllt und folglich eine Bewertung zu fortgeführten Anschaffungskosten (AC) nach der Effektivzinsmethode sachgerecht. Ist ein solcher Zusammenhang indes nachweislich nicht vorhanden, ist eine Bewertung zu fortgeführten Anschaffungskosten aufgrund fehlender SPPI-Konformität abzulehnen, sodass das Darlehen folgerichtig zum beizulegenden Zeitwert (FVTPL) zu bewerten wäre.

Im **Ergebnis** ist festzuhalten, dass die durch den ED/2023/2 vorgeschlagenen Änderungen der Anwendungsleitlinien des IFRS 9 zur Beurteilung des SPPI-Kriteriums einer weiterführenden Konkretisierung für die ESG-gebundene Variabilität der vertraglichen Zahlungen der hier betrachteten ESG-gebundenen Darlehen bedürfen. Um SPPI-konform zu sein, ist es nicht ausreichend, wenn sich die Höhe der vertraglichen Zahlungen durch eine von einem Schuldner zu erreichende, individuelle ESG-Metrik verändert. Der IASB sollte das im ED/2023/2 vorgeschlagene Kriterium der Schuldnerspezifität des die vertraglichen Zahlungen ändernden Ereignisses zusätzlich dahingehend konkretisieren, dass im Kontext ESG-gebundener Zahlungen ausschließlich solche ESG-Zielgrößen als SPPI-konform eingestuft werden, deren Erfüllung oder Verfehlung sich in nachvollziehbarer Form auf die Kapitaldienstfähigkeit des Kreditnehmers und damit das **Kreditausfallrisiko des ausstehenden Kapitalbetrags** auswirken muss, um einer für ein einfaches Kreditverhältnis üblichen Risiko-Rendite-Relation zu entsprechen. Der **Nachweis** dürfte leichter zu erbringen sein, je weniger individuelle und objektiv messbare Nachhaltigkeitskennzahlen die Anpassung der Kreditmarge auslösen können.[125] Eine nähere **Konkretisierung des Kriteriums der Schuldnerspezifität** kann gemeinsam mit einem in Richtungswirkung und Größenordnung mit dem Kreditausfallrisiko übereinstimmenden auslösenden Ereignis eine Risiko-Rendite-Relation begründen und missbräuchliche Gestaltungen verhindern.[126] Zwar sind die Natur der die Veränderung auslösenden Ereignisse sowie eine mögliche Bandbreite der hervorgerufenen Änderungen der vertraglichen Zahlungen im Anhang offenzulegen. Ohne einen konkreter gefassten **Anforderungskatalog**, welche ESG-Zielgrößen ein SPPI-konformes

---

125 Vgl. hier und im folgenden Satz PwC, a.a.O. (Fn. 55), FAQ 42.41.1; IDW Knowledge Paper zur Bilanzierung von „grünen" Finanzierungen, S. 6 i.V. mit S. 15.

126 Vgl. a. A. mit Verweis auf ED/2023/2.B4.1.10-B4.1.10A Die Deutsche Kreditwirtschaft, Comment Letter ED/2023/2, S. 3; AFME, Comment Letter on ED/2023/2, S. 4, die aufgrund des kaum nachweisbaren Zusammenhangs zum Kreditrisiko anregen, die Forderung einer übereinstimmenden „Größenordnung" aus dem Wortlaut des Standards zu streichen.

auslösendes Ereignis darstellen, obliegt es indes dem Ermessen des bilanzierenden Normanwenders, die Veränderung der vertraglichen Zahlungen durch die Bindung an eine ESG-Zielgröße im Einzelfall unter Einnahme einer wirtschaftlichen Betrachtungsweise zu beurteilen. Diese Beurteilung unterliegt letztlich einer immanenten Subjektivität, die auch durch entsprechende Anhangangaben nicht restlos aufgeklärt werden kann.

Ein Ansatzpunkt für die Beantwortung der Frage, ob eine ESG-Zielgröße das Kreditausfallrisiko beeinflusst, könnte in der Differenzierung der Wesentlichkeitsbeurteilung durch die CSRD in die *Outside-in-* (sog. *financial materiality*) und die *Inside-out*-Betrachtung (sog. *impact materiality*) zu finden sein.[127] Bei der aktuell in der Nachhaltigkeitsberichterstattung einzunehmenden *Outside-in*-Perspektive sind wesentliche ESG-Risiken zu berücksichtigen, die Auswirkungen auf die wirtschaftliche Lage des Unternehmens haben[128] und von denen daher angenommen werden könnte, dass sie (auch) das Kreditausfallrisiko beeinflussen.[129] Die mit der CSRD einzuführende *Inside-out*-Perspektive adressiert dagegen Risiken der Unternehmenstätigkeit auf ihr ökologisches und soziales Umfeld.[130] Für diese Risiken wäre dann zu untersuchen, ob sie direkte oder indirekte Auswirkungen auf das Kreditausfallrisiko haben.

Diese Debatte um eine differenziertere Beurteilung, in welchen Fällen ökologische, soziale oder führungsbezogene Aspekte das spezifische Kreditausfallrisiko eines Finanzinstruments im Allgemeinen bzw. eines Darlehens im Speziellen tangieren, wurde indes bisher kaum geführt und vom IASB in den Vorschlägen des ED/2023/2 entgegen der im Zuge des *post-implementation review* getroffenen Feststellungen[131] nicht weiter berücksichtigt.

---

127 Zur sog. „doppelten Wesentlichkeit" vgl. Richtlinie (EU) 2022/2464 des Europäischen Parlaments und des Rates zur Änderung der Verordnung (EU) Nr. 537/2014 und der Richtlinien 2004/109/EG, 2006/43/EG und 2013/34/EU hinsichtlich der Nachhaltigkeitsberichterstattung von Unternehmen, ABl. EU Nr. L 322/15 vom 14. Dezember 2022, Abs. 29. Die Anwendung der CSRD wird durch die ESRS konkretisiert, vgl. Baumüller/Schönauer, PiR 2023, S. 88–89, m.w.N.

128 Vgl. Freiberg/Auer, BB 2022, S. 1196. Zur Konnektivität von Finanz- und Nachhaltigkeitsberichterstattung vgl. Wagenhofer, IRZ 2023, S. 513–514; Kajüter/Blaesing/Hannen, IRZ 2013, S. 199–205. Zur Wertrelevanz von ESG-Aspekten vgl. ausführlich AKIR, KoR 2020, S. 153–164.

129 Vgl. zum Zusammenhang zwischen ESG-Aspekten und dem Kreditausfallrisiko Brogi/Lagasio/Porretta, Journal of International Financial Management & Accounting 2022, S. 522–547, m.w.N.; Devalle/Fiandrino/Cantino, International Journal of Business and Management 2017, S. 53–65.

130 Vgl. ausführlich AKIR, DB 2023, S. 1105–1110, m.w.N.

131 Siehe Fn. 114.

4 Die Bilanzierung von ESG-gebundenen Darlehen nach HGB

4.1 Bilanzieller Charakter von ESG-gebundenen Darlehen im Handelsrecht

Zur handelsrechtlichen Bilanzierung ist zunächst der bilanzielle Charakter ESG-gebundener Darlehen zu untersuchen. Eine Usance des Kreditgeschäfts liegt darin, die Kreditkosten an vertragliche Nebenabreden, sog. Covenants, zu knüpfen.[132] Finanzielle Covenants können typischerweise vorsehen, die Kreditmarge eines Darlehens in Abhängigkeit von durch den Kreditnehmer individuell einzuhaltenden Finanzkennzahlen anzupassen.[133] Kreditverträge mit einer solchen **bonitätsabhängigen Margenspreizung**, die gewöhnlich durch ein vertraglich vereinbartes Margengitter definiert ist, werden als strukturiertes Finanzinstrument bilanziert.[134] Fraglich ist, ob die an die Erreichung von ESG-Zielgrößen gebundene Margenanpassung handelsrechtlich wie eine bonitätsabhängige Margenspreizung gewöhnlicher Kreditverträge zu bilanzieren ist oder ob hier Unterschiede bestehen.[135]

Die Darlehensforderung eines ESG-gebundenen Darlehens stellt einen finanziellen Vermögensgegenstand dar, der aus Sicht des Kreditgebers als strukturiertes Finanzinstrument zu bilanzieren ist.[136] Als strukturiertes Finanzinstrument wird ein Konstrukt verstanden, das ein Basisinstrument mit einem oder mehreren eingebetteten Derivaten zu einer vertraglichen Einheit verbindet.[137] **Strukturierte Finanzinstrumente** werden von der *IDW RS HFA 22*, die zur handelsrechtlichen Bilanzierung strukturierter Finanzinstrumente maßgebend ist[138], als Vermögensgegenstände mit Forderungscharakter definiert, die hinsichtlich

---

132 Siehe Fn. 18.

133 Vgl. Situm, Zeitschrift für das gesamte Kreditwesen 2023, S. 292.

134 Vgl. Gaber, a.a.O. (Fn. 18), S. 345–347.

135 Mit dem Terminus „Margenanpassung" ist in der Folge die ESG-gebundene Anpassung der Kreditmarge gemeint, während der Terminus „Margenspreizung" die herkömmliche vertragliche Nebenabrede gewöhnlicher Kreditverträge bezeichnet, bei der die Kreditmarge in Abhängigkeit von einem vertraglich definierten Margengitter variiert, Anm. d. Verf.

136 Vgl. IDW (Hrsg.), a.a.O. (Fn. 15), Kap. P, Tz. 153; IDW Knowledge Paper zur Bilanzierung von „grünen" Finanzierungen, S. 18–19. Nachfolgend wird der Begriff der „vertraglichen Struktur" synonym zu „ESG-gebundenen Darlehen" verwendet, Anm. d. Verf.

137 Vgl. *IDW Stellungnahme zur Rechnungslegung: Zur einheitlichen oder getrennten Bilanzierung strukturierter Finanzinstrumente (IDW RS HFA 22)* (Stand: 11.09.2015), Tz. 2.

138 Ausgenommen ist die Bilanzierung von Bewertungseinheiten und die Zuordnung strukturierter Finanzinstrumente zum Eigen- oder Fremdkapital des Emittenten, vgl. *IDW RS HFA 22*, Tz. 3.

ihrer Verzinsung, Laufzeit und/oder Rückzahlung besondere Ausstattungsmerkmale aufweisen.[139] Das Handelsrecht trifft keine Regelungen, was unter einem Derivat zu verstehen ist.[140] Den Verlautbarungen des IDW liegt ein der internationalen Rechnungslegung entlehntes und den Gesetzesbegründungen zum BilMoG entnommenes **Begriffsverständnis eines Derivats** zugrunde, wonach dieses „ein Vertragsverhältnis [sei], dessen Wert auf Änderungen eines Wertes eines Basisobjekts, z.B. eines Zinssatzes […], der Bonität, […] oder einer anderen Variablen reagiert […] und das erst in Zukunft erfüllt wird.“[141] Aufgrund des eingebetteten Derivats können strukturierte Finanzinstrumente im Vergleich zu unstrukturierten Instrumenten mit **besonderen Chancen und Risiken** behaftet sein.[142] Die mit ihnen verbundenen vertraglichen Zahlungen können vollständig oder teilweise durch die Abhängigkeit von einer Basisvariablen, bspw. einem Zinssatz, einem Preis- bzw. Kreditindex oder einer nicht-finanziellen Variablen wie dem Wetterrisiko, ähnlichen Schwankungen unterliegen wie die Zahlungen eines alleinstehenden Derivats.[143]

Im Fall eines gewöhnlichen Kreditvertrags mit einer bonitätsabhängigen Margenspreizung stellt die mit der Basismarge verzinste Darlehensforderung das Basisinstrument dar, während die Margenspreizung das in den Basisvertrag eingebettete Derivat bezeichnet.[144] Im Kontext ESG-gebundener Darlehen bezieht sich das **Basisinstrument** analog dazu auf die mit der Basismarge verzinste Darlehensforderung, während die an die Erreichung der ESG-Zielgröße gebundene Margenanpassung als **eingebettetes Derivat** gilt.[145]

---

139 Vgl. *IDW RS HFA 22*, Tz. 2.

140 Vgl. zur Begriffsdiskussion ausführlich IDW (Hrsg.), a.a.O. (Fn. 15), Kap. D, Tz. 195–196.

141 *IDW Stellungnahme zur Rechnungslegung: Bilanzierung von Finanzinstrumenten des Handelsbestands bei Kreditinstituten (IDW RS BFA 2)* (Stand: 03.03.2010), Tz. 6.

142 Vgl. *IDW RS HFA 22*, Tz. 7.

143 Vgl. *IDW RS HFA 22*, Tz. 2

144 Die Definition eines Derivats für die bonitätsabhängige Margenanpassung durch ein Margengitter ist in der Literatur indes (auch) aufgrund der fehlenden handelsrechtlichen Legaldefinition eines Derivats gemeinhin strittig, vgl. Gaber, a.a.O. (Fn. 18), S. 346, m.w.N.

145 Vgl. Koch/Schaber/Wulff, WPg 2023, S. 1148–1149. Vgl. ergänzend Schaber u.a., Handbuch strukturierte Finanzinstrumente, 1. Aufl., Düsseldorf 2008, S. 213, die mit Blick auf *IDW RS HFA 22*, Tz. 2 Derivate als auf ausschließlich externe Größen beziehend verstehen.

4.2   Ansatz und Bewertung von ESG-gebundenen Darlehen aus Sicht des Kreditgebers

Das HGB enthält derzeit **keine spezifischen Regelungen** für grüne Finanzierungen[146], sodass die Bilanzierung aus dem Zwecksystem und den Grundsätzen ordnungsmäßiger Buchführung abzuleiten ist. Das IDW hat in einem Positionspapier seinen Standpunkt zur handelsrechtlichen Bilanzierung grüner Finanzierungen im Allgemeinen dargelegt.[147] Zur handelsrechtlichen Bilanzierung ESG-gebundener Darlehen sind analog zur Bilanzierung von durch den Bruch finanzieller Covenants ausgelöste Margenspreizungen grundsätzlich die allgemeinen Regelungen zu Ansatz, Bewertung und Ausweis (finanzieller) Vermögensgegenstände zu beachten.[148] Ebenso sind die allgemeinen Regelungen zu Angabepflichten in Anhang und Lagebericht anzuwenden.[149]

Die **Zugangsbewertung** von Forderungen aus einer vertraglichen Struktur erfolgt gemäß § 253 Abs. 1 Satz 1 HGB in Höhe ihrer Anschaffungskosten. Zur **Folgebewertung** ist zu prüfen, ob für die Darlehensforderung eine Wertminderung vorzunehmen ist, die die Wahrscheinlichkeit der Einbringlichkeit der Forderung widerspiegelt.[150] Die Wahrscheinlichkeit der Einbringlichkeit bestimmt sich in Abhängigkeit von dem Bonitätsrisiko des Kreditnehmers. Sowohl für eine bonitätsabhängige Margenspreizung als auch für eine ESG-bedingte Margenanpassung ist zu prüfen, ob sich durch die vom Kreditnehmer periodisch zu erreichenden Zielgrößen die Verzinsung der Darlehensforderung ändert[151], wobei die Änderung imparitätisch zu erfassen ist. Es stellt sich also zur handelsrechtlichen Bilanzierung im Vergleich zur Rechnungslegung nach IFRS nicht die Frage nach einer alternativen Bewertung zum beizulegenden Zeitwert (FVTPL) oder zu fortgeführten Anschaffungskosten (AC).

Die handelsrechtliche Bilanzierung von strukturierten Finanzinstrumenten ist allerdings durch eine Besonderheit gekennzeichnet, die sich daraus ergibt,

---

146 Vgl. IDW Knowledge Paper zur Bilanzierung von „grünen" Finanzierungen, S. 18–19.

147 Vgl. IDW Knowledge Paper zur Bilanzierung von „grünen" Finanzierungen, S. 1–31.

148 Ergänzend sind für Kreditinstitute und Finanzdienstleistungsinstitute die branchenspezifischen Vorschriften der §§ 340 bis 340o HGB zu beachten, die im weiteren Verlauf des Beitrags außer Acht bleiben, vgl. *IDW RS HFA 22*, Tz. 11, sowie IDW (Hrsg.), a.a.O. (Fn. 15), Kap. D, Tz. 275–277.

149 Vgl. hier und im folgenden Absatz IDW Knowledge Paper zur Bilanzierung von „grünen" Finanzierungen, S. 19, sowie Wiechens/Lorenz/Morawietz, in: HdJ, Köln 1984 ff., Abt. I/13, Rn. 356–360.

150 Vgl. hier und im Folgesatz *IDW RS HFA 22*, Tz. 21; Bertram/Kessler, in: Haufe HGB Bilanz Kommentar, 14. Aufl., Freiburg 2023, § 253 HGB, Rn. 269.

151 Vgl. hier und im folgenden Absatz *IDW RS HFA 22*, Tz. 12.

dass ein Basisinstrument mit mindestens einem eingebetteten Derivat zu einer vertraglichen Einheit verbunden ist. Grundsätzlich sind vertragliche Strukturen wie ESG-gebundene Darlehen aus Sicht des Kreditgebers als **einheitlicher Vermögensgegenstand** zu bilanzieren.[152] Die einheitliche Bilanzierung der vertraglichen Struktur kann allerdings zu einer unzutreffenden Darstellung der wirtschaftlichen Lage des Kreditgebers führen, wenn die mit dem eingebetteten Derivat verbundenen, besonderen Chancen und Risiken durch die einheitliche Bilanzierung nicht ersichtlich werden.[153] Deshalb muss der Kreditgeber im Zugangszeitpunkt der vertraglichen Struktur beurteilen, ob das in den Darlehensvertrag eingebettete Derivat einer **Trennungspflicht** unterliegt.[154] Wenn die Trennungspflicht zu bejahen ist, ist die vertragliche Struktur in ihre Bestandteile aufzuspalten und das eingebettete Derivat getrennt vom Basisvertrag zu bilanzieren.

Eine **getrennte Bilanzierung** ist immer dann geboten, wenn die vertragliche Struktur aufgrund des eingebetteten Derivats im Vergleich zum Basisinstrument **wesentlich erhöhte oder andersartige Chancen und Risiken** aufweist.[155] Die Beurteilung folgt einer wirtschaftlichen Betrachtungsweise. Im Fall einer **getrennten Bilanzierung** ist der Basisvertrag gemäß der beschriebenen Regelungen zu bilanzieren, während das trennungspflichtige eingebettete Derivat als aufgrund der Ausgeglichenheitsvermutung selbst nicht zu bilanzierendes schwebendes Geschäft anzusehen ist. Es ist allerdings zu jedem Stichtag zu prüfen, ob für Risiken, die aus dem eingebetteten Derivat resultieren, dem **Imparitätsprinzip** des § 252 Abs. 1 Nr. 4 HGB folgend eine Drohverlustrückstellung gemäß § 249 Abs. 1 Satz 1 HGB zu bilden ist.[156] Aus Sicht des Kreditgebers dürfte eine **Drohverlustrückstellung** lediglich im Fall eines *step-down* zu erfassen sein, bei dem sich die Kreditmarge des Kreditgebers um einige Basispunkte verringert, sofern der Kreditnehmer eine definierte ESG-Zielgröße erreicht. Ein *step-up* hingegen, bei dem sich die Kreditmarge durch die Verfehlung einer ESG-Zielgröße erhöht, bleibt aufgrund des Realisationsprinzips unberücksichtigt.

---

152   Vgl. hier und im folgenden Satz *IDW RS HFA 22*, Tz. 6–10; IDW (Hrsg.), a.a.O. (Fn. 15), Kap. P, Tz. 153; Linde/Dörschell, a.a.O. (Fn. 150), § 246 HGB, Rn. 80.

153   Vgl. *IDW RS HFA 22*, Tz. 7.

154   Vgl. *IDW RS HFA 22*, Tz. 8–10, sowie *IDW RS HFA 22*, Tz. 15–18.

155   Vgl. hier und im folgenden Satz *IDW RS HFA 22*, Tz. 8.

156   Vgl. IDW (Hrsg.), a.a.O. (Fn. 15), Kap. D, Tz. 401, mit Verweis auf *IDW Stellungnahme zur Rechnungslegung: Zweifelsfragen zum Ansatz und zur Bewertung von Drohverlustrückstellungen (IDW RS HFA 4)* (Stand: 29.11.2012), die sich auf den Ansatz und die Bewertung von Drohverlustrückstellungen bezieht, vgl. *IDW RS HFA 4*, Tz. 44.

4.3 Beurteilung der Trennungspflicht eines eingebetteten Derivats

Die wesentliche Aufgabe zur Bilanzierung strukturierter Finanzinstrumente besteht aus Sicht des Kreditgebers darin, im Zugangszeitpunkt zu beurteilen, ob ein in den Darlehensvertrag **eingebettetes, trennungspflichtiges Derivat** enthalten ist. Die Trennungspflicht ist für jeden einzelnen Darlehensvertrag individuell nach Lage des Einzelfalls zu prüfen.[157] Im konkreten Fall ist unter einer **wirtschaftlichen Betrachtungsweise** zu untersuchen[158], ob die mit der Basismarge verzinste Darlehensforderung durch die vertraglich vorgesehene Adjustierung der Kreditmarge in Abhängigkeit von der ESG-Zielerreichung wesentlichen zusätzlichen oder andersartigen Chancen und Risiken ausgesetzt ist oder nicht. Zur Prüfung enthält die *IDW RS HFA 22* eine beispielhafte Auflistung möglicher Indikatoren wesentlich erhöhter bzw. andersartiger Chancen und Risiken, die auf eine Aufspaltung der vertraglichen Einheit hindeuten können.[159]

Für die an finanzielle Zielgrößen geknüpfte **bonitätsabhängige Margenspreizung** eines gewöhnlichen Kreditvertrags liegen typischerweise keine wesentlich erhöhten bzw. andersartigen Chancen und Risiken vor, denen die mit der Basismarge verzinste Darlehensforderung nicht unterliegt.[160] Folglich ist eine solche vertragliche Struktur nicht aufzuspalten. Im Kontext der hier betrachteten ESG-gebundenen Darlehen ist zur Beurteilung der Trennungspflicht insbesondere zu klären, ob das eingebettete Derivat einem über das **Zinsänderungsrisiko** hinausgehenden Marktpreisrisiko oder wesentlichen weiteren Risiken ausgesetzt ist und ob das eingebettete Derivat wesentlichen anderen Risiken außer dem **Bonitätsrisiko** des Kreditnehmers unterliegt. Die Beurteilung entspricht damit in der Zielrichtung weitestgehend der Beurteilung des SPPI-Kriteriums des IFRS 9, wenngleich die handelsrechtliche Auslegung anders als in den IFRS weniger streng auf das Kreditausfallrisiko auf Ebene des einzelnen Vermögensgegenstands, sondern allgemein auf das Bonitätsrisiko des Kreditnehmers rekurriert.[161]

---

157 Vgl. IDW (Hrsg.), a.a.O. (Fn. 15), Kap. D, Tz. 197, sowie *IDW Stellungnahme zur Rechnungslegung: Bilanzierung von Finanzinstrumenten des Handelsbestands bei Kreditinstituten (IDW RS BFA 2)* (Stand: 03.03.2010), Tz. 7.

158 Vgl. zur wirtschaftlichen Betrachtungsweise *IDW RS HFA 22*, Tz. 8.

159 Vgl. hier und im Folgesatz *IDW RS HFA 22*, Tz. 16; IDW (Hrsg.), a.a.O. (Fn. 15), Kap. P, Tz. 153.

160 Vgl. Gaber, a.a.O. (Fn. 18), S. 347 i.V. mit *IDW RS HFA 22*, Tz. 16.

161 Die Begriffe „Bonitätsrisiko" und „Kreditausfallrisiko" können im handelsrechtlichen Kontext synonym verwendet werden, Anm. d. Verf.

Als **Zinsänderungsrisiken** werden Festzinsrisiken, variable Zinsänderungsrisiken und Abschreibungsrisiken verstanden.[162] Festzinsrisiken resultieren für einen Kreditgeber aus einer Inkongruenz der Zinsbindungsdauern auf der Aktiv- und Passivseite. Variable Zinsänderungsrisiken entstehen durch unterschiedliches Zinsanpassungsverhalten variabel verzinslicher Positionen, bspw. bei Bindung an einen Referenzzinssatz oder – wie im vorliegenden Fall – durch die Bindung an bestimmte zu erreichende ESG-Zielgrößen. Abschreibungsrisiken hingegen entstehen aus Marktwertrückgängen von Aktivpositionen.

Über das Zinsänderungsrisiko hinausgehende **Marktpreisrisiken** bezeichnen alle anderen marktbezogenen Risiken, die den Wert eines finanziellen Vermögenswerts beeinflussen können.[163] Dies können bspw. Währungskursschwankungen sein, wenn das eingebettete Derivat in einer von der Währung des Basisinstruments abweichenden Währung denominiert ist.[164]

Bei ESG-gebundenen Darlehen dürfte die aus der Bindung an eine ESG-Zielgröße resultierende Variabilität der vertraglichen Zahlungen zwar einen Bezug zu möglichen Zinsänderungsrisiken, jedoch gemeinhin keinen für eine einheitliche Bilanzierung schädlichen Bezug zu Marktpreisrisiken aufweisen. Lediglich im Fall der Bindung der Kreditmarge an einen marktbasierten Nachhaltigkeitsindex dürfte aufgrund eines über das Zinsänderungsrisiko hinausgehenden Marktpreisrisikos eine Trennungspflicht der Margenanpassung geboten sein.[165] ESG-gebundene Darlehen dürften somit aufgrund ihrer gewöhnlichen Vertragsgestaltung[166] keinen wesentlichen zusätzlichen oder andersartigen Marktpreisrisiken ausgesetzt sein als die lediglich in Höhe der Basismarge verzinste Darlehensforderung.

Das zentrale Augenmerk zur **Beurteilung der Trennungspflicht** im Falle eines ESG-gebundenen Darlehens liegt auch hier vielmehr darauf, ob die vertragliche Struktur aufgrund der Erreichung der ESG-gebundenen Zielgröße wesentlichen zusätzlichen oder andersartigen Risiken als dem **Bonitätsrisiko** des Kreditnehmers ausgesetzt ist. Die *IDW RS HFA 22* gibt für solche weiteren Risiken

---

162 Vgl. zur Erläuterung der wesentlichen Zinsänderungsrisiken ausführlich Schierenbeck/Lister/Kirmße, Ertragsorientiertes Bankmanagement, 9. Aufl., Wiesbaden 2008, S. 294–297, sowie Hartmann-Wendels/Pfingsten/Weber, a.a.O. (Fn. 92), S. 585.

163 Vgl. Hartmann-Wendels/Pfingsten/Weber, a.a.O. (Fn. 92), S. 569.

164 Vgl. *IDW RS HFA 22*, Tz. 16(a), Fn. 9.

165 Im Ergebnis analog zu den Ausführungen des IFRS-Teils, siehe Fn. 76.

166 Siehe Abschn. 2.

beispielhaft an, dass der Zinssatz einer Anleihe u.a. an Wetterrisiken gebunden sein könnte.[167] In einem solchen Fall wären die Zinszahlungen einer Anleihe an eine **unternehmensexterne nicht-finanzielle Risikovariable** gebunden.[168] Dann würde dies also ein wesentliches zusätzliches oder andersartiges Risiko darstellen, dem die mit der Basismarge verzinsliche Darlehensforderung ohne die ESG-gebundene Margenanpassung nicht ausgesetzt wäre. Folglich wäre das strukturierte Finanzinstrument **aufzuspalten** und das Basisinstrument getrennt vom eingebetteten Derivat zu bilanzieren. Im **Umkehrschluss** lässt sich daraus ableiten, dass im Falle der Bindung der Kreditmarge an unternehmensinterne bzw. schuldnerspezifische, finanzielle Risikovariablen ein Zusammenhang zum Bonitätsrisiko des Kreditnehmers besteht, sodass ein eingebettetes Derivat nicht der Trennungspflicht unterliegt. Im Kontext ESG-gebundener Darlehen müsste also eine diese Kriterien erfüllende ESG-Zielgröße vorliegen, um eine einheitliche Bilanzierung der Struktur zu rechtfertigen. Fraglich ist allerdings, ob und inwieweit jede ESG-bezogene Zielgröße diesen Anforderungen gerecht wird.

Es reicht demnach nicht wie teilweise im Schrifttum vertreten aus, dass die die Variabilität der Zinszahlungen auslösende ESG-Zielgröße zur einheitlichen Bilanzierung lediglich eine **schuldnerspezifische Größe** sein muss.[169] Die *IDW RS HFA 22* fordert explizit, dass zur einheitlichen Bilanzierung keine wesentlichen zusätzlichen oder andersartigen Chancen und Risiken als das **Bonitätsrisiko** des Kreditnehmers vorliegen dürfen.[170] Soweit die durch die Bindung an eine ESG-Metrik hervorgerufene Variabilität der vertraglichen Zahlungen an das Bonitätsrisiko des Kreditnehmers anknüpft, unterliegt das eingebettete Derivat folglich nicht der Trennungspflicht.[171]

Zur **einheitlichen Bilanzierung** muss die Erreichung der ESG-Zielgröße, an die das Darlehen gebunden ist, nicht nur spezifisch für den Kreditnehmer gewählt sein, sondern auch hier einen nachweisbaren Einfluss auf die Kapitaldienstfähigkeit des Kreditnehmers haben. Anderenfalls könnte die Erreichung der ESG-Zielgröße andere wesentliche oder zusätzliche Risiken als das Bonitätsrisiko des Kreditnehmers widerspiegeln, die eine getrennte Bilanzierung erfordern würden.

---

167 Vgl. *IDW RS HFA 22*, Tz. 16(b), Fn. 10.

168 Vgl. hier und im Folgesatz Schaber u.a., a.a.O. (Fn. 145), S. 213.

169 Vgl. zum Kriterium der Schuldnerspezifität Koch/Schaber/Wulff, WPg 2023, S. 1151–1152.

170 Vgl. *IDW RS HFA 22*, Tz. 16.

171 Dies folgt aus *IDW RS HFA 22*, Tz. 16(b); so auch Koch/Schaber/Wulff, WPg 2023, S. 1152.

Um einen nachweisbaren Einfluss auf die Fähigkeit zur Leistung des Kapital-dienstes zu begründen, muss die Erreichung einer spezifischen ESG-Zielgröße für den Kreditnehmer mit finanziellen Konsequenzen verbunden sein, damit diese Zielerreichung eine Änderung des Bonitätsrisikos des Kreditnehmers be-deuten kann. Insbesondere weil nicht für jede ESG-bezogene Zielgröße pau-schal angenommen werden kann, dass ihre Zielerreichung einen Einfluss auf das Bonitätsrisiko des Kreditnehmers hat, wären zusätzlich zur Frage, ob die zu erreichende ESG-Zielgröße schuldnerspezifisch gewählt ist, weitere Kriterien er-forderlich, in welchen Fällen die vertragliche Struktur einheitlich zu bilanzieren ist. Ein **weiteres Trennungskriterium** kann in der **Zahlungsrelevanz der ESG-Zielgröße** bestehen, um die geforderte Beziehung zwischen der Zielerreichung und der Kapitaldienstfähigkeit des Kreditnehmers herzustellen. Ein Bezug zur Zahlungsrelevanz ermöglicht es, die bisher undifferenziert betrachtete Eignung sämtlicher möglicher ESG-Zielgrößen in das Bonitätsrisiko des Kreditnehmers betreffende, unterschiedliche Kategorien abschichten zu können. Eine solche **Differenzierung zahlungsrelevanter ESG-Zielgrößen** könnte dem Norman-wender eine Hilfestellung bieten, in welchen Fällen wesentliche zusätzliche oder andersartige Chancen und Risiken als das Bonitätsrisiko des Kreditnehmers vorliegen, um eine Trennungspflicht des eingebetteten Derivats beurteilen zu können. Auch hier könnten die Überlegungen im Zusammenhang zu den *In-side-out-* und *Outside-in*-Perspektiven hilfreich sein, die durch die Umsetzung der CSRD gefordert werden.

Also ist zur handelsrechtlichen Bilanzierung wie zur untersuchten Bilanzierung gemäß IFRS insbesondere zu beurteilen, ob und inwieweit die aus der ESG-Zielerreichung resultierende Margenanpassung ein verändertes Bonitätsrisiko des Kreditnehmers widerspiegelt oder nicht. Während die Beurteilung dieses Zusammenhangs aus **Sicht der IFRS** gemäß des SPPI-Kriteriums des IFRS 9 darüber entscheidet, ob ESG-gebundene Darlehen mit sehr **unterschiedlichen Auswirkungen auf die Ertragslage** des Kreditgebers zu fortgeführten Anschaf-fungskosten (AC) oder zum beizulegenden Zeitwert (FVTPL) zu bilanzieren sind, ist die Beurteilung der die Änderung der vertraglichen Zahlungen aus-lösenden Margenanpassung aus **handelsrechtlicher Sicht** mit anderen Konse-quenzen verbunden. Sofern die Beurteilung der ESG-gebundenen Variabilität der vertraglichen Zahlungen ergibt, dass die Margenanpassung mit wesent-lichen zusätzlichen oder andersartigen, über das Bonitätsrisiko des Kreditneh-mers hinausgehenden Chancen und Risiken verbunden ist, ist eine Aufspaltung der vertraglichen Einheit unter separater Bilanzierung der Margenanpassung als trennungspflichtiges Derivat angezeigt. Die daraus folgende bilanzielle

Behandlung des trennungspflichtigen Derivats als schwebendes Geschäft führt nur im Falle einer ggf. erforderlichen **Drohverlustrückstellung** zu einem Bilanzansatz, sodass aus der Beurteilung der handelsrechtlichen Trennungspflicht im Vergleich zur Beurteilung des SPPI-Kriteriums aufgrund der handelsrechtlich **imparitätischen Bilanzierung schwebender Geschäfte** grundsätzlich **verschiedene Auswirkungen auf das Bild der Vermögens- und Ertragslage** des bilanzierenden Kreditgebers resultieren.

Daraus ergeben sich die nachfolgenden Anregungen zur **Anpassung der gegenwärtigen Formulierung der *IDW RS HFA 22***, um eine Trennungspflicht des eingebetteten Derivats für in diesem Beitrag vorgestellte mögliche Ausgestaltungen der ESG-gebundenen Margenanpassung differenzierter beurteilen zu können. Ob eine einheitliche oder getrennte Bilanzierung der ESG-gebundenen Margenanpassung handelsrechtlich geboten ist, ähnelt dabei im Ergebnis der Beurteilung des SPPI-Kriteriums gemäß IFRS. Auch handelsrechtlich ist die konkrete Beurteilung durch den Kreditgeber stets in Abhängigkeit vom Einzelfall zu treffen, sodass die nachfolgenden Überlegungen lediglich eine allgemeingültige Tendenz indizieren können.

Für den Fall, dass die Kreditmarge des ESG-gebundenen Darlehens in Abhängigkeit von einem spezifischen **ESG-Rating** des Kreditnehmers variiert, ist analog zu den Überlegungen zur Erfüllung des SPPI-Kriteriums des IFRS 9 davon auszugehen[172], dass aufgrund eines auf Basis nicht ausschließlich zahlungsrelevanter Informationen abgeleitetes ESG-Ratings keine unmittelbare Beziehung zwischen der Erreichung eines bestimmten ESG-Scores und dem veränderten Bonitätsrisiko des Kreditnehmers hergestellt werden kann. Die Bindung der Kreditmarge an ein spezifisch vom Kreditnehmer zu erreichendes ESG-Rating rechtfertigt demnach keine einheitliche Bilanzierung der vertraglichen Struktur. Sofern die Kreditmarge des Darlehens an **individuelle Nachhaltigkeitsmetriken** des Kreditnehmers gebunden ist, ist eine einheitliche Bilanzierung ab Zugangszeitpunkt geboten, wenn die zugrunde gelegten ESG-Zielgrößen für den Kreditnehmer spezifisch ausgewählt sind und die die Anpassung der Kreditmarge auslösende ESG-Zielgröße das Bonitätsrisiko des Kreditnehmers beeinflusst.

Im **Ergebnis** sollten die derzeit gültigen Regelungen der *IDW RS HFA 22* in Anbetracht der zunehmenden Relevanz nachhaltiger Finanzierungen im

---

172 Siehe Abschn. 3.3.2.2.

Allgemeinen und die hier betrachteten ESG-gebundenen Darlehen im Speziellen konkreter auf die Bilanzierung ESG-bezogener Finanzierungen eingehen. Die Regelungen zur Beurteilung der Trennungspflicht der Margenanpassung verstehen sich explizit nicht als abschließende Auflistung möglicher Indikatoren, bei deren Vorliegen eine Trennungspflicht des in die Vertragseinheit eingebetteten Derivats angezeigt ist. Die Beurteilung der Trennungspflicht einer ESG-gebundenen Margenanpassung durch den bilanzierenden Kreditgeber ist folglich im zu betrachtenden Einzelfall mit **erheblichem Ermessen** verbunden. Es wären im Kontext ESG-gebundener Finanzierungen weitere Klarstellungen seitens des IDW hilfreich, um die bestehenden Ermessensspielräume in der Auslegung der Regelungen zur Beurteilung der Trennungspflicht, wann wesentliche zusätzliche oder andersartige Chancen und Risiken vorliegen, zu begrenzen und somit zu einer konsistenten und überbetrieblich vergleichbaren Normanwendung beizutragen. Für die vereinbarte ESG-Zielgröße, deren Erreichung über die Anpassung der Kreditmarge des Darlehens entscheidet, sollte explizit festgehalten werden, dass sie grundsätzlich spezifisch für den Schuldner gewählt sein muss. Zudem ist in Anbetracht der Vielfalt möglicher ESG-Metriken, die nicht zwingenderweise finanzieller Natur sein müssen[173], eine ggf. in Form eines Anforderungskatalogs zu treffende **Abschichtung möglicher ESG-Metriken** in Bezug auf ihre Zahlungsrelevanz erforderlich, die die nachweisbaren individuellen Auswirkungen einer ESG-Zielgröße auf die Kapitaldienstfähigkeit bzw. die Geschäftstätigkeit eines Kreditnehmers berücksichtigt.

Sofern eine Klarstellung der bestehenden Regelungen nicht möglich sein sollte, ohne unerwünschte Änderungen in der Bilanzierung anderer strukturierter Finanzinstrumente als ESG-gebundene Darlehen hervorzurufen, könnte eine eigens für ESG-gebundene Finanzierungen gefasste Stellungnahme hilfreich sein. Eine Auseinandersetzung mit besonderen Fragestellungen zu ESG-bezogenen Finanzierungen würde dazu beitragen, bestehende Auslegungsfragen zur handelsrechtlichen Bilanzierung zu reduzieren und somit zugleich der zunehmenden Wichtigkeit ESG-gebundener Finanzierungen gerecht werden.

5 Zusammenfassung

ESG-gebundene Darlehen stellen eine innovative Form der Kreditfinanzierung dar, deren Bilanzierung weder in der nationalen noch internationalen Rechnungslegung ausdrücklich geregelt ist. Die Höhe der Kreditmarge dieser

---

173 Siehe analog zu den für die IFRS gültigen Ausführungen Abschn. 3.3.2.

Darlehen ist daran gebunden, ob der Kreditnehmer eine vertraglich definierte ESG-Zielgröße erreicht oder nicht. Damit ist die ESG-gebundene Variabilität der vertraglichen Zahlungen solcher Darlehen zu herkömmlichen vertraglichen Nebenabreden in Form eines Margengitters vergleichbar, bei denen die Kreditmarge in Abhängigkeit von der Einhaltung vertraglich definierter finanzieller Kennzahlen variieren kann.

Die **Bilanzierung nach IFRS** richtet sich maßgeblich danach, ob die durch die ESG-Zielerreichung hervorgerufene Variabilität der vertraglichen Zahlungen das SPPI-Kriterium erfüllt. Um eine Klassifizierung der Darlehensforderung in die Bewertungskategorie der fortgeführten Anschaffungskosten (AC) zu rechtfertigen, muss das die Änderung der vertraglichen Zahlungen auslösende Ereignis dem Wortlaut der vorgeschlagenen Änderungen des ED/2023/2 entsprechend schuldnerspezifisch sein. Die Anforderungen an dieses die Variabilität auslösende Ereignis sollten dahingehend konkretisiert werden, dass die Änderung der vertraglichen Zahlungen kausal auf ein verändertes Kreditausfallrisiko des ausstehenden Kapitalbetrags und damit auf eine geänderte Kapitaldienstfähigkeit des Kreditnehmers zurückzuführen sein muss. Der IASB sollte ergänzende Hinweise geben, welche ESG-Zielgrößen einen solchen Zusammenhang begründen können. Auf diese Weise könnten bestehende Unsicherheiten zur Beurteilung des SPPI-Kriteriums auf Basis der Anwendungsleitlinien des IFRS 9 reduziert werden.

In der **handelsrechtlichen Bilanzierung** handelt es sich bei ESG-gebundenen Darlehen um strukturierte Finanzinstrumente i.S. der *IDW RS HFA 22*. Die an die Erreichung von ESG-Zielgrößen gebundene Kreditmarge ist als Derivat in den Darlehensvertrag eingebunden und bildet gemeinsam mit der in Höhe der Basismarge verzinslichen Darlehensforderung eine vertragliche Einheit. Zur Bilanzierung aus Sicht des Kreditgebers ist zuvorderst zu klären, ob das eingebettete Derivat bei wirtschaftlicher Betrachtung der Trennungspflicht unterliegt und somit separat vom Basisvertrag zu bilanzieren ist. Die Beurteilung der Trennungspflicht knüpft ähnlich wie bei der Beurteilung des SPPI-Kriteriums des IFRS 9 an die Frage an, ob die Änderung der vertraglichen Zahlungen des Darlehens durch die Bindung der Kreditmarge an ESG-Zielgrößen ein geändertes Bonitätsrisiko des Kreditnehmers ausdrückt oder nicht. Die bestehenden Anforderungen zur Beurteilung der Trennungspflicht im Kontext ESG-gebundener Darlehen wären analog zur Diskussion der Anforderungen an die Erfüllung des SPPI-Kriteriums um konkrete Kriterien zu ergänzen, wann die Änderung der vertraglichen Zahlungen durch eine zu erreichende ESG-Zielgröße eine getrennte Bilanzierung des eingebetteten Derivats erfordert. Diese Anforderungen sind dahingehend zu konkretisieren, dass nur dann eine einheitliche Bilanzierung der vertraglichen Struktur zulässig ist, wenn der Schuldner selbst eine spezifisch für ihn gewählte ESG-Zielgröße erreicht, die zugleich einen Einfluss auf die Kapitaldienstfähigkeit des Kreditnehmers und damit auf dessen Bonitätsrisiko begründet.

Im Kern geht es in beiden Regelungskreisen um die Frage, wie sich ESG-Zielvorgaben auf die wirtschaftliche Lage eines Unternehmens auswirken und damit über die vordergründigen Motive hinaus gehen. Dieses unterstreicht darüber hinaus die Verbindung zwischen finanzieller und nicht-finanzieller Berichterstattung.

Assurance

Integrierte Prüfung von Finanz- und Nachhaltigkeitsinformationen: Herausforderungen und Chancen für den Berufsstand

Verfasser: WP StB Andrea Bruckner, WP StB RA Dr. Holger Otte

1 Status quo: Isolierte Prüfung von Finanz- und Nachhaltigkeitsinformationen

Die derzeitige Unternehmensberichterstattung ist durch eine Vielzahl von Berichten gekennzeichnet, die zumeist als „Informationssilos" weitgehend unverbunden nebeneinander existieren.[1] Für die Adressaten ist vielfach nicht klar, ob und inwieweit die veröffentlichten Informationen im Rahmen der Corporate Governance Gegenstand der Überwachung durch ein Aufsichtsgremium sind und ob und mit welcher Prüfungssicherheit sie einer Prüfung durch einen Wirtschaftsprüfer unterliegen. Dies gilt insbesondere für das Nebeneinander von finanzieller und nichtfinanzieller Berichterstattung.

Die Unternehmensführung erfolgt integriert: Ein erfolgreiches Unternehmen muss heutzutage nicht nur finanziell erfolgreich sein, sondern auch Nachhaltigkeitsaspekte berücksichtigen.[2] Managemententscheidungen liegen sowohl finanzielle als auch nichtfinanzielle Aspekte zugrunde, sie spiegeln integriertes unternehmerisches Denken wider, welches nicht zuletzt auch durch finanzielle und nichtfinanzielle Zielvereinbarungen in den Management-Vergütungssystemen motiviert wird. ESG-Faktoren wirken sich dabei nicht nur auf die nichtfinanzielle Berichterstattung, sondern auch auf die finanzielle Berichterstattung

---

1   Durchschein/Haller, WPg 2018, S. 199.
2   Kreis, in: Freiberg/Otte/Yadav (Hrsg.), Wirtschaftsprüfung im Wandel, Stuttgart 2022, S. 357–364.

aus.[3] Die Forderungen nach einer integrierten Berichterstattung und Prüfung sind insofern nicht verwunderlich.[4] Unter einer integrierten Berichterstattung ist ein ganzheitliches Konzept zu verstehen, das die klassische Finanzberichterstattung und nichtfinanzielle Berichterstattung verbindet. Unter einer integrierten Prüfung ist die Prüfung der Finanzberichterstattung und nichtfinanziellen Berichterstattung durch denselben Wirtschaftsprüfer zu verstehen. Durch eine integrierte Prüfung wird den Interdependenzen zwischen den finanziellen und nicht finanziellen Berichtselementen Rechnung getragen. Die Herausforderungen und Chancen einer integrierten Prüfung der Finanz- und Nachhaltigkeitsberichterstattung durch den Abschlussprüfer werden in dem vorliegenden Beitrag beleuchtet.

1.1   Prüfung von Finanzinformationen im Rahmen der Abschlussprüfung

Gegenstand der gesetzlichen Abschlussprüfung nach § 317 (1) und (2) HGB sind der Jahresabschluss unter Einbeziehung der Buchführung und des Lageberichts sowie der Konzernabschluss und der Konzernlagebericht. Bei börsennotierten Aktiengesellschaften umfasst die Abschlussprüfung zusätzlich das Risikofrüherkennungssystem [§ 317 (4) HGB i.V.m. § 91 (2) AktG]. Die Abschlussprüfung ist so anzulegen, dass Unrichtigkeiten und Verstöße gegen die in § 317 (1) S. 2 HGB aufgeführten Bestimmungen, die sich auf die Darstellung des sich nach § 264 (2) HGB ergebenden Bildes der Vermögens-, Finanz- und Ertragslage des Unternehmens wesentlich auswirken, bei gewissenhafter Berufsausübung erkannt werden.

Abschlussprüfungen werden in Deutschland unter Beachtung der vom IDW herausgegebenen Grundsätze ordnungsmäßiger Abschlussprüfung durchgeführt. Im Unterschied zu anderen von Wirtschaftsprüfern durchgeführten Prüfungsaufträgen handelt es sich stets um Prüfungen mit hinreichender Sicherheit. Ziel der Abschlussprüfung ist eine Aussage über ein mit hinreichender Sicherheit zutreffendes Prüfungsergebnis unter Beachtung des Grundsatzes der Wesentlichkeit (risikoorientierter Prüfungsansatz).[5] Hinreichende Sicherheit ist ein hohes Maß an Sicherheit, jedoch keine absolute Sicherheit und keine Garantie da-

---

3   IDW, Fragen und Antworten zur Berücksichtigung von ESG-bezogenen Aspekten in IFRS-Abschlüssen, Stand: 21.12.2021.

4   Durchschein/Haller, WPg 2018, S. 199.

5   IDW (Hrsg.), WP Handbuch 2023, Hauptband, 18. Aufl., Düsseldorf 2023 Kap. L, Tz. 1–5.

für, dass wesentliche falsche Darstellungen durch die Prüfung stets aufgedeckt werden.

1.2 Prüfung von Nachhaltigkeitsinformationen

Im Zuge der Non-Financial Reporting Directive (NFRD),[6] die in Deutschland mit dem CSR-Richtlinie- Umsetzungsgesetz (CSR-RUG) umgesetzt wurde, sind seit dem Geschäftsjahr 2017 große kapitalmarktorientierte Unternehmen sowie Kreditinstitute und Versicherungsunternehmen mit mehr als 500 Arbeitnehmenden verpflichtet, eine nichtfinanzielle (Konzern-)Erklärung abzugeben [§§ 289b (1), 315b (1) HGB]. Die nichtfinanzielle Erklärung ist Teil des Lageberichts, die Berichterstattung in einem gesonderten nichtfinanziellen Bericht außerhalb des Lageberichts [§§ 289 (3), 315b (3) HGB] ist zulässig. Der gesonderte nichtfinanzielle Bericht muss dabei zumindest die inhaltlichen Vorgaben nach § 289c HGB erfüllen, kann darüber hinaus aber inhaltlich durch das berichtende Unternehmen erweitert werden. Gleiches gilt für die in den Lagebericht integrierte nichtfinanzielle Erklärung.

Die NFRD sieht eine formelle Prüfungspflicht durch den bestellten Abschlussprüfer vor, es besteht allerdings ein Mitgliedstaatenwahlrecht zur Erweiterung um eine inhaltliche Prüfung der nichtfinanziellen Erklärung durch den bestellten Abschlussprüfer, einen anderen Wirtschaftsprüfer oder eine andere Wirtschaftsprüfungsgesellschaft[7] oder einen anderen unabhängigen Erbringer von Bestätigungsleistungen.[8] Der deutsche Gesetzgeber hat sich im CSR-RUG gegen eine inhaltliche Prüfung der nichtfinanziellen Erklärung (des gesonderten nichtfinanziellen Berichts) durch den bestellten Abschlussprüfer ausgesprochen. Gemäß § 317 (2) S. 4 HGB ist der Abschlussprüfer nur verpflichtet zu prüfen, ob die nichtfinanzielle Erklärung bzw. der nichtfinanzielle Bericht vorgelegt

---

6 Richtlinie 2014/95/EU des Europäischen Parlaments und des Rates vom 22. Oktober 2014 zur Änderung der Richtlinie 2013/34/EU im Hinblick auf die Angabe nichtfinanzieller und die Diversität betreffender Informationen durch bestimmte große Unternehmen und Gruppen, ABl. EU Nr. L 330/1 vom 15.11.2014.

7 Richtlinie 2013/34/EU des Europäischen Parlaments und des Rates vom 26. Juni 2013 über den Jahresabschluss, den konsolidierten Abschluss und damit verbundene Berichte von Unternehmen bestimmter Rechtsformen und zur Änderung der Richtlinie 2006/43/EG des Europäischen Parlaments und des Rates und zur Aufhebung der Richtlinien 78/660EWG und 83/349/EWG des Rates. ABl. EU L 182/19Art vom 29.06.2013, Artikel 34 Abs. 3.

8 Richtlinie 2014/95/EU des Europäischen Parlaments und des Rates vom 22. Oktober 2014 zur Änderung der Richtlinie 2013/34/EU im Hinblick auf die Angabe nichtfinanzieller und die Diversität betreffender Informationen durch bestimmte große Unternehmen und Gruppen, ABl. EU Nr. L 330/1 vom 15.11.2014, Artikel 29a (6).

wurde (formelle Prüfungspflicht).[9] Diese rein formelle Prüfung der Vorlage der nichtfinanziellen Erklärung (des gesonderten nichtfinanziellen Berichts) durch den Abschlussprüfer ist der ebenfalls rein formellen Prüfung der Erklärung zur Unternehmensführung und des Vergütungsberichts – bei denen lediglich zu prüfen ist, ob die gesetzlich geforderten Angaben gemacht wurden, und nicht, ob diese inhaltlich richtig sind – ähnlich.[10]

Wie auch die Inhalte der Erklärung zur Unternehmensführung und des Vergütungsberichts stellen die Inhalte der nichtfinanziellen Erklärung für den Abschlussprüfer sonstige Informationen nach ISA [DE] 720 (Rev.)[11] dar. Er muss diese kritisch lesen und würdigen, ob wesentliche Unstimmigkeiten zwischen ihnen und dem geprüften Abschluss und Lagebericht sowie seinen bei der Abschlussprüfung erlangten Erkenntnissen vorliegen. Diese Würdigung entspricht jedoch keiner Prüfung. Die inhaltliche Prüfungspflicht der nichtfinanziellen Erklärung bzw. des gesonderten nichtfinanziellen Berichts obliegt allein dem Aufsichtsrat gem. § 171 (1) AktG.

Der Aufsichtsrat kann eine freiwillige, externe inhaltliche Prüfung der nichtfinanziellen Erklärung bzw. des nichtfinanziellen Berichts beauftragen [§ 111 (2) AktG]. Neben dem bestellten Abschlussprüfer können andere Wirtschaftsprüfer bzw. Wirtschaftsprüfungsgesellschaften sowie auch andere unabhängige Erbringer von Bestätigungsleistungen mit der inhaltlichen Prüfung beauftragt werden.

Die freiwillige inhaltliche Prüfung der nichtfinanziellen Erklärung bzw. des nichtfinanziellen Berichts und/oder eines umfassenderen Nachhaltigkeitsberichts ist mittlerweile sowohl in Deutschland als auch international zumindest bei kapitalmarktorientierten Unternehmen „Best Practice".[12] Eine freiwillige externe Prüfung steigert das Vertrauen der Unternehmensstakeholder – z.B. Investoren, Kunden und Mitarbeitende – in die nichtfinanzielle Berichterstattung. Im DAX 40 ließen in der Berichtsperiode 2022 83 % der Unternehmen ihren Nachhaltigkeitsbericht durch einen Wirtschaftsprüfer oder andere Dritte überprüfen. Dabei überwiegt eine Prüfung mit begrenzter Sicherheit.[13] Im Unterschied

---

9   Vgl. Disser/Vogl, WPg, 2023, S. 217.
10   Velte, WPg 2023, S. 1289.
11   ISA [DE] 720 (Rev.): Verantwortlichkeiten des Abschlussprüfers im Zusammenhang mit den sonstigen Informationen (ISA [DE] 720 (Rev.)).
12   Velte, WPg 2023, S. 1289.
13   BDO/Kirchhoff: D-A-C-H Studie 2023. Nachhaltigkeit in heißen Zeiten. Die nichtfinanzielle Berichterstattung in DAX 160, ATX und SMI, S. 44.

zu einer Prüfung mit hinreichender Sicherheit wie bei der Abschlussprüfung handelt es sich bei einer Prüfung mit begrenzter Sicherheit um einen Auftrag, bei dem der Prüfer das Prüfungsrisiko durch seine Prüfungshandlungen auf ein Maß reduziert, das unter den Gegebenheiten des Auftrags vertretbar ist, jedoch weit weniger als für einen Auftrag zur Erlangung hinreichender Sicherheit. Es muss ein aussagekräftiger Grad an Sicherheit erreicht werden. Art, zeitliche Einteilung und Umfang der Prüfungshandlungen sind aber im Vergleich zu einem Auftrag mit hinreichender Sicherheit zum Teil deutlich eingeschränkt.

Bei der freiwilligen inhaltlichen Prüfung der nichtfinanziellen Berichterstattung handelt es sich derzeit regelmäßig um Prüfungen nach ISAE 3000 (Rev.): Assurance Engagements Other than Audits or Reviews of Historical Financial Information. ISAE 3000 (Rev.) kann für Prüfungen sowohl mit begrenzter als auch mit hinreichender Sicherheit angewendet werden. Der Standard ist nicht speziell auf die Prüfung von Nachhaltigkeitsinformationen zugeschnitten, sondern gilt allgemein für die Prüfung von Informationen, bei denen es sich nicht wie bei Abschlüssen um historische Finanzinformationen handelt. Einen internationalen Prüfungsstandard speziell für die Prüfung von Nachhaltigkeitsinformationen gibt es bisher nicht. ISAE 3410: Assurance Engagements on Greenhouse Gas Statements für die Prüfung von Treibhausgasbilanzen ist die einzige Ausnahme, wobei eine Prüfung nach ISAE 3410 auch den Anforderungen des ISAE 3000 (Rev.) entsprechen muss.

In der Praxis werden im Zusammenhang mit Nachhaltigkeitsinformationen eine Vielzahl an Prüfungsaufträgen nach ISAE 3000 (Rev.) beobachtet. Zu unterscheiden sind dabei die inhaltliche Prüfung der handelsrechtlich vorgeschriebenen nichtfinanziellen Erklärung (des gesonderten nichtfinanziellen Berichts) und die Prüfung eines gesonderten Nachhaltigkeitsberichts, der über den handelsrechtlich vorgeschriebenen nichtfinanziellen Bericht hinausgeht, die inhaltliche Prüfung von Teilen dieser Berichte gegenüber der Prüfung einzelner Kennzahlen, die Prüfung mit hinreichender gegenüber der Prüfung mit begrenzter Sicherheit sowie Mischformen und die Prüfung im Rahmen der Abschlussprüfung oder außerhalb der Abschlussprüfung.

Mit der neuen EU-Richtlinie zur Nachhaltigkeitsberichterstattung, der Corporate Sustainability Reporting Directive (CSRD)[14], wird die Nachhaltigkeitsberichterstattung erstmalig verpflichtend einer externen inhaltlichen Prüfung

---

14   Richtlinie (EU) 2022/2464, ABl. EU Nr. L 322/15.

mit begrenzter Sicherheit unterworfen. Berichtspflichtig sind ab dem Geschäftsjahr 2024 Unternehmen, die bereits nach der NFRD[15] verpflichtet sind, eine nichtfinanzielle Erklärung abzugeben. Ab dem Geschäftsjahr 2025 fallen alle anderen großen Unternehmen i.S.d. des HGB, ab dem Geschäftsjahr 2026 kapitalmarktorientierte kleine und mittelgroße Unternehmen und ab dem Geschäftsjahr 2028 bestimmte Unternehmen in Drittstaaten mit EU-Niederlassungen oder EU-Tochtergesellschaften unter die CSRD-Berichtspflichten. Gegenstand der Nachhaltigkeitsprüfung nach der CSRD sind die Übereinstimmung der Berichtsangaben mit den nationalen Vorschriften zur Umsetzung der CSRD sowie den European Sustainability Reporting Standards (ESRS) einschließlich des vom berichtspflichtigen Unternehmen durchgeführten Prozesses zur Identifizierung der zu berichtenden nichtfinanziellen Informationen, die Berichtspflichten nach Artikel 8 der EU-Taxonomie-Verordnung (Taxonomie-VO) sowie die Auszeichnung der Nachhaltigkeitsberichterstattung im European Single Electronic Format (ESEF).

Bis zum 1. Oktober 2026 muss die EU-Kommission im Wege des delegierten Rechtsakts Standards für die Prüfung der Nachhaltigkeitsberichterstattung mit begrenzter Sicherheit festlegen. Im Anschluss an eine Bewertung, ob die Einführung von Prüfungen mit hinreichender Prüfungssicherheit für Prüfer und Unternehmen machbar ist, sollen bis zum 1. Oktober 2028 dann Standards für die Prüfung mit hinreichender Sicherheit festgelegt werden. Bis zur Veröffentlichung von europäischen Standards für Prüfungen mit begrenzter Sicherheit können die EU-Mitgliedsaaten die Anwendung von nationalen Standards vorantreiben. Das IDW hat vor diesem Hintergrund mit *IDW EPS 352*[16] sowie *IDW EPS 990*[17] und *IDW EPS 991*[18] auf die hohe Nachfrage nach speziell auf die Prüfung der nichtfinanziellen Berichterstattung zugeschnittenen Prüfungsstandards reagiert. Der *IDW EPS 352* befasst sich mit der inhaltlichen Prüfung der nichtfinanziellen (Konzern-)Erklärung im Rahmen der Abschlussprüfung, der *IDW EPS 990* sowie *IDW EPS 991* mit der inhaltlichen Prüfung mit hinreichender und begrenzter Sicherheit der nichtfinanziellen (Konzern-)Berichterstattung außerhalb der Abschlussprüfung. Die Standardentwürfe sind auf die Prüfung der nichtfinanziellen Berichterstattung nach § 289b bzw. § 315b HGB

---

15   Richtlinie 2014/95/EU, ABl. EU Nr. L 330/1.

16   *Entwurf eines IDW Prüfungsstandards: Inhaltliche Prüfung der nichtfinanziellen (Konzern-)Erklärung im Rahmen der Abschlussprüfung (IDW EPS 352 (08.2022)).*

17   *Entwurf eines IDW Prüfungsstandards: Inhaltliche Prüfung mit hinreichender Sicherheit der nichtfinanziellen (Konzern-)Berichterstattung außerhalb der Abschlussprüfung (IDW EPS 990 (11.2022)).*

18   *Entwurf eines IDW Prüfungsstandards: Inhaltliche Prüfung mit begrenzter Sicherheit der nichtfinanziellen (Konzern-)Berichterstattung außerhalb der Abschlussprüfung (IDW EPS 991 (11.2022)).*

ausgerichtet und der Hauptfachausschuss des IDW hat mittlerweile für alle drei Standardentwürfe eine Anwendungsempfehlung ausgesprochen.[19]

Mit dem seit August 2023 im Entwurf vorliegenden ISSA 5000: General Requirements for Sustainability Assurance Engagements ist nun erstmals ein internationaler Standard speziell für die Prüfung von Nachhaltigkeitsberichten absehbar. Der WP-Berufsstand geht europaweit davon aus, dass ISSA 5000 nach seiner Verabschiedung, die für Herbst 2024 geplant ist, Grundlage für den von der Europäischen Kommission für die Prüfungen der Nachhaltigkeitsberichterstattung nach der CSRD zu verabschiedenden Prüfungsstandard sein wird.[20] Da die ersten Prüfungen nach der CSRD bereits für das Geschäftsjahr 2024 erfolgen, werden *IDW EPS 352* sowie *IDW EPS 990* und *IDW EPS 991* wohl kaum noch final als Prüfungsstandards verabschiedet werden. Fraglich ist auch, ob es nationaler Prüfungsstandards bedarf, wenn zukünftig mit ISSA 5000 ein internationaler Standard für die Prüfung von Nachhaltigkeitsberichten vorliegt und für die Prüfungen von Nachhaltigkeitsberichten nach der CSRD perspektivisch die von der EU Kommission im Wegen des delegierten Rechtsakts verabschiedeten Prüfungsstandards zur Anwendung kommen.

1.3 Erwartungslücke

In der öffentlichen Wahrnehmung gilt der Bestätigungsvermerk des Abschlussprüfers häufig als ein „Gütesiegel" für die wirtschaftliche Lage und Ordnungsmäßigkeit der Geschäftsführung eines Unternehmens.[21] Die unternehmerische Insolvenz oder das Entdecken von Fraud nach der Erteilung des Bestätigungsvermerks steht zu dieser Wahrnehmung im Widerspruch. Besagter Widerspruch findet Ausdruck in der sog. Erwartungslücke, die darin besteht, dass die Erwartung der Öffentlichkeit bezüglich der Leistungen des Prüfers von dessen tatsächlichem gesetzlichen Auftrag abweicht.

Von der Erwartungslücke wird typischerweise im Zusammenhang mit der gesetzlichen Prüfung von Abschluss und Lagebericht mit Bezug auf die mit hinreichender Sicherheit inhaltlich geprüften Informationen gesprochen. Eine Erwartungslücke besteht aber auch gerade hinsichtlich der nicht oder nicht mit

---

19   Vgl. IDW Aktuell vom 15.08.2023 (online abrufbar unter: https://www.idw.de/idw/idw-aktuell/; zuletzt abgerufen am 15.05.2024)

20   Vgl. WPK, IAASB: Entwurf des International Standard on Sustainability Assurance (ISSA) 5000 veröffentlicht (online abrufbar unter wpk.de; letzter Abruf: 10.04.2024).

21   IDW (Hrsg.), WP Handbuch 2023, Hauptband, 18. Aufl., Düsseldorf 2023, Kap. L, Tz. 1–5.

hinreichender Sicherheit geprüften Elemente der Berichterstattung. Mit der zunehmenden Bedeutung nicht geprüfter Nachhaltigkeitsinformationen in den geprüften Lageberichten von Unternehmen hat sich die Erwartungslücke in den letzten Jahren insoweit vergrößert. Dass der im Lagebericht enthaltene nicht-finanzielle Bericht oder auch der gesonderte nichtfinanzielle Bericht, auf den im Lagebericht verwiesen wird, nicht Gegenstand einer inhaltlichen Prüfung sind, und welche Erwartungen an das kritische Lesen und Würdigen der sonstigen Informationen gestellt werden können, ist für viele Stakeholder schwer verständlich.

Die verpflichtende inhaltliche Prüfung der nichtfinanziellen Berichterstattung mit begrenzter Sicherheit nach der CSRD wird das Vertrauen in die nichtfinanzielle Berichterstattung stärken und die Erwartungslücke in Bezug auf die Nachhaltigkeitsberichterstattung voraussichtlich reduzieren. Es wird allerdings eine wichtige Aufgabe des Berufsstands sein, die Stakeholder über die Unterschiede zwischen begrenzter und hinreichender Prüfungssicherheit zu informieren, damit nicht falsche Erwartungen in Bezug auf die nur mit begrenzter Sicherheit geprüften Nachhaltigkeitsberichte bestehen.

2 Interdependenzen von Finanz- und Nachhaltigkeitsinformationen erfordern integrierte Prüfung

Für einige Angaben in der nichtfinanziellen Berichterstattung wird schon heute auf finanzielle Informationen zurückgegriffen, die im Rahmen der Abschlussprüfung geprüft werden. So verknüpft die EU-Taxonomie-VO[22] explizit nicht-finanzielle mit finanziellen Berichtselementen. [23] Eine enge Verzahnung besteht auch zwischen einigen von den ESRS-Standards vorgesehenen Angaben, z.B. zu Mitarbeitern oder zur Unternehmensführung, und korrespondierenden, im Rahmen der Abschlussprüfung zu prüfenden Angaben in Anhang und Lagebericht. Gleichzeitig wirken sich Themen, die Gegenstand der Nachhaltigkeitsberichterstattung sind, zunehmend auf die Finanzberichterstattung aus. So sind mittlerweile bei der Durchführung von Impairment Tests und der Bildung von Rückstellungen sehr häufig die Auswirkungen von aktuellen Entwicklungen im

---

22 Verordnung (EU) 2020/852 des Europäischen Parlaments und des Rates vom 18. Juni 2020 über die Einrichtung eines Rahmens zur Erleichterung nachhaltiger Investitionen und zur Änderung der Verordnung (EU) 2019/2088, ABl. EU Nr. L 198/13.

23 Beyhs/Pföhler, WPg 2023, S. 928.

Bereich der Nachhaltigkeit zu berücksichtigen (z.B. des Klimawandels). Nicht zuletzt ergeben sich aus der zunehmenden Berücksichtigung der Nachhaltigkeitsleistung von Unternehmen in Finanzierungen zum Teil sehr komplexe bilanzielle Beurteilungen.

Die Interdependenz zwischen den Berichtselementen bezeichnen wir in diesem Beitrag als **Interdependenz I**.

Darüber hinaus bestehen Überschneidungen zwischen der Prüfung von Abschluss und Lagebericht und der Prüfung des Nachhaltigkeitsberichts (**Interdependenz II**). Dies ist vor allem bei der Erlangung eines Verständnisses der Geschäftstätigkeit und der Berichterstattungssysteme der Fall. Beide Interdependenzen sprechen für eine integrierte Prüfung aus einer Hand durch den Abschlussprüfer.

2.1   Interdependenz I – Beispiele

2.1.1   EU-Taxonomie-Verordnung

Die EU-Taxonomie-VO ist ein Klassifizierungssystem zur Definition nachhaltiger Wirtschaftsaktivitäten. Sie dient dem Ziel, Investitionen in nachhaltige Branchen, Geschäftsmodelle und Produkte umzulenken.[24] Im Fokus der EU-Taxonomie-VO stehen sechs definierte Umweltziele, und zwar Klimaschutz, Anpassung an den Klimawandel, Schutz von Wasser- und Meeresressourcen, Übergang zu einer Kreislaufwirtschaft, Vermeidung der Umweltverschmutzung und Schutz der Ökosysteme.

Unternehmen, die zur nichtfinanziellen Berichterstattung nach der NFRD verpflichtet sind, sind bereits seit dem Geschäftsjahr 2021 gesetzlich dazu verpflichtet, den Anteil ihrer nach der Taxonomie-VO als „ökologisch nachhaltig" (taxonomiefähig) anzusehenden Geschäftsaktivitäten in der nichtfinanziellen Erklärung anzugeben. Dies umschließt gem. Artikel 8 der Taxonomie-VO als Key Performance Indicators (KPIs) die Umsatzerlöse, Investitionsausgaben (CapEx) und Betriebsausgaben (OpEx) für Nicht-Finanzunternehmen.

Um zu den nach der Taxonomie-VO berichtspflichtigen Inhalten in der Form der Leistungsindikatoren zu gelangen, ist im ersten Schritt auf die Taxonomie-

---

24   Kirste/Harms/Wulf, WPg 2023, S. 21.

fähigkeit der Wirtschaftstätigkeit und im zweiten Schritt auf deren Taxonomiekonformität abzustellen. Bei Erfüllung aller technischen Bewertungskriterien ist im abschließenden Schritt der Anteil der taxonomiefähigen und -konformen Wirtschaftstätigkeiten an den Umsatzerlösen, Investitions- und Betriebsausgaben zu bestimmen (Taxonomiequoten). Die Anteilsberechnung verdeutlicht die Abhängigkeit der von der Taxonomie-VO geforderten Angaben von finanziellen Berichtselementen.

Die nach der Taxonomie-VO zu berichtende Umsatz-KPI wird berechnet als der Teil des Nettoumsatzes mit Waren oder Dienstleistungen, einschließlich immaterieller Güter, die mit taxonomiekonformen Wirtschaftstätigkeiten verbunden sind.[25] Die CapEx-KPI wird berechnet als der Teil der Investitionsausgaben, der sich auf Vermögenswerte oder Prozesse bezieht, die mit taxonomiekonformen Wirtschaftstätigkeiten verbunden oder Teil eines Plans zur Ausweitung von taxonomiekonformen Wirtschaftstätigkeiten bzw. zur Umwandlung taxonomiefähiger in taxonomiekonforme Wirtschaftstätigkeiten ("CapEx-Plan") sind oder sich auf den Erwerb von Produkten aus taxonomiekonformen Wirtschaftstätigkeiten beziehen.[26] Die OpEx-KPI wird berechnet als der Teil der Betriebsausgaben, der sich auf Vermögenswerte oder Prozesse bezieht, die mit taxonomiekonformen Wirtschaftstätigkeiten verbunden oder Teil des CapEx-Plans zur Ausweitung von taxonomiekonformen Wirtschaftstätigkeiten sind oder sich auf den Erwerb von Produkten aus taxonomiekonformen Wirtschaftstätigkeiten und auf einzelne Maßnahmen beziehen, durch die die Zieltätigkeiten kohlenstoffarm ausgeführt werden oder der Ausstoß von Treibhausgasen gesenkt wird.[27] Die Anteilsberechnung dieser nach der Taxonomie-VO geforderten Kennzahlen verdeutlicht, dass diese nur frei von wesentlichen Darstellungen sein können, wenn die finanziellen Berichtselemente frei von wesentlichen fal-

---

25 Delegierte Verordnung (EU) 2021/2178 der Kommission vom 6. Juli 2021 zur Ergänzung der Verordnung (EU) 2020/852 des Europäischen Parlaments und des Rates durch Festlegung des Inhalts und der Darstellung der Informationen, die von Unternehmen, die unter Artikel 19a oder Artikel 29a der Richtlinie 2013/34/EU fallen, in Bezug auf ökologisch nachhaltige Wirtschaftstätigkeiten offenzulegen sind, und durch Festlegung der Methode, anhand deren [sic!] die Einhaltung dieser Offenlegungspflicht zu gewährleisten ist, ABl. EU Nr. L 443/9 vom 10.12.2021, Anhang I Artikel 1.1.1 i.V.m. Artikel 8 der Verordnung (EU) 2020/852 des Europäischen Parlaments und des Rates vom 18. Juni 2020 über die Errichtung eines Rahmens zur Erleichterung nachhaltiger Investitionen und zur Änderung der Verordnung (EU) 2019/2088, ABl. EU Nr. L 198/13 vom 22.06.2020.

26 Delegierte Verordnung (EU) 2021/2178, ABl. EU Nr. L 443/9, Anhang I Artikel 1.1.2 i.V.m. Artikel 8 der Verordnung (EU) 2020/852, ABl. EU Nr. L 198/13.

27 Delegierte Verordnung (EU) 2021/2178, ABl. EU Nr. L 443/9, Anhang I Artikel 1.1.3 i.V.m. Artikel 8 der Verordnung (EU) 2020/852, ABl. EU Nr. L 198/13.

schen Darstellungen sind. Sie sind in hohem Maße abhängig von den Berichtselementen aus dem Jahresabschluss (Interdependenz I).

2.1.2 Personal-KPIs

Ein weiteres Beispiel für die enge Verzahnung zwischen der im Rahmen der Abschlussprüfung geprüften Berichterstattung in Abschluss und Lagebericht und der Nachhaltigkeitsberichterstattung findet sich in den Vorgaben des ESRS S1 zur Berichterstattung über die eigene Belegschaft. Nach ESRS S1 ist u.a. zu berichten über

- alle wesentlichen Risiken und Chancen für das Unternehmen, die sich aus den Auswirkungen und Abhängigkeiten im Zusammenhang mit seiner eigenen Belegschaft ergeben,
- die Gesamtzahl der Beschäftigten einschließlich einer Aufschlüsselung nach Geschlecht, Land, Art der Beschäftigung (Vollzeit vs. Teilzeit, dauerhafte/ befristete Beschäftigung, Beschäftigung ohne garantierte Arbeitsstunden, Altersgruppen),
- die Gesamtzahl der Beschäftigten, die das Unternehmen im Berichtszeitraum verlassen haben, und die Quote der Mitarbeiterfluktuation im Berichtszeitraum,
- die Geschlechterverteilung auf der obersten Führungsebene,
- den Prozentsatz der eigenen Beschäftigten mit Behinderungen,
- das prozentuale Verdienstgefälle zwischen den weiblichen und männlichen Beschäftigten,
- das Verhältnis der jährlichen Gesamtvergütung der am höchsten bezahlten Einzelperson zum Median der jährlichen Gesamtvergütung aller Beschäftigten.

Wenngleich die von ESRS S1 geforderten Angaben nicht identisch mit den Angaben zu Arbeitnehmenden in Abschluss und Lagebericht sind, gibt es doch einige Überschneidungen sowohl hinsichtlich der Art der zu berichtenden Informationen als auch hinsichtlich der zugrunde liegenden Systeme und der Datenbasis, aus der die zu berichtenden Informationen gewonnen werden.

Im Anhang ist die durchschnittliche Anzahl der Arbeitnehmenden getrennt nach Gruppen anzugeben (§§ 285 Nr. 7, 314 (1) Nr. 4 HGB). Welche Gruppen zu bilden sind, gibt das Gesetz nicht vor. Es kann eine Aufteilung nach BetrVG in gewerbliche Arbeitnehmende, Angestellte, leitende Angestellte erfolgen oder nach Branchen bzw. Sparten, nach Berufsgruppen, nach Betriebsstätten bzw. Werken, Inland/Ausland, tariflich/außertariflich, Vollbeschäftigte/Teilzeitbeschäftigte, männlich/weiblich oder eine Kombination untereinander.[28] Je nach vorgenommener Aufgliederung können so bereits einige der Angabepflichten nach ESRS S1 in der Anhangangabe enthalten sein.

Auch im Lagebericht können sich Überschneidungen mit der nichtfinanziellen Berichterstattung nach ESRS S1 ergeben: Unternehmen, die auf besonders spezialisierte Arbeitskräfte angewiesen und/oder vom Fachkräftemangel betroffen sind, werden regelmäßig in ihrer Risikoberichterstattung im Lagebericht über die Abhängigkeit des Unternehmenserfolgs von qualifizierten Mitarbeitenden berichten sowie über getroffene Maßnahmen, die Fluktuation gering zu halten und als attraktiver Arbeitgeber qualifiziertes Personal zu gewinnen.

2.1.3 Impairment Tests

ESG-bezogene Risiken und Chancen ergeben sich für Unternehmen u.a. aus politischen und gesetzlichen Rahmenbedingungen, Veränderungen im Verhalten von Kunden und Lieferanten, neuen umweltfreundlichen Technologien und den physischen Auswirkungen des Klimawandels auf ihre Tätigkeit, insbesondere durch steigende Temperaturen, die Zunahme extremer Wetterereignisse oder auch einen Anstieg des Meeresspiegels. Sie können je nach Unternehmensgegenstand potenziell große Auswirkungen auf die Unternehmenstätigkeit und die zukünftigen unternehmerischen Cash-Flows haben. Die Auswirkungen von ESG-bezogenen Risiken und Chancen sind deshalb bei der Durchführung von Impairment-Tests zu berücksichtigen; andernfalls besteht die Gefahr einer Bilanzierung von Vermögenswerten mit zu hohen Buchwerten.

Nach IAS 36.8[29] ist ein Vermögenswert wertgemindert, wenn der Buchwert des Vermögenswertes seinen erzielbaren Betrag übersteigt, wobei der erzielbare Betrag der höhere der beiden Beträge aus dem Nutzungswert des Vermögens und dem beizulegenden Zeitwert abzüglich Veräußerungskosten ist. Die Bestimmung des Nutzungswertes kann gem. IAS 36 u.a. durch den Erwarteter-Zahlungsstrom-Ansatz (Expected Cash Flow Approach) erfolgen, dem mehrere wahrscheinlichkeitsgewichtete Zahlungsströme zugrunde liegen. Das IDW empfiehlt die Anwendung des Erwarteter-Zahlungsstrom-Ansatzes für die Be-

---

28 IDW (Hrsg.), WP Handbuch 2023, Hauptband, 18. Aufl., Düsseldorf 2023, Kap. F, Tz. 1063.

29 International Accounting Standard 36 (IAS 36): Wertminderung von Vermögenswerten, zuletzt geändert durch Verordnung (EU) 2021/2036 vom 19.11.2021, ABl. EU Nr. L 416, S. 3.

rücksichtigung von ESG-bezogenen Entwicklungen. Durch die Modellierung verschiedener Szenarien und der Zuordnung von Eintrittswahrscheinlichkeiten zu diesen Szenarien im Erwarteter-Zahlungsstrom-Ansatz kann die aus ESG-bezogenen Risiken und Chancen resultierende Unsicherheit transparenter und nachvollziehbarer abgebildet werden.[30]

Zu jedem Bilanzstichtag sind alle Vermögenswerte daraufhin zu prüfen, ob ein Anhaltspunkt für eine Wertminderung vorliegt und der Buchwert den erzielbaren Betrag übersteigt und somit eine Wertminderung vorliegen könnte. Die IAS 36.12-14 beschreiben Anhaltspunkte dafür, dass sich eine Wertminderung ereignet haben könnte. Bei Vorliegen eines dieser Anhaltspunkte ist ein Unternehmen verpflichtet, eine formelle Schätzung des erzielbaren Betrags vorzunehmen. Externe Anhaltspunkte, die auf eine Wertminderung hindeuten können, sind mitunter signifikante Veränderungen mit nachteiligen Folgen für das Unternehmen im technischen, marktbezogenen, ökonomischen oder gesetzlichen Umfeld, in welchem das Unternehmen tätig ist [IAS 36.12 a)-d)]. Daraus folgt, dass negative Auswirkungen des Klimawandels, aber auch ESG-bezogene gesetzliche oder technische Anpassungserfordernisse bei der Einschätzung, ob ein Vermögenswert wertgemindert ist, zu berücksichtigen sind. Als interne Anhaltspunkte gelten substanzielle Hinweise für eine Überalterung oder Änderung in der Nutzung eines Vermögenswerts.

Die Berücksichtigung von ESG-bezogenen Entwicklungen bei Werthaltigkeitstests ist ein weiteres Beispiel für die Interdependenz der finanziellen und der nichtfinanziellen Berichterstattung.

2.1.4 Rückstellungen

ESG-bezogene Entwicklungen können den Ansatz, die Bewertung und den Ausweis von Schulden beeinflussen. Zu nennen sind hierbei staatliche Abgaben bei der Nichteinhaltung von klimabezogenen Zielgrößen (CO_2-Emissionen), Rückbauverpflichtungen, belastende Verträge aufgrund von Umsatzrückgängen oder Umstrukturierungen zur Anpassung von Produkten oder Dienstleistungen zur Erreichung von Klimazielgrößen.[31] Durch ESG-bezogene Entwicklungen können gegenwärtige Verpflichtungen eines Unternehmens entstehen, die be-

---

30 IDW, Fragen und Antworten zur Berücksichtigung von ESG-bezogenen Aspekten in IFRS-Abschlüssen, Stand: 21.12.2021, S. 16.

31 Vgl. NWB Verlag, Auswirkungen des Klimawandels auf den IFRS Abschluss, Stand: 11.03.2021 (online abrufbar unter nwb.de; letzter Abruf: 11.04.2024).

züglich ihrer Fälligkeit oder ihrer Höhe ungewiss sind, mit der Folge, dass eine Rückstellung zu bilden ist (IAS 37.10[32]).

Werden Verträge zu belastenden Verträgen, ist eine Rückstellungsbildung in Höhe des Verpflichtungsüberschusses erforderlich. Bei einem belastenden Vertrag sind die unvermeidbaren Kosten zur Erfüllung vertraglicher Verpflichtungen höher als der erwartete wirtschaftliche Nutzen (IAS 37.66 ff.). Dagegen ist keine Rückstellung anzusetzen, wenn die realistische Möglichkeit besteht, einen belastenden Vertrag einseitig zu kündigen, ohne dass hierdurch Kosten entstehen (IAS 37.36).

ESG-bezogene Entwicklungen und der damit verbundene Unternehmenswettbewerb können Restrukturierungsmaßnahmen, bspw. Werksschließungen oder -umbauten, mit sich bringen. Die Bildung einer ESG-bezogenen Restrukturierungsrückstellung ist dabei nur möglich, wenn die Ansatzkriterien für eine Rückstellung nach IAS 37.14 kumulativ vorliegen. Nach IAS 37.14 ist eine Rückstellung nur anzusetzen, wenn einem Unternehmen aus einem in der Vergangenheit liegenden Ereignis eine gegenwärtige Verpflichtung entstanden ist, ein Abfluss von Ressourcen mit wirtschaftlichem Nutzen zur Erfüllung dieser Verpflichtungen wahrscheinlich und eine verlässliche Schätzung der Höhe der Verpflichtung möglich ist.

ESG-bezogene Rückstellungen gewinnen im Rahmen der Unternehmensberichterstattung immer mehr an Bedeutung und somit auch die Berücksichtigung der Interdependenzen zwischen den Berichtselementen des Jahresabschlusses und des Nachhaltigkeitsberichts durch den Prüfer.

2.1.5 ESG-gebundene Finanzinformationen, bspw. Anleihen

ESG-gebundene Anleihen (Sustainability-Linked Loans) stellen ein mittlerweile gängiges Finanzierungsinstrument von kapitalmarktorientierten Unternehmen dar. Sustainability-Linked Loans weisen die Besonderheit auf, dass deren Finanzierungskosten (Höhe des Zinssatzes) an das Erreichen bestimmter Nachhaltigkeitsziele gekoppelt sind und gegebenenfalls angepasst werden können, wenn

---

32 International Accounting Standard 37 (IAS 37): Rückstellungen, Eventualverbindlichkeiten und Eventualforderungen, zuletzt geändert durch Verordnung (EU) 2021/2036 vom 19.11.2021, ABl. EU Nr. L 416, S. 3.

der Emittent bestimmte vertraglich festgelegte ESG-Ziele nicht erfüllt.[33] Mittels Sustainability-Linked Loans können die Anleihegeber die ESG-Performance des anleihebegebenden Unternehmens incentivieren. Werden die Nachhaltigkeitsziele erreicht, wirkt sich dies in geringeren Finanzierungskosten in Form eines geringeren Zinssatzes für das anleihebegebende Unternehmen aus. In der Praxis sind Sustainability-Linked Loans entweder an ein ESG-Rating oder unternehmerische KPIs gebunden (z.B. Reduzierung des CO_2-Fußabdrucks in Prozent, Recycling-Anteil von eingesetzten Materialien).

Insbesondere bei Sustainability-Linked Loans – im Gegensatz zu den zweckgebundenen Green Bonds – hat der Abschlussprüfer darauf zu achten, ob sie ein trennungspflichtiges, eingebettetes Derivat enthalten. Dabei handelt es sich immer um eine Einzelfallprüfung, von deren Ausgang die Bilanzierungsfolgen abhängen. Derivate sind nach IFRS 9 Finanzinstrumente, deren Wertentwicklung an einen bestimmten Zinssatz, den Preis eines Finanzinstruments, einen Rohstoffpreis, einen Wechselkurs, einen Preis- oder Kursindex, ein Bonitätsrating oder -index oder eine andere Variable gekoppelt ist, sofern bei einer nichtfinanziellen Variable diese nicht spezifisch für eine der Vertragsparteien ist (IFRS 9, Anhang Definitionen). Ein Beispiel für eine nichtfinanzielle Variable, die nichtspezifisch für eine Vertragspartei ist, ist der DAX ESG 50. Liegt ein eingebettetes Derivat vor, muss dieses getrennt vom Basisvertrag im Rahmen der Zugangsbewertung erfasst werden.

Die Abhängigkeit der Verzinsung der Sustainability-Linked-Loans von der ESG-Performance der begebenden Unternehmen und die damit im Zusammenhang stehenden komplexen bilanziellen Fragestellungen verdeutlichen das Zusammenspiel der finanziellen und nichtfinanziellen Berichterstattung, die sog. Interdependenz I.

2.2 Interdependenz II – Prüfung des Nachhaltigkeitsberichts durch den Abschlussprüfer?

Die CSRD enthält Mitgliedstaatenwahlrechte hinsichtlich des Prüfers des Nachhaltigkeitsberichts. Neben dem bestellten Abschlussprüfer kann ein zweiter Wirtschaftsprüfer bzw. eine zweite Wirtschaftsprüfungsgesellschaft oder eine weitere unabhängige, nicht dem Berufsstand der Wirtschaftsprüfer angehörige

---

33 IDW, Fragen und Antworten zur Berücksichtigung von ESG-bezogenen Aspekten in IFRS-Abschlüssen, Stand: 21.12.2021, S. 21/43.

Prüfungsinstanz, ein sog. „unabhängiger Erbringer von Bestätigungsleistungen", mit der Prüfung des Nachhaltigkeitsberichts beauftragt werden, wenn sie gleichwertigen Regularien und Berufsgrundsätzen wie Abschlussprüfer unterworfen ist.[34]

Die Anforderungen an die unabhängigen Erbringer von Bestätigungsleistungen sind, dass sie die Voraussetzungen nach Artikel 2 der Abschlussprüfer-Richtlinie[35] erfüllen. Dazu gehören insbesondere die Anforderungen an die Ausbildung und Eignungsprüfung, an die kontinuierliche Fortbildung und die Qualitätssicherungssysteme sowie die Einhaltung der Grundsätze des WP-Berufsstands, insbesondere die Unabhängigkeit, Unparteilichkeit, Verschwiegenheit und die Wahrung des Berufsgeheimnisses betreffend. Das IDW spricht sich dafür aus, dass unabhängige Erbringer von Bestätigungsleistungen für die Prüfung des Nachhaltigkeitsberichts in Deutschland nicht zugelassen werden und die Prüfung des Nachhaltigkeitsberichts eine Vorbehaltsaufgabe des WP-Berufsstandes bleibt.[36]

Sind der Jahresabschlussprüfer und der Prüfer des Nachhaltigkeitsberichts nicht identisch, ist die Prüfung der finanziellen Berichtselemente durch den Nachhaltigkeitsprüfer erneut vorzunehmen, oder die Prüfungsergebnisse des Abschlussprüfers müssen durch diesen verwertet werden. Dies bedeutet zusätzliche Kommunikation zwischen den beiden Prüfern, mindestens eine Arbeitspapiereinsicht beim Abschlussprüfer, und im Zweifel auch, dass der Bestätigungsvermerk erteilt ist, wenn der Nachhaltigkeitsprüfer seinen Vermerk erteilt.

Wie die obigen Beispiele zeigen, enthält nicht nur die Nachhaltigkeitsberichterstattung finanzielle Berichtselemente, sondern es wirken sich umgekehrt Nachhaltigkeitssachverhalte zunehmend auch direkt auf die Finanzberichterstattung aus. ESG-bezogene Ziele, Risiken und Chancen schlagen sich in der Unternehmenssteuerung und -planung, der Managementvergütung, dem Risikomanagement, der Beurteilung der Werthaltigkeit von Vermögenswerten und an vielen weiteren Stellen nieder. Im Rahmen seiner Prüfung muss der Abschlussprüfer daher ein Verständnis der relevanten Nachhaltigkeitssachverhalte erlangen,

---

34   Richtlinie 2013/34, ABl. EU Nr. L 322/15.

35   Richtlinie 2006/43/EG des Europäischen Parlaments und des Rates vom 17. Mai 2006 über Abschlussprüfungen von Jahresabschlüssen und konsolidierten Abschlüssen, zur Änderung der Richtlinien 78/660/EWG und 83/349/EWG des Rates und zur Aufhebung der Richtlinie 84/253/EWG des Rates, ABl. EU Nr. 157/87 vom 09.06.2006 i.V.m. Artikel 34 Richtlinie 2013/34/EU.

36   Vgl. IDW: Eingabe zur Umsetzung der Richtlinie (EU) 2022/2464 des europäischen Parlaments und des Rates vom 14. Dezember 2022 (04.05.2023).

auch dann, wenn er nicht gleichzeitig Nachhaltigkeitsprüfer ist, und diese im Rahmen seiner Prüfung des Abschlusses und des Lageberichts beurteilen.

Ist der Nachhaltigkeitsprüfer nicht auch Abschlussprüfer, stellen Abschluss und Lagebericht für ihn sonstige Informationen dar, die er kritisch zu lesen und zu würdigen hat. Insbesondere hat der Nachhaltigkeitsprüfer zu würdigen, ob eine wesentliche Unstimmigkeit zwischen dem Abschluss und Lagebericht und dem Nachhaltigkeitsbericht vorliegt[37] – eine Herausforderung, da ein Nachhaltigkeitsprüfer kein Rechnungslegungsexperte sein muss. Würde der Nachhaltigkeitsprüfer den Schluss ziehen, dass der Jahresabschluss eine wesentliche falsche Darstellung enthält, hätte er das Management zur Korrektur der sonstigen Informationen aufzufordern; dies könnte mitunter nach Erteilung des Bestätigungsvermerks durch den Abschlussprüfer der Fall sein.

Vor diesem Hintergrund erscheint eine integrierte Prüfung des Finanz- und Nachhaltigkeitsberichts durch den bestellten Abschlussprüfer als geeignet, um die Synergieeffekte im Prüfungsprozess zu heben und einen Doppelaufwand in der Prüfung des Jahresabschlusses und des Nachhaltigkeitsberichts zu vermeiden. Der für die Prüfung des Finanzberichts bestellte Abschlussprüfer ist am besten mit den Chancen und Risiken des Geschäftsmodells und den Prozessen und Systemen des berichtspflichtigen Unternehmens vertraut. Er kann am effizientesten die Interdependenzen zwischen dem finanziellen und nichtfinanziellen Bericht erkennen und als geeigneter Sparringspartner des Aufsichtsrates oder eines vergleichbaren Kontrollgremiums fungieren.[38]

Allerdings ist die integrierte Prüfung des Finanz- und Nachhaltigkeitsberichts eingangs mit einem hohen Ressourcen- und Lernaufwand, insbesondere für kleinere WP-Praxen, verbunden. Vor diesem Hintergrund plädiert Velte (2023)[39] für eine Kooperation mit Umweltgutachtern bei der Prüfung von Nachhaltigkeitsberichten, um dem personellen Ressourcenengpass zu begegnen.[40] Die Hinzuziehung von Experten und interdisziplinäre Prüfungsteams ist bereits heute in der Prüfungspraxis gelebter Alltag und eine gute Voraussetzung für die Durchführung einer integrierten Prüfung.

---

37   ISAE 3000 (Rev.), Tz. 62.
38   Vgl. IDW: Eingabe zur Umsetzung der Richtlinie (EU) 2022/2464 des europäischen Parlaments und des Rates vom 14. Dezember 2022 (04.05.2023).
39   Velte, WPg 2023, S. 1289.
40   Velte, WPg 2023, S. 1289.

3   Herausforderungen für die WP-Praxen

Die integrierte Prüfung des Finanz- und Nachhaltigkeitsberichts ist mit einem hohen Ressourcen- und Wissens- bzw. Lernaufwand, insbesondere für kleinere WP-Praxen, verbunden. Mit Inkrafttreten der Berichterstattungspflichten gem. CSRD werden sukzessive bis 2026 alle großen Kapitalgesellschaften und gleichgestellte Personenhandelsgesellschaften sowie alle kapitalmarktorientierten Unternehmen in Deutschland – mit Ausnahme der Kleinstkapitalgesellschaften – von den Nachhaltigkeitsberichterstattungspflichten der CSRD betroffen sein, nicht nur die Unternehmen, die bisher nach der NFRD eine nichtfinanzielle Erklärung bzw. einen gesonderten nichtfinanziellen Bericht veröffentlichen. Allein in Deutschland werden rund 15.000 Unternehmen zur Veröffentlichung von CSRD-Nachhaltigkeitsberichten verpflichtet sein. Hinzu kommen Unternehmen, die aufgrund von Satzung oder Gesellschaftsvertrag oder aufgrund landesrechtlicher Vorschriften wie große Kapitalgesellschaften bilanzieren müssen.[41] Die Nachhaltigkeitsberichterstattung wird somit vor allem für derzeit nicht berichtspflichtige Unternehmen und deren Abschlussprüfer mit einem hohen Ressourcenaufwand einhergehen.

Es ist anzunehmen, dass der für die Prüfung des Finanzberichts bestellte Abschlussprüfer oftmals auch für die Prüfung des Nachhaltigkeitsberichts bestellt und die integrierte Prüfung des Finanz- und Nachhaltigkeitsberichts die dominierende Prüfungsform werden wird.[42] Wirtschaftsprüfer bzw. Wirtschaftsprüfungsgesellschaften, die bisher noch nicht mit der Prüfung von Nachhaltigkeitsberichten beauftragt waren, werden das notwendige Wissen für die Prüfung von Nachhaltigkeitsberichten aufbauen müssen, wenn sie mit der integrierten Prüfung des Finanz- und Nachhaltigkeitsberichts beauftragt werden möchten. Die Herausforderung liegt dabei insbesondere in der Erlangung eines Verständnisses über das Prüfungsobjekt und die zugrunde liegenden Prozesse und Systeme, die vielfach mathematisch-technisches und naturwissenschaftliches Wissen erfordern, über das die Mehrheit der WP-Berufsträger derzeit nicht verfügt. Nur 0,5 % der WP-Berufsträger haben ein technisches oder landwirtschaftliches Studium absolviert, mit 71,2 % dominiert eine betriebswirtschaftliche Vorbildung.[43] Eine Kooperation mit externen naturwissenschaftlich vorgebildeten Sachverständigen – beispielsweise Umweltgutachtern – könnte insbesondere bei

---

41   Eulner, IDW Life 10.2023, S. 797–799.
42   Velte, WPg 2023, S. 1289.
43   Vgl. WPK, Mitgliederstatistik der WPK, Stand: 01.07.2023 (online abrufbar unter wpk.de; letzter Abruf: 10.04.2024).

kleineren WP-Gesellschaften Abhilfe schaffen. Angesichts des Fachkräftemangels und der Altersstruktur des WP-Berufsstands scheinen Kooperationen mit externen Sachverständigen unausweichlich.[44]

Für die Analyse der finanziellen und nichtfinanziellen Berichtselemente und ihrer Interdependenzen werden intelligente, automatisierte Prüfsysteme benötigt. Insbesondere kleinere WP-Praxen, die bisher noch nicht in dem Ausmaß wie die Big-Four- und Next-Ten-Gesellschaften mit der Prüfung von nichtfinanziellen Erklärungen bzw. den gesonderten nichtfinanziellen Berichten betraut waren, sehen sich mit einem hohen Investitionsbedarf in die Weiterentwicklung und Digitalisierung ihrer Prüfungsabläufe konfrontiert. Es ist davon auszugehen, dass viele kleinere WP-Praxen die erforderlichen finanziellen Ressourcen nicht aufbringen können und die Bildung weiterer Allianzen im Bereich der Audit-und-Assurance-Dienstleistungen zu beobachten sein wird.

3.1   Qualität der nachhaltigkeitsbezogenen Informationen

Viele Unternehmen verfügen heute noch nicht über die Daten, die sie zukünftig in ihren Nachhaltigkeitsberichten offenlegen müssen. Die Ermittlung der für die Berichterstattung erforderlichen Daten ist aufwändig und komplex. Es ist über eine Vielzahl von Parametern und Zielen in unterschiedlichsten Messgrößen zu berichten und die Berichterstattung erfordert eine Vielzahl von Schätzungen und zukunftsorientierten Aussagen. Im Umgang mit den neuen Größen der Nachhaltigkeitsberichterstattung besteht häufig wenig bis keine Erfahrung und es fehlen Strukturen für die systematische Erfassung, Auswertung und Darstellung von Daten und Informationen. Dies erhöht die Fehleranfälligkeit der Berichterstattung.

Für die Bereitstellung der berichtspflichtigen Inhalte der Nachhaltigkeitsberichterstattung werden Reporting-Systeme benötigt, mit denen die erforderlichen Daten, wie beispielsweise die Scope-1- bis Scope-3-Emissionen oder der Anteil der taxonomiekonformen Umsätze, Investitions- und Betriebsausgaben nach der Taxonomie-VO, gesammelt und berechnet werden können. In der Praxis ist derzeit allerdings zu beobachten, dass sich diese Systeme noch in der Entwicklung befinden und die bereits am Markt verfügbaren Systeme noch nicht ausgereift sind. Unternehmen und Prüfer sehen sich deswegen in vielen Fällen mit einer Vielzahl von unterschiedlichen, schlecht miteinander integrierten Sys-

---

44   Velte, WPg 2023, S. 1289.

temen und Papierbelegen konfrontiert, ein Umstand, der nicht nur zu einer erhöhten Anzahl von Fehlern, sondern auch zu einer aufwändigeren und zeitlich längeren Prüfung der Nachhaltigkeitsberichterstattung führt.

Angesichts der zu erwartenden Schwachstellen in den Berichtssystemen und der Herausforderungen in Bezug auf Verfügbarkeit und Qualität der nachhaltigkeitsbezogenen Informationen ist es wichtig, dass sich Unternehmen auf die erstmalige Pflichtprüfung ihrer Nachhaltigkeitsberichte vorbereiten, in dem sie Gap-Analysen durchführen und ggfs. sog. Assurance Readiness Assessments beauftragen.

Auch bei einer guten Vorbereitung seitens der Unternehmen wird bei den Erstprüfungen von Nachhaltigkeitsberichten mit einem höheren Prüfungsaufwand und einer höheren Ressourcenbindung zu rechnen sein. Dies stellt insbesondere kleinere WP-Praxen vor personelle Herausforderungen.

3.2 Prüfung des IKS für Nachhaltigkeitsinformationen

Angesichts des Umfangs und der Komplexität der zu berichtenden Daten und Informationen bedarf es eines angemessenen und wirksamen internen Kontrollsystems für Nachhaltigkeitsinformationen, um eine ordnungsgemäße Berichterstattung sicherstellen zu können. Ein solches Nachhaltigkeits-IKS besteht aus mehreren miteinander in Wechselwirkung stehenden Grundelementen, die in die Geschäftsabläufe eingebunden sind: dem Kontrollumfeld, den IKS-Zielen, dem Risikobeurteilungsprozess, dem Informations- und Kommunikationssystem, den Kontrollaktivitäten sowie dem Überwachungs- und Verbesserungsprozess des internen Kontrollsystems.[45]

Die für die Nachhaltigkeitsberichterstattung erforderlichen internen Kontrollsysteme befinden sich in vielen Unternehmen derzeit noch im Aufbau. Nicht angemessene Ressourcen (personell, zeitlich fachlich, technologisch) und der Mangel an klaren Vorgaben für die Generierung der zu berichtenden Daten und Informationen stellen ein Risiko für die Qualität der Berichterstattung dar. Dies gilt umso mehr, wenn es an einer transparenten Zuordnung von Rollen und Verantwortlichkeiten bei der Aufstellung des Nachhaltigkeitsberichts fehlt und kaum oder keine Regelungen getroffen sind, die eine Funktionstrennung zwi-

---

45 *IDW Praxishinweis: Ausgestaltung und Prüfung des internen Kontrollsystems zur Aufstellung eines Nachhaltigkeitsberichts unter Beachtung des IDW PS 982 (IDW Praxishinweis 4/2023)*, Rn. 11.

schen den am Prozess der Aufstellung des Nachhaltigkeitsberichts beteiligten Personen hinsichtlich der Erhebung, der Auswertung und Überprüfung vorschreiben. Werden erhobene Daten nicht validiert, um festzustellen, dass sie richtig, vollständig und widerspruchsfrei sind (bspw. durch einen Vergleich mit anderen Datenquellen), besteht die Gefahr, dass wesentliche Fehler in der Berichterstattung nicht erkannt werden.

Im Rahmen der Prüfung der Nachhaltigkeitsberichterstattung hat sich der Prüfer mit dem IKS für Nachhaltigkeitsinformationen zu befassen. Dazu gehört bei Prüfungen mit begrenzter Sicherheit mindestens die Erlangung eines Verständnisses über den Prozess zur Erstellung der Nachhaltigkeitsinformationen sowie dessen Würdigung [ISAE 3000 (Rev.), Tz. 47 L]. Bei Prüfungsaufträgen mit hinreichender Sicherheit ist die Gewinnung eines Verständnisses der internen Kontrollen im Prozess zur Erstellung der Nachhaltigkeitsinformationen, einschließlich der Beurteilung von Angemessenheit und Implementierung, vorgesehen [ISAE 3000 (Rev.), Tz. 47 R]. Kontrolltests sind durchzuführen, wenn anders keine ausreichende Prüfungssicherheit erlangt werden kann oder der Prüfer sich auf die Wirksamkeit von Kontrollen stützen möchte (Tz. 48 R).

Stellt der Nachhaltigkeitsprüfer im Rahmen seiner Befassung mit dem internen Kontrollsystem fest, dass einzelne Elemente nicht angemessen ausgestaltet sind, muss er der dadurch bedingten höheren Fehleranfälligkeit durch zusätzliche Prüfungshandlungen begegnen. Erlangt er im Rahmen seiner Prüfung darüber hinaus Hinweise auf wesentliche falsche Darstellungen, muss er diesen nachgehen und so lange weitere Prüfungshandlungen durchführen, bis er zu einer abschließenden Beurteilung gelangt, ob eine wesentliche falsche Darstellung vorliegt oder nicht. Dies gilt auch bei Prüfungen mit begrenzter Sicherheit [ISAE 3000 (Rev.), Tz. 49 L].

Schwächen im Nachhaltigkeits-IKS führen zu einer erhöhten Fehleranfälligkeit der Berichterstattung. Daraus resultiert auch bei Prüfungen mit begrenzter Sicherheit ein erhöhter Prüfungsaufwand. Eine Prüfung mit begrenzter Sicherheit kann im Zweifel dann vom Aufwand her betrachtet zu einer Prüfung knapp unter einer Prüfung mit hinreichender Sicherheit werden.

3.3   Verwertung der Arbeiten von Sachverständigen und anderen Prüfern

Die Prüfung der Nachhaltigkeitsberichterstattung stellt Wirtschaftsprüfer mehr noch als die Prüfung der Finanzberichterstattung vor die Herausforderung, dass für die Beurteilung von in der Berichterstattung enthaltenen Informationen Spezialwissen auf einem anderen Gebiet als der Rechnungslegung und Prüfung erforderlich ist. So kann die Einhaltung der technischen Bewertungskriterien der Taxonomie-VO in manchen Fällen nicht ohne Sachverständige beurteilt werden. Auch für die Beurteilung der Vollständigkeit von Emissions-Erhebungen oder des berichteten Wasserverbrauchs kann es erforderlich werden, Sachverständige hinzuzuziehen. Auch auf Mandantenseite werden für komplexe technische oder naturwissenschaftliche Fragestellungen mehr als in der Finanzberichterstattung Experten hinzugezogen werden.

Die Hinzuziehung von internen und externen Sachverständigen auf Mandanten- und Prüferseite ist bereits heute im Prüfungsalltag bei Abschlussprüfungen gelebte Praxis. Für die Prüfung der Nachhaltigkeitsberichterstattung enthalten sowohl ISAE 3000 (Rev.) als auch der Exposure Draft des ISSA 5000 Regelungen zum Umgang mit und zur Beurteilung von Arbeiten von Sachverständigen. Während interne Sachverständige als Mitglieder des Prüfungsteams der Anleitung und dem Review durch den Wirtschaftsprüfer unterliegen, muss der Wirtschaftsprüfer die Arbeiten von externen Sachverständigen regelmäßig beurteilen, ohne Zugang zu deren Arbeitspapieren zu haben. Zu diesem Zweck hat er Kompetenz, Fähigkeiten und Objektivität des externen Sachverständigen zu würdigen, sich mit diesem zu Art, Umfang und Zielen der Prüfung abzustimmen und die Angemessenheit von dessen Tätigkeit für Zwecke der Prüfung zu beurteilen.[46] Da es in der Prüfung der Nachhaltigkeitsberichterstattung regelmäßig erforderlich sein wird, mit Sachverständigen zusammenzuarbeiten, bietet es sich an, frühzeitig entsprechende Kooperationen einzugehen, auch um mit Sachverständigen zusammenarbeiten zu können, von deren Kompetenz man sich bereits im Rahmen anderer Aufträge überzeugt hat.

Neben der Verwertung der Arbeiten von Sachverständigen stellen sich in der Prüfung der Nachhaltigkeitsberichterstattung auch besondere Herausforderungen im Zusammenhang mit der Verwertung von Arbeitsergebnissen anderer Prüfer. Die Zusammenarbeit mit anderen Prüfern und die Verwertung von deren Arbeitsergebnissen ist im Rahmen von Konzernabschlussprüfungen gut

---

46   ISAE 3000 (Rev.), Tz. 52; ED ISSA 5000, Tz. 49.

etabliert. Dieses Instrumentarium kann auch für die Prüfung der Nachhaltigkeitsberichterstattung genutzt werden und es ist im Übrigen ein weiteres Argument für eine integrierte Prüfung durch den Abschlussprüfer. Im Bereich der Nachhaltigkeitsberichterstattung gehen jedoch die in Bezug auf die Lieferkette berichteten Informationen über den Konsolidierungskreis für die Finanzberichterstattung hinaus. Es gibt Fälle, in denen Unternehmen in der vor- oder nachgelagerten Lieferkette bereit sind, auf Verlangen des Unternehmens, dessen Nachhaltigkeitsinformationen einer Prüfung unterzogen werden sollen, von einem Prüfer ihrer Wahl geprüfte Informationen zur Verfügung zu stellen. Anders als in einer Konzernabschlussprüfung ist es aber unwahrscheinlich, dass sie sich einer Überwachung ihrer Arbeit oder einer Überprüfung der Auftragsunterlagen unterziehen – und sie können auch nicht dazu gezwungen werden. Eine Verwertung wird vor diesem Hintergrund schwierig.

3.4   Aus- und Fortbildung

Gemäß CSRD müssen die Mitgliedstaaten sicherstellen, dass WP-Examenskandidaten und WP-Berufsträger die erforderlichen Kenntnisse für die CSRD-Nachhaltigkeitsberichterstattung und -prüfung erwerben. Vor dem 01.01.2024 zugelassene Wirtschaftsprüfer sowie Personen, die am 01.01.2024 das Zulassungsverfahren durchlaufen und vor dem 01.01.2026 zugelassen werden, sollen gem. Artikel 14a der durch die CSRD geänderten Abschlussprüferrichtlinie die erforderlichen Kenntnisse in der Nachhaltigkeitsberichterstattung und -prüfung im Wege der kontinuierlichen Fortbildung erwerben. Für zukünftige Berufsträger gilt dies nicht. Sie müssen für die Zulassung als Nachhaltigkeitsprüfer eine mindestens achtmonatige praktische Tätigkeit in der Prüfung von (Konzern-)Nachhaltigkeitsberichten nachweisen und über ihre theoretischen Kenntnisse auf dem Gebiet der Nachhaltigkeitsprüfung eine Eignungsprüfung ablegen. Die Aufstellung und Prüfung der Nachhaltigkeitsberichterstattung werden Gegenstand des Wirtschafprüferexamens.

Die ersten Nachhaltigkeitsprüfungen nach der CSRD werden von den heutigen Wirtschaftsprüfern durchgeführt werden, die die dazu erforderlichen Kenntnisse jetzt sehr kurzfristig im Rahmen der kontinuierlichen Aus- und Fortbildung erwerben sollen. Dies stellt alle WP-Gesellschaften schon rein kapazitätsmäßig vor große Herausforderungen, besonders aber die Gesellschaften, die bisher nicht in der Prüfung von Nachhaltigkeitsinformationen tätig sind und nicht über entsprechend spezialisierte Mitarbeitende verfügen, die interne Schulungsmaßnahmen durchführen können. Mit der Fortbildung zum Sustainability Auditor bietet das IDW eine externe Möglichkeit zur Erlangung der notwendigen Kenntnisse.

Trotz der Sicherstellung der nachhaltigkeitsbezogenen Aus- und Fortbildung der WP-Examenskandidaten und WP-Berufsträger wird es dauern, bis die Nachhaltigkeitsberichterstattung und deren Prüfung wissenstechnisch gleichwertig mit der Expertise in der finanziellen Berichterstattung und Prüfung im WP-Berufsstand verankert ist. Gerade in den Anfangsjahren der verpflichtenden CSRD-Nachhaltigkeitsberichtsprüfung werden WP-Berufsträger deshalb verstärkt auf das technisch-mathematische und naturwissenschaftliche Wissen von nicht dem WP-Berufsstand Angehörigen innerhalb und außerhalb ihres Prüfungsteams zurückgreifen müssen.

3.5 Fachkräftemangel

Während mit der Einführung der verpflichtenden Prüfung der Nachhaltigkeitsberichte die Anzahl der Pflichtprüfungen erheblich zunimmt, sinkt die Anzahl der Wirtschafsprüfer in Deutschland kontinuierlich. Der WP-Berufsstand hat mit einem Nachwuchsproblem zu kämpfen.[47] Die Komplexität des Wirtschaftsprüferexamens, das als eines der schwierigsten Berufsexamina in Deutschland gilt, aber auch das Image, dass der Beruf des Wirtschaftsprüfers nur schwer mit einem Privatleben vereinbar sei, sind zwei gewichtige Gründe.

Dass das WP-Examen nun erweitert wird um den Nachweis der erforderlichen theoretischen Kenntnisse auf dem Gebiet der Nachhaltigkeitsberichterstattung und deren Prüfung, könnte das WP-Examen und den Eintritt in den Berufsstand noch unattraktiver machen.

Neue Wege, den Nachwuchs für den Berufsstand und für die Ablegung des Berufsexamens zu begeistern, sind unausweichlich. Mit der Modularisierung des WP-Examens wurde ein erster Schritt in die richtige Richtung beschritten. Weitere Schritte sollten unseres Erachtens folgen. So wäre beispielsweise ein stärkerer Fokus auf die Vermittlung und Prüfung von Methodenkompetenz als Antwort auf die immer weiter steigenden fachlichen Anforderungen wünschenswert.[48]

---

47 Dyck/Moser/Solmecke, WPg 2023, S. 1114.
48 Dyck/Moser/Solmecke, WPg 2023, S. 1114.

Wir dürfen uns allerdings auch nichts vormachen: Angesichts des nicht nur in unserer Branche bestehenden Fachkräftemangels wäre es unrealistisch zu erwarten, dass es kurz- bis mittelfristig gelingen wird, die Anzahl der Berufseinsteiger und damit perspektivisch auch die der Wirtschaftsprüfer in Deutschland wieder deutlich zu steigern. Trotz der Ergreifung von Maßnahmen werden wir den Fachkräftemangel nicht beseitigen können. Es gilt deshalb, andere Lösungen zu finden. Mögliche Ansätze liegen in einer stärkeren Digitalisierung der Prüfung und in der Schaffung von neuen Karrierewegen in den Wirtschaftsprüferpraxen.

4 Chancen für die WP-Praxen

4.1 Digitalisierungsschub – Audit of the Future (moderne Wirtschaftsprüfung)

Die Wirtschaftsprüfung unterliegt derzeit einem tiefgreifenden technologischen Wandel. Der WP-Berufsstand muss sich nahezu täglich auf die immer weiter voranschreitende Digitalisierung seiner Arbeit und seines „Werkzeugkoffers"[49] einstellen, mit der gesteigerten Effizienz und Qualität von Datenanalysen und einer gesteigerten Prüfungsqualität als Folge.[50] Die integrierte Prüfung des Finanz- und Nachhaltigkeitsberichts kann als Digitalisierungstreiber für die Wirtschaftsprüfungsbranche fungieren: Die Komplexität und die Menge der zu berichtenden und zu prüfenden Informationen erhöht sich. Gleichzeitig können Wirtschaftsprüfungspraxen aufgrund der mangelnden Attraktivität des Berufsstands und infolge des Fachkräftemangels ihre personellen Ressourcen nicht ausreichend aufbauen. Zudem wird besonders im Bereich von Nachhaltigkeitsangaben, aber auch bei der Prüfung der Finanzberichterstattung der Vergleich mit Unternehmen in der gleichen Branche immer relevanter.

Der Einsatz von künstlicher Intelligenz (KI) und eine integrierte Prüfung der Finanz- und Nachhaltigkeitsberichterstattung gehen dabei Hand in Hand. Die von Unternehmen produzierten Berichtselemente erfordern umfangreichere und automatisierte Datenanalysen in der Prüfung. KI kann dabei als eine „disruptive Schlüsseltechnologie" angesehen werden, welche die Prüfung der Finanz- und Nachhaltigkeitsberichte grundlegend verändern wird.[51] Durch den Einsatz von KI-basierten Tools können Unregelmäßigkeiten und Fehler in den Finanz- und

---

49 Rebstadt et al., WPg 2023, S. 665.
50 Thomas et al., WPg 2021, S. 551.
51 Thomas et al., WPg 2021, S. 551.

Nachhaltigkeitsberichten schneller und genauer durch den Wirtschaftsprüfer erkannt werden. Interdependenzen zwischen finanziellen und nichtfinanziellen Berichtselementen können zielgerichteter analysiert werden. KI wird auch in der Prüfung der Wesentlichkeitsanalyse und bei der Prüfung der Vollständigkeit der Angaben nach den ESRS zum Einsatz kommen.

Transparenz und Verlässlichkeit werden dabei die kritischen Erfolgsfaktoren für den Einsatz von KI in der Wirtschaftsprüfung sein. Die Wirtschaftsprüfung unterliegt wie kaum eine andere Branche Compliance-Anforderungen und Berufsgrundsätzen, die den Einsatz von KI-basierten Tools erschweren.[52] Dies bedeutet, dass für den Einsatz KI-basierter Tools in der Wirtschaftsprüfung diese insbesondere nachvollziehbar, rückverfolgbar, verlässlich und im Einklang mit der Regulatorik sein müssen.[53,] Neben inhaltlichen und fachlichen Anforderungen müssen KI-basierte Systeme auch externen Anforderungen genügen, hier ist insbesondere die Zertifizierung von KI-Systemen zu nennen.[54]

Trotz des zunehmenden Einsatzes von KI-basierten Tools in der Prüfung bleibt die Verantwortung für die durchgeführten Prüfungshandlungen und die Prüfungsurteile beim Abschlussprüfer bzw. dem Prüfer des Nachhaltigkeitsberichts. KI wird diese Verantwortung nicht übernehmen und den WP-Berufsstand nicht ersetzen.[55] Der Wirtschaftsprüfer wird als agiler Finanz- und Nachhaltigkeitsexperte ein erweitertes und neuartiges Einsatzspektrum haben, er wird vom klassischen Wirtschaftsprüfer zum „Auditor of the Future".

4.2   Gewinnung von Fachkräften – Auditor of the Future

Das Thema Nachhaltigkeit wird aus den Abschlussprüfungen zukünftig nicht mehr wegzudenken sein, genauso wenig wie die zunehmende Digitalisierung. Beides sind Megatrends, mit denen sich besonders auch junge Leute identifizieren – und die dazu führen könnten, dass unser Berufsstand wieder an Attraktivität gewinnt.

Schon heute sind die Nachhaltigkeitsabteilungen in den WP-Gesellschaften häufig personell anders aufgestellt als die klassische WP-Abteilung. Die Teams

---

52   Rebstadt et al., WPg 2023, S. 665.
53   Rebstadt et al., WPg 2023, S. 665; Thomas et al., WPg 2021, S. 551.
54   Thomas et al., WPg 2021, S. 555.
55   Stokel-Walker/Van Noorden, Nature 614 (7947), S. 214–216.

sind tendenziell jünger und die Teammitglieder von der Ausbildung her diverser aufgestellt. Dass für die Prüfung der Nachhaltigkeitsinformationen neue Kompetenzen und zusätzliche Spezialisierungen gebraucht werden und auch in Sachen Digitalisierung die nächsten Schritte zu gehen sind, ist nicht nur eine Chance, neue Berufsgruppen in die Wirtschaftsprüfung zu integrieren, sondern trägt auch zur Attraktivität des Berufs des Wirtschaftsprüfers bei. Neben künstlicher Intelligenz und zunehmender Spezialisierung wird der Auditor of the Future eine integrierende Rolle haben.

Das Profil der Mitarbeitenden in den Wirtschaftsprüfungspraxen wird sich perspektivisch verändern. Neben den klassischen BWLern und Juristen werden zunehmend auch Mitarbeitende mit anderen Ausbildungswegen in der Wirtschaftsprüfung beschäftigt sein. Nicht zuletzt werden sich aufgrund der für die Nachhaltigkeitsprüfungen benötigten Kompetenzen neben der klassischen Wirtschaftsprüferkarriere andere, spezialisiertere Karrierewege eröffnen.

Zur Prüfung weniger komplexer Einheiten nach den IDW PS KMU

Verfasser: WP Dr. Torsten Moser, WP StB Dr. Daniel P. Siegel

1 Einleitung

Der Jahresabschluss und der Lagebericht von mindestens mittelgroßen Kapitalgesellschaften sowie haftungsbeschränkten Personenhandelsgesellschaften i.S.d. § 264a Abs. 1 HGB unterliegen gem. § 316 Abs. 1 Satz 1 HGB einer gesetzlichen Prüfungspflicht. Als Abschlussprüfer können dabei grundsätzlich nur Wirtschaftsprüfer oder Wirtschaftsprüfungsgesellschaften bestellt werden. Abschlussprüfungen außerhalb des Anwendungsbereichs des § 316 Abs. 1 Satz 1 HGB, also solche, die von den zuständigen Unternehmensorganen freiwillig beauftragt werden, unterliegen nicht der Vorbehaltsaufgabe und können daher auch von Mitgliedern anderer Berufsgruppen durchgeführt werden.[1]

Für eine sachgerechte Planung und Durchführung der Abschlussprüfung kommt es vor allem auf die Komplexität des zu prüfenden Unternehmens und weniger auf dessen Größe an. Da sich kleinere und mittelständische Unternehmen oftmals durch weniger komplexe Organisationsstrukturen, Prozessabläufe und Geschäftsvorfälle im Vergleich zu größeren, insbesondere Unternehmen von öffentlichem Interesse i.S.d. § 316a Satz 2 HGB (sog. Public Interest Entity, PIE) auszeichnen, wird diesem Umstand typischerweise durch die Möglichkeit der Skalierung von Prüfungsanforderungen Rechnung getragen.[2]

---

1 Vgl. Badura, Berufsrechtliche Fragen der Abschlußprüfung nach dem Entwurf eines Bilanzrichtlinie-Gesetzes, S. 27.
2 Vgl. ISA [DE] 200, Tz. A66.

Der Jubilar hat sich – neben vielen anderen Verdiensten – auch stets für eine skalierte Anwendung des risikoorientierten Prüfungsansatzes eingesetzt. Nachdem erkennbar wurde, dass die Skalierungsmöglichkeiten in den internationalen Prüfungsanforderungen im Zeitablauf immer weiter eingeschränkt wurden, hat er sich zur Förderung der Einheitlichkeit im deutschen Berufsstand maßgeblich für die Entwicklung eigenständiger Standards zur Durchführung von Abschlussprüfungen bei weniger komplexen Einheiten stark gemacht.

Der vorliegende Beitrag gibt den aktuellen Stand der vom IDW herausgegebenen Prüfungsstandards für weniger komplexe Einheiten, den *IDW PS KMU*, wieder. Im folgenden Abschnitt wird zunächst auf das grundlegende Erfordernis sog. Grundsätze ordnungsmäßiger Abschlussprüfung eingegangen. Anschließend werden ausgewählte Anforderungen an eine Abschlussprüfung bei weniger komplexen Einheiten dargestellt, vor allem solche, bei denen Unterschiede zu Abschlussprüfungen bei Unternehmen bestehen, die nicht in den Anwendungsbereich der *IDW PS KMU* fallen. Der Beitrag schließt mit einem kurzen Fazit.

2 Erfordernis von Grundsätzen ordnungsmäßiger Abschlussprüfung

Die handelsrechtlichen und berufsrechtlichen Anforderungen an Abschlussprüfungen sind allgemein gehalten und differenzieren nicht zwischen der Prüfung des Abschlusses eines weniger komplexen Unternehmens und anderen Abschlussprüfungen.[3] Obwohl die EU-Abschlussprüferverordnung[4] weitergehende Anforderungen an die Prüfung von PIE normiert, sind auch in dieser keine konkreten Vorgaben zur Planung und Durchführung einer Abschlussprüfung enthalten.

Nach § 317 Abs. 1 Satz 3 HGB ist die Prüfung so anzulegen, dass Unrichtigkeiten und Verstöße gegen die gesetzlichen Rechnungslegungsvorschriften und sie ergänzende Bestimmungen des Gesellschaftsvertrags bzw. der Satzung, die sich auf die Darstellung des Bildes der Vermögens-, Finanz- und Ertragslage

---

[3] Vgl. Naumann/Moser, Anforderungen an die Abschlussprüfung bei kleineren und mittelständischen Unternehmen, in: Im Dienste des Berufsstandes, Festschrift zum 75jährigen Bestehen des Steuerberater-Verbandes Köln (1947 – 2022), 1. Aufl. 2022, S. 207.

[4] Verordnung (EU) Nr. 537/2014 vom 16.04.2014, ABl. EU Nr. L 158/77 vom 27.05.2014, zuletzt geändert durch Verordnung (EU) 2023/2869 des Europäischen Parlaments und des Rates vom 13.12.2023, ABl. EU-Nr. L 2869 vom 20.12.2023.

des Unternehmens wesentlich auswirken, bei gewissenhafter Berufsausübung vom Abschlussprüfer erkannt werden, d.h. Prüfungsaussagen mit hinreichender Sicherheit getroffen werden können. Überdies ist der Abschlussprüfer gem. § 320 Abs. 2 Satz 1 HGB zur sorgfältigen sowie gem. § 323 Abs. 1 Satz 1 HGB zur unparteiischen Prüfung verpflichtet.

Darüber hinaus gehört es zu den allgemeinen Berufspflichten eines Wirtschaftsprüfers, dass der Beruf unabhängig, gewissenhaft, verschwiegen und eigenverantwortlich ausgeübt wird. In § 43 Abs. 4 HGB wird die Wahrung der kritischen Grundhaltung betont. Für alle Prüfungen ist damit explizit gesetzlich geregelt, dass Wirtschaftsprüfer, ungeachtet ihrer bisherigen Erfahrungen mit dem zu prüfenden Unternehmen, die Möglichkeit in Betracht zu ziehen haben, dass wesentliche falsche Darstellungen aufgrund von Unregelmäßigkeiten vorliegen können. Die kritische Grundhaltung ist insbesondere bei der Beurteilung der (Schätzungen von) Zeitwertangaben, der potenziellen Wertminderung von Vermögensgegenständen, Rückstellungen sowie künftigen Cashflows, die für die Beurteilung der Fähigkeit des Unternehmens zur Fortführung der Unternehmenstätigkeit von Bedeutung sind, beizubehalten.

Zur Operationalisierung der gesetzlichen Anforderungen an eine gewissenhafte, sorgfältige und unparteiische Abschlussprüfung, der Beibehaltung einer kritischen Grundhaltung sowie der Sicherstellung der Abgabe eines Prüfungsurteils mit hinreichender Sicherheit sind fachliche Regeln zu beachten. Diese konkretisierenden fachlichen Regelungen werden in den vom IDW festgestellten deutschen Grundsätzen ordnungsmäßiger Abschlussprüfung (GoA) beschrieben.[5] Obwohl den vom IDW herausgegebenen Prüfungsstandards kein Gesetzescharakter zukommt, sind sie aufgrund ihrer Erarbeitung in den Fachgremien des IDW, die durch ihre Zusammensetzung und Arbeitsweise den Berufsstand der Wirtschaftsprüfer vertreten, sowie aufgrund des Verfahrens ihrer Verabschiedung als allgemeine Grundsätze ordnungsmäßiger Berufsausübung anerkannt. Eine Abweichung von den GoA kann daher – ohne dass dafür gewichtige Gründe vorliegen – dazu führen, dass dies ggf. in Regressfällen, in einem Verfahren der Berufsaufsicht oder in einem Strafverfahren zum Nachteil des Abschlussprüfers ausgelegt wird.[6]

---

5   Vgl. Naumann, in: IDW, WP Handbuch, 18. Aufl. 2023, Kapitel A, Tz. 633.

6   Vgl. *IDW Prüfungsstandard: Rechnungslegungs- und Prüfungsgrundsätze für die Abschlussprüfung (IDW PS 201 n.F. (09.2022)),* Tz. 34.

Dabei ist zu beachten, dass eine Abschlussprüfung eine hochkomplexe und individuelle Leistung ist, die stets die Festlegung von an die Gegebenheiten des Einzelfalls angepassten (risikobehafteten) Prüfungsschwerpunkten erfordert. Umgekehrt erfordern unproblematische – weil nicht risikobehaftete – Bereiche nur geringere, im Extremfall gar keine Aufmerksamkeit des Prüfers. Durch planvolle Auswahl geeigneter Prüfungshandlungen konzentriert sich der Prüfer auf wesentliche Sachverhalte. Diese Anpassung an die individuellen Gegebenheiten des Einzelfalls wird mit dem sog. risikoorientierten Prüfungsansatz ermöglicht und häufig als Skalierung bezeichnet.[7]

3 Anforderungen an eine Abschlussprüfung bei weniger komplexen Einheiten

3.1 Erfordernis ISA-basierter Anforderungen

In Artikel 26 der EU-Abschlussprüferrichtlinie[8] sowie in § 317 Abs. 5 HGB haben der europäische und deutsche Gesetzgeber zum Ausdruck gebracht, dass alle gesetzlichen Abschlussprüfungen nach den vom IAASB herausgegebenen internationalen Prüfungsstandards, den ISA, durchgeführt werden sollen. Neben diesem Anliegen erwarten auch die Adressaten der Finanzberichterstattung eine weltweit vergleichbare Qualität von Abschlussprüfungsleistungen. Daher ist es auch für die nationalen Standardsetzer wie das IDW erforderlich, die Entwicklungen auf internationaler Ebene zum Wohle des Berufsstands umzusetzen. Um die internationalen Prüfungsanforderungen transparent in den vom IDW festgestellten deutschen GoA darzustellen, hat sich unter anderem der Jubilar maßgeblich dafür eingesetzt, dass die in Deutschland aufgrund europäischer oder nationaler gesetzlicher Regelungen zu beachtenden Besonderheiten als sog. „D-Textziffern" in der deutschen Fassung des ISA-Textes ergänzt werden, anstatt die ISA wie zuvor in *IDW Prüfungsstandards* zu transformieren.[9] Infolge dieses Modellwechsels bestehen eigenständige *IDW Prüfungsstandards* nur noch dort, wo internationale Regelungen, z.B. zur Prüfung des Lageberichts oder zur Erstellung eines Prüfungsberichts, fehlen oder die ergänzend gebotene Berücksichtigung nationaler Anforderungen so umfangreich ist, dass es nicht

---

7   Vgl. Naumann/Moser, a.a.O. (Fn. 3), S. 208 f.

8   Richtlinie 2006/43/EG des Europäischen Parlaments und des Rates vom 17.05.2006, ABl. L 157 vom 09.06.2006, zuletzt geändert durch Richtlinie (EU) 2023/2864 des Europäischen Parlaments und des Rates vom 13.12.2023, ABl. L 2864 vom 20.12.2023.

9   Vgl. Naumann, in: IDW, WP Handbuch, 18. Aufl. 2023, Kapitel A, Tz. 634 ff.; Gewehr/Moser, WPg 2018, S. 193 ff. Zur verpflichtenden Erstanwendung der ISA [DE] vgl. HFA des IDW, IDW Life 2022, S. 491.

sinnvoll ist, diese als D-Textziffern in einen ISA zu integrieren. Dies gilt z.b. für die *IDW Prüfungsstandards* zur Erteilung des Bestätigungsvermerks.[10]

Seitdem in den letzten Jahren der Einfluss der internationalen Regulatoren, vornehmlich der Kapitalmarkt-, Banken- und Versicherungsaufsichten, auf das Standardsetting des IAASB immer größer geworden ist, wurde der anfänglich vom IAASB deutlich stärker wahrgenommene prinzipienbasierte Ansatz, der ausreichend Spielräume ließ, den individuellen Gegebenheiten des Einzelfalls durch pflichtgemäßes Ermessen des Prüfers zu begegnen und die Dokumentationserfordernisse auf ein sachgerechtes Maß zu beschränken, immer mehr zugunsten eines umfangreichen Katalogs zu erfüllender Prüfungsanforderungen geändert. Damit einhergehend wurden im Zeitablauf der Detaillierungsgrad bei den Anforderungen erhöht, was unter anderem zu einer gesteigerten Komplexität und Dokumentationsintensität geführt hat. Prominenteste Beispiele für diese Entwicklung sind ISA 315 (Revised 2019) zur Risikoidentifikation und -beurteilung wesentlicher falscher Darstellungen sowie ISA 540 (Revised) zur Prüfung geschätzter Werte.[11]

Damit der jeweilige Abschlussprüfer die noch in einzelnen ISA enthaltenen Skalierungsmöglichkeiten nutzen kann, sind die Abweichungen zu erklären und zu dokumentieren (sog. „Top-down Ansatz").[12] Der mit einer Skalierung ebenfalls intendierte Entlastungseffekt wird somit durch erweiterte Nachweis- und Dokumentationspflichten zumindest teilweise wieder aufgehoben. Mitunter werden die Möglichkeiten der Skalierung erst gar nicht durch die Prüfer in Anspruch genommen, um keine Diskussionen über die Angemessenheit der Skalierung im Rahmen der Qualitätskontrolle aufkommen zu lassen.[13]

Die in den letzten Jahren stetig steigenden Anforderungen an die Abschlussprüfung stellen nicht nur die Prüfer weniger komplexer Einheiten vor die Herausforderung, die erforderliche Prüfungsqualität mit gegebenen Ressourcen wirtschaftlich erzielen zu können. Auch stoßen die damit im Rahmen der

---

10   Vgl. *IDW Prüfungsstandard: Bildung eines Prüfungsurteils und Erteilung eines Bestätigungsvermerks (IDW PS 400 n.F. (10.2021)), IDW Prüfungsstandard: Mitteilung besonders wichtiger Prüfungssachverhalte im Bestätigungsvermerk (IDW PS 401 n.F. (10.2021)), IDW Prüfungsstandard: Modifizierungen des Prüfungsurteils im Bestätigungsvermerk (IDW PS 405 n.F. (10.2021))* und *IDW Prüfungsstandard: Hinweise im Bestätigungsvermerk (IDW PS 406 n.F. (10.2021)).*

11   Vgl. Naumann/Moser, WPg 2021, S. 1266.

12   Zu den Dokumentationsanforderungen bei einer skalierten Prüfung vgl. Farr/Niemann, DStR 2013, S. 675.

13   Vgl. Naumann/Moser, a.a.O. (Fn. 3), S. 211.

Mitwirkung an der Prüfung verbundenen Belastungen bei den betroffenen weniger komplexen Prüfungsmandanten zu einem zunehmenden Unverständnis, wodurch die Akzeptanz des Erfordernisses einer Abschlussprüfung leidet.

Um vor allem mittelständische Prüfungspraxen von weitgehenden und bei der Prüfung weniger komplexer Einheiten oftmals nicht sachgerechten Prüfungsanforderungen zu entlasten, hat sich Klaus-Peter Naumann intensiv für die Entwicklung eigenständiger Prüfungsstandards, der *IDW PS KMU*, eingesetzt.[14]

3.2 IDW Prüfungsstandards für weniger komplexe Einheiten

3.2.1 Anwendungsbereich

Bei gesetzlichen Abschlussprüfungen in Deutschland ist ein Prüfungsurteil mit hinreichender Sicherheit abzugeben. Mit den Prüfungsstandards sollen Abschlussprüfer dabei unterstützt werden, dieses Prüfungsziel – unter Beachtung der Nebenbedingung eines möglichst effizienten Ressourceneinsatzes – zu erreichen.

Mit den vom IDW veröffentlichten *IDW Prüfungsstandards für weniger komplexe Einheiten (IDW PS KMU)*[15] wurde dem deutschen Berufsstand eine Alternative zur Verfügung gestellt, um einerseits den Besonderheiten bei der Abschlussprüfung bestimmter Unternehmen Rechnung zu tragen und andererseits eine wirtschaftliche Planung und Durchführung der Prüfung zu ermöglichen. Da die *IDW PS KMU* den Abschlussprüfer in die Lage versetzen, ein Prüfungsurteil mit hinreichender Sicherheit abgeben zu können, sind sie sowohl für die Durchführung gesetzlich geforderter als auch bei freiwillig beauftragten Abschlussprüfungen, die nach Art und Umfang einer Prüfung nach § 317 HGB entsprechen, bei weniger komplexen Einheiten anwendbar.

Bei der Prüfung von Abschlüssen von Unternehmen, die erhöhten Risiken ausgesetzt sind, scheidet hingegen die Anwendung der *IDW PS KMU* aus. Explizit ist die Prüfung von PIE aus deren Anwendungsbereich ausgenommen. Ebenso darf die Prüfung von Unternehmen mit komplexen Sachver-

14 Auch die WPK begrüßt die Initiative zur Entwicklung von Prüfungsstandards für kleinere, weniger komplexe Unternehmen, vgl. WPK, Stellungnahme zu den Standardentwürfen für die Prüfung kleinerer, weniger komplexer Unternehmen (IDW EPS KMU) vom 10.05.2022.

15 Zu den einzelnen *IDW PS KMU* vgl. *IDW Prüfungsstandard für weniger komplexe Einheiten: Vorbemerkungen und Anwendungsbereich (IDW PS KMU 1 (09.2022))*, Tz. 4.

halten oder Umständen im Zusammenhang mit der Geschäftstätigkeit und von Unternehmen mit großen oder komplexen IT-Anwendungen nicht mit den *IDW PS KMU* erfolgen.[16]

Ist der sachliche Anwendungsbereich der *IDW PS KMU* eröffnet, ist vom Abschlussprüfer die Frage zu beantworten, ob und ggf. welche der in den *IDW PS KMU* unterstellten Typisierungsmerkmale beim zu prüfenden Unternehmen vorliegen. Handelt es sich bei dem zu prüfenden Unternehmen um ein weniger komplexes, liegen aber einzelne oder mehrere der in *IDW PS KMU 1 (09.2022)*, Tz. 24, dargelegten Aspekte, die der Formulierung der Anforderungen in den Standards zugrunde liegen, in der konkreten Prüfung nicht vor, steht das einer Anwendung der Standards nicht entgegen. In einer solchen Situation hat der Abschlussprüfer dann grundsätzlich eigenverantwortlich zu entscheiden, ob und ggf. welche ergänzenden Prüfungshandlungen erforderlich sind, um ausreichende geeignete Prüfungsnachweise zu erlangen. Handelt es sich z.B. um eine Erstprüfung, wurden Geschäftsprozesse der weniger komplexen Einheit an einen externen Dienstleister ausgelagert oder sollen die Arbeiten eines Sachverständigen vom Abschlussprüfer genutzt werden, werden in *IDW PS KMU 9 (09.2022)*[17] insoweit zusätzlich durchzuführende Prüfungshandlungen dargelegt.

In zeitlicher Hinsicht dürfen die *IDW PS KMU* bei allen noch nicht geprüften Abschlüssen und Lageberichten von weniger komplexen Einheiten angewendet werden.[18]

3.2.2 Identifikation und Beurteilung von Fehlerrisiken

Materielle Unterschiede zu den internationalen Prüfungsstandards bestehen in den *IDW PS KMU* vor allem bei der Identifikation und Beurteilung von Risiken wesentlicher falscher Darstellungen. An der Anwendung des sog. risikoorientierten Prüfungsansatzes[19] wird auch bei der Prüfung weniger komplexer Einheiten festgehalten. Der Risikobeurteilungsprozess des Abschlussprüfers, der iterativ und dynamisch verläuft, ist damit Kernelement einer jeden Abschlussprüfung.

---

16   Vgl. *IDW PS KMU 1 (09.2022)*, Tz. 21.
17   Vgl. *IDW Prüfungsstandard für weniger komplexe Einheiten: Ergänzende Anforderungen für besondere Fälle (IDW PS KMU 9 (09.2022))*.
18   Vgl. *IDW PS KMU 1 (09.2022)*, Tz. 25.
19   Für einen Überblick vgl. Haußer/Sailer, in: IDW, WP Handbuch, 18. Aufl. 2023, Kapitel L, Tz. 16 ff.

Durch Befragungen der gesetzlichen Vertreter oder anderer geeigneter Personen innerhalb des zu prüfenden Unternehmens, durch die Durchführung analytischer Prüfungshandlungen sowie durch die Beobachtung von Prozessen und Arbeitsabläufen oder die Inaugenscheinnahme von Vermögensgegenständen bzw. die Einsichtnahme in Dokumente hat der Abschlussprüfer eine geeignete Grundlage zu erlangen, damit er die Risiken wesentlicher falscher Darstellungen auf Abschluss- und Aussageebene identifizieren und beurteilen sowie angemessene prüferische Reaktionen hierauf planen kann.

Ausgangspunkt des Risikobeurteilungsprozesses ist die Erlangung eines Verständnisses von dem zu prüfenden Unternehmen, dessen Umfeld und den angewandten Rechnungslegungsmethoden einschließlich etwaiger Änderungen. Dabei hat der Abschlussprüfer ebenso ein Verständnis über Sachverhalte im Zusammenhang mit der Fortführung der Unternehmenstätigkeit, geschätzten Werten, Rechtsstreitigkeiten, nahestehenden Personen und dolosen Handlungen wie über das interne Kontrollsystem des Unternehmens zu erlangen. Abweichend von ISA 315 (Revised 2019)[20] kann sich nach *IDW PS KMU 4 (09.2022)*[21], Tz. 31 ff., die Erlangung eines Verständnisses vom internen Kontrollsystem auf das für die Aufstellung des Abschlusses relevante Kontrollumfeld, den relevanten Risikobeurteilungsprozess, den relevanten Prozess der Überwachung des internen Kontrollsystems sowie das relevante Informationssystem und auf die für die Aufstellung des Abschlusses relevante interne Kommunikation beschränken.[22] Bei der Prüfung weniger komplexer Unternehmen ist es ausreichend, eine *Würdigung* dieser Komponenten vorzunehmen, während nach ISA 315 (Revised 2019) eine *Beurteilung* – also neben der Dokumentation der Ergebnisse der Überlegungen auch die Durchführung von Prüfungshandlungen sowie eine Begründung der Ergebnisse – erforderlich ist.

Das vom Abschlussprüfer erlangte Verständnis bildet die Grundlage für die sich anschließende Identifizierung und Beurteilung der Risiken wesentlicher falscher Darstellungen. Der internationale Prüfungsstandard ISA 315 (Revised 2019) fordert eine gesonderte Identifikation und Beurteilung der Risiken wesentlicher falscher Darstellungen. Überdies hat der Abschlussprüfer nach ISA 315 (Revised 2019) festzustellen, ob die Risiken wesentlicher falscher Darstellungen auf Abschlussebene oder auf Aussageebene für bestimmte Arten von

---

20   Vgl. ISA 315 (Revised 2019), Tz. 26.

21   *IDW Prüfungsstandard für weniger komplexe Einheiten: Risikoidentifizierung und -beurteilung (IDW PS KMU 4 (09.2022)).*

22   Vgl. ausführlich Naumann/Moser, a.a.O. (Fn. 3), S. 214 f.

Geschäftsvorfällen, Kontensalden und Abschlussangaben bestehen.[23] Bei Einheiten, deren Geschäftstätigkeit und Prozesse definitionsgemäß einer geringeren Komplexität unterliegen, sind bereits aus deren Geschäftsmodell die wesentlichen Positionen, Transaktionen und die zu begegnenden Fehlerrisiken erkennbar.[24] Es ist daher naheliegend, Vereinfachungen im Vergleich zu einer vollumfänglichen ISA-konformen Prüfung bei der Identifikation und Beurteilung der Risiken wesentlicher falscher Darstellungen vorzusehen. Konsequenterweise kann daher bei der Prüfung weniger komplexer Einheiten nach den *IDW PS KMU* die Identifikation und Beurteilung dieser Risiken in einem Schritt vollzogen werden.[25] Diese Vorgehensweise entlastet den Abschlussprüfer von zusätzlichen Dokumentationserfordernissen und versetzt ihn damit auch in die Lage, sich stärken auf materielle Fragen, die für die Erlangung hinreichender Prüfungssicherheit im konkreten Fall erforderlich sind, fokussieren zu können.[26]

Überdies hat der Abschlussprüfer nach ISA 315 (Revised 2019) sämtliche Risiken wesentlicher falscher Darstellungen zu beurteilen, die eine reelle Möglichkeit haben, auftreten zu können.[27] Für die Prüfung weniger komplexer Einheiten wurde diese Grenze angehoben, sodass nur solche Fehlerrisiken relevant sind, die ein vertretbar niedriges Maß überschreiten.[28]

Sowohl in ISA 315 (Revised 2019) als auch in *IDW PS KMU 4* ist das Konzept des Spektrums inhärenter Risiken im Rahmen der Beurteilung der Risiken umgesetzt, d.h., der Abschlussprüfer hat für die identifizierten Risiken wesentlicher falscher Darstellungen auf Aussageebene das inhärente Risiko anhand der Wahrscheinlichkeit und des Ausmaßes der (potenziellen) falschen Darstellung zu beurteilen. Dabei ist zu berücksichtigen, wie und in welchem Umfang inhärente Risikofaktoren sowie die Risiken wesentlicher falscher Darstellungen auf Abschlussebene die Beurteilung des inhärenten Risikos, das stets auf Aussageebene besteht, beeinflussen.[29]

Darauf aufbauend hat der Abschlussprüfer festzustellen, ob etwaige beurteilte Risiken wesentlicher falscher Darstellungen bedeutsame Risiken darstellen oder

---

23   Vgl. ISA 315 (Revised 2019), Tz. 28 ff.
24   So auch Wittsiepe, WP Praxis 2020, S. 95.
25   Vgl. *IDW PS KMU 4 (09.2022)*, Tz. 34 ff.
26   Vgl. Naumann/Moser, a.a.O. (Fn. 3), S. 215.
27   Vgl. ISA 315 (Revised 2019), Tz. A186.
28   Vgl. *IDW PS KMU 4 (09.2022)*, Tz. 34(b).
29   Vgl. ISA 315 (Revised 2019), Tz. 31; *IDW PS KMU 4 (09.2022)*, Tz. 34(b).

es sich um Risiken handelt, bei denen aussagebezogene Prüfungshandlungen allein keine ausreichenden geeigneten Prüfungsnachweise liefern können (insbes. Routinetransaktionen, die IT-gestützt erfasst und verarbeitet werden).

Aus der in den *IDW PS KMU* verfolgten prozessorientierten Darstellung der Anforderungen ist ableitbar, dass sich der Abschlussprüfer einer weniger komplexen Einheit erst mit den Kontrollaktivitäten zu befassen hat, nachdem die Risikoidentifikation und -beurteilung durchgeführt wurde.[30] Die Identifikation und Beurteilung der Angemessenheit von Kontrollaktivitäten ist bei der Prüfung weniger komplexer Einheiten nur erforderlich bei:[31]

- Kontrollen über Journalbuchungen, einschließlich nicht standardisierter Buchungen zur Aufzeichnung nicht wiederkehrender, ungewöhnlicher Geschäftsvorfälle oder Anpassungen,
- Kontrollen, die auf Risiken ausgerichtet sind, bei denen aussagebezogene Prüfungshandlungen allein keine ausreichenden geeigneten Prüfungsnachweise liefern, und
- Kontrollen, für die der Abschlussprüfer – zur Festlegung von Art, zeitlicher Einteilung und Umfang von aussagebezogenen Prüfungshandlungen – eine Prüfung hinsichtlich der Wirksamkeit ihrer Funktion plant.

In bestimmten Fällen kann der Abschluss einer weniger komplexen Einheit somit ohne Durchführung von sog. Funktionsprüfungen der identifizierten Kontrollen geprüft werden.

3.2.3 Prüfung zukunftsorientierter Informationen

Weiterhin sehen die *IDW PS KMU* sachgerechte Vereinfachungen für die Prüfung zukunftsorientierter Informationen, die qualitativer oder quantitativer Natur sein können, vor.

In den Typisierungsmerkmalen der *IDW PS KMU* wird unterstellt, dass bei weniger komplexen Einheiten komplexe Schätzwerte, wie sie bspw. bei bestimmten Finanzinstrumenten oder durch Anwendung des „expected credit loss model" i.S.v. IFRS 9 bestehen, nicht vorliegen. Unter einem geschätzten Wert in der Rechnungslegung wird daher in den *IDW PS KMU* ein Geldbetrag verstanden,

---

30 Vgl. Naumann/Moser, a.a.O: (Fn. 3), S. 216.
31 Vgl. *IDW PS KMU 4 (09.2022)*, Tz. 42.

dessen Bemessung in Übereinstimmung mit den Anforderungen der handelsrechtlichen Rechnungslegungsgrundsätze einer *bedeutsamen* Schätzunsicherheit unterliegt.[32] Dementsprechend sind die in den *IDW PS KMU* enthaltenen zusätzlichen Anforderungen für geschätzte Werte in der Rechnungslegung auch nur dann zu beachten, wenn tatsächlich eine bedeutsame Schätzunsicherheit vorliegt.

Die in den *IDW PS KMU* enthaltenen Anforderungen zur Prüfung geschätzter Werte in der Rechnungslegung sind auf die Prüfung des Abschlusses begrenzt. Die Prüfung der zukunftsorientierten Informationen im Lagebericht hat nach *IDW PS KMU 8 (09.2022)* zu erfolgen.[33] Demzufolge hat sich auch der Abschlussprüfer einer weniger komplexen Einheit mit dem Prozess zur Aufstellung des Lageberichts zu befassen und dabei ein Verständnis von den eingerichteten Vorkehrungen und Maßnahmen zu erlangen, um eine Identifizierung und Beurteilung der Risiken wesentlicher falscher Darstellungen im Lagebericht vornehmen sowie Reaktionen auf diese beurteilten Risiken festlegen zu können.[34] Dabei ist zu berücksichtigen, dass bei weniger komplexen Einheiten die Vorkehrungen und Maßnahmen oftmals in Form konkreter Einzelmaßnahmen zur Generierung der benötigten Informationen bestehen werden.[35]

Können ausreichende geeignete Prüfungsnachweise allein durch aussagebezogene Prüfungshandlungen nicht erlangt werden, oder geht der Abschlussprüfer bei der Festlegung der Art, des Umfangs und des Zeitpunkts der durchzuführenden Prüfungshandlungen von der Wirksamkeit der relevanten Vorkehrungen und Maßnahmen aus, hat er neben der Angemessenheit auch die Wirksamkeit der relevanten Vorkehrungen und Maßnahmen zu beurteilen.[36] Für im Lagebericht einer weniger komplexen Einheit enthaltene prognostische Angaben hat sich der Abschlussprüfer unter anderem die jeweils zugrunde liegenden Annahmen von der zu prüfenden Einheit darlegen zu lassen und deren sachgerechte Ableitung zu beurteilen. Für bedeutsame Annahmen sind Prüfungsnachweise einzuholen.[37]

---

32 Vgl. *IDW PS KMU 1 (09.2022)*, Anlage. Die in ISA 540 (Revised) enthaltene Definition für geschätzte Werte in der Rechnungslegung ist hingegen weiter gefasst und umfasst sämtliche Geldbeträge, die einer Schätzunsicherheit unterliegen.

33 Vgl. *IDW Prüfungsstandard für weniger komplexe Einheiten: Prüfung des Lageberichts (IDW PS KMU 8 (09.2022))*, Tz. 1.

34 Vgl. *IDW PS KMU 8 (09.2022)*, Tz. 14 ff.

35 Vgl. *IDW Prüfungsstandard: Prüfung des Lageberichts im Rahmen der Abschlussprüfung (IDW PS 350 n.F. (10.2021))*, Tz. A4.

36 Vgl. *IDW PS KMU 8 (09.2022)*, Tz. 22.

37 Vgl. hierzu ausführlich *IDW PS KMU 8 (09.2022)*, Tz. 39 ff.

3.2.4   Durchführung von Konzernabschlussprüfungen

Nachdem im November 2022 die *IDW PS KMU 1 (09.2022)* bis *IDW PS KMU 9 (09.2022)* veröffentlicht wurden,[38] die auf die Prüfung eines handelsrechtlichen Jahresabschlusses und Lageberichts abzielen,[39] hat der Hauptfachausschuss (HFA) des IDW am 08.12.2023 den Entwurf eines weiteren *IDW Prüfungsstandards für weniger komplexe Einheiten: Ergänzende Anforderungen für Konzernabschlussprüfungen (IDW EPS KMU 10 (12.2023))* verabschiedet. In *IDW EPS KMU 10 (12.2023)* sind die zusätzlichen Anforderungen dargelegt, die bei der Prüfung eines (weniger komplexen) Konzerns zu berücksichtigen sind.[40] Die in *IDW EPS KMU 10 (12.2023)* enthaltenen zusätzlichen Anforderungen entsprechen denen des ISA 600 (Revised). Die Finalisierung des Standards ist zeitgleich mit der des ISA [DE] 600 (Revised) vorgesehen.

3.2.5   Dokumentation und Berichterstattung

Auch bei weniger komplexen Einheiten hat der Abschlussprüfer eine Prüfungsdokumentation anzufertigen. Diese ist zeitgerecht und so zu erstellen, dass ein erfahrener, zuvor nicht mit der Prüfung befasster Prüfer Art, zeitliche Einteilung und Umfang der durchgeführten Prüfungshandlungen, deren Ergebnisse und die erlangten Prüfungsnachweise sowie bedeutsame Sachverhalte, die sich während der Prüfung ergeben haben, die daraus gezogenen Schlussfolgerungen und bedeutsame Beurteilungen des Abschlussprüfers hierzu nachvollziehen kann.[41]

Abschlussprüfer von weniger komplexen Einheiten verfügen aufgrund ihrer oftmals geringeren Größe und Komplexität über ein umfassendes Verständnis über das zu prüfende Unternehmen. Bei der Anfertigung der Prüfungsdokumentation genügt es, wenn die zentralen Aspekte, auf die der Abschlussprüfer seine Beurteilung von Risiken wesentlicher falscher Angaben stützt, festgehalten werden. Setzt der Abschlussprüfer ein Prüfungsteam ein, so ist gem. *IDW PS KMU 2 (09.2022)*, Tz. 56(c), bei der Dokumentation von Art,

---

38   Vgl. IDW Life 2022, S. 877 ff.

39   Vgl. *IDW PS KMU 1 (09.2022)*, Tz. 24(b) und (c).

40   Bei der Prüfung eines handelsrechtlichen Jahresabschlusses und Lageberichts handelt es sich um ein Typisierungsmerkmal des *IDW PS KMU 1 (09.2022)*, Tz. 24. Die Prüfung eines Konzernabschlusses und Konzernlageberichts eines weniger komplexen Konzerns erforderte, dass der Konzernabschlussprüfer zusätzlich durchzuführende Prüfungshandlungen im eigenverantwortlichen Ermessen festzulegen hatte.

41   Vgl. *IDW Prüfungsstandard für weniger komplexe Einheiten: Übergreifende Anforderungen (IDW PS KMU 2 (09.2022))*, Tz. 54 f.

zeitlicher Einteilung und Umfang der durchgeführten Prüfungshandlungen u.a. aufzuzeichnen, von wem, wann und in welchem Umfang die durchgeführte Prüfungstätigkeit geändert oder durchgesehen wurde. Der zugehörige Anwendungshinweis stellt klar, dass es ausreichend ist, zu dokumentieren, welche Prüfungstätigkeiten durchgesehen wurden, von wem die Tätigkeiten durchgesehen wurden und wann die Durchsicht vorgenommen wurde. Wird die Prüfung ausschließlich von dem verantwortlichen Wirtschaftsprüfer durchgeführt, ist es obsolet, Sachverhalte zu dokumentieren, die ausschließlich der Kommunikation innerhalb des Prüfungsteams dienen würden.[42]

Auch ist es nach *IDW PS KMU 2 (09.2022)*, Tz. 56, grundsätzlich nicht erforderlich, zu dokumentieren, weshalb der Abschlussprüfer eine bestimmte Prüfungsanforderung unter den jeweiligen Umständen des Einzelfalls für nicht relevant erachtet hat. Lediglich in den Fällen, in denen die Entscheidung, dass eine Anforderung nicht relevant ist, ein bedeutsames pflichtgemäßes Ermessen des Abschlussprüfers erfordert hat, sind die Gründe für die Entscheidung in die Prüfungsdokumentation aufzunehmen.

Bei jeder Abschlussprüfung ist gem. § 321 Abs. 1 HGB über Art und Umfang sowie über das Ergebnis der Prüfung schriftlich und mit der gebotenen Klarheit zu berichten. Die Anforderungen an die Berichterstattung im Prüfungsbericht[43] bei der Prüfung weniger komplexer Einheiten unterscheiden sich dem Grunde nach nicht von den Anforderungen, die in *IDW PS 450 n.F. (10.2021)* enthalten sind.

Ein Bestätigungsvermerk darf nur zu Pflichtprüfungen oder zu freiwillig beauftragten Prüfungen, die diesen nach Art und Umfang entsprechen, erteilt werden.[44] Entsprechen prüferische Tätigkeiten nach Art und Umfang nicht denen einer gesetzlichen Abschlussprüfung, ist stattdessen eine Bescheinigung oder ein Prüfungsvermerk abzugeben.[45] Für die Erteilung eines Bestätigungsvermerks ist es somit erforderlich, dass die Abschlussprüfung so geplant und durchgeführt wurde, dass der Wirtschaftsprüfer grundsätzlich in der Lage ist, ein Prüfungsurteil mit hinreichender Sicherheit abgeben zu können. Liegt den-

---

42   Vgl. Naumann/Moser, a.a.O. (Fn. 3), S. 219.

43   Vgl. hierzu *IDW Prüfungsstandard für weniger komplexe Einheiten: Prüfungsurteil, Berichterstattung und Archivierung (IDW PS KMU 7 (09.2022))*, Tz. 120 ff.

44   Vgl. *IDW PS 400 n.F. (10.2021)*, Tz. 3.

45   Vgl. Justenhoven/Küster/Bernhardt, in: Grottel u.a., Beck'scher Bilanz-Kommentar, 13. Aufl. 2022, § 322 HGB, Rn. 241.

noch trotz Ausschöpfung aller angemessenen Möglichkeiten ein sog. Prüfungs-
hemmnis vor (oder hat der Abschlussprüfer wesentliche Einwendungen), hat
er sein Prüfungsurteil zu modifizieren.[46] Obwohl die Anforderungen der ISA
an die Prüfungsdurchführung aufgrund der geringeren Komplexität des zu
prüfenden Unternehmens in den *IDW PS KMU* nicht vollumfänglich berücksichtigt sind, ist der Abschlussprüfer auch bei deren Anwendung in der Lage, ein
Prüfungsurteil mit hinreichender Sicherheit abgeben und einen Bestätigungsvermerk erteilen zu können.[47]

In Anlehnung an die internationalen Prüfungsanforderungen, wonach die bei
der Prüfung angewandten Standards im Vermerk zu nennen sind,[48] ist auf die
Anwendung der *IDW PS KMU* im Bestätigungsvermerk hinzuweisen.[49] Diese
Erklärung im Bestätigungsvermerk darf aber keinesfalls dahingehend miss-
verstanden werden, dass es sich hierbei um eine qualitativ geringwertigere
Prüfung handeln würde. Vielmehr sind die *IDW PS KMU* bei der Prüfung
von weniger komplexen Einheiten eine sachgerechte Alternative zu einer ISA-
konformen Prüfung.[50]

4   Fazit

Seit dem (kalenderjahrgleichen) Geschäftsjahr 2022 wirken sich die Anforderungen der internationalen Prüfungsstandards unmittelbar auf alle Abschlussprüfungen aus, die nach den vom IDW festgestellten deutschen GoA durchgeführt werden. Um Abschlussprüfer von internationalen Anforderungen zu
entlasten, die primär auf die Prüfung von PIE abzielen, hat das IDW mit den
IDW PS KMU eigenständige Standards herausgegeben, die bei gesetzlichen und
freiwilligen Abschlussprüfungen von weniger komplexen Einheiten angewendet
werden können. Eine Abschlussprüfung unter Anwendung der *IDW PS KMU*
versetzt den Abschlussprüfer einer weniger komplexen Einheit in die Lage, ein
Prüfungsurteil mit hinreichender Sicherheit abgeben und damit einen Bestätigungsvermerk erteilen zu können.

---

46   Vgl. *IDW PS KMU 7 (09.2022)*, Tz. 67(b), 70.
47   Vgl. Naumann/Moser, a.a.O. (Fn. 3), S. 220; Philipps, WP Praxis 2022, S. 249.
48   Vgl. ISA 700 (Revised), Tz. 28(a) und A33.
49   Vgl. *IDW PS KMU 7 (09.2022)*, Tz. 30(a).
50   Vgl. Naumann/Moser, a.a.O. (Fn. 3), S. 221.

Klaus-Peter Naumann hat die Entwicklung der IDW PS KMU von Beginn an maßgeblich unterstützt, um Prüfern von weniger komplexen Einheiten eine sachgerechte Alternative zu einer ISA-konformen Prüfung zu bieten.

Klaus Peter Rippe _____

Kapitel E

Advisory & Tax

Digitalisierung als zukunftsorientierte strategische Option für den Berufsstand

Verfasser: WP StB Prof. Dr. Andreas Blum

1 Einleitung

In der Ära der rapiden technologischen Evolution repräsentiert die Digitalisierung einen Wendepunkt für zahlreiche Berufsfelder, insbesondere für den Berufsstand der Wirtschaftsprüfer. Die nachfolgende Darstellung zielt darauf ab, die tiefgreifenden Implikationen der Digitalisierung für Wirtschaftsprüfer zu untersuchen, indem sie sich auf die strategische Relevanz und die damit verbundenen Herausforderungen konzentriert. Ein besonderes Augenmerk liegt auf der Integration von innovativen Ansätzen, die das Potenzial besitzen, die Praxis der Wirtschaftsprüfung grundlegend zu transformieren.

Die Digitalisierung in der Wirtschaftsprüfung umfasst nicht nur die Automatisierung herkömmlicher Prozesse, sondern auch die Einführung fortschrittlicher Analytik und datengesteuerter Entscheidungsfindung. Vor diesem Hintergrund wird die vorliegende Ausarbeitung zunächst den gegenwärtigen Stand der Digitalisierung im Berufsfeld der Wirtschaftsprüfer skizzieren und anschließend die strategische Notwendigkeit dieser Transformation hervorheben.

Ziel ist es, einen Überblick zu bieten, der nicht nur die Möglichkeiten der Digitalisierung aufzeigt, sondern auch zur kritischen Reflexion über deren Grenzen anregt.

2 Stand der Digitalisierung im Berufsstand der Wirtschaftsprüfer

Ausgangspunkt der nachfolgenden Ausführungen zum aktuellen Stand der Digitalisierung im Berufsstand der Wirtschaftsprüfer ist insbesondere der Beitrag von Naumann/Feld aus dem Jahr 2018.[1] Darin zeigen die Autoren grundlegende Ansätze zur wertschöpfenden Einbindung der Digitalisierung in die Wirtschaftsprüfung auf. Dabei werden die Kombination von datenanalytischen Ansätzen mit dem prüferischen Experten- und Erfahrungswissen des Wirtschaftsprüfers und die sich hieraus ergebenden umfangreichen Einblicke ebenso thematisiert wie Effizienzpotenziale. Letztere identifizieren die Autoren insbesondere im Bereich der digitalen Prüfungsdokumentation sowie innerhalb der Kommunikation mit ihren Mandanten.[2] Obgleich die Corona-Pandemie als verstärkendes Element hinzukam, wirken diese Aussagen regelrecht prophetisch, ist doch eine Kommunikation ohne Einbindung der verschiedenen Konferenz- und Datentransfersysteme nicht mehr vorstellbar. Sehr zu Recht verweisen Naumann und Feld auf die Erschließung neuer Beratungsprodukte und -chancen aufgrund der Digitalisierung.[3]

Auch das IDW hat in den letzten Jahren umfassend zu dem hier betrachteten Thema publiziert. Dabei erstrecken sich die Veröffentlichungen von der Bearbeitung von mandatsbezogenen Fragestellungen bis hin zu konkreten berufsrechtlichen Themen, die Berufsangehörige unmittelbar betreffen.

Mit der Veröffentlichung des IDW Arbeitskreises „Technologisierung der Abschlussprüfung" zur Digitalisierung von Geschäftsmodellen und Auswirkungen auf die Abschlussprüfung[4] unterstützt das IDW die Berufsangehörigen zu wesentlichen einschlägigen Fragestellungen.

Die IDW Arbeitsgruppe „Datenmanagement/Data Governance"[5] publizierte mit ihrem Knowledge Paper zu Data Governance grundlegende Überlegungen, die in ihrer Bedeutung nicht nur für den Berufsstand, sondern für Daten halten-

---

1   Vgl. Naumann/Feld, in: Bär u.a. (Hrsg.), Digitalisierung im Spannungsfeld von Politik, Wirtschaft, Wissenschaft und Recht, Berlin 2018, S. 307 ff.

2   Vgl. Naumann/Feld, a.a.O. (Fn. 1), S. 309 ff.

3   Vgl. Naumann/Feld, a.a.O. (Fn. 1), S. 313 ff.

4   Vgl. IDW Arbeitskreis „Technologisierung der Abschlussprüfung", F & A zur Digitalisierung von Geschäftsmodellen und Auswirkungen auf die Abschlussprüfung, IDW Life Heft 11/2022, S. 1070 ff.

5   Vgl. IDW Knowledge Paper „Data Governance: Die Bedeutung einer guten Governance für den Umgang mit Daten im Unternehmen" (Stand: 16.03.2022).

de Organisationen insgesamt gelten. Ebenfalls in dem Format eines Knowledge Papers stellt der IDW Arbeitskreis „IT-Prüfungen bei Instituten" in zwei Teilen die besonderen Gefahrenpotenziale aus dem Bereich Cyberrisk dar.[6] Bereits 2019 untersuchte der IDW Fachausschuss „Informationstechnologie" die Auswirkungen der Blockchain-Technologie auf Wirtschaftsprüfer.[7]

Nicht zuletzt der Umfang der vorstehend aufgeführten Publikationen des IDW unter der Leitung von Klaus-Peter Naumann zeigt, dass sich Digitalisierung als unvermeidliche Kraft etabliert hat, die tiefgreifende Veränderungen in verschiedenen Branchen bewirkt. Für den Berufsstand der Wirtschaftsprüfer bedeutet dies eine grundlegende Transformation der Arbeitsweise, der Methodik und des Umfangs der Dienstleistungen.

Dabei bezeichnet Digitalisierung in der Wirtschaftsprüfung den Einsatz digitaler Technologien zur Verbesserung und Automatisierung von Prüfungs- und Beratungsprozessen. Dies umfasst neben dem Einsatz von Datenanalyse-Tools die Einbindung Cloud-basierter Plattformen[8], die Prozesssteuerung und -automation, die digitale Kommunikation sowie die Integration und die Prüfung KI-basierter Systeme. Nachfolgend wird auf die vorgenannten Aspekte eingegangen.

2.1 Cloud-basierte Plattformen

Die Entwicklung Cloud-basierter Lösungen steht im Fokus internationaler Lösungsanbieter wie Microsoft. Unter der Überschrift „Understanding Microsoft's digital transformation" publizierte Microsoft am 20.10.2023 wesentliche Eckpunkte für die Zukunft des Konzerns.[9] Im Zentrum steht dabei insbesondere die vollständige Fokussierung auf Cloud-Services („Cloud-centric architecture").

Dies spiegelt sich bereits heute im Leistungsportfolio von Microsoft und anderen weltweit agierenden IT-Serviceprovidern wider. Während klassische

---

6   Vgl. IDW Knowledge Paper „Cyberrisk, Teil 1: Grundlagen, Definitionen, Maßnahmen, Risikolage und Organisationen" (Stand: 25.10.2021); IDW Knowledge Paper „Cyberrisk, Teil 2: Prüfungen von Cyber Security bei Kreditinstituten" (Stand: 12.05.2022).

7   Vgl. IDW Knowledge Paper „Auswirkungen der Blockchain-Technologie auf Wirtschaftsprüfer" (Stand: 01.10.2019).

8   Siehe hierzu auch IDW in Kooperation mit der Universität Osnabrück, Studie Audit Clouds, abrufbar im Mitgliederbereich des IDW; letzter Abruf: 03.02.2024.

9   Online abrufbar unter microsoft.com; letzter Abruf: 11.02.2024.

Produkte, beispielsweise für den Einsatz auf Terminal-Servern, abgekündigt werden, steigt die Anzahl neuer Cloud-basierter Lösungen stetig. Dies ist zum einen darauf zurückzuführen, dass die freie Skalierbarkeit sowie die annähernde Unbegrenztheit der Ressourcen in klassischen Rechenzentrumslösungen nicht erreicht werden kann. Unternehmen, die eigene Rechenzentren vorhalten, werden sich an vermutetem, statisch betrachtetem Bedarf orientieren. Dabei wird es insbesondere auch darum gehen, Lastspitzen abzudecken und die Ressourcen im Rechenzentrum entsprechend auszulegen.

Darüber hinaus ist davon auszugehen, dass in der überschaubaren Zukunft wesentliche und für den Berufsstand der Wirtschaftsprüfer erhebliche Lösungen ausschließlich in der Cloud angeboten werden. Losgelöst von etwaigen Vorbehalten, die mitunter im Berufsstand noch vorhanden sind, werden die Wirtschaftsprüfungspraxen auf mittlere Sicht ihre diesbezügliche Strategie daran ausrichten müssen.

Für die Wirtschaftsprüfungspraxis bringt die Inanspruchnahme von Cloud-Dienstleistungen aber nicht nur Vorteile mit sich. Die Einbindung externer Dienstleister führt zu besonderen Herausforderungen, die insbesondere aus den Vorgaben nach §§ 203 StGB, 50a WPO abzuleiten sind. Für einen umfassenden Überblick hierzu wird auf die Stellungnahme der IDW Arbeitsgruppe „Offshoring" verwiesen.[10]

2.2 Datenanalyse-Tools

Der Einsatz von Datenanalyse-Tools in der Wirtschaftsprüfung revolutioniert die Art und Weise, wie finanzwirtschaftliche Daten analysiert und bewertet werden. Diese Tools ermöglichen es Wirtschaftsprüfern, große Mengen an Finanzdaten effizient und effektiv zu durchleuchten, um falsche Darstellungen aus dolosen Handlungen und Irrtümern aufzudecken. Die fortschrittliche Datenanalyse bietet gegenüber traditionellen Methoden erhebliche Vorteile, da sie die Fähigkeit zur Verarbeitung großer Datensätze (Big Data) mit hoher Geschwindigkeit und Präzision kombiniert.

Einer der Hauptvorteile der Datenanalyse-Tools ist die Möglichkeit zur Durchführung von Echtzeitanalysen. Dies ermöglicht Wirtschaftsprüfern, aktuelle Daten zeitnah zu deren Generierung zu überprüfen, was eine schnellere Identi-

---

10 Vgl. IDW, Hilfestellung zur Beauftragung von Dienstleistern (Stand: 10.04.2019).

fizierung von Problemen und Abweichungen von den erwarteten Mustern ermöglicht.

Dabei bieten aktuelle Entwicklungen im Bereich der kontinuierlichen Anbindung von ERP-Systemen ganz erhebliche Effizienzpotenziale. Continuous Audit, vor wenigen Jahren praktisch kaum vorstellbar, ist heute umsetzbar und kann eine wesentliche Komponente bei der digitalen Transformation der Abschlussprüfung darstellen. Dabei kann der tradierte Prüfungsprozess in neun Meilensteine eingeteilt werden.[11] Im Verhältnis zum Prüfungsobjekt ist diese Vorgehensweise asynchron. Ganz regelmäßig basierte die Generierung von Erkenntnissen im Rahmen von Vorprüfungen auf finanzwirtschaftlichen Daten, die mehrere Monate alte Sachverhalte und Transaktionen abbilden. Damit wird nicht nur die Sachverhaltsaufklärung im Zweifel aufwendiger. Auch das Vertrauen von Stakeholdern des publizierenden Unternehmens in die veröffentlichten Daten kann darunter leiden, wenn die Abschlussprüfung zu neuen Erkenntnissen führt, die eine Korrektur der Rechnungslegung zur Folge hat. Ergänzend hat die sequenzielle, zeitlich versetzte Abarbeitung des Prüfungsprozesses den erheblichen Nachteil einer Konzentration von zu erbringenden Prüfungsleistungen in einem überschaubaren Zeitraum. Nicht zuletzt der Mangel an Fachkräften – aufseiten des zu prüfenden Unternehmens, aber insbesondere auch aufseiten des Abschlussprüfers – führt zu suboptimalem Einsatz der in den Ersteller- und Prüfungsteams Mitarbeitenden.

Die Einführung von Continuous Auditing[12] in die Abschlussprüfungspraxis kann zur Lösung der vorgenannten Nachteile führen. Nach Blum/Kellermann[13] kann Continuous Auditing die zeitliche Konzentration in der Abschlussprüfung erheblich reduzieren. Die Verteilung wesentlicher Teile des Workload über die Berichtsperiode führt bei allen Beteiligten zu einer Entlastung. Erreicht wird dies durch die automatisierte Aufbereitung der finanzwirtschaftlichen Unternehmensdaten, sodass diese im Rahmen der Abschlussprüfung analysiert werden können. Darüber hinaus kann ergänzend eine Aufbereitung gemäß den Informationsbedürfnissen des Unternehmens, namentlich der Unternehmensleitung, der kaufmännischen Leitung sowie der Finanzbuchhaltung erfolgen

---

11   Vgl. IDW (Hrsg.), WPH Edition, Wirtschaftsprüfung und Rechnungslegung, 18. Aufl., Düsseldorf 2023, Kap. L, Tz. 16 ff.

12   Zur Definition siehe Kiesow/Thomas, Continuous-Auditing-Systeme: Rahmenwerk zur Gestaltung von Informationssystemen für kontinuierliche Prüfungsdienstleistungen, in: Nissen u.a. (Hrsg.), Multikonferenz Wirtschaftsinformatik (MKWI 2016), Tagungsband, Band III, S. 1327-1339, m.w.N.

13   Blum/Kellermann, WPg 21/2022, S. 1193 ff.

und durch entsprechende Frontend-Systeme (z.b. Webaccess) auf verschiedenen Endgeräten zur Verfügung gestellt werden.

Durch die laufende, kontinuierliche Bereitstellung der Basisdaten eröffnet Continuous Auditing eine ebenso kontinuierliche wie (teil)automatisierte Risikobeurteilung, und Schwachstellen werden in den untersuchten Teilen des Internen Kontrollsystems des zu prüfenden Unternehmens frühzeitig identifiziert, sodass der Abschlussprüfer hierauf reagieren kann. Dies wiederum führt zu einer Effizienzsteigerung des Prüfungsprozesses, da der Abschlussprüfer frühzeitig den Fokus auf wesentliche Sachverhalte legen kann.

Darüber hinaus erlauben es diese Tools, historische Daten mit aktuellen Daten zu vergleichen, um Trends und Muster zu erkennen, die auf potenzielle Risiken oder Problembereiche hinweisen könnten.

Ein weiterer Vorteil ist die Automatisierung von Routineaufgaben. Durch die Automatisierung von zeitaufwendigen und repetitiven Tätigkeiten, wie z.B. die Überprüfung von Belegen und Transaktionen durch das eingesetzte Tool, können Wirtschaftsprüfer ihre Ressourcen effektiver einsetzen und sich auf komplexere und risikoreichere Bereiche konzentrieren. Dies führt nicht nur zu einer effizienteren Prüfung, sondern erhöht auch die Qualität der Prüfungsergebnisse, da menschliche Fehler minimiert werden.

Die Integration von maschinellem Lernen und künstlicher Intelligenz in Continuous Auditing Tools erweitert die Fähigkeiten der Wirtschaftsprüfung weiter. Diese Technologien können Muster und Anomalien erkennen, die für das menschliche Auge möglicherweise nicht offensichtlich sind. Sie können auch prognostische Analysen durchführen, um zukünftige Trends vorherzusagen und Empfehlungen zur Risikominderung zu geben.

Nicht zuletzt erhöht der regelmäßige Austausch zwischen Abschlussprüfer und dem zu prüfenden Unternehmen den unterjährigen Nutzen der Abschlussprüfung. Obgleich nicht gesetzlich vorgesehene Zielsetzung der handelsrechtlichen Prüfung von historischen Finanzinformationen, führt Continuous Auditing zwangsläufig zu einer Verbesserung der Qualität des Accounting im zu prüfenden Unternehmen und es steigert die Verlässlichkeit des Management Reporting – auch für die Stakeholder des Unternehmens. Daher liegt Continuous Auditing nicht allein im Interesse des Abschlussprüfers.

Gleichwohl muss sich der Abschlussprüfer der Grenzen des Continuous Auditing bewusst sein.

Obgleich Continuous Auditing bei der Vorbereitung der Prüfung der Vorratsinventur erheblich unterstützen kann, sodass relevante Stichproben gezogen werden, wird die physische Prüfung der Bestände unumgänglich sein. Darüber hinaus führt Empathie in Kombination mit dem Erfahrungswissen des Prüfenden immer wieder zu kritischen Feststellungen, die selbst im Rahmen moderner Outlayer-Analysen nicht offenbar geworden wären. Dies gilt insbesondere für die Identifikation fraudulenter Handlungen.

Neben den genannten Nachteilen stehen Wirtschaftsprüfer bei der Implementierung dieser Continuous Auditing Tools vor Herausforderungen. Dazu gehören die Notwendigkeit, in neue Technologien zu investieren, die Schulung des Personals im Umgang mit diesen Tools und die Gewährleistung der Datensicherheit und des Datenschutzes. Darüber hinaus erfordert die Interpretation der durch Datenanalyse generierten Erkenntnisse ein tiefes Verständnis sowohl der verwendeten Technologie als auch der zugrunde liegenden normativen Vorgaben.

Zusammenfassend lässt sich sagen, dass der Einsatz von Datenanalyse-Tools in der Wirtschaftsprüfung erhebliche Vorteile bietet, insofern sie die Effizienz und Effektivität der Prüfungsprozesse steigern. Diese Technologien ermöglichen eine tiefere und umfassendere Analyse von Finanzdaten, was zu präziseren und aussagekräftigeren Prüfungsergebnissen führt. Trotz der Herausforderungen, die ihre Einführung mit sich bringt, ist es klar, dass die Integration fortschrittlicher Datenanalyse-Tools in die Wirtschaftsprüfung eine Notwendigkeit ist, um nachhaltig als moderner Dienstleister für Mandanten bestehen zu können.

2.3 Prozesssteuerung und -automation

Die Digitalisierung der Geschäftsprozesse ist in der heutigen Geschäftswelt zu einem zentralen Thema geworden, insbesondere in Bereichen, die von hohen Datenmengen geprägt sind, wie die Wirtschaftsprüfung. Die Integration von Technologien zur Prozesssteuerung und -automation, vor allem der Robot Process Automation (RPA), hat das Potenzial, die Effizienz und Effektivität in der Wirtschaftsprüfungspraxis signifikant zu steigern.

Die Wirtschaftsprüfung ist traditionell ein arbeitsintensiver Bereich, der eine hohe Genauigkeit und Aufmerksamkeit für Details erfordert. Die Prüfer müssen eine Vielzahl von Dokumenten und Transaktionen analysieren, um die Einhaltung der gesetzlichen Bestimmungen sicherzustellen und die Genauigkeit der finanziellen Berichterstattung zu gewährleisten. Die Digitalisierung dieser Prozesse durch den Einsatz von RPA kann nicht nur die Effizienz steigern, sondern auch die Zuverlässigkeit der Prüfungsergebnisse verbessern.

RPA bezeichnet die Anwendung von Technologie, die es ermöglicht, Software-Roboter oder „Bots" zu konfigurieren, um Aufgaben innerhalb von Geschäftsprozessen automatisch auszuführen. Diese Bots sind in der Lage, menschliche Interaktionen mit digitalen Systemen zu imitieren, um repetitive und regelbasierte Aufgaben zu übernehmen. In der Wirtschaftsprüfung können solche Aufgaben die Dateneingabe, die Abstimmung von Transaktionen oder die Überprüfung von Compliance-Anforderungen umfassen.

Ein großer Vorteil der RPA besteht in der Möglichkeit, RPA-Lösungen leicht zu skalieren, um den Anforderungen unterschiedlicher Prüfungsumfänge gerecht zu werden, ohne dass zusätzliche Personalressourcen erforderlich sind.

Praktische Anwendung findet RPA beispielsweise bei der Vorbereitung und Auswertung von Saldenbestätigungen in den Prüffeldern Forderungen und Verbindlichkeiten aus Lieferungen und Leistungen. Auch können Datenanalysen mittels RPA standardisiert und automatisiert werden. Dabei kann es sich um klassische JET-Analysen handeln oder auch um umfassende Verteilungsanalysen für die Identifikation von Sondersachverhalten, die sodann durch den Prüfer zu verifizieren sind.

Trotz der Vorteile stehen Unternehmen und Prüfungsfirmen bei der Implementierung von RPA vor Herausforderungen. Dazu gehören die Notwendigkeit einer klaren Strategie, die Auswahl der richtigen Prozesse für die Automatisierung, die Sicherstellung der Datenintegrität und der Schutz vor Cyberbedrohungen. Zudem erfordert die Einführung von RPA eine anfängliche Investition in Technologie und Schulung sowie eine kontinuierliche Wartung und Anpassung der Bots.

2.4 Künstliche Intelligenz (KI) und Machine Learning (ML)

Die Prüfung historischer Finanzinformationen, insbesondere von Konzern- und Jahresabschlüssen, ist ein volkswirtschaftlich kritischer Prozess, der insbesondere sicherstellen soll, dass die finanziellen Angaben eines Unternehmens korrekt und zuverlässig sind. Traditionelle Prüfungsmethoden sind jedoch zeitaufwendig und ermöglichen regelmäßig die Analyse großer Datensätze nur in Stichproben. KI und ML bieten neue Möglichkeiten, diese Beschränkungen zu überwinden, indem sie die automatische Analyse großer Datenvolumen ermöglichen und tiefere Einblicke in finanzielle Transaktionen liefern. KI bezieht sich auf Systeme oder Maschinen, die menschliche Intelligenz nachahmen, um Aufgaben zu erfüllen und aus Erfahrungen zu lernen. ML ist ein Zweig der KI, der Algorithmen nutzt, um aus Daten zu lernen und Vorhersagen zu treffen. In der Wirtschaftsprüfung werden KI und ML eingesetzt, um bspw. die automatische Klassifizierung und Analyse von Finanztransaktionen vorzunehmen. Darüber hinaus dienen sie der Identifikation von Mustern, die auf reguläre Geschäftspraktiken hinweisen bzw. der Erkennung von Anomalien, die auf potenziellen Betrug (Fraud) oder Fehler (Error) hindeuten könnten.

KI lässt sich wie folgt systematisieren:[14]

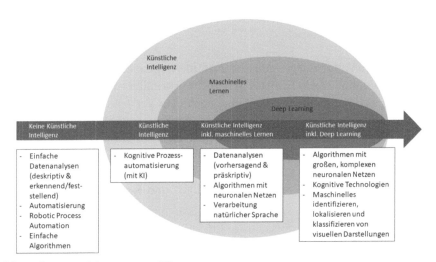

Abb. 1: Systematisierung von KI

---

14 Vgl. IDW Arbeitskreis „Technologisierung der Abschlussprüfung": Fragen und Antworten zur praktischen Anwendung von Automatisierten Tools und Techniken (ATT) im Rahmen der Abschlussprüfung, IDW Life 11/2020, S. 932.

Trotz des Potenzials von KI und ML stehen Wirtschaftsprüfer vor Herausforderungen bei der Implementierung dieser Technologien, einschließlich Datenqualität, Datenschutzbedenken und dem Bedarf an Fachwissen. Lösungsansätze umfassen die Entwicklung von Standards für die Datenverarbeitung, Investitionen in die Weiterbildung und die Schaffung ethischer Richtlinien für den Einsatz von KI.

Mit dem Gesetz über künstliche Intelligenz sollen innerhalb der Europäischen Union Leitlinien vorgegeben werden, die den Umgang mit KI normieren. Dabei sollen in Abhängigkeit von dem der jeweiligen KI beigelegten Risiko unterschiedliche Anforderungen gestellt werden. Das KI-Gesetz unterscheidet vier Kategorien:

- Unannehmbares Risiko
- Hochrisiko-KI-Systeme
- Allgemeine und generative KI
- Begrenztes Risiko

Anbieter müssen den jeweiligen Klassen entsprechende Sicherheits- und Transparenzanforderungen erfüllen. KI-Systeme, die ein unannehmbares Risiko darstellen, sind verboten, wenngleich Ausnahmen für den Bereich der Strafverfolgung vorgesehen sind.

Auch das IDW formuliert ethische Anforderungen, die mindestens menschliche Autonomie sowie Fairness und Nichtdiskriminierung umfassen.[15] Dabei zeichnet sich menschliche Autonomie nach dem Verständnis des *IDW PS 861 (03.2023)* insbesondere dadurch aus, dass „bei Einsatz von KI immer auch eine menschliche Entscheidungsfindung möglich ist, insb. dann, wenn die KI (bspw. durch Unterbreitung von Entscheidungsvorschlägen oder direkte Kommunikation) Einfluss auf menschliche Entscheidungen nimmt. Der Mensch muss über Möglichkeiten zur Steuerung der KI verfügen und Kontrolle über die KI ausüben können."[16]

Mit dem *IDW PS 861 (03.2023)* normiert das IDW weitere wesentliche Anforderungen an KI-Systeme.[17] Neben der Nachvollziehbarkeit des Outputs werden umfassende Anforderungen an die IT-Sicherheit, inklusive Vertraulichkeit, In-

---

15   Vgl. *IDW Prüfungsstandard: Prüfung von KI-Systemen (IDW PS 861 (03.2023))*, Rz. 15.
16   Vgl. *IDW PS 861 (03.2023)*, Rz. 15.
17   Vgl. *IDW PS 861 (03.2023)*, Rz. 17 ff.

tegrität, Verfügbarkeit, Autorisierung, Authentizität und Verbindlichkeit, formuliert. Ergänzend wird auch die Leistungsfähigkeit als Anforderung formuliert, um dem jeweiligen Einsatzgebiet der KI gerecht zu werden.

Lösungen wie ChatGPT von OpenAI sind der EU-Kategorie „Allgemeine und generative KI" zugeordnet.[18] Seit der Veröffentlichung dieser Web-App per 30. November 2022 haben sich bereits umfassende Einsatzmöglichkeiten gefunden. Entsprechend hat das IDW ein Support-Dokument zur Digitalisierung mit der Bezeichnung „ChatGPT: Funktionen, Chancen und Herausforderungen des Einsatzes für Wirtschaftsprüfer*innen" herausgebracht.[19] Dabei werden folgende Einsatzmöglichkeiten hervorgehoben:

- Texterstellung
- Themenfindung und Gliederungsvorschläge
- Zusammenfassung von Texten
- Hilfestellungen für Datenanalysen in Excel
- Erweiterte Datenanalysen
- Bildanalyse
- Bilderstellung

Sehr zu Recht zeigt das IDW Support-Dokument die Grenzen von ChatGPT auf. Insbesondere das sogenannte Halluzinieren ist eine ganz erhebliche Schwäche, da der Empfänger der ChatGPT-Auswertung dies mangels Quellenangaben nicht unmittelbar erkennen kann. Beim Halluzinieren publiziert ChatGPT eine scheinbar plausible Antwort, die tatsächlich aber inhaltlich falsch ist. Grund hierfür ist, dass die erstellten Texte lediglich auf Algorithmen unter Berücksichtigung von Wahrscheinlichkeiten basieren. Mithin stellt eine „halluzinierte" Antwort nichts anderes dar als die im konkreten Fall wahrscheinlichste Folge von Worten.

Ergänzend wird seitens des IDW auf eine weitere, erhebliche Schwäche verwiesen, die zeitliche Abgrenzung des Datenbestands. Obgleich aktuelle Versionen von ChatGPT durch eine Anbindung an das Internet auf dort publizierte Informationen zugreifen können, bindet das Modell im Kern lediglich Informationsstände bis zu einem bestimmten Zeitpunkt in der Vergangenheit ein. Dies führt dazu, dass die erstellten Antworten auf der Basis veralteter Informationen

---

18   Vgl. Europäisches Parlament, KI-Gesetz: erste Regulierung der künstlichen Intelligenz (online abrufbar unter europarl.europa.eu; letzter Abruf: 10.03.2024).

19   Online abrufbar im Mitgliederbereich des IDW unter idw.de/mein-idw; letzter Abruf: 10.03.2024.

erstellt sein können. Insbesondere dann, wenn aktuelle Entwicklungen, zum Beispiel im Rahmen eines Gesetzgebungsverfahrens, besondere Bedeutung haben, kann der Service schon dem Grunde nach keine sach- und fachgerechte Antwort liefern.

Insbesondere aufgrund der durch das IDW zutreffend beschriebenen Nachteile eignen sich ChatGPT und vergleichbare LLM nicht für die Erstellung fachlicher Stellungnahmen. Auch bei der für eine fachliche Ausarbeitung notwendigen Recherchearbeit führt ChatGPT zu kritischen Ergebnissen. So liefert der Dienst auf die Aufforderung „Erstelle ein Literaturverzeichnis zum Thema ‚Bilanzierung von Pensionsrückstellung nach HGB‘“ zwar ein Verzeichnis, das vordergründig der Anforderung entspricht. Tatsächlich aber werden sowohl veraltete Quellen (zeitliche Begrenzung des Datenbestands) als auch frei erfundene Quellen (Halluzinieren) aufgeführt.

Ein weiterer Aspekt, der bei der Nutzung von LLM zu beachten ist, ist die Qualität der Trainingsdaten. So wurde das im Herbst 2023 publizierte LLM Grok von xAI auch auf der Basis der Publikationen auf der Plattform X (zuvor: Twitter) trainiert.[20] Unter Berücksichtigung der üblichen Anwendungsfälle eines Kurznachrichtendienstes ist zu hinterfragen, ob ein mittels Tweets lernendes System zu sachgerechten Ergebnissen führen kann.

Aufgrund dieser sehr erheblichen Schwächen sind LLM in den aktuell verfügbaren Versionen lediglich für die Erstellung einfacher, wenig fachlicher Texte wie Blogbeiträge oder Newsletter verwendbar. Selbst die Erarbeitung von Themen oder Gliederungen für Vorträge oder Aufsätze ist nur begrenzt ein Anwendungsfeld.

Auch durch die Einbindung von aktuellen Literaturquellen oder Mandanteninformationen lassen sich die beschriebenen Schwächen nicht umgehen. Zum einen wird der Upload von Litertaturquellen regelmäßig eine Verletzung von Urheberrechten darstellen. Darüber hinaus würde eine Einbindung von Mandantendaten ein Verstoß gegen den Grundsatz der Verschwiegenheit bedeuten und ist damit zwingend zu vermeiden. Sollte es sich um personenbezogene Daten handeln, läge ergänzend ein Verstoß gegen die DSGVO vor.

---

20   Vgl. Handelsblatt 28/2024 vom 08.02.2024, S. 30.

Bereits im Juli 2023 wies das BSI auf eine besondere Gefahr im Zusammenhang mit Sprachmodellen wie ChatGPT hin. Mittels sogenannter Indirect Prompt Injections könnten Angreifer Sprachmodelle so manipulieren, dass diese beispielsweise[21]

- den Nutzer des Service auffordern, einen Link zu öffnen, der wiederum zu bösartigen Instanzen führt, vergleichbar einer kompromittierten E-Mail, oder
- selbsttätig weitere Plugins aufrufen, die einen Zugriff auf E-Mail-Accounts eröffnen.

Damit bedarf es bei dem Einsatz von ChatGPT (und anderen LLM) einschließlich Add-ins neben einer berufsrechtlichen Beurteilung auch einer IT-sicherheitstechnischen Einschätzung durch die Wirtschaftsprüferpraxis.

Um auf Teile der vorgenannten Kritik zu reagieren, eignet sich die Anwendung einer Kombination von Techniken, die unter dem Begriff Retrieval Augment Generation (RAG) zusammengefasst werden.

RAG ist eine Technologie, die auf der Synergie von Informationsabruf (Retrieval) und Datenverarbeitung (Generation) basiert. Sie nutzt maschinelles Lernen und KI, um aus großen Datenmengen relevante Informationen zu extrahieren und darauf basierend präzise Analysen und Prognosen zu erstellen.

RAG-Technologien basieren auf komplexen ML-Modellen (Machine-Learning-Modellen), insbesondere auf neuronalen Netzwerken. Diese Modelle lernen aus großen Datensätzen, um Muster und Beziehungen zu erkennen. Natural Language Processing (NLP) ist ein entscheidender Bestandteil von RAG, da es die Verarbeitung und Interpretation menschlicher Sprache ermöglicht. Durch Techniken wie Text Mining, Sentiment-Analyse und Spracherkennung können RAG-Systeme Inhalte generieren, die menschlicher Kommunikation ähneln.

Die Kernelemente von RAG umfassen den Informationsabruf, der sich auf die Fähigkeit des Systems bezieht, relevante Informationen aus einer Datenbank oder einem Korpus von Daten zu extrahieren. Dies erfordert fortschrittliche Algorithmen, die relevante von irrelevanten Daten unterscheiden können. Für den

---

21   Vgl. Bundesamt für Sicherheit in der Informationstechnik (BSI), Indirect Prompt Injections – Intrinsische Schwachstelle in anwendungsintegrierten KI-Sprachmodellen, CSW-Nr. 2023-249034-1032, Version 1.0, 18.07.2023 (online abrufbar unter bsi.bund.de; letzter Abruf: 10.03.2024).

Berufsstand von besonderem Interesse sind dabei Datenbanken mit Urteilen, Literaturbeiträgen (inklusive Kommentierung), Fachdatenbanken, publizierte Standards, Gesetzesquellen und Fachvorträgen. Aber auch die Textsammlung der internen Dokumentmanagementsysteme der Wirtschaftsprüfungspraxis kann eine ergiebige Quelle für den Einsatz von RAG sein.

Die aus diesen Quellen extrahierten und in einem fachlichen Kontext zueinander gestellten Informationen sind sodann zu verarbeiten und für die Ausgabe an den User aufzubereiten. Daher erfolgt nach dem Abruf die Verarbeitung der Daten. Hier werden die extrahierten Informationen genutzt, um neue Inhalte zu generieren. Dies kann von einfachen Antworten auf Anfragen bis hin zur Erstellung komplexer Dokumente reichen.

Vereinfachend kann die Funktionsweise von RAG wie folgt dargestellt werden:

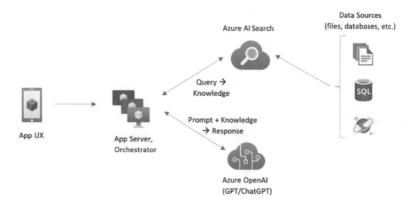

Abb. 2: RAG inkl. Azure AI Search[22]

RAG hat wesentlich zur Entwicklung fortschrittlicher Sprachmodelle beigetragen. Durch die Integration von Retrieval-Methoden können diese Modelle präzisere und kontextbezogenere Antworten generieren. Ein Beispiel hierfür ist die Verbesserung von Chatbots und virtuellen Assistenten, die durch RAG in der Lage sind, komplexe Anfragen effizienter zu bearbeiten.

---

22   Quelle: learn.microsoft.com/en-us/azure/search/media/retrieval-augmented-generation-overview/ architecture-diagram.png#lightbox ; letzter Abruf: 23.01.2024.

Ein weiteres wichtiges Anwendungsgebiet von RAG ist die automatisierte Content-Erstellung. Fachpublizistische Anwendungen, Content-Generierung für Websites und personalisierte Werbetexte der WP-Praxis sind nur einige Beispiele. RAG ermöglicht es, relevante Informationen schnell zu identifizieren und in kohärente, ansprechende Texte umzuwandeln.

Die Tätigkeit des Wirtschaftsprüfers zeichnet sich insbesondere durch die Verarbeitung komplexer Informationen aus multiplen Quellen im Kontext der mandatsbezogenen Fragestellungen aus. Die Automatisierung des Informationsabrufs, der inhaltlichen Vorselektion und der Kombination unterschiedlichster Datenquellen wird zu einer ganz erheblichen Zeitersparnis führen und damit die Effizienz der beruflichen Tätigkeit sehr deutlich verbessern. Dabei wird insbesondere der Research mittels RAG zu einer signifikanten Verbesserung der Treffergenauigkeit führen, mithin ermöglicht RAG eine genauere und tiefere Analyse von multiplen Datenquellen, was zu präziseren Ergebnissen führt. Dazu gehört auch die Sammlung und Verbreitung von branchenspezifischem Wissen und Best Practices innerhalb der Organisation (Wissensmanagement).

RAG bietet neue Wege der digitalen Innovation in der Wirtschaftsprüfung, indem RAG unmittelbar in bestehenden Systemen der WP-Praxis, insbesondere Prüfungssysteme, integriert wird. Durch die verbesserte Erkennung beispielsweise von Anomalien und Mustern kann RAG zur effektiveren Risikobewertung und -minderung beitragen. Dazu gehört auch die Förderung von datengetriebenen Entscheidungen. Mithin unterstützt RAG die Entwicklung von Entscheidungsprozessen, die auf Daten und Analysen basieren.

Insgesamt stellt RAG eine transformative Technologie dar, die den Berufsstand der Wirtschaftsprüfer durch Innovation und fortschrittliche Analytik bereichert.

2.5 Metaversum

Während die bislang betrachteten Technologien weitestgehend schon für die praktische Anwendung im Arbeitsalltag der Wirtschaftsprüferpraxen geeignet sind, befindet sich die Entwicklung des Metaversums noch in einem Stadium, das einen Nutzen stiftenden Einsatz in vollem Umfang erst in der Zukunft erwarten lässt. Dabei soll das Marktvolumen des Metaversums bereits im Jahr 2030

einen Umfang von bis zu 800 Milliarden US-Dollar erreichen[23], mithin innerhalb des aktuellen Jahrzehnts für die Weltwirtschaft eine wesentliche Bedeutung
erlangen. Entsprechend muss sich auch der Berufsstand der Wirtschaftsprüfer
hiermit auseinandersetzen. Der IDW Fachausschuss „Trendwatch" erarbeitet
daher ein Papier hierzu.[24]

Das Metaversum ist eine virtuell geschaffene Realität, die es den Benutzern erlaubt, in Echtzeit miteinander zu interagieren und in der virtuellen Welt ein
gewisses Maß an Lebenswirklichkeit zu entfalten, bis hin zum Erwerb von Gütern, wie beispielsweise Grundstücken, in der virtuellen Welt des jeweiligen
Anbieters. Durch die Einbindung der Realität umfasst das Metaversum sowohl
Elemente der Virtual Reality (VR) als auch der Augmented Reality (AR). Um
die virtuellen Welten des Metaversums funktional verwendbar zu halten, bedarf
es künstlicher Intelligenz, sodass insbesondere unterschiedliche Datenquellen
zusammengeführt und genutzt werden können. Darüber hinaus dient sie der
realitätsnahen Abbildung menschlicher Regungen der Nutzer, beispielsweise
durch Bewegungs- und Mimikerkennung. Nicht zuletzt die Schaffung virtuellen Eigentums im Metaversum bedingt die Verwendung von Blockchain-Technologie. Dabei werden Eigentumsverhältnisse konkret mittels sogenannter Non
Fungible Tokens (NFT) dargestellt.[25] Die vorgenannten Technologien ermöglichen es den Nutzern, durch digitale Avatare in einer dreidimensionalen Welt
zu interagieren.

Die Einsatzmöglichkeiten für das Metaversum bei Wirtschaftsprüfungsunternehmen erstrecken sich auf folgende Themenbereiche.

Die wichtigste und zugleich sehr knappe Ressource für Wirtschaftsprüfungspraxen sind die Mitarbeitenden. Aufgrund der großen Nachfrage nach hoch-
qualifiziertem Personal einerseits und des sich tendenziell verknappenden
Angebots andererseits kommt es bei der Mitarbeitergewinnung insbesondere
darauf an, dass der potenzielle Arbeitgeber sich maximal vorteilhaft präsentiert.
Hier bietet das Metaversum die Möglichkeit einer vollkommen neuen Interaktion mit Interessierten. So können Arbeitswelten umfassender, praxisnäher und
damit erlebbarer dargestellt werden. Durch ein „Durchwandern" des virtuellen

---

23   Vgl. Höfler/Krolle, Was hinter dem Metaverse-Hype steckt, Handelsblatt (Online-Ausgabe) vom
     23.02.2023 (online abrufbar unter handelsblatt.com; letzter Abruf: 02.03.2024).
24   Bei Redaktionsschluss zu diesem Band in Vorbereitung.
25   Vgl. Brown/Shin/Kim: Will NFTS be the best digital asset for the Metaverse? (online abrufbar unter
     aisel.aisnet.org; letzter Abruf: 10.03.2024).

Bewerbertreffpunkts des potenziellen Arbeitgebers kann dieser beispielsweise auf virtuelle Weise Themenräume und Kennenlernmeetings mit bestehenden Mitarbeitenden organisieren. Bei weltweit tätigen Organisationen werden dabei geografische Grenzen durchbrochen und dem potenziellen Arbeitnehmer das gesamte Spektrum der Arbeitswelt aufgezeigt. Die Employee Journey beginnt damit mit dem ersten Moment, der ersten Kontaktaufnahme. Diese setzt sich sodann im Rahmen des bestehenden Arbeitsverhältnisses fort. Dabei dient das Metaversum beispielsweise der Schulung von Mitarbeitenden und insbesondere als Ort der Kollaboration zwischen den Mitarbeitenden quer durch die Organisation und entsprechend den Bedürfnissen des jeweiligen Projekts. Da sich die Zusammenarbeit nicht auf konkret vereinbarte 2D-Meetings in Videokonferenzen beschränkt, sondern vielmehr dauerhaft im dreidimensionalen Metaversum vorgehalten wird, wird die Kollaboration zwischen den Beteiligten deutlich intensiviert, zeitlich flexibler und kann sich inhaltlich stärker an der jeweils zu bearbeitenden Problemstellung orientieren. Statt des fachlichen Austauschs bei mitunter zufälligen Treffen, finden künftig im Metaversum Ad-hoc-Meetings im virtuellen Besprechungsraum statt. Dabei werden die Gesprächspartner, wie bei Treffen in der realen Welt, auch auf Mimik und Körpersprache achten und reagieren können. Dies geht sehr deutlich über die Möglichkeiten, die beispielsweise eine Videokonferenz bietet, hinaus.

Auch den Geschäftspartnern der Wirtschaftsprüfungsunternehmen werden entsprechende Begegnungsmöglichkeiten eröffnet, sodass auch für das Kundenerlebnis (Customer Journey) eine Virtualisierung physischer Treffen möglich sein wird. Dabei geht es nicht ausschließlich um eine Transformation physischer Kundenbegegnungen in virtuellen Formaten. Vielmehr eröffnet die nicht materielle Welt den Vorteil einer deutlich höheren Flexibilität, beispielsweise in der Art und Weise der Berichterstattung seitens des Wirtschaftsprüfers. Finanzwirtschaftliche Zusammenhänge und Ausprägungen können anschaulich durch dreidimensionale Grafiken, Bilder und Übersichten, die gegebenenfalls durch künstliche Intelligenz erzeugt wurden, dargestellt werden.

Darüber hinaus lassen sich in der virtuellen Welt praktische Probleme der realen Welt überwinden. So werden sprachliche Barrieren durch Simultanübersetzungen im Metaversum gänzlich abgebaut. Auch kulturelle Unterschiede, die im Zweifel zu Missverständnissen und Fehlinterpretationen führen, werden durch entsprechende Filter und Live-Coaching durch Konferenz-KI eliminiert. Die Namen der Teilnehmer (oder ihrer Avatare) werden genauso transparent verfügbar sein wie etwaige Fachinformationen, die automatisiert den Agierenden zur Verfügung gestellt werden.

Diese qualitativ hochwertigen virtuellen Meetings werden zu einer weiteren Abnahme von Geschäftsreisen führen. Dies entlastet nicht nur die Reisebudgets der Unternehmen. Vielmehr kann die Verwendung von Metaversum-Technologie Teil der ESG-Strategie der Wirtschaftsprüfungsgesellschaft sein.

Des Weiteren wird mit Fortschreiten der Qualität und damit der Nachfrage nach Instanzen im Metaversum die Wirtschaftsprüfung ihren Geschäftspartnern zusätzliche Beratungsleistungen anbieten können. Bereits heute eröffnen wenige größere Häuser eine Beratung mit der Einführung von Metaversum-Technologie bei ihren Geschäftspartnern. Dabei umfasst das Angebot den vollständigen Projektzyklus von der Konzeption bis zur Einführung.

Umfassen diese Dienstleistungen heute insbesondere auch technische und konzeptionelle Unterstützung, so ist davon auszugehen, dass in der Zukunft insbesondere Fragen der Wirtschaftlichkeit unter Einbindung des Wirtschaftsprüfers untersucht werden. Hier geht es konkret um die Frage, ob der Aufbau eigener Einrichtungen im Metaversum für Unternehmen und ihr Geschäftsmodell von Vorteil ist. Bei den sehr erheblichen Möglichkeiten zur Verbesserung der Customer Journey durch das Metaversum werden sich insbesondere Onlinehändler mit der Verlagerung ihres Angebotes aus dem zweidimensionalen Internet in die dreidimensionale Welt des Metaversums beschäftigen müssen. Dies führt ganz zwangsläufig zur Einbindung des Wirtschaftsprüfers, nicht zuletzt auch hinsichtlich der Abbildung getätigter Investitionen in Vergangenheits- und Zukunftstechnologien in der Rechnungslegung und der Berichterstattung des betreuten Unternehmens.

Auch wenn die Verwendung von Blockchain-Technologie an sich schon mit einem hohen Maß an Sicherheit verbunden ist, wird es in der virtuellen Welt des Metaversums Bedarf für Vertrauensdienstleistungen des Wirtschaftsprüfers geben. Damit einher gehen insbesondere auch Leistungen im Bereich Cyber Security, um die Verlässlichkeit in die Plattformtechnologie und die zwischen den Parteien virtuell vereinbarten Transaktionen sicherzustellen.

3   Digitale Transformation als strategische Notwendigkeit

In einer sich ständig wandelnden Wirtschaftslandschaft ist die digitale Transformation für den Berufsstand der Wirtschaftsprüfer nicht nur eine Option, sondern eine strategische Notwendigkeit. Die vorstehenden Ausführungen haben gezeigt, dass das Institut der Wirtschaftsprüfer unter der Leitung von Klaus-Peter Naumann in der Vergangenheit bereits wesentliche Entwicklungen, soweit durch einen Berufsverband leistbar, aufgegriffen hat. Losgelöst davon muss der einzelne Marktteilnehmer die eigene Unternehmensstrategie auf die hinreichende Berücksichtigung vorstehender und insbesondere künftiger Entwicklungen überprüfen.

Nach dem Grundsatz „Culture eats strategy for breakfast"[26] bedarf die strategische Ausrichtung der Wirtschaftsprüferpraxis einer Analyse des Selbstverständnisses und der Unternehmenskultur, insbesondere in Bezug auf Offenheit für neue Entwicklungen und damit zusammenhängend die Bereitschaft, bestehende Prozesse, Produkte und Dienstleistungen, Kommunikationswege und die Art und Weise der Zusammenarbeit zwischen den am Unternehmen Beteiligten, den Mitarbeitenden, den Mandanten und weiteren Geschäftspartnern zu überdenken. Hierzu gehört auch die Beantwortung der Frage, ob das Unternehmen als First Mover neue Technologien ausprobieren und in den beruflichen Lebensalltag integrieren möchte oder einen ausgereiften, durch andere Marktteilnehmer hinreichend verifizierten Entwicklungsstand abwartet. Während die erste Option im Falle des Erfolgs zu First Mover Advantages und damit zu Alleinstellungsmerkmalen führen kann, ist mit ihr aber eben auch nicht ausgeschlossen, dass Fehlinvestitionen in nennenswertem Umfang getätigt werden. Diesem Risiko sind technologische Follower eher nicht ausgesetzt. Allerdings könnte die Marktposition durch eine späte digitale Transformation nachhaltig geschwächt werden. Tatsächlich werden sich insbesondere die größeren Marktteilnehmer eine verspätete Einführung digitaler Innovationen kaum erlauben können, da die unmittelbaren Wettbewerber bereits heute erhebliche Mittel in diesem Bereich eingesetzt haben. Es ist nicht ausgeschlossen, dass hierdurch eine weitere Spaltung des ohnehin stark segmentierten Marktes erfolgt.

---

26   Vgl. Peter Drucker; siehe im Kontext der Digitalisierung Burchardt/Maisch: Digitalization needs a cultural change – examples of applying Agility and Open Innovation to drive the digital transformation, Procedia CIRP, Vol. 84, p. 112-117 (online abrufbar unter https://doi.org/10.1016/j.procir.2019.05.009; letzter Abruf: 10.03.2024).

Losgelöst von normativen Vorgaben für das ESG-Reporting von Unternehmen haben sich Wirtschaftsprüfungsgesellschaften die Frage nach ihrer nachhaltigen Ausrichtung zu stellen. Aufgrund der hohen Bedeutung der Jahresabschlussprüfung für die Funktionsfähigkeit einer Volkswirtschaft ist „Purpose" zwar Teil des Geschäftsmodells von WP-Praxen. Gleichsam erwarten beispielsweise potenzielle Arbeitnehmer auch von den Häusern eine ausdrückliche Auseinandersetzung mit dem Thema Nachhaltigkeit. Digitalisierung kann dabei eine wichtige Rolle spielen – von der Erhebung ESG relevanter Daten über deren Auswertung und die Ableitung durchzuführender Maßnahmen bis hin zur gesetzeskonformen Berichterstattung. Dies zahlt ganz unmittelbar auf die Arbeitgebermarke der einzelnen Häuser ein und kann hierdurch die Positionierung auf dem Beschaffungsmarkt bei deutlichem Fachkräftemangel verbessern.

Darüber hinaus erwarten Arbeitnehmer ein hohes Maß an Flexibilisierung der Mitarbeit in zeitlicher und örtlicher Hinsicht durch entsprechende Angebote des Arbeitgebers. Die zeitliche Flexibilität der Arbeitswelt bedingt eine durchgängige Bereitstellung des Arbeitsplatzes. Dies geht nur, wenn der Arbeitgeber dies durch eine digitale Infrastruktur, die neben der Bereitstellung mandatsbezogener Daten auch den Zugriff auf digitale Bibliotheken sowie die Eröffnung synchroner und asynchroner Kommunikationsmedien umfasst, ermöglicht. Hiermit geht unmittelbar die örtliche Flexibilisierung, die ein Arbeiten im betrieblichen Umfeld, im Homeoffice oder die Kombination von Urlaub und Arbeit („Workation"[27]) ermöglicht, einher. Dabei ist die Funktionalität und Ergonomie des örtlich flexiblen Arbeitens ebenso zu gewährleisten wie die Sicherheit der verarbeiteten Informationen vor unberechtigtem Zugriff Dritter. Durch die Flexibilisierung im beschriebenen Sinne wird die WP-Praxis in die Lage versetzt, auch überregional nach qualifiziertem Personal zu suchen und dieses einzubinden. Mithin kann eine Ausweitung des geografischen Arbeitsmarktes erreicht werden.

Generell kann die Digitalisierung das externe Wachstum von Wirtschaftsprüfungsunternehmen in geografischer Hinsicht sehr deutlich unterstützen und vereinfachen. Externe Wachstumsschritte bedingen immer das Zusammenführen unterschiedlicher Organisationen mit ihren jeweiligen Kulturen, Prozessen und strategischen Zielrichtungen. Um nicht bei dem Status eines Netzwerks stehen zu bleiben, sondern echte Integration herbeizuführen, muss für die Mitarbeitenden das gemeinsame Unternehmen erlebbar sein. Digitale Formate, wie

---

27 Vgl. bspw. Haufe Online Redaktion, Homeoffice und Workation: Was Arbeitgeber wissen müssen, News vom 29.07.2022 (online abrufbar unter haufe.de; letzter Abruf: 10.03.2024).

beispielsweise monatliche digitale Jour Fixes mit der Unternehmensleitung für alle Mitarbeitenden oder die digitalisierte Bereitstellung von Unternehmensmerchandise, zahlen auf einen erfolgreichen Integrationsprozess post Merger ein.

Jedes Unternehmen sollte klar definieren, wer der Adressat der eigenen Produkte und Dienstleistungen ist. Mithin sind die Zielmandate klar zu definieren, um die strategische Ausrichtung entsprechend vorzunehmen. Digitalisierung spielt bei der Bedienung der Zielmandate und des für sie definierten Leistungsportfolios eine große Rolle. Versteht sich der Anbieter primär als Boutique für wenige Spezialbereiche, in der eine manufakturähnliche Erarbeitung von Lösungen im Mittelpunkt steht, so wird die Digitalisierung im Bereich des Wissens- und Informationsmanagements zur Anwendung kommen. Bei dieser Art von Dienstleistungen wird insbesondere die Kreativität des Wirtschaftsprüfers sowie dessen empathische Fähigkeiten zur Identifikation der Bedarfe seines Mandanten relevant sein. Digitale Systeme dienen hier eher dem Support der Lösungsfindung durch den Wirtschaftsprüfer und weniger der Verarbeitung eines Geschäftsvorfalls. Entsprechende Anwendungsbeispiele wurden oben aufgeführt.

Richtet sich das Dienstleistungsportfolio des Wirtschaftsprüfungsunternehmens hingegen an der Verarbeitung von vergleichbaren, massenhaft auftretenden Geschäftsvorfällen, wie beispielsweise der Verarbeitung von Absatztransaktionen im Onlinehandel, aus, bedarf es einer vollständigen Digitalisierung und Automatisierung des Geschäftsprozesses, inklusive Maßnahmen zur Qualitätssicherung. Menschliche Fähigkeiten werden hier bei der Erarbeitung des konkreten digitalen Geschäftsprozesses benötigt. Ist dieser eingerichtet, stehen die menschlichen Fähigkeiten eher im Hintergrund.

Digitalisierung eröffnet darüber hinaus die Möglichkeit für den Berufsstand, neue Dienstleistungen zu entwickeln und am Markt anzubieten. Wie bereits ausgeführt hat das Institut der Wirtschaftsprüfer mit dem *IDW PS 861 (03.2023)*[28] einen Prüfungsstandard publiziert, der die Prüfung von Systemen künstlicher Intelligenz umfassend darstellt. Gleichzeitig werden Mindestanforderungen an verlässliche KI-Systeme definiert, die dem Prüfenden als Soll-Maßstab dienen. Die Zertifizierung solcher Systeme nach dem vorgenannten Prüfungsstandard dient der Stärkung des Vertrauens der Marktteilnehmer und wird insbesondere

---

28   Vgl. *IDW PS 861 (03.2023)*, Fn 15.

für die Hersteller einen großen Nutzen stiften, da sie ihren Kunden eine unabhängige Beurteilung bietet und damit Informationsasymmetrien reduziert.

Neben diesen Assurance-Leistungen besteht bei vielen Unternehmen großer Bedarf bei der Unterstützung in Bezug auf die IT-Sicherheit. Besonders ist hierbei, dass die Wirtschaftssubjekte in hohem Maße auf die Seriosität und Verschwiegenheit der IT-Sicherheitsdienstleister vertrauen müssen. Mithin müssen die Qualitätssicherungssysteme des IT-Sicherheitsdienstleisters sowohl bei der Auswahl des Personals, bei der Umsetzung der Projekte als auch bei der Abwicklung der Geschäftsprozesse im Dienstleistungsunternehmen greifen. Wirtschaftsprüfungsunternehmen kennen sich mit derart hohen Anforderungen an die Qualität in ihren Häusern schon aufgrund der normativen Vorgaben für ihre Berufsausübung aus.

Dementsprechend kann die WP-Praxis von der Unterstützung bei der Auswahl externer Dienstleister über deren Überwachung im Rahmen von IT-Sicherheitsprojekten bis hin zur selbsttätigen Erbringung von IT-Sicherheitsdienstleistungen für ihre Mandanten tätig sein. Insbesondere die Erweiterung des eigenen Dienstleistungsportfolios im zuletzt genannten Sinne bedingt natürlich ein hohes Maß auch an technischem Know-how, das in dieser Form typischerweise in Beratungshäusern des Berufsstands nicht zu finden ist. Daher bietet sich hier eine intensive Zusammenarbeit zwischen verschiedenen Branchenteilnehmern an. Auch die nachhaltige Kooperation mit qualitätsgesicherten IT-Beratungshäusern kann ein Weg für die Eröffnung dieser Dienstleistung sein. Unabhängig davon, welchen Weg das jeweilige Haus einschlägt, werden Mandanten zu Recht Lösungen von ihrem Wirtschaftsprüfer erwarten und ein Zuwarten oder sogar Verschließen vor diesen Themen erscheint nicht sachgerecht.

Unternehmen sehen sich nach wie vor der Herausforderung ausgesetzt, dass in ihren Organisationen in erheblichem Umfang Daten anfallen, die jedoch nicht strukturiert aufbereitet, ausgewertet und analysiert werden, inklusive der Ableitung entsprechender Maßnahmen. Wirtschaftsprüfer sind aufgrund ihrer Ausbildung mit genau den Fähigkeiten ausgestattet, die für die Datenanalyse notwendig sind. Daher bietet sich die Durchführung komplexer Datenanalysen nicht ausschließlich im Rahmen der Jahresabschlussprüfung an. Vielmehr sollten diese digitalen Prozesse für die Erweiterung des Dienstleistungskatalogs in Richtung Business Intelligence verwendet werden.

Regelmäßig benötigen Mandanten von Wirtschaftsprüfern Unterstützung über die nationalen Grenzen hinweg. Aus diesem Grund gehören viele Wirtschaftsprüfungspraxen internationalen Netzwerken vergleichbar aufgestellten Häuser an. Um für den Mandanten eine homogene Customer Experience zu gewährleisten, sollte Digitalisierung international gedacht und in Abstimmung mit den Netzwerkpartnern betrieben werden. Regelmäßig vorteilhaft wird hierbei auch sein, dass auf das Wissensportfolio unterschiedlicher Organisationen zugegriffen und dieses kombiniert werden kann. Auch das Teilen von finanziellen Ressourcen im Rahmen gemeinsamer Entwicklungsprojekte kann sinnvoll sein. Lediglich die bestehenden legislativen Unterschiede in den verschiedenen Jurisdiktionen erschweren die Zusammenarbeit bei Digitalisierungsprojekten. Auch muss zwischen den Beteiligten das rechtliche Eigentum an den entstehenden immateriellen Gütern geregelt werden.

Wirtschaftsprüfungsunternehmen sind wirtschaftlich agierende Einheiten. Daher ist es für das Management und die Anteilseigner von großer Bedeutung, dass hinreichende finanzielle Transparenz gewährleistet ist. Dabei kann den finanzwirtschaftlichen Informationen nur dann Relevanz beigemessen werden, wenn die bereitgestellten Daten empfängerorientiert aufbereitet, verlässlich und richtig sind sowie zeitgerecht zur Verfügung gestellt werden. Die vorhergehenden Ausführungen zu Technologien, die im Rahmen kontinuierlicher Prüfungsansätze zur Anwendung kommen können, sind ebenfalls geeignet, um in der Wirtschaftsprüfungspraxis selbst eingesetzt zu werden. Dabei können die Daten des ERP-Systems an entsprechende Datenanalyse-Tools angebunden werden.

4 Herausforderungen und Grenzen der Digitalisierung

Während die Digitalisierung entscheidende Vorteile für den Berufsstand der Wirtschaftsprüfer bietet, bringt sie auch signifikante Herausforderungen und Grenzen mit sich. Diese müssen sorgfältig adressiert werden, um die Potenziale der Digitalisierung vollständig ausschöpfen zu können.

Zum einen stellen sich besondere Herausforderungen bei der Implementierung digitaler Technologien. Hierunter zu subsumieren ist insbesondere das Problem der technologischen Komplexität. Während Wirtschaftsprüfer eine umfassende berufsspezifische Ausbildung erhalten, stehen weiterhin technologische Aspekte nicht im Vordergrund der Ausbildung. Infolgedessen fehlt es konzeptionell an dem spezialisierten Wissen und den Fähigkeiten, die notwendig sind, um fortschrittliche Technologien wie RAG zu integrieren. Obgleich die Einbindung externer Dienstleister Know-how-Bedarfe auf Ebene von Basistechnologien zu bedienen vermag, bedarf es dennoch entsprechenden Wissens beim Wirtschaftsprüfer selbst, um die Anwendung dieser Möglichkeiten konzeptionell aufzubereiten, inhaltlich vorzubereiten und letztlich in die Arbeitsprozesse der Wirtschaftsprüfungspraxis zu integrieren. Hierzu gehört auch die Notwendigkeit, die Mitarbeitenden ebenfalls entsprechend zu schulen und weiterzubilden. Mangels standardisierter und an dem beruflichen Bedarf orientierter Trainingsangebote ergibt sich mitunter die Notwendigkeit für die WP-Praxis, eigene Angebote zu erstellen und durch Innovations-Scouts oder Digitalisierungsmanager[29] in der eigenen Organisation zu implementieren. Insbesondere die an konkreten Fallstudien ausgerichteten Anwendungsbeispiele tragen dabei zu einer Verbesserung des Verbreitungsgrads bei.

Weitere Herausforderungen ergeben sich aus den gesetzlichen Vorgaben, die im Rahmen der beruflichen Tätigkeit von Wirtschaftsprüfern zu berücksichtigen sind. Insbesondere der Berufsgrundsatz der Verschwiegenheit bedingt eine wohlüberlegte Einbindung moderner Technologien. Aufgrund der Skalierbarkeit und der sich hieraus ergebenden Vorteile nimmt beispielsweise die Anzahl Cloud- und Web-basierter Applikationen sehr deutlich zu. Damit werden zwangsläufig die Informationen, die in der Wirtschaftsprüferpraxis verarbeitet werden, den Betreibern der Cloud-Infrastruktur zumindest temporär, im Rahmen der Verarbeitung, zur Kenntnis gebracht. Die Vorgaben nach § 203 Strafgesetzbuch sowie § 50a WPO sind dabei zwingend zu berücksichtigen.[30] Da diese gesetzlichen Vorgaben und Verstöße gegen sie mit persönlichen Sanktionen verbunden sind, zeigt sich in der Praxis mitunter, dass die Einwilligung der Service Provider nicht selbstverständlich ist.

Wie das Beispiel der Indirect Prompt Injections zeigt, bedingen neue Technologien neue Risiken für die ungewollte und nicht gesetzeskonforme Offenbarung von Berufsgeheimnissen aufgrund von Datenlecks und Cyberangriffen. Aus diesem Grund muss ein Teilprojekt der digitalen Transformation sich mit diesen besonderen technologischen Risiken zwingend beschäftigen und Lösungsansätze erarbeiten. Da ganz regelmäßig mit Cyber-Angriffen eine Interaktion durch den Anwender der Applikationen zu beobachten ist, gehört hierzu insbesondere auch eine Sensibilisierung der Anwender und nicht ausschließlich der Versuch, durch technologische Hürden Cyber-Kriminellen vorzubeugen. Dabei

---

29 Vgl. Blum/Reuter, WPg 19/2023, S. 1082 ff.
30 Vgl. Fn. 10.

gilt auch hier das Postulat einer steten Unterweisung der Applikationsanwender statt einer einmaligen Aufklärung.

Neben den berufsrechtlichen Vorgaben sind natürlich auch die gesetzlichen Regelungen der Datenschutzgrundverordnung zu gewährleisten. Sollten aufgrund der Anwendung neuer Technologien personenbezogene Daten, die ganz regelmäßig in der Berufspraxis der Wirtschaftsprüfer anfallen, Dritten offenbart werden, sind entsprechende Konsequenzen zu ziehen. Hierzu gehört insbesondere die Information der Betroffenen und gegebenenfalls des jeweiligen Landesdatenschutzbeauftragten. Darüber hinaus können Bußgelder gegen den Berufsangehörigen verhängt werden.

Als weitere Dimension ist die Wahrung des Urheberrechts bei der Anwendung innovativer Technologien zu untersuchen. Der Upload von Literatur, die nicht frei verfügbar ist, in Plattformen wie beispielsweise ChatGPT wird ganz regelmäßig mit den Rechten des Verfassenden kollidieren und ist daher nicht ohne Weiteres zulässig. Auch eine Anbindung von Informationen aus fachspezifischen Datenbanken an RAG-Systeme bedarf der Verifikation anhand der Nutzungsvereinbarung mit dem Datenbankprovider. Dagegen dürfte die Verwendung von im Internet publizierten Urteilen sowie Stellungnahmen der Finanzverwaltung oder anderer öffentlicher Institutionen und uneingeschränkt zur Verfügung gestellter Beiträge auf fachlichen Plattformen zulässig sein.

Über die rechtlichen Herausforderungen hinaus sehen sich die Berufsangehörigen sehr deutlichen finanziellen Hürden ausgesetzt. Dabei hängt die konkrete Ausgestaltung insbesondere von der klassischen Entscheidung über den Einkauf beziehungsweise die eigene Entwicklung ("make-or-buy") digitaler Lösungen ab. Doch selbst wenn eine eigene Entwicklung nicht durchgeführt wird, sind hohe Anfangsinvestitionen für die Implementierung digitaler Systeme zu finanzieren. Dies umfasst eben auch die bereits adressierte Aus- und Fortbildung der Mitarbeitenden der Wirtschaftsprüfungspraxis. Des Weiteren bringt die Aufrechterhaltung der digitalen Infrastruktur erhebliche Maintainance-Kosten mit sich. Hierzu zählen auch die zeitabschnittbezogenen Lizenzzahlungen an die Anbieter solcher Systeme. In der jüngeren Vergangenheit konnten für besonders relevante Systeme sehr deutliche Preissteigerungen beobachtet werden.

Durch die beschriebenen Vorteile der Digitalisierung werden die Wirtschaftsprüferpraxen bei einer konsequenten Umsetzung und Anwendung dennoch profitieren. Eine halbherzige Projektierung wird hingegen zu Mehrkosten, aber nicht zu zusätzlichem Nutzen führen. Eine Erfolgskontrolle auch im weiteren Verlauf ist daher zwingend notwendig, um die ökonomischen Vorteile zu verifizieren und zu sichern.

Grenzen der Digitalisierung werden hier insbesondere in drei Teilbereichen gesehen. Zum einen führen digitale Systeme ausschließlich dann zu verwendbaren Ergebnissen, wenn die Qualität der Eingangsdaten gewährleistet ist. Mithin sind digitale Systeme nur so gut wie die Qualität der Daten, die sie verarbeiten. Daher gehört zu einer erfolgreichen digitalen Transformation der Wirtschaftsprüfungspraxis auch die Einführung von in den Prozess integrierten Kontrollen der Datenqualität im laufenden Betrieb. Ein besonderes Problem bei unvollständigen oder fehlerhaften Daten ist insbesondere die Ableitung fehlerhafter Interpretationen und darauf basierender Schlussfolgerungen. Dies gilt für klassische Dienstleistungen wie die Jahresabschlussprüfung ebenso wie für neuere Dienstleistungen im Bereich der Data Analytics.

Des Weiteren ergeben sich bei der Anwendung insbesondere von künstlicher Intelligenz und automatisierten Systemen ethische und Vertrauensfragen. Dies umfasst beispielsweise die Frage, ob der Wirtschaftsprüfer sich tatsächlich im Rahmen seiner Eigenverantwortlichkeit auf die Ergebnisse eines KI-Systems verlassen darf. In nicht wenigen Fällen wird die Funktionsweise des KI-Systems und damit die Beurteilung des zur Verfügung gestellten Arbeitsergebnisses durch den Wirtschaftsprüfer kaum beurteilbar sein. Während diese Fragestellung bereits kurzfristig von Bedeutung ist, könnte langfristig der Erhalt des menschlichen Urteilsvermögens infrage gestellt werden. Deutlich wird dies bei der Betrachtung der Ausbildung des beruflichen Nachwuchses. Nachfolgende Generationen von Wirtschaftsprüfern werden nicht mehr darauf trainiert werden, selbstständig Literaturquellen zu identifizieren, diese umfassend im konkreten Kontext auszuwerten und zu kompilieren, um auf diesem Weg eine sach- und fachgerechte Beurteilung des Sachverhaltes zu erarbeiten. Ohne dieses fachliche Training bedarf es anderer Ausbildungswege, um sicherzustellen, dass auch in Zukunft der Wirtschaftsprüfer die durch digitale Systeme zur Verfügung gestellten Ergebnisse fachlich beurteilen kann. Mithin ist es dringend zu vermeiden, das Output von digitalen Instanzen ohne menschliche Interaktion und Qualitätssicherung in den weiteren Verarbeitungsprozess integriert wird. Nicht zuletzt die beruflichen Haftpflichtversicherungen werden im Schadensfall Nachweise über die Beurteilung mittels humaner Intelligenz einfordern.

344

Hingegen ist die Gefahr der oftmals als technologische Singularität bezeichneten Situation einer Übermacht der künstlichen über die humane Intelligenz nach derzeitigem Stand nicht in absehbarer Zukunft zu erwarten.

Doch auch wenn dieses Schreckensszenario nicht die Entscheidung über die digitale Transformation einer Wirtschaftsprüfungspraxis determinieren sollte, ist bei der Projektierung einer solchen zu berücksichtigen, dass die Veränderungen durch die Einführung sehr erhebliche Auswirkungen auf die Organisation haben werden. Dabei ist nicht zwingend zu erwarten, dass alle Beteiligten diese Veränderung per se als positiv beurteilen. Mithin ist ein gewisses Maß an natürlichem Widerstand innerhalb der Organisation gegen diese Veränderung zu erwarten. Tatsächlich handelt es sich nicht ausschließlich um die Einführung neuer, moderner Technologien. Vielmehr umfasst der Änderungsprozess eine echte Kulturveränderung im Unternehmen und muss entsprechend tief in den kulturellen Wurzeln verankert werden. Dies bedeutet auch, dass insbesondere die Unternehmensleitung als Vorreiter den Kulturwandel vorantreibt und nicht aus der Position der Seniorität auf weniger erfahrene Kolleginnen und Kollegen abstellt.

Ergänzend sind auch die weiteren Stakeholder und deren Bedürfnisse sowie deren kultureller Hintergrund einzubinden. Insbesondere der Dienstleistungscharakter des Leistungsportfolios einer Wirtschaftsprüfungspraxis bedingt eine den Mandanten einbeziehende Kulturveränderung. Hierzu bedarf es im Zweifel einer homogenen Kommunikationskampagne nach innen und außen. Begleitet werden sollte eine solche mit entsprechenden Schulungsangeboten auch für Stakeholder außerhalb der Organisation der Berufsunternehmung. Mithin sind gezielte Schulungs- und Entwicklungsprogramme zur Förderung der technologischen Kompetenz sowie der kulturellen Offenheit der Stakeholder Teil einer erfolgreichen digitalen Transformation.

Die Digitalisierung in der Wirtschaftsprüfung ist ein dynamischer Prozess, der sowohl Chancen als auch Herausforderungen birgt. Durch sorgfältige Planung und strategisches Management können diese Herausforderungen bewältigt und die Vorteile der Digitalisierung maximiert werden.

5 Schlussfolgerung und Ausblick

Die Zukunft der Wirtschaftsprüfung wird zweifellos von weiteren Fortschritten in der digitalen Technologie geprägt sein. Die Branche steht vor einer Reihe von Entwicklungen:

- Weitere Integration von KI, Automatisierung und das Metaversum: Die kontinuierliche Integration fortschrittlicher Technologien wird die Rolle des Wirtschaftsprüfers weiter transformieren.
- Anpassung an neue Geschäftsmodelle: Wirtschaftsprüfungsgesellschaften werden ihre Geschäftsmodelle anpassen müssen, um die Vorteile der Digitalisierung voll auszuschöpfen.
- Ethische und regulative Anpassungen: Mit der fortschreitenden Technologieentwicklung werden auch die ethischen und regulativen Rahmenbedingungen weiterentwickelt werden müssen.

Insgesamt bietet die Digitalisierung weitreichende Möglichkeiten, die Wirtschaftsprüfung im Sinne ihrer volkswirtschaftlichen Aufgabe zu gestalten. Die Branche steht jedoch auch vor der Herausforderung, diese Technologien verantwortungsvoll zu integrieren und sich den damit verbundenen Veränderungen anzupassen.

Zu beachten ist hierbei insbesondere die Gefahr, dass neuere Entwicklungen nicht von den Branchenvertretern aufgegriffen und somit nicht in ihre Unternehmen integriert werden. Vergleichbare Situationen führten in der Vergangenheit in beeindruckender Weise dazu, das vormalige Marktführer inzwischen keine oder nur noch eine sehr untergeordnete Bedeutung haben.[31] Bereits heute sehen wir, dass Unternehmen aus gänzlich anderen Branchen in Teilbereichen Dienstleistungen als Konkurrenzprodukte zu angestammten Services von Wirtschaftsprüfern anbieten. Bislang ist der Impact auf die Branche überschaubar. Gleichsam muss der Berufsstand gestaltend auf entsprechende Entwicklungen Einfluss nehmen, die jeweilige eigene Bedeutung herausarbeiten und herausstellen sowie sich selbst entsprechend weiterentwickeln.

Eine besondere Herausforderung liegt für den weiterhin sehr stark segmentierten Berufsstand in der Finanzierung digitaler Lösungen auf allen Ebenen. Um diesem Problem zu begegnen, hat das IDW unter der Leitung von Klaus-Pe-

---

31 Vgl. hierzu bspw. Anthony, Kodak's Downfall Wasn't About Technology, Harvard Business Review July 16, 2016 (online abrufbar unter hbr.org; letzter Abruf: 10.03.2024).

ter Naumann bereits 2021 mit SOLON X eine Plattform geschaffen, die einen Austausch und damit die Hebung von synergetischen Effekten auch für kleinere Einheiten ermöglicht.[32]

Mit der Gründung des IDW-Fachausschusses „Digital Advisory" im Jahr 2023 wurde der beratende Ansatz der Digitalisierung stärker fokussiert.[33]

Trotz aller Chancen, die mit der Digitalisierung für den Berufsstand der Wirtschaftsprüfer verbunden sind, weisen Naumann und Feld zurecht auf die besondere Bedeutung der ausschließlich menschlichen Fähigkeiten, wie Experten- und Erfahrungswissen, hin.[34] Gelingt es, diese und weitere grundlegende menschliche Fähigkeiten, wie insbesondere Empathie, in die digitale Transformation des Berufsstands zu integrieren, wird sich dies sehr positiv auf die nachhaltige Bedeutung des Berufsstands auswirken.

---

32 Siehe solon-x.de.

33 Vgl. IDW Aktuell vom 25.01.2023, Gründung des IDW Fachausschusses „Digital Advisory" (FADA) (online abrufbar unter idw.de/idw/idw-aktuell; letzter Abruf: 10.03.2024).

34 Vgl. Naumann/Feld, a.a.O. (Fn. 1), S. 311.

Wert und Preis: Zur Relevanz von Börsenkursen

Verfasser: WP StB Prof. Dr. Martin Jonas

1 Sind Börsenkurse die besseren Werte?

1.1 Widersprüche

Unsere Welt lebt mit Widersprüchen. Diese Feststellung ist angesichts einer „Letzten Generation", die die höchste Lebenserwartung aller bisherigen Generationen hat, oder eines Krieges, an dem man sich beteiligt, ohne sich zu beteiligen, und den man nicht verlieren, aber auch nicht gewinnen will, banal.

Widersprüchlich ist auch die Welt des Wirtschaftsprüfers. Wir lesen in der Wirtschaftspresse, dass neue Technologien (Blockchain) Manipulationen in der Buchführung unmöglich (und damit Wirtschaftsprüfung obsolet) machen. Am nächsten Tag lesen wir, dass neue Technologien (KI) perfekte Fälschungen ermöglichen, die kaum noch geprüft werden können.

Ein geradezu klassischer Widerspruch ist auch die Differenzierung zwischen Wert und Preis. So kann man in derselben Woche einerseits lesen, dass ein Gericht in Deutschland den Börsenkurs liquider Aktien als angemessenen Wert für Abfindungen beurteilt, und andererseits, dass die Halbierung des Börsenkurses der liquidesten Auto-Aktie (Tesla) absehbar gewesen sei, weil die Börse sie zuvor völlig überbewertet habe.

Die Feststellung solcher Widersprüche ist banal und zugleich erkenntnisreich (und damit selbst in sich widersprüchlich). Erkenntnisreich deshalb, weil wir uns an diesen Widersprüchen reiben und abarbeiten. Zu diesem Reiben und Abarbeiten gehört die Tätigkeit von Wirtschaftsprüfern.

Wirtschaftsprüfer sind Vertrauensdienstleister. Ihre Tätigkeit wird aufgrund des Widerspruchs benötigt, dass Investitionen und Transaktionen Vertrauen in den Wahrheitsgehalt von Informationen und ein konstruktives Verhalten der Geschäftspartner voraussetzen, wir zugleich aber konstatieren müssen, dass sich Transaktionspartner auch rechtswidrig und opportunistisch verhalten und Finanzinformationen falsch sein können.

Nach diesem Verständnis sind Unternehmenskrisen, Pleiten und Wirtschafts-skandale keine Beweise für ein fundamentales Versagen, sondern die täglichen Betriebsunfälle unseres nicht widerspruchsfreien Wirtschaftssystems. Und wir arbeiten uns daran ab, dass diese Betriebsunfälle möglichst selten und mit möglichst geringen Schäden passieren.

1.2 Börsenkursrechtsprechung

Sich an Widersprüchen zu reiben bedeutet auch, dass sich Positionen gele-gentlich einmal verhaken, d.h. zunächst statisch verharren und durch externe Entwicklungen angestoßen eher sprunghaft die Richtung verändern.

Die Rechtsprechung zu gesellschaftsrechtlichen Abfindungen orientierte sich zunächst am Gebot einer möglichst vorteilhaften Verwertung des Gesellschafts-vermögens und lehnte 1967 eine Berechnung auf Basis von Börsenkursen mit klaren Worten ab:[1]

„Der Börsenkurs kann sich mit dem wahren Wert der Aktien decken, er kann aber auch niedriger oder höher sein. Er ergibt sich aus dem im Augenblick der Kurs-bildung vorhandenen Verhältnisse von Angebot und Nachfrage, das von der Größe oder Enge des Marktes, von zufallsbedingten Umsätzen, von spekulativen Ein-flüssen und sonstigen nicht wertbezogenen Faktoren wie politischen Ereignissen, Gerüchten, Informationen, psychologischen Momenten oder einer allgemeinen Tendenz abhängt. Außerdem unterliegt der Börsenkurs unberechenbaren Schwan-kungen und Entwicklungen, wie die Aktienkurse der letzten Jahre besonders deut-lich gemacht haben. Das schließt es aus, der Berechnung der angemessenen Abfin-dung den Börsenkurs zugrunde zu legen."

---

1   BGH vom 30.03.1967 – II ZR 141/64, NJW 1967, 1464.

Eine andere Einordnung hat das Bundesverfassungsgericht 1999 mit seiner DAT/Altana-Entscheidung[2] vorgenommen:

Tz. 54: „Die von Art. 14 Abs. 1 GG geforderte ‚volle' Entschädigung darf jedenfalls nicht unter dem Verkehrswert liegen. Dieser kann bei börsennotierten Unternehmen nicht ohne Rücksicht auf den Börsenkurs festgesetzt werden."

Tz 63: „Insbesondere Kleinaktionären, die regelmäßig nicht über alle relevanten Informationen verfügen, steht kein anderer Maßstab zur Verfügung, an dem sie den Wert dieses spezifischen Eigentumsobjekts messen könnten."

Tz 64: „Der Vermögensverlust, den der Minderheitsaktionär durch den Unternehmensvertrag oder die Eingliederung erleidet, stellt sich für ihn als Verlust des Verkehrswerts der Aktie dar. Dieser ist mit dem Börsenkurs der Aktie regelmäßig identisch. Da der Verkehrswert aber die Untergrenze der ‚wirtschaftlich vollen Entschädigung' bildet, die Art. 14 Abs. 1 GG für die Entwertung oder Aufgabe der Anteilsrechte fordert, steht es mit diesem Grundrecht grundsätzlich nicht in Einklang, im aktienrechtlichen Spruchstellenverfahren eine Barabfindung festzusetzen, die niedriger ist als der Börsenkurs. Sonst erhielten die Minderheitsaktionäre für ihre Aktien weniger, als sie ohne die zur Entschädigung verpflichtende Intervention des Mehrheitsaktionärs bei einem Verkauf erlöst hätten."

Nach dieser Rechtsprechung wird der Börsenkurs als Wertuntergrenze verstanden. Das Bundesverfassungsgericht hat offengelassen, ob und unter welchen Bedingungen Börsenkurse grundsätzlich zu angemessenen Abfindungen führen. Vielmehr hat es darauf abgestellt, dass ein Minderheitsaktionär durch die eine Abfindung auslösende Maßnahme nicht unter die Vermögensposition vor der Maßnahme (= potenzielle Veräußerung zum Börsenkurs vor Maßnahme) zurückfallen darf.

Neuere Entscheidungen gehen darüber hinaus. So hat der BGH am 21.02.2023[3] entscheiden:

„Die Angemessenheit der Abfindung der außenstehenden Aktionäre im Sinne des § 305 AktG kann anhand des Börsenwerts der Gesellschaft bestimmt werden" bzw. kann *„[d]er Börsenwert einer Gesellschaft [...] geeignet sein, sowohl deren bisheri-*

---

2   BVerfG vom 27.04.1999 – 1 BvR 1613/94 (DAT/Altana), BVerfGE 100, 289.
3   BGH vom 21.02.2023 – II ZB 12/21.

ge Ertragslage als auch deren künftige Ertragsaussichten im Einzelfall hinreichend abzubilden und kann daher Grundlage für den gemäß § 304 Abs. 2 Satz 1 AktG zu bestimmenden angemessenen Ausgleich sein."

In der Folge hat das OLG Frankfurt am 09.02.2024[4] entschieden:

„Im Fall hinreichender Marktliquidität kann der Börsenkurs der zu bewertenden Gesellschaft im Einzelfall auch dann zur Bestimmung des inneren Werts des Gesellschaftsanteils herangezogen werden, sofern ein knappes Jahr vor dem Bewertungsstichtag ein öffentliches Übernahmegebot abgegeben worden ist und eine überschlägige Ertragsbewertung einen höheren Wert nahelegt."

Da beide Entscheidungen den Einzelfall betonen und die jeweiligen Einzelfälle auch tatsächlich von Besonderheiten geprägt waren (BGH-Fall: Verschmelzung von zwei zuvor nicht aneinander beteiligten Immobilien-Aktiengesellschaften; OLG-Fall: vorhergehend Übernahmeangebot und Gutachten nach IDW S 1 mit niedrigerer Bewertung), lässt sich nicht ohne Weiteres der Schluss ziehen, ob und inwieweit aus diesen Entscheidungen eine Wendung der Rechtsprechung zu einer grundsätzlichen Akzeptanz von Börsenkursen als Bewertungsgrundlage abzuleiten ist. In jedem Fall lässt sich jedoch eine gewisse Ermüdung der Rechtsprechung hinsichtlich der zeitlich aufwendigen Auseinandersetzung über strittige Bewertungsfragen in fundamentalen Bewertungen und eine Öffnung hin zu kapitalmarktgestützten und einfacheren Bewertungsansätzen erkennen.

Nicht ausblenden lässt sich dabei, dass der Gesetzgeber in den letzten Jahren für bestimmte Situationen Börsenkurse als regelmäßige Bewertungsgrundlage vorgeschrieben hat:

*   2002: WpÜG-Angebotsverordnung (öffentliches Übernahmeangebot)
*   2006: §§ 39a ff. WpÜG (übernahmerechtlicher Squeeze out)
*   2015: § 39 BörsG (Delisting)
*   2023: Zukunftsfinanzierungsgesetz (§ 255 AktG: Anfechtung der Kapitalerhöhung gegen Einlagen)

Noch „grundsätzlicher" als zuvor hat der BGH jüngst am 31. Januar 2024[5] entschieden:

---

4   OLG Frankfurt a.M. vom 09.02.2024 – 21 W 129/22.
5   BGH vom 31.01.2024 – II ZB 5/22.

„a) Der Rückgriff auf den Börsenkurs einer Gesellschaft ist grundsätzlich eine geeignete Methode zur Schätzung des Unternehmenswerts und des Werts der Beteiligung eines außenstehenden Aktionärs im Rahmen des § 305 AktG (Bestätigung BGH, Beschluss vom 21. Februar 2023 – II ZB 12/21, BGHZ 236, 180 Rn. 18).

b) Der Börsenwert einer Gesellschaft ist grundsätzlich geeignet, sowohl deren bisherige Ertragslage als auch deren künftige Ertragsaussichten im Einzelfall hinreichend abzubilden und kann daher Grundlage für den gemäß § 304 Abs. 2 Satz 1 AktG zu bestimmenden angemessenen festen Ausgleich sein (Bestätigung BGH, Beschluss vom 21. Februar 2023 – II ZB 12/21, BGHZ 236, 180 Rn. 44)."

Auch hier ist anzumerken, dass diese Entscheidung einen Fall betrifft, in dem eine gutachtliche Unternehmensbewertung nach IDW S 1 zu dem Schluss gekommen war, dass der Börsenkurs über dem Unternehmenswert lag (sodass der Börsenkurs als Mindestwert griff) und das zuvor abgegebene Übernahmeangebot in marktgerechter Weise Synergien umfasst hatte (weshalb auch der Ausgleich auf das – verzinste – Übernahmenangebot abstellte).

Gleichwohl ist zu konstatieren, dass nunmehr der BGH den Börsenwert noch deutlicher als *grundsätzlich geeignete* Grundlage zur Ableitung von Abfindung und Ausgleich bezeichnet hat.

1.3   Fragestellung

Vor dem Hintergrund dieser Entwicklung stellt sich zugespitzt die Frage: Sind Börsenkurse die besseren Werte? Oder differenzierter formuliert: Unter welchen Bedingungen ist bei der Angemessenheitsbeurteilung einer Bewertung Börsenkursen oder fundamentalen Unternehmensbewertungen der Vorzug zu geben?

Diese Frage ist zu trennen von der Frage, ob und wann Börsenkurse als Wertuntergrenze greifen. Denn das Abstellen auf Börsenkurse als Wertuntergrenze soll lediglich sicherstellen, dass Minderheitsaktionäre bei einer nicht von Ihnen gewollten Maßnahme durch die Abfindung nach der Maßnahme nicht schlechter gestellt werden als bei einem vorherigen Verkauf.

Demgegenüber geht die hier verfolgte Frage weiter: Was trifft wann eher den „wahren" oder „vollen" Wert – Börsenkurs oder Unternehmensbewertung?

2   Marktpreise als Ideal

Unser Rechtssystem geht davon aus, dass Preise, die in freien Transaktionen zwischen gleich informierten Marktteilnehmern vereinbart werden, grundsätzlich fair und angemessen sind. Daher finden sich in vielen Rechtsvorschriften Begriffe wie Verkehrswert, gemeiner Wert oder marktüblicher Preis.

2.1   Ideal und Wirklichkeit

Der Orientierung an einem Markt- oder Verkehrswert liegt ein innerer Widerspruch zugrunde. Denn würden Märkte perfekt funktionieren und würden im Verkehr immer faire Preise realisiert, bräuchte es keine Rechtsnormen, die dies sicherzustellen versuchen.

In einer idealen Welt, wie sie z.B. der allgemeinen Gleichgewichtstheorie oder dem CAPM zugrunde liegt, führt ein freier Verhandlungsprozess über eine faire Preisbildung zu einem von allen Marktteilnehmern akzeptierten Ergebnis (= Marktgleichgewicht). Entscheidungen von Mehrheiten gegen Minderheiten oder gar Zwangsmaßnahmen wie den Ausschluss von Gesellschaftern gibt es dort nicht.

Tatsächlich stehen im Fokus der hier diskutierten Bewertung unfreie Transaktionen. Es geht um Zwangsabfindungen von Minderheitsgesellschaften oder um Maßnahmen, die eine Mehrheit gegen den Willen einer Minderheit durchsetzt.

2.2   Schutzzweck und Bewertungszweck

Um die Fairness in unfairen Situationen sicherzustellen, bedarf es entsprechender Rechtsnormen. Wenn ein Gesetzgeber einer Mehrheit in einer Gesellschaft die Befugnis gibt, gegen eine Minderheit etwas durchzusetzen und dabei die Minderheit zu benachteiligen oder gar aus der Gesellschaft auszuschließen, muss er zugleich sicherstellen, dass dies angemessen ausgeglichen wird.

Es ist naheliegend, dass sich dieser Ausgleich an der hypothetischen Idealsituation orientiert, wie sie sich ohne diesen Eingriff darstellen würde.

Dieser Perspektive entspricht der objektivierte Wert nach IDW S 1. Danach werden die wertbildenden Faktoren eines Unternehmens (die Zukunftserfolge und ihre Unsicherheit) in einem Bewertungsmodell erfasst, welches das grundsätzliche Kalkül, wie auf einem vollkommenen Kapitalmarkt Preise entstehen, vereinfachend abbildet. Erkennbare Abweichungen vom Ideal, wie z.B. unvollständige Information oder nicht marktkonforme Gestaltungen, werden dabei soweit möglich korrigiert.

Die Frage ist, ob und unter welchen Bedingungen Börsenkurse, die in einem Umfeld asymmetrischer Einflussmöglichkeiten und Informationsverteilungen entstanden sind, dem Anspruch auf eine faire Bewertung genügen können.

3 Börsenkurse als angemessene Bewertungsgrundlage

3.1 Fairness von Börsenkursen

Ein Börsenkurs, der in einem liquiden Markt Angebot und Nachfrage zwischen gleich gut informierten Marktteilnehmern ausgleicht, ohne dass einzelne Marktteilnehmer a) die Marktmacht hätten, durch ihr Handeln den Preis zu beeinflussen oder b) die Einflussmöglichkeit hätten, Entscheidungen in der Aktiengesellschaft zum eigenen Vorteil bzw. zum Nachteil anderer zu beeinflussen, ist nach allgemeinem Verständnis fair. Er entspricht der Idealvorstellung eines Markt- oder Verkehrs- oder gemeinen Wertes.

Im Umkehrschluss lässt sich folgern: Besteht eine relevante Asymmetrie in der Informationsverteilung oder in der Einflussmöglichkeit von Marktteilnehmern, ist diese Fairness gefährdet.

3.2 Asymmetrische Einflussmöglichkeit

In der Idealwelt eines ökonomischen Gleichgewichts nimmt kein Aktionär Einfluss auf die Aktiengesellschaft. Die Aktiengesellschaft präsentiert ihr Geschäftsmodell. Finden Anleger dieses Geschäftsmodell gut, kaufen sie die Aktie. Finden sie es schlecht, verkaufen sie bzw. kaufen nicht. Kein Aktionär nimmt Einfluss auf das Unternehmen. Schlechte Geschäftsmodelle werden nicht korrigiert, indem in die Geschäftsführung eingegriffen wird, sondern indem ein sinkender Aktienkurs eine Veränderung erzwingt. Und kein Aktionär nimmt Einfluss auf die Aktienkursbildung, weil jeder einzelne Aktionär nur einen marginalen Einfluss hat (= atomistischer Markt).

In der realen Welt können Aktionäre Einfluss nehmen. Sie können Mehrheitsentscheidungen auf Hauptversammlungen herbeiführen, über Aufsichtsratswahlen Einfluss auf das Management nehmen und bei qualifizierter Mehrheit Unternehmensverträge abschließen.

Es wäre weltfremd anzunehmen, dass solche Einflussmöglichkeiten altruistisch genutzt würden. Vielmehr ist davon auszugehen, dass im Rahmen des rechtlich Zulässigen (oder weitergehend: im Rahmen des nicht offenkundig rechtlich Unzulässigen) Einflussmöglichkeiten von Aktionären mit entsprechenden Mehrheiten zu ihrem Vorteil genutzt werden. Für solche Einflussmöglichkeiten werden an den Märkten auch Preise gezahlt, wie Kursdifferenzen zwischen Aktien mit und ohne Stimmrecht oder Prämien beim Erreichen von bestimmten Beteiligungsquoten belegen.

Daher lässt sich ein Spannungsbogen aufspannen: Eine atomistische Anteilseignerstruktur entspricht dem Ideal eines vollkommenen Marktes. Eine Anteilseignerstruktur mit einem beherrschenden Mehrheitsaktionär schließt es aus, dass an der Börse erzielte Preise für einzelne, nicht mehrheitsrelevante Aktionäre den Wert des Unternehmens angemessen (d.h. wie in einer Situation ohne asymmetrischen Einfluss) reflektieren. Zwischen diesen Polen kann es gleitende Übergänge geben.

3.3   Asymmetrische Informationsverteilung

Aktienkurse entstehen aufgrund von Erwartungen. Die Vergangenheit eines Unternehmens und seine aktuelle Vermögenssituation sind nur insoweit relevant für Aktienkurse, als daraus Erwartungen für die Zukunft gefolgert werden können: Erwartungen über künftige Dividenden oder künftige Kursentwicklungen.

In der Idealwelt eines vollkommenen Marktes wird daher angenommen, dass alle Marktteilnehmer gleich und vollständig informiert sind. Auf realen Märkten dürfte man eine Preisbildung auch bereits dann als fair beurteilen, wenn die Marktteilnehmer gut, aber vor allem gleich gut, zumindest jedoch nicht selektiv unterschiedlich informiert sind.

Somit lässt sich auch hinsichtlich der Informationsverteilung ein Spannungsbogen aufspannen: Eine Aktie, über deren erwartete Entwicklung die Gesellschaft intensiv kommuniziert und deren erwartete Entwicklung von vielen

Marktbeobachtern kommentiert und eingeordnet wird, kommt dem Marktideal sehr nahe. Aktien einer Gesellschaft, die ihre Kommunikation auf das rechtliche Minimum reduziert, und deren erwartete Entwicklung auch nicht von Analysten oder Marktbeobachtern kommentiert wird, können die tatsächlichen Erwartungen nicht reflektieren. Ihr Kurs kann allenfalls zufällig fair sein.

3.4   Angemessenheitsbeurteilung

In der oben zitierten Rechtsprechung werden eher beispielhaft Fälle genannt, in denen Börsenkurse ungeeignet sind, wie bei Kursmanipulation oder illiquidem Handel.

Aus ökonomischer Sicht greift die Rechtsprechung mit dem Punkt „Kursmanipulation" den Sachverhalt extrem asymmetrischer Informationsverteilung und mit dem Punkt „Marktilliquidität" den Sachverhalt eines nicht atomistischen Marktes mit wenigen gehandelten Aktien auf.

Versucht man diese Punkte lebensnah zu systematisieren, lässt sich feststellen:

a) Kursmanipulation ist ein rechtlicher Tatbestand, der nur sehr mühevoll bewiesen werden kann. Tatsächlich muss es bei der Beurteilung eines Aktienkurses aber nicht auf die Beweisbarkeit rechtlicher Tatbestände, sondern auf den tatsächlich am Markt vorhandenen Grad der Informationsasymmetrie ankommen. So dürfte im Fall einer Aktiengesellschaft, die bewusst eine restriktive oder selektive Informationspolitik betreibt und nicht von Analysten gecovert wird, der Aktienkurs genauso ungeeignet sein wie bei einer aktiven Kursmanipulation.

b) Aus den Kursen einzelner Aktien lässt sich nur dann auf den Wert aller Aktien schließen, wenn die Anteilseignerstruktur atomistisch ist, d.h. kein einzelner Aktionär Einfluss auf die Kursbildung oder die Unternehmenssteuerung hat. Mit zunehmender Einflussmöglichkeit einzelner Aktionäre auf die Unternehmenssteuerung und Informationspolitik des Unternehmens ist bei einer lebensnahen Betrachtung davon auszugehen, dass Einflussmöglichkeiten genutzt werden und Kurse von Aktien, die nicht mehrheitsrelevant sind, eben nicht den Unternehmenswert widerspiegeln.

Spannt man den oben beschriebenen Spannungsbogen für beide Kriterien (Informationsasymmetrie und Asymmetrie der Einflussmöglichkeit) auf, und clustert man die jeweilige Asymmetrie in hoch, mittel und gering, ergibt sich folgendes Bild:

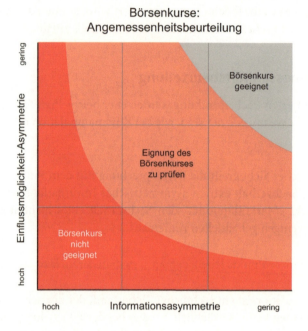

Börsenkurse:
Angemessenheitsbeurteilung

Im Fall einer geringen Informationsasymmetrie (Bsp: Die Gesellschaft hält lediglich einfach zu verstehende und leicht bewertbare Vermögenswerte und kommuniziert diese Werte) bei gleichzeitig breiter Streuung der Aktionärsstruktur ohne Mehrheitsaktionär sind Börsenkurse grundsätzlich geeignet. Einer solchen Situation entsprach der vom BGH am 21.02.2023 entschiedene Fall zur Fusion von zwei zuvor nicht miteinander verbundenen Immobilienaktiengesellschaften.

Im Fall hoher Informationsasymmetrie bei gleichzeitig hoher Einflussmöglichkeit eines einzelnen Aktionärs (Bsp: Mehrheitsaktionär ist zugleich wesentlicher Treiber und Kopf eines verschwiegenen, nicht mit dem Kapitalmarkt kommunizierenden Technologieunternehmens) ist der Börsenkurs grundsätzlich nicht geeignet.

In den Fällen dazwischen sollte die Eignung des Börsenkurses hinterfragt werden.

4 Weiterentwicklung von Angemessenheitsbeurteilungen

Unser Gesellschaftsrecht erlaubt es, dass in Unternehmen Entscheidungen getroffen werden, die tatsächlich oder potenziell nachteilig für an dem Unternehmen Beteiligte sind oder sein können. Zum Schutz vor solchen möglichen Benachteiligungen sehen unsere Gesetze an vielen Stellen, insbesondere bei der Abfindung von Aktionären, Angemessenheitsbeurteilungen vor. Dadurch soll sichergestellt werden, dass z.B. Abfindungen den anteiligen „vollen" oder „wahren" Wert reflektieren, und damit eben „angemessen" sind.

Bei der Frage, ob eine Methode zur Ermittlung z.B. einer Abfindung angemessen ist, kann nicht ausgeblendet werden, welche alternativen Ermittlungsmethoden möglich sind. Zu einer Angemessenheitsbeurteilung gehört immer auch eine Abwägung zwischen möglichen Ermittlungsmethoden. Da sich wirtschaftliches Umfeld und methodisches Wissen weiterentwickeln, kann diese Abwägung nicht statisch sein.

Der Fortschritt in den ökonomischen Bewertungsmethoden und die gewachsenen technischen Möglichkeiten, große Mengen an Finanzdaten schnell zu verarbeiten, haben einerseits dazu geführt, dass gutachtliche Bewertungen heute sehr viel abgesicherter und nachvollziehbarer als in früheren Jahren erstellt werden.

Andererseits bleiben auch solche Bewertungen regelmäßig strittig. Es ist nachvollziehbar, wenn Gerichte komplexer werdende Auseinandersetzungen über Details ökonomischer Kalküle oder abstrakter Zukunftserwartungen von Unternehmen als mühsam empfinden und sich der Frage öffnen, ob nicht auch die Frage der Eignung von Börsenkursen neu zu beantworten sein könnte. Denn dieselben Entwicklungen, die ökonomische Bewertungsmodelle getrieben haben, veränderten auch die Kapitalmärkte. Informationen über die gehandelten Aktien sind heute viel leichter verfügbar und der Handel mit Aktien ist mit wesentlich niedrigeren Transaktionskosten verbunden.

Man kann daher die jüngeren Gerichtsentscheidungen zur Eignung von Börsenkursen als zeitgemäße Weiterentwicklung sehen. Sie sind auch ökonomisch nachvollziehbar und sprechen eigentlich eine Selbstverständlichkeit aus: Unter fairen Marktbedingungen sind auch Börsenkurse fair.

Die Aufgabe wird sein, ein differenziertes Verständnis zu entwickeln, unter welchen Bedingungen Börsenkurse in konkreten Fällen ausreichend fair sind. Dazu wird ein einfaches Schwarz-Weiß-Schema (Marktmanipulation ja/nein oder Markt liquide ja/nein) nicht ausreichen. In vielen Fällen wird hinter der Eignung des Börsenkurses ein kleines oder großes Fragezeichen stehen bleiben. In diesen Fällen werden die Fragen am überzeugendsten durch die klassische Bewertungsalternative zu beantworten sein – eine Gegenüberstellung der Börsenbewertung mit einer fundamentalen Unternehmensbewertung nach IDW S 1. Und auch diese Bewertungsalternative muss überzeugen, um akzeptiert zu werden, und daher marktgerecht weiterentwickelt werden.

Die Sanierungsstandards des IDW – eine Erfolgsgeschichte

Verfasser: WP StB Bernhard Steffan

1 Sanierungsberatung als originäre Beratungsleistung des Wirtschaftsprüfers

1.1 Sanierungsberatung als Schwerpunktaufgabe des Wirtschaftsprüfers

Unternehmen sind vor dem Hintergrund eines sich ständig verändernden Umfelds permanent gefordert, sich im Markt zu behaupten. Die mit der beschleunigten Globalisierung des Wettbewerbs einhergehende Internationalisierung der unternehmerischen Tätigkeit, Konzentrationstendenzen in den Märkten, eine Verkürzung der Produkt-Lebenszyklen und die rasante Entwicklung der Informationstechnologie stellen Herausforderungen dar, mit denen Unternehmen seit vielen Jahren konfrontiert sind. Hinzu kommen aktuell der politisch gewollte Umbau hin zu einer CO_2-neutralen Wirtschaft, der von den Unternehmen viel Kraft erfordert, die Nachwehen der Corona-Pandemie, der Krieg gegen die Ukraine und steigende Faktorkosten, die den deutschen Unternehmen wirtschaftlich erheblich zusetzen. Soweit der aus dem Veränderungsdruck resultierende Anpassungsprozess nicht oder verspätet eingeleitet wird, ist eine Krise des Unternehmens meist unabwendbar.

Durch das Zusammenwirken meist vielfältiger und komplexer Krisenursachen sind im Rahmen der Sanierungsberatung mit dem Ziel der Sanierung von Unternehmen neben den zentralen betriebswirtschaftlichen Fragestellungen regelmäßig auch insolvenz- und steuerrechtliche sowie bilanzielle Sachverhalte zu beleuchten und die geplanten Maßnahmen in ihren jeweiligen Auswirkungen hierauf abzuarbeiten.

Der Wirtschaftsprüfer ist aufgrund seiner besonderen fachlichen Qualifikation und Praxiserfahrung, neben den mit der Abschlussprüfung unmittelbar zusammenhängenden Tätigkeiten, prädestiniert, eine zentrale Rolle im Kontext von anstehenden Sanierungsfragen in einem insolvenznahen Umfeld einzunehmen, sei es als Berater, Gutachter, CRO, Restrukturierungsbeauftragter, Sachwalter oder Insolvenzverwalter. Umso wichtiger ist es, dass der Wirtschaftsprüfer seinen Mandanten als starker Ansprechpartner zur Seite steht und sie – soweit möglich – dabei unterstützt, das Unternehmen aus einer Schieflage zu befreien.

1.2   Fachliche Unterstützung durch das IDW

Das Institut der Wirtschaftsprüfer (IDW) hat bereits frühzeitig begonnen, dem Berufsstand Hilfsmittel für diese Herausforderungen zu Verfügung zu stellen. Zuständiges Fachgremium hierfür ist der Fachausschuss Sanierung und Insolvenz (FAS), der auf eine erfolgreiche Arbeit über mehr als vier Jahrzehnte zurückblicken kann. Das Fachgremium wurde 1979 als Arbeitskreis für Sanierung und Insolvenz (AKSI) gegründet. Im Auftrag des Fachausschusses Recht (FAR) sollte der AKSI insbes. die den Gesamtberuf berührenden Probleme des Insolvenzrechts behandeln, und zwar sowohl im Hinblick auf die Aufgaben des Abschlussprüfers als auch auf die Tätigkeit als Sanierungsberater oder Insolvenzverwalter. Im Fokus stand zunächst die Reform des Insolvenzrechts, die mit der Verabschiedung der Insolvenzordnung im Jahre 1994 abgeschlossen wurde. Im Laufe des langwierigen Gesetzgebungsverfahrens konnten viele Anregungen und Verbesserungsvorschläge unterbreitet werden, die die damalige Insolvenzordnung maßgeblich mitgeprägt haben.

Um seine Facharbeit stärker in einer auch in der Öffentlichkeit wahrnehmbaren Form zu organisieren und um die nachweisbare Kompetenz des Berufsstandes im Bereich der Sanierung und Insolvenz zu unterstreichen, hat der Vorstand des IDW im September 2009 den Arbeitskreis in einen eigenständigen Fachausschuss mit dem Namen „Fachausschuss Sanierung und Insolvenz" (FAS) umgewandelt.[1] In dessen Fokus stand neben der Begleitung der verschiedenen parlamentarischen Prozesse, um die Sanierungsmöglichkeiten in Deutschland weiter und effizient zu stärken, insbes. die Unterstützung des Berufsstandes durch die

---

1   Vgl. Groß, WPg 2011, I.

Bereitstellung von weiteren Hilfsmitteln zur Beratung von Unternehmen in der Krise entlang des Krisenverlaufs bis zur Sanierung über die Insolvenz, einschl. der Erschließung neuer Geschäftsfelder.

1.3 Die Sanierungsstandards im Krisenverlauf

Abbildung 1 zeigt die typischen Phasen einer Sanierung mit fortschreitender Krise sowie die vom Berufsstand der Wirtschaftsprüfer dazu veröffentlichten Verlautbarungen.

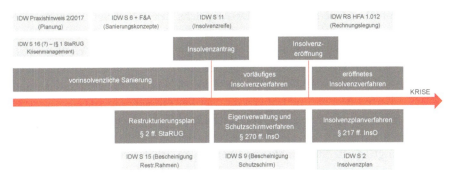

Abb. 1: Verlautbarungen des IDW mit fortschreitender Unternehmenskrise

Spätestens mit sich am Horizont abzeichnenden Krisensignalen gewinnt die **Unternehmensplanung** des Unternehmens an Bedeutung. Die Planung ist dabei keineswegs als Bürde, sondern als Chance zu verstehen, Risiken früh erkennen und darauf reagieren zu können. Sie stellt auch ein wichtiges Instrument für die Organe des Unternehmens sowie für den Berater dar, sich vor etwaigen Haftungsfällen (etwa aus § 15b InsO oder § 1 StaRUG) zu wappnen.

Mit § 1 StaRUG hat der Gesetzgeber nochmals klargestellt, dass Geschäftsleiter von haftungsbeschränkten Unternehmen fortlaufend Entwicklungen, welche den Fortbestand der Gesellschaft gefährden können, überwachen müssen. Werden solche Entwicklungen erkannt, hat die Geschäftsleitung geeignete Gegenmaßnahmen zu ergreifen und den zur Überwachung der Geschäftsleitung berufenen Organen unverzüglich Bericht zu erstatten. Ein solches Krisenfrüherkennungs- und -managementsystem (KFMS) erfordert zwangsläufig eine Unternehmensplanung, die sich hinsichtlich der Ausgestaltung nach Unternehmensgröße und -komplexität unterscheiden wird. Dem Wirtschaftsprüfer kommt bei verschiedenen Auftragsarten die bedeutende, gleichzeitig aber auch schwierige Aufgabe zu, Planungen zu beurteilen (z.B. bei der Erstellung bzw. Beurteilung von Sanierungskonzepten, Unternehmensplanungen oder Fortbestehensprognosen bzw. Beurteilung der Insolvenzreife). *IDW Praxishinweis 2/2017*[2] stellt die Anforderungen dar, die einer ordnungsgemäßen Planung und deren Plausibilisierung zugrunde zu legen sind.

Je früher die Krise erkannt wird, desto mehr Handlungsmöglichkeiten bieten sich dem Unternehmen, die Schieflage zu überwinden. Im Rahmen des Sanierungsprozesses werden Sanierungsmaßnahmen definiert, die ein in der Krise befindliches Unternehmen wieder nachhaltig wettbewerbsfähig machen sollen. Entsprechend dem Ergebnis des Abgleichs der aktuellen Krisensituation mit dem Leitbild wird es sich regelmäßig um leistungswirtschaftliche wie auch finanzielle Sanierungsmaßnahmen handeln, die die geforderte Wettbewerbsfähigkeit wieder herstellen sollen. Diese betreffen i.d.R. in ihren Auswirkungen unterschiedliche Stakeholder, die allesamt vom Sanierungskonzept und den darin geforderten Maßnahmen überzeugt werden müssen. Um das Sanierungspaket umsetzen zu können, ist bei einer freien (vorinsolvenzlichen) Sanierung die Zustimmung aller von den Maßnahmen betroffenen Stakeholder erforderlich. Gelingt es, die Stakeholder zu überzeugen, ist der zentrale Vorteil einer freien Sanierung durch ein **Sanierungskonzept**, das den Anforderungen des *IDW S 6*[3] bzw. der höchstrichterlichen Rechtsprechung entspricht, dass es sich um ein stilles Verfahren handelt: Regelmäßig erfährt die Öffentlichkeit nichts oder nur am Rande von der Schieflage und den Sanierungsbemühungen. Das sonst mit einer öffentlichen Insolvenz verbundene Stigma des Scheiterns wird so vermieden. Der Wirtschaftsprüfer kann hier regelmäßig als Ersteller oder Beurteiler von Sanierungskonzepten tätig werden.

Gelingt es nicht, alle Stakeholder von dem Sanierungskonzept zu überzeugen und zum Mitmachen zu bewegen, ist die Umsetzung des Sanierungskonzepts regelmäßig zum Scheitern verurteilt. In der Praxis waren es in der Vergangenheit oftmals sog. Akkordstörer, die darauf beharrten, ihre Rechte uneingeschränkt und ohne Rücksicht auf die verfolgte Sanierungslösung geltend zu machen, und durch ihren Widerstand Sanierungsvorhaben zum Scheitern brachten. Der Sanierungspraxis steht mit dem durch den Gesetzgeber zum 01.01.2021 zur Verfügung gestellten Gesetz über den **Stabilisierungs- und Re-**

---

2   *IDW Praxishinweis: Beurteilung einer Unternehmensplanung bei Bewertung, Restrukturierungen, Due Diligence und Fairness Opinion (IDW Praxishinweis 2/2017).*

3   *IDW Standard: Anforderungen an Sanierungskonzepte (IDW S 6)* (Stand: 22.06.2023).

strukturierungsrahmen (StaRUG)[4] ein weiteres – nicht öffentlichkeitswirksames – Werkzeug für insolvenzabwendende Sanierungen von in finanzielle Notlage geratenen Unternehmen zur Verfügung, mit dem Akkordstörer diszipliniert werden können. Mit Hilfe des StaRUG kann durch gerichtliche Bestätigung die Umsetzung eines von der qualifizierten Mehrheit der Gläubiger unterstützten Sanierungskonzepts auch gegen den Widerstand von opponierenden Gläubigern umgesetzt werden. Der Wirtschaftsprüfer kann in diesem Zusammenhang unterschiedliche Rollen einnehmen: Als Ersteller des erforderlichen Restrukturierungsplans (oder seines Entwurfs), als Gutachter (auch für das Gericht), als begleitender Restrukturierungsbeauftragter oder als Ersteller einer Bescheinigung nach *IDW S 15*[5], die dem Schuldner erlaubt, die Person des Restrukturierungsbeauftragten weitgehend zu bestimmen.

Konnte die Krise nicht vorzeitig abgewendet werden, müssen die gesetzlichen Vertreter beurteilen, ob eine **Insolvenzantragspflicht** vorliegt. Die rechtlichen Grundlagen hierzu und die Vorgehensweise bei der Beurteilung der Insolvenzeröffnungsgründe sind in *IDW S 11*[6] beschrieben. Der Wirtschaftsprüfer kann seinen Mandanten bei dieser Ex-ante-Beurteilung unterstützen. Daneben wird in der Praxis im Falle einer eingetretenen Insolvenz oftmals eine nachträgliche Begutachtung des Zeitpunkts, zu dem eine Insolvenzantragspflicht vorlag, beauftragt. Zwar ist es ohne zusätzlichen Auftrag nicht die Aufgabe des Abschlussprüfers oder des Erstellers eines Jahresabschlusses, das Vorliegen der Insolvenzantragspflichten zu beurteilen. Gleichwohl muss der Wirtschaftsprüfer Zweifeln an der Fähigkeit, das Unternehmen fortzuführen, nachgehen und den Mandanten auf bestandsgefährdende Risiken sowie auf insolvenzrechtliche Pflichten hinweisen (§ 102 StaRUG sowie *IDW PS 270 n.F. (10/2021)*, A12).

Hinweis

Das IDW deckt mit seinen Standards die Sanierungsoptionen entlang des Krisenverlaufs von der freien Sanierung bis zur Sanierung über die Insolvenz ab.

---

4   Gesetz über den Stabilisierungs- und Restrukturierungsrahmen für Unternehmen (Unternehmensstabilisierungs- und -restrukturierungsgesetz – StaRUG) als Teil des Gesetzes zur Fortentwicklung des Sanierungs- und Insolvenzrechts (Sanierungs- und Insolvenzfortentwicklungsgesetz – SanInsFoG) v. 22.12.2020, BGBl 2020 Teil I Nr. 66, v. 29. 12.2020.

5   *IDW Standard: Anforderungen an die Bescheinigung nach § 74 Abs. 2 StaRUG und Beurteilung der Voraussetzungen der Stabilisierungsanordnung (§ 51 StaRUG) (IDW S 15)* (Stand: 18.08.2022).

6   *IDW Standard: Beurteilung des Vorliegens von Insolvenzeröffnungsgründen (IDW S 11)* (Stand 13.12.2023).

Auch wenn frühzeitig mit der Sanierung begonnen wird, wird in bestimmten Konstellationen eine Insolvenz des Unternehmens nicht zu verhindern sein. Mit dem Ziel der weiteren Erleichterung von Sanierungen von Unternehmen hat der Gesetzgeber die Insolvenzordnung im Jahr 2011 mit dem ESUG[7] und zum 01.01.2021 mit dem SanInsFoG[8] weiter reformiert und dadurch auch im europäischen Vergleich wettbewerbsfähiger gemacht. Insbesondere durch das dem Schuldner zugestandene Planinitiativrecht und das Recht der Eigenverwaltung, das die Möglichkeit eröffnet, dem Schuldner unter der Aufsicht eines Sachwalters seine Verwaltungs- und Verfügungsbefugnis nach Verfahrenseröffnung zu belassen, wurden die Sanierungschancen erheblich verbessert. Eine spezielle Form des vorläufigen Insolvenzverfahrens ist das sog. **Schutzschirmverfahren**, das dem Unternehmen unter bestimmten Voraussetzungen weitere Privilegien (insbes. den Sachwalter zu bestimmen) einräumt. Als „Eintrittskarte" in das Schutzschirmverfahren ist eine Bescheinigung eines in Insolvenzsachen erfahrenen WP, StB, vBP oder RA erforderlich, aus der hervorgeht, dass die Sanierung nicht offensichtlich aussichtslos ist und nur Überschuldung oder drohende Zahlungsunfähigkeit, aber nicht Zahlungsunfähigkeit vorliegt (***IDW S 9***[9]). Der Wirtschaftsprüfer kann im (vorläufigen) Insolvenzverfahren verschiedene Rollen einnehmen – als Berater des Mandanten, CRO, Bescheiniger im Schutzschirmverfahren, Gutachter, Insolvenzverwalter oder Sachwalter.

Nach Eröffnung des Verfahrens durch das Gericht beginnt die bestmögliche Befriedigung der Gläubiger. Dies kann durch die Versilberung des vorhandenen Vermögens an eine Vielzahl von Käufern erfolgen. Möglich ist auch, das gesamte Vermögen oder wesentliche Teile davon durch einen Asset Deal auf einen neuen Rechtsträger zu übertragen (sog. übertragende Sanierung). In beiden Fällen wird der bisherige Rechtsträger jedoch liquidiert. Soll der bestehende Rechtsträger saniert werden, erfolgt dies über das sog. **Insolvenzplanverfahren**. In einem Insolvenzplan wird geregelt, mit welchen Maßnahmen das Unternehmens saniert werden und wie in die Rechte der einzelnen Gläubiger eingegriffen werden soll (***IDW S 2***.[10]). Vorteil einer Sanierung im Insolvenzverfahren ist, dass in laufende Verträge auch ohne Zustimmung der Gläubiger eingegriffen werden kann und das Unternehmen Insolvenzgeld erhält. Allerdings ist das Verfahren öffentlich

7   Gesetz zur weiteren Erleichterung der Sanierung von Unternehmen (ESUG) v. 07.12.2011, BGBl Teil I Nr. 64, S. 2582, v. 13.12.2011.

8   SanInsFoG v. 22.12.2020, BGBl 2020 Teil I Nr. 66, v. 29.12.2020.

9   *IDW Standard: Bescheinigung nach § 270d InsO und Beurteilung der Anforderungen nach § 270a InsO (IDW S 9)* (Stand: 18.08.2022).

10   Verabschiedung durch den FAS am 20.03.2024. Die Veröffentlichung des Standards ist bei Redaktionsschluss der Festschrift in der IDW Life für Juli 2024 geplant.

und mit entsprechend negativen Reputationseffekten verbunden. Zudem ist die Krise des Unternehmens schon sehr weit fortgeschritten, sodass die leistungswirtschaftlichen Sanierungsmöglichkeiten regelmäßig eingeschränkt sind. Auch hier kann der Wirtschaftsprüfer als Berater des Mandanten, CRO, Sachwalter, Insolvenzverwalter oder Gutachter aktiv werden. Auch kann er an der Erstellung des Insolvenzplans oder Teilen davon mitwirken.

Mit dem *IDW Rechnungslegungshinweis: Externe (handelsrechtliche) Rechnungslegung im Insolvenzverfahren (**IDW RH HFA 1.012**)*[11] werden Hinweise zu den Besonderheiten der Rechnungslegung während des Insolvenzverfahrens gegeben.

2 Überblick über die Sanierungsstandards des IDW

2.1 IDW S 6

2.1.1 Vom FAR 1/1991 zum IDW S 6 (2023)

Eine erfolgreiche und nachhaltige Unternehmenssanierung ist ohne ein sachgerechtes Sanierungskonzept nicht möglich. Auch lassen sich die Fortführungs- und Gesundungschancen nur auf der Grundlage eines vollständigen und schlüssigen Sanierungskonzepts abschätzen. Aus diesen Gründen hatte der Fachausschuss Recht des IDW (FAR) auf der Grundlage der Arbeit des damaligen Arbeitskreises Sanierung und Insolvenz (AKSI) eine Verlautbarung zu den Anforderungen an Sanierungs-Konzepte (*FAR 1/1991*)[12] herausgegeben, die über den Berufsstand hinaus von den einschlägig mit der Krisenbewältigung befassten Berufsgruppen als Marktstandard anerkannt wurde.[13]

Der Arbeitskreis Sanierung und Insolvenz (AKSI) hat diese Verlautbarung grundlegend überarbeitet und 2008 zu dem *Entwurf des IDW Standard: Anforderungen an die Erstellung von Sanierungskonzepten (IDW ES 6)*[14] fortentwickelt. Der im Jahr 2009 gegründete Fachausschuss Sanierung und Insolvenz des IDW (FAS) hat den Entwurf im Jahr 2009 finalisiert.[15] Bei der umfassenden Überarbeitung des *FAR 1/1991* wurde dessen Grundkonzeption beibehalten und auf einen hohen Praxisbezug geachtet. Zentrale Neuerungen waren:

---

11 IDW Life 1/2019, S. 74 (Stand: 06.12.2018).
12 FN-IDW 1991, S. 319; WPg 1992, S. 75.
13 Vgl. Groß, WPg 2011, I.
14 WPg Supplement 4/2009, S. 145 ff.
15 FN-IDW 2009, S. 578 ff.

- die Orientierung am Leitbild des Unternehmens,
- das 2-Stufen-Konzept mit modularem Ansatz (1. Stufe: kurzfristige Sicherung des Unternehmensbestandes, 2. Stufe: Sanierungskonzept erstellen und umsetzen)
- die Neufassung des Begriffs der Sanierungsfähigkeit,
- die Einführung des Begriffs „integrierter Sanierungsplan" (ersetzt die „Planverprobungsrechnung"),
- die Ergänzung der integrierten Planung um Kennzahlen,
- die Forderung nach einer branchenüblichen Umsatzrendite und EK-Quote und
- die Musterformulierungen für die zusammenfassende Schlussbemerkungen für die Beurteilung der Fortbestehensprognose und der Sanierungsfähigkeit.

Wie der *FAR 1/1991* hat auch der **2009 veröffentlichte *IDW S 6*** zwar zu höheren Anforderungen an die Konzepterstellung geführt, sich aber auf breiter Ebene als Maßstab für Fortführungsprognosen und vollumfängliche Sanierungskonzepte durchgesetzt.[16] Gleichzeitig wurde der Wunsch aus der Sanierungspraxis an das IDW herangetragen, einzelne Klarstellungen vorzunehmen. Nach einem umfänglichen „due process" mit Vertretern des IDW und anderer Berufsgruppen wurde in der im Jahr **2012** überarbeiteten Fassung des *IDW S 6*[17] insbesondere

- ein deutlicherer Bezug zwischen den Anforderungen des Standards und der BGH-Rechtsprechung hergestellt,
- das 2-Stufen-Konzept deutlicher hervorgehoben (insbes. der erforderliche Ausschluss von Insolvenzeröffnungsgründen in Stufe 1),
- Ausführungen dazu aufgenommen, dass bei kleineren Unternehmen das Ausmaß der Untersuchungen und die Berichterstattung an die geringere Komplexität des Unternehmens anzupassen sind und
- klarstellend darauf hingewiesen, dass ein umfängliches Sanierungskonzept eine Aussage zur Sanierungsfähigkeit enthalten muss, wobei ein Unternehmen dann sanierungsfähig ist, wenn auf Basis des Sanierungskonzepts bei objektiver Beurteilung ernsthafte und begründete Aussichten auf eine erfolgreiche Sanierung in einem überschaubaren Zeitraum bestehen.

Da jeder Sanierungsfall seine eigene fachgerechte Lösung erfordert, können die in *IDW S 6* dargestellten betriebswirtschaftlichen Konkretisierungen nur

---

16 Vgl. Becker u.a., DStR 2012, S. 981.
17 FN-IDW 2012, S. 719.

den Rahmen festlegen, innerhalb dessen eine eigenverantwortliche Lösung für den konkreten Einzelfall gefunden werden muss. Deshalb liegt es in der Natur der Sache, dass IDW S 6 nicht abschließend alle Sachverhalte regeln kann, die sich im Rahmen einer Unternehmenssanierung ergeben können. Vor diesem Hintergrund hat das IfUS Institut Heidelberg an der SRH Hochschule Heidelberg in Kooperation mit dem IDW unter Federführung des FAS im Jahr **2016** eine Studie durchgeführt, mit der die wichtigsten **Anwendungsfragen der Sanierungspraxis** zu *IDW S 6* ermittelt wurden. Hierzu wurden in einem ersten Schritt qualitative Experteninterviews geführt und darauf aufbauend die zehn größten Geschäftsbanken, der Deutsche Sparkassen- und Giroverband (DSGV), der Genossenschaftsverband e.V., die fünf größten Warenkreditversicherer sowie 266 Restrukturierungsberatungen befragt.[18] Die Ergebnisse der Studie zeigten, dass weniger die Anforderungen von *IDW S 6* Fragen aufgeworfen haben, als vielmehr die praktische Umsetzung von Sanierungskonzepten. Hilfestellung wurde vor allem bei der Frage gefordert, wie Sanierungskonzepte bei kleineren und weniger komplexen Unternehmen umgesetzt werden können. Offene Anwendungsfragen gab es aber beispielsweise auch bei Sanierungskonzepten für Konzerne bzw. Konzerngesellschaften. Der FAS des IDW hat sich dieser Fragen angenommen und ebenfalls im Jahr **2016** unter Einbeziehung von Adressaten der Studie in einem gesonderten **Fragen-und-Antworten-Papier (F&A)**[19] Lösungsansätze für über 20 Anwendungsfragen zu *IDW S 6* erarbeitet.

In der Sanierungspraxis hat der mit 36 Seiten umfangreiche Standard aus dem Jahr 2012 teilweise zu dem Missverständnis geführt, dass ein umfangreicher Standard auch eine hohe Anzahl an Anforderungen enthalte, deswegen zu überbordenden Sanierungsgutachten führe und sich *IDW S 6* daher insbes. auch nicht für kleine und mittelgroße Unternehmen (KMU) eigne. Mit der auf die Kernforderungen fokussierten **Neufassung des *IDW S 6***[20] aus dem Jahr **2018** hat das IDW auf die in der Praxis zunehmend beobachtete Tendenz, dass die Anforderungen des *IDW S 6* – auch bei kleineren Unternehmen – teilweise checklistenartig abgearbeitet werden und zum Teil nicht wesentliche bzw. für das Unternehmen nicht oder nur zum Teil relevante Sachverhalte ausführlich dargestellt werden, reagiert. Mit der Neufassung des *IDW S 6* geht auch der Appell an eine an den Grundsätzen der Wesentlichkeit, Klarheit und Eigen-

---

18   Zu Aufbau und Ergebnissen der Studie vgl. Jaroschinsky/Werner, WPg 2016, S. 1195.

19   *Fragen und Antworten zur Erstellung und Beurteilung von Sanierungskonzepten nach IDW S 6 (F&A zu IDW S 6)* (Stand: 13.12.2016).

20   *IDW Standard: Anforderungen an Sanierungskonzepte (IDW S 6)* (Stand: 16.05.2018).

verantwortlichkeit orientierten Anwendung des Standards einher. Überblicksmäßig ergeben sich folgende Änderungen[21]:

- Kürzung des Standards um rd. 40 %.
- Noch klarere Fokussierung auf die vom BGH definierten und unverändert gebliebenen Kernanforderungen.
- Stärkere Fokussierung bei der Beurteilung der Sanierungsfähigkeit auf die Refinanzierbarkeit am Markt.
- Klarstellung, dass nach der Auftragsannahme in einer Vorstufe zunächst eine unverzügliche Beurteilung der Insolvenzantragsgründe nach *IDW S 11* erforderlich und eine Insolvenzreife auszuschließen ist.
- Erfordernis einer Kultur der Wandlungs- und Adaptionsfähigkeit im Unternehmen bspw. im Zusammenhang mit den Herausforderungen der Digitalisierung.
- Größerer Raum für kleinere Unternehmen mit der Klarstellung, dass auch diese die Kernanforderungen des *IDW S 6* bzw. BGH erfüllen müssen. Jedoch Möglichkeit der Skalierung durch geringere Komplexität.
- Verzicht auf Ausführungen zur handelsrechtlichen Fortführungsannahme.
- Übernahme betriebswirtschaftlicher Zusammenhänge in die ebenfalls in 2018 neu gefassten und zusammen mit der Neufassung des *IDW S 6* veröffentlichten Fragen und Antworten (F&A) zu *IDW S 6*[22].
- Übernahme der Musterformulierung einer Schlussbemerkung zum Fortführungskonzept in die F&A.
- Aufnahme einer Mustergliederung für ein Sanierungskonzept.

> **Hinweis**
>
> In der Fassung 2023 wird ein stärkerer Focus auf die Mega-Trends ESG-Anforderungen, Digitale Strategie und Vorkehrungen zur Abwehr von Cyber-Angriffen gelegt.

Mit dem vom FAS im Jahr **2023** verabschiedeten ***IDW S 6***[23] wurden insbes. Anpassungen aufgrund der Herausforderungen der MegaTrends Digitalisierung und ESG vorgenommen. Gegenüber der bisherigen Fassung von 2018 ergeben

21   Vgl. Steffan, ZIP 2018, S. 1767 ff.; Steffan/Solmecke, WPg 2017, S. 1411.
22   *Fragen und Antworten zur Erstellung und Beurteilung von Sanierungskonzepten nach IDW S 6 (F&A zu IDW S 6)* (Stand: 16.05.2018).
23   *IDW Standard: Anforderungen an Sanierungskonzepte (IDW S 6)* (Stand: 22.06.2023).

sich neben aktualisierten Verweisen und kleineren Klarstellungen vor allem die folgenden Änderungen:

- Die Neufassung greift in mehreren Textpassagen die Bedeutung von ESG-Aspekten für die Sanierung auf, da die Einhaltung der ESGAnforderungen Voraussetzung für den dauerhaften Fortbestand des Unternehmens sein kann. Sie bedingt u.a. eine angemessene Kommunikation mit den Stakeholdern, erweiterte Berichterstattungspflichten und die Integration von ESGRisiken in den allgemeinen Risikomanagementprozess. Eine Nichtbeachtung dieser Kriterien kann zu erheblichen Straf (z.B. durch Regulatoren) oder Reputationsrisiken (z.B. durch unzufriedene Kunden), mangelnder Akzeptanz bei den Stakeholdern (z.B. Kapitalgebern) oder eingeschränkten Finanzierungsmöglichkeiten (z.B. wegen Abschlägen im Rating oder Nichterfüllung von bankinternen Kreditvergabekriterien) führen.
- Vertiefend wird darauf eingegangen, dass die digitale Strategie des zu sanierenden Unternehmens bei vielen Geschäftsmodellen entscheidend für den Sanierungserfolg ist. Sie ist ein zentraler Treiber von Alleinstellungsmerkmalen im Wettbewerbsumfeld und fördert die Resilienz gegen disruptive Veränderungen im Markt. Elementare Bestandteile der digitalen Strategie sind u.a. digitale Absatzmöglichkeiten, digitale Geschäftsprozesse und Vorkehrungen zur Abwehr von CyberAngriffen. Ohne solche Vorkehrungen können die Zukunftsfähigkeit des Geschäftsmodells und damit auch der Sanierungserfolg signifikant beeinträchtigt werden.
- Klarstellung, dass soweit ESG-Aspekte und die Digitalisierung für das Geschäftsmodell eines Unternehmens oder für dessen weitere Entwicklung relevant sind, sie schon bisher im Rahmen eines Sanierungskonzeptes dargestellt werden mussten.
- Klarstellung, dass im Sanierungskonzept Steuern zu berücksichtigen sind, die durch oder im Rahmen von Sanierungsmaßnahmen ausgelöst werden.

Entsprechende Fragen und Antworten zu ESG, Digitalisierung und Steuern wurden vom IDW im Jahr **2023** in die *F&A zu IDW S 6*[24] aufgenommen, in Teilen wurde der F&A auch an die Entwicklung der Sanierungspraxis angepasst.

---

24 Verabschiedet vom Fachausschuss Sanierung und Insolvenz (FAS) am 13.12.2023. Die Veröffentlichung ist bei Redaktionsschluss der Festschrift in der IDW Life für Juli 2024 geplant.

2.1.2   Überblick über ausgewählte Anforderungen

2.1.2.1   Anlässe für die Erstellung von Sanierungskonzepten

Sanierungskonzepte werden in der Praxis aus unterschiedlichen Anlässen erstellt: Oft verlangen Kreditinstitute ein solches Konzept, um in der Krise des Unternehmens eine Finanzierungsentscheidung treffen zu können. Sie können aber auch vor Anfechtung schützen, etwa wenn ein Gläubiger in Kenntnis einer (drohenden) Zahlungsunfähigkeit des Schuldners einer Teilzahlungsvereinbarung zugestimmt hat.[25] Zudem können sie die Organe im Zusammenhang mit strafrechtlichen (z.B. §§ 283 ff. StGB) oder zivilrechtlichen Haftungsaspekten (§§ 15b InsO, § 1 StaRUG) entlasten. Sie dienen zudem als Grundlage für die Sicherung des Sanierungsprivilegs nach § 39 Abs. 4 InsO, für Verhandlungen mit Stakeholdern (z.B. im Zusammenhang mit Kapitalmaßnahmen[26] oder bei Covenants-Brüchen), zum Nachweis eines steuerfreien Sanierungsertrags (§ 3a Abs. 2 EStG) oder für die Gewährung öffentlicher Beihilfen.[27]

Der *IDW S 6* deckt sämtliche Anlässe für dessen Erstellung ab und stellt als Benchmark die betriebswirtschaftliche Grundlage für die Erstellung eines auf die speziellen Umstände des Einzelfalls ausgerichteten Sanierungskonzepts dar.

2.1.2.2   Kernbestandteile von Sanierungskonzepten

Der BGH hat in verschiedenen Urteilen wesentliche Aspekte eines Sanierungskonzepts beleuchtet und hierfür Anforderungen definiert, die zumindest teilweise einer betriebswirtschaftlichen Auslegung und Konkretisierung (z.B. „durchgreifende Sanierung"[28] oder „Krisenursachen"[29]) bedürfen. Die Anforderungen des BGH stellen mithin notwendige Kernbestandteile eines Sanierungskonzepts dar, die in ein schlüssiges betriebswirtschaftliches Konzept eingebunden werden müssen, das den Umständen des konkreten Einzelfalls Rechnung trägt.

---

25 Dies hat der BGH dem Grunde nach bestätigt (BGH-Urteil v. 12.05.2016 – IX ZR 65/14, ZIP 2016, 1235), indes dem Konzeptersteller auch andere betriebswirtschaftliche Ansätze offengelassen, soweit die Anforderungen der Rechtsprechung erfüllt sind. Ein positives Gutachten nach *IDW S 6* zu verlangen, ist weiterhin der sicherste Weg, um bspw. Anfechtungsrisiken zu vermeiden, vgl. Uhlenbruck/Borries/Hirte, InsO, 15. Aufl., München 2019, § 133, Rn. 136; Kiesel, FD-InsR 2016, 379527; Hagemann, NZI 2014, S. 213.

26 Vgl. § 37 WpÜG i.V.m. § 9 WpÜG-Angebotsverordnung.

27 Vgl. *IDW S 6*, Tz. 2.

28 Vgl. BGH Urteil v. 21.11.2005 – II ZR 277/03, ZIP 2006, S. 279.

29 Vgl. BGH Urteil v. 04.12.1997, IX ZR 47–97, ZIP 1998, S. 248.

Ausgehend von den tatsächlichen Gegebenheiten und einer Analyse der Vermögens-, Finanz- und Erfolgslage (VFE-Lage) wird das Leitbild des sanierten Unternehmens mit seinem Geschäftsmodell, den Zielvorstellungen, Wertvorstellungen und der angestrebten Wettbewerbsposition definiert. Um das Leitbild zu erreichen, müssen Sanierungsmaßnahmen entwickelt werden, die die Durchfinanzierung des Unternehmens und die Wettbewerbsfähigkeit wiederherstellen. In der integrierten Unternehmensplanung werden die Entwicklungen und Maßnahmen mit ihren Synergien und Gegeneffekten quantitativ dargestellt, um auf dieser Basis eine Einschätzung treffen zu können, ob das Unternehmen sanierungsfähig ist. Abb. 2 fasst die wesentlichen Anforderungen an Sanierungskonzepte zusammen.

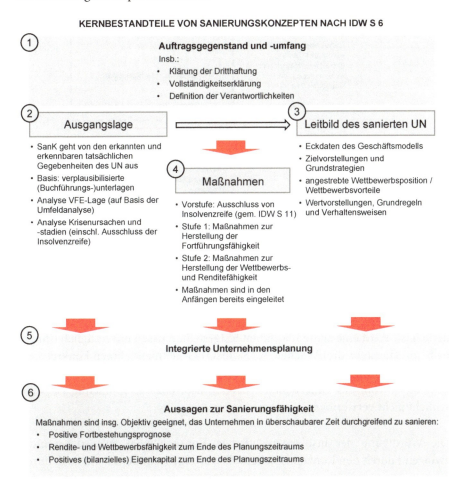

Abb. 2: Kernbestandteile von Sanierungskonzepten

2.1.2.3   Phasen der Konzepterstellung

Bei den in der Abb. 3 dargestellten Phasen der Erstellung eines Sanierungskonzepts und dessen Umsetzung ist zu berücksichtigen, dass sich die Vorstufe, die eigentliche Konzepterstellung und die Umsetzung des Konzepts zeitlich regelmäßig überschneiden und nicht trennscharf voneinander abgrenzen lassen.

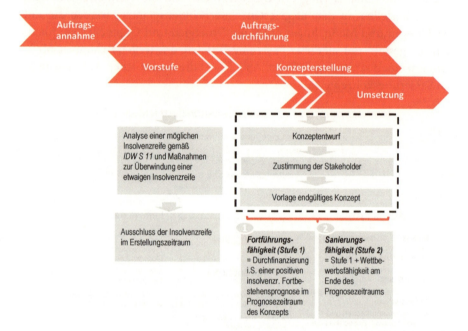

Abb. 3: Typischer Prozess der Erstellung eines Sanierungskonzeptes nach IDW S 6, entnommen aus IDW S 6, Tz. 15.

Zu beachten ist, dass nach der Auftragsannahme in einer Vorstufe zunächst eine unverzügliche Beurteilung der Insolvenzantragsgründe nach *IDW S 11* erforderlich ist. Wird eine akute Illiquidität festgestellt, müssen unverzüglich (innerhalb von längstens drei Wochen; § 15a InsO) Gegenmaßnahmen konkretisiert und umgesetzt werden.[30] Ein Konzept, das von der Unternehmensfortführung ausgeht, obwohl das Unternehmen bereits insolvenzantragspflichtig ist, wäre schlicht nicht verwertbar.

Die Würdigung der insolvenzrechtlichen Konsequenzen muss dabei nicht zwingend durch den Konzeptersteller selbst erfolgen, sondern kann auch durch

---

30   Vgl. *IDW S 6*, Tz. 13.

einen in Insolvenzsachen erfahrenen Dritten durchgeführt werden, der zur rechtlichen Beratung befugt ist.[31] In diesem Fall hat der Konzeptersteller das Ergebnis der Beurteilung gleichwohl zu plausibilisieren.[32]

2.1.2.4 Sanierungsfähigkeit

Sanierungsfähig ist ein erwerbswirtschaftliches Unternehmen nur dann, wenn eine Durchfinanzierung im Sinne einer positiven insolvenzrechtlichen Fortbestehensprognose im meist zwei- bis dreijährigen Prognosezeitraum des Konzepts vorliegt (Stufe 1)[33] und darüber hinaus durch geeignete Maßnahmen auch nachhaltig die Wettbewerbsfähigkeit wiedererlangt werden kann (nachhaltige Fortführungsfähigkeit i.S. einer Sanierungsfähigkeit; Stufe 2)[34].

Wettbewerbsfähig ist ein Unternehmen nach *IDW S 6* dann, wenn es dauerhaft fortgeführt werden kann. Der BGH fordert in diesem Sinne eine durchgreifende Sanierung[35], d.h. die Wiederherstellung der Rentabilität der unternehmerischen Fähigkeit[36] als Voraussetzung dafür, aus eigener Kraft im Wettbewerb bestehen zu können.[37] Dies wird einem Unternehmen nur gelingen, wenn es sich gegenüber seinen Wettbewerbern behaupten kann. Voraussetzung hierfür sind ein zukunftsfähiges Geschäftsmodell mit motivierten und leistungsfähigen Mitarbeitern, ein fähiges Management, marktfähige Produkte bzw. Dienstleistungen, eine Wandlungs- und Adaptionsfähigkeit (z.B. im Zusammenhang mit den Herausforderungen der Digitalisierung und der Einhaltung der ESG-Anforderungen) und funktionierende Prozesse, die es erlauben, den Herausforderungen des Marktes erfolgreich zu begegnen. Ein so aufgestelltes Unternehmen wird wieder Gewinne erwirtschaften (angemessene Rendite) und dadurch ein angemessenes Eigenkapital aufbauen können. Beide Kriterien sichern die Finanzier-

---

31 So wohl auch OLG Frankfurt a.M., Urteil vom 17.01.2018 (4 U 4/17).

32 Vgl. *IDW S 6*, Tz. 13.

33 Vgl. *IDW S 6*, Tz. 17.

34 Vgl. *IDW S 6*, Tz. 18.

35 Vgl. BGH-Urteil v. 21. 11.2005 – II ZR 277/03, ZIP 2006, S. 279.

36 Vgl. BGH-Urteil vom 12.05.2016 – IX ZR 65/14, Rz. 43: „[...] von einer dauerhaften Beseitigung der Krisenursachen ausgehen durfte." Ebenda, Rz. 36: „[...] und die Rentabilität der unternehmerischen Tätigkeit wiederhergestellt werden kann."

37 Vgl. *IDW S 6*, Tz. 24; Mitteilung der Europäischen Kommission: Leitlinien für staatliche Beihilfen zur Rettung und Umstrukturierung nichtfinanzieller Unternehmen in Schwierigkeiten (2014/C 249/01), Tz. 52. Gemäß Mitteilung der Kommission vom 29.11.2023 (C/2023/1212) wurde die (bereits aufgrund der COVID-Pandemie bis zum 31.12.2023 verlängerte) Geltungsdauer der Leitlinien während der Vorbereitung einer möglichen Aktualisierung bis zum 31.12.2025 verlängert.

barkeit des Unternehmens am Markt, wodurch das Unternehmen wieder attraktiv für Eigen- und Fremdkapitalgeber wird[38] (vgl. Abb. 4).

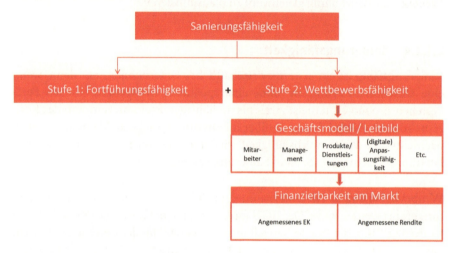

Abb. 4: Typischer Prozess der Erstellung eines Sanierungskonzeptes nach IDW S 6, entnommen aus IDW S 6, Tz. 24.

Im *IDW S 6* wurde die Anregung von Marktteilnehmern aufgegriffen, den Begriff der Angemessenheit zu konkretisieren: Ein starkes Indiz für ein angemessenes positives Eigenkapital und eine angemessene positive Rendite liegt dann vor, wenn sich die jeweiligen Werte innerhalb der branchenüblichen Bandbreite bewegen. Es kann aber – insbes. dann, wenn sich eine relevante Vergleichsgruppe nicht oder nur mit nicht vertretbarem Aufwand ermitteln lässt – weitere Kriterien hierfür geben, etwa ein Rating mit dem Ergebnis „Investment Grade" oder alternative Kennzahlen (z.B. Verhältnis der Nettoverschuldung zum Plan-EBITDA oder Plan-EBIT), die sich im letzten Planjahr bei einem im Sanierungskonzept aufgezeigten Turnaround ebenfalls am unteren Ende einer Bandbreite orientieren können.[39]

IDW S 6 setzt bei einem sanierten Unternehmen am Ende des Planungshorizonts neben einer angemessenen Rendite auch ein angemessenes Eigenkapital voraus. Er trägt dem Umstand Rechnung, dass es sehr unterschiedliche Finanzierungsstrukturen gibt. Dabei wird grundsätzlich auf das bilanzielle Eigenkapital abgestellt – in Ausnahmefällen können aber auch Teile des wirtschaft-

---

38   Vgl. *IDW S 6*, Tz. 25 ff.
39   Vgl. *IDW S 6*, Tz. 28.

lichen Eigenkapitals berücksichtigt werden. Eine solche Ausnahme liegt vor, wenn das dem Unternehmen zur Verfügung gestellte Kapital langfristig zur Verfügung gestellt wird, der Gläubiger einen (qualifizierten) Rangrücktritt erklärt hat und dem Unternehmen das Kapital – einschl. etwaiger Vergütungsansprüche für deren Überlassung – ungeschmälert so lange zur Verfügung gestellt wird, wie es zur Herstellung eines angemessenen Eigenkapitals benötigt wird.[40]

2.1.2.5   Sanierungskonzepte für KMU

Der BGH hat bestätigt, dass auch bei der Sanierung kleinerer Unternehmen sämtliche Kernanforderungen an Sanierungskonzepte zu beachten sind.[41] Allerdings sind das Ausmaß der Tätigkeit und die Berichterstattung bei kleineren Unternehmen an die typischerweise geringere Komplexität anzupassen.[42] Dem typischerweise geringeren Analyseaufwand aufgrund geringerer Komplexität stehen jedoch oftmals Mehraufwendungen durch eine unzulängliche Datenlage und fehlende Steuerungsinstrumente gegenüber.[43]

Inhaltlich ist bei kleineren Unternehmen zu beachten, dass sie meist spezifische Problemfelder aufweisen. Hierzu gehören bspw. Abhängigkeiten von wenigen Kunden bzw. Lieferanten, was das Risiko der Sanierung in den Bereichen Einkauf und Verkauf beeinflussen kann, aber zu einem unterdurchschnittlichen Analyseaufwand führt.

Zudem ist die Darstellung auf die relevanten Sachverhalte zu beschränken: Wenn sich kleinere Unternehmen in einer Marktnische befinden, sind Ausführungen zu einem Branchentrend ggf. entbehrlich. Auch ist die Darstellung geopolitischer Entwicklungen bei einem lokal agierenden Unternehmen oft kontraproduktiv, weil sie den Blick auf das Wesentliche verstellen.

Ein schlankes Sanierungskonzept für ein wenig komplexes Unternehmen ist zwar möglich, die Erfahrung zeigt jedoch, dass der Aufwand, um Transparenz herzustellen, nicht unterschätzt werden darf, da die hierzu erforderlichen Daten oftmals nur mühsam und zeitaufwändig erstellt werden können.

---

40   Vgl. *IDW S 6*, Tz. 29.
41   Vgl. BGH-Urteil v. 12.05.2016 – IX ZR 65/14, ZIP 2016, 1235; *IDW S 6*, Tz. 11, 40.
42   Vgl. *IDW S 6*, Tz. 39.
43   Vgl. *IDW S 6*, Tz. 41.

2.1.3   Würdigung

Der *IDW S 6* ist als „Mutter der Sanierungsstandards" des IDW zugleich das **Flaggschiff** der Sanierungsstandards und der Benchmark für Sanierungskonzepte mit einer sehr hohen Akzeptanz im gesamten Sanierungsmarkt. Dies ist vor allem darauf zurückzuführen, dass ein nach *IDW S 6* erstelltes Sanierungskonzept sämtliche Anforderungen der Rechtsprechung berücksichtigt, diese konkretisiert – soweit betriebswirtschaftliche Auslegungsfragen bestehen – und sie in ein in sich schlüssiges betriebswirtschaftliches Konzept integriert, das den Umständen und Erfordernissen des konkreten Einzelfalls Rechnung trägt.[44] Diese Einbindung stellt eine „Zusammenfassung einleuchtender Vernunfterwägungen dar", welche bei jeder Sanierung angestellt werden müssen.[45] Die hohe Marktakzeptanz ist zudem auf den umfassenden Entstehungsprozess (due process) zurückzuführen, den der *IDW S 6* in seinen jeweiligen Fassungen durchlief, der allen Stakeholdern im Sanierungsmarkt die Möglichkeit zur Stellungnahme geboten hat, was im Übrigen auch vielfältig und umfangreich in Anspruch genommen wurde.

> **Hinweis**
>
> Der *IDW S 6* ist das Flaggschiff der Sanierungsstandards des IDW und Branchenstandard im Bereich der Restrukturierung/Sanierung.

Eine unmittelbare und verbindliche Anwendung des *IDW S 6* gibt den beteiligten Stakeholdern (Organe, Konzepersteller, Bankmitarbeiter, Gläubigern, Aufsichtsbehörden etc.) die Sicherheit, dass alle Anforderungen des BGH im Sanierungskonzept Berücksichtigung finden und das Konzept somit über eine Art "Qualitätssiegel" verfügt, das größtmöglichen Schutz bezüglich straf- und haftungsrechtlicher Risiken sowie regulatorischer bzw. aufsichtsrechtlicher Anforderungen bietet.[46] Voraussetzung ist selbstverständlich, dass das Sanierungskonzept nicht nur formal, sondern auch inhaltlich den Anforderungen von *IDW S 6* entspricht und insoweit *IDW S 6* auch „drin ist, wenn *IDW S 6* draufsteht".[47]

---

44   Vgl. *IDW S 6*, Tz. 5. Insoweit hat das viel beachtete Urteil des BGH vom 12.05.2016 – IX ZR 65/14 den *IDW S 6* in seinen Anforderungen bestätigt.

45   Vgl. OLG Köln, WPg 2011, S. 442.

46   Vgl. Steffan, ZIP 2016, S. 1719; *F&A zu IDW S 6*, Ziff. 2.4.

47   Vgl. hierzu OLG Bamberg, Urteil vom 31.07.2023 – 2 U 38/22, NZI 2023, S. 785 ff.

Um Risiken für die beteiligten Stakeholder zu vermeiden, sollten bei der Konzepterstellung Abweichungen von den Kernanforderungen des BGH bzw. vom *IDW S 6* vermieden werden, da sie Ansatzpunkte für spätere Anfechtungsprozesse sowie für straf- und haftungsrechtliche Untersuchungen bieten können, die dann auch einer späteren gerichtlichen Überprüfung standhalten müssen. Gleiches gilt für Sanierungskonzepte, die lediglich „in Anlehnung an *IDW S 6*" erstellt werden und die gemessen an den Kernanforderungen des BGH und des *IDW S 6* unvollständig sind oder auf einer falschen, unzureichenden oder fehlenden Einschätzung beruhen.[48] Zur Sicherheit aller Beteiligten sollte deshalb der Auftrag unmittelbar und verbindlich den *IDW S 6* beinhalten. Dies gilt auch für kleinere Unternehmen, für die das Sanierungskonzept auch nach *IDW S 6* schlank und oftmals auch kostengünstig gehalten werden kann.[49]

Ein Blick in Richtung EU zeigt, dass der *IDW S 6* nicht nur die nationalen Anforderungen des BGH für Sanierungskonzepte, sondern auch die der EU-Kommission abdeckt. Die EU-Kommission hat als Voraussetzung für staatliche Beihilfen zur Rettung und Umstrukturierung nichtfinzieller Unternehmen für die Jahre 2014 bis 2020 Leitlinien[50] aufgestellt, in denen u.a. auch die Anforderungen an den vorzulegenden „Umstrukturierungsplan" festgehalten sind, welcher nach deutschem Verständnis dem Sanierungskonzept entspricht. Gleicht man die Anforderungen der EU-Kommission mit den Anforderungen des *IDW S 6* ab, ergibt sich, dass sie sich allenfalls sprachlich, aber nicht inhaltlich unterscheiden. Dies ist nicht verwunderlich, denn die Anforderungen an eine nachhaltige Gesundung eines Unternehmens sind in erster Linie betriebswirtschaftlicher Natur, die nicht an Ländergrenzen enden.[51]

2.2 Bescheinigung im Restrukturierungsrahmen nach IDW S 15

2.2.1 Einordnung des Standards

Waren bisher vorinsolvenzliche Sanierungen nur möglich, wenn Konsens zwischen allen Beteiligten hergestellt werden konnte, liegt seit 2021 mit dem

---

48 Vgl. Steffan/Hermanns, INDat Report 10/2023, S. 38; Steffan, ZIP 2016, S. 1720.

49 Vgl. Steffan, ZIP 2018, S. 1768.

50 Mitteilung der Europäischen Kommission: Leitlinien für staatliche Beihilfen zur Rettung und Umstrukturierung nichtfinanzieller Unternehmen in Schwierigkeiten (2014/C 249/01). Gemäß Mitteilung der Kommission vom 29.11.2023 (C/2023/1212) wurde die (bereits aufgrund der COVID-Pandemie bis zum 31.12.2023 verlängerte) Geltungsdauer der Leitlinien während der Vorbereitung einer möglichen Aktualisierung bis zum 31.12.2025 verlängert.

51 Steffan, ZIP 2018, S. 1772.

StaRUG[52] ein Rechtsrahmen zur Ermöglichung insolvenzabwendender Sanierungen vor, der es einem drohend zahlungsunfähigen Unternehmen ermöglicht, sich in einem i.d.R. nicht öffentlichen Verfahren auf der Grundlage eines von den Gläubigern mit qualifizierter Mehrheit angenommenen Restrukturierungsplans zu sanieren. Das Unternehmen kann die Verhandlungen zu dem Plan selbst führen und den Plan zur Abstimmung stellen. Voraussetzung ist, dass der Schuldner bereit und in der Lage ist, die Restrukturierung unter Wahrung der Interessen der Gläubigerschaft zu betreiben.[53] Abb. 5 zeigt einen typischen Ablauf des Stabilisierungs- und Restrukturierungsrahmens.

Abb. 5: Typischer Ablauf des Stabilisierungs- und Restrukturierungsrahmens

Für die **Anzeige des Restrukturierungsvorhabens** (§ 31 Abs. 2 StaRUG), mit der die Restrukturierungssache rechtshängig wird (§ 31 Abs. 3 StaRUG) und somit die Insolvenzantragspflicht ruht (§ 42 Abs. 1 StaRUG), wird ein Entwurf eines Restrukturierungsplans oder, sofern ein solcher noch nicht vorliegt, ein Konzept für die Restrukturierung gefordert, „welches auf Grundlage einer Darstellung von Art, Ausmaß und Ursachen der Krise das Ziel der Restrukturierung (Restrukturierungsziel) sowie die Maßnahmen beschreibt, welche zur Erreichung des Restrukturierungsziels in Aussicht genommen werden" (§ 31 Abs. 2 Satz 1 Ziff. 1 StaRUG).

---

52 Gesetz über den Stabilisierungs- und Restrukturierungsrahmen für Unternehmen (Unternehmensstabilisierungs- und -restrukturierungsgesetz – StaRUG) als Teil des Gesetzes zur Fortentwicklung des Sanierungs- und Insolvenzrechts (Sanierungs- und Insolvenzfortentwicklungsgesetz – SanInsFoG), v. 22.12.2020, BGBl 2020 Teil I Nr. 66, v. 29.12.2020.

53 Gesetzentwurf der Bundesregierung vom 09.11.2020, BT-Drucks. 19/24181, S. 1 f.

Im Unterschied zu *IDW S 6* wird in diesem Stadium noch kein Vollkonzept gefordert, deshalb sind an das Grobkonzept inhaltlich auch nicht die gleichen Anforderungen zu stellen.[54] Eine Finanzplanung muss in diesem Stadium noch nicht vorgelegt werden. Ein Beweismaßstab für die Umsetzungswahrscheinlichkeit des Konzepts für die Restrukturierung ist bei der Anzeige der Restrukturierungssache, im Gegensatz zur Stabilisierungsanordnung, bei der das aktualisierte Konzept bereits schlüssig sein muss (§ 50 Abs. 1 Satz 2 StaRUG), ebenfalls nicht gefordert. Um sicherzugehen, dass das angedachte Konzept die betriebswirtschaftlichen Mindestanforderungen an eine Sanierung erfüllt, empfiehlt es sich, bereits in diesem Stadium die Anforderungen zugrunde zu legen, die für eine spätere Stabilisierungsanordnung maßgebend sind.

Der **Restrukturierungsplan** umfasst ein betriebswirtschaftliches Restrukturierungs- bzw. Sanierungskonzept sowie weitere Elemente, die im Wesentlichen an die Anforderungen an eigenverwaltende Insolvenzplanverfahren angelehnt sind.[55]

Gleiches gilt auch für die Anforderungen in einzelnen Verfahrensschritten bzw. für einzelne **Instrumente des Restrukturierungsrahmens**, wie beispielsweise das geforderte betriebswirtschaftliche Konzept für die Restrukturierung, das bezüglich des betriebswirtschaftlichen Inhalts dem entspricht, was als Teil der Eigenverwaltungsplanung in Form eines Grobkonzepts der Sanierung gefordert ist und – wenn es die nicht offensichtliche Aussichtslosigkeit der Sanierung zu beurteilen galt – bisher schon Gegenstand der bis Ende 2020 in § 270b InsO geregelten Schutzschirmbescheinigung war.[56]

Die Anforderungen an den Schuldner steigen für eine gerichtliche **Stabilisierungsanordnung** als weiteres Instrument des Restrukturierungsrahmens, die eine Vollstreckungs- und Verwertungssperre (§ 49 Abs. 1 Ziff. 1 und 2 StaRUG) beinhalten kann. Neben der Aktualisierung des Konzepts für die Restrukturierung bzw. Sanierung wird zusätzlich ein auf diesem Konzept basierender Finanzplan über sechs Monate gefordert (§ 50 Abs. 2 Ziff. 1 und 2 StaRUG). Das Konzept der Restrukturierung bzw. Sanierung muss schlüssig, d.h., analog dem der Eigenverwaltungsplanung, bezogen auf seine geplante Umsetzung

---

54   So auch *IDW S 15*, Tz. 16.

55   Vgl. Gesetzentwurf der Bundesregierung v. 09.11.2020, BT-Drucks. 19/24181, S. 91. Kommt in der Umsetzung bspw. durch inhaltsgleiche Formulierungen bezogen auf das Konzept in § 31 Abs. 2 Nr. 1 StaRUG und § 270a Abs. 1 Nr. 2 InsO zum Ausdruck.

56   Steffan u.a., SanInsFoG, ZIP 2021, S. 617.

nicht offensichtlich aussichtslos und die Finanzplanung bezüglich ihres Eintreffens überwiegend wahrscheinlich sein. Insoweit lässt der Gesetzgeber in diesem Stadium, bezogen auf die mittelfristigen Auswirkungen des Grobkonzepts, noch gewisse Unschärfen in der Beurteilung zu. Bezogen auf die kurzfristigen Auswirkungen, nämlich die Sicherstellung der Durchfinanzierung in den nächsten sechs Monaten, werden jedoch höhere Maßstäbe angelegt, was durchaus nachvollziehbar ist.[57]

Dem Restrukturierungsplan ist eine begründete Erklärung beizufügen, dass nicht nur die drohende Zahlungsunfähigkeit des Schuldners für die nächsten 24 Monate durch den Plan beseitigt wird, sondern darüber hinaus auch seine *Bestandsfähigkeit* sicher- oder wiederhergestellt wird (§ 14 Abs. 1 StaRUG). Eine Definition der Bestandsfähigkeit findet sich weder im Gesetzestext noch in der Gesetzesbegründung. Ursache hierfür dürfte die Einschätzung des Justizministeriums bzw. Gesetzgebers sein, dass eine erschöpfende Definition im Gesetz nicht möglich sei, weswegen die Auslegung des Begriffs der Rechtsfortbildung der Praxis überlassen werden soll.[58] Das IDW ist der Auffassung, dass im letzten Sanierungsschritt erst mit einem Vollkonzept, das eine nachhaltige und überwiegend wahrscheinliche Sanierung aufzeigt, die Bestandsfähigkeit nach § 14 StaRUG erreicht wird. Um den nachhaltigen Fortbestand des Unternehmens (Bestandsfähigkeit) zu erreichen, muss das Unternehmen wettbewerbsfähig und refinanzierungsfähig sein, was in betriebswirtschaftlicher Hinsicht dem Sanierungskonzept nach der BGH-Rechtsprechung bzw. dem *IDW S 6* entspricht.[59]

Insgesamt nehmen die inhaltlichen Anforderungen an die betriebswirtschaftlichen Konzepte im Sanierungskontext von der Anzeige des Restrukturierungsvorhabens bis zur Erklärung zur Bestandsfähigkeit bzw. Sanierungsfähigkeit, wie auch der zugrunde zu legende Wahrscheinlichkeitsmaßstab, zu (vgl. Abb. 6).

---

57   Steffan u.a., SanInsFoG, ZIP 2021, S. 620.

58   Antwort des im BMJ zuständigen Abteilungsleiters auf die entsprechende Frage des Verfassers beim Webinar der NIVD v. 20.10.2020, vgl. INDat Report 09/2020, S. 75 f.

59   Vgl. *IDW S 15*, Tz. 16. Zur Begründung vgl. Steffan u.a., SanInsFoG, ZIP 2021, S. 621. So auch Flöther/Tasma, StaRUG § 14, Rn. 6 ff.; Koch/Müller, in: Braun StaRUG, § 14, Rn. 8, Wolf, in: Morgen StaRUG, § 14, Rn. 16. Kritisch hierzu: Jacoby/Thole/Brünkmans, StaRUG, § 14, Rn. 12 ff. Einschränkend zum Erfordernis einer positiven Rendite: Uhlenbruck/Streit/Bürk, StaRUG, § 14, Rn. 22.

Abb. 6: Vom Grob- zum Vollkonzept: Betriebswirtschaftliche Einordnung der Konzepte im Sanierungs-/Verfahrensfortschritt, entnommen aus IDW S 15, Tz. 17.

2.2.2 Wesentliche Inhalte

In bestimmten Fällen bestellt das Gericht von Amts wegen einen Restrukturierungsbeauftragten (§ 73 StaRUG): Dies geschieht insbes. dann, wenn in die Rechte von Verbrauchern oder mittleren, kleinen oder Kleinstunternehmen eingegriffen wird, der Schuldner eine Stabilisierungsanordnung beantragt hat, welche überwiegend gegen alle Gläubiger gerichtet ist, oder der Restrukturierungsplan eine Überwachung vorsieht. Das Restrukturierungsgericht berücksichtigt bei der Auswahl eines Restrukturierungsbeauftragten Vorschläge des Schuldners, der Gläubiger und der an dem Schuldner beteiligten Personen. Hat der Schuldner die Bescheinigung eines in Restrukturierungs- und Insolvenzsachen erfahrenen Steuerberaters, Wirtschaftsprüfers, Rechtsanwalts oder einer Person mit vergleichbarer Qualifikation (nachfolgend „Gutachter") vorgelegt, aus der sich ergibt, dass der Schuldner die Voraussetzungen der Stabilisierungsanordnung (§ 51 Abs. 1 und 2 StaRUG) erfüllt, kann das Gericht vom Vorschlag des Schuldners nur dann abweichen, wenn die vorgeschlagene Person offensichtlich ungeeignet ist (§ 74 Abs. 2 Satz 2 StaRUG). Dies muss das Restrukturierungsgericht begründen.[60]

---

60 Vgl. *IDW S 15*, Tz. 4.

Der Gutachter bescheinigt, dass die vom Schuldner vorgelegte Restrukturierungsplanung nach seiner Auffassung auf Basis der ihm vorgelegten Unterlagen und ihm erteilten Auskünfte vollständig und schlüssig ist. Zudem dürfen keine Umstände bekannt sein, aus denen sich ergibt, dass die Restrukturierungsplanung oder die Erklärungen des Schuldners in wesentlichen Punkten auf unzutreffenden Tatsachen beruhen, die Restrukturierung aussichtslos ist, der Schuldner noch nicht drohend zahlungsunfähig ist und, soweit die Stabilisierungsanordnung beantragt worden ist, diese nicht erforderlich sein wird, um das Restrukturierungsziel zu erreichen.[61]

Mit der Bescheinigung werden konkret folgende Bestandteile beurteilt:[62]

- Schlüssigkeit und Vollständigkeit der Restrukturierungsplanung (§ 51 Abs. 1 StaRUG), die aus folgenden Elementen besteht (§ 50 Abs. 2 StaRUG):
  - Auf den Tag der Bescheinigung aktualisierter Entwurf des Restrukturierungsplans oder auf diesen Tag aktualisiertes Konzept der Restrukturierung (Grobkonzept der Sanierung nach § 31 Abs. 2 Nr. 1 StaRUG)
  - Finanzplan über sechs Monate zur Sicherstellung der Unternehmensfortführung in diesem Zeitraum
- Ausschluss von bekannten Umständen (§ 51 Abs. 2 StaRUG), dass
  - Zahlungsrückstände gegenüber bestimmten Gläubigern bestehen (§ 50 Abs. 3 Nr. 1 StaRUG),
  - Vollstreckungs- oder Verwertungssperren des StaRUG oder nach § 21 Abs. 2 InsO in den letzten drei Jahren in Anspruch genommen wurden,
  - Offenlegungspflichten in den letzten drei Jahren verletzt wurden.

IDW S 15 ist modular angelegt. Der Wirtschaftsprüfer kann unabhängig von der Erteilung einer Bescheinigung seinen Mandanten unterstützen, wenn dieser im Vorfeld seines Antrags zusätzliche Rechtssicherheit erlangen möchte, bspw. bezüglich

- der Vollständigkeit und Schlüssigkeit der Restrukturierungsplanung,
- der Nicht-Aussichtslosigkeit der Restrukturierung,
- der abzugebenden Erklärungen des Schuldners (§ 50 Abs. 3 StaRUG),
- des Ausschlussees von bekannten Umständen (§ 51 Abs. 2 StaRUG) sowie

---

61 Vgl. *IDW S 15*, Tz. 5.
62 Vgl. *IDW S 15*, Tz. 24.

- des Vorliegens einer drohenden Zahlungsunfähigkeit (§ 51 Abs. 1 Nr. 3 StaRUG).[63]

2.2.3 Würdigung

Waren es in den Jahren 2021 und 2022 noch 22 bzw. 27 gerichtanhängige Verfahren, hat sich die Zahl mit 56 Fällen im Jahr 2023 verdoppelt.[64] Das StaRUG hat auch erste Feuerproben (bspw. LEONI AG und Gerry Weber International AG) gut überstanden.[65] Es ist davon auszugehen, dass Sanierungen nach dem StaRUG in den kommenden Jahren noch zunehmen werden. Unabhängig davon ist in der Sanierungspraxis festzustellen, dass das StaRUG disziplinierend auf opponierende Gläubiger wirkt, was freie Sanierungen (die in keiner Statistik erfasst werden) begünstigt.

Insoweit hat der *IDW S 15*, auch wenn es sich bei dem Sanierungsinstrument Restrukturierungsrahmen noch um ein „Nischenprodukt" handelt, eine wichtige Funktion, da er die betriebswirtschaftlichen Fragestellungen beantwortet, an denen sich die Restrukturierungskonzepte der Berater und Restrukturierungsgerichte orientieren können.

2.3 Beurteilung der Insolvenzreife nach IDW S 11

2.3.1 Von FAR 1/1996 zum IDW S 11 (2023)

Die wirtschaftliche Krise eines Unternehmens ist eine Herausforderung für alle Beteiligten: Die gesetzlichen Vertreter etwa laufen Gefahr, eine Insolvenz nicht rechtzeitig erkannt oder gar verschleppt zu haben. Für Wirtschaftsprüfer ist – je nach Auftragsart – die Gefahr einer Haftung selten größer als in einer fortgeschrittenen Krise des Mandanten.

Dabei ist die Beurteilung der Insolvenzreife eine komplexe Aufgabe und erfordert tiefgreifende juristische und betriebswirtschaftliche Kenntnisse. Für die gesetzlichen Vertreter von Unternehmen ist es kaum mehr möglich, diese Aufgabe allein zu bewältigen, regelmäßig sind sie auf die Hilfe von Experten angewiesen. Hierbei werden neben Rechtsanwälten regelmäßig auch Wirtschaftsprüfer beauftragt.

---

63 Vgl. *IDW S 15*, Tz. 6.
64 INDat Report 01/2024, S. 18.
65 Vgl. Madaus, NZI 2024, S. 195.

Die Beurteilung der Insolvenzreife ist nicht nur bei Aufträgen erforderlich, bei denen der Wirtschaftsprüfer als Sachverständiger oder Berater i.S. von § 2 Abs. 3 WPO tätig wird, sondern auch im Rahmen der Abschlussprüfung (§ 2 Abs. 1 WPO). Vor allem dann, wenn der Abschlussprüfer bei einem kriselnden Unternehmen mit der Frage konfrontiert wird, ob die Annahme der Unternehmensfortführung in der Rechnungslegung noch gerechtfertigt werden kann, sind Kenntnisse über insolvenzrechtliche Zusammenhänge unerlässlich.[66]

Warn- und Hinweispflichten – und daraus resultierend entsprechende zivilrechtliche Haftungsgefahren sowie ggf. strafrechtliche Konsequenzen – ergeben sich insbes. aus Aufträgen betreffend

- die Prüfung von Jahresabschlüssen (§ 321 Abs. 1 Satz 1 HGB, § 322 Abs. 2 HGB, § 317 Abs. 2 und Abs. 4a HGB sowie *IDW PS 270 n.F. (10/2021)*, Tz. A 12),
- die Erstellung von Jahresabschlüssen (§ 102 StaRUG, BGH Urteil v. 26.1.2017 – IX ZR 285/14, Rz. 19 und 44),
- die Erstellung oder Plausibilisierung von Fortbestehensprognosen und Sanierungsgutachten mit der Beurteilung der Insolvenzreife eines Unternehmens und
- das Erteilen von Bescheinigungen nach *IDW S 9* und *IDW S 15*.

Die erste Veröffentlichung zu den Insolvenzeröffnungsgründen erfolgte auf Basis der Tätigkeiten des Arbeitskreises Sanierung und Insolvenz mit den *Empfehlungen zur Überschuldungsprüfung bei Unternehmen des Fachausschusses Recht (FAR 1/1996)*[67]. Diese wurden ersetzt durch die *Empfehlungen zur Prüfung eingetretener oder drohender Zahlungsunfähigkeit bei Unternehmen (IDW PS 800)* im Jahr 1999, die insbes. aufgrund der gesetzlichen Änderungen (insbes. ESUG und Überschuldungsbegriff) sowie der Rechtsprechung des BGH zur Zahlungsunfähigkeit (insbes. sog. 10-%-Grenze), mehrfach angepasst und letztmalig am 09.09.2009 aktualisiert wurden.[68] Durch die Neustrukturierung der Verlautbarungen des IDW[69] wurde der *IDW PS 800* durch den *IDW Standard: Beurteilung des Vorliegens von Insolvenzeröffnungsgründen (IDW S 11)* ersetzt, der seit 2015 eben-

---

66   Vgl. Naumann, WPg Sonderheft 1/2011, S. 1.

67   Vgl. FN-IDW 1996, S. 523; WPg 1997, S. 2.

68   Vgl. FN-IDW 2009, S. 161; WPg 2009 Suppl. 2, S. 42.

69   Stellungnahmen zu betriebswirtschaftlichen oder rechtlichen Fragestellungen außerhalb des Gebiets der Assurance oder der Unternehmensberichterstattung werden unter der Bezeichnung *IDW Standards* veröffentlicht.

falls aufgrund von gesetzlichen Änderungen (insbes. SanInsFoG und SanInsKG) und Änderungen der Rechtsprechung (insbes. zur Zahlungseinstellung und sog. 10-%-Grenze) mehrfach angepasst werden musste und in seiner aktuellsten Fassung am 12.12.2023 durch den FAS verabschiedet wurde.[70]

2.3.2 Überblick über die wesentlichen Anforderungen

2.3.2.1 Insolvenzeröffnungsgründe und -antragsfristen

Die Insolvenzordnung sieht als Eröffnungsgrund für das Insolvenzverfahren Zahlungsunfähigkeit (§ 17 InsO), drohende Zahlungsunfähigkeit (§ 18 InsO) und Überschuldung (§ 19 InsO) vor (vgl. Abb. 7). Bei Zahlungsunfähigkeit und/ oder Überschuldung ist in den Fällen des § 15a InsO von den Verantwortlichen die Eröffnung des Insolvenzverfahrens unverzüglich, d.h. ohne schuldhaftes Zögern, zu beantragen. Das Gesetz sieht hierfür eine Frist von drei Wochen nach Eintritt der Zahlungsunfähigkeit und sechs Wochen nach Eintritt der Überschuldung vor (§ 15a Abs. 1 InsO). Diese Fristen dürfen jedoch nur dann ausgeschöpft werden, wenn Maßnahmen zur Beseitigung der Insolvenzeröffnungsgründe eingeleitet sind oder werden, die mit hinreichender Wahrscheinlichkeit innerhalb der jeweiligen Frist zum Erfolg führen.[71]

---

70   Veröffentlichung in der IDW Life bei Redaktionsschluss der Festschrift für Juli 2024 geplant.
71   *IDW S 11*, Tz. 1.

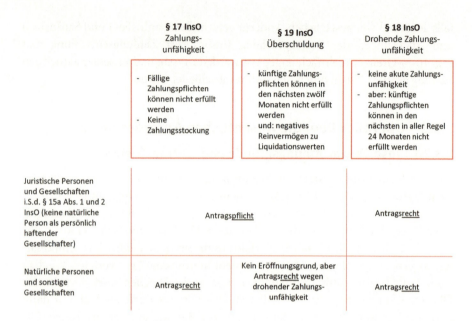

Abb. 7: Überblick über die Insolvenzeröffnungsgründe, entnommen aus *IDW S 11*, Tz. 1.

2.3.2.2 Insolvenzantragsgründe

Ein Schuldner ist nach § 17 Abs. 2 InsO **zahlungsunfähig**, wenn ihm bei einer **Ex-ante-Betrachtung** zum Beurteilungszeitpunkt nicht ausreichend Liquidität zur Verfügung steht, um seine Zahlungsverpflichtungen fristgerecht zu erfüllen. Ergibt sich aus einem Finanzstatus eine Liquiditätslücke, ist zu beurteilen, ob diese ggf. nur von vorübergehender Natur ist und es sich insoweit lediglich um eine sog. Zahlungsstockung handelt. Hierbei sind Dauer und Höhe der Unterdeckung maßgebend. Zur Abgrenzung der Zahlungsunfähigkeit von der Zahlungsstockung ist es deshalb erforderlich, dass zunächst ein stichtagsbezogener Finanzstatus[72] und im Anschluss daran ein zeitraumbezogener Finanzplan[73] erstellt werden, in dem die im Prognosezeitraum erwarteten Ein- und Auszahlungen, die Entwicklung der verfügbaren Liquidität und fälligen Verbindlichkeiten fortgeschrieben werden.[74] Dies ermöglicht auch die Entwicklung von Plan-Finanzstatus in dem relevanten Prognosezeitraum und trägt insoweit

---

72 Vgl. *IDW S 11*, Tz. 26 ff.
73 Vgl. *IDW S 11*, Tz. 34 ff.
74 Vgl. *IDW S 11*, Tz. 23.

der aktuellen Rechtsprechung des BGH Rechnung, nach dem eine Zahlungsunfähigkeit auch durch die Aneinanderreihung mehrerer Plan-Finanzstatus in aussagekräftiger Anzahl nachgewiesen werden kann.[75]

Wird die Lücke mit überwiegender Wahrscheinlichkeit innerhalb von drei Wochen vollständig geschlossen, liegt keine Zahlungsunfähigkeit vor.[76] Kann die Liquiditätslücke innerhalb von drei Wochen nicht geschlossen werden und beträgt sie am Ende des Dreiwochenzeitraums 10 % der fälligen Gesamtverbindlichkeiten oder mehr, ist regelmäßig von Zahlungsunfähigkeit auszugehen, sofern nicht ausnahmsweise mit an Sicherheit grenzender Wahrscheinlichkeit zu erwarten ist, dass die Liquiditätslücke demnächst vollständig oder fast vollständig geschlossen wird und den Gläubigern ein Zuwarten nach den besonderen Umständen des Einzelfalls zumutbar ist.[77] Dieser sich an das Ende des Dreiwochenzeitraums anschließende weitere Zeitraum kann in Ausnahmefällen drei, bis u. U. auch längstens sechs Monate betragen.[78]

Beträgt die Liquiditätslücke am Ende des Dreiwochenzeitraums dagegen weniger als 10 %, ist regelmäßig zunächst von einer Zahlungsstockung auszugehen. Dennoch ist in diesen Fällen ein Finanzplan zu erstellen, aus dem sich die Weiterentwicklung der Liquiditätslücke ergibt. Zeigt sich daraus, dass die Lücke demnächst mehr als 10 % betragen wird, liegt Zahlungsunfähigkeit vor.[79] Ergibt sich am Ende des Dreiwochenzeitraums aus diesem Finanzplan, dass die Lücke kleiner als 10 % ist, lässt der BGH mehrere Interpretationen hinsichtlich der Frage zu, ob eine Liquiditätslücke von unter 10 % auf Dauer akzeptiert werden kann. Aus Gründen des Gläubigerschutzes ist der *IDW S 11* der Auffassung, dass Zahlungsunfähigkeit und keine Zahlungsstockung vorliegt, wenn eine auch nur geringfügige Liquiditätslücke in Ausnahmefällen voraussichtlich nicht innerhalb von drei Monaten bis u. U. längstens sechs Monaten vollständig geschlossen werden kann.[80]

Nach Auffassung des IDW erlangt die 10-%-Grenze daher insbes. Bedeutung für die Frage der Beweisführung. Zudem bestimmt diese Grenze den Sicherheitsgrad, mit dem die Schließung der Lücke innerhalb des Prognosezeitraums zu

---

75 Vgl. *IDW S 11*, Tz. 25 mit Verweis auf die Rechtsprechung des BGH.
76 Vgl. *IDW S 11*, Tz. 15.
77 Vgl. *IDW S 11*, Tz. 16 mit Verweis auf die Rechtsprechung des BGH.
78 Vgl. *IDW S 11*, Tz. 16.
79 Vgl. *IDW S 11*, Tz. 17 mit Verweis auf die Rechtsprechung des BGH.
80 Vgl. *IDW S 11*, Tz. 17.

fordern ist. Je höher die anfängliche Unterdeckung und je länger der Prognose-zeitraum ist, umso größere Gewissheit ist für den Eintritt und den zeitlichen Verlauf der Besserung der Liquiditätslage zu fordern.[81]

Wenn nach eingetretener Insolvenz im Nachhinein der Zeitpunkt zu ermit-teln ist, zu dem Zahlungsunfähigkeit eingetreten ist (*Ex-post-Betrachtung*)[82], ist von dem Zeitpunkt auszugehen, für den erstmals Anhaltspunkte vorliegen, die auf eine mögliche Antragspflicht schließen lassen. Für diesen Zeitpunkt ist ein Finanzstatus zu erstellen. Nach Auffassung des BGH ist es möglich, den Zeit-punkt mithilfe einer sogenannten **Liquiditätsbilanz** zu ermitteln. Das Vorliegen der Zahlungsunfähigkeit kann aber auch durch die Aufstellung eines Finanz-status zum Zeitpunkt des vermuteten Eintritts der Zahlungsunfähigkeit und **mehreren Finanzstatus** in aussagekräftiger Anzahl in dem sich anschließen-den Dreiwochenzeitraum ermittelt werden. Aufgrund des sog. Volumeneffektes empfiehlt es sich, letztere Methode zu verwenden oder auf den Zeitpunkt abzu-stellen, zu dem die erste, bei Eröffnung des Insolvenzverfahrens nicht ausgegli-chene Verbindlichkeit fällig geworden ist.[83]

Ein starkes Indiz für das Vorliegen von Zahlungsunfähigkeit liegt nach § 17 Abs. 2 Satz 2 InsO vor, wenn der Schuldner seine Zahlungen eingestellt hat. **Zahlungseinstellung** liegt vor, wenn der Schuldner wegen eines Mangels an Zahlungsmitteln aufhört, seine fälligen Verbindlichkeiten zu erfüllen und dies für die beteiligten Verkehrskreise hinreichend erkennbar geworden ist.[84]

Praxistipp

Bei der Ex-ante- und Ex-post-Ermittlung der Zahlungsunfähigkeit ist eine Finanzpla-nung und eine darauf aufbauende Aneinanderreihung von Finanzstatus der Erstel-lung einer sog. Liquiditätsbilanz, in der künftig fällig werdende Verpflichtungen (sog. Passiva II) und Zahlungseingänge (sog. Aktiva II) berücksichtigt werden, aufgrund ihres Volumeneffektes vorzuziehen.

Bei juristischen Personen und ihnen gleichgestellten Personenhandelsgesell-schaften gemäß § 264a HGB ist auch die Überschuldung Eröffnungsgrund.

---

81 Vgl. *IDW S 11*, Tz. 18.
82 Vgl. *IDW S 11*, Tz. 50 ff.
83 Vgl. *IDW S 11*, Tz. 51 ff.
84 Zu den Indizien für das Vorliegen einer Zahlungseinstellung vgl. *IDW S 11*, Tz. 20.

Überschuldung liegt nach § 19 Abs. 2 InsO vor, wenn das Vermögen des Schuldners die bestehenden Verbindlichkeiten nicht mehr deckt. Sofern eine positive Fortbestehensprognose nach § 19 Abs. 2 InsO vorliegt, d.h. die Fortführung des Unternehmens überwiegend wahrscheinlich ist, liegt eine Überschuldung nicht vor.

Die Überschuldungsprüfung erfordert in aller Regel ein zweistufiges Vorgehen:[85]

- Auf der ersten Stufe sind die Überlebenschancen des Unternehmens in einer Fortbestehensprognose zu beurteilen. Bei einer positiven Fortbestehensprognose liegt keine Überschuldung i.S. des § 19 Abs. 2 InsO vor.
- Im Falle einer negativen Fortbestehensprognose sind auf der zweiten Stufe Vermögen und Schulden des Unternehmens in einem stichtagsbezogenen Status mit Liquidationswerten gegenüberzustellen.

Die Fortbestehensprognose soll eine Aussage dazu ermöglichen, ob vor dem Hintergrund der getroffenen Annahmen und der daraus abgeleiteten Auswirkungen auf die zukünftige Ertrags- und Liquiditätslage ausreichende finanzielle Mittel zur Verfügung stehen, um die im Planungshorizont jeweils fälligen Verbindlichkeiten bedienen zu können. Sie ist eine reine Zahlungsfähigkeitsprognose.[86]

Der Prognosezeitraum für die Fortbestehensprognose, die für die Einschätzung der Überschuldung maßgeblich ist, umfasst gemäß § 19 Abs. 2 Satz 1 InsO ab dem Beurteilungsstichtag zwölf Monate. Eine nach diesem Prognosezeitraum eintretende Liquiditätslücke (z.B. in 13 Monaten) begründet zum Beurteilungsstichtag keine Überschuldung. Sofern die Liquiditätslücke nach zwölf Monaten aber innerhalb der nächsten i.d.R. 24 Monate eintritt, liegt eine drohende Zahlungsunfähigkeit und damit nur ein Antragsrecht vor.

Hinweis

Bei einer positiven Fortbestehensprognose liegt keine Überschuldung vor.

Für eine positive Fortbestehensprognose muss die Aufrechterhaltung der Zahlungsfähigkeit innerhalb des Prognosezeitraums wahrscheinlicher sein als der

---

85   Vgl. *IDW S 11*, Tz. 56 ff.
86   Vgl. *IDW S 11*, Tz. 63.

Eintritt einer Zahlungsunfähigkeit. Drohende Zahlungsunfähigkeit setzt mithin voraus, dass der Eintritt der Zahlungsunfähigkeit wahrscheinlicher ist als deren Vermeidung. Dies ist dann der Fall, wenn nach dem Abwägen aller für die Fortbestehensprognose relevanten Umstände gewichtigere Gründe dafürsprechen als dagegen. Maßgeblich ist die Sicht der gesetzlichen Vertreter, denen ein gewisser Beurteilungsspielraum zugebilligt werden muss. Die Einschätzung der gesetzlichen Vertreter muss indes für den Beurteilenden nachvollziehbar sein.[87]

Ist die Prognose negativ, ist festzustellen, ob neben der drohenden Zahlungsunfähigkeit auch der Insolvenzeröffnungsgrund der Überschuldung vorliegt. Dazu sind das Vermögen und die Schulden, jeweils bewertet zu Liquidationswerten, in einem stichtagsbezogenen Status (Überschuldungsstatus)[88] gegenüberzustellen. Ein sich daraus ergebendes negatives Reinvermögen begründet eine Insolvenzantragspflicht.

Neben der Zahlungsunfähigkeit und der Überschuldung ist nach § 18 InsO auch die **drohende Zahlungsunfähigkeit** Grund für die Eröffnung des Insolvenzverfahrens. Dieser Insolvenzeröffnungsgrund begründet keine Antragspflicht, sondern gibt dem Schuldner das Recht, die Eröffnung des Insolvenzverfahrens zu beantragen. Die drohende Zahlungsunfähigkeit ist auch eine Zugangsvoraussetzung für den Stabilisierungs- und Restrukturierungsrahmen nach StaRUG.[89]

Abb. 8 zeigt, wie bei der Beurteilung, ob eine Insolvenzreife vorliegt, vorgegangen wird.

---

87   Vgl. *IDW S 11*, Tz. 68.
88   Vgl. *IDW S 11*, Tz. 73 ff.
89   Vgl. Ausführungen in Abschnitt 2.2.1.

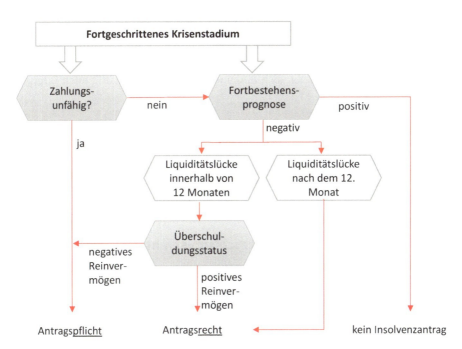

Abb. 8: Vorgehen zur Beurteilung der Insolvenzreife, entnommen aus IDW S 11, Tz. 99.

2.3.3 Würdigung

Auch der *IDW S 11* hat sich zum etablierten Marktstandard und Benchmark entwickelt, wenn zu beurteilen ist, ob zu einem bestimmten Zeitpunkt ein Insolvenzeröffnungsgrund vorliegt (Ex-ante-Betrachtung) oder vorlag (Ex-post-Betrachtung).

Dies ist vor allem darauf zurückzuführen, dass *IDW S 11* sämtliche Anforderungen der Rechtsprechung berücksichtigt und diese konkretisiert, soweit betriebswirtschaftliche Auslegungsfragen bestehen. Er bietet ein belastbares insolvenzrechtliches Gerüst für entsprechende gutachterliche Stellungnahmen und somit nicht nur für den Schutz von Geschäftsführern und Vorständen vor zivil- und strafrechtlichen Risiken, sondern auch für Wirtschaftsprüfer bei der Erstellung und Prüfung von Jahresabschlüssen, soweit es um die Beurteilung der Unternehmensfortführung bei kriselnden Mandanten geht.

Ein weiterer Erfolgsfaktor für die hohe Marktakzeptanz liegt – wie auch bei den anderen Standards –in dem umfassenden und aufwändigen Qualitätssicherungsprozess (due process) begründet, der allen Stakeholdern im Sanierungsmarkt die Möglichkeit bietet, sich einzubringen, was regelmäßig auch intensiv genutzt wird.

> **Hinweis**
>
> Mit dem *IDW S 11* verfügt das IDW über den Marktstandard, wenn es um die Beurteilung des Vorliegens von Insolvenzeröffnungsgründen geht.

2.4   Bescheinigung im Schutzschirmverfahren nach IDW S 9

2.4.1   Einordnung des Standards

2.4.1.1   Gesetz zur weiteren Erleichterung der Sanierung von Unternehmen (ESUG)

Mit dem Gesetz zur weiteren Erleichterung der Sanierung von Unternehmen (ESUG)[90] aus dem Jahr 2012 wurde das Schutzschirmverfahren nach § 270b InsO als Anreiz zur frühzeitigen Insolvenzantragsstellung geschaffen. Die frühzeitige Insolvenzantragstellung sollte belohnt werden: Dem Schuldner wurde es ermöglicht, bei drohender Zahlungsunfähigkeit oder Überschuldung innerhalb von drei Monaten in Eigenverwaltung einen Insolvenzplan unter der Aufsicht eines vorläufigen Sachwalters auszuarbeiten. Als Voraussetzung für die Nutzung des Schutzschirmverfahrens wurde eingeführt, dass dem Gericht zusammen mit dem Eröffnungsantrag eine Bescheinigung eines in Insolvenzsachen erfahrenen Steuerberaters, Wirtschaftsprüfers oder Rechtsanwalts oder einer Person mit vergleichbarer Qualifikation (Gutachter) vorgelegt wird. Aus der vorgelegten Bescheinigung musste hervorgehen, dass das Unternehmen überschuldet ist und/oder Zahlungsunfähigkeit droht, Letztere aber noch nicht eingetreten ist, und dass die angestrebte Sanierung nicht offensichtlich aussichtslos ist.

Das IDW hat zeitgleich zum Inkrafttreten des ESUG den Entwurf eines Standards veröffentlicht, der die Anforderungen an die genannte Bescheinigung konkretisiert hat (*IDW ES 9*).[91] Dieser Entwurf wurde im Schrifttum intensiv und kon-

---

90   Gesetz zur weiteren Erleichterung der Sanierung von Unternehmen (ESUG) v. 07.12.2011, BGBl I S. 2582, v. 13.12.2011.

91   *Entwurf eines IDW Standards: Bescheinigung nach § 270b InsO (IDW ES 9)* (Stand: 21.02.2012).

trovers diskutiert.[92] Dabei wurde deutlich, dass die Adressaten der Bescheinigung sehr unterschiedliche Erwartungen an diese hatten: Einige Adressaten erachteten die Anforderungen des *IDW ES 9* als nicht weitgehend genug, bspw. im Hinblick auf die Erforderlichkeit einer Befragung der Gläubiger. Für andere stellte das IDW zu hohe Anforderungen. Dieses uneinheitliche Meinungsbild[93] hat sich auch im weiteren Verlauf der Diskussionen bestätigt. Vor diesem Hintergrund hat das IDW bewusst abgewartet, ob sich bei der praktischen Anwendung des § 270b InsO ein konkretes Anforderungsprofil an die Bescheinigung herausbildet. Allerdings zeigten die Erfahrungen, dass die Beteiligten und insbes. die Insolvenzrichter nach wie vor sehr unterschiedliche Erwartungen hinsichtlich der Tätigkeiten des Gutachters und hinsichtlich seiner Berichterstattung hatten.

Um das Instrument des Schutzschirmverfahrens weiter zu stärken und etwaige Unsicherheiten bei allen Beteiligten zu reduzieren, hat das IDW in mehreren Stufen zahlreiche Gespräche mit wesentlichen Adressaten gesucht, u.a. Insolvenzrichtern, Insolvenzverwaltern und Sanierungsberatern. Die Fassung des *IDW S 9* aus dem Jahr 2014[94] basierte auch auf einem konstruktiven Austausch mit dem Bundesarbeitskreis Insolvenzgerichte e.V. (BAK*inso*), der die Anwendung des Standards empfahl.[95]

2.4.1.2 Gesetz zur Fortentwicklung des Sanierungs- und Insolvenzrechts (Sanierungs- und Insolvenzfortentwicklungsgesetz – SanInsFoG)

Der Gesetzgeber hat zum 01.01.2021 im Zuge der Umsetzung des SanInsFoG[96] neben der Schaffung eines Rechtsrahmens zur Ermöglichung insolvenzabwendender Sanierungen [Gesetz über den Stabilisierungs- und Restrukturierungsrahmen für Unternehmen (Unternehmensstabilisierungs- und -restrukturierungsgesetz – StaRUG)][97] auch Empfehlungen der ESUG-Evaluierung aufgegriffen und die Voraussetzungen für die Inanspruchnahme der Eigenverwaltung stärker an deren Zwecke und den Interessen der Gläubiger ausgerichtet. Ziel war es, den Zugang zur Eigenverwaltung auf die „redlichen" und

---

92   Vgl. Frind, ZInsO 2014, S. 2264.
93   Vgl. hierzu jeweils m.w.N. Hermanns, ZInsO 2012, S. 2265 ff. sowie Zipperer/Vallender, NZI 2012, S. 733.
94   *IDW Standard: Bescheinigung nach § 270b InsO (IDW S 9)* (Stand: 18.08.2014).
95   Vgl. Frind, ZInsO 2014, S. 2265.
96   SanInsFoG v. 22.12.2020, BGBl. I 2020 Nr. 66, v. 29.12.2020.
97   StaRUG als Teil des SanInsFoG.

eigenverwaltungsgeeigneten Unternehmen zu begrenzen. Der in der Anordnung der Eigenverwaltung und dem damit verbundenen Verzicht auf einen Insolvenzverwalter liegende Vertrauensvorschuss ist nach Auffassung des Gesetzgebers insbes. dann gerechtfertigt, wenn der Schuldner bereit und in der Lage ist

a)   seine Geschäftsführung an den Interessen der Gläubiger auszurichten und
b)   das Eigenverwaltungsverfahren rechtzeitig und gewissenhaft vorzubereiten, sodass noch ausreichend Chancen zu seiner Sanierung bestehen.[98]

Während die Anforderungen an die Schutzschirmbescheinigung des § 270d InsO (bisher § 270b InsO) unverändert waren, hat der Gesetzgeber den Zugang zur Eigenverwaltung zwar weiterhin für alle Insolvenzantragsgründe ermöglicht, jedoch zusätzlich an Seriositätsanforderungen geknüpft, die ihren zentralen Niederschlag in der Eigenverwaltungsplanung (§ 270a Abs. 1 InsO) und in weiteren, dem Antrag auf Anordnung der Eigenverwaltung beizufügenden Erklärungen des Schuldners (§ 270a Abs. 2 InsO) fanden.

Das IDW hat den durch das SanInsFoG neu geschaffenen gesetzlichen Grundlagen Rechnung getragen und den *IDW Standard: Bescheinigung nach § 270d InsO und Beurteilung der Anforderungen nach § 270a InsO (IDW S 9)*, wiederum nach einem ausgiebigen Konsultationsprozess nach Entwürfen vom 12.01.2021 und 09.02.2022, einschließlich einer Schlusserklärung für die Bescheinigung, ergänzt und mit Stand 18.08.2022 in Heft 12/2022 der IDW Life veröffentlicht.

2.4.2   Wesentliche Inhalte

Nach § 270d InsO (**Schutzschirmverfahren**) bestimmt das Insolvenzgericht auf Antrag des Schuldners eine Frist zur Vorlage eines Insolvenzplans, wenn der Schuldner den Eröffnungsantrag bei drohender Zahlungsunfähigkeit oder Überschuldung gestellt und die Eigenverwaltung beantragt hat. Dabei ist dem Antrag eine mit Gründen versehene Bescheinigung eines in Insolvenzsachen erfahrenen Wirtschaftsprüfers, Steuerberaters, Rechtsanwalts oder einer Person mit vergleichbarer Qualifikation beizufügen, „aus der sich ergibt, dass drohende Zahlungsunfähigkeit oder Überschuldung, aber keine Zahlungsunfähigkeit vorliegt und die anstrebte Sanierung nicht offensichtlich aussichtslos ist" (Schutzschirmbescheinigung, § 270d InsO).

---

98   Vgl. Gesetzentwurf der Bundesregierung v. 09.11.2020, BT-Drucks. 19/24181, S. 2.

Die ab 2021 geltenden zusätzlichen **Anforderungen an die Eigenverwaltung** müssen beim Schutzschirmverfahren ebenfalls erfüllt sein. Bei der Erstellung der Bescheinigung nach § 270d InsO müssen für die Beurteilung, ob die Sanierung nicht offensichtlich aussichtslos ist, auch die von der Schutzschirmbescheinigung nicht abgedeckten Anforderungen des § 270a Abs. 1 und 2 InsO einbezogen werden, da bei fehlender Erfüllung dieser Voraussetzungen die Sanierung offensichtlich aussichtslos sein könnte.

Außerhalb des Schutzschirmverfahrens ist für die Anordnung der Eigenverwaltung (§§ 270, 270a InsO) keine Bescheinigung vorgesehen. Der Wirtschaftsprüfer kann in diesem Fall den Mandanten bei der Erstellung der Unterlagen unterstützen, was die Chancen einer gerichtlichen Anordnung der Eigenverwaltung deutlich erhöht. Daneben ist auch möglich, dass der Schuldner im Vorfeld seines Antrags zusätzliche Rechtssicherheit erlangen möchte und eine gutachterliche Stellungnahme beauftragt, mit der die Vollständigkeit und Schlüssigkeit der Eigenverwaltungsplanung und die abzugebenden sonstigen Erklärungen beurteilt werden sollen.

Die Bescheinigung zum Schutzschirmverfahren sowie die gutachterliche Stellungnahme zum Vorliegen der Voraussetzungen nach § 270a InsO werden regelmäßig auf der Grundlage einer gutachterlichen Stellungnahme i.S. des § 2 Abs. 3 Nr. 1 WPO erteilt. Beurteilungsgegenstand sind[99]

- beim Schutzschirmverfahren das Vorliegen der drohenden Zahlungsunfähigkeit oder Überschuldung und das Nichtvorliegen der Zahlungsunfähigkeit sowie die nicht offensichtliche Aussichtslosigkeit der angestrebten Sanierung,
- bei der Eigenverwaltungsplanung die vorliegenden Insolvenzeröffnungsgründe, der Finanzplan, das Konzept für die Durchführung des Insolvenzverfahrens, die Darstellung des Verhandlungsstands mit den Gläubigern und weiteren Beteiligten, die Darstellung zu den Vorkehrungen zur Erfüllung der insolvenzrechtlichen Pflichten sowie die Darstellung zu den voraussichtlichen Mehr- oder Minderkosten der Eigenverwaltung im Vergleich zu einem Regelverfahren und
- bei den weiteren Erklärungen ein etwaiger Zahlungsverzug gegenüber bestimmten Gläubigern, die Einhaltung handelsrechtlicher Offenlegungspflichten der letzten drei Geschäftsjahre und eine etwaige Inanspruchnah-

---

99   *IDW S 9*, Tz. 7.

me von sanierungsrechtlichen Verfahrenshilfen nach der InsO oder dem StaRUG in den letzten drei Jahren.

Bezüglich der Beurteilung der **Insolvenzgründe** verweist der *IDW S 9* auf den *IDW S 11*. Durch den Begriff **„aussichtslos"** wird deutlich, dass das Schutzschirmverfahren nur dann ausgeschlossen wird, wenn für die Sanierungsbemühungen eindeutig negative Erfolgsaussichten bestehen. Dabei muss diese Erkenntnis „offensichtlich" sein, d.h., es ist nicht erforderlich, dass der Gutachter eine umfassende Beurteilung vornimmt. Eine Sanierung ist dann nicht aussichtslos, wenn im Rahmen eines Grobkonzepts mindestens grundsätzliche Vorstellungen darüber vorliegen, wie die angestrebte Sanierung konzeptionell und finanziell erreicht werden kann.[100]

Der aus der i.d.R. integrierten Planung und nach allgemeinen betriebswirtschaftlichen Grundsätzen abgeleitete **Finanzplan** (§ 270a Abs. 1 Nr. 1 InsO) hat aufzuzeigen, dass die Fortführung des Unternehmens in den nächsten sechs Monaten[101] gegeben und das Unternehmen mit überwiegender Wahrscheinlichkeit durchfinanziert ist. Er ist Bestandteil des Grobkonzepts, das die nicht offensichtliche Aussichtslosigkeit der Sanierung nachweist. Mit dem Finanzplan ist nachzuweisen, dass die bei Insolvenzantragstellung vorhandenen und im weiteren Verfahrensablauf plangemäß zu erwirtschaftenden liquiden Mittel neben den fällig werdenden Verbindlichkeiten des laufenden Geschäftsbetriebs zugleich die für die Krisenbewältigung fällig werdenden Verbindlichkeiten der Eigenverwaltung (voraussichtliche Masseverbindlichkeiten, bspw. Gerichtskosten, Vergütung des Sachwalters und der Mitglieder des Gläubigerausschusses, Beratungsaufwendungen, Abgeltung bestehender Sicherheiten, Steuern etc.) abdecken müssen.[102]

Das nach § 270a Abs. 1 Nr. 2 InsO darzulegende **Durchführungskonzept** zur Bewältigung der Insolvenz hat Art, Ausmaß und Ursachen der Krise aufzuzeigen (Analyse Krisenursachen). Darüber hinaus sind das Ziel der Eigenverwaltung und die hierfür erforderlichen leistungswirtschaftlichen und finanziellen Maßnahmen zu beschreiben.[103]

---

100 *IDW S 9*, Tz. 21.

101 Mit Inkrafttreten des SanInsKG am 9. November 2022 war der Prognosezeitraum bis Ende 2023 auf vier Monate begrenzt.

102 Vgl. *IDW S 9*, Tz. 28; Oberg/Steffan, ZInsO 2023, S. 26.

103 Vgl. *IDW S 9*, Tz. 31.

Die Darstellung des **Stands der Verhandlungen** (§ 270a Abs. 1 Nr. 3 InsO) mit den Beteiligten soll dem Gericht die Einschätzung über die Geeignetheit der Maßnahme erleichtern.[104]

Der Schuldner hat die **insolvenzrechtlichen Pflichten** zu erfüllen (§§ 270a Abs. 1 Nr. 4, 276a Abs. 2 InsO), insbes. auch zur Vermeidung von Verstößen gegen §§ 60 bis 62 InsO. Diese insolvenzspezifischen Haftungsnormen verlangen vom Eigenverwalter die Beachtung des Sorgfaltsmaßstabs des ordentlichen und gewissenhaften Insolvenzverwalters; überdies hat er Sorge zu tragen, dass Masseverbindlichkeiten bedient werden können. Der Schuldner kann die Pflichten bei entsprechender Befähigung selbst oder – was in der Praxis regelmäßig zutrifft – mit Unterstützung eines sachkundigen Dritten (ggf. auch in Organstellung) erfüllen. Die getroffenen Vorkehrungen sind gegenüber dem Gericht glaubhaft darzulegen.[105]

In der Diskussion um die Sinnhaftigkeit der Eigenverwaltung kam von den Verfechtern des Regelverfahrens immer wieder der Vorwurf, dass die Eigenverwaltung insbes. aufgrund der hohen Beraterkosten zu teuer sei und insoweit die Gläubiger schädige. Die in der Eigenverwaltung regelmäßig anfallenden **Mehr- oder Minderkosten** (Beraterkosten, Gerichtskosten etc.) gegenüber dem Regelverfahren sind deshalb darzulegen (§ 270a Abs. 1 Nr. 5 InsO). Es sind auch die Kosten aufzuführen, die wegen der späteren Fälligkeit nicht in dem sechsmonatigen Finanzplan abgebildet sind.

Die Beurteilung der **Erklärungen nach § 270a Abs. 2 InsO** umfasst[106]

- den Umfang des Verzugs gegenüber Arbeitnehmer, Pensionären, aus Steuern, gegenüber Sozialversicherungsträgern und Lieferanten,
- die Auskunft über ggf. erfolgte Anordnungen von Vollstreckungs- oder Verwertungssperren innerhalb der letzten drei Jahre vor dem Antrag nach der InsO oder dem StaRUG und
- die Auskunft, ob innerhalb letzten drei Geschäftsjahre die Offenlegungspflichten, insbes. nach den §§ 325 bis 328 oder 339 des Handelsgesetzbuchs, erfüllt wurden.

---

104   Vgl. *IDW S 9*, Tz. 32.
105   Vgl. *IDW S 9*, Tz. 33
106   Vgl. *IDW S 9*, Tz. 38.

Formulierungshilfen für die Bescheinigung und über die Beurteilung der Anforderungen nach § 270a InsO[107] runden den Standard ab, wie auch die in der Anlage des Standards enthaltene Gliederungsempfehlung für die Bescheinigung nach § 270d InsO.

2.4.3 Würdigung

Nach einer intensiven Diskussion insbes. zwischen Vertretern von Insolvenzgerichten und Teilen der Sanierungspraxis darüber, wie weit in der praktischen Auslegung des Gesetzes die Anforderungen an die Eigenverwaltung abgesenkt werden können, ohne den Gläubigerinteressen zu schaden, ist es in der Literatur mittlerweile erheblich ruhiger geworden. Auch das IDW hat mit dem *IDW S 9* einen wichtigen Beitrag zur „Befriedung" geleistet.

Der relative Anteil der eigenverwaltenden Verfahren, bezogen auf alle Insolvenzverfahren, ist zwar immer noch gering, jedoch wird die Mehrzahl der größeren Insolvenzverfahren (mit einem hohen Anteil an betroffenen Arbeitsverhältnissen und Forderungsanmeldungen, bezogen auf alle Verfahren) in Eigenverwaltung und über das Schutzschirmverfahren geführt. Die wirtschaftliche Bedeutung der Eigenverwaltung und des Schutzschirmverfahrens sind aus der Sanierungslandschaft des deutschen Insolvenzrechts nicht mehr wegzudenken.[108]

Mit einer Bescheinigung für das Schutzschirmverfahren nach § 270d InsO oder einer alternativen Beurteilung der Anforderungen nach § 270a InsO erhalten die Insolvenzrichter eine deutlich höhere Entscheidungssicherheit, ob ein sog. eigenverwaltungsgeeignetes Unternehmen vorliegt.

Praxistipp

Sanierungen über die Eigenverwaltung und das Schutzschirmverfahren sind aus der Sanierungspraxis nicht mehr wegzudenken. Gleiches gilt für den *IDW S 9*.

---

107 Vgl. *IDW S 9*, Tz. 51.

108 Hölzle, in: Bork/Hölzle, Handbuch Insolvenzrecht, Kapitel 15 Eigenverwaltung und Schutzschirmverfahren, Rn. 12.

Gleichzeitig wird dem die Eigenverwaltung beantragenden Unternehmen ein hohes Maß an Rechtssicherheit bezüglich des Zugangs zur Eigenverwaltung und der Bestellung des gewünschten Sachwalters gegeben.

2.5   Insolvenzpläne nach IDW S 2

2.5.1   Einordnung des Standards und wesentliche Neuerungen

Mit der Ablösung der Konkursordnung durch die Insolvenzordnung wurde neben der gemeinschaftlichen Gläubigerbefriedigung durch Verwertung des Schuldnervermögens („Regelabwicklung") die Möglichkeit eröffnet, in einem Insolvenzplan abweichende Regelungen „insbesondere zum Erhalt des Unternehmens" zu treffen. Das in den §§ 217 bis 269 InsO geregelte Insolvenzplanverfahren bildete das Kernstück der Insolvenzrechtsreform von 1999.

Das IDW hatte mit *IDW S 2* im Jahr 2000 sehr zeitnah einen Standard zu den Anforderungen an Insolvenzpläne veröffentlicht. Seitdem haben sich im Schrifttum weitergehende Anforderungen entwickelt und auch auf gesetzlicher Ebene sind insbes. mit dem Gesetz zur weiteren Erleichterung der Sanierung von Unternehmen (ESUG) vom 01.03.2012 Änderungen eingetreten.

In der überarbeiteten Fassung *IDW ES 2* mit Stand 18.11.2019 wurden gegenüber dem Stand aus dem Jahr 2000 o.g. Entwicklungen berücksichtigt und weitere Aspekte konkretisiert bzw. gänzlich neu aufgenommen. Zu nennen sind etwa die klarere Darstellung des Verfahrensablaufs, die deutlichere Forderung nach einem Sanierungskonzept, welches den Kernanforderungen des *IDW S 6* entspricht, präzisere Ausführungen zur Gruppenbildung, zur Quotenvergleichsrechnung sowie Ausführungen zum Debt-Equity-Swap, zum Forderungsverzicht oder zur Mängelgewährleistung.

Gegenüber der bisherigen Fassung mit Stand 18.11.2019 wurden in dem Entwurf *IDW ES 2 n.F.* mit Stand vom 27.09.2022 und der vom FAS am 20.03.2024 verabschiedeten finalen Fassung des *Standards*[109] neben den durch die geänderte Rechtslage des SanInsFoG erforderlichen Anpassungen nachfolgende wesentliche Änderungen vorgenommen:

---

[109] Die Veröffentlichung des Standards ist bei Redaktionsschluss der Festschrift in der IDW Life für Juli 2024 geplant.

- Bei der Bewertung im Rahmen eines Debt-Equity-Swaps wird in Tz. 37 klargestellt, dass bei der Unternehmensbewertung den gegebenen Rahmenbedingungen mit der der Krise eigenen immanenten Umbruchsituation verstärkt Rechnung zu tragen ist. Besonderes Augenmerk ist auf die Plausibilität und Belastbarkeit der Sanierungsplanung in einer derartigen Umbruchsituation vor dem Hintergrund der eingetretenen Insolvenz und den dadurch erforderlichen Vertrauensaufbau bei allen Marktteilnehmern sowie die Kapitalkosten zu legen. Die Sanierungsplanung und die auf dieser Basis vorgenommene Unternehmensbewertung sollten über marktorientierte Verfahren (z.B. Multiplikatorverfahren) einer Plausibilitätskontrolle unterzogen werden, wobei auch hier der Umbruchsituation Rechnung zu tragen ist. Der werthaltige Teil der eingebrachten Forderung stellt gleichzeitig die Obergrenze dar, bis zu der das gezeichnete Kapital des Schuldners erhöht werden kann; im Regelfall wird eine Aufteilung in gezeichnetes Kapital und Agio vorgenommen.

- Umfängliche Erläuterungen wurden zum Obstruktionsverbot (Tz. 93 ff.) aufgenommen. Gemäß § 245 Abs. 2 Satz 1 Nr. 2 InsO dürfen weder ein Nachranggläubiger noch ein Anteilsinhaber einen durch Leistung in das Vermögen des Schuldners nicht vollständig ausgeglichenen wirtschaftlichen Wert erhalten. *IDW ES 2 n. F.* stellt klar, dass ein Anteilseigner einen nicht vollständig ausgeglichenen wirtschaftlichen Wert erhält, wenn er nicht mindestens den Wert den unbesicherten Gläubigern über die Plan-Insolvenzquote zur Verfügung stellt, der sich aus einem durch den (vorläufigen) Gläubigerausschuss oder durch die Gläubigerversammlung freigegebenen M&AProzess aus belastbaren Angeboten von Investoren ergibt (Tz. 99).

- Ist ein Verkauf des Unternehmens oder eine anderweitige Fortführung – wie derzeit in der Praxis bspw. in den Bereichen Automotive oder Einzelhandel festzustellen – nachgewiesenermaßen aussichtslos (§ 220 Abs. 2 Satz 4 InsO), kann dem Schuldnerunternehmen marktseitig kein positiver Wert beigemessen werden. An diesen Nachweis sind jedoch hohe Anforderungen zu stellen. Kann der Nachweis nicht geführt werden, ist eine Unternehmensbewertung vorzunehmen, die der besonderen Situation der Gesellschaft in der Insolvenz Rechnung trägt, auf die Ausführungen in Tz. 37 wird verwiesen (Tz. 100 f.).

Der vorliegende Standard beschreibt die Anforderungen, die aktuell an einen Insolvenzplan zu stellen sind. Auch bei der Entwicklung des aktuellen Standards sind Vertreter verschiedener Berufsgruppen eingebunden worden – neben Wirtschaftsprüfern insbes. Insolvenzrichter und Insolvenzverwalter. Konkrete

Auftragsarten (z.B. zur Erstellung des Insolvenzplans oder zur Beurteilung eines solchen Plans) werden in dem Standard nicht adressiert.

2.5.2 Würdigung

Der *IDW S 2* hat nicht den Anspruch, eine Anleitung oder ein Muster dafür zu liefern, wie ein Insolvenzplan zu verfassen ist, sondern legt den Fokus auf den betriebswirtschaftlich auslegungsbedürftigen Teil der dezidierten gesetzlichen Regelungen. Dies betrifft insbes. die Ausführungen zum darstellenden Teil (§ 220 InsO) mit den Ausführungen zur insolvenzrechtlichen Überwindung der Unternehmenskrise, die ein am *IDW S 6* ausgerichtetes Sanierungskonzept erfordert[110] und für die Entscheidungsfindung der Gläubiger relevant ist.

Viel Beurteilungsspielraum besteht auch bei den durch das SanInsFoG eingeführten neuen Obstruktionsverboten, die ebenfalls betriebswirtschaftlich geprägt und insoweit eine originäre WP-Aufgabe sind.[111]

Auch wenn der Standard keine Bindungswirkung für andere Berufsgruppen entfaltet, so ist in der Sanierungspraxis festzustellen, dass er zunehmend berufsgruppenübergreifend als allgemeine Orientierungshilfe für Insolvenzpläne bezüglich ihrer Gliederung und Darstellung der erforderlichen betriebswirtschaftlichen Inhalte genutzt wird.

2.6 Ausblick

Durch die seit dem 01.01.2021 mit dem SanInsFoG geltenden Anforderungen sind die Geschäftsleiter haftungsbeschränkter Unternehmen verpflichtet, ein System der Krisenfrüherkennung und des Krisenmanagements einzurichten (§ 1 StaRUG), um bestandsgefährdende Unternehmenskrisen frühzeitig erkennen und rechtzeitig Gegenmaßnahmen einleiten zu können. Die Thematik nimmt Fahrt auf, nachdem erste Stimmen aus der Insolvenzverwalterszene bereits auf eine mögliche Sanierungsverschleppungshaftung der Geschäftsleiter bei Verstößen gegen die Anforderungen des § 1 StaRUG hingewiesen haben.

---

110 Dellit/Titze, in: Bork/Hölzle, Handbuch Insolvenzrecht, Kapitel 13 Insolvenzplanverfahren, Rn. 85 ff.
111 Vgl. Madaus in INDat Report 01/2024, S. 63.

Ein solches Krisenfrüherkennungs- und -managementsystem (KFMS) erfordert zwangsläufig eine Unternehmensplanung, die hinsichtlich ihrer Ausgestaltung je nach Unternehmensgröße und -komplexität variieren wird. Dies trifft auch auf kleinere Unternehmen zu, für die ebenfalls gilt: Unternehmensplanung ist Pflicht, nicht Kür! [112]

Der Nachweis über die wirksame Einrichtung eines KFMS wird dann gelingen, wenn systematische Prozesse zur Erfassung und Bewertung von bestandsgefährdenden Risiken und zum Umgang mit diesen Risiken in den Prozess der Unternehmensplanung integriert sind und somit eine unabdingbare enge Verzahnung zwischen Risikoerfassung und -bewertung, Unternehmensplanung bzw. unterjährigem Forecast sowie der Ableitung und Umsetzung von ggf. erforderlichen Maßnahmen sichergestellt ist. [113]

Nachdem 2023 ein erster interner Entwurf erarbeitet wurde, wird die Ausgestaltung eines mittelstandstauglichen KFMS auch im Jahr 2024 im FAS eine wesentliche Rolle spielen. [114]

3   Schlussbemerkung

Die Beratung von Unternehmen in der Krise, insbes. mit dem Ziel der Sanierung, ist eines der wichtigsten und anspruchsvollsten Beratungsfelder und eine Herausforderung für alle Beteiligten. Die gesetzlichen Vertreter etwa laufen Gefahr, eine bestandsgefährdende Krise nicht rechtzeitig erkannt und Gegenmaßnahmen zu spät eingeleitet oder gar eine Insolvenz verschleppt zu haben. Für Wirtschaftsprüfer ist – je nach Auftragsart – die Gefahr einer Haftung selten größer als in einer fortgeschrittenen Krise des Mandanten. Und das nicht nur bei Aufträgen, bei denen der Wirtschaftsprüfer als Sachverständiger oder Berater i.S. von § 2 Abs. 3 WPO tätig wird, bspw. für die Erstellung von Jahresabschlüssen, die Erstellung oder Plausibilisierung von Fortbestehensprognosen und Sanierungsgutachten mit der Beurteilung der Insolvenzreife eines Unternehmens oder für das Erteilen von Bescheinigungen nach *IDW S 9* und *IDW S 15*.

Kenntnisse über insolvenzrechtliche Zusammenhänge sind auch im Rahmen der Abschlussprüfung (§ 2 Abs. 1 WPO) unerlässlich. Vor allem dann, wenn der

---

112 Steffan u.a., KSI 2022, S. 59, 61.
113 Steffan u.a., KSI 2022, S. 60; so auch Poppe, IDW Life 2024, S. 310.
114 Hermanns, IDW Life 2024, S. 306; Veröffentlichung ggf. als IDW S 16.

Abschlussprüfer bei einem kriselnden Unternehmen mit der Frage konfrontiert wird, ob die Annahme der Unternehmensfortführung in der Rechnungslegung noch gerechtfertigt werden kann.[115]

Das IDW unterstützt den Berufsstand durch die Bereitstellung von wichtigen Hilfsmitteln zur Beratung von Unternehmen in der Krise entlang des Krisenverlaufs bis zur Sanierung über die Insolvenz sowie bei der Erschließung neuer Geschäftsfelder, die durch die verschiedenen gesetzgeberischen Initiativen zur Sanierung von Unternehmen in den letzten Jahren entstanden sind.

Die Sanierungsstandards des IDW haben weit über den Berufsstand hinaus Anerkennung gefunden. Sie nehmen in dem berufsgruppenübergreifenden kompetitiven Marktumfeld der Sanierungsberatung eine herausragende Stellung ein und sind regelmäßig Marktstandard. Dies gilt insbes. für *IDW S 6*, *IDW S 11* und *IDW S 9*.

Dies ist vor allem darauf zurückzuführen, dass die Standards sämtliche Anforderungen der Rechtsprechung berücksichtigen und diese – wie auch gesetzliche Formulierungen – konkretisieren, soweit betriebswirtschaftliche Auslegungsfragen bestehen. Sie bieten dadurch ein belastbares rechtliches Gerüst und Schutz für die beteiligten Stakeholder vor zivil- und strafrechtlichen Risiken.

Die hohe Marktakzeptanz ist zudem auf den umfassenden und aufwändigen Qualitätssicherungsprozess (due process) zurückzuführen, den die Standards in ihrem Entstehungsprozess durchlaufen, der allen Stakeholdern im Sanierungsmarkt die Möglichkeit zur Stellungnahme bietet, was im Übrigen auch vielfältig und umfangreich in Anspruch genommen wird.

Die Anforderungen an ein wirksames Krisenfrüherkennungs- und -managementsystem (KFMS) nach § 1 StaRUG sind betriebswirtschaftlicher Natur und inhaltlich vom Gesetzgeber nicht vorgegeben. Es stünde dem IDW gut zu Gesicht, die Anforderungen an ein mittelstandstaugliches KFMS zu definieren und somit auch hier einen wichtigen Beitrag zur Rechtssicherheit der Beteiligten zu leisten.

---

115 Vgl. Naumann, WPg Sonderheft 1/2011, S. 1.

Die Option zur Körperschaftsbesteuerung und ihre mögliche Fortentwicklung

Verfasser: StB RA Dr. Rolf Möhlenbrock

1 Historie

In seiner Funktion als Sprecher des Vorstandes des IDW zeigte der Jubilar stets ein vitales Interesse am Steuerrecht, in den letzten Jahren speziell an der Option zur Körperschaftbesteuerung.[1] An ihrer Genese und ihrem Zustandekommen hatte das IDW unter seiner Leitung maßgeblichen Anteil. Eingeführt wurde die Option zur Körperschaftsteuer durch das Gesetz zur Modernisierung des Körperschaftsteuerrechts (KöMoG).[2] Dem vorausgegangen war eine jahrzehntelange wissenschaftliche und politische Diskussion, und ein erster Anlauf zu ihrer Einführung Anfang des Jahrtausends scheiterte.[3] Im Jahr 1999 hatte das Bundesministerium der Finanzen (BMF) eine Kommission zur Erarbeitung von Reformvorschlägen zur Unternehmensbesteuerung eingesetzt. Daraus resultierten die sog. „Brühler Empfehlungen"[4] in Gestalt mehrerer Modelle zur Verbesserung der Besteuerung von Personenunternehmen. Modell 1 beschreibt eine Option von Personenunternehmen zur Körperschaftsteuer und kann als Blaupause für die hier zu diskutierende Option zur Körperschaftsteuer gesehen werden. Modell 2, die sog. Thesaurierungsbegünstigung, wurde im Verlaufe der Unternehmensteuerreform 2008[5] umgesetzt und findet sich seither in § 34a EStG. Schließlich befassen sich die Brühler Empfehlungen mit der Anrechnung

---

1 Im Folgenden: Option zur Körperschaftsteuer oder kurz: Option.

2 Gesetz vom 25.06.2021, BGBl. I 2021, S. 2050.

3 Gesetz zur Senkung der Steuersätze und zur Reform der Unternehmensbesteuerung (Steuersenkungsgesetz – StSenkG), Gesetz vom 23.10.2000, BGBl. I 2000, S. 1433; siehe auch Leitsch, BB 2021, S. 1943.

4 BMF-Schriftenreihe, Band 66.

5 Unternehmensteuerreformgesetz 2008; Gesetz vom 14.08.2007, BGBl. I 2007, S. 1912.

der Gewerbesteuer auf die Einkommensteuer (Modell 3); sie wurde mit dem StSenkG[6] eingeführt und mit der Unternehmensteuerreform 2008[7] grundlegend überarbeitet. Nachdem zwei der drei Brühler Empfehlungen umgesetzt worden waren, wurde es zunächst ruhig um die Option zur Körperschaftsteuer. Die mit den vorgeschlagenen Maßnahmen an sich intendierte Belastungsgleichheit von Personenunternehmen und Körperschaften wurde deshalb nie wirklich ganz erreicht, und vor allem § 34a EStG stand schnell im Fokus zahlreicher Beiträge aus Wissenschaft und Praxis. Es wurden Stimmen nach einer Verbesserung und administrativen Entschlackung dieser Regelung laut.

Im Jahre 2017 schlug das IDW dann ein „Optionsmodell" zum Einstieg in eine rechtsformneutrale Besteuerung vor, das 2019 noch einmal überarbeitet wurde. Das Papier greift die Abhängigkeit der Besteuerung abhängig von der Rechtsform eines Unternehmens auf: die Besteuerung von Personenunternehmen einerseits und von Körperschaften andererseits. Unterschiede seien nicht nur hinsichtlich der Komplexität, sondern auch hinsichtlich der steuerlichen Belastung gleicher wirtschaftlicher Aktivitäten erkennbar. Aus Gründen der Gleichbehandlung sollten daher gleiche wirtschaftliche Aktivitäten nicht lediglich aufgrund der Rechtsform, in der sie ausgeführt würden, unterschiedliche Steuerbelastungen nach sich ziehen dürfen. Eine Lösung könne sein, Personengesellschaften nicht – wie in früheren Modellen vorgeschlagen – verpflichtend, sondern voluntativ dem Regime der Besteuerung von Kapitalgesellschaften zu unterwerfen.[8] Das Modell nimmt zahlreiche Elemente vorweg, die dann später in das KöMoG übernommen wurden.[9]

Im Ergebnis darf konstatiert werden, dass mit Einführung des § 1a KStG nicht wirklich von der Herstellung einer Rechtsform-, Belastungs- oder Finanzierungsneutralität die Rede sein kann. Eher geht es um Verfahrensvereinfachungen und eine Öffnung des deutschen Steuerrechts für international anerkannte und gebräuchliche Regelungen, vgl. etwa das us-amerikanische Check-the-Box-

---

6   Siehe Fn 3.

7   Siehe Fn 5. Zum Ausgleich für die Absenkung des KSt-Satzes auf 15 % wurden der Anrechnungsfaktor von 1,8 auf 3,8 erhöht und in § 35 Abs. 1 Satz 5 EStG sowie § 35 Abs. 2 Satz 1 und Abs. 4 eine weitere Anrechnungsobergrenze (tatsächlich gezahlte Gewerbesteuer) eingeführt; siehe zur Entwicklung der Vorschrift auch Kanzler, in: Kanzler/Kraft/Bäuml, EStG, § 35 Rn. 4.

8   IDW Positionspapier zum Einstieg in eine rechtsformneutrale Besteuerung („Optionsmodell"), 2. Auflage, 13.11.2019.

9   Vgl. Kelm/Rindermann/Hennrichs, WPg 2021, S. 1166 ff., die auch die wenigen verbleibenden Unterschiede darstellen und bewerten.

Verfahren.[10] Die Einführung der Option kann als Versuch des Gesetzgebers gewertet werden, die Steuerrechtsordnung mit Blick auf die Bedürfnisse vor allem international tätiger Unternehmen zu flexibilisieren. Dabei ist die Option kein Steuergeschenk, sondern ein weiterer Baustein auf dem Weg zu einem standortattraktiven Steuerrecht.[11] Ihr Wert kann letztendlich auch nicht durch Fallzahlen[12] belegt werden, weil es dem Gesetzgeber nicht um die Abschaffung oder Entwertung der mitunternehmerschaftlichen Besteuerung ging. Denn Thesaurierungsregelung oder Option dürften vornehmlich solche Unternehmen nutzen, denen eine möglichste geringe (Liquiditäts-)Belastung ihrer erwirtschafteten, nicht für Ausschüttungs- oder Entnahmezwecke vorgesehenen Gewinne wichtig ist.[13] Die Option ist vor allem für Gesellschaften interessant, die verlässlich und nachhaltig über höhere Gewinne verfügen und diese auch im Unternehmen belassen (thesaurieren) wollen.[14]

2   Derzeitiges Recht

Kernregelung der Option ist § 1a KStG, auch wenn etliche Folgeänderungen in anderen Gesetzen mit der Einführung dieser Regelung verbunden waren. Optionsberechtigt sind Personenhandels- und Partnerschaftsgesellschaften sowie seit dem WachstumschancenG eingetragene Gesellschaften bürgerlichen Rechts[15], die sich mittels der Option einem (fiktiven) Formwechsel in das Körperschaftsteuerregime unterwerfen. Echter und optionsbedingter Formwechsel gleichen einander dabei weitgehend. Die Option wirkt im Wesentlichen nur ertragsteuerlich (auf die Körperschaftsteuer, die Gewerbesteuer, den Solidaritätszuschlag und das Außensteuergesetz), und erb- und schenkungsteuerlich bleibt alles beim Alten. Die umgekehrte Option im Sinne einer Möglichkeit für Körperschaften, in das Besteuerungsregime für Personengesellschaften (die An-

---

10   Insoweit zutreffend Pung, in: Dötsch/Pung/Möhlenbrock (im Folgenden: D/P/M), § 1a KStG, Rn. 3; Kelm/Rindermann/Hennrichs, WPg 2021, S. 1180.

11   Etwas verkürzend insoweit Pung, in: D/P/M, § 1a KStG, Rn. 3 ff, die von „Rosinenpickerei" spricht, gleichzeitig aber zahlreiche „Hürden" und Fallstricke auf den Weg in die Option oder aus ihr heraus aufzählt und auch das Ziel der Belastungsneutralität infrage stellt.

12   Signale in den Grundinformationsdiensten der Steuersoftware der Länder.

13   Anders insoweit Müller-Gatermann, FR 2022, S. 637, der sich von der Option einen Systemschwenk in Richtung einer Vereinheitlichung der Unternehmensbesteuerung verspricht.

14   Siehe auch Kelm/Rindermann/Hennrichs, WPg 2021, S. 1168.

15   Art. 18 Nr. 1 des Gesetzes zur Stärkung von Wachstumschancen, Investitionen und Innovation sowie Steuervereinfachung und Steuerfairness (Wachstumschancengesetz, im Folgenden: WachstumschancenG) vom 27.03.2024, BGBl. I, Nr. 108, S. 20.

wendung der mitunternehmerschaftlichen Grundsätze) zu wechseln, ist davon nicht umfasst.[16]

2.1 Voraussetzungen der Option

Als „wahre" Option setzt die Möglichkeit zur Besteuerung nach dem KStG naturgemäß einen Antrag der Gesellschaft voraus. Es handelt sich um einen unwiderruflichen Antrag; das Gesetz (§ 1a Abs. 1 Satz 2 KStG) fordert die Antragstellung mittels eines Datensatzes nach amtlich vorgeschriebenem Datensatz, von dem nur aus Gründen unbilliger Härte abgesehen werden kann. Der Antrag ist grundsätzlich bei dem Finanzamt der gesonderten und einheitlichen Feststellung der Einkünfte der Gesellschaft zu stellen.[17] Bei beschränkt steuerpflichtigen Gesellschaften verlangt die Finanzverwaltung einen geeigneten Nachweis darüber, dass die Gesellschaft im Optionszeitraum dem Grunde nach einer der deutschen unbeschränkten Körperschaftsteuerpflicht vergleichbaren Steuerpflicht im anderen Staat unterliegen wird.[18] Zudem ist von der Gesellschaft eine Ansässigkeitsbescheinigung der zuständigen ausländischen Steuerbehörde vorzulegen.[19] Das ist ein in die Zukunft gerichteter Nachweis und kann letztlich wohl nur als eine Prognose zur künftigen steuerlichen Situation der Gesellschaft verstanden werden. Grundlage ist der Rechtstypenvergleich auf Basis des sog. LLC-Erlasses der Finanzverwaltung.[20] Es soll allerdings nicht erforderlich sein, dass die Gesellschaft inländische Einkünfte erzielt.[21]

Antragsberechtigt sind die genannten Personen- und Partnerschaftsgesellschaften, nicht aber Investmentfonds im Sinne des Investmentsteuergesetzes[22] und Gesellschaften, die nach Ausübung der Option in dem Staat, in dem sich ihre Geschäftsleitung befindet, keiner der deutschen unbeschränkten Körperschaftsteuerpflicht vergleichbaren Steuerpflicht unterliegen (§ 1a Abs. 1 Satz 6 KStG). Antragsberechtigt sind ferner Gesellschaften, die nur vermögensverwal-

---

16   Kelm/Rindermann/Hennrichs, WPg 2021, S. 1167.

17   Zu den weiteren Fragen im Zusammenhang mit dem Adressaten des Antrags – insbesondere in Sonderfällen – siehe BMF-Schreiben vom 10.11.2021, IV C 2 – S 2707/21/10001, BStBl. I S. 2212, Rn. 13 ff.; Pung, in: D/P/M, § 1a KStG, Rn. 41 ff.

18   Haase, IWB 2021, S. 647 geht unzutreffend davon aus, dass ausländische Gesellschaften nicht erfasst sind.

19   BMF-Schreiben vom 10.11.2021, IV C 2 – S 2707/21/10001, BStBl. I S. 2212, Rn. 6, 11; Pung, in: D/P/M, § 1a KStG, Rn. 31 f.

20   BMF-Schreiben vom 18.11.2011, IV C 6 – S 2134/10/10004, BStBl. I S. 1278.

21   BMF-Schreiben vom 10.11.2021, IV C 2 – S 2707/21/10001, BStBl. I S. 2212, Rn. 4.

22   Siehe auch §§ 1 Abs. 3 Satz 3; 2 Abs. 8 Satz 5 Nr. 1; 20 Abs. 3a Satz 2 InvStG.

tend tätig sind.[23] Einzelunternehmen, Erbengemeinschaften und reine Innengesellschaften (wie die atypisch stille Gesellschaft) sind dagegen von der Option ausgenommen.[24] Die „natürliche" Grenze der potenziell optionsberechtigten Rechtsträger bildet ohnehin der echte Formwechsel, der auf die in § 191 UmwG genannten Gesellschaften beschränkt ist.[25] Der mit der Option ausgelöste fiktive Formwechsel ist dem echten Formwechsel insoweit nachgebildet.[26]

Auch wenn es sich um einen Antrag der Gesellschaft handelt, ist für die Option grundsätzlich die Zustimmung aller Gesellschafter erforderlich. Das lässt sich aus dem Verweis in § 1a Abs. 1 Satz 1 KStG auf § 217 Abs. 1 Satz 1 UmwG herleiten. Sieht der Gesellschaftsvertrag für einen echten Formwechsel[27] oder für die Option eine Mehrheitsentscheidung der Gesellschafter vor, bedarf es der Mehrheit von mindestens drei Vierteln der abgegebenen Stimmen für die Option (§ 1a Abs. 1 Satz 1 KStG i.V.m. § 217 Abs. 1 Satz 2 und 3 UmwG). Für ausländische Gesellschaften mit strengerem Form- oder Zustimmungserfordernis gilt das auf sie anwendbare Gesellschaftsstatut. Die Zustimmung der Gesellschafter muss im Zeitpunkt der Antragstellung vorliegen.[28] Die Finanzverwaltung entnimmt der verwiesenen Regelung des § 217 Abs. 1 Satz 1 UmwG mit Recht nur die Höhe des Quorums, nicht aber die weiteren umwandlungsrechtlichen Kautelen für einen wirksamen echten Formwechsel. Denn wenn es zur Wirksamkeit des Antrags etwa noch einer notariellen Beurkundung bedürfte, würde das die als vereinfachter Zugang zur Körperschaftbesteuerung gedachte Option ad absurdum führen.[29] Richtigerweise wird man daher zwischen Innen- und Außenverhältnis der Gesellschaft unterscheiden müssen: Für die Finanzverwaltung ist wichtig, dass der Antrag rechtzeitig von einer vertretungsberechtigten Person der Gesellschaft und damit nach außen hin wirksam gestellt wird; diese wird

---

23 Ihnen ist indessen mangels Vorliegens der Voraussetzungen für eine Buchwertfortführung keine Option ohne Aufdeckung von stillen Reserven möglich, es sei denn, es handelt sich um einen nach § 21 UmwStG begünstigten Anteilstausch; vgl. Pung, in: D/P/M, § 1a KStG, Rn. 69.

24 BMF-Schreiben vom 10.11.2021, IV C 2 – S 2707/21/10001, BStBl. I S. 2212, Rn. 2; kritisch Kelm/Rindermann/Hennrichs, WPg 2021, S. 1167.

25 So auch Bericht des Finanzausschusses des Deutschen Bundestags zum Entwurf eines Gesetzes zur Stärkung von Wachstumschancen, Investitionen und Innovation sowie Steuervereinfachung und Steuerfairness (Wachstumschancengesetz) vom 16.11.2023, BT-Drs. 20/9396, S. 30.

26 Kelm/Rindermann/Hennrichs, WPg 2021, S. 1167.

27 Vgl. Link, DStR 2021, S. 1600.

28 BMF-Schreiben vom 10.11.2021, IV C 2 – S 2707/21/10001, BStBl. I S. 2212, Rn. 12.

29 Siehe dazu auch Link, DStR 2022, S. 1600; Kelm/Rindermann/Hennrichs, WPg 2021, S. 1169 f., die mit Blick auf den Schutz von Minderheitsgesellschaftern in der Option auch keinen Eingriff in den unentziehbaren Kernbereich der Mitgliedschaft sehen; differenzierend zwischen Antrag und Wirksamkeit des Beschlusses, Pung, in: D/P/M, § 1a KStG, Rn. 36, 60.

sie wie jede andere Person mit Rechtsbeziehungen zur Gesellschaft überprüfen können. Die Verhältnisse im Inneren hingegen bleiben der Klärung unter den Gesellschaftern überlassen, tangieren die Wirksamkeit des Antrags nach außen hin in der Regel aber nicht.[30]

Die Frist für den Antrag betrug zunächst nur einen Monat vor Beginn des Wirtschaftsjahrs, ab dem die Gesellschaft körperschaftbesteuert werden will. Das war ein denkbar kurzer Zeitraum schon für bereits existente optionsberechtigte Gesellschaften. Für Gesellschaften in Gründung warf diese Vorgabe die Frage auf, ob sie überhaupt von Beginn an zur Körperschaftsteuer optieren können. Nach Auffassung der Finanzverwaltung verlangte das Gesetz einen Antrag der Gesellschaft als solcher, sodass dieser erst nach erfolgreicher Gründung gestellt werden konnte. Eine Partnerschaftsgesellschaft musste in das Partnerschaftsregister, eine Personen(handels)gesellschaft in das Register eingetragen sein oder ein Handelsgewerbe betreiben.[31] Für die Gesellschaft in Gründung bedeutete das, mindestens ein Wirtschaftsjahr außerhalb der Körperschaftbesteuerung verbringen zu müssen. Auch hier brachte das WachstumschancenG dann eine Verbesserung: Abweichend von den ursprünglichen Vorgaben kann nunmehr im Fall der Neugründung bis zum Ablauf eines Monats nach Abschluss des Gesellschaftsvertrags und im Fall des Formwechsels einer Körperschaft in eine Personengesellschaft bis zum Ablauf eines Monats nach Anmeldung des Formwechsels beim zuständigen Register von der Körperschaft oder der Personengesellschaft der Antrag gestellt werden. Durch diesen späteren Antrag beim zuständigen Register im Falle eines Formwechsels wird betroffenen Gesellschaften die Möglichkeit eingeräumt, steuerlich ununterbrochen als Körperschaftsteuersubjekt behandelt zu werden.[32]

Eine als eigenständiger Verwaltungsakt gedachte – positive – Reaktion der Finanzverwaltung auf den Antrag der Gesellschaft soll es nach dem Willen der Finanzverwaltung nicht geben. Nach einer summarischen Prüfung der Voraussetzungen für eine erfolgreiche Option erhält die Gesellschaft vielmehr informatorisch eine Körperschaftsteuernummer und damit den konkludenten Hinweis ihres Finanzamts, dass dieses von einem wirksamen Antrag ausgeht. Irrt sich das Finanzamt über das Vorliegen der Voraussetzungen, soll die Konsequenz hieraus in der Rechtswidrigkeit der infolge des Irrtums falschen (folgenden) Be-

---

30   Ähnlich Kelm/Rindermann/Hennrichs, WPg 2021, S. 1170 ff.; Ausnahme: Der Mangel in der Vertretungsmacht ist dem Finanzamt bekannt.

31   BMF-Schreiben vom 10.11.2021, IV C 2 – S 2707/21/10001, BStBl. I S. 2212, Rn. 18.

32   Art. 18 Nr. 1 lit. a) des WachstumschancenG vom 27.03.2024, BGBl. I, Nr. 108, S. 20.

scheide bestehen. Diese sind dann innerhalb der verfahrensrechtlichen Grenzen änderbar oder sogar aufhebbar.[33] Mitunter können diese rechtswidrigen „Folge"-Bescheide die Gesellschaft auch beschweren, sodass dann wohl auch von deren Anfechtbarkeit durch die Gesellschaft auszugehen sein dürfte.

2.2 Folgen der Option

2.2.1 ... für die Gesellschaft

Der Übergang zur Körperschaftsbesteuerung gilt als Formwechsel im Sinne des § 1 Abs. 3 Nr. 3 UmwStG mit der Folge, dass §§ 1 und 25 UmwStG entsprechend anzuwenden sind. Freilich sind die Regelungen zur Rückwirkung nicht inkludiert (§ 1a Abs. 2 Satz 3 2. Halbsatz KStG), sodass der Übergang des Vermögens auf das Ende des Wirtschaftsjahrs unmittelbar vor dem ersten Wirtschaftsjahr der Option fingiert wird. Deshalb verlangt die Finanzverwaltung auf diesen Zeitpunkt eine steuerliche Schlussbilanz, eine Körperschaftsteuer- und Gewerbesteuererklärung sowie eine Erklärung zur gesonderten Feststellung des steuerlichen Einlagekontos, auf dem das in der steuerlichen Schlussbilanz auszuweisende Eigenkapital (einschließlich jenes aus Ergänzungsbilanzen) erfasst wird (sog. Ein-Sekunden-Wirtschaftsjahr).[34] Erb- und schenkungsteuerlich bleibt die Gesellschaft hingegen Personengesellschaft, und die Anteile an der optierenden Gesellschaft sind unter den Voraussetzungen des § 13b Abs. 1 Nr. 2 ErbStG begünstigungsfähiges Vermögen.[35] Der Formwechsel führt nicht zu einem Rechtsträgerwechsel, sodass aus Verwaltungsvermögen nicht junges Verwaltungsvermögen wird oder der Zweijahreszeitraum nach § 13b Abs. 7 Satz 2 ErbStG erneut zu laufen beginnen würde.[36] Dennoch kann die Option als fingierter Formwechsel möglicherweise erbschaftsteuerlich Folgen auslösen, etwa wenn sie während einer laufenden Behaltensfrist erfolgt.[37]

33 BMF-Schreiben vom 10.11.2021, IV C 2 – S 2707/21/10001, BStBl. I S. 2212, Rn. 21.

34 Siehe BMF-Schreiben vom 10.11.2021, IV C 2 – S 2707/21/10001, BStBl. I S. 2212, Rn. 41 f. Durch dieses besondere Rumpfwirtschaftsjahr steht im Erstjahr der Option faktisch schon das steuerliche Einlagekonto zur Verfügung; Pung, in: D/P/M, § 1a KStG, Rn. 92.

35 Gleichlautende Erlasse der obersten Finanzbehörden der Länder vom 05.10.2022, BStBl. I S. 1494, Rn. 1 f.

36 Gleichlautende Erlasse der obersten Finanzbehörden der Länder vom 05.10.2022, BStBl. I S. 1494, Rn. 7; siehe auch Pung, in: D/P/M, § 1a KStG, Rn. 6.

37 Storz/Wighardt, DStR 2022, S. 135 f., die zu besonderer Vorsicht bei der Option während einer laufenden Behaltensfrist bei einem verpachteten Betrieb raten, da nach der Option eine identitätswahrende Wiederaufnahme der gewerblichen Betätigung durch den Verpächter nicht mehr möglich sei.

Als eingebracht gelten die Anteile an der optierenden Gesellschaft.[38] Der übernehmenden Gesellschaft stehen dabei die umwandlungssteuerlichen Bewer-
tungswahlrechte (Buch-, Zwischen- oder gemeiner Wert) für jeden Anteil ge-
sondert zu, allerdings unter Beachtung der Voraussetzungen der §§ 1 und 25
UmwStG.[39] § 1a Abs. 2 Satz 1 KStG fingiert nur den Formwechsel und nicht
die weiteren Voraussetzungen des UmwStG.[40] Buch- und Zwischenwertansatz
fordern deshalb die Übertragung sämtlicher funktional wesentlicher Betriebs-
grundlagen, auch jener, die nicht bis zum fiktiven Einbringungszeitpunkt auf die
Mitunternehmerschaft übertragen wurden, etwa Wirtschaftsgüter des Sonderbetriebsvermögens. Da diese trotz des fingierten Formwechsels nicht automatisch auf die optierende Gesellschaft übergehen, bedarf es eines Zutuns des Gesellschafters; er muss diese Wirtschaftsgüter in zeitlichem und wirtschaftlichem
Zusammenhang mit der Ausübung der Option zivilrechtlich auf die Gesellschaft
übertragen.[41] Dies gilt mit dem WachstumschancenG nicht mehr für die Beteiligung eines Gesellschafters an der Komplementär-GmbH, wenn die Beteiligung
an einer Komplementärin eine funktional wesentliche Betriebsgrundlage darstellt.[42] Darüber hinaus zurückbehaltene Wirtschaftsgüter gelten als entstrickt,
es sei denn, sie werden für die Gesellschaft nutzbar gemacht und bleiben dadurch steuerlich verhaftet.[43] Die Bewertung der Wirtschaftsgüter zu einem Wert
unter dem gemeinen Wert löst auch die Sperrfristen nach § 22 UmwStG aus,
verbunden mit den entsprechenden Nachweispflichten (§ 22 Abs. 3 UmwStG).[44]

Erbschaft- und schenkungsteuerlich sowie grunderwerbsteuerlich ist die
Rechtslage etwas komplexer: Handelt es sich bei dem auf die Gesellschaft über-
tragenen Sonderbetriebsvermögen erbschaftsteuerlich um Verwaltungsvermö-

---

38   Pung, in: D/P/M, § 1a KStG, Rn. 68.

39   Der Antrag auf Buch- oder Zwischenwertansatz ist ein von der Option getrennter Antrag und somit
      gesondert zu stellen; vgl. Pung, in: D/P/M, § 1a KStG, Rn. 81.

40   Pung, in: D/P/M, § 1a KStG, Rn. 59, 61 ff. Jede andere Verfahrensweise würde im Ergebnis zu einer
      Besserstellung des fiktiven gegenüber dem tatsächlichen Formwechsel führen.

41   BMF-Schreiben vom 10.11.2021, IV C 2 – S 2707/21/10001, BStBl. I S. 2212, Rn. 34.

42   Die §§ 1 und 25 UmwStG sind zwar weiterhin entsprechend anzuwenden, allein die Zurückbehal-
      tung der Beteiligung an einer Komplementärin der optierenden Gesellschaft schließt die Anwen-
      dung des § 20 Abs. 2 UmwStG aber nicht aus; vgl. Art. 18 Nr. 1 lit. c) des WachstumschancenG vom
      27.03.2024, BGBl. I, Nr. 108, S. 20.

43   So für den Fall einer dadurch begründeten Betriebsaufspaltung auch die Finanzverwaltung, siehe
      BMF-Schreiben vom 10.11.2021, IV C 2 – S 2707/21/10001, BStBl. I S. 2212, Rn. 36. Die Betriebs-
      aufspaltung dürfte indessen nicht für funktional wesentliche Wirtschaftsgüter weiterhelfen, da diese
      zwingend auf die formwechselnde Gesellschaft übertragen werden müssen; vgl. Pung, in: D/P/M,
      § 1a KStG, Rn. 73; unzutreffend insoweit Kelm/Rindermann/Hennrichs, WPg 2021, S. 1174.

44   Der fiktive Formwechsel führt dazu, dass sämtliche Anteile an der Gesellschaft wie neue Anteile zu
      behandeln sind; vgl. Pung, in: D/P/M, § 1a KStG, Rn. 70, 87.

gen, entsteht aufgrund des Rechtsträgerwechsels junges Verwaltungsvermögen im Sinne des § 13b Abs. 7 Satz 2 ErbStG bei der optierenden Gesellschaft. Werden Finanzmittel aus einem bisherigen Sonderbetriebsvermögen ins Gesamthandsvermögen überführt, sind diese bei der Ermittlung der jungen Finanzmittel aufgrund des Rechtsträgerwechsels als Einlagen im Sinne von § 13b Abs. 4 Nr. 5 Satz 2 ErbStG zu berücksichtigen.[45] Ein darüber hinausgehendes Institut sog. fiktiven Sonderbetriebsvermögens nach erfolgter Option für erbschaft- und schenkungsteuerliche Zwecke gibt es nicht.[46] Grunderwerbsteuerlich sind die §§ 5, 6 GrEStG nur sehr eingeschränkt anwendbar; eine Begünstigung für die ertragsteuerliche Option ist nicht vorgesehen.[47] Das kann in klassischen Fällen von Sonderbetriebsvermögen die Option erschweren, da bei ihrer Ausübung rückwirkend die Grunderwerbsteuer-Befreiung versagt werden kann und künftig eine Grunderwerbsteuer-Befreiung nicht mehr möglich ist. Die Übertragung von funktional wesentlichem, immobiliarem Sonderbetriebsvermögen auf die Gesellschaft löst ebenfalls Grunderwerbsteuer aus.

Mit der Option gehen bestimmte steuerliche Vorträge der Gesellschaft unter; das sind etwa ein EBITDA- und Zinsvortrag sowie §-15a- und §-15b-EStG-Vorträge und auch gewerbesteuerliche Fehlbeträge der Personengesellschaft.[48] Gesellschafterbezogene Vorträge sind indessen nicht betroffen. Nachversteuerungspflichtige Beträge im Sinne des § 34a Abs. 3 EStG unterliegen der Nachversteuerung, bei der die nach § 34a Abs. 4 EStG geschuldete Einkommensteuer für einen Zeitraum von höchstens zehn Jahren in regelmäßigen Teilbeträgen zinslos gestundet werden kann. Gerade diese Folge kann ein veritables Optionshindernis sein.

Die optierende Gesellschaft unterliegt wie eine Körperschaft der Körperschaft- und Gewerbesteuer, dem Solidaritätszuschlag und dem AStG. Regelungen mit einem speziellen Rechtsformbezug, die nicht für alle Kapitalgesellschaften gelten (z.B. § 9 Nr. 1 KStG für die KGaA und § 10 Abs. 1a Satz 2 Nr. 2 lit. c EStG

---

45   Gleichlautende Erlasse der obersten Finanzbehörden der Länder vom 05.10.2022, BStBl. I S. 1494, Rn. 8 f.

46   So auch Storz/Wighardt, DStR 2022, S. 133 ff., die zu Recht auf die Gesetzeshistorie verweisen.

47   Kritisch Kelm/Rindermann/Hennrichs, WPg 2021, S. 1179.

48   Wegen der Möglichkeit, den Formwechsel zu einem Wert über dem Buchwert zu vollziehen, um Verlustvorträge, § 34a Abs. 3 EStG besser zu nutzen oder § 22 UmwStG zu vermeiden, siehe Pung, in: D/P/M, § 1a KStG, Rn. 77 ff. Zu der Frage, ob gewerbesteuerliche Fehlbeträge „stehenbleiben" und nach der Rückoption wieder nutzbar werden, siehe Pung, in: D/P/M, § 1a KStG, Rn. 91; dafür: Kelm/Rindermann/Hennrichs, WPg 2021, S. 1175.

für die GmbH), sind auf eine optierende Gesellschaft nicht anwendbar.[49] Die Gewerbesteuerpflicht tritt unabhängig von der ausgeübten Tätigkeit ein, sodass auch eine Gesellschaft mit per se nur vermögensverwaltenden oder freiberuflichen Tätigkeiten dieser Steuer unterliegt.[50] Als solche ist die Gesellschaft fortan auch abkommensberechtigt. Die Anwendbarkeit der Mutter-Tochter-RL ist jedoch unsicher; die Zins- und Lizenzgebühren-RL ist sicher nicht anwendbar.[51]

Mit Blick auf die Möglichkeit einer optierenden Gesellschaft, an einer Organschaft teilzuhaben, ändert sich nicht viel. Organträger kann sie nach wie vor sein. Eine vor der Option bestehende Organschaft kann i.d.R. fortgeführt werden; der fiktive Formwechsel ist nach Auffassung der Finanzverwaltung kein wichtiger Grund für die Beendigung des Gewinnabführungsvertrages.[52] Dagegen will die Finanzverwaltung die optierende Gesellschaft nicht als Organgesellschaft anerkennen. Sie begründet dies damit, dass die Regelungen des Gewinnabführungsvertrages in eintragungspflichtiger Form vereinbart werden und organisationsrechtlichen Charakter haben müssten. Gesellschaftsverträge bzw. entsprechende Vertragsänderungen gehörten bei Personengesellschaften indessen nicht zu den eintragungspflichtigen Tatsachen im Sinne der §§ 106, 162 HGB oder § 4 PartGG.[53]

Die optierende Gesellschaft ist für DBA-Zwecke „ein Rechtsträger, der für die Besteuerung wie eine juristische Person behandelt wird" und damit abkommensberechtigt im Sinne des OECD-Musterabkommens (OECD-MA) 2017. Damit sind Qualifikationskonflikte freilich nicht vollständig ausgeschlossen. Zwar fordert das Gesetz für beschränkt steuerpflichtige optierende Gesellschaften, dass diese im Staat, in dem sich ihre Geschäftsleitung befindet, einer der deutschen unbeschränkten Körperschaftsteuerpflicht vergleichbaren Steuerpflicht unterliegen müssen (§ 1a Abs. 1 Satz 6 Nr. 2 KStG). Für in Deutschland ansässige unbeschränkt steuerpflichtige Gesellschaften gilt diese Voraussetzung naturgemäß nicht, sodass mit Blick auf deren Auslandsaktivitäten der Betrieb-

---

49   Pung, in: D/P/M, § 1a KStG, Rn. 45. Zur Frage, ob eine optierende Gesellschaft gemeinnützig sein kann, siehe Pung, in: D/P/M, § 1a KStG, Rn. 49; Möhlenbrock/Haubner, FR 2022, S. 56, wobei die mit dem WachstumschancenG verbundene Ausweitung der Option auf GbRs die Sachlage ändern könnte.

50   Pung, in: D/P/M, § 1a KStG, Rn. 14.

51   Zum Streitstand vgl. Pung, in: D/P/M, § 1a KStG, Rn. 23; beides ablehnend Link, DStR 2021, S. 1603 f. unter Verweis auf ein ähnliches Verständnis anderer Staaten.

52   BMF-Schreiben vom 10.11.2021, IV C 2 – S 2707/21/10001, BStBl. I S. 2212, Rn. 55; ebenso Pung, in: D/P/M, § 1a KStG, Rn. 55.

53   BMF-Schreiben vom 10.11.2021, IV C 2 – S 2707/21/10001, BStBl. I S. 2212, Rn. 56.

stättenstaat – abhängig vom DBA und den steuerrechtlichen Verhältnissen dort – nicht zwangsläufig von der Körperschaftsteuerpflicht der Gesellschaft ausgehen muss.[54] In diesen Fällen kann es also immer noch zu einer Besteuerung der Gesellschafter und nicht der Gesellschaft als solcher kommen; § 50d Abs. 14 EStG nimmt diese Frage nicht auf.

2.2.2 ... für die Gesellschafter

Die Folgen des fiktiven Formwechsels setzen sich auf Gesellschafterebene fort. Die Beteiligung an der optierenden Gesellschaft gilt als Kapitalbeteiligung und ist als solche wie ein eigenständiges Wirtschaftsgut zu behandeln. Damit sind im Veräußerungsfalle auch die für Kapitalbeteiligungen einschlägigen Regelungen anzuwenden (etwa §§ 8b KStG sowie § 9 Nr. 2a und 7 GewStG), wobei sich die hierfür zu ermittelnde Beteiligungshöhe nach den festen Kapitalkonten I, hilfsweise nach dem Verhältnis der handelsrechtlichen Kapitalanteile, richtet.[55] Der Veräußerung gleichgestellt sind die insoweit gesetzlich bezeichneten Sachverhalte (vgl. etwa § 17 Abs. 1 Satz 2 und Abs. 4, § 20 Abs. 2 Satz 2 EStG oder § 6 AStG).[56]

Ähnliches gilt dem Grunde nach für die Gewinnverwendung, insbesondere die Ausschüttung bzw. Entnahme. Der Gesetzgeber stand hier vor der Frage, wie die gesellschaftsrechtlich und -vertraglich nicht selten individuell geregelte Verwendung des Ergebnisses bei Personen- und Partnerschaftsgesellschaften unter das Besteuerungsregime für Körperschaften gefasst werden sollte. Denn dem Grunde nach sollten deshalb in der ursprünglichen Fassung des § 1a Abs. 3 KStG Gewinnanteile von optierenden Gesellschaften erst dann als ausgeschüttet gelten, wenn sie entnommen wurden, aber darüber hinaus auch schon dann, wenn ihre Auszahlung verlangt werden konnte (§ 1a Abs. 3 Satz 5 KStG). Davon waren bereits Gewinnanteile erfasst, deren Auszahlung der Gesellschafter mit Feststellung des Jahresabschlusses von der Gesellschaft verlangen konnte. Sie galten in diesem Zeitpunkt als ausgeschüttet. Unerheblich für die Ausschüttungsfiktion sollte laut Finanzverwaltung sein, ob der Gesellschafter die Auszahlung seines Gewinnanteils tatsächlich verlangte; auf die tatsächliche Entnahme oder Aus-

---

54 Vgl. Kelm/Rindermann/Hennrichs, WPg 2021, S. 1179.

55 BMF-Schreiben vom 10.11.2021, IV C 2 – S 2707/21/10001, BStBl. I S. 2212, Rn. 61.

56 BMF-Schreiben vom 10.11.2021, IV C 2 – S 2707/21/10001, BStBl. I S. 2212, Rn. 62, 73; mit grundsätzlicher Kritik an der Entstrickungsbesteuerung Kelm/Rindermann/Hennrichs, WPg 2021, S. 1180.

zahlung kam es also nicht mehr an.[57] Und gesellschaftsvertraglich vereinbarte Vorauszahlungen auf den Gewinn sollen unabhängig von der Feststellung des Jahresabschlusses als ausgeschüttet gelten, wenn sie entnommen werden oder ihre Auszahlung verlangt werden kann.[58] Die Ausschüttung unterliegt in all diesen Fällen dem Steuerabzug vom Kapitalertrag. Das WachstumschancenG hat hier für Entspannung gesorgt. Denn in § 1a Abs. 3 Satz 5 KStG wurden die Wörter „oder ihre Auszahlung verlangt werden kann" gestrichen. Gewinne gelten damit so lange nicht als ausgeschüttet, bis sie entnommen werden. Selbst die Sonderbehandlung des beherrschenden Gesellschafters, wonach ein Zufluss bei einem beherrschenden Gesellschafter bereits dann fingiert wird, wenn die Ausschüttung von der Gesellschaft beschlossen wurde, wird wohl nicht mehr nachvollzogen. Denn im Unterschied zu einer echten Kapitalgesellschaft sieht das Gesellschaftsrecht bei Personengesellschaften keinen besonderen Ausschüttungsbeschluss vor.[59] Einer Entnahme gleichzusetzen wären dagegen laut Gesetzesbegründung Vorgänge, aufgrund derer die Gewinne kein Eigenkapital der optierenden Gesellschaft mehr darstellen, z.B. die Verbuchung auf einem Fremdkapitalkonto, die tatsächliche Auszahlung an den Gesellschafter oder eine Verrechnung mit einer Forderung gegen den Gesellschafter.[60]

Die Besteuerung von Ausschüttung und Beteiligungsveräußerung nach diesen Grundsätzen trifft auch Gesellschafter, die im Ausland ansässig sind. Gesellschaften, die nach Ausübung der Option in dem Staat ihrer Geschäftsleitung keiner der deutschen unbeschränkten Körperschaftsteuerpflicht vergleichbaren Steuerpflicht unterliegen, sind zwar von der Option ausgenommen (§ 1a Abs. 1 Satz 6 Nr. 2 KStG). Es kann aber Gesellschafter einer erfolgreich optierenden Gesellschaft geben, die mit Kapitalerträgen oder Veräußerungsgewinnen wegen einer in ihrem Ansässigkeitsstaat vom deutschen Recht abweichenden steuerlichen Behandlung der Gesellschaft nicht der Besteuerung unterliegen. Hier stellt

---

57 Zu den denkbaren Gewinnverwendungsklauseln bei Personengesellschaften siehe Kelm/Rindermann/Hennrichs, WPg 2021, S. 1171.

58 BMF-Schreiben vom 10.11.2021, IV C 2 – S 2707/21/10001, BStBl. I S. 2212, Rn. 74 f.

59 Entwurf eines Gesetzes zur Stärkung von Wachstumschancen, Investitionen und Innovation sowie Steuervereinfachung und Steuerfairness vom 14.7.2023, S. 56, 221. Möglicherweise geht es dem Gesetzgeber auch darum, zu vermeiden, dass die Kapitalkontenentwicklung gesellschafterbezogen nachgehalten werden muss; vgl. Link, DStR 2021, S. 1603.

60 Entwurf eines Gesetzes zur Stärkung von Wachstumschancen, Investitionen und Innovation sowie Steuervereinfachung und Steuerfairness vom 14.7.2023, S. 56, 221. Auf die Fälligkeit der Forderung dürfte es dabei nicht ankommen; a.A. Kelm/Rindermann/Hennrichs, WPg 2021, S. 1177.

§ 50d Abs. 14 Satz 2 EStG[61] den Lückenschluss her und sieht qua treaty override eine Besteuerung vor. Verfahrensrechtlich ist dies durch eine Nachweisverpflichtung des veräußernden Gesellschafters abgesichert, dass die optierende Gesellschaft im anderen Staat entsprechend dem deutschen Recht behandelt und die Gewinne aus der Veräußerung von Anteilen dort besteuert wurden.[62]

Hervorstechende Veränderung in der Besteuerung des Gesellschafters ist sicherlich, dass dessen Entgelt für seine Tätigkeit im Dienst der Gesellschaft zu Einkünften im Sinne des § 19 EStG führen kann (§ 1a Abs. 3 Satz 2 Nr. 2 KStG) und dies entsprechende lohnsteuerliche Folgen auslöst; die Einkünftesphären von Gesellschaft und Gesellschafter sind strikt voneinander zu trennen und auch gegeneinander abzugrenzen.[63] Erbschaftsteuerlich geht das Gesetz dagegen grundsätzlich weiter von einer Personengesellschaft aus. Lohnzahlungen an den Gesellschafter fließen nicht in die Lohnsummenregelung ein, und die Gesellschafter sind bei der Ermittlung der Anzahl der Beschäftigten nach wie vor der Option nicht mitzuzählen.[64] Ertragsteuerlich ist für die Annahme von Lohn ein Dienstverhältnis Voraussetzung, da Arbeitnehmer nach § 1 Abs. 1 Satz 1 LStDV Personen sind, die in öffentlichem oder privatem Dienst angestellt oder beschäftigt sind oder waren und die aus diesem Dienstverhältnis oder einem früheren Dienstverhältnis Arbeitslohn beziehen. Nach Abs. 3 dieser Vorschrift ist hingegen nicht Arbeitnehmer, wer Lieferungen und sonstige Leistungen innerhalb der von ihm selbstständig ausgeübten gewerblichen oder beruflichen Tätigkeit im Inland gegen Entgelt ausführt. Die Sphärentrennung führt nicht nur zu ertragsteuerlich anzuerkennenden Arbeitsverhältnissen. Sie kann auch zu Einkünften aus Darlehen i.S.d. § 20 Abs. 1 Nr. 7 oder Abs. 2 Satz 1 Nr. 7 EStG sowie aus der Überlassung von Wirtschaftsgütern i.S.d. § 21 oder § 22 EStG etc. führen.

An der Geschäftsführung der Gesellschaft ändert die Option einstweilen nichts. Die zur Vertretung der Gesellschaft ermächtigten Personen gelten als gesetzliche Vertreter der optierenden Gesellschaft (§ 1a Abs. 2 Satz 5 KStG).

---

61 Wegen der Wechselwirkungen zwischen der steuerlichen Verstrickung der Anteile an der optierenden Gesellschaft und dem umwandlungssteuerlichen Buch- oder Zwischenwertansatz, zutreffend Pung, in: D/P/M, § 1a KStG, Rn. 65 ff.

62 BMF-Schreiben vom 10.11.2021, IV C 2 – S 2707/21/10001, BStBl. I S. 2212, Rn. 63 f.

63 Durch das Gesellschaftsverhältnis veranlasste Zahlungen oder Leistungen werden als verdeckte Gewinnausschüttungen oder Einlagen in ihrer Ergebniswirkung korrigiert.

64 Gleichlautende Erlasse der obersten Finanzbehörden der Länder vom 05.10.2022, BStBl. I S. 1494, Rn. 12 f.

2.3   Folgeumwandlungen und Rückoption

Als beteiligter Rechtsträger einer Umwandlung ist die optierende Gesellschaft wie eine Kapitalgesellschaft zu behandeln.[65] Unter den Voraussetzungen des UmwStG ist also ihre steuerneutrale Verschmelzung, Spaltung etc. möglich. Sachverhalte, die zur gesellschaftsrechtlichen Auflösung der Gesellschaft führen, gelten zwar grundsätzlich als Ausschüttung des Vermögens der Gesellschaft an die Gesellschafter, und § 11 KStG ist entsprechend anzuwenden (§ 1a Abs. 4 Satz 6 KStG). Wenn aber die Voraussetzungen des UmwStG – vor allem in der Person des verbleibenden (übernehmenden) Gesellschafters – vorliegen, kann eine Anwachsung wie eine Verschmelzung oder ein Vermögensübertragung auf den verbleibenden Gesellschafter mit entsprechend günstigeren steuerlichen Folgen zu behandeln sein.[66]

Die optierende Gesellschaft kann schließlich beantragen, dass sie nicht mehr wie eine Kapitalgesellschaft und ihre Gesellschafter nicht mehr wie die nicht persönlich haftenden Gesellschafter einer Kapitalgesellschaft behandelt werden sollen (Rückoption; vgl. § 1a Abs. 4 KStG). Dieser Antrag fingiert einen Formwechsel – sozusagen in die andere Richtung als die Option und ebenfalls ohne steuerliche Rückwirkung; es finden die Regelungen des UmwStG für den Formwechsel einer Kapitalgesellschaft in eine Personengesellschaft Anwendung.[67] Im Sinne eines Automatismus erfolgt der Rückformwechsel sogar ohne Antrag, wenn die (persönlichen) Voraussetzungen der Option entfallen. Das kann bei ausländischen Gesellschaften auch Folge einer Rechtsänderung im Ansässigkeitsstaat sein, etwa wenn dadurch die Besteuerung als Körperschaft (§ 1a Abs. 1 Satz 6 Nr. 2 KStG) wegfällt. Auf den Zeitpunkt des Wegfalls der Voraussetzungen der Option ist dann eine (ggf. unterjährige[68]) Übertragungsbilanz aufzustellen.[69]

Bei allen Vorgängen dieser Art ist zu fragen, ob sie eine Sperrfristverletzung darstellen und dann den Mechanismus der §§ 22 ff UmwStG mit Blick auf die ursprüngliche Option selbst auslösen. Ferner kommt es zur Besteuerung der

65   BMF-Schreiben vom 10.11.2021, IV C 2 – S 2707/21/10001, BStBl. I S. 2212, Rn. 100 mit einigen typischen Fallkonstellationen.
66   BMF-Schreiben vom 10.11.2021, IV C 2 – S 2707/21/10001, BStBl. I S. 2212, Rn. 93 f.
67   Vgl. Pung, in: D/P/M, § 1a KStG, Rn. 121 ff., die zutreffend davon ausgeht, dass auch die verfahrenstechnische Rückabwicklung in vergleichbarer Weise wie die Option selbst erfolgt. Sie geht allerdings auch von der Widerruflichkeit des Antrags aus (a.A. Link, DStR 2021, S. 1604). Ferner sollen die Mehrheitserfordernisse des § 217 Abs. 1 UmwG nicht gelten (zw., eher dürfte es sich hier um eine planwidrige Regelungslücke handeln; Carle, NWB 2021, S. 2272).
68   Pung, in: D/P/M, § 1a KStG, Rn. 145.
69   BMF-Schreiben vom 10.11.2021, IV C 2 – S 2707/21/10001, BStBl. I S. 2212, Rn. 91.

offenen Rücklagen der Gesellschaft nach § 7 UmwStG, Verlust- EBITDA- und Zinsvorträge gehen (abermals) unter.[70]

3   Modernisierungsüberlegungen

Schon bei der Einführung der Option zur Körperschaftsbesteuerung war den Vertretern der gesetzgebenden Organe bewusst, dass eine Angleichung der Steuerbelastung von Personengesellschaften und Körperschaften weitere Schritte – über das Instrument der Option hinaus – hätte rechtfertigen können. So war schon während der Konzeptionsphase der späteren gesetzlichen Regelung eine Verbesserung der Thesaurierungsregelung in § 34a EStG diskutiert worden. Und auch in den parlamentarischen Beratungen zum KöMoG wurde gefordert, § 34a EStG zu modernisieren. Die FDP problematisierte, dass die Thesaurierungsbegünstigung in ihrer aktuellen Ausgestaltung sehr komplex und mit hohem bürokratischem Aufwand verbunden sei.[71] Sie forderte daher, den Steuersatz für thesaurierte Gewinne so anzupassen, dass eine Gleichbehandlung mit Körperschaften gegeben sei, und die Ertragsteuern in die Begünstigungsfähigkeit einzubeziehen, statt sie als Entnahme zu behandeln. Der feste Nachversteuerungssatz solle auf Antrag durch den Regelsteuersatz im Teileinkünfteverfahren ersetzt, die Verwendungsreihenfolge des § 34a Abs. 4 EStG aufgegeben und Umstrukturierungshindernisse beseitigt werden, indem der nachversteuerungspflichtige Betrag auf die Kapitalgesellschaft übergehe. Schließlich solle die Feststellung nach § 34a Abs. 10 EStG als unselbstständiger Bestandteil in die einheitliche und gesonderte Feststellung miteinbezogen werden.[72] Die Koalitionsfraktionen allerdings vermochten nicht, sich auf Verbesserungen des § 34a EStG zu einigen, sodass die im Bundestag durchaus auf breiter Front erhobenen Forderungen nach Verbesserungen unerfüllt blieben.[73]

Im Koalitionsvertrag 2021–2025 heißt es dann: *„Eine gute Eigenkapitalausstattung der Unternehmen ist elementar für den Erfolg der deutschen Wirtschaft und stärkt die Krisenfestigkeit. Wir werden daher das Optionsmodell und die Thesaurierungsbesteuerung evaluieren und prüfen, inwiefern praxistaugliche Anpassungen erforderlich sind.“*[74] Diese Verabredung der aktuellen Regierungskoalition klingt schon verhaltener als die Forderungen, die während der nur wenige Mo-

---

70   Pung, in: D/P/M, § 1a KStG, Rn. 135.
71   BT-Beschlussempfehlung vom 19.05.2021, BT-Drs. 19/29843, S. 2.
72   BT-Beschlussempfehlung vom 19.05.2021, BT-Drs. 19/29843, S. 4, 25.
73   BT-Beschlussempfehlung vom 19.05.2021, BT-Drs. 19/29843, S. 28 f.
74   Koalitionsvertrag 2021–2025, S. 131.

nate zuvor abgeschlossenen parlamentarischen Beratungen zum KöMoG noch im Raume standen.

Mit Blick auf den Telos der Option und der Begünstigung nicht entnommener Gewinne nach § 34a EStG wären die im Folgenden beschriebenen Schritte ernstlich erwägenswert, um zu einer signifikanten Verbesserung zu gelangen und das Neben- sowie Miteinander beider Regelungen reibungsfreier zu gestalten.

3.1 Thesaurierte Gewinne und Option

Nach geltendem Recht führt eine den laufenden Gewinn und die Einlagen des Wirtschaftsjahres übersteigende Entnahme[75] zur Nachversteuerung der in den Vorwirtschaftsjahren thesaurierten Gewinne. Neben diesem Fall einer „regulären" Nachversteuerung durch Entnahme sieht das Gesetz weitere Sachverhalte zur Nachversteuerung vor, vgl. § 34a Abs. 5 f. EStG. Zu ihnen gehören insbesondere Vorgänge der Überführung von Wirtschaftsgütern auf solche Rechtsträger, die klassischerweise der Körperschaftbesteuerung unterliegen. Der Formwechsel ist in diesem Zusammenhang eigens genannt, führt er doch ausnahmsweise zu keiner Übertragung von Wirtschaftsgütern, sondern zum ebenfalls als kritisch erachteten Wechsel des Besteuerungsregimes von der Einkommen- hin zur Körperschaftsteuer, § 34a Abs. 6 Satz 1 Nr. 2 EStG. Einzig die vom Gesetz auf Antrag vorgesehene zinslose Stundung der Steuerschuld über zehn Jahre mildert diese erhebliche Härte. Da der Übergang zur Körperschaftsbesteuerung infolge der Option als Formwechsel gilt (§ 1a Abs. 2 Satz 1 KStG), führt auch er zur Nachversteuerung der nachversteuerungspflichtigen Beträge.[76] Das WachstumschancenG sieht in diesem Punkt keine Änderung vor.[77]

Eine optionswillige Gesellschaft könnte angesichts dieser Gefechtslage zur Verhinderung der Nachversteuerung vorbereitend erwägen, mittels einer Einbringung nach § 24 UmwStG auf eine Tochterpersonengesellschaft eine doppelstöckige Personengesellschaftsstruktur einzurichten. In diesem Fall ginge der nachversteuerungspflichtige Betrag nach § 34a Abs. 7 Satz 4 EStG auf die Tochtergesellschaft über.[78] Fraglich ist bei dieser und anderen an diesem Ziel

---

75   Im Gesetz als Nachversteuerungsbetrag bezeichnet, vgl. § 34a Abs. 4 S. 1 EStG.
76   BMF-Schreiben vom 10.11.2021, BStBl. I 2021, S. 2212, Rn. 48.
77   Gesetz zur Stärkung von Wachstumschancen, Investitionen und Innovation sowie Steuervereinfachung und Steuerfairness vom 27.3.2024, BGBl. I, Nr. 108, S. 20.
78   Möhlenbrock/Haubner, FR 2022, S. 56; Leidel/Conrady, BB 2022, S. 665; Lehr/Moser, DB 2023, S. 1369, 1370.

ausgerichteten Transaktionen aber immer, ob ihnen in den Augen der Finanzverwaltung nicht die sog. Gesamtplanrechtsprechung entgegensteht.[79] Die Finanzverwaltung will hier offenbar die an anderer Stelle bereits akzeptierte liberalere Rechtsprechungslinie[80] im Umgang mit Gesamtplanüberlegungen nicht anwenden.[81] Das mag steuersystematisch beklagenswert sein, verdeutlicht aber eindrücklich die gestalterischen Risiken an dieser Stelle.[82]

Mit dem Ziel einer auskömmlichen Eigenkapitalausstattung, wie es der Koalitionsvertrag 2021–2025 ausruft, ist die optionsbedingte Nachversteuerung ebenfalls nicht zu vereinbaren[83], dürfte sie doch im Gegenteil häufig zum Abfluss von Eigenmitteln der Gesellschaft zwecks Begleichung der Steuerschuld der betroffenen Gesellschafter führen. Die eigentliche Frage ist deshalb, wieso nicht sowohl für den echten als auch den fiktiven Formwechsel von einer Nachversteuerung in den Fällen des § 34a Abs. 6 Satz 1 Nr. 2 EStG abgesehen wird. Denn die thesaurierten Beträge bleiben ja Gewinne des Unternehmens, und als Teil der Gewinnrücklagen würden sie im Entnahme- bzw. Ausschüttungsfalle der Dividendensteuer unterliegen.[84] Dem Gesetzgeber könnte möglicherweise folgende Problematik Zurückhaltung auferlegt haben, die bei einem steuerneutralen Übergang der Gewinnrücklagen auf die optierende Gesellschaft zu befürchten sein würde: das fehlende Besteuerungsrecht bei ausländischen Gesellschaftern. DBA-rechtlich fallen Ausschüttungen an diese nämlich unter den Dividendenartikel (Art. 10 OECD-MA 2017) und sind dem Grunde nach dem anderen Staat – dem Ansässigkeitsstaat des Gesellschafters – zugewiesen; der Quellenstaat hat dann „nur" ein der Höhe nach begrenztes Quellenbesteuerungsrecht (vgl. Art. 10 Abs. 2 OECD-MA 2017). Demgegenüber würde die Nachversteuerung nach § 34a Abs. 4 EStG in der Mitunternehmerbetriebstätte angefallen und damit als Teil des Unternehmensgewinns nach Art. 7 OECD-MA dem Betriebstättenstaat zugewiesen sein.[85] Bei beschränkt Steuerpflichtigen hätte sich die Anwendung des § 34a EStG dann auf die Gewinneinkünfte nach § 49 EStG (ggf. eingeschränkt durch ein DBA) erstreckt, sie wäre also auf den nicht entnommenen Gewinn/den Entnahmenüberhang der inländischen Be-

---

79 UmwStE, Rn. 20.07.

80 BMF-Schreiben vom 20.11.2019, IV C 6 – S 2241/15/10003, BStBl. I, S. 1291, Rn. 10.

81 BMF-Schreiben vom 10.11.2021, BStBl. I 2021, S. 2212, Rn. 35.

82 Zum Thema auch Link, DStR 2021, S. 1602, der insoweit von einer gewissen „Unwucht" spricht.

83 Lehr/Moser, DB 2023, S. 1369, 1370.

84 Vgl. unter Verweis auf die Kapitalkontenstruktur Lehr/Moser, DB 2023, S. 1369, 1371.

85 Vgl. BMF-Schreiben vom 11.8.2008, BStBl. I 2008, S. 838, Rn. 1.

triebstätte begrenzt gewesen.[86] Entnahmen und Einlagen, die diesen Einkünften nicht hätten zugeordnet werden können, wären außer Ansatz geblieben.[87]

Es stellt sich die Frage, ob der Gesetzgeber – falls er hier tatsächlich Handlungsbedarf erkennen sollte – nicht Vorsorge treffen könnte. Immerhin hat er die spezifische Situation der Personengesellschaft im internationalen Steuerrecht bereits verschiedentlich zum Anlass genommen, diese mit Sonderregelungen zu bedenken. In § 50d Abs. 10 EStG ist dies bereits für zahlreiche Sachverhaltskonstellationen geschehen, und in § 50d Abs. 14 EStG nimmt sich der Gesetzgeber der Sondersituation von optierenden Personengesellschaften an. Die Überlegung könnte sein, für Zwecke der Nachversteuerung die vorherige Mitunternehmerbetriebstätte im begrenzten Umfang mit Blick auf vor der Option thesaurierte Gewinne fortgelten zu lassen. Der Gesetzgeber würde insoweit die Fiktion des § 1a Abs. 3 KStG „zurücknehmen", die aus Entnahmen ja erst hat Dividenden werden lassen. Ergebnis wäre eine andere DBA-mäßige Zuweisung des Besteuerungsrechts an den Entnahmen aus der optierenden Gesellschaft, soweit diese aus ehemals thesaurierten Gewinnen gespeist werden würden, und keine zusätzliche Steuer.

Art. 10 Abs. 4 OECD-MA würde einer solchen Verfahrensweise nicht entgegenstehen. Danach sollen Art. 10 Abs. 1 und 2 OECD-MA zwar nur dann nicht anzuwenden sein, wenn der in einem Vertragsstaat ansässige Nutzungsberechtigte im anderen Vertragsstaat, in dem die die Dividenden zahlende Gesellschaft ansässig ist, eine *Geschäftstätigkeit durch eine dort gelegene Betriebstätte* ausübt und die *Beteiligung*, für die die Dividenden gezahlt werden, *tatsächlich zu dieser Betriebstätte* gehört. Und das Verständnis dieser Vorschrift ist von der Rechtsprechung des BFH im Sinne eines funktionalen Zusammenhangs zwischen der Tätigkeit der Betriebstätte und dem ihr zuzuordnenden Wirtschaftsgut fortentwickelt worden.[88] Diese Regelung greift hier indes nicht. Denn die fortgeltende Mitunternehmerbetriebstätte würde erst gar nicht zur Anwendung von Art. 10 OECD-MA führen, weil schon keine Dividende (im Sinne von Art. 10 Abs. 3 OECD-MA) vorläge.

---

86   BMF-Schreiben vom 11.8.2008, BStBl. I 2008, S. 838, Rn. 3, 36; zu den Besonderheiten des § 34a EStG bei beschränkt Steuerpflichtigen siehe Lammers in: Kirchhof/Kulosa/Ratschow, Beck OK, 17. Edition, München 2023, § 34a EStG, Rn. 38 ff.

87   BMF-Schreiben vom 11.8.2008, BStBl. I 2008, S. 838, Rn. 3.

88   Kaeser in: Wassermeyer, Art. 10 OECD-MA 2017, 163. Ergänzungslieferung, September 2023, Rn. 162 ff.

Eine differenzierende Behandlung der Gewinne der optierenden Gesellschaft sollte auch administrativ zu bewerkstelligen sein. Zum Steuerabzug vom Kapitalabzug ist die optierende Gesellschaft ohnehin verpflichtet. Sie hat die im Ausschüttungszeitpunkt entstandene Kapitalertragsteuer beim zuständigen Finanzamt anzumelden und zu entrichten (§ 45a Abs. 1 Satz 1 und § 44 Abs. 1 Satz 2 und 3 sowie Satz 5 HS 2 EStG).[89] Dabei sind bereits jetzt einige Regularien zu beachten. So soll die kapitalertragsteuerlich relevante Ausschüttungsfiktion nicht für den Teil des Entnahmebetrags nach § 122 Abs. 1 1. Alt. HGB gelten, der den Betrag nach § 122 Abs. 1 2. Alt. HGB übersteigt, und auch nicht für sonstige gesellschaftsvertraglich vereinbarte gewinnunabhängige Entnahmerechte.[90]

3.2 Optierende Gesellschaft als Organgesellschaft

Wohl unstreitig kann die optierende Gesellschaft als Organträger fungieren. So dürfte eine bereits bestehende ertragsteuerliche Organschaft mit der optierenden Gesellschaft als Organträger ungeachtet der Option nahtlos fortgesetzt werden können.[91] Nicht so eindeutig ist die Lage für die optierende Gesellschaft in der Rolle der Organgesellschaft.

3.2.1 Geltendes Recht

Die Anerkennung der optierenden Gesellschaft als Organgesellschaft richtet sich nach §§ 14, 17 KStG. § 14 Abs. 1 Satz 1 KStG nennt enumerativ die als Organgesellschaft zugelassenen Rechtsformen: Europäische Gesellschaft, Aktiengesellschaft oder Kommanditgesellschaft auf Aktien mit Geschäftsleitung im Inland und Sitz in einem Mitgliedstaat der Europäischen Union oder in einem Vertragsstaat des EWR-Abkommens. Die optierende Gesellschaft ist nicht genannt und findet deshalb in dieser Regelung keinen Anknüpfungspunkt dafür, Organgesellschaft sein zu dürfen. Auch dürfte § 14 Abs. 1 Satz 1 KStG keiner teleologischen Extension mit Blick auf dort nicht genannte Rechtsformen zugängig sein, da für „andere Kapitalgesellschaften als Organgesellschaft" eigens § 17 KStG als Auffangregelung fungiert; § 17 KStG kann so gesehen als Sperre für eine interpretatorische Erweiterung des § 14 Abs. 1 Satz 1 KStG verstanden werden.

---

89   BMF-Schreiben vom 10.11.2021, BStBl. I 2021, S. 2212, Rn. 76.
90   BMF-Schreiben vom 10.11.2021, BStBl. I 2021, S. 2212, Rn. 77; zu den durch das Gesetz zur Modernisierung des Personengesellschaftsrechts (MoPeG) vom 10.8.2021 (BGBl. I 2021, S. 3436) zu gewärtigenden Änderungen an dieser Stelle siehe Pung, in: D/P/M, § 1a KStG, Rn. 114.
91   Siehe Seite 7 f.

§ 17 KStG ordnet eine entsprechende Anwendung der §§ 14 bis 16 KStG indessen nur an, wenn eine andere als die in § 14 Abs. 1 Satz 1 KStG bezeichneten Kapitalgesellschaften mit Geschäftsleitung im Inland und Sitz in einem
Mitgliedstaat der Europäischen Union oder in einem Vertragsstaat des EWR-
Abkommens sich wirksam verpflichtet, ihren ganzen Gewinn an ein anderes
Unternehmen im Sinne des § 14 KStG abzuführen. Kapitalgesellschaft in diesem Sinne ist die optierende Gesellschaft freilich wohl nicht. Zwar mag die Be-
dingung „Kapitalgesellschaft" für sich genommen durch die in § 1a KStG angeordnete Fiktion des Formwechsels noch überwunden werden können. Denn
immerhin ist die optierende Gesellschaft in § 1 Abs. 1 Nr. 1 KStG in der Rubrik
der Kapitalgesellschaften geführt; es heißt dort wörtlich: „Unbeschränkt körper-
schaftsteuerpflichtig sind die folgenden Körperschaften, Personenvereinigun-
gen und Vermögensmassen, die ihre Geschäftsleitung oder ihren Sitz im Inland
haben: 1. Kapitalgesellschaften (insbesondere Europäische Gesellschaften, Aktiengesellschaften, Kommanditgesellschaften auf Aktien, Gesellschaften mit beschränkter Haftung) *einschließlich* [Hervorh. d. Verf.] optierender Gesellschaften im Sinne des § 1a". Daraus folgt für das KStG grundsätzlich die Einordnung
der optierenden Gesellschaft als Kapitalgesellschaft, und die auf Kapitalgesellschaft anwendbaren Regelungen gelten auch für optierende Gesellschaften.

Eine natürliche Grenze findet diese Transkription allerdings dort, wo entweder die angesprochene Regelung als solche nur bestimmte Kapitalgesellschaften
adressiert oder wo zur Tatbestandserfüllung die zivilrechtlichen Eigenschaften
einer Kapitalgesellschaft gefordert sind.[92] Das Organschaftssystem des KStG rekurriert ganz maßgeblich auf die aktienrechtliche Voraussetzung der Gewinn-
abführung (i.S.d. §§ 291 ff. AktG). So spricht § 17 Abs. 1 Satz 1 KStG klar von der
Verpflichtung der Kapitalgesellschaft, ihren ganzen Gewinn an ein anderes Unternehmen abzuführen. Damit steht und fällt die Rolle der optierenden Gesellschaft als Organgesellschaft mit der Möglichkeit, sich zu einer solchen Gewinn-
abführung wirksam verpflichten zu können. Diese Frage ist gesellschafts- und
nicht steuerrechtlich zu entscheiden.[93] Dabei entspricht es gefestigter Rechtsprechung, dass hierfür die aktienrechtlichen Grundsätze als Maßstab heranzuziehen sind. Wirksamkeitsvoraussetzung sind: ein von den Vertretungsorganen
der beteiligten Gesellschaften geschlossener schriftlicher GAV, der der notariell
beurkundeten Zustimmung der Gesellschafterversammlung der abhängigen
Gesellschaft bedarf und von dieser zur Eintragung in ihr Handelsregister ange-

---

92   Wacker u.a., DStR-Beihefter 2021, S. 14.
93   Neumann in: Gosch, § 17 KStG, Rn. 1.

meldet werden muss.[94] Die Eintragung in das Handelsregister der beherrschten Gesellschaft ist Wirksamkeitsvoraussetzung.[95] Der GAV mit einer Personengesellschaft ist nach derzeitigem Stand der zivilrechtlichen Rechtsprechung indessen nicht eintragungsfähig.[96] Davon dürfte auch der Gesetzgeber des KöMoG ausgegangen sein, sodass eine Einbeziehung der optierenden Gesellschaft in den Kreis der Organgesellschaften nicht seinem Willen entspräche.[97]

3.2.2 De lege ferenda

Mit diesem Befund ist aber de lege ferenda nicht notwendigerweise das letzte Wort gesprochen. Denn der Steuergesetzgeber könnte jederzeit durch eine Änderung etwa des § 17 oder § 14 KStG die optierende Gesellschaft als Organgesellschaft anerkennen, ohne dass es dazu einer Eintragung des GAV in ihr Handelsregister bedürfte oder an anderen formal- oder materiellrechtlichen Voraussetzungen einer wirksamen Organschaft scheiterte. Ausgehend vom Telos einer möglichst weitgehenden und umfassenden Gleichstellung der optierenden Gesellschaft mit zivilrechtlichen Kapitalgesellschaften wäre dieser Schritt wünschenswert – und angesichts der rechtstatsächlichen Bedeutung der Organschaft im Wirtschaftsleben sogar notwendig[98], um optierende Gesellschaften mit einer ausreichenden Verwendungsbreite auszustatten.

Vorstellbar wäre etwa eine Erweiterung von § 14 Abs. 1 Satz 1 KStG um die optierende Gesellschaft unter gleichzeitiger Nennung weiterer Voraussetzungen, die diese als Organgesellschaft zu erfüllen hätte. So könnte etwa die uneingeschränkte Ansässigkeit der optierenden Gesellschaft in Deutschland vorausgesetzt und mit Verweis auf die besondere gesellschaftsrechtliche Situation von Personengesellschaften begründet werden.[99] Entgegenstehendes europäisches Recht wäre wohl nicht zu gewärtigen. Anders als das Recht der Kapitalgesell-

---

94 Rode in: Brandis/Heuermann, § 17 KStG, Rn. 8 ff.

95 Rode in: Brandis/Heuermann, § 17 KStG, Rn. 14; dagegen ist eine Eintragung des GAV bei der Obergesellschaft weder erforderlich noch zulässig, siehe BGH vom 31.1.2023 – II ZB 0/22, DB 2023, S. 1058 mit Anm. Wachter.

96 Vgl. Wacker u.a., DStR-Beihefter 2021, S. 17 unter Verweis auf OLG München vom 08.02.2011 – 31 Wx 2/11, ZIP 2011, S. 526.

97 So im Ergebnis ja auch die Finanzverwaltung, vgl. BMF-Schreiben vom 10.11.2021, BStBl. I 2021, S. 2212, Rn. 56.

98 Von dieser Möglichkeit des Gesetzgebers gehen offenbar auch Wacker u.a., DStR-Beihefter 2021, S. 17 aus. Allerdings wäre dann wohl nicht mehr von einer „Klarstellung" zu sprechen.

99 Offenbar waren es auch diese gesellschaftsrechtlichen Spezifika, die den Anlass für den Ausschluss einer optierenden Gesellschaft als Organgesellschaft gaben; vgl. Link, DStR 2021, S. 1603.

schaften ist jenes der Personengesellschaften selten Gegenstand von EU-Richtlinienrecht.[100] Denn international und grenzüberschreitend sind Personengesellschaften weniger präsent. Rechtsvergleichend ist das Personengesellschaftsrecht recht heterogen geregelt. Es ist häufig vom Einkommensteuerrecht geprägt. Das erschwert Rechtsangleichungsmaßnahmen auf Unionsebene in diesem Bereich.[101]

Die Schaffung einer eigens den Bedürfnissen der Option gewidmeten Regelung wäre darüber hinaus kein Einzelfall im Regelungsgeflecht der Option zur Körperschaftsteuer. Trotz einer im Prinzip sehr klaren Ausgangslage, wonach die Option nur ertragsteuerlich Wirkung entfalten und ansonsten alles beim Alten bleiben soll, bedurfte es differenzierender Folgeregelungen etwa in § 97 Abs. 1 Satz 1 Nr. 5 BewG, §§ 13a Abs. 6 Satz 1 Nr. 1, 13b Abs. 1 Nr. 2 und Abs. 4 Nr. 5 ErbStG sowie in den §§ 5, 6 GrEStG und auch in § 2 Abs. 8 GewStG. Der Gesetzgeber stand vor der Herausforderung, das von ihm Gewollte im Detail an zahlreichen Stellen auszubuchstabieren. Nicht anders verhielte es sich im Bereich der Organschaft: Wenn die optierende Gesellschaft auch Organgesellschaft sein können soll, müssten dies und die dazu erforderlichen Voraussetzungen vom Gesetzgeber geregelt werden. Und das wäre durchaus ohne große weitere Risiken möglich:

Durch eine dedizierte Ausrichtung der Organschaftsvoraussetzungen an den Besonderheiten des Personengesellschaftsrechts ließe sich der Gefahr unkontrollierbarer Gestaltungen begegnen. Vor allem der offenbar befürchtete Import ausländischer Verluste[102] würde hierdurch unterbunden werden können. Und auch darüber hinausgehende denkbare Risiken ließen sich in ähnlicher Weise tatbestandlich einfangen, wenn sie denn ausreichend klar identifiziert wären.

Gleichzeitig würde eine Öffnung der Organschaft in dieser Weise der Gefahr einer Präzedenzwirkung begegnen können und verfassungsrechtliche Risiken beherrschbar machen. Denn die Voraussetzungen der Organschaft würden nicht aufgeweicht, sondern im Gegenteil enger gefasst werden. Jede Berufung auf diesen Sonderfall würde für den Rufenden bedeuten, sich ebenso wie die optierende Gesellschaft einem vergleichsweise strengeren Maßstab als „normale" Kapitalgesellschaften unterwerfen zu müssen. Durch die tatbestandliche Ansprache der rechtsformindizierten Besonderheiten einer solchen Regelung ließe

---

100 Mit Ausnahme der Bilanz-Richtlinie und indirekt der AIFM-Richtlinie.
101 Fleischer in: Münchener Kommentar (MK) vor § 105 HGB, Rn. 332.
102 Link, DStR 2021, S. 1603.

sich diese auch verfassungsrechtlich rechtfertigen: In dem Maße, in dem die neue Rechtslage zur optierenden Gesellschaft als Organgesellschaft die damit verbundene Gefahren- und Risikolage adressierte, würde sie gleichzeitig einen verfassungsrechtlich tauglichen Grund für die Andersbehandlung der Personen(organ)gesellschaft im Vergleich zu anderen Rechtsformen liefern. Mit anderen Worten: Eine Anpassung der Organschaftsregeln in diesem Sinne brächte kaum zusätzliche Risiken mit sich, würde aber die Attraktivität eines sinnstiftenden und zukunftsweisenden Instruments erhöhen – dem der Option zur Körperschaftsteuer für bestimmte Personengesellschaften und Partnerschaften.

Kapitel F

Schlusswort

Und plötzlich kommt der Ruhestand: Neubeginn und Chance

Verfasser: WP Sebastian Hakelmacher

1 Grundlegende Gedanken

Das Schlusswort einer Festschrift bereitet deren Archivierung vor. Es erinnert an ihren Anlass und Inhalt, um den Leser anzuhalten, Zeitpunkt und Ort der endgültigen Ablage der Festschrift gründlich zu überlegen. Das Nachwort bietet auch eine letzte Gelegenheit, zuvor vernachlässigte evidente Themen anzusprechen.

Der natürliche Anstoß für die vorliegende Festschrift ist der Eintritt eines führenden und hoch geschätzten Vertreters der Wirtschaftsprüfer[1] in den Ruhestand. Koryphäen seines Faches behandeln darin aktuelle oder außergewöhnliche Themen, die den Geehrten geprägt oder beschäftigt haben. Sie sollen an das essenzielle Wirken des Ruheständlers erinnern und ihn inspirieren, die fachlichen Themen in Frieden künftig ruhen zu lassen oder sich mit ihnen aus abgeklärter Distanz weiter zu befassen.

Der Stimulus der Festschrift legt nahe, darüber nachzudenken, wie und wann Wirtschaftsprüfer in den Ruhestand geraten und was dabei auf sie zukommt. Während über die beruflichen Tätigkeiten der Wirtschaftsprüfer schon viel gesagt und geschrieben worden ist, ist über ihr postberufliches Dasein sowohl im Fachschrifttum als auch in der schöngeistigen Literatur nur wenig zu erfahren.

---

[1] Mit dem generischen Maskulinum „Wirtschaftsprüfer" werden sowohl Wirtschaftsprüferinnen als auch Wirtschaftsprüfer angesprochen. Im Interesse der natürlichen Sprache und Lesbarkeit wird auf die Genderung der Sprache mit Glottisschlag und * verzichtet. Wenn sinnvoll, werden notwendige Differenzierungen im Text vorgenommen. - Damit ist der Beitrag auch in bayerischen Schulen und Hochschulen zur Lektüre freigegeben.

Selbst von prominenten Berufssenioren ist kaum etwas über den Herbst oder Spätsommer ihres Lebens bekannt.

Ein wesentlicher Grund für diese Ignoranz ist die Verschwiegenheit, die den Wirtschaftsprüfern berufsrechtlich auferlegt ist[2]. Hinzu kommt, dass die Vielfalt und Dynamik ihrer Aufgaben amtierende Wirtschaftsprüfer von jedem Gedanken an den Ruhestand ablenken[3]. Die permanenten Updates und Erweiterungen von Fachwissen und Verantwortung sowie die ambulante Prüfungs- und Beratungstätigkeit lassen den Wirtschaftsprüfern keine Zeit, über ihren unentrinnbaren Ruhestand vor seinem Beginn nachzudenken. Die Konzentration auf die berufliche Arbeit geht so weit, dass Wirtschaftsprüfer selbst bei der Prüfung von Pensionsrückstellungen keine Gedanken an die eigene Pensionierung aufkommen lassen.

Diese Gedankenlosigkeit erscheint zudem dadurch entschuldbar, dass für Wirtschaftsprüfer keine obere Altersgrenze gesetzlich festgesetzt ist.

2   Der unausbleibliche Ruhestand

Dennoch arbeiten Wirtschaftsprüfer wie andere Werktätige ihr aktives Berufsleben lang auf ihr schicksalhaftes Ausscheiden aus dem Bruttosozialprodukt hin. Wie ihre Schicksalsgenossen sind sie verblüfft, wenn der Zeitpunkt ohne ihr Zutun gekommen ist. Gelegentliche Anzeichen einer mit dem Alter zunehmenden Pensionsreife, wie Vergesslichkeit oder Ermattung, werden durch die Emsigkeit der beruflichen Tätigkeiten verdrängt.

Für Wirtschaftsprüfer, die bei Wirtschaftsprüfungs-Gesellschaften oder anderen zugelassenen Institutionen angestellt sind, besteht meist eine Regelung zu ihrer betrieblichen Entsorgung, die den Zeitpunkt der Pensionierung und die Altersversorgung festlegt. Der damit definierte Eintritt in den Ruhestand tritt ohne eigenes Bemühen des Betroffenen zwangsläufig ein.

Allerdings haben pensionierte Wirtschaftsprüfer – wenn dem keine vertraglichen Abmachungen entgegenstehen – die Möglichkeit, sich als selbstständige Freiberufler in den Unruhestand zu versetzen und unter der Aufsicht von Wirt-

---

2   § 43 Abs. 1. Satz 1 WPO.
3   Siehe dazu § 4 WiPrPrüfV.

schaftsprüfer-Kammer und Abschlussprüfer-Aufsichtsstelle weiterhin wirtschaftsprüfend tätig zu sein.

Bei selbstständig tätigen Wirtschaftsprüfern ist der Beginn des Ruhestands i.d.R. nicht definiert. Sein ungewisser Zeitpunkt hängt in erster Linie vom sichtbaren oder verborgenen Geistes-, Gemüts- und Gesundheitszustand des Wirtschaftsprüfers sowie von mehr oder weniger diskreten Reaktionen Dritter ab.

Wenn der Zeitpunkt der Pensionierung weder gesetzlich noch vertraglich bestimmt ist, spielen für seinen Eintritt die Pensionsreife und die Pensionsbereitschaft der betroffenen Person eine entscheidende Rolle[4].

Die Pensionsreife eines Werktätigen ist gegeben, wenn sein körperlicher oder geistiger Zustand seine Pensionierung aus Sorgfaltspflicht, Loyalität oder Interessenwahrung gegenüber seinem Arbeit- oder Auftraggeber oder seiner Familie gebietet. Bei einem Wirtschaftsprüfer ist das bspw. der Fall, wenn er nachhaltig Rücklagen und Rückstellungen nicht mehr auseinanderhalten kann oder wenn er wiederholt vertrauliche Unterlagen des Mandanten in öffentlichen Verkehrsmitteln liegenlässt.

Die Pensionsbereitschaft ist die Bereitwilligkeit einer werktätigen Person, in den Ruhestand zu treten. Bei Spitzenkräften, zu denen ohne Zweifel die Wirtschaftsprüfer zählen, beruht sie fast ausschließlich auf körperlichen Gebrechen. Damit zeigt sich, dass die mentalen Herausforderungen des Ruhestandes immer noch unterschätzt werden, obwohl sie schon gegen Ende des 20. Jahrhunderts in einem eindrucksvollen Dokumentarfilm vorgeführt worden sind[5].

Ein Dilemma ergibt sich, wenn Pensionsreife und Pensionsbereitschaft zeitlich auseinanderfallen, was häufig der Fall ist. Während die Pensionsreife mit zunehmendem Alter überproportional zunimmt, verlagert sich der Zeitpunkt der Pensionsbereitschaft oft immer mehr in die Zukunft und bedarf besonderer Anreize. Die Möglichkeit, nach der Pensionierung selbstständig unter der Berufsaufsicht weiter als Wirtschaftsprüfer tätig zu werden, entspannt die Situation nur vorübergehend.

---

4   Hakelmacher, Topmanager sind einsame Spitze, 3. Aufl. 2010, S. 56 ff.
5   Von Bülow, alias Loriot, Pappa ante portas, 1991.

Zur Analyse der für Wirtschaftsprüfer maßgebenden Umstände und Folgen des unumgänglichen Ruhestands ist es notwendig, deren berufliches und soziales Umfeld näher zu beleuchten.

3 Ursprung und Arbeitsfeld der Wirtschaftsprüfer

Wirtschaftsprüfer tauchten in Deutschland erstmals 1931 auf, also vor knapp hundert Jahren. Nach ersten Kompromissgeburten wurde die Wirtschaftsprüferreife frühestens im Alter von 30 Jahren, nach einem Hochschulabschluss und nach einer anschließenden sechsjährigen Praxis erreicht. Diese Hürden hielten die Population der Wirtschaftsprüfer in Grenzen.

Die in der zweiten Hälfte des 20. Jahrhunderts zunehmende Bedrohung des Berufsstands durch verwandte Arten wie Unternehmens- und Finanzberater hat den Fortpflanzungstrieb der Wirtschaftsprüfer stärker aufkeimen lassen und zu kürzeren Tragezeiten geführt. Außerdem konnten die bis dahin geringen Bestände an Wirtschaftsprüfern durch künstliche Befruchtung in Form von erleichterten Übergangsprüfungen für Rechtsanwälte, Steuerberater und vereidigte Buchprüfer nennenswert vergrößert werden.

Das weite Arbeitsgebiet der Wirtschaftsprüfer ist die karge und wilde Landschaft der Rechnungslegung, deren hochragende Aktenberge und Bilanzgipfel meist von den Wolken des Bilanzlateins eingehüllt sind und deren Felsen immer wieder von stürmischen Hagelschauern neuer Rechnungslegungsstandards zerklüftet werden.

Die schroffen Zinnen der Bilanzposten und der schmale Grat dauerhafter Erfolge sind schwer zugänglich. Das Geröll der Geschäfte verbirgt die unterirdischen Kapitalflüsse bis sie im Gestrüpp der Kapitalflussrechnungen als rauschende Cashflows zutage treten. Die abgrundtiefen Schluchten der Erfolgsrechnung sind finster, die Anhänge der Abschlüsse mit verkrüppelten Erläuterungen bedeckt und die Lageberichte oft unvollkommen und unpräzise.

Die zunehmende Bilanzerwärmung durch internationale Rechnungslegungs-Standards hat die eingefrorenen stillen Reserven deutscher Unternehmen erheblich abschmelzen lassen und zu topografischen Veränderungen in der Bilanzwelt geführt. Neue und geänderte Normen für die Buchführung, Bilanzierung und Bewertung lösen immer wieder Hangabbrüche und Gerölllawinen aus. Außerdem werden die markierten Pfade der Rechnungslegung wiederholt durch die Turbulenzen eigensinniger Managemententscheidungen oder durch dichte Nebelschwaden unaufmerksamer Aufsichtsorgane unpassierbar.

In diesem rauen Arbeitsgelände können sich nur gut ausgebildete und trainierte Seilschaften von Wirtschaftsprüfern zurechtfinden. Ihre dauernde Wachsamkeit und Konzentration sind zur Überwachung von Zustand und Entwicklung der Unternehmen unentbehrlich. Eine Ablenkung durch Gedanken an den irgendwann drohenden Ruhestand würde in diesem Umfeld zu unverantwortlichen Unfällen und gefährlichen Abstürzen führen.

4 Das soziale Wesen und Umfeld der Wirtschaftsprüfer

Für Außenstehende ist das berufliche Treiben der Wirtschaftsprüfer rätselhaft, weil niemand hinreichend erklären kann, was sie eigentlich tun. Das ist insbesondere der Verschwiegenheitspflicht der Wirtschaftsprüfer und dem wiederholten Wechsel ihrer Tatorte geschuldet. Wirtschaftsprüfer sind Nestflüchter, die nach dem Entschlüpfen des Bestätigungsvermerks das Prüfungsnest verlassen und zu anderen Niststätten flattern.

Selbst ihre Auftraggeber und die Vertreter der von ihnen heimgesuchten Unternehmen sind wegen der abgeschirmten und relativ kurzen Brutzeit der Abschlussprüfer über Sinn und Zweck der sie betreffenden Prüfungs- und Beratungstätigkeiten häufig unsicher oder verwundert. Immerhin vermag bei Abschlussprüfungen ein uneingeschränkter Bestätigungsvermerk des Abschlussprüfers nervöse Mandanten zu beruhigen.

Nach geltendem Berufsrecht soll der Wirtschaftsprüfer – zumindest bei seiner Haupttätigkeit, also bei der Abschlussprüfung – scharfsichtig sein wie ein Falke und wachsam wie eine Gans. In Anbetracht dieser tierischen Anforderungen sind Nachsicht und guter Wille gefragt, wenn man den Wirtschaftsprüfer menschlich einordnen will.

Rechtlich sind Wirtschaftsprüfer natürliche Personen, die sexuell männlich, weiblich oder divers orientierte Menschen sind und einem strengen Berufsrecht unterliegen. Sie sind meist als Wanderarbeiter tätig. Wirtschaftsprüfer wissen alles, mehr aber auch nicht.

Bei der Beurteilung ihres im Grunde scheuen Wesens muss man den Wirtschaftsprüfern die erduldete langfristige Ausbildung (Hochschulabschluss, sechs Jahre Prüfungspraxis, Berufsexamen) zugutehalten. Die dabei gelehrte Skepsis begleitet sie als kritische Grundhaltung während ihres Berufslebens ständig. Nachsicht verdient auch die Tatsache, dass ihnen als Akademiker bei beruflichen Äußerungen allgemeinverständliche Formulierungen schwerfallen.

Zur sichtbaren Entfaltung menschlicher Regungen und Bindungen bleiben den Wirtschaftsprüfern wenig Zeit und Raum, da ihre vagabundierende Prüfungs- und Beratungstätigkeit gesellschaftliche Kontakte stark erschwert. Hinzu kommt, dass Wirtschaftsprüfer ihre brillanten Leistungen nicht in Form von medienwirksamen Auftritten vollbringen, sondern in der Stille einer meist abgeschiedenen und spartanisch eingerichteten Prüferstube an ihrem Prüfungsbericht basteln.

Ambitionierte Wirtschaftsprüfer schätzen die kontemplative Zweisamkeit mit einem renommierten Bilanzkommentar oder mit den Big Data ihres Laptops mehr als die laute Geselligkeit von Meetings, Kolloquien und Betriebsversammlungen. Obwohl Wirtschaftsprüfer in letzter Zeit vermehrt bei internationalen Tagungen in Erscheinung getreten sind, muss anerkennend konstatiert werden, dass diese Treffen wie die Fachkongresse des Instituts der Wirtschaftsprüfer immer ohne Tumulte abgelaufen sind.

Berufliche Verschwiegenheit und kritischer Abstand sind dem Abschlussprüfer gesetzlich verordnet. Damit die unvermeidlichen Kontakte zum Mandanten und zu dessen Mitarbeitern nicht zu emotionalen Verhältnissen führen, muss der Abschlussprüfer bei börsennotierten Aktiengesellschaften nach siebenmaliger Testierung des Jahresabschlusses gegen einen Kollegen ausgetauscht werden. Diese vorgeschriebene Rotation[6] soll die Unabhängigkeit der Wirtschaftsprüfer zusätzlich absichern.

Die verfügte Ablösung als Abschlussprüfer bedeutet für den betroffenen Wirtschaftsprüfer den Verlust eines vertrauten sozialen Umfelds, der gewohnten Kasinokost und oft auch der lokalen Herberge. Verbunden sind diese Einbußen mit der Ungewissheit, ob und welche Unannehmlichkeiten ein anderes Mandat bereithält. Es ist nicht auszuschließen, dass dieser unbewusste Vorgeschmack auf den Ruhestand bei sensiblen Berufsangehörigen Leib und Seele verletzt.

---

6   IDW, WP-Handbuch, 18. Auflage 2023, A 145 ff.

Wegen der Diskretion der Wirtschaftsprüfer ist nicht bekannt, ob solche Beeinträchtigungen dauerhafte Folgen haben. Sowohl die Wirtschaftsprüfer-Kammer als auch das Institut der Wirtschaftsprüfer halten sich mit diesbezüglichen Verlautbarungen zurück. Insgeheim wird angenommen, dass die Blessuren der Prüferrotation bei Eintritt in den Ruhestand weitgehend vernarbt und vergessen sind.

5   Das Privatleben von Wirtschaftsprüfern

Über das Privatleben der Wirtschaftsprüfer ist wenig Spezifisches bekannt. Die allgemeine Lebenserfahrung lässt erwarten, dass die Berufspflichten und die damit verbundene Aushäusigkeit der Wirtschaftsprüfer insbesondere ihr Familienleben beeinflussen. Wirtschaftsprüfer sind werktags, aber oft auch an Wochenenden selten zu Hause anzutreffen.

Schon früh wurde die freie Wahl des Ehepartners als sichtbares Zeichen der Unabhängigkeit erkannt und bei Wirtschaftsprüfern wohlwollend gewürdigt[7]. Auch hier verwirrt die allseitige Verschwiegenheit der Berufsangehörigen. Für Unbeteiligte ist schwer nachvollziehbar, bei welchen, vermutlich flüchtigen Gelegenheiten die Partnerwahl getroffen wird. Unerforscht ist, wie sich die kritische Grundhaltung auswirkt und ob und welche Prüfungen der auserwählten Person zugemutet werden.

Ein „Anbandeln" während der Berufsausübung ist bei der gebotenen Neutralität der Wirtschaftsprüfer nicht einfach zu bewerkstelligen. Dennoch scheinen sie in dieser Beziehung einen gesunden Pragmatismus zu entwickeln[8]. In Einzelfällen sind sogar Rendezvous mit der Sekretärin des Vorstandsvorsitzenden des geprüften Unternehmens bezeugt, die von der Abschlussprüfer-Aufsichtsstelle nicht bemerkt oder toleriert wurden. Offenbar haben solche Annäherungen keinen nennenswerten Schaden für den Mandanten oder für das Ansehen des Wirtschaftsprüferberufs verursacht.

Starke Anzeichen sprechen dafür, dass verheiratete Wirtschaftsprüfer wegen ihrer oft mehrtägigen Dienstreisen nach 12 Jahren Ehe praktisch noch in den Flitterwochen leben. Ehen mit Wirtschaftsprüfern halten im Allgemeinen lebenslänglich, weil die Probleme länger andauernder Zweisamkeit erst im Ruhestand

---

7   Max-Kinsey-Report, Aufzucht und Auslese der Wirtschaftsprüfer, Stuttgart 1976.

8   Vgl. Büxeleder, Der balzende Wirtschaftsprüfer, München 1998.

auftreten und wegen des höheren Alters schon auf natürliche Weise gemildert werden, z.B. durch Schwerhörigkeit.

Das fachliche Misstrauen, das sich Wirtschaftsprüfer aus berufsrechtlichen Gründen angeeignet haben, darf nicht mürrisch wirken und schon gar nicht in Missmut umschlagen. Aber selbst die sinnvoll praktizierte kritische Grundhaltung lässt sich im Privatleben schwer abschütteln. Die Lebenspartner der Wirtschaftsprüfer müssen daher viel Nachsicht und Geduld aufbringen. Leidgeprüfte Lebensgefährten äußern, dass ohne eine gehörige Portion Humor, d.h. Geduld, Herzensgüte und Menschenliebe[9], die gemeinsame Häuslichkeit mit einem Wirtschaftsprüfer schwer auszuhalten ist.

Die Behauptung, Wirtschaftsprüfer seien in erster Linie mit ihrem Beruf verheiratet, ist dennoch nicht gerechtfertigt. Auch Träger anderer Berufe unterliegen solchen aus Enttäuschung oder Provokation entstandenen Vorurteilen. Wirtschaftsprüfer leiden vielmehr unter dem Vorwurf, dass ihr Beruf familienfeindlich sei. Insider und Whistleblower betonen immer wieder, dass Wirtschaftsprüfer den häuslichen Rückhalt brauchen.

Trotz ihrer nur sporadischen häuslichen Präsenz schätzen Wirtschaftsprüfer die Familie als unentbehrlichen Zufluchtsort, den sie zwischen ihren Dienstreisen und Amtsgeschäften immer wieder liebend gern aufsuchen. Und dies nicht nur zum Wäschewechseln, sondern vor allem um neue Schöpfungs-, Tat- und Durchsetzungskraft für ihren verantwortungsvollen auswärtigen Dienst zu gewinnen.

Wegen des berufsüblichen Außendienstes obliegt bei männlichen Wirtschaftsprüfern die Kindererziehung in erster Linie der Ehegattin, was der Herzens- und Geistesbildung der Kinder sehr gut bekommt. Die wirtschaftsprüfenden Väter sind bei ihren Kurzaufenthalten vor allem als Spiel- und Reisekamerad der Kinder gefragt. Für ältere Kinder können sie als sporadischer Nachhilfelehrer oder als Berufsberater nützlich sein. Hartnäckig hält sich das Gerücht, dass Wirtschaftsprüfer noch nie an einem Elternabend ihrer schulpflichtigen Kinder teilgenommen haben.

Wirtschaftsprüferinnen können sich wegen des gesetzlichen Mutterschaftsurlaubs zumindest anfangs stärker um die Bildung und Erziehung der Kinder

---

9   Curt Goetz.

kümmern als ihre männlichen Kollegen[10]. Es ist noch nicht näher untersucht worden, wie sich die Ehegatten von Wirtschaftsprüferinnen in den Familienbetrieb einbringen. Man fragt sich, ob sie mit oder ohne Unterstützung von Großeltern oder einer Sozialeinrichtung eine besondere Rolle bei der Kindererziehung spielen oder zumindest als Hausmann die Wirtschaftsprüferin von Haushaltsarbeiten entlasten.

Für Wirtschaftsprüfer jeglichen Geschlechts ist der Zugang zu Kindern dadurch erschwert, dass sie ihnen nur schwer verständlich machen können, welcher wichtigen Tätigkeit sie während ihrer permanenten Absenzen nachgehen. Die Verschwiegenheitspflicht gilt auch gegenüber den eigenen Kindern. In neutralen Erläuterungen rufen Begriffe wie „Assurance" oder „Cashflow" bei Kleinkindern Befremden hervor. Selbst schulpflichtige Kinder können sich unter „Bilanz" oder „Bestätigungsvermerk" wenig vorstellen.

Die Bezeichnung „Wirtschaftsprüfer" schreckt, weil sie an Kontrolle und Überprüfung erinnert. Es ist schon viel gewonnen, wenn man klarmachen kann, dass Wirtschaftsprüfer keine Kneipentester oder Restaurantinspizienten sind.

Bei Teenagern kann eine gewisse Aufmerksamkeit und Sympathie erreicht werden, wenn sich der Wirtschaftsprüfer als „Bilanzaktivist" vorstellt und seine relativ neuen Pflichten im Zusammenhang mit der Nachhaltigkeitsberichterstattung der Unternehmen erwähnt. Dabei dürfen eingängige Stichworte wie „Klimawandel", „Treibhausgase" oder „Erderwärmung" nicht fehlen.

6   Wirtschaftsprüfer im Ruhestand

6.1   Kritischer Übergang

Der Eintritt in den Ruhestand bedeutet für Wirtschaftsprüfer in der Regel den mehr oder weniger abrupten Übergang vom Nomadentum zur Sesshaftigkeit. Die bisherigen Geschäftsreisen und die außerhäuslichen Arbeits- und Schlafstätten werden damit aufgegeben. Der bequeme Zugriff auf Assistenten, Sekretärin, IT-Spezialisten und Kollegen entfällt schlagartig. Der Wirtschaftsprüfer i.R. muss sich plötzlich um Dinge kümmern, die er vorher von anderen hat machen lassen.

---

10   Über die Einführung eines Vaterschaftsurlaubs wird derzeit diskutiert.

Die für Wirtschaftsprüfer berufsbedingt unterlassene Vorbereitung auf den unvermeidlichen Ruhestand kann zu dem sog. „Empty-Desk-Syndrom" führen. Der „leere Schreibtisch" und der fehlende Kontakt zu Kollegen und Mandanten vermitteln oft das Gefühl von Leere und Einsamkeit. Zur Abhilfe empfehlen berufsfremde Spezialisten, dass der Ruhestand rechtzeitig geplant und präpariert wird, was Wirtschaftsprüfern aus den genannten Gründen kaum möglich ist.

Immerhin bieten sich agilen WP-Pensionären für einen sanften Übergang in den Ruhestand multiple berufsnahe Beschäftigungen an. Viele erwägen die Beratung von Unternehmen oder Topmanagern oder die Weitergabe ihrer Berufserfahrung durch Fachaufsätze oder Memoiren. Als besonders attraktiv wird die Mitgliedschaft in einem Aufsichtsrat angesehen, zumal die Würde dieses hohen Amtes nicht durch Sachkenntnis beschädigt werden kann und meist mit Exkursionen außer Haus verbunden ist.

Avantgardistischen Ex-Wirtschaftsprüfern, die auf der Höhe der Zeit sind, drängt sich die Tätigkeit als Influencer für Corporate Governance oder als Coach für Compliance auf. Bei Auftritten in den sozialen und anderen Medien ist allerdings wegen der fortdauernden Verschwiegenheitspflicht die berufsübliche Zurückhaltung anzuraten.

Nicht zuletzt sollten pensionierte Wirtschaftsprüfer ein gemeinnütziges Engagement in Betracht ziehen – z.B. als Kassenprüfer eines gemeinnützigen Vereins oder einer karitativen Einrichtung.

Schließlich muss der intensivere Familienanschluss im Ruhestand bedacht und gemanagt werden. Hier sind die Lebenspartner die wichtigste Ansprechstelle. Das systematische Studium von Fotoalben kann eine wertvolle Erinnerungshilfe und Anregung sein. Im Übrigen geben Freunde und Kollegen, die vor kurzer Zeit in den Ruhestand getreten sind, gern Ratschläge, wie Eintritt und Dauer des Ruhestands störungsfrei und zufriedenstellend gestaltet werden können. Die Angesprochenen sollten die Anregungen geduldig anhören, überlegen und verzeihen.

6.2   Neue Import-, Relev- und Signifik-anzen

Für den Ruhestandsnovizen werden plötzlich andere Dinge wichtig. Bisher bedeutsame Themen sind weniger ernst zu nehmen. Inhalt und Rhythmus seines Tagesablaufs ändern sich. Der Debütant muss nicht nur seine Vorurteile anders sortieren oder neu formulieren, sondern vor allem überlegen, wie er geistig und körperlich fit bleibt.

In Bezug auf geistige Frische ist nicht nur an die Lektüre von aktueller Fachliteratur oder Belletristik oder an die Teilnahme an Online-Workshops oder virtuellen Fortbildungsveranstaltungen zu denken. Erfrischend kann auch Denksport in Form von Kreuzworträtseln oder Sudokus[11] oder ein historisches oder naturwissenschaftliches Studium sein.

Dem körperlichen Wohl dient vor allem Bewegung in frischer Luft. Vielfach wird die Anschaffung eines Hundes empfohlen, mit dem man mindestens dreimal am Tag Gassi gehen muss. Sportliche Ruheständler denken sogar an die größte Lauf-Masche der Gegenwart: an das Jogging. Im Übrigen wird zur Nutzung von Fitnessstudios oder zur Mitgliedschaft in einem Sportverein geraten. Weniger gesund ist es, wenn Hardcore-Rentner sich den Jugendtraum einer Harley-Davidson erfüllen und damit ihre neue Welt erkunden.

Für die alltägliche Teilnahme am öffentlichen Straßen- und Wegeverkehr ist die Erkenntnis wichtig, dass dort Radfahrer die größten Freiheiten genießen. Sie dürfen sich überall und in jeder Richtung frei bewegen und sind nur auf Autobahnen noch nicht zugelassen[12]. Daher wäre ein Fahrradhelm eine passende Aufmerksamkeit für frischgebackene Pensionäre.

Fußgänger sind nur auf Bürgersteigen und Parkwegen sowie in Fußgängerzonen geduldet, soweit sie keinen Radfahrer behindern. Der rettende Seitensprung in letzter Sekunde vor geräuschlos heransausenden Radfahrern muss allerdings auch von gebrechlichen Fußgängern gelernt und trainiert werden.

6.3   Häusliche Integration

Da die typischen Wirtschaftsprüfer-Tätigkeiten nur in begrenztem Umfang Heimarbeit zulassen, haben viele Wirtschaftsprüfer kein voll funktionsfähiges Homeoffice eingerichtet. Hier muss im Ruhestand rasch nachgerüstet werden, damit der Ruheständler nicht hilflos im Haus herumirrt, sondern schnell heimisch werden kann.

---

11   Siehe dazu u.a. die lesenswerte und kostenlose Apotheken-Umschau oder Rentner-Bravo.
12   Dasselbe gilt für Fahrer von E-Scootern.

Die Ausstattung des häuslichen Refugiums richtet sich nach den vorhandenen Räumlichkeiten, den familiären Zugeständnissen und den verbliebenen oder neu geplanten Betätigungen des Ruheständlers. Ein separates und hell erleuchtetes Arbeitszimmer mit einem funktionierenden WLAN kann sehr zum Hausfrieden beitragen, wenn es vom Inhaber in Ordnung gehalten wird.

Im Übrigen muss der Ruheständler den Grundsatz beherzigen, dass er der Pflege des Hauses nicht im Wege stehen darf und sich dem Rhythmus der häuslichen Abläufe anpassen muss. Vor allem ist eine Ausweitung seiner Aktivitäten über das zugewiesene Arbeitszimmer hinaus in andere Wohnräume, z.B. durch Ablage von Akten oder Bastelwerkzeugen, zu unterlassen.

Im Gegensatz zu den aktiven Wirtschaftsprüfern machen sich ihre Lebenspartner schon früh Gedanken über deren Verbleib und Zeitvertreib im Ruhestand. Sie überlegen, wo und wie der Ruheständler tagsüber im Heim untergebracht und welche häuslichen Arbeiten ihm übertragen werden könnten, welche Hobbies ohne Störung des gewünschten Familienzusammenhalts für ihn attraktiv sein dürften. Achtsame Lebenspartner sinnen nach, wie die kritische Grundhaltung der Wirtschaftsprüfer zum Wohl desselben im Ruhestand überwunden werden kann.

Der Pensionär sollte mit Dankbarkeit und angemessener Begeisterung, auf etwaige Betätigungsvorschläge des Ehepartners reagieren und zumindest ihre wohlwollende Überprüfung in Aussicht stellen.

Im Interesse des häuslichen Friedens sollten Ruheständler Aufgaben im Haushaltsbereich nur nach Rücksprache mit dem Ehepartner übernehmen. Das gilt auch für Tätigkeiten, für die sie sich besonders qualifiziert halten, wie z.B. Planung und Ausführung von Investitionen im Haushaltsbereich. Konstruktive Beispiele für übertragbare heimische Pflichten sind: die Bestückung des Geschirrspülers, Einkäufe für Lebensunterhalt und besondere Anlässe, Behördengänge sowie Tierpflege und Gartenarbeit. Diese haushaltsnahen Tätigkeiten können durch IT-, Koch-, Mal-, Musik-, Sport- oder Sprachkurse ergänzt oder verfeinert werden.

Eine weitere anspruchsvolle Tätigkeit des Ruhesständlers kann – insbesondere beim aktuellen Zustand des Verkehrswesens in Deutschland – die Organisation und Abwicklung von Familienreisen sein. Der Ruhestand erlaubt, dass er die landschaftlichen, kulturellen oder sportlichen Vorlieben seiner Familienmitglieder erforscht und entsprechende Reisen und Aufenthalte organisiert. Dabei sollte er Art und Umfang seiner eigenen Teilnahme abwägen und ggf. einbeziehen.

6.4   Neue Chancen und Perspektiven im Ruhestand

Der Ruhestand gewährt gegenüber der Berufszeit ungewohnte Freiheiten, die zwar nicht grenzenlos sind, aber Freude bereiten können. Als Rentner bekommt man zwar weniger Geld, aber die Arbeitsbedingungen sind viel besser. Und man gewinnt neue Ideen und Gelegenheiten.

Für den viel gereisten Wirtschaftsprüfer bietet der Ruhestand endlich die Möglichkeit, die eigenen Kinder und Enkel näher kennenzulernen und die gegenseitige Zuneigung zu verstärken. Zur Begeisterung von noch nicht schulpflichtigen Enkelkindern kann er Geschichten und Märchen vorlesen und damit deren Wortschatz erweitern. Bei Abc-Schützen lässt sich durch gemeinsame Lektüre und passende Buchpräsente deren Lesekompetenz fördern. Die Kinder werden sich später durch Hilfeleistungen bei der Nutzung von elektronischer Hard- und Software bedanken.

Wenn Minderjährige nach der beruflichen Tätigkeit des Wirtschaftsprüfers fragen, muss bei der Beantwortung eine kindgerechte Ansprache gewählt und ggf. die Assistenz des Lebenspartners in Anspruch genommen werden. Hilfreich könnte sein, die Berufsarbeit der Wirtschaftsprüfer in Reimen verständlich zu machen. Als Anreiz kann das beigefügte Beispiel dienen, in dem die Entwicklung der Abschlussprüfung in Versform präsentiert wird.

Da Wirtschaftsprüfer im Berufsleben schriftliche Äußerungen und Stellungnahmen gegenüber mündlichen Äußerungen bevorzugen, bietet sich im Ruhestand zur Stärkung des bisher unterforderten Stimmorgans die Teilnahme an einem Jodelkurs oder die Mitgliedschaft in einem Gesangsverein an.

Als weitere Steckenpferde sind Musik, Theater und Kunst zu nennen. Der Wunsch, Musikinstrumente zu lernen und zu spielen, sollte bei lautstarken Geräten wie Schlagzeug, Tuba oder Alphorn nur im Einverständnis mit der Mehrheit der Hausbewohner erfüllt werden. Als stillere Hobbies können bei zugestandenen Räumlichkeiten Orchideenzucht oder Imkerei in Betracht kommen.

Der Wirtschaftsprüfer hat im Verlauf seiner Karriere zu vielen Problem- und Konfliktlösungen seiner Mandanten beigetragen, sodass es ihm nicht allzu schwerfallen wird, mit den Herausforderungen des Rentneralltags fertigzuwerden und am Ende eine sinnvolle und positive Lebensbilanz zu ziehen.

Üppig blühende Rechnungslegung – Wichtige Etappen der Abschlussprüfung

Einleitung

Die Wirtschaftsprüfung ist nun bald
über hundert Jahre alt –
Zeit, sich über Prüfungssachen
endlich einen Reim zu machen.
Die Etappen und die Zonen
von Prüfung oder Revisionen
werden leichter expliziert,
wenn gereimt sie präsentiert –
Aussagen, die ungelegen,
erfolgen nur des Reimes wegen.

Der Anfang

Kein Kaufmann darf der Pflicht
entfliehen,
für sein Geschäft Bilanz zu ziehen.
Er muss jährlich bilanzieren
und sich und Dritte informieren
über den Geschäftsverlauf
und das Ergebnis obendrauf.
Weil Kaufleute nicht immer wollten,
was nach Gesetz sie machen sollten,
befand man **1931**,
dass Prüfer, die extern und fleißig,
den Abschluss großer Unternehmen
streng unter die Lupe nehmen.
Zu diesem guten Zweck erschuf
man „**Wirtschaftsprüfer**" als Beruf.

Am Anfang, also ehedem,
empfand man es nicht unbequem,
dass fremde Prüfer alle Kanten
der Bilanzen von Mandanten
nach Maßgabe des ABC
von Aktienrecht und HGB
prüfen und testieren sollten,
wie Gesetzgeber es wollten.
Die Wirtschaftsprüfer gingen keck,
mit Kommentar im Handgepäck,
Jahr für Jahr zu ihren Kunden,
um dort in vielen Arbeitsstunden
Unterlagen und Bilanzen
im Detail und im Ganzen
auf Fehler und Bilanzvergehen
mit wachem Auge durchzusehen.
Nach angemess'ner Prüfungszeit
war der Prüfer dann bereit
– manchmal mit verschämtem
Zieren –,
den Jahresabschluss zu testieren.
Er bekam sein Honorar
und freute sich auf nächstes Jahr.

Kritische Grundhaltung

Als die Wirtschaft expandierte,
weil sie mehr Güter produzierte,

kam die Fachwelt zu dem Schluss,
dass man tiefer prüfen muss
und bei Zahlen, wenn es passt,
auch den Hintergrund erfasst.
Folglich kam es zum Beschluss,
dass man dieses lernen muss.
Nicht allein im Rechnen, Lesen
übt man sich im Prüfungswesen.
Man muss auch gründlich
untersuchen,
ob bei Belegen und beim Buchen
mit Absicht oder aus Versehen
Fehler oder gar Vergehen
dem Mandanten unterliefen.
Man muss daher beim Abschlussprüfen
das Soll und Ist analysieren
und gut und kritisch kommentieren.
Der Rechnungslegung Ausgestaltung
muss der WP mit krit'scher Haltung
penibel und genau betrachten
sowie Sachlichkeit beachten.
Der Prüfer darf sein Grundvertrauen
nur auf Recht und Fakten bauen.

Institut der Wirtschaftsprüfer
Damit auf jedem Fachgebiet
der Revision dies prompt geschieht,
und zwar präzise, kritisch, gut,
schuf der Beruf das Institut
der Wirtschaftsprüfer, das seit je
abgekürzt heißt **IDW**.
Es soll zu fachlichen Problemen
der Abschlussprüfung Stellung
nehmen,
damit man jeglichen Defekt
der Rechnungslegung schnell
entdeckt.
Es soll auch Standards formulieren,
die zur rechten Lösung führen

und zu allen Prüfungszeiten
die Abschlussprüfer fachlich leiten.
Dennoch und oft voller Tücken
monierte man **Erwartungslücken**,
die Abschlussprüfer hinterlassen,
wenn sie Probleme nicht erfassen
oder Risiken und Schwächen
des Unternehmens nicht besprechen.
Weil solche Winks und Anekdoten
eventuell den Ruf bedrohten,
entschlossen die Bedrohten sich
– damit ihr Nimbus nicht verblich –,
bis dato ungewohnte Themen
im Prüfbericht mit aufzunehmen.
Mit Darstellungen zum Cashflow
bewiesen sie ihr Fachniveau,
denn dessen gute Analyse
erfordert große Expertise.
Die **Kapitelflussrechnung** galt
als unentbehrlich schon sehr bald.
Ein IDW Standard erzählt,
welchen Mittelfonds man wählt
und wie man diesen fein justiert
und fachgerecht interpretiert.

Globalisierung
Als der Rechnungsleger-Clan
vor 25 Jahren dann
sich **globaler** präsentierte
und à l'anglaise gern bilanzierte,
befürchtete man viele Fragen
und verstärktes Unbehagen.
Um keine Vorschrift zu verletzen,
schuf der Geber von Gesetzen
ein **Deutsches Standard-Komitee**
– abgekürzt DRSC.
Das übernahm vom IDW
auf deutschen Bilanzierungsplätzen
das Rechnungslegungs-Standard-
Setzen.

Das IDW zog mit Geschick
auf Prüfungsstandards sich zurück,
die Abschlussprüfer unterstützen,
um vor Regress sie zu beschützen.

IAS/IFRS

Nervig wurde Rechnungslegen,
als die EU der Einheit wegen
das Bilanzrecht für bestimmte
Firmen ganz auf Gleichmaß trimmte.
Als sie für Konzerne dann
sich auf IAS besann,
wuchs mit wachsendem Exzess
auch der Bilanzierungs-Stress.
Die IAS sind für Adepten
ein Buch mit viel Bilanzrezepten,
die einzelfallbezogen,
unsystematisch ausgewogen
auf allen Bilanzierungspegeln
alle Einzelheiten regeln.
Die IAS-Protagonisten,
die sich als „true and fair" gern
brüsten,
meinten, dass es unbedingt
bessere Erkenntnis bringt,
wenn man die GoB aufweicht
oder sogar gänzlich streicht.
Man legte daher schonungslos
die Nerven und Reserven bloß
und zeigt nun gänzlich ungeniert
Gewinn, der nicht realisiert.
Die Vorsicht als Bilanzprinzip
dabei auf der Strecke blieb.
Es gibt der Punkte noch viel mehr,
damit – angeblich *true and fair* –
der Jahresabschluss präsentiert,
was den Investor int'ressiert.

Finanzexperten

Des Wirtschaftsprüfers Prüfmandat
erteilt meist der Aufsichtsrat
von juristischen Personen,
um seine Aufsicht zu betonen.
Was der Prüfer dann berichtet,
ist an den Aufsichtsrat gerichtet,
auch wenn dessen Kompetenzen
wenig beim Bilanzrecht glänzen.
Um solche Schwächen zu verdecken
und damit bloß nicht anzuecken,
verlangt das Recht für den verehrten
Aufsichtsrat **Finanzexperten**,
die bezüglich Soll und Haben
und deren Prüfung Ahnung haben.

Bilanzkontrolle

2005 schuf man 'ne tolle
fachkundige **Bilanzkontrolle**,
die geprüfte und testierte
Abschlüsse scharf kontrollierte
und bis zum Wirecard-Skandal
gehandhabt wurde streng dual:
privatrechtlich in erster Kufe
und staatlich auf der zweiten Stufe.
Da den Skandal sie nicht verhindert,
hat man sie stufenweis' vermindert
und kontrolliert nun einheitlich
auf einer Stufe hoheitlich,
um kriminelle Sünden
wirksamer zu unterbinden.
Erwähnt sei hier noch auf die
Schnelle
die **Abschlussprüfer-Aufsichtsstelle**,
die bei Bedarf und Tag und Nacht
die Abschlussprüfer überwacht.
Sie prüft rigide und sie steht
für hohe Prüfungsqualität.

Erklärung zur Unternehmensführung

Erfolge sind die Konsequenz
guter Corporate Governance!
Ab und zu, doch immer wieder
passiert es, dass Organmitglieder
von Börsenunternehmen
sich nicht ganz korrekt benehmen.
Man schuf daher als Reaktion
eine Kodexkommission[1],
die durch Empfehlungen bestimmt,
wie man sich makellos benimmt.
Besagte Unternehmenssphären
haben jährlich zu erklären
und Einzelheiten anzugeben,
ob nach dem Sittenkodex sie leben.
Die Erklärung über diese Sachen
ist im Internet publik zu machen.

Nichtfinanzielle Erklärung

Von Anfang an war prinzipiell
die Rechnungslegung finanziell.
Sie zeigte, ob es sich rentierte,
wenn man in Aktien investierte
und dürre oder satte
sonstige Interessen hatte.
Doch immer wieder gab's Probleme,
die man mit Schrecken oder Häme
oftmals viel zu spät bemerkte,
was ihre Wirkung noch verstärkte.
So kam es häufig unbewusst
zu Pleiten und Bilanzverlust.
Schließlich reifte die Erkenntnis,
dass zum richtigen Verständnis
der komplizierten Wirklichkeiten
von Unternehmenstätigkeiten
auch **nichtfinanzbezog'ne Daten**
kritisch in den Blick geraten.

Menschenrechte, Korruption,
Treibhausgase-Emission,
Erderwärmung, Klimawandel,
Forschung, Produktion und Handel,
Lebensraum und Arbeitsstätten,
Standort sowie Lieferketten
treffen unterschiedlich stark
die Unternehmen bis ins Mark.
Damit das Publikum erfährt,
was hinter den Kulissen gärt,
müssen größ're Unternehmen
zu den genannten Themen
jährlich schriftlich Stellung nehmen.
Diese **Nichtfinanz-Erklärung**
dient als Mittel der Belehrung
über Zustand und Effekte
der Umwelt- und Sozialaspekte,
soweit ihr Zu- und Gegenstand
für's Unternehmen relevant.
In diese Nichtfinanz-Legende
muss sich zu jedem Jahresende
der Aufsichtsrat vertiefen,
um sie inhaltlich zu prüfen.
Der Abschlussprüfer prüft nur
schlicht,
ob die Erklärung da ist oder nicht.

Nachhaltigkeitsbericht

Die EU hat unterdessen
– von ihrem grünen Deal besessen –
umfangreich und unverdrossen
mehr Berichtspflichten beschlossen.
Nachhaltigkeits-Indikatoren
müssen jetzt schon die Autoren
der Erklärung recherchieren,
um sie dort zu publizieren.
Ihr Inhalt ist streng definiert
und in Verordnungen fixiert.

---

1   Im Volksmund heißt die gute Tante „Korpulente Gouvernante".

Die künftige Berichtsbescherung
ersetzt die Nichtfinanz-Erklärung
durch einen eigenen Bericht
von großem Umfang und Gewicht
über nachhaltige Themen
von Kapitalmarkt-Unternehmen.

Diese **neue Dimension**
der Berichtsinformation
betrifft sowohl die Zahl der Themen
als auch betroff'ner Unternehmen.
Auguren sprechen schon behände
von einer grünen Zeitenwende.
Umwelt- und soziale Themen
in allen Formen oder Schemen
sind für alle Unternehmen
wichtig und sehr ernst zu nehmen.
Ziele, Istzustand und Pflichten
sind diesbezüglich zu berichten.
Immer wieder wird publik,
wie sehr die hohe Politik
der Wirtschaft eigentlich misstraut
und nur auf strenge Regeln baut.

Zur Stütze ihres Seelenheils
setzt sie auf winzige Details
und auf deutungsresistenten
Wortlaut aller Komponenten.
Die EU-Taxonomie
folgt dieser Regelungsmanie.

Ergänzt durch die ESRS
diktiert sie den Berichtsprozess.
Der erweiterte Bericht
unterliegt der Prüfungspflicht –
allerdings zurzeit
nur mit begrenzter Sicherheit.
Auch zum beschränkten Auditieren
muss man viel Regeln inhalieren,
die immer oder selten
im konkreten Falle gelten.
Näheres zum Prüfgebaren
soll der Prüfer in zwei Jahren
aus EU-Standards erfahren.
Offen ist, wer den Bericht
prüfen darf und wer denn nicht.
Die enorme Evidenz
von starker Prüfungskompetenz
sowie off'ne und versteckte
große Synergieeffekte
sprechen immer intensiver
besonders für den Wirtschaftsprüfer.

Literatursammlung

Adler/Düring/Schmaltz, Rechnungslegung und Prüfung der Unternehmen. Kommentar zum HGB, AktG, GmbHG, PublG, Bearb.: Forster u.a., 6. Aufl., Stuttgart 1995 ff.

AKEIÜ (Arbeitskreis „Externe und Interne Überwachung der Unternehmen" der Schmalenbach-Gesellschaft für Betriebswirtschaft e.V., Köln), Leitlinien zur Dynamisierung von Corporate-Governance-Systemen auf der Basis des neuen Three-Lines-Modells, DB 2021, S. 1757.

AKEIÜ (Arbeitskreis Externe und Interne Überwachung der Unternehmung der Schmalenbach-Gesellschaft für Betriebswirtschaft e.V., Köln), Thesen zur weiteren Integration der Nachhaltigkeit in die Governance-Praxis börsennotierter Unternehmen vor dem Hintergrund der Änderung des DCGK, DB 2023, S. 1617–1623.

AKIR (Arbeitskreis Integrated Reporting und Sustainable Management der Schmalenbach-Gesellschaft für Betriebswirtschaft e.V., Köln), „Klimawandel für die Finanzfunktion" – Zehn Thesen zur Notwendigkeit der Erweiterung der Finanzfunktion um die ESG-Dimension, KoR 2020, S. 153–164.

AKIR (Arbeitskreis Integrated Reporting und Sustainable Management der Schmalenbach-Gesellschaft für Betriebswirtschaft e.V., Köln), „Doppelte Wesentlichkeit" – Zehn Thesen zur Relevanz für den Aufsichtsrat, DB 2023, S. 1105–1115.

AKIWIR (Arbeitskreis Immaterielle Werte im Rechnungswesen der Schmalenbach-Gesellschaft für Betriebswirtschaft e.V., Köln), Kategorisierung und bilanzielle Erfassung immaterieller Werte, DB 2001, S. 989–995.

AKIWIR (Arbeitskreis Immaterielle Werte im Rechnungswesen der Schmalenbach-Gesellschaft für Betriebswirtschaft e.V., Köln), Freiwillige externe Berichterstattung über immaterielle Werte, DB 2003, S. 1233–1239.

Alogoskoufis u.a., ECB economy-wide climate stress test. Methodology and results, ECB Occasional Paper Series No. 281, September 2021.

Amel-Zadeh/Serafeim, Why and How Investors Use ESG Information: Evidence from a Global Survey, Financial Analysts Journal 2018, S. 87–103.

Anthony, Kodak's Downfall Wasn't About Technology, Harvard Business Review July 16,2016.

Aschauer/Schober, Klassifizierung und Bewertung von Finanzinstrumenten, in: Gruber, Bernhard/Engelbrechtsmüller, Christian (Hrsg.), IFRS 9 Finanzinstrumente. Herausforderungen für Banken, 2. Aufl., Wien 2018, S. 63–86.

Auzepy/Bannier/Martin, Are sustainability-linked loans designed to effectively incentivize corporate sustainability? A framework for review, in: Financial Management 2023, S. 644–675.

Backhaus, Die Stellungnahme zur Angemessenheit und Wirksamkeit des internen Kontroll- und Risikomanagementsystems, NZG 2023, S. 253.

Badura, Berufsrechtliche Fragen der Abschlußprüfung nach dem Entwurf eines Bilanzrichtlinie-Gesetzes, Düsseldorf 1983.

Bantleon/Eulerich, Neue weltweite Standards für die Interne Revision ante portas – Evolution oder Revolution?, WPg 2023, S. 1227.

Bartuschka, Angemessenheit und Wirksamkeit von Systemen der internen Unternehmensüberwachung im Kontext von FISG und DCGK 2022, BB 2022, S. 1387.

Bay/Hastenrath, Compliance-Management-Systeme, 3. Aufl., München 2022.

Baetge, Rechnungslegungszwecke des aktienrechtlichen Jahresabschlusses, in: Baetge u.a. (Hrsg.), Bilanzfragen. FS Leffson, Düsseldorf 1976, S. 13.

Baetge u.a. (Hrsg.), Rechnungslegung nach IFRS – Kommentar auf der Grundlage des deutschen Bilanzrechts (Loseblattsammlung), 2. Aufl., Stuttgart 2002 ff.

Baetge u.a., Bilanzrecht. Handelsrecht mit Steuerrecht und den Regelungen des IASB. Kommentar, Bonn 2023.

Bannier/Auzepy, Sustainability-Linked Loans, Effektive Unterstützung der Nachhaltigkeitstransformation durch Kreditfinanzierung. Stärken und

Schwächen der Integration von Nachhaltigkeitskriterien in die Fremd-kapitalfinanzierung deutscher Unternehmen, ESGZ 2022, S. 40–45.

Barrot/Sauvagnat, Input Specifity and the Propagation of Idiosyncratic Shocks in Production Networks, in: The Quarterly Journal of Economics 2016, S. 1543–1592.

Baumüller/Schönauer, Die neue Wesentlichkeit in der europäischen Nach-haltigkeitsberichterstattung. Darstellung und Diskussion der Wesentlich-keitsanalyse gem. ESRS (Teil 1), PiR 2023, S. 88–95.

Bechtoldt/Braun/Golenia, Wertpapiergebundene Zusagen im Spannungsfeld von ausschließlicher Wertpapierbindung und garantierter Mindestleistung – Erste Erfahrungen aus der Praxis, DB 2011, S. 2669.

Beck HdR, München 1987 ff. (Loseblattsammlung).

Becker u.a., Die Weiterentwicklung des IDW S 6 als Maßstab für Sanierungs-konzepte – Eine kritische Würdigung des neuen Standardentwurfs, DStR 2012, S. 981.

Berg/Kölbel/Rigobon, Aggregate Confusion: The Divergence of ESG Ratings, in: Review of Finance 6, S. 1315–1344.

Berger/Struffert/Nagelschmitt, Neue Klassifizierungs- und Bewertungs-vorschriften für Finanzinstrumente. Endgültige Fassung von IFRS 9 veröf-fentlicht (Teil 1), WPg 2014, S. 1075–1088.

Berger/Geisel, IFRS 9 – Herausforderungen für Nichtbanken bei der künftigen Bilanzierung von Finanzinstrumenten, BB 2017, S. 619–623.

Berger/Schmidt, Fortentwicklung des Standard-Setting für die Unternehmens-berichterstattung, WPg 2020, S. 376.

Bertram/Kessler/Müller (Hrsg.), Haufe HGB Bilanz Kommentar. §§ 238–342r HGB, 14. Aufl., Freiburg 2023.

Beyhs/Pföhler, Der weite Weg von Finanzinformationen zu Umweltzielen – Kernelemente und Beziehungen in der EU-Taxonomie, WPg 2023, S. 928.

Bischof/Chamczyk/Bellert, IAS 19 – Bilanzierung von Pensionszusagen nach Sonderereignissen, DB 2018, S. 2061.

Bibawi/Nicoletti, Erste Erfahrungen mit Sarbanes-Oxley Section, Der Schweizer Treuhänder 2005, S. 431.

Blöcker/Engelmann, ESG-Komponenten bei Unternehmensfinanzierungen, DB 2023, S. M14-M16.

Blum/Kellermann, Continuous Auditing als digitale Weiterentwicklung der Abschlussprüfung, WPg 2022, S. 1193.

Blum/Reuter, IT and more: Aufgaben, Funktionen und Einbindungen eines Digitalisierungs-Managers – Ein Praxisbeispiel für den Projekteinsatz in Wirtschaftsprüfung und Steuerberatung, WPg 2023, S. 1082.

Borcherding/Rasch, Green and more: Sustainability-Linked Loans. Bald „New Normal" für den Mittelstand?, WPg 2023, S. 693–695.

Bork/Hölzle, Handbuch Insolvenzrecht, 3. Aufl., 2024.

Brandis/Heuermann, Ertragsteuerrecht (Loseblattsammlung).

Braun, StaRUG, 1. Aufl., 2021.

Brogi/Lagasio/Porretta, Be good to be wise: Environmental, Social, and Governance awareness as a potential credit risk mitigation factor, in: Journal of International Financial Management & Accounting 2022, S. 522–547.

Brune u.a. (Hrsg.), Beck'sches IFRS-Handbuch. Kommentierung der IFRS/IAS, 6. Aufl., München 2020.

Buchert/Weber, Abschlussprüfung unter neuem Haftungsregime? – Lehren aus den USA, WPg 2021, S. 621–635.

Bungartz, Handbuch Interne Kontrollsysteme (IKS), 5. Aufl., Berlin 2017.

Burchardt/Maisch: Digitalization needs a cultural change – examples of applying Agility and Open Innovation to drive the digital transformation, Procedia CIRP, Vol. 84 (2019), S. 112–117.

Büxeleder, Der balzende Wirtschaftsprüfer, München 1998.

Canaris u.a. (Hrsg.), Großkommentar. Berlin 2014.

Conreder/Fräbel, ESG-Risiken im Kreditportfolio. Wie sich Banken und Finanzdienstleister dem neuen Trend stellen, ESGZ 2023, S. 48–51.

Cunningham, The Gain And Pain Of Sarbanes-Oxley, Forbes, Dec. 30 2005.

Deubert/Lewe, Inhaltliche Anforderungen an die Konzernbuch-führung nach HGB, Der Konzern 2021, S. 465.

Devalle/Fiandrino/Cantino, The Linkage between ESG Performance and Credit Ratings: A Firm-Level Perspective Analysis, in: International Journal of Business and Management 2017, S. 53–65.

Dierks/Sandmann/Herre, Das neu überarbeitete COSO-Rahmenwerk für Interne Kontrollsysteme und die Konsequenzen für die deutsche Unternehmenspraxis, CCZ 2013, S 164.

Disser/Vogl, Prüfung der Nachhaltigkeitsberichterstattung mit hinreichender Sicherheit; WPg 2023, S. 217.

Dötsch/Pung/Möhlenbrock (D/P/M), Die Körperschaftsteuer (Loseblattsammlung).

Driesch u.a. (Hrsg.), Beck'sches IFRS-Handbuch, 6. Aufl., München 2020.

Durchschein/Haller, Prüfung von integrierten Unternehmensberichten – Ansätze zur Weiterentwicklung der betriebswirtschaftlichen Prüfung, WPg 2018, S. 199.

Dyck/Moser/Solmecke, Impulse zur Weiterentwicklung des Wirtschaftsprüfungsexamens, WPg 2023, S. 1114.

Elten/Koch, Zur Zusammenarbeit zwischen Prüfungsausschuss und Abschlussprüfer, WPg 2023, S. 471.

Eulner, Nachhaltigkeitsberichterstattung im öffentlichen Sektor IDW Life 2023, S. 797–799

Farr/Niemann, Anforderungen an die Dokumentation bei der Prüfung des Jahresabschlusses nach IDW PS bzw. ISA – Ein Hindernis für die skalierte Prüfung?, DStR 2013, S. 668.

Fehr, Wenn frisch geprüfte Banken untergehen, FAZ vom 22.03.2023.

Fenwick/Seville/Brunsdon, Reducing the Impact of Organisational Silos on Resilience: A Report on the impact of silos on resilience and how the impacts might be reduced, 2009.

Fischer/Schuck, Die Einrichtung von Corporate Governance-Systemen nach dem FISG, NZG 2021, S. 534.

Fleischer: Der deutsche „Bilanzeid" nach § 264 Abs. 2 Satz 3 HGB, ZIP 2007, S. 97.

Flöther, Unternehmensstabilisierungs- und -restrukturierungsgesetz (StaRUG), 1. Aufl., 2021.

Föhr/Marten/Schreyer, Generative Künstliche Intelligenz in der Wirtschaftsprüfung, DB 2023, S. S. 1681–1693.

Francis u.a., Assessing France's Joint Audit Requirement: Are two Heads better than one?, in: AJPT, Vol. 28 (2009), Nr. 2, S. 35–63.

Freiberg, Konsistente Verwendung des Zinssatzes für betriebliche Altersversorgungswerke, PiR 2015, S. 86.

Freiberg, Kategorisierung von green bonds als Investor, PiR 2021, S. 32–33.

Freiberg/Auer, Impact, Financial und Double Materiality – die neuen Wesentlichkeitskonzepte für die (Finanz-)Berichterstattung, BB 2022, S. 1194–1198.

Freiberg/Otte/Yadav (Hrsg.), Wirtschaftsprüfung im Wandel, Stuttgart 2022.

Frind, Bewertung des neuen IDW S 9 (Bescheinigung gem. § 270b InsO aus gerichtlicher Sicht, ZInsO 2014, S. 2264.

Füllbier, Berufsstand im Umbruch, IDW Life 2023, S. 508–511

Gaber, Bankbilanz nach HGB. Praxisorientierte Darstellung der Bilanzierung von Bankgeschäften, 3. Aufl., Freiburg 2023.

Gadow u.a., Berücksichtigung von ESG-Risiken im Rahmen der Kreditvergabe- und -überwachungsprozesse von Finanzinstituten, DB 2023, S. 564–569.

Ganssauge/Mertes/Khaled, Klassifizierung von ESG-Instrumenten und elektronische Zahlungssysteme. Änderungen an IFRS 9 (Exposure Draft ED/2023/2): eine kritische Würdigung der Vorschläge des IASB, WPg 2023, S. 1135–1141.

Geisel/Spieles, Grüne Finanzierungen nach IFRS. Betrachtung der europäischen und der allgemeinen Green Bond Standards aus der Bilanzierungsperspektive, WPg 2022, S. 77–83.

Gesell, Prüfungsausschuss und Aufsichtsrat nach dem BilMoG, ZGR 2011, S. 361.

Gewehr/Moser, Zur künftigen Anwendung der ISA in Deutschland, WPg 2018, S. 193.

Gehrlein, Die Rechtsprechung des IX. Zivilsenats des BGH zur Steuerberaterhaftung in den Jahren 2022 und 2023, DStR 2024, S. 385.

Ghassemi-Tabar/Pauthner/Wilsing (Hrsg.), Corporate Compliance, Düsseldorf 2016.

Ghassemi-Tabar, DCGK, 2. Aufl., München 2023.

Glaser/Strauss, Grounded Theory: Strategien qualitativer Forschung, Bern 1998.

Glaum/Thomaschewski/Weber, Auswirkungen des Sarbanes Oxley Acts auf deutsche Unternehmen, in: Studien des deutschen Aktieninstituts, 2006.

Gosch, Körperschaftsteuergesetz: KStG, 4. Aufl., 2020.

Goss/Gordon (Hrsg.), The impact of corporate social responsibility on the cost of bank loans, in: Journal of Banking & Finance 2011, S. 1794–1810.

Grabenhors/Marx/Maurer, Wirtschaftsprüfung: Verdammt zur inkrementellen Innovation?, IDW Life 2023, S. 262–264.

Groß, Sanierungs- und Insolvenzberatung – Schwerpunktaufgaben für Wirtschaftsprüfer: zur 100. Sitzung des FAS des IDW, WPg 2011, S. I.

Grottel u.a. (Hrsg.), Beck'scher Bilanz-Kommentar, 13. Aufl., 2022 / 14. Aufl., 2024.

Gruber, Bernhard/Engelbrechtsmüller, Christian (Hrsg.), IFRS 9 Finanzinstrumente. Herausforderungen für Banken, 2. Aufl., Wien 2018.

Haak/Kühnberger, Erfolg und Nachhaltigkeit: Zum Zusammenhang von ESG-Ratings und der finanziellen Performance von Unternehmen, KoR 2022, S. 415–422.

Haase, Option nach § 1a KStG auch für ausländische Personengesellschaften?, IWB 2021, S. 647.

Hachmeister u.a., Bilanzrecht, 2. Aufl., Köln 2020.

Hagemann: Ausschluss des § 133 InsO bei Sanierungsmaßnahmen, NZI 2014, S. 210.

Hagemann/Neumeier, Geänderte Behandlung von Sonderereignissen nach IAS 19 – Kritische Darstellung der Regelungen zu Planänderungen, Abgeltungen und Kürzungen anhand praxisrelevanter Beispiele, PiR 2018, S. 144.

Hagemann/Neumeier, Die Behandlung wertpapiergebundener Pensionszusagen nach IAS 19 – Eine Einordnung des EFRAG-Diskussionspapiers „Accounting for Pension Plans with an Asset-Return Promise" PiR 2020, S. 66.

Hagemann, Die neue Bewertung rückgedeckter Pensionszusagen nach IDW RH FAB 1.021 – der Wunsch als Vater des Gedankens, DB 2022, S. 953.

Hainz/Thurnes, Zweifelsfragen und Lösungsansätze zur Bilanzierung wertpapiergebundener Pensionszusagen nach dem BilMoG, BetrAV 4/2011, Sonderveröffentlichung, S. 6.

Hakelmacher, Das Alternative WP Handbuch, 2. Aufl., Düsseldorf 2006.

Hakelmacher, Topmanager sind einsame Spitze, 3. Aufl., Wiesbaden 2010.

Hannemann/Steinbrecher/Weigl, Mindestanforderungen an das Risikomanagement (MaRisk), 5. Aufl., Stuttgart 2019.

Hartmann-Wendels/Pfingsten/Weber, Bankbetriebslehre, 7. Aufl., Berlin 2019.

Heermann, Handbuch des Schuldrechts. Geld und Geldgeschäfte, 1. Aufl., Tübingen 2003.

Helmer, IDW-Hinweis RH FAB 1.021 zur Bewertung von Pensionsverpflichtungen mit Rückdeckungsversicherungen – GuV-Größen und weitere Praxisfragen, DB 2022, S. 2233.

Henckel u.a., Ertragswirksame kongruente Bewertung rückgedeckter Altersversorgungszusagen nach IDW RH FAB 1.021, WPg 2023, S. 994.

Hennrichs/Pöschke, Die Pflicht des Aufsichtsrats zur Prüfung des „CSR-Berichts", NZG 2017, S. 121.

Hennrichs, Finanzmarktintegritätsstärkungsgesetz (FISG) – die „richtigen Antworten auf Wirecard"?, DB 2021, S. 268.

Hennrichs/Strenger, Wie steht es um die Aufsichtsräte bei den Wirtschaftsprüfern? (Editorial), NZG 2022, S. 1561.

Hennrichs/Pöschke, Kommentierung zu § 171 AktG, in: Goette/Habersack/Kalss (Hrsg.), Münchener Kurzkommentar Aktiengesetz, 5. Aufl., München 2022.

Hennrichs, Der Aufsichtsrat und die Prüfung der Unternehmensberichterstattung, Der Aufsichtsrat 2023, S. 153.

Hennrichs, Stellungnahme zur geplanten Ergänzung des § 171 AktG im Zuge der Umsetzung der Public Country-by-Country-Reporting Richtlinie, Neue Zeitschrift für Gesellschaftsrecht 2023, S. 699–701.

Hense/Ulrich, WPO Kommentar, 4. Aufl., Düsseldorf 2022.

Hermanns, Die Bescheinigung nach § 270b I S. 3 InsO, ZInsO 2012, S. 2265.

Hermanns, Neues aus dem Fachausschuss Sanierung und Insolvenz, IDW Life 2024, S. 304.

Herrmann/van Elten, Bilanzierung ESG-gebundener Darlehen unter IFRS 9, KoR 2022, S. 237–244.

Hertel, Unsicherheitsdimensionen und Entwicklungstrends von ESG-Ratings, in: Corporate Finance 2022, S. 153–158.

Höck u.a., The Effect of Environmental Sustainability on Credit Risk, in: Journal of Asset Management 2020, S. 85–93.

Höfler/Krolle, Was hinter dem Metaverse-Hype steckt, Handelsblatt (Online-Ausgabe) vom 23.02.2023.

Hönsch, Mehr Augenmerk auf interne Kontroll- und Risikomanagementsysteme, Der Aufsichtsrat 2022, S. 109.

Höpken/Torner, § 26 Altersversorgungspläne/Leistungen an Arbeitnehmer, in: Beck'sches IFRS-Handbuch, 6. Aufl., München 2020.

Huber, The Concentration Battle, in: International Accounting Bulletin, Mai 2011, S. 610.

Homborg/Landahl, FISG – Ist die Verschärfung der Abschlussprüferhaftung die richtige Antwort auf den Wirecard Skandal?, NZG 2021, S. 859.

Hommelhoff, Verlässliche Prüfung und Überwachung der Nachhaltigkeits-berichterstattung, Zeitschrift für internationale und kapitalmarktorientierte Rechnungslegung 2024, S 66–70.

IDW (Hrsg.), WPH Edition, Kreditinstitute, Finanzdienstleister und Invest-mentvermögen. Rechnungslegung und Prüfung, Düsseldorf 2020.

IDW (Hrsg.), WPH Edition, Assurance, 2. Aufl., Düsseldorf 2021.

IDW (Hrsg.), WP-Handbuch, 18. Aufl., Düsseldorf 2023.

Entwurf eines IDW Prüfungsstandards: Inhaltliche Prüfung der nichtfinanziel-len (Konzern-)Erklärung im Rahmen der Abschlussprüfung (IDW EPS 352 (08.2022)) (Stand: 17.08.2022).

Entwurf eines IDW Prüfungsstandards: Inhaltliche Prüfung mit hinreichender Sicherheit der nichtfinanziellen (Konzern-)Berichterstattung außerhalb der Abschlussprüfung (IDW EPS 990 (11.2022)) (Stand: 24.11.2022).

Entwurf eines IDW Prüfungsstandards: Inhaltliche Prüfung mit begrenzter Sicherheit der nichtfinanziellen (Konzern-)Berichterstattung außerhalb der Abschlussprüfung (IDW EPS 991 (11.2022)) (Stand: 24.11.2022).

IDW, Fragen und Antworten zur praktischen Anwendung von Automatisierten Tools und Techniken (ATT) im Rahmen der Abschlussprüfung, Stand: 10.11.2020.

IDW, Fragen und Antworten zur Berücksichtigung von ESG-bezogenen Aspek-ten in IFRS-Abschlüssen, Stand: 21.12.2021.

IDW, Fragen und Antworten zur Digitalisierung von Geschäftsmodellen und Auswirkungen auf die Abschlussprüfung, Stand: 10.11.2022.

IDW Knowledge Paper „Data Governance: Die Bedeutung einer guten Gover-nance für den Umgang mit Daten im Unternehmen" (Stand: 16.03.2022).

IDW Knowledge Paper „Cyberrisk, Teil 1: Grundlagen, Definitionen, Maß-nahmen, Risikolage und Organisationen" (Stand: 25.10.2021).

IDW Knowledge Paper: Bilanzierung von „grünen" Finanzierungen (Stand: 19.07.2021).

IDW Knowledge Paper „Cyberrisk, Teil 2: Prüfungen von Cyber Security bei Kreditinstituten" (Stand: 12.05.2022).

IDW Knowledge Paper „Auswirkungen der Blockchain-Technologie auf Wirtschaftsprüfer" (Stand: 01.10.2019).

IDW Positionspapier: Ausschreibung der Abschlussprüfung für Unternehmen von öffentlichem Interesse, 2. Aufl., Stand: 09.01.2018.

IDW Positionspapier zur Weiterentwicklung des externen Reportings kapitalmarktorientierter Unternehmen, Stand: 21.06.2018.

IDW Positionspapier zum Einstieg in eine rechtsformneutrale Besteuerung („Optionsmodell"), 2. Auflage, Stand: 13.11.2019.

IDW Positionspapier: Zusammenarbeit zwischen Aufsichtsrat und Abschlussprüfer, 2. Aufl., Stand: 23.02.2020.

IDW Positionspapier: Fortentwicklung der Unternehmensführung und -kontrolle: Erste Lehren aus dem Fall Wirecard, Stand: 15.07.2020.

IDW Positionspapier: Sustainable Finance als Teil der nachhaltigen Transformation. Auswirkungen auf Kreditinstitute, Stand: 30.09.2020.

IDW Positionspapier: Compliance-Kultur in deutschen Unternehmen verbessern – Zur Empfehlung A.5 DCGK 2022, Stand: 15.12.2023.

IDW Positionspapier: Compliance-Kultur in deutschen Unternehmen verbessern – zur Empfehlung A.5 DCGK 2022, Stand: 12.03.2024.

IDW Praxishinweis: Treuhandverhältnisse und ähnliche Rechtsgeschäfte (IDW Praxishinweis 2/2023).

IDW Praxishinweis: Ausgestaltung und Prüfung des internen Kontrollsystems zur Aufstellung eines Nachhaltigkeitsberichts unter Beachtung des IDW PS 982 (IDW Praxishinweis 4/2023).

IDW Prüfungsstandard: Rechnungslegungs- und Prüfungsgrundsätze für die Abschlussprüfung (IDW PS 201 n.F. (09.2022) (Stand: 28.09.2022).

IDW Prüfungsstandard: Zur Durchführung von Gemeinschaftsprüfungen (IDW PS 208) (Stand 13.08.2021).

IDW Prüfungsstandard: Feststellung und Beurteilung von Fehlerrisiken und Reaktionen des Abschlussprüfers auf die beurteilten Fehlerrisiken (IDW PS 261 n.F.) (Stand: 15.09.2017).

IDW Prüfungsstandard: Die Prüfung des Risikofrüherkennungssystems (IDW PS 340 n.F. (01.2022)) (Stand: 01.01.2022).

IDW Prüfungsstandard: Auswirkungen des Deutschen Corporate Governance Kodex auf die Abschlussprüfung (IDW PS 345 n.F. (02.2023)) (Stand: 24.02.2023).

IDW Prüfungsstandard: Prüfung des Lageberichts im Rahmen der Abschlussprüfung (IDW PS 350 n.F. (10.2021)) (Stand: 29.10.2021).

IDW Prüfungsstandard: Bildung eines Prüfungsurteils und Erteilung eines Bestätigungsvermerks (IDW PS 400 n.F. (10.2021)) (Stand: 29.10.2021).

IDW Prüfungsstandard: Mitteilung besonders wichtiger Prüfungssachverhalte im Bestätigungsvermerk (IDW PS 401 n.F. (10.2021)) (Stand: 29.10.2021).

IDW Prüfungsstandard: Modifizierungen des Prüfungsurteils im Bestätigungsvermerk (IDW PS 405 n.F. (10.2021)) (Stand: 29.10.2021).

IDW Prüfungsstandard: Hinweise im Bestätigungsvermerk (IDW PS 406 n.F. (10.2021)) (Stand: 29.10.2021).

IDW Prüfungsstandard: Grundsätze ordnungsmäßiger Erstellung von Prüfungsberichten (IDW PS 450 n.F. (10.2021)) (Stand: 28.10.2021).

IDW Prüfungsstandard: Verantwortlichkeiten des Abschlussprüfers im Zusammenhang mit sonstigen Informationen (ISA [DE] 720 (Revised) (Stand: 07.05.2020).

IDW Prüfungsstandard: Prüfung von KI-Systemen (IDW PS 861 (03.2023)) (Stand: 10.03.2023).

IDW Prüfungsstandard: Grundsätze ordnungsmäßiger Prüfung von Compliance Management Systemen (IDW PS 980 n.F. (09/2022)) (Stand: 06.12.2022).

IDW Prüfungsstandard: Grundsätze ordnungsmäßiger Prüfung von Risikomanagementsystemen (IDW PS 981) (Stand: 03.03.2017).

IDW Prüfungsstandard: Grundsätze ordnungsmäßiger Prüfung des internen Kontrollsystems des internen und externen Berichtswesens (IDW PS 982) (Stand: 03.03.2017).

IDW Prüfungsstandard: Grundsätze ordnungsmäßiger Prüfung von Internen Revisionssystemen (IDW PS 983) (Stand: 03.03.2017).

IDW Qualitätssicherungsstandard: Anforderungen Wirtschaftsprüferpraxis. Anforderungen an die Qualitätssicherung in der Wirtschaftsprüferpraxis (IDW QS 1) (Stand 09.06.2017).

IDW Rechnungslegungshinweis: Handelsrechtliche Bewertung von Rückstellungen für Altersversorgungsverpflichtungen aus rückgedeckten Direktzusagen (IDW RH FAB 1.021) (Stand: 30.04.2021).

IDW Schreiben: Nachhaltigkeitsberichterstattung öffentlicher Unternehmen: Mittelbare Auswirkungen der Corporate Sustainability Reporting Directive (CSRD) (Stand: 08.09.2022)

IDW Standard: Grundsätze zur Durchführung von Unternehmensbewertungen (IDW S 1 i.d.F. 2008) (Stand: 04.07.2016).

IDW Stellungnahme zur Rechnungslegung: Bilanzierung von Finanzinstrumenten des Handelsbestands bei Kreditinstituten (IDW RS BFA 2) (Stand: 03.03.2010).

IDW Stellungnahme zur Rechnungslegung: Zweifelsfragen zum Ansatz und zur Bewertung von Drohverlustrückstellungen (IDW RS HFA 4) (Stand: 29.11.2012).

IDW Stellungnahme zur Rechnungslegung: Zur einheitlichen oder getrennten Bilanzierung strukturierter Finanzinstrumente (IDW RS HFA 22) (Stand: 11.09.2015).

IDW Stellungnahme zum Richtlinienvorschlag der Europäischen Kommission „Corporate Sustainability Reporting" (Stand: 04.06.2021).

International Standard on Auditing [DE] 315 (Revised 2019): Identifizierung und Beurteilung der Risiken wesentlicher falscher Darstellungen (ISA [DE] 315 (Revised 2019)).

International Standard on Auditing [DE] 610 (Revised 2013): Nutzung der Tätigkeit der Internen Revision (ISA [DE] 610 (Revised 2013)).

International Standard on Auditing [DE] 720 (Rev.): Verantwortlichkeiten des Abschlussprüfers im Zusammenhang mit den sonstigen Informationen (ISA [DE] 720 (Rev.)).

Ihlau/Zwenger, Berücksichtigung von Nachhaltigkeitsaspekten bei Anlageentscheidungen und Unternehmensbewertungen, BB 2020, S. 2091–2095.

Jacoby/Thole, Unternehmensstabilisierungs- und -restrukturierungsgesetz: StaRUG, 1. Aufl., 2023.

Jaroschinsky/Werner, Anforderungen an die Erstellung von Sanierungskonzepten (IDW S 6), WPg 2016, S. 1195.

Justenhoven, Der Megatrend Nachhaltigkeit verändert die Wirtschaftsprüfung, WPg 2023, S. 344.

Kämpfer, Georg/Kayser, Harald/Schmidt, Stefan: Das Grünbuch der EU-Kommission zur Abschlussprüfung, DB, 64. Jg. (2011), S. 2457–2463.

Kaeser, in: Wassermeyer, Art. 10 OECD-MA 2017, 163. Ergänzungslieferung, September 2023, Rn. 162 ff.

Kajüter/Blaesing/Hannen, "Connectivity of information" as a key principle of integrated reporting, IRZ 2013, S. 199–205.

Kamann/Simpkins, Sarbanes-Oxley Act – Anlass zu verstärkter internationaler Kooperation im Bereich derCorporate Governance?, RIW 2003, S. 184.

Kaspar, Erfahrungen mit der Ausschreibung der Abschlussprüfung nach der EU-Regulierung, WPg 2019, S. 1019.

Kelm/Rindermann/Hennrichs, Das Optionsmodell – ein wichtiger Schritt in Richtung Rechtsformneutralität und stärkerer Wettbewerbsfähigkeit, WPg 2021, S. 1166.

Kennedy, Big Four firms in governance rethink after 2023 miscues, Financial Times vom 03.01.2024, S. 7,

Kiesel, Zur Vermeidung von Anfechtungsgefahren obliegt Gläubigern Schlüssigkeitsprüfung außergerichtlicher Sanierungskonzepte, FD-InsR 2016, S. 379–527.

Kiesow/Thomas, Continuous-Auditing-Systeme: Rahmenwerk zur Gestaltung von Informationssystemen für kontinuierliche Prüfungsdienstleistungen, in: Nissen u.a. (Hrsg.), Multikonferenz Wirtschaftsinformatik (MKWI 2016), Tagungsband, Band III, S. 1327–1339.

Kirste/Harms/Wulf, Berichterstattung nach der EU-Taxonomie-Verordnung – Deskriptive Analyse für die DAX-40-Unternehmen im Jahr der Erstanwendung, WPg 2023, S. 21.

Kliem/Kosma/Optenkamp, Das einstufige Enforcement nach dem Gesetz zur Stärkung der Finanzmarktintegrität (FISG), DB 2021, S. 1518.

Kliem/Hillemeyer/Funk, Prüfungsschwerpunkte 2023 – Enforcement in herausfordernden Zeiten, KoR 2023, S. 6–13.

Koch, Kommentierung zu § 171 AktG, in: Hüffer (Hrsg.), Beck'scher Kurzkommentar Aktiengesetz, 17. Aufl., München 2023.

Koch, AktG, 17. Aufl., München 2023.

Koch/Schaber/Wulff, Nachhaltigkeitsbezogene Finanzinstrumente und eingebettete Derivate in der handelsrechtlichen Rechnungslegung, WPg 2023, S. 1147–1152.

Köhler u.a., Prüfungshonorare in Deutschland – Determinanten und Implikationen, ZfB, 2010, S. 6–29.

Köhler/Ruhnke/Schmidt, Nutzen der Abschlussprüfung für die Aufsichtsräte – Eine empirische Untersuchung vor dem Hintergrund des Grünbuchs der EU, DB 2011, S. 773–778.

Köhler, Annette: Pflichtrotation auf dem deutschen Prüfungsmarkt, WPg 2012, S. 477–482.

Kolb/Neubeck, Der Lagebericht, 2. Aufl., Bonn 2016.

Kopp, Praktische Umsetzung von A.5 DCGK – Beschreibung und Stellungnahmen zu Angemessenheit und Wirksamkeit von internen Systemen und Risikovermeidung, CCZ 2023, S. 125.

Kremer u.a., Deutscher Corporate Governance Kodex, 9. Aufl., München 2023.

Küting/Weber (Hrsg.), Handbuch der Rechnungslegung (Loseblattsammlung), 5. Aufl., Stuttgart 2005 ff., Bd. I.

Kropf, Grüne und Nachhaltige Kreditfinanzierungen. Eine Übersicht zum Stand der vertragsrechtlichen und regulatorischen Entwicklungen, Zeitschrift für Wirtschafts- und Bankrecht 2020, S. 1102–1111.

Kumpan/Misterek, Nachhaltigkeitsrisiken für Kreditinstitute. ESG-Risikomanagement im Spiegel von CRR III, CRD VI und 7. MaRisk-Novelle, Zeitschrift für Bankrecht und Bankwirtschaft 2023, S. 1–22.

Lanfermann/Maul, Auswirkungen des Sarbanes-Oxley Acts in Deutschland, DB 2002, S. 1725.

Lanfermann/Baumüller/Scheid, Neue europäische Berichtspflichten zu immateriellen Ressourcen: Hintergründe und Handlungsbedarf im Entwurf zur CSRD, KoR 2021. S. 426–436.

Leffson, Wirtschaftsprüfung, 4. Aufl., Wiesbaden 1980.

Lehne/Obermüller/Riemschneider, Reformüberlegungen zur Corporate Governance und Abschlussprüfung in der EU, KoR 2011, S. 374–381.

Lehr/Moser, Die Nachversteuerung nach § 34a Abs. 6 S. 1 Nr. 2 EStG bei Ausübung der Option nach § 1a KStG – Problembereiche und gesetzgeberische Lösungsmöglichkeiten, DB 2023, S. 1369–1371.

Leidel/Conrady, Anwendungsschreiben der Finanzverwaltung zum steuerlichen Optionsmodell für Personengesellschaften, BB 2022, S. 663.

Lewens, Urs, Nachhaltige Kreditfinanzierungen – ein Update, DB 2023, S. 56.

Link, Das Optionsmodell – Nach dem BMF-Schreiben ist vor der Evaluierung, DStR 2022, S. 1599.

Link/Kohl/Pissarczyk, Neue Impulse für die Zusammenarbeit von Aufsichtsrat, Prüfungsausschuss und Abschlussprüfer durch die ESG-Transformation, BB 2022, S. 2603–2607.

Löw/Zock, Offenlegungsqualität von Transparenzberichten deutscher Abschlussprüfer, WPg 2023, S. 553.

Lohmann/Breinbauer, In welchem Umfang erklären Unternehmensmerkmale den ESG Score eines Unternehmens?, DB 2022, S. 1913–1917.

Loitlsberger, Zur Theorie der Prüfung, in: Illetschko, Leopold (Hrsg.), Grundlagen der Buchprüfung, Wien 1953, S. 21–56.

Loumioti/Serafeim, The Issuance and Design of Sustainability-Linked Loans, Harvard Business School Working Paper No. 23-027, November 2022.

Lück/Henke, Die Interne Revision als zentraler Bestandteil der Corporate Governance, BFuP 2004, S. 1.

Lüdenbach/Freiberg, Diskussionsbeitrag zur Ausstrahlungswirkung der Buchführungspflicht nach § 238 HGB auf den Konzern, BB 2020, S. 811.

Lüdenbach/Hoffmann/Freiberg (Hrsg.), Haufe IFRS-Kommentar. Das Standardwerk, 21. Aufl., Freiburg 2023.

Lünendonk®-Studie 2023, Wirtschaftsprüfung und Steuerberatung in Deutschland.

Madaus, Der Funken des StaRUG zündet – die Restrukturierung ausländischer Forderungen in Deutschland bei Spark Networks – Zugleich Besprechung von AG Berlin-Charlottenburg NZI 2024, S. 193–195.

Mandler, Theorie internationaler Wirtschaftsprüferorganisationen, DBW 1995, S. 31–44.

Max Kinsey-Report, Aufzucht und Auslese des Wirtschaftsprüfers – Ergebnisse einer Umfrage, Düsseldorf 1976.

Merkt, Die Zusammenarbeit von Aufsichtsrat und Abschlussprüfer nach der EU-Reform: Mut zur Erwartungslücke?, ZHR 179 (2015), S. 601.

Mittwoch, Nachhaltigkeit und Unternehmensrecht, 1. Aufl., Tübingen 2022.

Mock/Velte, Nachhaltigkeit in (neuen) Deutschen Corporate Governance Kodex, AG 2022, S. 885.

Möhlenbrock/Haubner, Die Zukunft der Besteuerung der Personengesellschaften: MoPeG, KöMoG und DAOs, FR 2022, S. 56.

Morgen, StaRUG, 2. Aufl., 2022.

Moxter, Immaterielle Anlagenwerte im neuen bilanzrecht, BB 1979, S. 1102–1109.

Mühlberger/Gohdes/Stöckler, IAS 19 Leistungen an Arbeitnehmer, in: Thiele/von Keitz/Brücks, Internationales Bilanzrecht (Loseblattsammlung), 61. Ergänzungslieferung, April 2023.

Müller, Die Unabhängigkeit des Abschlussprüfers. Eine kritische Analyse der Vorschriften in Deutschland im Vergleich zu den Vorschriften der Europäischen Union, der IFAC und in den USA, Wiesbaden 2006.

Müller, Der Buchführungsfehler im Enforcement-Verfahren, AG 2020, S. 83–92.

Müller/Reinke, Zur Bedeutung der EU-(Umwelt-)Taxonomie. Einordnung in die Regulierung zur Transformation in Richtung einer nachhaltigen Wirtschaft und Auswirkungen auf betroffene Unternehmen, in: StuB 2023, S. 704–709.

Müller-Gatermann, Zur zukünftigen Besteuerung der Personengesellschaft, FR 2022, S. 637.

Münchener Kommentar zum AktG, Band 3, 4. Aufl., München 2018.

Münchener Kommentar zum BGB, Band 7, 8. Aufl., München 2020.

Naumann, Neukonzeption der Kapitalerhaltung und IFRS-Anwendung im Jahresabschluss, in: Kirsch/Thiele (Hrsg.), Rechnungslegung und Wirtschaftsprüfung. FS Baetge, Düsseldorf 2007, S. 419.

Naumann, BilMoG – Was lange währt, wird endlich gut!, WPg 2008, S I.

Naumann, IFRS 9 und die Zukunft der internationalen Rechnungslegung, WPg 2010, S. I.

Naumann, Ansätze zur Schaffung eines modernen Insolvenzrechts, WPg, Sonderheft 1/2011, S 1.

Naumann, Integrierte Finanz- und Nachhaltigkeitsberichterstattung – statt fundamentaler Neuorientierung Berücksichtigung geänderter Informationsbedürfnisse, BB 2013, S. I.

Naumann, Beruf und Dienstleistungen des Wirtschaftsprüfers (= Kap. A), in: IDW (Hrsg.), WP Handbuch, 15. bis 18. Aufl., Düsseldorf (IDW Verlag) 2014 ff., S. 1 (Aufl. 15, 16, 18), S. 49 (Aufl. 17).

in: IDW (Hrsg.), WP Handbuch, Wirtschaftsprüfung und Rechnungslegung, 15. Aufl. ff., Düsseldorf 2014 ff.

Naumann, Anpassung des deutschen Bilanzrechts an die EU-Richtlinie, WPg 2014, S I.

Naumann/Schmidt, Integrierte Berichterstattung aus der Perspektive der Abschlussprüfung, in: Freidank/Müller/Velte (Hrsg.), Handbuch Integrated Reporting, Berlin 2015.

Naumann, Digitale Transformation erfordert bessere Rechnungslegungs-vorschriften für immaterielles Vermögen, IRZ 2017, S. S. 189–190.

Naumann/Feld, Value Added-Potenziale der Digitalisierung in der Wirtschafts-prüfung, in: Bär/Grädler/Mayr (Hrsg.), Digitalisierung im Spannungsfeld von Politik, Wirtschaft, Wissenschaft und Recht, Bd. 1: Politik und Wirt-schaft, Berlin 2018, S. 307.

Naumann, Unternehmensberichterstattung in Zeiten der Bekämpfung des Klimawandels: Transparenz allein reicht nicht, BB 2019, S. I.

Naumann/Moser, Zur Entwicklung nationaler Grundsätze für die Prüfung von Abschlüssen weniger komplexer Unternehmen durch das IDW, WPg 2021, S. 1265.

Naumann/Moser, Anforderungen an die Abschlussprüfung bei kleineren und mittelständischen Unternehmen, in: Im Dienste des Berufsstandes, Festschrift zum 75jährigen Bestehen des Steuerberater-Verbandes Köln (1947 – 2022), 1. Aufl., 2022, S. 207.

Naumann, Vertrauen durch Prüfungen nach der EU-Lieferketten-Richtlinie, in: NZG 2022, S. 1321.

Naumann, Unternehmen besser führen, FAZ vom 23.01.2023.

Naumann/Schmitz-Herkendell/Penkwitt, Empfehlung A.5 DCGK 2022 – Hintergrund und Anregungen zur Berichterstattung und Prüfung, WPg 2023, S. 1106.

Neumeier, Bilanzierung von Pensions- und ähnlichen Verpflichtungen gem. IAS 19 – Vereinfachung, aber auch Herausforderung, PiR 2012, S. 145.

Nicklisch, Die Auswirkungen des Sarbanes-Oxley Act auf die deutsche Corpo-rate Governance, Berlin 2007.

Oberg/Steffan, Anforderungen an die Unternehmensplanung in der Eigen-verwaltung, ZInsO 2023, S. 26.

Pawelzik, Bilanzierung von Verpflichtungen gegenüber Arbeitnehmern. Der neue IAS 19 (2011), PiR 2011, S. 213.

Peemöller u.a., Bilanzskandale, 3. Aufl., Berlin 2020.

Pieper u.a., Zur Unabhängigkeit des Abschlussprüfers im Kontext zu Tätigkeiten Mehrmandantendienstleistern, WPg 2024, S. 250–259.

Philipps, Notwendigkeit gesonderter KMU-Standards für die Abschlussprüfung!?, WP Praxis 2022, S. 248.

Piot, Auditor Concentration in a Joint-Audit Environment: The French Market 1997–2003, in: Managerial Auditing Journal, Vol. 22 (2007), Nr. 2, S. 161–176.

Pohl, Ausgestaltungscharakteristiken von Sustainability-Linked Loans, in: Corporate Finance 2022, S. 313–318.

Pohl/Schiereck, Sustainability-Linked Bonds. Investitionen in Nachhaltigkeit, WiSt 2022, S. 11–17.

Poppe, Unternehmensplanung im Spannungsfeld von Krisen, IDW Life 2024, S. 307.

Porter, An Empirical Study of the Audit Expectation-Performance Gap, Accounting and Business Research 1993, S. 49–68.

Quick/Sattler, Das Erfordernis der Umsatzunabhängigkeit und die Konzentration auf dem deutschen Markt für Abschlussprüfung, ZfB 2011, S. 61–98.

Quick/Toledano/Toledano, Lehren aus dem Wirecard-Skandal: Ist eine Verschärfung der externen Prüferrotation zweckmäßig?, AG 2020, S. 819.

Quick/Pappert, Empirische Analyse der Transparenzberichterstattung deutscher Abschlussprüfer für die Berichtsperiode 2020/21, AG 2022, S. 417.

Quick, Wie transparent sind die Transparenzberichte der Wirtschaftsprüfungsgesellschaften?, BB 2023, S. 2155.

Rabenhorst: Empfehlung A.5 DCGK 2022 zu Angaben zum internen Kontroll- und zum Risikomanagementsystem – Praxiserfahrungen der DAX40-Unternehmen, BB 2023, S. 1258.

Rebstadt u.a., Vertrauenswürdigkeit und Transparenz: kritische Erfolgsfaktoren für den Einsatz von Künstlicher Intelligenz in der Abschlussprüfung, WPg 2023, S. 665.

Reich, Sustainable Finance: Verordnungsvorschlag für mehr Transparenz bei ESG-Ratings, AG 2023, S. R325-R327.

Riehl, Der Entwurf des IASB zur vereinfachenden Darstellung der Pensions-rückstellungen im Jahresabschluss nach IFRS, PiR 2010, S. 136.

Rodrian/Graewe, Die Auswahl der richtigen KPIs: „Wir dürfen den Blick für das große Ganze nicht verlieren", ESGZ 2023, S. 10–13.

Rödder, Das Ende der grünen Hegemonie, FAZ vom 08.01.2024.

Sack/Stappert, Umsetzung des neuen Nachhaltigkeitsreportings: Wie Wirt-schaftsprüfer bei der Vorbereitung und Erstellung unterstützen können, econic Magazin, Oktober 2023, S. 32.

Sandbaek, Herausforderungen für Kreditinstitute im Zusammenhang mit der Offenlegung nach Artikel 8 der EU-Taxonomie. Spiegeln die offenzule-genden Kennzahlen die Umwelt-Performance von Kreditinstituten wider?, WPg 2024, S. 157–166.

Schaber u.a., Handbuch strukturierte Finanzinstrumente. HGB – IFRS, 1. Aufl., Düsseldorf 2008.

Schierenbeck/Lister/Kirmße, Ertragsorientiertes Bankmanagement. Risiko-Controlling und integrierte Rendite-/Risikosteuerung, 9. Aufl., Wiesba-den 2008.

Schindler/Haußer: Die Pflicht gesetzlicher Vertreter von Kapitalgesellschaften zur Aufdeckung von Unregelmäßigkeiten und die Reaktion des gesetzlichen Abschlussprüfers, WPg 2012, S. 233.

Schlitt/Esmaty, Der Europäische Green Bond Standard: Überblick und erste Würdigung, BKR 2023, S. 426–435.

Schmidt, Möglichkeiten und Grenzen einer integrierten Finanz- und Nachhaltig-keitsberichterstattung, WPg 2013, S. 5–6.

Schmidt, Änderungen von IAS 19 – Neubewertung nach einem Planereignis, KoR 2018, S. 161.

Schmidt, Die Wahrnehmung der Unabhängigkeit des Abschlussprüfers – Eine empirische Analyse für den deutschen Prüfungsmarkt, Darmstadt 2018.

Schmidt/Strenger, Die neuen nichtfinanziellen Berichtspflichten – Erfahrungen mit der Umsetzung aus Sicht institutioneller Investoren, NZG 2019, S. 481.

Schmidt/Lutter (Hrsg.): AktG, 4. Aufl., Köln 2020.

Schmidt, Fortentwicklung des <IR> Rahmenkonzepts, DB 2020, S. 796–801.

Schmidt, Wie verankert man Nachhaltigkeit in der Finanz-Funktion?, WPg 2022, S. 100–102.

Schmotz/Schwedler/Barckow, Drei Jahre CSR-RUG – Horizontalstudie zur Anwendungspraxis und Handlungsempfehlungen des DRSC, DB 2021, S. 797.

Schneider, Wozu eine Reform des Jahresabschlusses?, in: Baetge (Hrsg.), Der Jahresabschluss im Widerstreit der Interessen, Düsseldorf 1983, S. 131–155.

Schulze-Osterloh, Zur öffentlichen Funktion des Abschlußprüfers, ZGR 1976, S. 411.

Sellhorn u.a., Digitalisierung in der Wirtschaftsprüfung: Beyond the Hype – Tagungsbericht zum 3. Münchner Round Table, WPg 2020, S. 311.

Severus, Jahresabschlussprüfung in Form eines Joint Audit, Wiesbaden 2007.

Sinß, IDW-Chefin Melanie Sack: „KI macht die Abschlussprüfung nicht günstiger" (Interview), FINANCE Magazin vom 05.04.2024.

Situm, Einsatz von Covenants und Margengittern im Projektfinanzierungsgeschäft, in: Zeitschrift für das gesamte Kreditwesen 2014, S. 291–293.

Sopp/Bura/Schiele, Bilanzierung von nachhaltigen Finanzierungsformen vor dem Hintergrund des IASB/ED/2023/2, IRZ 2023, S. 215–223.

Spindler/Wilsing/Butzke (Hrsg.), Unternehmen, Kapitalmarkt, Finanzierung, FS Marsch-Barner, München 2018.

Spindler, in: MünchKomm. GmbHG, Bd. 2, 4. Aufl., München 2023.

Staub/Canaris/Habersack (Hrsg.), Großkommentar HGB, 6. Aufl., Berlin 2021.

Steffan, Sanierungskonzepte nach IDW S 6: Lösungsansätze zu offenen Anwendungsfragen, WPg 2016, S. 1310.

Steffan/Solmecke, Neufassung von IDW S 6, WPg 2017, S. 1410.

Steffan, BGH- und EU-konform: Der IDW S 6 in der Fassung 2018, ZIP 2018, S. 1767.

Steffan/Oberg/Poppe, SanlnsFoG: Vom Grobkonzept zum Vollkonzept – Anforderungen an die betriebswirtschaftlichen Konzepte in Restrukturierungsplan, Eigenverwaltungsplanung und Insolvenzplan, ZIP 2021, S. 617.

Steffan/Poppe/Roller, Die Unternehmensplanung im Spannungsfeld von Krisen-früherkennung und Krisenmanagement nach § 1 StaRUG – Integrierte Planung als elementarer Bestandteil eines Krisenmanagementsystems, KSI 2022, S. 53.

Steffan/Hermanns, INDat Report 10_2023, Kann es ein Sanierungskonzept »in Anlehnung an IDW S 6« geben? Betriebswirtschaftliche Analyse des OLG-Bamberg-Urteils, S. 34.

Stokel-Walker/Van Noorden, What ChatGPT and generative AI mean for science, in: Nature 614, February 2023, S. 214–216.

Storz/Wighardt, Auswirkungen der Option zur Körperschaftsteuer auf die Erbschaft- und Schenkungsteuer, DStR 2022, S. 132.

Streim, in: Ballwieser u.a. (Hrsg.), Die Generalnorm des § 264 AbS. 2 HGB – Eine kritische Analyse, in: Bilanzrecht und Kapitalmarkt, FS Moxter, Düsseldorf 1994.

Strenger, Wie steht es um die Aufsichtsräte von Wirtschaftsprüfungsgesellschaften?, Börsen-Zeitung vom 12.08.2022 (online).

Tanski: WorldCom, Eine Erläuterung zu Rechnungslegung und Corporate Governance, DStR 2002, S. 2003.

Teucher/Ratzinger-Sakel, Angemessenheits- und Wirksamkeitsaussage zum internen Kontrollsystem und Risikomanagementsystem, WPg 2024, S. 264.

Thaut, Pensionsverpflichtungen und Rückdeckungsversicherungen im handelsrechtlichen Abschluss, DB 2011, S. 1645.

Thaut, Neuer IDW-Rechnungslegungshinweis zur Bilanzierung rückgedeckter Direktzusagen und anderer Altersversorgungszusagen, DB 2022, S. 273.

Thiele/von Keitz/Brücks (Hrsg.), Internationales Bilanzrecht. Rechnungslegung nach IFRS – Kommentar (Loseblattsammlung), Bonn 2008 ff.

Thomas et al., Konzeption, Implementierung und Einführung von KI-Systemen in der Wirtschaftsprüfung, WPg 2021, S. 551.

Tönningsen, Der Vorschlag der Europäischen Kommission für eine Verordnung über die Transparenz und Integrität von ESG-Rating-Tätigkeiten: Ein erster Überblick, DB 2023, S. 2485–2489.

Uhlenbruck/Borries/Hirte, InsO, 15. Aufl., 2019.

Uhlenbruck, Insolvenzordnung: InsO, EuInsVO, SanInsKG und StaRUG, 16. Aufl., 2023.

van Hall/Kessler, Selbst geschaffene immaterielle Vermögensgenstände des Anlagevermögens, in: Harald/Leinen, Markus/Strickmann, Michael (Hrsg.), Handbuch BilMoG – Der praktische Leitfaden zum Bilanzrechtsmodernisierungsgesetz, S. 138.

Velte, Reformierung des Kapitalerhaltungssystems auf der Basis von covenants. Mögliche Konsequenzen für die Ausschüttungsbemessungsfunktion des handelsrechtlichen Jahres- und „informatorischen" Einzelabschlusses, StuB 2007, S. 639–644.

Velte, Die Erwartungslücke im Rahmen der externen Abschlussprüfung, WiSt 2009, S. 481–483.

Velte, Externe Rotation, Begrenzung von Prüfung und Beratung sowie Joint Audits, DStR 2016, S. 1944.

Velte, Regulierung der europäischen Nachhaltigkeitsberichterstattung. Empirische Befunde zur Richtlinie 2014/95 und Handlungsempfehlungen, DB 2022, S 1081–1090.

Velte, Prüfung von Nachhaltigkeitsberichten nach der Corporate Sustainability Reporting Directive (CSRD) durch den Wirtschaftsprüfer – Fluch oder Segen?, Schmalenbach Impulse 2023, S. 1–13.

Velte, Auswahl des Prüfungsdienstleisters für Nachhaltigkeitsberichte nach der CSRD – Plädoyer für die integrierte Prüfung des Finanz- und Nachhaltigkeitsberichts durch den gesetzlichen Abschlussprüfer und für strategische Kooperationen mit Umweltgutachtern, WPg 2023, S. 1289.

von der Linden: Deutscher Corporate Governance Kodex 2022 – Grüner, diverser, kleinteiliger; DStR 2022. S. 1765.

von Keitz/Schwedler, Immaterielle Ressourcen als Wertreiber für (nachhaltiges) Wirtschaften, Bertelsmann Stiftung, Gütersloh 2023.

Wacker u.a., Zum Optionsmodell nach dem Gesetz zur Modernisierung des Körperschaftsteuerrechts – oder: eventus varios res nova semper habet, DStR-Beihefter 2021, S. 3.

Wagenhofer, Alfred, Connectivity von Finanz- und Nachhaltigkeitsberichterstattung, IRZ 2023, S. 513–514.

Wahl/Gerke, KPI- versus Rating-basierter Ansatz und Marktentwicklungen, ESGZ 2022, S. 50–53.

Waschbusch/Kiszka/Runco, Nachhaltigkeitsrisiken und Bankenaufsichtsrecht, BKR 2020, S. 615–622.

Weber, Sustainable Finance – Aktuelle Entwicklungen im Bereich der Banken- und Finanzmarktregulierung. Entwicklungen von Januar bis April 2023, WPg 2023, S. 865–871.

Weiand/Lewens, Sustainability-linked Loans – bisherige Erfahrungen, aktueller Stand, Entwicklungstendenzen, DB 2021, S. 50–52.

Wiemann, Externe Pflichtrotation zur Stärkung der Unabhängigkeit und Erhöhung der Prüfungsqualität, in: Prüfungsqualität des Abschlussprüfers, Wiesbaden 2011.

Willekens/Achmadi, Pricing and Supplier Concentration in the private Client Segment of the Audit Market: Market Power or Competition, Working Paper, Katholieke Universiteit Leuven 2010.

Withus, Internes Kontrollsystem und Risikomanagementsystem – Neue Anforderungen an die Wirtschaftsprüfer durch das BilMoG, WPg 2009, S. 858.

Wollmert, Die Konzernrechnungslegung von Versicherungsunternehmen als Informationsinstrument, DisS. Univ. Marburg 1992.

Wollmert/Bischof: Interview, Börsenzeitung, vom 15.06.2010, S. 11.

Wysocki u.a. (Hrsg.), Handbuch des Jahresabschlusses in Einzeldarstellungen, Köln 1984 ff.

Zambon u.a., A Literature Review on the Reporting of Intangibles, Februar 2020 (online abrufbar unter efrag.org; letzter Abruf: 15. Mai 2024).

Zipperer/Vallender, Die Anforderungen an die Bescheinigung für das Schutzschirmverfahren, NZI 2012, S. 729.

Zwirner, Entwicklung des deutschen Bilanzrechts – Ein Rückblick auf mehr als 30 Jahre supranationale Einflüsse, WPg 2015, S. 218.

Veröffentlichungen von Klaus-Peter Naumann

Die Bewertung von Rückstellungen in der Einzelbilanz nach Handels- und Ertragsteuerrecht, Düsseldorf (IDW Verlag) 1989.

Rechtliches Entstehen und wirtschaftliche Verursachung als Voraussetzung der Rückstellungsbilanzierung: Zugleich eine Untersuchung zur Ansammlung von Rückstellungen, in: Die Wirtschaftsprüfung 1991, S. 529.

Zur Behandlung von Genußrechten im Jahresabschluß von Kapitalgesellschaften, in: Die Wirtschaftsprüfung 1994, S. 677. (Zusammen mit Emmerich, Gerhard)

Zur Fortentwicklung der Grundsätze für die Erteilung von Bestätigungsvermerken bei Abschlußprüfungen nach § 322 HGB (Teil 1), in: Die Wirtschaftsprüfung 1995, S. 357. (Zusammen mit Elkart, Wolfgang)

Zur Fortentwicklung der Grundsätze für die Erteilung von Bestätigungsvermerken bei Abschlußprüfungen nach § 322 HGB (Teil 2), in: Die Wirtschaftsprüfung 1995, S. 402. (Zusammen mit Elkart, Wolfgang)

Zur Anwendung von § 24 UmwG in Verschmelzungsfällen, in: Baetge, Jörg u.a. (Hrsg.), Rechnungslegung, Prüfung und Beratung, Düsseldorf 1996, S. 683.

Der Wirtschaftsprüfer als Begleiter der Internationalisierung der Rechnungslegung (Teil 1), in: Die Wirtschaftsprüfung 1999, S. 140. (Zusammen mit Breker, Norbert / Tielmann, Sandra)

Der Wirtschaftsprüfer als Begleiter der Internationalisierung der Rechnungslegung (Teil 2), in: Die Wirtschaftsprüfung 1999, S. 185. (Zusammen mit Breker, Norbert / Tielmann, Sandra)

Financial reporting enforcement mechanisms as an element of corporate governance in Germany and reflections on their development, in: European Accounting Review 2000, S. 655.

Die Anwendung der IAS im Kontext der deutschen Corporate Governance, in: Die Wirtschaftsprüfung 2001, S. 1445. (Zusammen mit Tielmann, Sandra)

Reformbedarf der deutschen Corporate Governance im globalen Wettbewerb: Vorträge und Diskussionen anlässlich des IDW-Symposions am 19./20. September 2001 in Berlin. (Beteiligt)

Das IDW als Berufsorganisation für den gesamten Wirtschaftsprüferberuf, in: Die Wirtschaftsprüfung 2003, S. 25.

Positionierung des Berufsstands der Wirtschaftsprüfer zu aktuellen Entwicklungen, in: Der Berufsstand der Wirtschaftsprüfer vor neuen Herausforderungen: Vorträge und Diskussionen zum 18. Münsterischen Tagesgespräch des Münsteraner Gesprächskreises Rechnungslegung und Prüfung e.V. am 4. Juli 2002, Düsseldorf 2003

Bewertungsprinzipien für die Rechnungslegung nach HGB, Bilanzsteuerrecht und IAS/IFRS, in: Schulze-Osterloh, Joachim u.u. (Hrsg.), Handbuch des Jahresabschlusses, Abt. I/7, Stand 2003, Köln (Loseblattsammlung). (Zusammen mit Breker, Norbert / Siebler, Ute / Weiser, Felix M.)

Überwachung der Ordnungsmäßigkeit der Rechnungslegung: Zukunft des Enforcements in Deutschland, in: Wollmert, Peter u.a. (Hrsg.), Wirtschaftsprüfung und Unternehmensüberwachung, XVI, Düsseldorf, 2003, S. 159. (Zusammen mit Tielmann, Sandra)

Bericht über die Paneldiskussion: Wirtschaftsprüfer im Blickpunkt der Öffentlichkeit – Wiedergewinnung öffentlichen Vertrauens in Kapitalmarktinformationen, in: Die Wirtschaftsprüfung 2003, S. 120. (Zusammen mit Baums, Theodor / Breuer, Rolf-E. / Dauner-Lieb, Barbara / Eick, Karl-Gerhard / Niemeier, Charles D. / Nonnenmacher, Rolf / Putzhammer, Heinz / Strenger, Christian)

Stand und Weiterentwicklung der Normen zur Qualitätssicherung und Qualitätskontrolle, in: Marten, Kai-Uwe u.a. (Hrsg.), Externe Qualitätskontrolle im Berufsstand der Wirtschaftsprüfer, XIII, Düsseldorf 2004, S. 67.

Aktuelle Entwicklungen in Rechnungslegung und Abschlussprüfung, in: DGRV-Prüfertagung 2005, Berlin 2005, S. 27.

Die Begleitung der Umstellung des Rechnungswesens mittelständischer Unternehmen auf IFRS durch den Wirtschaftsprüfer, in: Marten, Kai-Uwe u.a. (Hrsg.), IFRS für den Mittelstand? XV, Düsseldorf 2005, S. 113.

Die Transformation der neuen Abschlussprüferrichtlinie: Erwartungen des Berufsstands der Wirtschaftsprüfer an den deutschen Gesetzgeber, in: Die Wirtschaftsprüfung 2006, S. 873. (Zusammen mit Feld, Klaus-Peter)

Positionierung des IDW zu den aktuellen Reformvorhaben in Rechnungslegung und Prüfung: Auswirkungen der jüngsten Reformen auf die Berufsausübung von Wirtschaftsprüfern, in: Küting, Karlheinz u.a. (Hrsg.), Internationale Rechnungslegung: Standortbestimmung und Zukunftsperspektiven, XI, Stuttgart 2006, S. 33.

Das Spannungsverhältnis zwischen Relevanz und Verläßlichkeit in der Rechnungslegung: ein Beitrag zur Fortentwicklung von HGB und IFRS, in: Krawitz, Norbert (Hrsg.), Rechnungslegung nach internationalen Grundsätzen, IX, Wiesbaden 2006, S. 43.

Fortentwicklung der handelsrechtlichen Rechnungslegung und Konsequenzen für die Kapitalerhaltung, in: Der Konzern 2007, S. 422.

Neukonzeption der Kapitalerhaltung und IFRS-Anwendung im Jahresabschluss?, in: Kirsch, Hans-Jürgen u.a. (Hrsg.), Rechnungslegung und Wirtschaftsprüfung, FS Baetge, XIX, Düsseldorf 2007, S. 419.

Internationaler Rechnungslegungsstandard für den Mittelstand – Konkurrenz für das Handelsgesetzbuch?, in: Die Wirtschaftsprüfung 2007, S. 1.

Die neue WPg, in: Die Wirtschaftsprüfung 2007, S. 1. (Zusammen mit Kämpfer, Georg)

75 Jahre Wirtschaftsprüfer im IDW. Gemeinsam verantworten, in: Die Wirtschaftsprüfung 18-2007, S. I.

Reform des Berufsrechts der Wirtschaftsprüfer durch das BARefG, in: Die Wirtschaftsprüfung 2007, S. 901. (Hamannt, Manfred)

Abschlussprüfung in einem geänderten regulatorischen Umfeld, in: Ballwieser, Wolfgang u.a. (Hrsg.), Wirtschaftsprüfung im Wandel, XII, München 2008, S. 97.

Der Regierungsentwurf zum BilMoG – Änderungen der Rechnungslegung im Jahresabschluss gegenüber dem Referentenentwurf, in: Kirsch, Hans-Jürgen u.a. (Hrsg.), BilMoG und 7. WPO-Novelle – Aktuelle Herausforderungen an Bilanzierung und Prüfung, XII, Düsseldorf 2008, S. 221.

Gesetzentwurf BilMoG: Viel Licht und einige Schatten, in: Die Wirtschaftsprüfung 2008, Heft 6, S. I.

BilMoG – Was lange währt, wird endlich gut!, in: Die Wirtschaftsprüfung 2008, Heft 2, S. I.

Das Bilanzrechtsmodernisierungsgesetz aus der Sicht der Abschlussprüfer, in: Weber, Claus-Peter u.a. (Hrsg.), Berichterstattung für den Kapitalmarkt, FS Küting, Stuttgart 2009, XV, S. 739.

Das neue Bilanzrecht: Materialien und Anwendungshilfen zum BilMoG, Düsseldorf 2009. (Zusammen mit Ernst, Christoph / Schubert, Daniela)

Enforcement der Rechnungslegung: aktuelle Entwicklungen, in: Die Wirtschaftsprüfung 2008, S. 807. (Zusammen mit Meyer, Herbert)

Abschlüsse 2008 als Spiegelbild der Wirtschafts- und Finanzmarktkrise – Abschlussprüfer sind auf eine anspruchsvolle Aufgabe vorbereitet, in: Die Wirtschaftsprüfung 2009, Heft 4, S. I.

Zweifelsfragen der Bilanzierung latenter Steuern im Einzelabschluss nach den Vorschriften des Bilanzrechtsmodernisierungsgesetzes, in: Baumhoff, Hubertus u.a. (Hrsg.), Besteuerung, Rechnungslegung und Prüfung der Unternehmen, FS Krawitz, XIV, Wiesbaden 2010, S. 689.

Ist die Kapitalmarktorientierung der alleinige Maßstab für die Rechnungslegung? = Capital Market Orientation – The Sole Benchmark for Financial Reporting?, in: Die Wirtschaftsprüfung 2010, Sonderheft, S. 11.

The Financial Market Crisis and the EU Single Market, in: Die Wirtschaftsprüfung 2010, Sonderheft, S. 2. (Zusammen mit Lehne, Klaus-Heiner)

Fair Value: Wie geht es weiter? Anwendung der Prüfbarkeit der Standards, in: Die Wirtschaftsprüfung 2010, S. 780.

Rechnungslegung und Politik: Erfahrungen aus der Finanzmarktkrise, Diskussionsergebnisse. Experiences from the financial market crisis, outcome of discussions, in: Die Wirtschaftsprüfung 2010, Sonderheft, S. 13. (Zusammen mit Wiedefeldt, Petra / Thimann, Christian / Enevoldsen, Stig / Gschrey, Erhard)

Finanzmarktkrise: Folgen und Chancen, in: Die Wirtschaftsprüfung 2010, Sonderheft, S. 57.

Finanzmarktkrise: welche Reformen sind notwendig? IDW Symposion, 5. Oktober 2010 in Berlin, Düsseldorf 2010.

Finanzmarktkrise und Binnenmarkt, in: Die Wirtschaftsprüfung 2010, S. 1. (Zusammen mit Lehne, Klaus-Heiner)

IFRS 9 und die Zukunft der internationalen Rechnungslegung, in: Die Wirtschaftsprüfung 2010, Heft 8, S. I.

EU-Grünbuch zur Abschlussprüfung: „Abschlussprüfer erteilen keine Gütesiegel für unternehmerische Entscheidungen", in: Betriebs-Berater 2010, S. 46.

Anwendung und Prüfbarkeit der Standards, in: Die Wirtschaftsprüfung 15-2010, S. 780.

Europaweite Regulierung für die Abschlussprüfung – aber bitte in Maßen, in: Zeitschrift für Internationale Rechnungslegung 2011, S. 261.

Ansätze zur Schaffung eines modernen Insolvenzrechts, in: Die Wirtschaftsprüfung 2011, S. 1.

Berufsrechtlicher Teil (= Kap. A bis D), in: IDW (Hrsg.), WP Handbuch, Bd. I, 14. Aufl., Düsseldorf (IDW Verlag) 2012, S. 1.

Europaweite Regulierung für die Abschlussprüfung: die EU-Kommission hat ihre Chance vertan, in: Zeitschrift für Internationale Rechnungslegung 2012, S. 5.

Konsequenzen der Reform der Abschlussprüfung für den Wirtschaftsprüferberuf, in: Der Betrieb 2012, Heft 14, Standpunkte Nr. 4, S. 29.

Die Zukunft der Abschlussprüfung IDW Symposium am 31. Januar 2012 in Brüssel, Düsseldorf 2012. (Beteiligt)

Die Zukunft der Abschlussprüfung, in: Die Wirtschaftsprüfung, Sonderheft 2012, S. 1.

Die Stiftung in der Unternehmensnachfolge mit Auslandsbezug: Einsatzmöglichkeit und Stiftungsstatut, in: Zeitschrift für Erbrecht und Vermögensnachfolge 2012, S. 569.

The Future of the Audit, in: Die Wirtschaftsprüfung, 2012, Sonderheft, S. 2.

Alternativen zur Weiterentwicklung der Abschlussprüfung und flankierende Maßnahmen, in: Die Wirtschaftsprüfung 2012, Sonderheft, S. 58. (Zusammen mit Köhler, Annette G. / Bruckner, Andrea / de Buck, Philippe / Johnson, Philip / Karim, Sajjad)

Corporate Governance in der sozialen Marktwirtschaft und ihr Beitrag für nachhaltiges Wirtschaften: Ein Statement aus der Sicht der Wirtschaftsprüfung, in: Die Wirtschaftsprüfung 2013, S 9.

Die Anwendung der International Standards on Auditing (ISA) in Deutschland : Ziele, Bedeutung und Nutzen, in: Die Wirtschaftsprüfung 2013, S. 641. (Zusammen mit Feld, Klaus-Peter)

IDW Prüfungsnavigator: Wegweiser zu einer risikoorientierten und damit skalierten Prüfung, in: Die Wirtschaftsprüfung 2013, Heft 19, S. I.

Regulierung der Abschlussprüfung: Aktueller Stand der Diskussion in Brüssel, in: Die Wirtschaftsprüfung 2013, S. 1181. (Zusammen mit Herkendell, Anja)

Corporate Governance in der sozialen Marktwirtschaft und ihr Beitrag für nachhaltiges Wirtschaften, in: Die Wirtschaftsprüfung 2013, S. 9.

Integrierte Finanz- und Nachhaltigkeitsberichterstattung statt fundamentaler Neuorientierung Berücksichtigung geänderter Informationsbedürfnisse, in: Betriebs-Berater 2013, Heft 15, S. I.

Corporate Governance in Deutschland — Ein Erfolgsmodell, in: Die Wirtschaftsprüfung 2013, Sonderheft, S. 1. (Zusammen mit Simon, Nikolaus)

Corporate Governance in der sozialen Marktwirtschaft und ihr Beitrag für nachhaltiges Wirtschaften – Ein Statement aus der Sicht der Wirtschaftsprüfung, in: Die Wirtschaftsprüfung 2013, Sonderheft, S. 9.

Beruf und Dienstleistungen des Wirtschaftsprüfers (= Kap. A), in: IDW (Hrsg.), WP Handbuch, 15. bis 18. Aufl., Düsseldorf (IDW Verlag) 2014 ff., S. 1 (Aufl. 15, 16, 18), S. 49 (Aufl. 17).

Regulierung der Abschlussprüfung – Update zum aktuellen Stand der Diskussion in Brüssel, in: Die Wirtschaftsprüfung 2014, S. 177. (Zusammen mit Herkendell, Anja)

Anpassung des deutschen Bilanzrechts an die EU-Bilanzrichtlinie, in: Die Wirtschaftsprüfung 2014, Heft 8, S. I.

Die Regulierung der Abschlussprüfung in Europa, in: Dobler, Michael u.a. (Hrsg.), Rechnungslegung, Prüfung und Unternehmensbewertung, XIV, Stuttgart 2014, S. 521.

Das IDW zum ESMA-Konsultationspapier: einheitliche Leitlinien für das Enforcement in Europa, in: Zeitschrift für Internationale Rechnungslegung 2014, S. 45.

Integrierte Berichterstattung aus der Perspektive der Abschlussprüfung, in: Freidank, Carl-Christian u.a. (Hrsg.), Handbuch Integrated Reporting, XXXV, Bielefeld 2015, S. 387. (Zusammen mit Schmidt, Matthias)

Kompetenz schafft Vertrauen – die neue WPg, in: Die Wirtschaftsprüfung 2015, S. 989. (Zusammen mit Armeloh, Karl-Heinz)

Wirtschaftsprüfung in einem sich wandelnden Umfeld: Strategische Herausforderungen für den Berufsstand der Wirtschaftsprüfer, in: Die Wirtschaftsprüfung 2015, S. 561. (Zusammen mit Klein, Klaus-Günter)

Das Berichtswesen an den Aufsichtsrat: Zur Kommunikation zwischen Aufsichtsrat und Abschlussprüfer, in: BOARD 2015, S. 175.

Prüfung im Wandel, in: Deutsches Steuerrecht 2016, Beiheft zu Heft 9, S. 26.

Neue (?) Anforderungen an den Prüfungsausschuss nach der EU-Abschlussprüfungsreform, in: Die Wirtschaftsprüfung 2016, S. 653. (Zusammen mit Kelm, Daniela)

Wissensorganisation, in Zeitschrift für das gesamte Handelsrecht und Wirtschaftsrecht 2017, S. 273. (Zusammen mit Siegel, Daniel P.)

Digitale Transformation erfordert bessere Rechungslegungsvorschriften für immaterielles Vermögen, in: Zeitschrift für Internationale Rechnungslegung 2017, S. 189.

Änderungen des Deutschen Corporate Governance Kodex 2017 beschlossen, in: Die Wirtschaftsprüfung 2017, S. 297.

Reichweite der Prüfungspflichten von Aufsichtsrat, Abschlussprüfer und DPR, in: Die Wirtschaftsprüfung 2017, S. 1170. (Zusammen mit Siegel, Daniel P.)

Wirtschaftsprüfer als Vertrauensdienstleister, in: BFuP 2018, S. 353. (Zusammen mit Sack, Melanie)

Neue Entwicklungen im Qualitätsmanagement von Wirtschaftsprüfungsgesellschaften, in: Velte u.a. (Hrsg.), Rechnungslegung, Steuern, Corporate Governance, Wirtschaftsprüfung und Controlling: Beiträge aus Wissenschaft und
Praxis, Wiesbaden 2018, S. 381. (Zusammen mit Schneiß, Ulrich)

Value Added-Potenziale der Digitalisierung in der Wirtschaftsprüfung, in: Bär,
Christian u.a. (Hrsg.), Digitalisierung im Spannungsfeld von Politik, Wirt-
schaft, Wissenschaft und Recht, Bd. 1: Politik und Wirtschaft, Berlin 2018,
S. 307. (Zusammen mit Feld, Klaus-Peter)

Unternehmensberichterstattung in Zeiten der Bekämpfung des Klimawandels:
Transparenz allein reicht nicht, Betriebs-Berater 2019, S. I.

Zur gegenwärtigen Regulierungsdebatte im Vereinigten Königreich, in: Die
Wirtschaftsprüfung 2019, S. 955. (Zusammen mit Kuck, Sebastian/Moser,
Torsten)

„Wir brauchen Aufsichtsräte und Abschlussprüfer mit Biss", in: Der Betrieb
2020, S. 41. (Interview)

Reichweite der Prüfungspflichten von Aufsichtsrat, Abschlussprüfer und DPR
(= Kap. C), in: IDW (Hrsg.), WPH Edition: Assurance, 2. Aufl., Düsseldorf
(IDW Verlag) 2021, S. 41. (Zusammen mit Sack, Melanie)

Auswirkungen der Corona-Pandemie auf Unternehmen und Wirtschaftsprüfung, in: IDW (Hrsg.), WP Handbuch, 17. Aufl., Düsseldorf (IDW Verlag)
2021., S. 1. (Zusammen mit Sack, Melanie)

Zur Diskussion über eine Reform der Abschlussprüfung im Vereinigten
Königreich, in: Die Wirtschaftsprüfung 2021, S. 803. (Zusammen mit Kuck,
Sebastian/Moser, Torsten)

Zur Entwicklung nationaler Grundsätze für die Prüfung von Abschlüssen
weniger komplexer Unternehmen durch das IDW, in: Die Wirtschaftsprüfung 2021, S. 1265. (Zusammen mit Moser, Torsten)

Zur inhaltlichen Prüfung von nicht-finanziellen Informationen: Überlegungen
zur Übertragung der Grundkonzepte des IDW PS 350 n.F. auf die inhaltliche Prüfung der nichtfinanziellen Erklärung im Rahmen der Lageberichts-
prüfung, in: Andreas Dutzi u.a. (Hrsg.), Corporate Governance, Rechenschaft
und Abschlussprüfung, FS Böcking, München 2021, S. 371. (Zusammen mit
Schneiß, Ulrich)

Anforderungen an die Abschlussprüfung bei kleineren und mittelständischen Unternehmen, in: Im Dienste des Berufsstandes, Festschrift zum 75jährigen Bestehen des Steuerberater-Verbandes Köln (1947 – 2022), 1. Aufl. 2022, S. 207. (Zusammen mit Moser, Torsten)

Die kritische Grundhaltung als Kernprinzip der Abschlussprüfung: Erwiderung auf Marten, in: Der Betrieb 2022, S. 681. (Zusammen mit Sack, Melanie)

Vertrauen durch Prüfungen nach der EU-Lieferketten-Richtlinie, in: Neue Zeitschrift für Gesellschaftsrecht 2022, S. 1321.

Empfehlung A.5 DCGK 2022 – Hintergrund und Anregungen zur Berichterstattung und Prüfung, WPg 2023, S. 1106. (Zusammen mit Schmitz-Herkendell, Anja / Penkwitt, Nicola)

Kompetenz schafft Vertrauen: 75 Jahre WPg, in: Die Wirtschaftsprüfung 2023, S. 334.